Rainer Bucher

Kirchenbildung in der Moderne

Kohlhammer

Praktische Theologie heute

Herausgegeben von
Gottfried Bitter
Peter Cornehl
Ottmar Fuchs
Albert Gerhards
Henning Schröer
Klaus Wegenast

Band 37

Rainer Bucher

Kirchenbildung in der Moderne

Eine Untersuchung der Konstitutionsprinzipien der deutschen katholischen Kirche im 20. Jahrhundert

Verlag W. Kohlhammer
Stuttgart Berlin Köln

Die Deutsche Bibliothek – CIP-Einheitsaufnahme

Bucher, Rainer:
Kirchenbildung in der Moderne : eine Untersuchung der Konstitutionsprinzipien der deutschen katholischen Kirche im 20. Jahrhundert / Rainer Bucher. - Stuttgart ; Berlin ; Köln : Kohlhammer, 1998
(Praktische Theologie heute ; Bd. 37)
ISBN 3-17-015269-6

Stuttgart Berlin Köln
Verlagsort: Stuttgart
Umschlag: Data Images
audiovisuelle Kommunikation GmbH
Gesamtherstellung:
Druckerei W. Kohlhammer GmbH + Co. Stuttgart
Printed in Germany

INHALT

Zur Erfüllung dieses ihres Auftrags obliegt der Kirche allzeit die Pflicht, nach den Zeichen der Zeit zu forschen und sie im Lichte des Evangeliums zu deuten. So kann sie dann in einer jeweils einer Generation angemessenen Weise auf die bleibenden Fragen der Menschen nach dem Sinn des gegenwärtigen und zukünftigen Lebens und nach dem Verhältnis beider zueinander Antwort geben.

Gaudium et spes, 4

Hitler ist die letzte Enthemmung der Moderne. Seitdem kann jeder wissen, wie bodenlos die menschliche Wirklichkeit ist: daß es in ihr Verpflichtungen nur gibt, wenn man sie gelten läßt, daß Versprechungen das Leben nur unter der Voraussetzung erhalten, daß sie gehalten werden; daß man sich von seinem Leben nur etwas versprechen kann, wenn man den Zuspruch der anderen bekommt.

R. *Safranski, Das Böse*

Ja selbst die Feindschaft ihrer Gegner und Verfolger, so gesteht die Kirche, war für sie sehr nützlich und wird es bleiben.

Gaudium et spes, 44

GELEITWORT

Von Ottmar Fuchs

Es geht in Rainer Buchers Arbeit um eine spezifische Verbindung von Praktischer und Historischer Theologie. Versteht man unter dem Begriff „Pastoral" im Sinne der Vorgaben des II. Vatikanums insgesamt die Erfahrungs- und Handlungsseite der Kirche im jeweilig vernetzenden und kritischen Austausch des christlichen Traditionsgutes mit Situation, Kontext und Epoche, dann hat dieser Begriff nicht nur eine gegenwartsbezogene, sondern auch eine historische Dimension. Wie in der Vergangenheit die „Zeichen der Zeit" für die Praxis der Kirche gelesen wurden (und wie sie nicht gelesen wurden), und warum dies so war und mit welchen Interessen und Wirkungen dies geschah, wäre ein sowohl in der Kirchengeschichte wie auch in der Pastoraltheologie neu zu entfaltender interdisziplinärer Zusammenhang zugunsten einer gegenseitigen Bereichserweiterung: mit dem pastoraltheologischen Erkenntnisinteresse in der historischen Forschung auf der einen und mit der Vertiefung des historischen Interesses in der pastoraltheologischen Forschung auf der anderen Seite (hier aber nicht nur als Geschichte der Pastoraltheologie, sondern auch als Geschichte der Pastoral selbst!).

Dieser diachronische Aspekt der Pastoral und der Pastoraltheologie nähert sich dann dem Traditionsbegriff und gibt diesem ein aufschlußreiches Profil. Im Durchgang durch die Vergangenheit der Kirche kann somit entdeckt werden, welche Kontextbezüge sich die Kirche an unterschiedlichen Stellen von Geschichte und Geographie geleistet hat. Daß die katholische Theologie den Traditionsbezug als konstitutive Quelle für die Identität der Kirche herausstellt, ist ein eindrucksvoller Beleg dafür, daß auch die jeweilige Lebensrelevanz des Glaubens (und nicht nur der überkommene Inhalt des Glaubens) in den kirchlichen Selbstvollzügen eine für diese konstitutive Kraft besitzt. Das II. Vatikanum sieht diesen Zusammenhang sehr deutlich, wenn es das Traditionsprinzip der Kirche als ihr zu vergegenwärtigendes Pastoralprinzip rekonstruiert. Dann allerdings kann sowohl die Tradition wie auch die Pastoral nur noch im historischen bzw. zeitgenössischen Plural gedacht werden. Anders gibt es keine Erfahrungsbezogenheit des Glaubens, es sei denn, Glaube und Kirche etablieren sich in einem von Situation und Geschichte abgekoppelten und sich selbst gettoisierenden Kollektiv. Wo die verschiedenen Erfahrungen der Menschen, Kulturen und Zeiten nichts gelten, bringt eine fiktive Gleichschaltung aller wenig Probleme.

Die vorliegende Untersuchung von Rainer Bucher bemüht sich um die Klärung dieser Zusammenhänge im Zusammenhang der Kirchenbildung in der Moderne, und zwar am Detail der diskursiven und praktischen Konstitutionsprinzipien der deutschen katholischen Kirche im 20. Jahrhundert. Die Auswahl dieses an Veränderungen und Katastrophen so dichten Zeitraums, der unmittelbar in die Gegenwart mündet, ist nicht nur ein Beitrag für das pastorale Selbstverständnis der Kirche aus ihrem jüngsten Gewordensein heraus, sondern auch die detaillierte Durchführung einer Erinnerungsarbeit, wie sie die deutsche Kirche trotz der bisherigen Versuche immer noch sehr nötig hat, um nicht in Wiederholungszwänge hineinzugeraten, die durch eine „genaue Erinnerung" (Elie Wiesel) verhindert werden könnten. Als hermeneutischen Analysehorizont bemüht der Autor die Theologie näherhin die Ekklesiologie des II. Vatikanums. Das inhaltliche Anliegen dieses Konzils, Glaube und Leben in einem gegenseitigen Erschließungshorizont zu sehen und darin die Existenz der Kirche zu entwerfen, wird als methodische Basisperspektive gewählt, um geschichtlichen Gegebenheiten pastoraltheologisch näherzukommen.

Derart kann die Arbeit tatsächlich als die Pioniereröffnung eines praktisch-theologischen Forschungsprojektes bzw. einer diesbezüglichen Forschungsrichtung angesehen werden, in der in ähnlicher Weise mit anderen Epochen der Kirchengeschichte eine pastoraltheologisch orientierte und systematisch reflektierte Erinnerungsarbeit aufgenommen wird. Die historisch arbeitende praktische Theologie konstituiert derart eine intersubjektive und interaktive Praxis zwischen den Zeiten. Denn pastoraltheologisch ereignet sich die Erforschung der Vergangenheit immer auch als eine reziproke Begegnung mit ihr: mit ihren Sorgen und Freuden, mit ihren Problemen und Möglichkeiten, mit ihren Versuchungen zu Herrschaft und Gewalt, mit ihren eigenen Versuchen, das Leben in aller Gebrochenheit und Unzulänglichkeit, aber auch mit aller faszinierenden Kraft und heroischen Hingabe mit dem Evangelium in Verbindung zu bringen.

Analog zur komparativen Pastoral im Vollzug interkultureller Begegnung zwischen den pastoralen Selbstvollzügen der Kirche an unterschiedlichen Orten der Gegenwart kann auch diese pastoralhistorische Forschung angesehen werden: als vergleichende Pastoral in der interkulturellen Begegnung mit pastoralen Selbstvollzügen der Kirche in unterschiedlichen Zeiten (an gleichen oder anderen Orten) der Vergangenheit, mit dem Ziel, die eigene pastorale Situation in ihren alten Abhängigkeiten und neuen Herausforderungen genauer zu sichten und dabei umso präziser die "Zeichen der Zeit" zu erkennen.

VORWORT

Die Geschichte Deutschlands im 20. Jahrhundert war lange und schwer - und jene der deutschen katholischen Kirche auch. Wir sind nicht fertig mit ihr am Ende dieses Jahrhunderts.

Die Kirche hat sich in der Moderne mit der bürgerlichen Gesellschaft und deren tendenziellen Freisetzung des Subjekts aus traditionalen Bindungen auseinanderzusetzen. Diese Auseinandersetzung mußte von der deutschen Kirche unter ganz eigenen Umständen geführt werden. Denn die Geschichte Deutschlands im 20. Jahrhundert ist die Geschichte einer lange verweigerten, dann technologisch reduzierten, schließlich - siegervermittelt - emphatischen Zustimmung zur westlichen Moderne.

Die Geschichte der deutschen katholischen Kirche ist daher ein exemplarischer Ort zur Analyse der Konstitutionsprobleme von Kirche in der Moderne. Denn sie zeigt, woran Kirche - trotz besten Willens und Gewissens - scheitern kann und auch, wie sie trotz alledem unter den Bedingungen der Moderne das Volk Gottes wird. Dessen Erfahrungen und Handlungen aber sind das Thema der Pastoraltheologie.

Der wissenschaftliche Weg des Autors dieser Untersuchung führte durch drei theologische Disziplinen: die vorliegende Arbeit ist davon Zeugnis und Resultat. Nach systematisch-theologischer Ausbildung wurde die mehrjährige Tätigkeit an einem kirchengeschichtlichen Lehrstuhl zu einer Lehrzeit in diachroner Kirchenerfahrung. Von Beginn an aber galt mein Interesse auch explizit dem impliziten Zweck aller Theologie: dem Handeln der Kirche als Volk Gottes ihrer Gegenwart.

Solch ein Weg und ganz gewiß eine Arbeit, die entlang dieses Weges entsteht, hat wegweisende Begleiter: Prof. Elmar Klinger, der eindringlich auf Hitler als Thema der Theologie hinwies, Prof. Ernst Ludwig Grasmück, der mir die Geschichte der Kirche als Ort ihrer Menschlichkeit erschloß, Prof. Ottmar Fuchs, ohne dessen pastoraltheologischen Mut und freundschaftliche Ermutigung dieses Buch nicht fertiggestellt worden wäre, Frau Dr. Annette Schavan schließlich, die nie aufhörte, an der wissenschaftlichen Arbeit ihres Mitarbeiters interessiert zu sein und ihm die dafür notwendigen Freiräume gewährte.

Wichtiger aber noch: Sie alle wurden mir zu Lehrern (und zur Lehrerin) einer gegenwartsfähigen Theologie, unterschieden in ihren Themen, verbunden in ihrem Glauben an die Kirche des Konzils und im Einsatz für sie. Ich habe ihnen sehr zu danken: Ihnen und Prof. Alexius Bucher, der als Priester, Philosoph und Bruder mir die frühesten Eindrücke und Konzeptionen dieser Kirche der Erneuerung vermittelte.

Ich danke herzlich auch allen, die mir bei den Arbeiten für dieses Buch in der einen oder anderen Weise geholfen haben: Herrn Prof. Joachim Köhler, Tübingen, Frau Studienreferendarin Sylvia Hanrath, Herrn stud. phil. Klaus Feldmann. Besonderen Dank schulde ich meiner Frau Uta Pfab-Bucher, welche die Jahre der Habilitation in kritischer Solidarität mittrug.

Die Arbeit wurde im Mai 1996 von der Fakultät Katholische Theologie der Universität Bamberg als Habilitationsschrift angenommen. Zum Druck wurde sie leicht überarbeitet, wichtige seither erschienene Literatur wurde in den Anmerkungen berücksichtigt.

Die Erzdiözese Bamberg, mein Heimatbistum sowie die Universität Bamberg gewährten Druckkostenzuschüsse. Auch hierfür herzlichen Dank.

Rainer Bucher November 1997

EINLEITUNG

Daß Kirche wird, ist nicht selbstverständlich, sondern ihre existenzlegitimierende Aufgabe. Das Werden der Kirche ist ein kontextabhängiger und personengebundener Prozeß; gerade in ihm geht es allerdings um die Kirche selber, denn ihre Aufgabe, das Volk Gottes ihrer Gegenwart zu werden, ist zugleich ihr Wesen. Die Pastoraltheologie hat diesen Prozeß zu analysieren und konzeptionell zu begleiten. Als Wissenschaft hat sie darin ihren kirchlichen Sinn und ihre theologische Bedeutung.

Die vorliegende Arbeit untersucht das Problem der Kirchenbildung an einem historischen Ort: der Geschichte der deutschen katholischen Kirche im 20. Jahrhundert. Es war nicht zuletzt ein provokativer geschichtlicher Befund, der diese Arbeit auf den Weg brachte, zumal dieser Befund bei näherer Betrachtung immer stärker verunsicherte. 1933, im zentralen Jahr der deutschen Geschichte dieses Jahrhunderts, trafen wenige, durchaus aber damals schon renommierte katholische Theologen eine eindeutige, öffentliche und differenziert begründete Option für Hitlers Gesellschaftsprojekt. Dies allein wäre unangenehm genug und einer historischen Untersuchung wert: unangenehmer noch aber war die Erkenntnis, daß sie diese Option nicht, zumindest nicht zuvorderst, aus persönlichem Opportunismus vertraten, vielmehr aus innerer Überzeugung, ja aus Sorge um ihre, die katholische Kirche. Am unbequemsten aber war schließlich die Tatsache, daß alle diese Theologen zu den Vorläufern jenes kirchlichen Aufbruchs zählen, der im II. Vatikanischen Konzil gesamtkirchliche Verbindlichkeit erlangte.

Was brachte innovative, gegenwartssensible, zu Recht später auch berühmte Theologen dazu, Hitler enthusiastisch zu begrüßen? Welche Probleme belasteten diese Theologen, daß sie ausgerechnet in Hitlers Gesellschaftsprojekt für sie eine adäquate Lösung sahen? Welche religiösen Strukturen und welche theologiehaltigen Diskurse, so war dann weiter zu fragen, wies dieses Gesellschaftsprojekt selber auf, daß es so attraktiv werden konnte?

Der Befund war auch nicht mit Verweis auf die gelegentliche politische Naivität großer Theologen zu entproblematisieren. Denn offenkundig ging es diesen Theologen in ihrer Option für Hitler gerade um die Existenzrelevanz und Gegenwartsfähigkeit der Kirche, um die Konkretion der Botschaft Jesu hier und heute, um Kirchenbildung unter den Bedingungen einer irritierend plural gewordenen Moderne. Sie sahen sie gefährdet und ausgerechnet mit Hitlers Projekt neu möglich. Diese fatale Kuriosität der deutschen Theologie- und Kirchengeschichte stand am Anfang dieser Untersuchung, aus ihm ergaben sich dann weitere analysebedürftige historische Orte.

So mußte die Untersuchung zurückgehen zur Enstehungszeit jener Konstitutionsprinzipien kirchlicher Realität, welche diese Theologen offenbar als hoch problematisch ansahen und welche sie ausgerechnet mit Hitler zu überwinden hofften (Kap. II), weiter mußte sie jene Hoffnungen selbst rekonstruieren (III C) und dabei dann auch Hitlers Projekt, auf das sich jene Hoffnungen ja richteten, in den Blick nehmen. Denn diese Theologen begriffen Hitlers Projekt als ein religiöses Projekt und dies, wie sich zeigen wird, durchaus zu Recht (III B).

Die Untersuchung mußte aber auch ausgreifen auf jenen Entwurf von Kirchenbildung, wie ihn das II. Vatikanische Konzil auf der Basis des „Volk-Gottes"-Begriffs vorgelegt hat. Denn natürlich unterscheidet sich eine „völkische Inkulturationstheologie" fundamental von einer „Theologie des Volkes Gottes". Zuletzt aber war exemplarisch zu untersuchen, wie heute Kirchenbildung in der deutschen Kirche sich konkret vollzieht (Kap IV). Es zeigt sich nun aber durchgängig: problematisch für die deutsche katholische Kirche dieses Jahrhunderts, entscheidende Frage ihrer Kirchenbildung ist ihr Umgang mit dem in der Moderne potentiell von allen traditionalen Bindungen freigesetzten Subjekt. Die deutsche Kirche ist bis heute mit diesem Problem beschäftigt, sie steht darin in der Erbschaft ihrer Geschichte.

Nach dem I. Vatikanum konstituierte sich Kirche in einem problemreduktiven „Dispositiv der Dauer", das Diskurse und nicht-diskursive Realitäten durchgängig strukturierte und den einzelnen von seiner problematisch gewordenen Subjektivität entlastete, nicht ohne ihr einen kirchlich gebundenen Ausdruck zu verleihen. Dem spezifischen Irritationspotential einer relativierenden Moderne wurde durch Stillstellung begegnet.

Diese „Installation der Dauer" wurde in Deutschland zuvorderst durch Hitlers religiös grundiertes und theologisch legitimiertes Gesellschaftsprojekt herausgefordert, dessen „anti-moderne Modernisierungsdynamik" und personale Zugriffsintensität nicht nur die eigenen Anhänger faszinierte. Genau dies nämlich, Dynamik und personale Intensität, fehlte dem kirchlichen „Dispositiv der Dauer" - zumindest nach Ansicht der in die kirchliche Latenz gedrückten Aufbruchsbewegungen der Zeit nach der „Modernismuskrise".

Die Hoffnungen, welche J. Lortz, K. Adam und M. Schmaus auf Hitlers Projekt setzten, waren zwar fatal, aber eben alles andere als imaginär, sie hatten jedenfalls in Hitlers Diskurs einen konkreten Anhalt. Die „völkische Inkulturationstheologie", welche diese Theologen entwickelten, konnte sich durchaus auf Hitler berufen, nicht ohne allerdings spezifische Modifikationen an seinem Konzept vornehmen zu müssen. Mit dieser „völkischen Inkulturationstheologie" gerieten jene Theologen nun aber zwischen die Fronten von Kirche und nationalsozialistischem Staat. Das kirchliche Amt jedenfalls beantwortete Hitlers Herausforderung konservativ, nach innen mit der verstärkten Propagierung des „Dispositivs der Dauer", nach außen mit einem Modell regionalisierter Zuständigkeiten von Kirche und Staat (III D).

Hitlers Angebot war für die Zeitgenossen attraktiver als es im Rückblick und im Bewußtsein seiner epochalen Verbrechen erscheinen mag. Die Reaktion der katholischen Kirche auf Hitler dokumentiert paradigmatisch die Stärken und Schwächen der kirchenbildenden Strukturen der deutschen katholischen Kirche in der ersten Hälfte dieses Jahrhunderts: sie ermöglichten Kirchenkonstitution, aber sie taten dies jenseits des Subjekts, jenseits letztlich auch einer säkularen Wirksamkeit theologischer Begriffe.

Aus dieser anti-modernistischen Unbeweglichkeit der katholischen Kirche erhofften sich jene Theologen einen Ausweg, die auf Hitler setzten. Sie versprachen sich eine Dynamisierung von Kirche und Glauben, ökumenische Öffnung, die Stärkung der Stellung der Laien, letztlich eine neue, wenn auch weiterhin im liberalen Sinne anti-moderne Inkulturation des Christentums in die deutsche Gesellschaft.

Hitlers theologisch legitimierter anti-pluraler Modernismus bot hierfür geeignete Ansatzpunkte, denn er schien Modernisierung ohne Pluralisierung und damit ohne Relativierung eigener Geltungsansprüche, ohne Freisetzung des Subjekts zu erlauben. Jene Theologen suchten für die Kirche nichts weniger als ein zeitadäquates Inkarnationssubjekt. Statt der „Kirche" war es bei ihnen tatsächlich das „Subjekt", doch welches Subjekt - das rassistisch konzipierte Subjekt Hitlers!

Hier liegt denn auch die prinzipielle Differenz zum II. Vatikanum. Denn in ihm ist der von Gott in Christus berufene Mensch Basis der Kirchenbildung. Im „Dispositiv der Dauer" aber wurde er als Unruhestifter verdächtigt und eingehegt, in der völkischen Inkulturationstheologie zwar dann aus dieser kirchlich-institutionellen Einhegung befreit, jedoch sogleich wieder rassisch determiniert und damit seiner Subjektivität und Würde erneut beraubt.

Der Blick auf die Realität der deutschen katholischen Kirche nach dem II Vatikanum aber zeigt, so die abschließende These dieser Arbeit, daß die Problematik der Kirchenbildung unter den Bedingungen freigesetzter Subjekte noch lange nicht gelöst ist. Denn es lassen sich in der deutschen Kirche der Gegenwart deutlich Phänomene defizitärer Kirchenbildung nach der Auflösung des „Dispositivs der Dauer" und bei einer nur selektiven Rezeption der Volk-Gottes-Konzeption des II. Vatikanums beobachten.

So entspricht einem gewissen „pastoralen Autonomismus" weitgehend voneinander abgeschotteter kirchlicher Handlungsfelder eine offiziöse Rhetorik der Einheit, welcher Integration zu schaffen nur in den seltensten Fällen wirklich gelingt. Einer das Subjekt latent verdächtigenden Rhetorik korrespondiert so eine reale, aber unbegriffene Praxis weitgehender religiöser und pastoraler Subjektivierung. Dieser Spalt zwischen Diskurs und Realität ist pastoral problematisch, personal identitätsgefährdend und zudem nur schwer mit der Verpflichtung der Kirche, das eine Volk Gottes zu werden, vereinbar.

Demgegenüber plädiert diese Arbeit für eine „Ordnung des Pluralen", für die Mühe der angemessenen Qualifikation real kirchenbildender Prozesse, für deren Vernetzung und für Prozesse der wechselseitigen Anerkennung als Orte des Volkes Gottes (V). Deren Kriterium aber ist es, ob in ihnen die Traditionen des Glaubens so erfahren werden können, daß die prophetische, die kritische, die solidarisierende, die das eigene Ich und auch die eigene kirchliche Gruppe übersteigende Dimension der Botschaft Jesu auch wirklich entdeckbar bleibt.

Diese Arbeit versteht sich als Vorarbeit zu einer kreativen Umsetzung der Pastoralkonstitution des II. Vatikanums in der deutschen katholischen Kirche. Sie leistet diese Vorarbeit am historischen Objekt und will die epochale Notwendigkeit von „Gaudium et spes" als „Programmschrift der Kirche Jesu Christi auf ihrem Weg ins nächste Jahrtausend"[1] belegen.

Sie will zeigen, daß es gerade für die deutsche katholische Kirche keine Alternative zum konziliaren Projekt einer Kirche gibt, die „empfindsam ist für die Zeichen der Zeit, aufmerksam für die Probleme der Gegenwart und solidarisch mit den Fragen und Nöten der Menschen"[2], zu einer Kirche also, deren „Glaube an den Gott und Vater Jesu Christi ein Bekenntnis zum Menschen"[3] ist.

1 *Solidarität und Dialog*. Wort des Zentralkomitees der deutschen Katholiken zum 30. Jahrestag der feierlichen Verabschiedung der Pastoralkonstitution des Zweiten Vatikanischen Konzils „Gaudium et spes" v. 25. 11. 1995, hrsg. v. Generalsekretariat des ZdK, Bonn 1995, 13.

2 A.a.O. 3.

3 A.a.O. 7.

I. PROBLEMSTELLUNG UND METHODIK

A. DIE MODERNE, DIE PLURALITÄT UND DER ZWANG ZUR STRATEGIE: DAS PROBLEM DER KIRCHENBILDUNG

Die Kirche ist jener soziale Raum, in dem biographische und soziale Konkretionschancen der christlichen Tradition verfügbar gehalten werden. Diese Definition von Kirche[1] als Konkretionsraum der christlichen Botschaft ermöglicht es, nach den Konstitutionsprinzipien von Kirche am historischen Objekt, aber in einem theologischen Sinne zu fragen.

Die Kirche leistet ihre Konkretionsaufgabe mit Hilfe zweier zentraler Vermittlungsstrukturen: dem theologischen Diskurs[2] und ihrem pastoralen Handeln. Die Leistungskraft ihres kognitiven wie ihres lebensweltlich-pragmatischen Orientierungsvermögens entscheidet über ihre Existenz.

Beiden Konkretionsstrukturen der christlichen Botschaft stellt sich im 20. Jahrhundert aber ein identisches Problem: sie verlieren das Monopol auf Konzeption religiösen Lebens und Denkens, ja auf biographische Orientierung überhaupt.[3] Die durch soziale Strukturen garantierte kognitive Pluralisierungstendenz der Moderne[4] und die damit verbundene Freisetzung und Individuali-

---

1 Sie ist als feststellende, nicht als festsetzende Bestimmung gemeint. Vgl. zu dieser Unterscheidung: *H. Radermacher*, Art. Definition, in: E. Braun/Ders. (Hrsg.), Wissenschaftstheoretisches Lexikon, Graz-Wien-Köln 1978, 110-115. Dort heißt es: „Definitionen können ... entweder feststellenden oder festsetzenden Charakter haben: Im ersten Fall unterstellen sie sich den Bedingungen von Wahrheit und Falschheit, im zweiten Fall ist an Präskription, Konvention gedacht." (111)

2 Der Diskurs soll hier mit *Michel Foucault* als „eine Menge von Aussagen" verstanden werden, „die einem gleichen Formationssystem zugehören" (Archäologie des Wissens, Frankfurt/M. ²1986, 156). Der Diskursbegriff ist in diesem Verständnis eine analytisch-technische, keine wissenschaftstheoretisch-normative Kategorie.

3 Vgl. dazu: *K. Gabriel*, Christentum zwischen Tradition und Postmoderne, Freiburg/Br. - Basel - Wien 1992; *F.-X. Kaufmann*, Religion und Modernität. Sozialwissenschaftliche Perspektiven, Tübingen 1989, speziell 32-69 („Religion und Modernität: Zum Stand der Diskussion"); *M. N. Ebertz*, Vom Schicksal zur Wahl kirchlicher Religiosität, in: rhs 34(1991) 146-154. Neuere empirische Untersuchungen zur Thematik liegen vor mit: *A. Dubach/R. Campiche* (Hrsg.), Jeder ein Sonderfall. Religion in der Schweiz, Zürich ²1993, siehe dazu die Kommentarbände: *M Krüggeler/F. Stolz* (Hrsg.), Ein jedes Herz in seiner Sprache. Religiöse Individualisierung als Herausforderung für die Kirchen, Zürich 1996 und *A. Dubach/W. Lienemann* (Hrsg.), Aussicht auf Zukunft. Auf der Suche nach der sozialen Gestalt der Kirchen von morgen, Zürich 1997, sowie mit *K.-P. Jörns*, Die neuen Gesichter Gottes. Was die Menschen heute wirklich glauben, München 1997. Jörns spricht von einer „De-Institutionalisierung und Virtualisierung" des Glaubens und kommt, ganz parallel zu den Ergebnissen von Dubach/Campiche, zum Schluß: „*Die Kirchen haben - bis in die Reihen der eigenen Pfarrerschaft hinein - an Glauben normierender Kraft verloren.*" (226)

4 Vgl. hierzu: *J. Berger* (Hrsg.), Die Moderne - Kontinuitäten und Zäsuren, Göttingen 1986; *C. Offe*, Die Utopie der Null-Option. Modernität und Modernisierung als politische Gütekriterien, in: P. Koslowski/R. Spaemann/R. Löw (Hrsg.), Moderne oder Postmoderne, Weinheim 1986, 143-172. Zum Stand der soziologischen Diskussion siehe: *W. Zapf* (Hrsg.), Die Modernisierung moderner Gesellschaften. Verhandlungen des 25. Deutschen Soziologentages in Frankfurt a. M., Frankfurt/M. 1990; dort findet sich auch ein Überblick über „Modernisierung und Modernisierungstheorien" des Herausgebers (23-39).

sierung der Biographien[5] bilden ihr gemeinsames und real unhintergehbares Konstitutionsproblem.[6]

Die Entmonopolisierung ehemals monopolistischer Instanzen stellt eines der zentralen Charakteristika der entfalteten Moderne dar. Kirche in der sich durchsetzenden Moderne wird unabweisbar vor die Aufgabe gestellt, ihre Konkretionsleistungen der christlichen Botschaft unter den Bedingungen von Pluralität zu erbringen, mit anderen Worten: sich selbst unter den Bedingungen von Pluralität zu entwerfen. Kirche in der Moderne wird zum Projekt eines pluralismusfähigen sozialen Raums, in dem die biographische und soziale Konkretion der christlichen Botschaft lernbar bleibt.

Die Kategorien von Entwurf und Projekt[7] verkörpern selbst klassische Strategien der Moderne. Denn sie organisieren Zukünftiges als Gewolltes. Dies setzt voraus, das eigene Wollen als entscheidend für Zukünftiges zu bestimmen. Genau dies aber hatte vormodernes Denken nicht getan. Denn das Zukünftige wurde in ihm bestenfalls als die modifizierte Fortsetzung des immer schon Gültigen und auch ewig Bleibenden gedacht, war Verlängerung einer ursprungslegitimierten Vergangenheit, nicht Gegenstand zukunftsorientierten strategischen Handelns des Menschen.

---

5 Vgl. hierzu *U. Beck/E. Beck-Gernsheim* (Hrsg.), Riskante Freiheiten. Individualisierung in modernen Gesellschaften, Frankfurt/M. 1994; *Ders.,* Risikogesellschaft, Frankfurt/M. 1986, speziell 205-219 („Individualisierung, Institutionalisierung und Standardisierung von Lebenslagen und Biographiemustern"). *M. Kohli*, Gesellschaftszeit und Lebenszeit. Der Lebenslauf im Strukturwandel der Moderne, in: J. Berger (Hrsg.), Die Moderne - Kontinuität und Zäsuren., 183-208; *W. Fischer/M. Kohli*, Biographieforschung, in: W. Voges (Hrsg.), Methoden der Biographie- und Lebenslaufforschung, Opladen 1987, 25-49; *H. G. Brose/B. Hildenbrand* (Hrsg.), Vom Ende des Individuums zur Individualität ohne Ende, Opladen 1988.

6 An dieser Unhintergehbarkeit leidet bekanntlich der religiöse Fundamentalismus: er kann sie nicht akzeptieren und reinszeniert daher homogene Sozialräume mit einheitlichen kognitiven Strukturen und Mentalitäten. Dem Dilemma, genau dies auch nur noch regionalisiert leisten zu können, entkommt er aber natürlich nicht. Seine relative Wahrheit liegt in der Sehnsucht nach einem verläßlichen und operationablen Konkretionssystem des Christlichen. Man wird ihm daher mit rein liberalistischer Denunziation nicht begegnen können. Vgl. dazu: *R. Bucher*, Christliche Verkündigung in der entwickelten Moderne. Zur Attraktivität und Fatalität der fundamentalistischen Versuchung, in: F. J. Klehr (Hrsg.), Christliche Erziehung in multikultureller Gesellschaft, Rottenburg-Stuttgart 1993, 83-107; *O. Fuchs*, Grundstrukturen des Fundamentalismus aus der Perspektive des Erzengels Michael, in: Bibel und Kirche 43(1988) 109-114; *W. Beinert* (Hrsg.), „Katholischer" Fundamentalismus. Häretische Gruppen in der Kirche? Regensburg 1991. Einen knappen Überblick bietet: *K. Nientiedt*, Flucht aus der Moderne oder ihr Spiegel. Ein Literaturbericht zum Thema Fundamentalismus, in: Herder-Korrespondenz 47(1993) 45-50; *ders.*, Gefürchtet, überschätzt, dämonisert. Rechtskonservative Gruppierungen im deutschen Katholizismus, in: Herder-Korrespondenz 49(1995) 477-482.

7 „Das Zeitbewußtsein der Moderne artikuliert sich nicht mehr (allein) in einem theologisch-teleologischen Bezugsrahmen, in dem es das Heil zu erlangen gilt, sondern thematisiert den Lauf der Welt als Dimension menschlicher Selbstverwirklichung." (*H.-J. Höhn*, Das Erbe der Aufklärung. Beiträge zur Theorie der Moderne, in: Ders. (Hrsg.), Theologie, die an der Zeit ist, Paderborn-München-Wien-Zürich, 1992, 17-34, 27). P. Sloterdijk bringt dies auf die schöne Formel, die Moderne habe eine Welt versprochen, „in der es kommt, wie man denkt, weil man kann, was man will, und den Willen hat, zu *lernen*, was man noch nicht kann." (*P. Sloterdijk*, Die wahre Irrlehre. Über die Weltreligion der Weltlosigkeit, in: Ders./Th. Macho (Hrsg.), Weltrevolution der Seele, Bd. I: Gütersloh 1991, 17-54, 22.

Das 19. Jahrhundert, als Epoche epidemischer Aufklärung auch die Epoche epidemischer Beschleunigung[8], etabliert eine fundamentale Blickumkehr. Es bricht endgültig mit einer vergangenheitsorientierten Logik des Ursprungs und etabliert stattdessen eine zukunftsorientierte Logik des Projekts. Es befreit die Vergangenheit von der Aufgabe, die Gegenwart zu bestimmen, verpflichtet vielmehr umgekehrt die Gegenwart, die Vergangenheit überhaupt erst zu entdecken.[9] Die Moderne ist die Epoche des etablierten historischen Diskurses und gleichzeitig der Projekte, damit im übrigen auch der Strategien als den Operationalisierungen von Projekten.

Dies hat Auswirkungen auf die Konstitutionsprinzipien der Kirche in der Moderne. Auch sie wird unter den Bedingungen der konfessionellen Pluralität der Neuzeit zum Projekt, auch sie entwickelt Strategien der Konstitution ihrer selbst und schafft Diskurse der Legitimierung. Erst mit der Neuzeit entwickelt die Kirche denn auch eine entfaltete Theorie ihrer selbst[10]. Die drei großen Konzilien der Neuzeit bearbeiten zuletzt ein Thema: die Kirche. Sie diskutiert auf diesen Konzilien in der Ekklesiologie die Autorität ihrer Ämter und deren Vollzüge, in Apologetik und Fundamentaltheologie die Legitimität ihres Diskurses und in der Moraltheologie[11] die biographische Konkretionskraft ihrer Verkündigung. Die Kirche hat den neuzeitlichen Zwang zur Strategie stets erkannt und ist ihm immer auch gefolgt.

In der sich durchsetzenden und in der Alltäglichkeit des einzelnen angekommenen Moderne der Gegenwart aber wird das zum Projekt gewordene Konkretionssystem Kirche erneut herausgefordert: es wird als lebensorientierende Instanz bei seinen eigenen Mitgliedern entmonopolisiert. Nach der Pluralisierung des religiösen Orientierungssystems mit der Etablierung einer konfessionellen Alternative pluralisieren sich die Orientierungssysteme selbst. Diese irreversible Pluralisierung wurzelt zugleich in gesellschaftlichen[12] wie -

---

8 Denn „*Aufklärung kommt immer zu spät*", so *H. Blumenberg*, Lebenszeit und Weltzeit, Frankfurt/M. ³1986, 218-242, 218; vgl. auch *H.-J. Höhn*, Im Zeitalter der Beschleunigung. Konturen einer theologischen Zeitanalyse als Zeitdiagnose, in: Jahrbuch für Christliche Sozialwissenschaften 32(1991) 245-264.

9 Vgl. *R. Koselleck*, Moderne Sozialgeschichte und historische Zeiten, in: P. Rossi (Hrsg.), Theorie der modernen Geschichtsschreibung, Frankfurt/M. 1987, 173-190. „Die Geschichte als moderne Wissenschaft entsteht dort, wo der Traditionsbruch Vergangenheit und Zukunft qualitativ auseinandergelegt hat." (179) Daß „so etwas wie geschichtliche Zeit explizit thematisiert worden ist" (ebda.), dies setzt die aufklärerische Verabschiedung der Gliederung des „geschichtlichen Verlaufes nach mythischen oder theologischen Kategorien, die Anfang, Mitte und Ende definieren" (177) voraus. Vgl. auch *Ders.*, Geschichte, Geschichten und formale Zeitstrukturen, in: Ders./W.-D. Stempel (Hrsg.), Geschichte - Ereignis und Erzählung, München 1973 (=Poetik und Hermeneutik 5), 211-222.

10 Vgl. dazu: *E. Klinger*, Ekklesiologie der Neuzeit, Grundlegung bei Melchior Cano und Entwicklung bis zum II. Vatikanischen Konzil, Freiburg/Br.-Basel-Wien 1978; *Y. Congar*, Die Lehre von der Kirche, 2 Bde. Freiburg/Br. 1971 (Handbuch der Dogmengeschichte Bd. III c/d).

11 Vgl. *J. Theiner*, Die Entwicklung der Moraltheologie zur eigenständigen Disziplin, Regensburg 1970.

12 Zusammenfassend dargestellt in: *Gabriel*, Christentum zwischen Tradition und Postmoderne, 69-92.

damit in wechselseitiger Abhängigkeit stehend - in diskursinternen Entwicklungen.[13]

Es wird daher für die Kirche zu einer Frage ihrer Selbstaufklärung, einen eigenen Begriff von den Konstitutionsprinzipien der Moderne wie auch von ihren eigenen Konstitutionsprinzipien unter den Bedingungen der Moderne zu entwickeln. Denn sonst steht sie in der Gefahr, sich in und zur Moderne nur mehr in den Modi von Dogmatismus oder Liberalismus verhalten zu können.

Dogmatismus und Liberalismus unterbreiten der Kirche nach dem Ende ihres Konkretisierungsmonopols der christlichen Botschaft, ja ihres biographischen Orientierungsanspruchs überhaupt ein attraktives Konstitutionsangebot. Dessen Kern bildet die Strategie einer gezielten Problementschärfung durch Problemumgehung. Beide Strategien versprechen den Fortbestand des kirchlichen Sozialraums unter den Bedingungen der Moderne, beide Strategien aber müssen, da ihre Problemlösung in der Vermeidung der Problembearbeitung besteht, ihr Ziel verfehlen.

Weder nämlich der Dogmatismus einer bewährungsabweisenden Behauptung noch der Liberalismus als behauptungsreduzierende Konfliktminimierungsstrategie können als angemessene Konstitutionsprinzipien von Kirche in der Moderne gelten. Sie lösen das Konstitutionsproblem von Kirche in der Moderne nicht, sie etablieren vielmehr Strategien seiner Umgehung. Sie leugnen das Problem, indem sie die mit der Pluralität der Orientierungsalternativen notwendig einhergehende Plausibilitätsanfrage an den eigenen Orientierungsanspruch dezisionistisch in die Latenz drücken, oder andererseits dieses Orientierungsangebot selbst soweit entkonkretisieren, daß es schließlich als wirkliches Problem nicht mehr wahrnehmbar wird. Jenseits beider Strategien erst eröffnet sich das Problemfeld, das die vorliegende Untersuchung bearbeiten will. Sie interessiert sich für die Konstitutionsprobleme von Kirche in einer fortgeschrittenen Gesellschaft und nach allen Formen der Selbstberuhigung.

Die Entmonopolisierung ihres Geltungsanspruchs in der Moderne betrifft Theologie und Pastoral näherhin zweifach, beidesmal zentral und mitnichten

---

13 Als Überblick zur Religionskritik siehe: *K.-H. Weger* (Hrsg.), Religionskritik von der Aufklärung bis zur Gegenwart, Freiburg/Br. 1979, zur Kirchenkritik: *V. Conzemius*, Die Kritik der Kirche, in: Handbuch der Fundamentaltheologie, hrsg. v. W. Kern u.a., Bd. III, Freiburg/Br.-Basel-Wien 1986, 30-48. Der Gießener Philosoph und Marquard-Schüler *F. J. Wetz* faßt das Plausibilitätsdefizit monopolistisch auftretender religiöser (und überhaupt metaphysischer) Sinnentwürfe in der Moderne folgendermaßen prägnant zusammen: „Erstens hat die moderne Welt [...] Bewußtseinsstrukturen entstehen lassen, die tendenziell gleichgültig an den Grundproblemen der metaphysischen Tradition vorübergehen und von einer maßlosen Skepsis gegenüber jedem mythischen, religiösen und metaphysischen Ausgriff auf die Totalität des Seienden erfüllt sind. Zweitens haben die vielen Entlarvungsgenealogien angefangen bei Hume und Holbach über Nietzsche, Marx und Freud bis hin zur Gegenwart die Plausibilitätsbedingungen zerbrochen, aus denen vormals der spekulative Gedanke seine Kraft bezog. Drittens hat sich herausgestellt, daß dieser nicht die Leistungskraft besitzt, die er für sich beansprucht. Es fehlen Hinweise auf seine Zuverlässigkeit" (Hans Blumenberg zur Einführung, Hamburg 1993, 163). Als vierten und fünften Grund führt Wetz dann noch die „wissenschaftliche Neutralisierung und Objektivierung der Welt" als „Vorgang subtiler, aber nachhaltig wirksamer Weltentzauberung" (164) sowie den modernen Historismus als „lebendiges Bewußtsein von der Relativität aller geschichtlich gewachsenen Deutungsmuster" (165) an.

nur als arbiträre Randbedingung ihrer Existenz. Sie trifft Kirche zum einen in ihrem für sie selbst konstitutiven Außerhalb mit der Frage nach ihrer Kommunikationsfähigkeit in der Moderne. Die Pluralität der Moderne trifft Kirche und Theologie aber auch in ihrem Inneren. Denn die Kirche hat sich in ihrem diskursiven[14] wie pastoralen Handeln[15] in der Moderne selbst pluralisiert, ist selbst ein plurales Geschehen geworden. Beide Pluralisierungen müssen nun aber nicht nur vollzogen, sondern auch begriffen werden. Denn es ist Aufgabe der Theologie, die Kirche und damit auch sich selbst über sich selbst aufzuklären. Sonst bekommt das an ihr, von dem sie nichts weiß, ungebührliche Macht über sie.[16]

Wenn es Aufgabe der Kirche des 20. Jahrhunderts ist, Kirche unter den Bedingungen von kognitiver, gesellschaftlicher und biographischer Pluralität zu sein, dann ist es die Aufgabe ihres wissenschaftlichen Diskurses, der Theologie, kirchliche Existenz unter Bedingungen der Pluralität zu entwerfen. Denn die Theologie in der Moderne ist nicht nur Analyse des Gewesenen, sondern auch Entwurf des Zukünftigen. Die Pastoraltheologie entsteht bekanntlich Ende des 18. Jahrhunderts als eigenständige Disziplin aus der Wahrnehmung eines Defizits an Gegenwarts- und Zukunftsgestaltungsfähigkeit der wissenschaftlichen Theologie seitens des aufgeklärten Staates.[17]

---

[14] Die reale Heterogenität des theologischen Diskurses in der Gegenwart ist weniger eine unterschiedlicher „Richtungen", als vielmehr in der Ausdifferenzierung der theologischen Disziplinen und ihrer Methodiken begründet. Die Fragmentierung des theologischen Diskurses dürfte kaum mehr steigerbar sein und wird durch dessen Einbettung in den sozialen Zusammenhang „Kirche" nur notdürftig verschleiert. Das Lehramt hat diese Zersplitterung wahrgenommen, warnt vor ihr, scheint aber keine hinlänglichen Strategien zu besitzen, sie nicht-repressiv zu überwinden.

[15] Vgl. dazu: *K. Gabriel*, Christentum zwischen Tradition und Postmoderne, 177-192; *P. M. Zulehner* (Hrsg.), Pluralismus in Gesellschaft und Kirche - Ängste, Hoffnungen, Chancen, München-Zürich 1988; *O. Fuchs*, Zwischen Wahrhaftigkeit und Macht. Pluralismus in der Kirche?, Frankfurt/M. 1990.

[16] Nie allerdings wird sie alles von sich wissen: sie selbst steht, wie alles, unter dem Vorbehalt ihrer unauflösbaren Perspektivität. Der Gottesbegriff, den die Theologie in ihrem Diskurs enthält, erlöst die Theologie nicht von ihrer Partialität, er tradiert vielmehr das Wissen um deren Unaufhebbarkeit.

[17] Wie zeitbedingt die Grundlagen dieser Defizitwahrnehmung immer auch gewesen sein mögen, Pastoraltheologie sollte sich dieses Anfangs aus den Bedürfnissen der Gesellschaft, wie sie der absolutistische Staat freilich ebenso vormundschaftlich wie wohlmeinend definierte, nicht vorschnell schämen, jedenfalls muß ihr „krisenbedingte(r), zwiespältige(r) Ursprung" keineswegs das „existentiell-traumatische Schicksal" der Praktischen Theologie darstellen, (*W. Fürst*, Praktisch-theologische Urteilskraft, Zürich-Einsiedeln-Köln 1986, 226-277, 227), wie es wohl vielfach und lange tatsächlich war. Siehe auch: *H. Schuster*, Die Geschichte der Pastoraltheologie, in: Handbuch der Pastoraltheologie, hrsg. von F. X. Arnold u.a., Freiburg/Br. 1964, 40-92; *N. Mette*, Theorie der Praxis, Düsseldorf 1978; *F. Klostermann/J. Müller* (Hrsg.), Pastoraltheologie. Ein entscheidender Teil der josephinischen Studienreform 1777-1977, Wien-Freiburg/Br.-Basel 1979; *J. Müller*, Die Pastoraltheologie innerhalb des theologischen Gesamtkonzepts von Stephan Rautenstrauch (1774), in: F. Klostermann/R. Zerfaß (Hrsg.), Praktische Theologie heute, München-Mainz 1974, 42-51; *R. Füglister*, Die Pastoraltheologie als Universitätsdisziplin. Eine historisch-theologische Studie, Basel 1951, Univ. Fribourg/Schweiz Theol. Fak. Diss.; *H. Zschokke*, Die theologischen Studien und Anstalten der katholischen Kirche in Österreich, Wien-Leipzig 1884. Für den protestantischen Bereich siehe die überaus instruktive Studie von *V. Drehsen*, Neuzeitliche Konstitutionsbedingungen der praktischen Theologie. Aspekte der theologischen Wende zur sozial-

Absicht der vorliegenden Arbeit ist es, einen Beitrag zu dieser Selbstaufklärung speziell für die deutsche katholische Kirche zu leisten. Diese wird dabei als ein komplexes System aus Machtverhältnissen, Institutionalisierungen, Diskursen und Personen begriffen. Pastoral und Theologie, das seelsorgliche Handeln der Kirche und ihr wissenschaftlicher Diskurs, bilden analytisch isolierbare, in der kirchlichen Realität aber untrennbar verbundene Elemente dieses Systems.

Die Objekte der vorliegenden Studien wurden in der Geschichte der deutschen katholischen Kirche dieses Jahrhunderts gesucht. Über eine Analyse von Kontinuitäten und Brüchen in der Vorgeschichte der Gegenwart soll so diese selbst in den Blick kommen. Indem Geschichte als Geschichte des Anfangs der Gegenwart interessiert, unterscheidet sich diese Arbeit in ihrem primären Erkenntnisinteresse von einer kirchengeschichtlichen Studie, insofern es ihr um die konkreten Möglichkeiten der Erfüllung des kirchlichen Auftrags heute geht, von einer systematisch-theologischen Arbeit. Kirchenbildung ist zugleich ein historischer Vorgang, die existenzlegitimierende Aufgabe der Kirche wie ein Problem ihres gegenwärtigen Handelns.

Insofern die Geschichte des Beginns der Gegenwart zum Gegenstand einer pastoraltheologisch interessierten Analyse mit systematischem Anspruch gemacht wird, muß nach der Möglichkeit gefragt werden, sich kirchlicher Vergangenheit mit pastoral-theologischem Interesse und in systematischer Perspektive zu nähern. Über die methodischen Differenzen gegenüber einem rein kirchenhistorischen Vorgehen, aber auch gegenüber den von der Tradition bereitgestellten Formen einer systematisch-theologischen Thematisierung von Geschichte ist daher zuerst Rechenschaft abzulegen.

B. ZWISCHEN KIRCHENGESCHICHTE, THEOLOGIEGESCHICHTE UND GESCHICHTSTHEOLOGIE: DIE VERGANGENHEIT DER KIRCHE ALS ORT DER PASTORALTHEOLOGIE

Innerhalb der Theologie existieren eine Disziplin und zwei Methodiken, die den Objektbereich „Vergangenheit“ bearbeiten. Neben der etablierten Kirchengeschichtsschreibung[18], und von ihr weitgehend unabhängig, finden sich innerhalb der systematischen Theologie zwei weitere Diskurse mit einer spezifischen Reflexion auf das Vergangene: Geschichtstheologie[19] und Theologie-

---

kulturellen Lebenswelt christlicher Religion, Tübingen, Band I: 1984 (Ev.-theol. Fak. Univ. Tübingen Diss.), Band II: 1985 (Ev-.theol. Fak. Univ. Tübingen Habil.).

18 Zu Geschichte und methodischer Selbstreflexion der Kirchengeschichtsschreibung siehe: *H. R. Seeliger*, Kirchengeschichte-Geschichtstheologie-Geschichtswissenschaft, Düsseldorf 1981; *E. Stöve*, Art. Kirchengeschichtsschreibung, in: Theologische Realenzyklopädie, XVIII, 535-560; *P. Meinhold*, Geschichte der kirchlichen Historiographie, 2 Bde., Freiburg/Br.-München 1967.

19 Zu den großen geschichtstheologischen Entwürfen der neueren Theologie siehe: *M. Brauer*, Theologie im Horizont der Geschichte. Fortgang und Schwerpunkte geschichtstheologischen Denkens in der Theologie des 20. Jahrhunderts und weiterführende Perspektiven einer geschichtstheologischen Systematik, Frankfurt/M.-Berlin-Bern-New York-Paris-Wien 1994; *Seeliger*, Kirchengeschichte - Geschichtstheologie - Geschichtswissenschaft, 107-139;

geschichte[20]. Die Theologie findet in ihrem Diskurs eine Geschichte der kirchlichen Institution(en), eine Geschichte des eigenen Denkens und eine Theologie des geschichtlichen Prozesses.

Zwischen diesen drei auffindbaren Varianten innertheologischer Thematisierung des Vergangenen sind aus pastoraltheologischer Perspektive in ihnen noch nicht bearbeitete Erkenntnisfelder zu vermuten. Sie gilt es zu erkunden. Denn alle drei innertheologischen Diskurse der Vergangenheitsannäherung - so die These - thematisieren zwar das Pluralitätsproblem der Kirche in der Moderne, reflektieren auf Grund ihrer methodischen Vorentscheidungen aber nicht auf die Konsequenzen dieses Befundes für die Methodik ihre eigene Annäherung an ihr Objekt. Mit anderen Worten: sie entsprechen in den Grundprinzipien ihrer Methodiken in einem wesentlichen Punkt nicht der Grundkonstellation ihres Erkenntnisobjekts, so dieses die Kirche als *pastorale* Institution in der pluralen Moderne ist. Denn die moderne Existenz eines relevanten Außerhalb der Kirche ist ihnen Thema, aber nicht Prinzip ihres eigenen theologischen Vorgehens. Für die Kirche als pastorale Institution ist aber genau dies das Charakteristikum ihrer Existenz in der Moderne.

Die Theologie hat nun aber in der Fundamentaltheologie eine Disziplin entwickelt, welche das Außerhalb der Theologie als Problem der Theologie selbst bearbeitet. Diese Thematisierung ist ein für die Theologie in der Neuzeit konstitutiver Vorgang.[21] Die Fundamentaltheologie entsteht als Disziplin mehr oder weniger synchron zur Etablierung eines pluralen diskursiven Außen der Theologie in den zuerst innerchristlichen, dann auch zunehmend christentumskritischen Emanzipationsprozessen eines nicht mehr kirchlich kontrollierten

---

W. Kasper, Geschichtstheologie, in: Sacramentum mundi, Bd. II, Freiburg/Br.-Basel-Wien 1968, 324-332.

20 Dogmengeschichte als Geschichte der von der Kirche als authentische Realisation der biblischen Offenbarung definierten Wahrheiten rechnet insofern zur Theologiegeschichte, als diese nicht nur topologisch, sondern auch als Denken des Glaubens zum einen selbst ein authentisches kirchliches Unternehmen ist, zum anderen aber die amtliche Definition theologischer Sätze als Glaubenssätze wohl ihren innerkirchlichen Status verändert, nicht aber ihre theologisch-wissenschaftliche Problematisierbarkeit aufhebt. Diese Erkenntnis ist mit der Existenz Dogmengeschichtsschreibung institutionell festgeschrieben. Zum Stand der Diskussion siehe: *W. Löser/K. Lehmann/M. Lutz-Bachmann* (Hrsg.), Dogmengeschichte und katholische Theologie, Würzburg 1985.

21 Fundamentaltheologie hat so auch heute noch nicht nur die (hermeneutische) Frage nach dem Sinn des Glaubens, sondern auch die (apologetische) Frage nach der Bedeutung seiner Aussagen für die Menschen in der heutigen Welt zu stellen. „Fundamentaltheologie ist der Ort, an dem sich die Theologie Rechenschaft davon gibt, wie sie den Glauben versteht - Hermeneutik - und was sie an ihm verteidigt - Apologetik - oder selbst vertritt - Analytik". (*E. Klinger*, Armut - Eine Herausforderung Gottes. Der Glaube des Konzils und die Befreiung des Menschen, Zürich 1990, 276f). Dieses Programm steht in Kontrast zum Versuch, Fundamentaltheologie primär hermeneutisch als *„kognitive(.) Einholung und vernunfthafte(.) Rekonstruktion der die christliche Existenz konstituierenden Wirklichkeit und Wahrheit"* zu verstehen. (*M. Seckler*, Fundamentaltheologie: Aufgaben und Aufbau, Begriff und Namen, in: Handbuch der Fundamentaltheologie, hrsg. v. W. Kern/H. J. Pottmeyer/M. Seckler, Freiburg/Br.-Basel-Wien Bd. IV: 1988, 450-514, 470). Demgegenüber gilt es die apologetische Herausforderung zum Ansatz einer Hermeneutik des Glaubens zu machen. Fundamentaltheologie „steht nicht über der Geschichte, sondern ist ein Ort in ihr und ist kraft ihrer Prinzipien Apologetik, Hermeneutik und Analytik humaner, christlicher Existenz." (*Klinger*, Armut, 277).

und kontrollierbaren wissenschaftlichen Diskurses.[22] Einen analogen theologischen Diskurs für die pastorale Wirklichkeit der Kirche hat die Pastoraltheologie zu führen. Dies an einem vergangenen, aber gegenwartsrelevanten Ort zu tun, bildet das Ziel dieser Arbeit.

Disziplinkonstituierendes Grundproblem der Fundamentaltheologie ist es, das Eigene im Horizont des Anderen und das Andere im Horizont des Eigenen zu denken. Die drei klassischen Teile der Fundamentaltheologie - demonstratio religiosa, christiana und catholica - definieren das Religiöse im Horizont des Nicht-Religiösen, das Christliche im Horizont des Religiösen und das Katholische im Horizont des Christlichen und stellen damit das Eigene in einem dreifachen Schritt der Konfrontation in Horizonte je neuer Pluralität.[23] Ziel ist es jeweils, das Eigene innerhalb dieser Pluralitäten als zu privilegierende Realisation des (anthropologischen, religiösen, konfessionellen) Gesamthorizonts zu erweisen.

In ihrer Teildisziplin „Apologetik", welche sich wohl nicht zufällig nach dem I. Vatikanum[24] in „Fundamentaltheologie" umbenannte, begriff die Theologie die moderne Außenpluralität auch als fundamentales Problem der Theologie selber. Dies markiert einen programmatischen Anspruch. Denn in ihm erkennt die Theologie es als ihre eigenste Aufgabe, über den Zusammenhang ihrer Binnenpluralität mit der modernen Außenpluralität und beider Pluralitäten mit dem Auftrag der Theologie, den Glauben an den Gott des Jesus von Nazareth diskursiv zu konzeptualisieren, nachzudenken. Würde sie dies nicht tun, könnte sie weder diesen Glauben, noch sich selbst als etwas in der Moderne Mögliches begreifen.

Die Selbstaufklärung der Theologie über ihre Struktur in der Moderne ist daher eine fundamentale Notwendigkeit der Theologie in der Moderne. Diese Selbstaufklärung der Theologie über ihre internen wie externen Konstitutionsbedingungen ist integraler Teil ihres eigenen neuzeitspezifischen Projekts „Fundamentaltheologie". Dieses aber ist selbst Teil jenes umfassenden Pro-

---

22 Zur Traktatgeschichte siehe: *F. J. Niemann*, Jesus als Glaubensgrund in der Fundamentaltheologie der Neuzeit. Zur Genealogie eines Traktates, Innsbruck 1983; *Ders.*, Fundamentaltheologie im 17. Jahrhundert, in: Zeitschrift für katholische Theologie 103(1981) 178-185; *G. Heinz*, Divinam christianae religionis originem probare. Untersuchungen zur Entstehung des fundamentaltheologischen Offenbarungstraktats der katholischen Schulapologetik, Mainz 1984; *Ders.*, Fundamentaltheologie im 18. Jahrhundert?, in: Theologische Quartalschrift 165(1985) 281-294

23 Dieser Einteilung folgt z.B. auch das „Handbuch der Fundamentaltheologie", hrsg. v. W. Kern/H. J. Pottmeyer/M. Seckler, Bd I-IV, Freiburg/Br.-Basel-Wien 1985-1988.

24 Zum Vorgang: *Seckler*, Fundamentaltheologie: Aufgaben und Aufbau, Begriff und Namen, 456-465. Diese Umbenennung scheint mir nicht so weitgehend historisch kontingent zu sein, wie Secklers Darstellung dies nahelegt. Auch wenn die Bezeichnung „Fundamentaltheologie" tatsächlich aus sehr unterschiedlichen Kontexten die Disziplin „Apologetik" beerbt - Seckler rekonstruiert die Bedeutungsvarianten „Theologische Prinzipienlehre", „fundamentale inhaltliche theologische Grundlagenforschung" und „diskursive Verteidigung des Glaubens" -, so bleibt die bemerkenswerte Tatsache der Konglomerierung dieser drei Teildiskurse zur einen Disziplin „Fundamentaltheologie" und damit die Frage nach der Bedingung der Möglichkeit dieses Vorgangs. In ihm wird immerhin die Auseinandersetzung mit dem pluralen Außen der Theologie als Ort der Bearbeitung ihrer (prinzipiellen und materialen) Fundamente entdeckt. Das ist für die Selbstreflexion einer Religion weder selbstverständlich noch eigentlich naheliegend.

jekts einer intellektuellen Konzeptualisierung des Glaubens, auf welche sich das Christentum in seiner Theologie eingelassen hat. Es käme nun darauf an, dieses fundamentaltheologische Projekt nicht nur auf dem Feld der diskursiv-wissenschaftlichen Praxis der Kirche, sondern auch im Bereich ihrer Praxis überhaupt und damit in einer Analyse ihrer eigenen Konstitutionsprinzipien durchzuführen.

Denn der theologische Diskurs ist integraler Bestandteil der kirchlichen Existenz. Nicht nur in ihm, sondern in der Kirche überhaupt hat sich nun aber eine Situation entwickelt, in der die Verarbeitung des Kontrasts von Innen- und Außenperspektive ein Konstitutionsproblem des Eigenen bildet. Die Grundkonstellation der neuzeitlichen Kirche - und noch einmal zugespitzt der Kirche in der Moderne - ist, um im Sprachspiel der theologischen Disziplinen zu bleiben, strukturell fundamentaltheologisch geprägt. Ihr Konstitutionsproblem bildet die Relativierung durch ihre moderne Situierung im Horizont von Alternativen. Es liegt daher nahe, eine Reflexion auf kirchliche Geschichte in der Moderne mit einer der fundamentaltheologischen Grundsituation der Kirche in der Moderne adäquaten Methodik zu versuchen.

Im theologischen Diskurs finden sich nun die bereits erwähnten drei Orte der Thematisierung kirchlicher Vergangenheit: Kirchengeschichtsschreibung, Theologiegeschichte und Geschichtstheologie. Sie gilt es, auf ihre Tauglichkeit für eine der fundamentaltheologischen Grundsituation der Kirche in der Moderne adäquate Analysemethodik kirchlicher Konstitutionsprinzipien in der Moderne hin zu betrachten.

Die Kirchengeschichtsschreibung der Gegenwart sieht sich offenkundig zugleich zwei konkurrierenden Diskursen verpflichtet: zum einen jenem charakteristisch neuzeitlichen „Diskurs Wissenschaft", dem sie institutionell angehört und dessen aufklärerische Methodenrationalität sie akzeptieren muß, will sie an ihm länger überhaupt teilnehmen.[25] Zum anderen aber ist Kirchengeschichtsschreibung Teil eines theologischen Gesamtdiskurses[26], welcher sich seinerseits als das Theoriesystem einer in ihrem Selbstverständnis offenbarungslegitimierten Institution - der Kirche - definiert.

Nun fördern die periodischen Problematisierungsschübe dieser neuzeitlichen Situierung zwischen zwei nicht eben selbstverständlich kompatiblen Diskursen zwar manche theoretische Lösungsstrategie jener internen Plausibilitäts-

---

25 Siehe dazu: *N. Brox*, Fragen zur 'Denkform' der Kirchengeschichtswissenschaft, in: Zeitschrift für Kirchengeschichte 90(1979) 1-29; *P. Eicher*, Zur Ideologiekritik der Kirchengeschichte, in: Kairos 23(1981) 244-260.

26 Mit welcher Feststellung im übrigen noch nichts darüber entschieden ist, ob Kirchengeschichte und wenn ja, wodurch sie selber Theologie ist. Das Grundproblem dieser Frage dürfte dabei im übrigen der Theologiebegriff und seine Reichweite sein: mithin die Frage nach dem Verhältnis von sytematischen und nicht-systematischen Teildiskursen innerhalb des theologischen Gesamtdiskurses. Gibt es im systematischen Zentralbereich der Theologie eine Theorie theologischer Rationalität, die es ermöglicht, aufklärerische Methodenrationalität nicht nur durch Ausbildung von Teildisziplinen in den theologischen Diskurs organisatorisch einzugliedern, sondern für diesen Zentralbereich selbst innovativ zu integrieren?

spannung der Kirchengeschichtsschreibung zutage[27], doch bleiben sie charakteristischerweise für die Praxis der Kirchengeschichtsschreibung selbst in hohem Maße folgenlos.[28] Sie stellen mehr wohl begleitende Rechtfertigungstheorien des jeweiligen kirchengeschichtlichen Forschens dar, als daß ihnen wirkliche Konzeptionsfunktion zukommt. Dies läßt es ratsam erscheinen, jenseits der normativ gewollten nach der analytisch erhellbaren Funktion der existierenden Kirchengeschichtsschreibung für das Gesamt der Kirche zu fragen.

Traditionell wird zur Bestimmung der theologischen, wenigstens aber der theologierelevanten Qualität von Kirchengeschichte auf die Kirche als das zu erforschende Materialobjekt verwiesen.[29] Als überaus problematisch erweist sich diese zuerst plausibel erscheinende Antwort nun aber innerhalb jeder der für die Kirchengeschichtsschreibung einschlägigen Diskursformationen.

Gegenüber der historischen Wissenschaft fällt es einer so definierten theologischen Kirchengeschichtsschreibung schwer, die geforderte Distanz zu ihrem eigenen Forschungsgegenstand länger noch zu behaupten und den Verdacht zu entkräften, als Teil des zu untersuchenden Gegenstandes selbst allzu offenkundig interessenabhängige und somit ideologieverdächtige Wissenschaft zu betreiben. Gegenüber der Kirche aber ist es andererseits dann tatsächlich schwer nur aufweisbar, worin denn der theologische Charakter der Kirchengeschichtsschreibung und damit deren innertheologische Existenzberechtigung überhaupt liege - jenseits eines allgemeinen, theologisch nicht eigens reflektierten Interesses an der eigenen Vergangenheit und jenseits auch der übermächtigen Versuchung, sich als historisierende Legitimationswissenschaft anzudienen.

Als methodischer und wohl auch im Selbstbild der Wissenschaftler identitätsstiftender Kern gegenwärtigen kirchengeschichtlichen Forschens innerhalb des theologischen Diskurses läßt sich so die Übernahme historisch-kritischer

---

27 Vgl. dazu: *Seeliger*, Kirchengeschichte - Geschichtstheologie - Geschichtswissenschaft, 21-106.

28 Die heutige forschungspraktische Irrelevanz etwa des Projekts, Kirchengeschichte als Heilsgeschichte zu begreifen, - der letzte umfassende, noch das von *Hubert Jedin* herausgegebene „Handbuch der Kirchengeschichte" (Freiburg/Br. 1962ff) vom Anspruch her (vgl. Bd. I, 6) bestimmende Versuch, den methodisch sich seit der Aufklärung sukzessive durchsetzenden Positivismus wenigstens mit einem Überbau theologischer Dignität zu versehen - ist hierfür prägnantestes Beispiel. Vgl. dazu *Seeligers* resümierende Feststellung, daß trotz aller „Kritik am 'Tatsachenpositivismus'" in der „Kirchengeschichte doch weitgehend die Haltung eines recht einfachen, historischen Realismus" vorherrsche (Kirchengeschichte - Geschichtstheologie - Geschichtswissenschaft, 105). Erklärbar wird diese offenkundige praktische Irrelevanz theologischer Deutungszusammenhänge von Kirchengeschichte aus der schlichten Resistenz der aufklärerischen Diskursregularität, die den kirchengeschichtlichen als einen wissenschaftlichen Diskurs deutlich stärker bestimmt, als jeder sekundär zugewiesene theologische Interpretationshorizont.

29 „Der *Gegenstand* der Kirchengeschichte ist das Wachstum der von Christus gestifteten Kirche in Zeit und Raum. Indem sie diesen ihren Gegenstand von der Glaubenswissenschaft empfängt und im Glauben festhält, ist sie theologische Disziplin" (*H. Jedin*, Einleitung in die Kirchengeschichte, in: Handbuch der Kirchengeschichte, Bd. I, 1-55, Zitat: 2) Deutlich wird: was Kirche ist, wird gerade nicht geschichtlich erfaßt, sondern übergeschichtlich vorab erhoben. Der heilsgeschichtlichen Konzeption von Kirchengeschichte entspricht eine geschichtsvergessene Konzeption der Ekklesiologie: Kirche ist in Geschichte, aber nichts Geschichtliches.

Methodik aus den historischen Nachbardisziplinen einschließlich der Aneignung dort entwickelter methodischer Innovationen definieren.[30] Es zeigt sich damit: Kirchengeschichtsschreibung selbst ist in die fundamentaltheologische Grundkonstellation der Kirche eingespannt, sie bearbeitet sie aber nicht.

Kirchengeschichtsschreibung stellt in ihrer historisch-kritischen Methodik die Materialien für die Analyse der strukturell fundamentaltheologischen Situation der Kirche in der Moderne zur Verfügung, sie kann von ihren Voraussetzungen her diese fundamentaltheologische Situation in ihrer pastoralen Problematik aber nicht bearbeiten. Denn wohl sieht sie es als ihre Aufgabe an, ihre eigene Methodik und speziell ihre Relevanz für den theologischen Gesamtdiskurs zu legitimieren; worum sie sich auch nicht ohne Erfolg bemüht, wenn auch in forschungspraktisch augenscheinlich folgenloser Weise, weshalb dann die Widersprüchlichkeit dieser Versuche ihrerseits folgenlos bleiben kann. Die historisch-kritische Kirchengeschichtsschreibung der Gegenwart aber kann - und will wohl auch[31] - nicht in den Rücken der eigenen Methodik blicken. Denn sie selbst ist eben gerade nicht innerhalb der Spannung von Eigenem und Fremdem situiert, sondern - methodengeschichtlich gesehen - im Fremden, insofern die historisch-kritische Methode ihre theologische Karriere zuerst als Entplausibilisierungsstrategie der Geltungsansprüche systematisch-theologischer Begriffe startete.[32]

Wenn aber die nächstliegende Disziplin, die moderne historisch-kritische Kirchengeschichtsschreibung, als Methode der Wahl aus den geschilderten Gründen und zuletzt wegen der ihr immanenten methodischen Aufhebung der Spannung von Eigenem und Fremdem - so sehr diese dann auch in der materialen Durchführung ihres Vorgehens wieder virulent werden mag - für

---

[30] So wird (vor allem in der französischen, neuerdings auch in der deutschen) Kirchengeschichtsschreibung etwa das Konzept der Mentalitätsgeschichte rezipiert, was zweifelsohne zu neuen Perspektiven führt. Vgl. dazu: *A. Rieks*, Die französische Sozial- und Mentalitätsgeschichte als Basis einer Geschichte der glaubenden Menschen, in: Zeitschrift für Kirchengeschichte 101(1990) 58-77. Charakteristischerweise werden allerdings frömmigkeits- und vor allem sozialgeschichtliche Forschungen zur Religion in Deutschland (vgl. etwa die Arbeiten von Altermatt, Kaufmann, Gabriel, Schieder, Loth, Klönne, Ebertz, Nipperdey, Busch) weiterhin überwiegend in nicht-theologischen Disziplinen geleistet. Siehe dazu den Forschungsüberblick von *G. Kehrer*, Religionsgeschichte Deutschlands im 19. und 20. Jahrhundert. Religionswissenschaftliche Überlegungen, in: Zeitschrift für Religionswissenschaft 1(1993) 93-104. Die Notwendigkeit eines erweiterten Methodenspektrums wird zunehmend auch im Umfeld der katholischen „Kommission für Zeitgeschichte" gesehen; siehe hierzu: *R. Lill*, Der deutsche Katholizismus in der neueren histori-schen Forschung, in: U. v. Hehl/K. Repgen (Hrsg.), Der deutsche Katholizismus in der zeitgeschichtlichen Forschung, Mainz 1988, 41-63, sowie *U. v. Hehl*, Umgang mit katholischer Zeitgeschichte. Ergebnisse, Erfahrungen, Aufgaben, in: K.D. Bracher u.a. (Hrsg.), Staat und Parteien (FS R. Morsey), Berlin 1992, 379-395. Zur aktuellen Theoriediskussion in der kirchlichen Zeitgeschichtsschreibung siehe: *A. Holzem*, Geßler-Hüte der Theorie? Zu Stand und Relevanz des Theoretischen in der Katholizismusforschung, in: Theologische Quartalschrift 173(1993) 272-287, sowie das Themenheft „Zur Historik kirchlicher Zeitgeschichte", in: Kirchliche Zeitgeschichte 5(1992) Heft 1.

[31] Denn sie selbst mußte sich immerhin ihre Legitimität gegen die regulierende Vorherrschaft des dogmatischen Diskurses einigermaßen schwer erkämpfen. Es ist daher verständlich, wenn sie dieses erreichte methodische Freiheitsniveau nicht gefährden möchte.

[32] Vgl. *G. Schwaiger* (Hrsg.), Historische Kritik in der Theologie. Beiträge zu ihrer Geschichte, Göttingen 1980.

eine Analyse der fundamentaltheologischen Grundkonstellation der Kirche als pastoraler Institution in der Moderne nicht hinlänglich geeignet zu sein scheint, dann liegt es nahe, innerhalb des Methodenspektrums jenes Teildiskurses der Theologie zu suchen, welcher das Eigene thematisiert und dabei auf Zeugnisse der Vergangenheit zurückgreift.

Im systematisch-theologischen Diskurs der Theologie und damit jenseits der Kirchengeschichte finden sich nun aber mit der Theologiegeschichte und der Geschichtstheologie zwei differente prominente Methodiken der Thematisierung des Vergangenen. Auch sie gilt es, auf ihre Tauglichkeit für eine der fundamentaltheologischen Grundsituation der Kirche in der Moderne adäquate Analysemethodik hin zu untersuchen.

Nimmt man Theologie und Geschichte als die beiden zentralen möglichen Variablen im systematisch-theologischen Annäherungsprozeß an die Vergangenheit, dann wird deutlich, daß Geschichtstheologie wie Theologiegeschichte jeweils eine der beiden Größen invariant setzen, um die andere variabel zu halten. Wird in der Theologiegeschichte das vorgängig definierte Eigene der Theologie, die zentralen Begriffe ihres Diskurses, durch das ihnen Fremde, die Geschichte, hindurch verfolgt, so in der Geschichtstheologie die in ihrer Verfaßtheit als erkennbar vorausgesetzte Geschichte unter durchaus differenten theologischen Kategorien begriffen.

So eignet der Theologiegeschichte notwendig eine pluralisierende, der Geschichtstheologie aber eine homogenisierende Funktion: Theologiegeschichte, gar als Dogmengeschichte, ist denn auch wesentlich ein theologisches Projekt der Neuzeit. Geschichtstheologie hingegen ist bereits mit der Bibel unmittelbar gegeben und spätestens seit Eusebius und Augustinus zentrales Instrument theologischer Wirklichkeitsinterpretation. Bis vor kurzem scheute solcherart theologische Reflexion nicht davor zurück, sehr unmittelbar konkrete historische Ereignisse als unmittelbares Handeln Gottes zu identifizieren.[33]

In ihrer pluralisierenden Funktion ist Theologiegeschichte unmittelbar ein Resultat des modernen Wissenschaftsprojekts. Wie die historisch-kritische Kirchengeschichtsschreibung, deren Methodenarsenal sie im wesentlichen übernimmt, steht sie auf dem Boden des der Theologie ursprünglich Fremden, wählt sich aber als Objekt ihres wissenschaftlichen Forschens nicht die Ereignisse der klassischen Kirchengeschichte, sondern die zentralen Begriffe des methodisch reflektierten Diskurses der Kirche, mithin der Theologie.

Die Thematisierung des Vergangenen innerhalb des systematisch-theologischen Diskurses ist dabei von zwei signifikanten Entwicklungen gekennzeichnet: von der Historisierung des dogmatischen und vom Konkretionsverlust des geschichtstheologischen Diskurses. Wurde Geschichtstheologie konkretions-

---

[33] Zur Problematik der Rede vom Handeln Gottes in der Welt: *M. Beintker*, Die Frage nach Gottes Wirken im geschichtlichen Leben, in: Zeitschrift für Theologie und Kirche 90(1993) 442-461; *Th. Schneider*/*L. Ullrich* (Hrsg.), Vorsehung und Handeln Gottes, Leipzig 1988; *H. Kessler*, Der Begriff des Handelns Gottes, in: H. U. v. Brachel/N. Mette (Hrsg.), Kommunikation und Solidarität, Freiburg/Schweiz 1985, 117-130.

fern,[34] so zeigt sich die Theologiegeschichtsschreibung als historisierender Diskurs und daher, gemessen an den genuinen Relevanz- und Geltungsansprüchen des systematisch-theologischen Diskurses, als eine seiner depotenzierten Varianten. Was aber läßt die Theologiegeschichte tendenziell theologievergessen, die Geschichtstheologie aber geschichtslos werden?

Eine Antwort kann im Blick auf den skizzierten Prozeß der Pluralisierung des Wissens und der Institutionen in der Moderne versucht werden. Denn sowohl die Historisierung des dogmatischen wie der Konkretionsverlust des geschichtstheologischen Diskurses der Theologie sind offenkundig ein notwendiges Folgeprodukt des Verlustes der theologischen Kontrolle über den wissenschaftlichen Diskurs. Dieser Kontrollverlust charakterisiert aber die Wahrnehmung der Moderne durch die Theologie, noch einmal unabhängig davon, welche Entwicklung und Selbstdefinition dieser nun neu entstehende nicht-theologische Diskursraum intern selbst in seiner eigenen Diskursgeschichte vollzogen hat, eine Entwicklung übrigens, die implizit und explizit ja bis heute noch (und gerade) bei ihren eifrigsten Gegnern in einer spezifischen Abgrenzungs- und Bezugskontinuität zu ihren theologischen Ursprüngen steht.[35]

Nun konfrontiert der moderne Kontrollverlust über den wissenschaftlichen Diskurs die Theologie mit einer doppelten Pluralität: einer des Außen wie einer des Innen. Die Außenpluralität entsteht mit dem Verlust des kirchlichen Deutungsmonopols von Welt in allen ihren Phänomenen. Dieser Monopolverlust ist zunächst nur ein Ereignis des wissenschaftlichen Diskurses, prägt aber schließlich, zumindest in den Industrienationen des entwickelten Westens, gesellschaftliche, seit neuestem auch innerkirchliche Realität.

---

[34] So konstatiert *Kasper*, Geschichtstheologie, 326, daß „eine theologische Deutung *einzelner* geschichtlicher Ereignisse außerhalb der Heilsgeschichte unmöglich" sei, „da uns die Offenbarung darüber faktisch nichts sagt." *Brauer,* Theologie im Horizont der Geschichte, 389f, kommt zum Ergebnis, Geschichte sei „zwar zu einem maßgeblichen Thema" der neueren geschichtstheologischen Entwürfe geworden, „doch haftet ihren Ausführungen eine gewisse Distanz zu den realen geschichtlich-gesellschaftlichen Konflikten an." Es scheine, „daß die Geschichte als jener Ereignis- und Sinnzusammenhang, der das Handeln und Denken des Menschen ermöglicht und umgreift, hier theologisch bewältigt und schon begriffen ist, bevor überhaupt erst die konkrete Geschichtswirklichkeit wahrgenommen worden ist." Nur die lateinamerikanische Theologie der Befreiung habe sich wieder zum „empirischen Geschichtsverlauf" hingewandt und den Versuch einer „theologischen Interpretation seiner Geschehniszusammenhänge und soziopolitischen Strukturen" unternommen.

[35] Wofür ein Zitat aus der prononciert theologiekritischen angelsächsischen Philosophie relativistischen Einschlags stehen soll. R. *Rorty* schreibt zur Begründung seiner Auffassung, „wonach das Ich ein mittelpunktloses Netz ist", einer Auffassung also, welche immerhin diametral zur klassischen Subjektphilosophie steht, die ihrerseits in ihren zahlreichen Varianten für die nach-theologische Philosophietradition als konstitutiv gelten kann: „Die Anregung zu einer leichtfertigen Haltung gegenüber traditionellen philosophischen Themen dient dem gleichen Zweck wie die Anregung zu leichtfertigem Verhalten gegenüber Themen der theologischen Überlieferung. Ebenso wie die Entstehung umfassender Marktwirtschaften, die zunehmende Alphabetisierung, die Vermehrung künstlerischer Genres und der unbekümmerte Pluralismus der zeitgenössischen Kultur ist auch diese philosophische Oberflächlichkeit und Leichtfertigkeit ein Mittel zur weiteren Entzauberung der Welt". (Solidarität oder Objektivität?, Stuttgart 1988, 107f). Seit Nietzsche gilt: noch die Überwindung selbst eines subjektphilosophisch zurückgenommenen Substantialismus wird als endgültiger Sieg über die Theologie gefeiert.

Doch nicht nur diese außertheologische Pluralität entstand mit dem Kontrollverlust der Theologie über den wissenschaftlichen Diskurs, auch ihre eigenen Themen konnten nun alternativ und somit plural verhandelt werden. Die modernen Wissenschaften nahmen der Theologie nicht nur Zuständigkeiten am Rande weg, sondern entwickelten selbst eigene Perspektiven auf die Religion(en) und ihre zentralen Inhalte. Damit war die Theologie gezwungen, den Geltungsanspruch ihrer Aussagen hinreichend vor nicht-theologischen Relativierungsversuchen zu schützen. Beide Pluralisierungszumutungen berühren massiv die systematisch-theologische Möglichkeit, Vergangenheit zu thematisieren.

Klassische Geschichtstheologie gerät im entstehenden pluralen Spiel der nicht-theologischen Interpretationsvarianten historischer Realität gerade außendiskursiv in ein nicht aufhebbares Legitimationsdefizit. Wenn es denn gerade die historische Seite des „Projekts Aufklärung“ ausmacht, daß die Chronologie nach der Geschichte ausgerichtet wird und nicht umgekehrt die Geschichtsschreibung nach der Chronologie, daß man also sich nicht transhistorischer Interpretamente bedient, welche die historische Realität nach unterstellten Ausgang- und Endlagen begreifen, man vielmehr „die geschichtliche Zeit nach Kriterien zu ordnen“ beginnt, „die sich erst aus der Erkenntnis der Geschichte selbst ableiten ließen“[36], wie R. Koselleck dieses Aufklärungsprojekt resümiert, dann kommt die Geschichtstheologie vor die Alternative, entweder gerade in jenem Feld, das sie doch interpretieren will, die allgemeine historische Entwicklung, nicht mehr als relevanter Gesprächspartner ernst genommen zu werden, also zu einer rein binnenkirchlichen Interpretation außerkirchlicher Vorgänge zu geraten. Oder aber Geschichtstheologie wird sich selbst soweit zurückzunehmen, daß ihre nunmehr nur noch sehr allgemeinen Aussagen zur konkreten Geschichte derart irrelevant für die nicht-theologische Interpretation historischer Vorgänge werden, daß man solch eine theologische Gesamtinterpretation gerade deshalb zuläßt, weil sie zu einzelnen historischen Fakten nichts mehr zu sagen hat.

Die naiv-identifikatorischen und in der Neuzeit nicht selten denunziatorischen theologischen Qualifikationen historischer Vorgänge erwiesen sich im Prozeß der gesellschaftlichen Beschleunigung jedoch zu schnell als revisionsbedürftig, sie verfallen zu schnell dem Ideologieverdacht interessensgeleiteter Absicherung politischer Optionen durch theologische Legitimation, als daß solches Vorgehen auch nur aus Gründen der Wahrung einer gesamtgesellschaftlichen Restautorität noch möglich wäre. Die „Säkularisierung der Geschichte“ in der Vertreibung Gottes aus ihrer Beschreibung hat früh, im Spätmittelalter bereits, begonnen[37], und nunmehr auch die Theologie selbst erreicht.

---

[36] *Koselleck*, Moderne Sozialgeschichte und historische Zeiten, 178.

[37] Die Möglichkeit einer eigenen Kirchengeschichtsschreibung setzt dabei diese „Säkularisierung der Geschichte“ bereits voraus: „Kirche als eigenes Thema einer historiographischen Wissenschaft war an das Zurücktreten der allgemeinen geschichtstheologischen Betrachtungsweise der Gesamtgeschichte geknüpft, ein Prozeß, der seit dem 12., deutlicher seit dem 14. Jahrhundert im Gange war“ (*Seeliger*, Kirchengeschichte - Geschichtstheologie - Geschichtswissenschaft, 23).

Christliche Geschichtstheologie hatte sich zwischen einem außertheologisch nicht-kommunikablen Konkretismus einerseits und einem für die konkrete Erfassung von Geschichte irrelevanten Konkretionsverlust andererseits zu entscheiden. Ihre reale Entwicklung scheint sich auf die zweite Variante eingespielt zu haben.

Exakt der seitenverkehrte Prozeß aber führt zur Genese der Theologiegeschichtsschreibung. Sie wird nun die primäre Form systematisch-theologischen Vergangenheitszugangs. Sie *transformiert* sich nicht, wie die Geschichtstheologie, im Kontext wissenschaftlicher Außenpluralität, sondern sie *entsteht* überhaupt erst als Ergebnis eines Konfrontationsprozesses mit der nun aufgedeckten historischen Innenpluralität von Theologie. Dieser Konfrontationsprozeß wird spätestens dann unvermeidbar, wenn der außertheologische wissenschaftliche Diskurs sich selbst der synchronen Pluralität von Kirche und Theologie (meist in kritischer Absicht) annimmt und damit ahistorische Systemfiktionen der Theologie unterläuft.

Geschichtstheologie zieht sich in der diskursiven Pluralität der Moderne auf eine geschichtsferne Prinzipienebene zurück, Theologiegeschichte aber restringiert sich auf eine positivistisch erfaßte Tatsachenebene. Zwischen Theologie und Geschichte hat damit eine merkwürdige Prädikatsvertauschung stattgefunden. Vergangenheitsgerichtete systematisch-theologische Beschäftigung wird im Umgang mit dem Konkreten an sich, dem historischen Prozeß, zunehmend unkonkret, im Umgang aber mit der eigenen systematischen Tradition zunehmend detailliert - und dies in einem auch nicht-fachinterne Forscher beeindruckenden Maße. Beide Vorgänge aber folgen aus der neuzeitlichen Pluralität und sind Ergebnis des Kontrollverlusts der Theologie über den wissenschaftlichen Diskurs.

Geschichtstheologie erreicht zwar das Nicht-Diskursive - es ist ja gerade ihr eigentliches, theologisch zu identifizierendes Thema - doch spricht sie von ihm im Rahmen der kritischen und unaufhebbaren modernen Interpretationspluralität der Wirklichkeit nurmehr noch zurückgenommen auf einige wenige Prinzipienaussagen.[38] Im pluralen Wissensangebot der modernen Gesellschaft transformiert sich christliche Geschichtstheologie damit notwendig von einem horizontumgreifenden gesellschaftlichen Selbstinterpretament zu partikulärer Geschichtsdeutung. Sie gerät zudem dann in die Pluralität divergierender Legi-

---

[38] So etwa bei *Kessler*, Der Begriff des Handelns Gottes, wo es - handlungstheoretisch gewendet - heißt: „Von Gott als Handelnden her zu denken und zu leben, bedeutet daher jedes in sich geschlossene und sich selbst absolut setzende Weltbild und Verhaltensmuster aufzubrechen und eine offene (relational-kommunikative) Ontologie und Praxistheorie zu konzipieren, die sich für den jeweils anderen in seiner Alterität offenhält" (129). Es fand mithin eine bemerkenswerte Verschiebung statt: bildete die Rede vom Handelns Gottes früher einen (ideologieanfälligen) Diskurs zur Identifikation kontingenter Ereignisse als religiös und somit unbedingt bedeutsam, so bekommt sie jetzt eine wesentlich ideologiekritische Funktion. Dieser Wandel der Funktion des Gedankens vom „Handeln Gottes in der Geschichte" fokumentiert die beschriebene Entwicklung der Geschichtstheologie unmittelbar. Vgl. auch: *L. Weimer*, Wodurch kam das Sprechen von der Vorsehung und Handeln Gottes in die Krise? Analyse und Deutung des Problemstandes seit der Aufklärung, in: Th. Schneider/L. Ullrich (Hrsg.), Vorsehung und Handeln Gottes, Freiburg/Br.-Basel-Wien 1988, 17-71.

timationstheorien spezifischer gesellschaftlicher Interessen und wird schließlich selbst als solch eine Legitimationstheorie verstanden.

Gegen beide Vorgänge gab es erhebliche innertheologische Gegenbewegungen, beide Gegenbewegungen besaßen auch aus nachvollziehbarem Grund enorme innerkirchliche Relevanz. Denn in ihnen ahnte die Kirche die Brisanz jener Lücke, welche entsteht, wenn sie dem Programm nachgibt, sich innerhalb der eigenen theologischen Systematik dem Geschichtsprozeß entweder nur noch positivistisch in einer Historisierung eben ihres eigenen systematischen Diskurses zu nähern, oder aber die Entkonkretisierung ihres theologischen Begreifens der Geschichte zu betreiben.

Die angesprochenen Gegenbewegungen setzen in ihrer Kritik exakt am unthematisierten problematischen Kern der beiden geschilderten Entwicklungen des theologischen Diskurses, also ihrem Status als Reaktionen auf die moderne Pluralitätskonfrontation, an. Diese Gegenbewegungen wurden zwar nicht vom kirchlichen Lehramt initiiert, von ihm aber schließlich aufgegriffen und über lange Zeit intensiv propagiert.

Gegen die Historisierung des theologischen Diskurses steht das Projekt einer scholastischen Renaissance, programmatisch formuliert in der Enzyklika „Aeterni Patris“ Leos XIII. aus dem Jahre 1879[39]; gegen die Enttheologisierung der Geschichtsbetrachtung - außertheologischer Vorläufer der innertheologischen Entkonkretisierung der Geschichtstheologie - aber definierte die Kirche jetzt sich selbst betont als Objekt versicherbarer Identifizierbarkeit des Göttlichen in der Welt, wurde Kirche als der sicher erkennbare Ort göttlicher Heilsanwesenheit in der Geschichte und autoritativer theologischer Geschichtsinterpretation bestimmt.

Beide Gegenbewegungen sind dabei an eine Voraussetzung gebunden, welche sie prinzipiell, auch auch aktuell in ihrer Wirksamkeit begrenzten. Denn ihr gemeinsames Prinzip ist die Ausgrenzung eben jener Pluralität, deren theologieinternen Folgeproblemen sie begegnen wollen. Beide Gegenbewegungen, die (neo-)scholastische Enthistorisierung des theologischen Diskurses wie die parallel verlaufende, sich zudem immer mehr auf den Papst konzentrierende Inauguration der Kirche als dem exklusiven Auffindungsort des Göttlichen in der Geschichte, setzen voraus, daß die moderne Pluralität weder in den theologischen Diskurs, noch gar in die kirchliche Basisrealität wirklich durchschlägt; beide Gegenbewegungen formieren Kirche wie Theologie zwar in der Pluralität der Moderne, darin aber gegen sie.

Die Tendenz zur Historisierung des theologisch-systematischen Diskurses über die Vergangenheit wie die Entkonkretisierung der Geschichtstheologie kommen damit aber genau dann zum Vorschein, wenn eben diese Voraussetzung einer wirksamen internen Pluralitätsabschottung nicht mehr gegeben ist, weil ihre Durchsetzungsmechanismen nicht mehr greifen, wenn also die Moderne selbst in der Kirche ankommt. Dies aber ist gegenwärtig der Fall.

---

[39] Siehe hierzu R. *Aubert*, Die Enzyklika „Aeterni Patris“ und die weiteren Stellungnahmen zur christlichen Philosophie, in: Christliche Philosophie im katholischen Denken des 19. und 20. Jahrhunderts, hrsg. v. E. Coreth/W. Neidl/G. Pfligersdorfer, Graz-Wien-Köln, Bd. II: 1988, 310-332.

Damit aber stellt sich der Kirche (und damit auch der Theologie) ganz neu die Frage, wie sie sich unter den Bedingungen einer auch *in ihr selbst durchgesetzten* pluralen Moderne systematisch-theologisch zur Vergangenheit stellt. Sie kann ihren Diskurs jetzt nicht mehr länger vor den Pluralitätszumutungen der Moderne immunisieren, doch bleibt es auch defizitär, wenn sie sich mit der positivistischen Aufarbeitung ihrer eigenen Denkgeschichte begnügt, oder sich andererseits mit einer Geschichtstheologie begnügt, welche sich angesichts der Interpretationsmacht nicht-theologischen Wissens über die historischen Fakten jeglicher konkreter Deutungen historischer Fakten enthält. Beide Methodiken erreichen die wissenschaftlich-diskursive wie gesamtekklesiale kirchliche Realität nicht an jenem historischen Punkt, nicht in jener Phase des historischen Prozesses, an dem sie sich befindet: in der irreduziblen Pluralität der Moderne.

Denn der Anspruch der Theologie scheint für die Reflexion der kirchlichen Realität als seiner pastoralen Institution im Falle der Theologiegeschichte systematisch zu weit zurückgenommen, als daß er über historische Feststellungen hinausgehende systematisch-theologische Analyserelevanz besäße, oder aber, so im Falle der Geschichtstheologie, als theologisch zu forciert, was sich unter anderem dadurch zeigt, daß er im konkreten Vollzug permanent mittels Entkonkretisierung kompatibel gemacht werden muß. Beide Methodiken scheinen zu stark (und zu selbstverständlich) der Innen- beziehungsweise der Außenperspektive der Theologie verpflichtet, als daß sie jene Spannung von Innen- und Außenperspektive wirklich in den Blick bekommen, welche für die fundamentaltheologische Grundsituation der Kirche als pastoraler Institution in der Moderne so charakteristisch ist.

Thematisiert die Theologiegeschichte, ähnlich wie die Kirchengeschichtsschreibung, für unser Untersuchungsinteresse zu wenig, so die Geschichtstheologie zu viel. Agiert Theologiegeschichte auf dem Feld moderner wissenschaftlicher Methodenpluralität und Methodenfreiheit, so Geschichtstheologie im klassischen Anspruchsfeld des systematisch-theologischen Diskurses, jedoch mit reduziertem Behauptungswillen. Das Problemfeld zwischen Anpruch und Relativierung wird so zwar bearbeitet und dadurch auch sichtbar, es wird in seiner Bearbeitung aber zugleich tendenziell wieder verdeckt. Notwendig für unsere Untersuchung in pastoraltheologischer Absicht ist aber eine Methodik, die das beschriebene Spannungsfeld nicht nur sichtbar macht, sondern auch sichtbar hält.

Zu suchen wäre eine Methodik, der die oben beschriebene strukturell fundamentaltheologische Grundkonstellation der Kirche in der Moderne nicht dadurch wieder aus dem Blick kommt, daß sie in den Prinzipien ihres eigenen Vorgehens selbst diese Grundkonstellation in die eine oder andere Richtung bereits auflöst und so entproblematisiert. Die Theologiegeschichte neigt hierzu aufgrund ihrer historisch-kritischen Methodik, welche ihr die Annahme einer letzten Unüberbrückbarkeit der von ihr festgestellten Differenz von Innen- und Außenperspektive kirchlicher Existenz nahelegt, das Problem ihrer Vereinbarkeit zumindest offen läßt. Geschichtstheologie hingegen kann zuletzt als Versuch gewertet werden, genau diese Differenz in einem theologisch-spekulativen Aufschwung hinter bzw. unter sich zu lassen und die Kontingenz, Pluralität und Relativität historischer Fakten in ein theologisches Gesamtkonzept von Geschichte hinein aufzuheben.

Es geht um die Beschreibbarkeit von Kirche als pastoraler Institution in ihrer strukturell fundamentaltheologischen Konstitutionssituation in der Moderne. Gelänge die Herstellung dieser Beschreibbarkeit am historischen Objekt, würden im übrigen auch die beiden traditionellen systematisch-theologischen Zugangsweisen zur Vergangenheit in ihren genuinen Plausibilitätsmomenten näher eingrenzbar und somit der kontrollierte Umgang mit diesen Methodiken erleichtert. Denn die Theologie muß sich selbst natürlich aufklären sowohl über die Geschichte der Behandlung ihrer Themen wie über das theologische Thema der Geschichte, sie braucht notwendig Theologiegeschichte und Geschichtstheologie: die in der Moderne irreversibel eröffnete, auch wahrgenommene, methodisch aber noch nicht hinlänglich fruchtbar gemachte Kluft zwischen beiden aber ist zum Problem geworden, nicht zuletzt zu einem Problem der verfügbaren Methoden theologischer Thematisierung von Vergangenheit.

Zwischen einer immer noch weitgehend ideengeschichtlich orientierten Theologiegeschichte[40], für die forschungspraktisch alle eindrucksvollen Versuche einer „Theologie der Geschichte" merkwürdig folgenlos blieben[41], und einer Geschichtstheologie, welche nach dem Scheitern des Projekts, Kirchengeschichte als Heilsgeschichte zu schreiben[42], sich jeglicher theologischer Qualifikation konkreter historischer Ereignisse außerhalb der biblischen Heilsgeschichte endgültig enthält, zwischen der methodischen und nur von ihrem Objekt her nicht sofort erkennbaren Theologieabstinenz der Theologiegeschichte also und der Geschichtsferne neuerer Geschichtstheologie andererseits, gälte es einen Zugang zur konkreten kirchlichen Vergangenheit zu suchen, welche Theologie und konkrete Geschichte nicht je alternativ in einen Subjekt-/bzw. Objektstatus zueinander rückt, sondern das Eigene der Theologie und die Pluralität der Vergangenheit in ein multiperspektivisches Feld pluraler Erkenntnisrelationen bringt.

Zu finden wäre er, wenn es gelänge, eine methodische *Außenperspektive* auf beides, Theologie wie konkrete Geschichte, zu finden, welche in der Lage wäre, das Thema beider festzuhalten, ohne eines von beiden zum selbst festgestellten Prinzip der Feststellung des anderen zu machen. Wo die moderne Methodendifferenzierung der Theologie neben ihrem unbestreitbaren Erkenntnisgewinn Lücken der Beschreibbarkeit läßt, ist nach einer Methode zu suchen, die quer zu dieser Form der Methodendifferenzierung angesiedelt ist. Eine der strukturell fundamentaltheologischen Situation der Kirche in der Moderne angemessene Analysemethodik in pastoraler Absicht sollte quer zur

---

40 Eine wirklich *sozialgeschichtlich* angelegte Theologiegeschichte bildet nach wie vor ein Forschungsdesiderat.

41 Wie ja auch bekanntlich die Diskussion um den theologischen Status historisch-kritischer Kirchengeschichte forschungspraktisch nie wirklich wirksam wurde.

42 Vgl. *Seeliger*, Kirchengeschichte - Geschichtstheologie - Geschichtswissenschaft, 105, mit Hinweis auf entsprechende Feststellungen O. Köhlers und V. Conzemius'.

Struktur eines Methodenfeldes ansetzen, das letztlich, um wieder in Disziplinen zu sprechen, vom dogmatischen bzw. dem historischen Teildiskurs strukturiert wird. Sie hätte vielmehr selbst eine Perspektive einzunehmen, die in der Lage ist, beide Variablen, den Anspruchscharakter der theologischen Begriffe wie den konkreten historischen Prozeß in ihrem gegenseitigen Verhältnis zu thematisieren.

Wie bei jeder Überschreitung der Grenze des Eigenen sind dafür nicht nur Kenntnisse vom anderen notwendig, sondern ein Horizont, der das Eigene wie das Fremde umfaßt, und es daher erlaubt, sich zwischen dem Eigenen und dem Fremden kontrolliert zu bewegen. Dieses Vorgehen ist gerade vor dem Anspruch des theologischen Zentralbegriffs, des Gottesbegriffs, legitim und auch Basis etwa des fundamentaltheologischen Projekts. Denn die katholische Theologie hält in einer für sie zentralen Theorie fest, daß der innerste Grund des Glaubens, Gott selber, auch die Basis des Umgangs mit dem Nicht-Glaubenden, also auch mit dem methodisch atheistischen, nicht-theologischen wissenschaftlichen Diskurs ist, daß es, in Disziplinen gesprochen, eine letzte Integration von Dogmatik als der Selbstbesinnung des Glaubens, mit der Fundamentaltheologie, als der Definition des Glaubens im Horizont des kognitiv Anderen, gibt.[43]

Die fundamentaltheologische Konfrontation des Eigenen des Glaubens mit Außenperspektiven geschieht traditionell inhaltlich-material in der Auseinandersetzung mit der neuzeitlichen Religionskritik oder in der Konfrontation mit alternativen Religionen und Konfessionen. Sie kann aber auch dadurch geschehen, daß Kirche und Theologie ihrerseits unter einen spezifischen gemeinsamen analytischen Horizont geraten. Es ist Aufgabe der Theologie, einen theologischen Begriff von den ihr dann präsentierten Außenperspektiven auf die Konstitutionsprinzipien der Kirche und damit auf ihre ekklesiale Realität zu erarbeiten.[44]

Wenn aber der Praktischen Theologie die Reflexion auf die konkrete Gegenwartssituation der Kirche als pastoraler Institution aufgegeben ist und sie die je gegenwärtigen Möglichkeiten des Kircheseins zu erkunden und projektieren hat, dann ist es weiterführend, wenn sich die Praktische Theologie die Vor-

---

[43] Basis nicht der unterschiedslosen Identifikation von Glaube und Wissen, theologischem und nicht-theologischem Diskurs, Vernunft und Offenbarung, wohl aber von deren wechselseitiger Kompatibität, ist im übrigen die Universalität Gottes selbst. Gott selbst ist der Horizont, der das Eigene und das Fremde, Glaube und Nicht-Glaube, Vernunft und Offenbarung, Himmel und Erde umfaßt. Aufgabe des fundamentaltheologischen Projekts ist daher auch die Reflexion auf die theologischen Möglichkeitsbedingungen der eben beschriebenen Denkbewegung der Definition des Eigenen im Horizont des jeweils anderen, also der Plausibilisierung des theologischen Denkens vor nicht-theologischem Denken.

[44] So groß die Versuchung zur autoritären Perspektivenreduktion und -abblendung auch sein mag. Dies zeigt sich etwa an der - pastoraltheologisch höchst wichtigen - Problematik des Zusammenhangs von theologischen und historischen/soziologischen Aussagen über die Kirche, deren Kontrastminimierung wohl eines der Hauptintentionen des religiösen Fundamentalismus katholischer Prägung darstellen dürfte. Vgl. *M. N. Ebertz*, Fundamentalismus im Katholizismus - religionssoziologische Thesen und Notizen, in: Die Neue Gesellschaft/Frankfurter Hefte 36(1989) 223-233.

geschichte ihrer Gegenwart in einer Methodik bewußtmacht, welche der Grundkonstellation dieser Gegenwart entspricht.

Gerade eine methodisch an der Grundkonstellation der Kirche in der Moderne orientierte Analyse der Kirche in der Moderne dezentriert die Theologie nicht, sondern *konzentriert* sie auf ihre zentralen Themen[45]. Dieser Zusammenhang war bereits auf dem Felde des Wissenschaftlich-Diskursiven die Möglichkeitsbedingung des fundamentaltheologischen Projekts als einer Unternehmung moderner Theologie gewesen.

Nun bieten sich zwei solcher Außenperspektiven für eine Analyse der Geschichte von Kirche als pastoraler Institution in der Moderne an, in welcher das für diese Phase der Kirchengeschichte typische Moment einer irreduziblen Pluralisierung und Relativierung von kirchlicher Institution und Diskurs in den Blick genommen werden kann.

Zum einen liefert seit längerem die Religonssoziologie sowohl großflächige wie detaillierte Analysen der wechselseitigen Durchdringung von Religion bzw. Kirche mit der sie umgebenden, sie bestimmenden, von ihr aber auch beeinflußten Gesellschaft[46]. In diesen religionssoziologischen Forschungen wird die differenzierte Analyse der Strukturen moderner Gesellschaften zur Basis der Analyse historischer religiöser und/oder kirchlicher Prozesse, in der - leider wenig ausgebauten - wissenssoziologischen Variante dann auch von deren wissenschaftlich-theologischen Formen.[47] Die beeindruckende Analysekompetenz dieses Vorgehens beruht auf der Stabilität eines extern gewonnen Erkenntnisrahmens, einer methodischen Außenperspektive, welche von der Soziologie bereitgestellt wird. Die Ergebnisse solcher Untersuchungen können ohne Zweifel als „Grundlagenarbeit zu einer interdisziplinär ausgerichteten Praktischen Theologie“[48] verstanden werden.

Möglich ist aber auch die Suche nach einer weniger material vordefinierten, einer formaleren Außenperspektive, in der den inneren Relationen zwischen dem theologischen Diskurs (einschließlich seiner Plausibilitätsansprüche), kirchengeschichtlichen Vorgängen und außerkirchlicher Geschichte nachzugehen wäre. Die Analysekompetenz eines solchen Vorgehens beruht auf der Suche nach den Verhältnissen zwischen den verschiedenen isolierbaren Komponenten im kirchlich-theologischen Dispositiv, wobei der Begriff des Dispositivs hier mit Foucault als ein „entschieden heterogenes Ensemble, das Diskurse, Institutionen, architekturale Einrichtungen, reglementierende Entscheidungen,

---

45 Hingegen scheint es mir eine eminente Gefahr vieler theologischer Disziplinen zu sein, die Theologie (ungewollt) zu dekonzentrieren, insofern sie die modern sukzessiv übernommene rationalistische Wissenschaftsmethodik dazu verwenden, gerade nicht das Eigene im Horizont des Anderen zu denken, sondern das Andere im Horizont des Eigenen zu instrumentalisieren. Potentielle Konflikte eskalieren daher dort, wo es mit rationalistischer Methodik inhaltlich um die Quellen der Theologie in Schrift und Tradition geht: in Exegese und Dogmengeschichte.

46 Hier sind für den katholischen Bereich vor allem die wegweisenden Arbeiten von K. Gabriel und F.-X. Kaufmann zu nennen.

47 Vgl. dazu: *F.-X. Kaufmann*, Wissenssoziologische Überlegungen zu Renaissance und Niedergang des katholischen Naturrechtsdenkens im 19. und 20. Jahrhundert, in: E.-W. Böckenförde/F. Böckle (Hrsg.), Naturrecht in der Kritik, Mainz 1973, 126-164.

48 *Gabriel*, Christentum zwischen Tradition und Postmoderne, 10.

Gesetze, administrative Maßnahmen, wissenschaftliche Aussagen, philosophische, moralische oder philanthropische Lehrsätze, kurz: Gesagtes ebensowohl wie Ungesagtes umfaßt", definiert werden soll. Das Dispositiv ist für Foucault das „Netz, das zwischen diesen Elementen geknüpft werden kann" und damit eine „Formation, deren Hauptfunktion zu einem gegebenen historischen Zeitpunkt darin bestanden hat, auf einen Notstand zu antworten".[49]

Da sich die Methodik einer Analyse des theologischen Diskurses im Innern des kirchlichen Dispositivs bewegt und dabei zudem die Geltungsansprüche des systematisch-theologischen Diskurses im Blick behält, scheint es aussichtsreich, derart von der Analyse historischer Konstitutionsprinzipien von Kirche in der Moderne tatsächlich zu weiterführenden Analysen von Kirche in der Gegenwart zu gelangen. Die angezielte Übereinstimmung von analytischer Methode und Analyseobjekt im oben als strukturell fundamentaltheologisch beschriebenen und eben modern konstitutiven Kontrast von Innen- und Außenperspektive eröffnet neben der Möglichkeit, Diskursives wie Nichtdiskursives integral zu betrachten - und dies jenseits der bloßen ideologiekritischen, meist recht monokausalen und allzu entlarvungsgewissen Aufdeckung von schlichten Ableitungszusammenhängen zwischen Interesse und Diskurs - die Möglichkeit, von der Vergangenheit zu sprechen und die Gegenwart zu bearbeiten. Denn die Analyse hält sich dann material wie methodisch bereits in jenem Problemfeld auf, das es heute für die Kirche zu bearbeiten gilt.

Die Theologie bildet als strukturiertes Theoriesystem die wissenschaftliche diskursive Praxis der Kirche.[50] Der Diskursbegriff ist für Foucault, im Unterschied etwa zu Jürgen Habermas, eine analytische und keine wissenschaftstheoretisch-normative Kategorie. Er versucht, das Denken von dessen Außenseite her zu erfassen: nicht das sinnintendierende Subjekt, nicht die kommunikativ einholbare Plausibilität des Gedachten, sondern die Praxis des Denkens, seine diskursiven Techniken und Formationen, unter Einschluß dann allerdings einer Analyse seiner Plausibilitätsansprüche und -reichweiten, werden betrachtet. Foucault kann daher den Diskurs sehr formal als „eine Menge von Aussagen", die „einem gleichen Formationssystem zugehören"[51] definieren.

Versucht werden soll im folgenden eine Analyse der deutschen katholischen Kirche des 20. Jahrhunderts in einer Methodik, die der fundamentaltheologischen Grundsituation der Kirche in der Moderne adäquat bleibt. Dies soll nä-

---

49 *M. Foucault*, Dispositive der Macht. Über Sexualität, Wissen und Wahrheit, Berlin 1978, 119f. Foucault kritisiert mit dem Dispositiv-Begriff seine in der „Ordnung des Diskurses" gegebene, noch vorwiegend von einem negativ konnotierten juridischen Machtbegriff ausgehende Verhältnisbestimmung von Macht und Diskurs (vgl. Dispositive der Macht, 104f; siehe dazu: *H. Fink-Eitel*, Michel Foucaults Analytik der Macht, in: F. A. Kittler (Hrsg.), Austreibung des Geistes aus den Geisteswissenschaften, Paderborn-München-Wien-Zürich 1980, 38-78); zu Foucaults historischer Methodik generell: *P. Sloterdijk*, Michel Foucaults strukturale Theorie der Geschichte, in: Philosophisches Jahrbuch 79(1979) 161-184; kritisch dazu: *M. Frank*, Was ist Neostrukturalismus? Frankfurt/M. 1984, 116-258.

50 Vgl. zum Diskursbegriff: *M. Foucault*, Die Ordnung des Diskurses, München 1974; siehe dazu: *R. Brede*, Aussage und Discours. Untersuchungen zur Discours-Theorie bei Michel Foucault, Frankfurt/M.-Bern-New York 1985.

51 *M. Foucault*, Archäologie des Wissens, 156.

herhin geschehen als Analyse des theologischen Diskurses[52] und des ihm zugehörigen Dispositivs an exemplarischen Orten der deutschen katholischen Kirche des 20. Jahrhunderts.

Die Auswahl der untersuchten historischen Konstellationen erfolgte nach dem *Prinzip der größten wahrscheinlichen Konfliktsituation*, die Auswahl der bearbeiteten Texte nach dem *Prinzip der Problemrepräsentativität.* Es muß sich dabei durch die Analysen selbst legitimieren, warum zuerst ein vom Lehramt verdächtigter und schließlich indizierter theologischer Autor (H. Schell), dann gerade Adolf Hitlers theologischer Diskurs samt der Reaktion dreier (später) renommierter Theologen (K. Adam. J. Lortz, M. Schmaus), schließlich ein hoher kirchlicher Amtsträger (Michael Kardinal v. Faulhaber), zuletzt dann ein Feld exemplarischer kirchlicher Orte untersucht werden. Sollten sie sich als nicht nur mögliche, sondern auch als problemsignifikante Orte für die jeweilige kirchliche Situation erweisen, würde allein schon diese Auffächerung der Analyseorte auf tiefgreifende Verschiebungen und Verwerfungen in den Konstitutionsprinzipien der deutschen katholischen Kirche des 20. Jahrhunderts hinweisen.

Der Wandel der analysierten und für repräsentativ zu erweisenden Analyseobjekte vom indizierten, weil des „Modernismus" verdächtigten Apologeten, zum Beziehungsdreieck Amt-Theologie-Politik während der Zeit des Nationalsozialismus und schließlich zu einer Analyse pluraler kirchlicher Orte könnte darauf hinweisen, daß die konstitutiven Trägerstrukturen des kirchlich-theologischen Dispositivs in der Geschichte der deutschen katholischen Kirche offenbar weniger stabil blieben, als es einem ersten Blick erscheinen mag.

Das legt zuletzt die Frage nach den Prinzipien der Kirchenbildung heute nahe. Das II. Vatikanum hat mit seinen Kirchenkonstitutionen, allen voran der „Pastoralen Konstitution über die Kirche in der Welt von heute", programmatische Texte hierfür bereitgestellt. Die vorliegende Arbeit versucht die Probleme zu benennen, welche sich der Kirchenbildung in der Moderne stellen, indem sie jene Konstitutionskonzepte von Kirche darstellt, wie sie den theologischen Diskurs und die pastorale Realität der deutschen katholischen Kirche in der ersten Hälfte dieses Jahrhunderts prägten. Sie unternimmt es auch, jene Situation zu skizzieren, in der sich die deutsche katholische Kirche in Fragen der Kirchenbildung gegenwärtig befindet.

Sie versteht sich damit als ein Beitrag zur Durchführung des vatikanischen Programms.

---

[52] Darunter wird, wie aus dem Gesagten sich unmittelbar ergibt, nicht nur der wissenschaftlich-theologische Diskurs, sondern auch jener des Lehramtes verstanden. Als Analyse des theologischen Diskurses der Moderne werden auch außerkirchliche theologische Diskurse, insoweit der innerkirchliche auf sie reagiert, zu berücksichtigen sein.

II. 1900: DIE INSTALLATION DER DAUER

A. NACH 1789: DIE NOTWENDIGKEIT EINES NEUEN DISPOSITIVS

Die katholische Kirche erkannte sehr schnell, daß die mit der Französischen Revolution[1] sich installierende Gesellschaftsorganisation die traditionellen Konstitutionsprinzipien der Kirche hinfällig werden ließ. Der Schock dieser Erkenntnis erklärt die - nach anfänglicher Sympathie des niederen Klerus - Abwehrreaktion der kirchlichen Hierarchie auf Realität wie Prinzipien der Französischen Revolution. Bereits 1791 hatte Papst Pius VI. seinen Gläubigen zu wissen gegeben, die ganze „absurde Freiheitslüge" liefe nur darauf hinaus, die katholische Religion zu vernichten, widerspräche zutiefst Vernunft und Offenbarung[2]. Gewechselt hatte nicht nur die staatliche Verfassung der Gesellschaft, es war mit dem ancien régime auch jenes Dispositiv zerfallen, das bislang die Kirche getragen hatte.

Nicht so sehr die Tatsache, daß mit der Französischen Revolution die Kirche ihrer bisherigen finanziellen und juristischen Privilegien beraubt wurde, markiert diesen Umbruch, als vielmehr die damit einhergehende Vertreibung des kirchlich-theologischen Diskurses aus der Position einer letzten Legitimationsinstanz des staatlichen Handelns. Denn Politik umfaßt seit der Französischen Revolution nicht nur Taktik und Strategie des täglichen Interessenskampfes, sondern auch die Definition der Organisationsprinzipien des Staates selbst; Politik war nun nicht mehr nur die Verwaltung einer vorgegebenen Ordnung, sondern Gestaltung dieser Ordnung selbst. Die Moderne beginnt mit der Kontingenzerklärung von bislang Nicht-Kontingentem, sie beginnt, wo Zukunft zum Projekt wird.

Indem die Idee der Menschenrechte[3] im sich nun etablierenden öffentlichen kritischen Diskurs an jene legitimatorische Stelle trat, die zuvor die Kirche und der von ihr kontrollierte religiöse Diskurs innehatten, stürzte nicht nur das in religiösen Kategorien legitimierte ancien régime, sondern verlor umgekehrt auch die Kirche ihre Funktion als Legitimationsressource. Für die Kirche stellte sich daher das Problem, wie sie sich gegenüber dieser modernen emanzipier-

---

[1] Vgl. als neuere kompakte Gesamtdarstellungen: *E. Schulin*, Die Französische Revolution, München 1988; siehe weiterhin: *M. Vovelle*, Die französische Revolution - Soziale Bewegung und Umbruch der Mentalitäten, München-Wien 1982 sowie den Sammelband von *R. Reichardt* (Hrsg.), Die Französische Revolution, Darmstadt 1988 und den Literaturbericht von *K. J. Rivinius*, Die Französische Revolution im Spiegel neuerer Literatur, in: Theologische Revue 86(1990) 177-190.

[2] *Pius VI.*, Enzyklika „Quod aliquantum" vom 10.3.1791, in: A. F. Utz/B. v. Galen (Hrsg.), Die katholische Sozialdoktrin in ihrer geschichtlichen Entwicklung, Bd. III, Aachen 1976, 2652-2728, hier: 2664. Siehe dazu auch: *D. Menozzi*, Die Bedeutung der katholischen Reaktion auf die Revolution, in: Concilium 25(1989) 51-59.

[3] Siehe: *K. Hilpert*, Die Menschenrechte. Geschichte - Theologie - Aktualität, Düsseldorf 1991. Vgl. jetzt auch den ausgesprochen informativen Artikel von *B. Steinhauf*, Das Verhältnis der Kirche zu den Menschenrechten: Der Versuch einer historischen Antwort, in: R. Bucher/O. Fuchs./J. Kügler (Hrsg.), In Würde leben (FS Grasmück), Freiburg/Schweiz 1998 (Im Erscheinen).

ten Gesellschaft verhalten solle, auch als Problem ihrer nunmehr überhaupt noch möglichen Selbstkonstitution. Der teilweise erbitterte Widerstand gegen die autonomen Freiheitsrechte, wie ihn die Kirche des 19. Jahrhunderts lange und konsequent betrieb, erklärt sich nicht zuletzt aus dieser nunmehr plötzlich und identitätsgefährdend aufbrechenden Frage nach den im bürgerlichen Gesellschaftsprojekt noch möglichen Konstitutionsprinzipien von Kirche.

Ihre eigene politische Entmachtung traf die Kirche im wesentlichen unvorbereitet, obwohl schon lange neue und andere Kräfte in Staat und Gesellschaft die Entscheidungen trafen. Denn gerade noch bis ins 16. Jahrhundert hinein war die christliche Religion tatsächlich die vorherrschende gesellschaftliche Legitimationsinstanz gewesen, hatte sich die staatliche Herrschaft mithin vornehmlich religiös stabilisiert. Als Folge der konfessionellen Spaltung hatten sich bereits in einem schleichenden Prozeß seit dem Beginn des 18. Jahrhunderts alternative, nicht mehr länger religiös begründete Staatskonzeptionen durchgesetzt. Religion befriedete nun plötzlich nicht mehr die Gesellschaft, sondern entzweite sie. Die Regelungen des Westfälischen Friedens von 1648 mit ihrem mühsamen Versuch, religiöse Einheitlichkeit territorial wieder herzustellen und über die Religionszugehörigkeit des jeweiligen Landesherren zu sichern, erwiesen sich als überaus prekäre Zwischenlösung. Sie wurde zum Rahmen, innerhalb dessen die fortgeschrittenen Staaten des aufgeklärten Absolutismus neue gesellschaftliche Steuerungsinstrumente entwickelten: vor allem Beamtenschaft, Verwaltung, Wissenschaft und Militär. Staat und Recht begannen, sich selbst als eigenständige, religionsunabhängige Größen zu entwickeln und mit einem mächtigen Verwaltungs- und Theorieapparat zu umgeben.

Das 18. Jahrhundert ist denn auch kirchenpolitisch vom ständigen und durchaus erfolgreichen Versuch der europäischen Staaten gekennzeichnet, sich ihre Kirchen als Staatskirchen dienstbar zu machen. In den rationalen Verwaltungs- und Rechtsstrukturen der absolutistischen Staaten gerieten nun aber die herkömmlichen gesellschaftlichen Unterscheidungsmerkmale wie Stand und Herkunft in eine zunehmend hoffnungslose Defensive, entwickelte sich ein nicht nur ökonomisch, sondern auch politisch erfahrener bürgerlicher Stand.

Der Führungsbereich der Gesellschaft verlagerte sich nun allerdings von der Mitte des 18. bis zur Mitte des 19. Jahrhunderts noch einmal: er verschob sich vom politischen zum wirtschaftlichen Sektor. Die historisch einmalige Dynamik der kapitalistischen Industrialisierung veränderte die Strukturen der europäischen Gesellschaften revolutionär. Es kam zum Gleichziehen der wirtschaftlichen mit den feudalen Eliten. Die modernen Freiheitsrechte stellten dabei die Theorie, die Legitimationsgrundlage dieses Projekts dar. Daß dieses Projekt in Deutschland 1848 scheiterte und das deutsche Bürgertum die Modernisierung der Gesellschaft schließlich in den anachronistischen, halb-feudalen Strukturen eines „Kaiserreiches“[4] umzusetzen versuchte, bildet dabei,

4 Vgl. dazu *V. Ullrich,* Das nervöse Reich 1871-1918. Aufstieg und Untergang des deutschen Kaiserreichs, Frankfurt/M. 1997. Zur fatalen Rolle der Intellektuellen in diesem Reich siehe: *W. Mommsen* (Hrsg.), Kultur und Krieg. Die Rolle der Intellektuellen, Künstler und Schriftsteller im Ersten Weltkrieg, München 1995.

wie sich im einzelnen noch zeigen wird, die sehr spezifische Rahmenbedingung für die Konstitutionsprobleme der deutschen katholischen Kirche.[5]

Die katholische Kirche lebte bekanntlich von der Französischen Revolution bis zum II. Vatikanischen Konzil in offener Gegnerschaft zum „Projekt bürgerlicher Moderne", zu Entwurf und Realität einer pluralen, auf der Grundlage der Werte der Französischen Revolution organisierten Industriegesellschaft, einschließlich der für diese Gesellschaften typischen personalen Existenzentwürfe individueller Selbstbestimmung.[6] Mit der augustinischen Parole „Keine Freiheit für den Irrtum" vertrat man eine Staatsauffassung, welche rechtspolitisch ständisch orientiert war, sich auf ein übergeschichtliches Naturrecht berief und die religiöse Einheitlichkeit des Staates und seine enge Verbindung mit der Kirche forderte. Der Staat wurde als eine dem Menschen vorgegebene Ordnung definiert, in dem die Einheit von Recht und Moral, von Legalität und Moralität zu gelten habe. Das Individuum wurde von seiner Einbindung in diese Ordnung her gedacht, wahre Freiheit als Gehorsam gegen die von Gott vorgegebene Ordnung definiert. Diese Ordnung konnte interpretiert, nicht aber eigenmächtig gestaltet werden. Sozialpolitisch wie in seiner Grundstruktur war diese Staatsauffassung paternalistisch geprägt: es waren die vorgegebenen Autoritäten, welchen es zukam, für das Wohl aller Mitglieder der Gesellschaft zu sorgen.

Grundlegend für die moderne Staatstheorie aber ist es, den Staat als je neu aufgegebenes Projekt gesellschaftlicher Organisation zu denken. In ihm haben nicht ständische Differenzierung, sondern prinzipielle Rechtsgleichheit zu gelten, Staat und Kirche getrennt zu sein. Der Staat hat nur die Legalität des Verhaltens seiner Bürger, nicht aber deren Moralität zu kontrollieren. Aufgabe des Staates ist es geradezu, die Rechte des einzelnen zu schützen, ihm möglichst großen Spielraum zu seiner Selbstverwirklichung zu garantieren. Der Staat hat daher die Pflicht, zwischen der Freiheitssicherung für den einzelnen und den Übergriffen auf die Freiheit der anderen auszugleichen.[7]

Die kirchliche Opposition zur modernen liberalen Gesellschaft und ihrem Staatsentwurf beschreibt jedoch noch nicht die internen Konstitutionsprobleme der Kirche. Diese Opposition definiert zuerst einmal nur einen Widerstreit im Diskursiven. In jenem Maße allerdings, wie sich die europäischen Gesellschaften tatsächlich nach modernen Prinzipien organisierten, beschreibt diese Opposition auch die faktischen, nicht-kirchlichen Rahmenbedingungen kirchlicher Konstitution. Kirche hatte von nun an zunehmend ihre Aufgabe,

---

5 Und macht im übrigen einen nicht geringen Teil der Tragik, wenn nicht der Schuld der deutschen Geschichte aus. Siehe dazu: *E. Herms*, Schuld in der Geschichte, in: Zeitschrift für Theologie und Kirche 85(1988) 349-370.

6 Siehe zur Problematik auch die verschiedenen Beiträge des Themenheftes Concilium 25(1989)1 „1789: Französische Revolution und Kirche". Zur Kirchengeschichte beider Konfessionen im 19. Jahrhundert: *L. Grane*, Die Kirche im 19. Jahrhundert, Göttingen 1987; mit speziellem Blick auf die Sozialgeschichte: *M. Greschat*, Das Zeitalter der industriellen Revolution. Das Christentum vor der Moderne, Stuttgart-Berlin-Köln-Mainz 1980.

7 Vgl. hierzu zusammenfassend: *J. Isensee*, Keine Freiheit für den Irrtum. Die Kritik der katholischen Kirche an den Menschenrechten als staatsphilosophisches Paradigma, in: Zeitschrift der Savigny-Stiftung für Rechtsgeschichte. Kan. Abt. 104(1987) 296-336.

sozialer Konkretionsraum der christlichen Botschaft zu sein, unter Bedingungen zu erfüllen, die jenen entsprachen, wie sie die Französische Revolution entworfen hatte.

Dies hatte einschneidende Folgen in der Ausdifferenzierung der für diese Konstitution relevanten Räume. Es etabliert sich zum einen die von nun an konstitutive Trennung von kirchlichen Innen- und Außenrelationen, es verändern sich aber auch die Funktion und die Struktur der innerkirchlichen Relationen selbst. Während die Außenrelationen über Konkordate als zwischenstaatliche Beziehungen organisiert wurden[8], wurden die Innenbeziehungen der Kirche radikal auf das gläubige Individuum hin ausgerichtet.

Nach der Auflösung ihrer feudalen gesellschaftlichen Realisationsformen in der Pluralität der Moderne benötigte die Kirche, wollte sie ihre Aufgabe, Konkretionsraum des Christlichen zu sein, neue Vermittlungslinien zum Individuum. Sie entwickelte zwei solcher Linien: die Individualisierung des Glaubens in einer sehr persönlichen Frömmigkeit einerseits[9] und - nur scheinbar gegenläufig hierzu - die Zentralisierung und Iuridifizierung von Kirche und Theologie andererseits. Das 19. Jahrhundert wurde religionssoziologisch gesehen für die katholische Kirche einerseits das Jahrhundert einer singulären institutionellen Zentralisierung[10], andererseits aber auch eine Zeit der gerade von Seiten der Institution betriebenen Personalisierung und Individualisierung von Glaube und Religion.

Die Enzyklika „Mirari vos" Gregors XVI., „Quanta cura" samt dem „Syllabus errorum" Pius IX. von 1864 sowie das Dogma des I. Vatikanums vom

---

8 Zum Vorbild für diese Konkordatspolitik wurde der Vertrag des Vatikans mit Frankreich aus dem Jahre 1801, in dem sich Pius VII. und Napoleon über die Neuordnung der französischen Kirche einigten.

9 Eine umfassende Monographie zur Frömmigkeitsgeschichte des 19. Jahrhunderts bleibt ein Forschungsdesiderat. Vgl. einstweilen: *W. Schieder* (Hrsg.), Religion und Gesellschaft im 19. Jahrhundert, Stuttgart 1993 (darin: „Sozialgeschichte der Religion im 19. Jahrhundert. Bemerkungen zur Forschungslage" vom Herausgeber: 11-28); *Ders.*, (Hrsg.), Volksreligiosität in der modernen Gesellschaft, Göttingen 1986; *Ders.*, Religion in der Sozialgeschichte, in: Ders./V. Sellin (Hrsg.), Sozialgeschichte in Deutschland III, Göttingen 1987, 9-31; *U. Altermatt*, Katholizismus und Moderne, Zürich 1989, speziell 261-341 („Aus dem katholischen Alltag"); *M. N. Ebertz/F. Schultheis* (Hrsg.), Volksfrömmigkeit in Europa, München 1986, speziell den Artikel von *M. N. Ebertz*, Maria in der Massenreligiosität, 65-83 (Lit.) sowie den einleitenden ausführlichen Forschungsüberblick der Herausgeber (11-52); siehe weiterhin: *I. G. v. Olenhusen* (Hrsg.), Wunderbare Erscheinungen. Frauen und katholische Frömmigkeit im 19. und 20. Jahrhundert, Paderborn 1995. Siehe auch: *M. N. Ebertz*, Die Organisation von Massenreligiosität im 19. Jahrhundert, in: Jahrbuch für Volkskunde N.F. 2(1979) 38-72; *W. Blessing*, Kirchenfromm - volksfromm - weltfromm. Religiosität im katholischen Bayern, in: W. Loth (Hrsg.), Deutscher Katholizismus im Umbruch zur Moderne, Stuttgart-Berlin-Köln 1991, 95-123; *G. Korff*, Formierung der Frömmigkeit. Zur sozialpolitischen Intention der Trierer Rockwallfahrten 1891, in: Geschichte und Gesellschaft 3(1977) 352-383.

10 Womit - was nicht zu übersehen ist - die Kirche dem Entwicklungsprozeß des modernen Staates folgt, ja teilweise für dessen eigene Organisationsstruktur vorbildlich wurde. Vgl. *M. N. Ebertz*, Die Bürokratisierung der katholischen „Priesterkirche", in: P. Hoffmann (Hrsg.), Priesterkirche, Düsseldorf 1987, 132-164. Zu den einzelnen Stationen dieses Prozesses siehe: *Ders.*, „Ein Haus voll Glorie, schauet ...". Modernisierungsprozesse der römisch-katholischen Kirche im 19. Jahrhundert, in: W. Schieder (Hrsg.), Religion und Gesellschaft im 19. Jahrhundert, Stuttgart 1993, 62-85.

Iurisdiktionsprimat und der Unfehlbarkeit des Papstes:[11] sie verurteilten nicht nur das Projekt des nachfeudalen Staates, sondern bildeten auch den Versuch einer konservativen kirchlichen Zentralisierung innerhalb der modernen Gesellschaft.

Gerade in der konfessionell gemischten deutschen Gesellschaft wurde der Katholizismus zu einer weitgehend vom öffentlichen Leben sich ausschließenden - und auch ausgeschlossenen - Teilgesellschaft. Es kam zur vielfach analysierten sondergesellschaftlichen Formierung der katholischen Bevölkerungsteile, zum Aufbau eines nach außen geschlossenen, in sich aber durchaus differenzierten katholischen Milieus[12]. Der Alltag des einzelnen sollte sich so weit wie irgend möglich unter Glaubensgenossen abspielen. Hierfür sorgte ein alle Lebensbereiche umgreifendes Vereins- und Verbändewesen, das schließlich mit dem Zentrum auch einen politischen Arm entwickelte[13]. Der theologische Diskurs nun gerät in dieser Konstellation unter massive kirchenamtliche Kontrolle, deren letztes Ziel seine Entproblematisierung, seine Zurichtung auf Katechetisierung war.

B. STRUKTUREN DES „DISPOSITIVS DER DAUER"

Alle drei genannten Vorgänge - Organisation der Außenbeziehungen als zwischenstaatliche Relationen, Ausrichtung der Innenbeziehungen auf das gläubige Individuum, Entproblematisierung des theologischen Diskurses - schaffen jenes Dispositiv kirchlicher Konstitution, das im folgenden als „Installation der Dauer" begriffen werden soll und dessen Durchsetzung die Kirche während des gesamten 19. Jahrhunderts beanspruchte. Dieses Dispositiv folgte einer

---

11 Siehe hierzu: *H. J. Pottmeyer*, Unfehlbarkeit und Souveränität. Die päpstliche Unfehlbarkeit im System der ultramontanen Ekklesiologie des 19. Jahrhunderts, Mainz 1975; *W. Klausnitzer*, Das Papsttum im Disput zwischen Lutheranern und Katholiken. Schwerpunkte von der Reformation bis zur Gegenwart, Innsbruck 1987.

12 Vgl. *K. Gabriel*, Die neuzeitliche Gesellschaftsentwicklung und der Katholizismus als Sozialform der Christentumsgeschichte, in: Ders./F.-X. Kaufmann (Hrsg.), Zur Soziologie des Katholizismus, Mainz 1980, 201-225. Zur Phänomenologie des katholischen Milieus siehe: *M. Klöcker*, Katholisch - von der Wiege bis zur Bahre. Eine Lebensmacht im Zerfall?, München 1991; *A. Heller/Th. Weber/O. Wiebel-Fanderl* (Hrsg.), Religion und Alltag. Interdisziplinäre Beiträge zu einer Sozialgeschichte des Katholizismus in lebensgeschichtlichen Aufzeichnungen, Wien-Köln 1990. Literatur- und Forschungsüberblicke: *Arbeitskreis für kirchliche Zeitgeschichte*, Katholiken zwischen Tradition und Moderne. Das katholische Milieu als Forschungsaufgabe, in: Westfälische Forschungen 43(1993) 588-654; *M. Klöcker*, Katholizismus und Protestantismus im 19./20. Jahrhundert, in: Archiv für Sozialgeschichte 28(1988) 469-488.

13 Als Überblicke zur Geschichte des deutschen Katholizismus im 19. Jahrhundert und frühen 20. Jahrhundert siehe: *K. Schatz*, Zwischen Säkularisation und Zweitem Vatikanum. Der Weg des deutschen Katholizismus im 19. und 20. Jahrhundert, Frankfurt/M. 1986; *H. Hürten*, Kurze Geschichte des deutschen Katholizismus 1800 - 1960, Mainz 1986; für beide Konfessionen und deren gesellschaftliche Stellung siehe:. *Th. Nipperdey*, Religion im Umbruch. Deutschland 1870-1918, München 1980. Siehe auch: *A. Liedhegener*, Der deutsche Katholizismus um die Jahrhundertwende (1890-1914). Ein Literaturbericht, in: Jahrbuch für christliche Sozialwissenschaften 32(1991) 361-392, sowie *W. Loth* (Hrsg.), Deutscher Katholizismus im Umbruch zur Moderne, Stuttgart-Berlin-Köln 1991.

Logik der Stillstellung. Seine einzelnen Elemente gilt es auf ihren Beitrag zu diesem Stillstellungsziel hin zu untersuchen.

Die erwähnte Monopolisierung der kirchlichen Außenbeziehungen zur nicht-katholischen Welt an der Spitze der kirchlichen Hierarchie und die Definition dieser Beziehungen als zwischenstaatliche Relationen konstituierte zwar die Kirche als handlungsfähiges Völkerrechtssubjekt, beschränkte aber auch den Handlungsspielraum aller kirchlichen Instanzen und Personen unterhalb des Papstes gegenüber der sie umgebenden pluralen Öffentlichkeit. Dies grenzte den kirchlichen Raum tendenziell aus der gesellschaftlichen Binnenkommunikation aus und konstituierte „Kirche und Welt“, wie jetzt die kommunikative Opposition folgerichtig innerkirchlich genannt wurde, als - scheinbar - gleichrangige und unterscheidbare soziale Entitäten.

Die durch den Papst in der Konkordatspolitik vollzogene völkerrechtliche Monopolisierung der kirchlichen Kommunikation mit der nicht-katholischen Welt erweist sich so als institutionelle Voraussetzung eines zentralen Merkmals des Dispositivs der Stillstellung: der kirchlichen Selbstverschleierung ihrer Zeitgenossenschaft mit der Moderne. Indem sie sich dann in ihrer ekklesiologischen Selbstdefinition als societas perfecta begriff, wurde sie zu einem zeitenthobenen Gegenüber des nunmehr in seiner Verfaßtheit zeitabhängigen Staates und der ihn tragenden Gesellschaft.

Darüberhinaus setzte sich mit der zunehmenden naturrechtlichen Absicherung des moralischen und moralpädagogischen Diskurses und infolge seiner Intensivierung ein biographischer Normierungswillen der Kirche durch, der in seinem Selbstanspruch, aber auch in der binnenkirchlichen Wahrnehmung zeitinvariant konzipiert war. Gerade hierin dürfte auch ein Teil seiner Attraktivität angesichts der menschheitsgeschichtlichen Premierensituation einer sich beschleunigenden gesellschaftlichen Modernisierung, die grundstürzende Veränderungen für den einzelnen unmittelbar erfahrbar werden ließ, gelegen haben.

Zudem wurde nun der theologische Diskurs von der Methodik der zeitgenössischen Wissenschaft tendenziell entkoppelt. Deren gerade in Deutschland wesentlich historische Ausrichtung[14] bewirkte notwendig eine Relativierung der Geltungsansprüche theologischer Begriffe, die innerkirchlich als deren Destruktion erfahren wurde. Hinzu kamen die neuen und ebenfalls als relativierend erfahrenen „fremden Blicke“ auf die Themen der Theologie seitens neuer wissenschaftlicher Disziplinen wie Soziologie, Psychologie und Religionswissenschaft, welche im Verlaufe des 19. und frühen 20. Jahrunderts das Getto des wissenschaftlichen Diskurses zunehmend verließen und weitere Bevölkerungskreise, mindestens die gebildeten Stände, erreichten; dies gilt ähnlich im übrigen auch von der schon länger etablierten philosophischen Religionskritik. Der extern induzierten, sich aber potentiell intern auswirkenden Pluralitätsirritation wurde so durch eine stillstellungsorientierte Formierung der Kirche auf

---

[14] Vgl. dazu: *J. Rüsen*, Konfigurationen des Historismus. Studien zur deutschen Wissenschaftskultur, Frankfurt/M. 1993.

den Ebenen Institution, Biographienormierung und wissenschaftlicher Diskurs gegengesteuert.

Diese stillstellungsorientierte Installation der Dauer als der Fiktion einer veränderungsfreien Wirklichkeit konnte innerhalb der sich pluralisierenden gesellschaftlichen Realität aber nur durchgesetzt werden, wenn ihr real eine - ekklesiologisch allerdings notwendig ausgeblendete - Binnendifferenzierung entsprach. In immerhin zwei der drei oben beschriebenen Handlungsfeldern - Institution, Einzelner, Diskurs - gelang der Kirche die Einführung binnenkirchlicher Pluralisierung im Sinne einer konservativen Modernisierung. Sowohl auf dem Feld der individuellen Frömmigkeitspraxis wie im Bereich der strukturellen institutionellen Verfaßtheit etablierte sich innerkirchlich arbeitsteilige Differenzierung und kulturelle Pluralisierung.

Erst diese Gleichzeitigkeit von interner Pluralisierung und Monolithisierung nach außen ermöglichte die Anschlußfähigkeit an die moderne Gesellschaft ohne Übernahme von deren Prinzipien. Vor der Analyse jenes dritten Feldes, dem theologischen Diskurs, auf dem dies nicht entsprechend irritationsfrei gelang, ist daher auf die Volksfrömmigkeit als dem Handlungsfeld individueller Religiosität und auf den spezifisch deutschen Verbandskatholizismus einzugehen, ohne den es der deutschen katholischen Kirche nicht gelungen wäre, in der pluralen und tendenziell religionskritischen Gesellschaft des 19. Jahrhunderts als pastorale Institution präsent und als politische Größe handlungsfähig zu bleiben.

Spätestens ab Mitte des 19. Jahrhunderts unternahm die katholische Hierarchie vermehrte Anstrengungen zu einer gezielten Revitalisierung jener Frömmigkeitsformen, die sich bereits im 18. Jahrhundert als kultische Bewältigungsmuster religiös-gesellschaftlicher Krisen bewährt hatten. Speziell der Herz-Jesu-Kult und die verschiedenen Varianten der Marienfrömmigkeit, aber auch eine generelle „Verinnerlichung“ und damit Subjektivierung des potentiell pluralitätsirritierten Glaubens korrespondierten einer kognitiven Doktrinalisierung und damit Rationalisierung des Glaubens in der Neuscholastik und den Projekten ihrer katechetischen Popularisierung.

Die massiven innerkirchlichen Anstrengungen zur „Organisierung der Massenreligiosität“[15] im 19. Jahrhundert bildeten im wesentlichen ein Projekt der kirchlichen Hierarchie.[16] Dieses hierarchiegeleitete Projekt einer breiten Er-

---

[15] *M. N. Ebertz*, Herrschaft in der Kirche. Hierarchie, Tradition und Charisma im 19. Jahrhundert, in: K. Gabriel/F.-X. Kaufmann (Hrsg.), Zur Soziologie des Katholizismus, Mainz 1980, 89-111, 103.

[16] *J. Mooser*, Katholische Volksreligion, Klerus und Bürgertum in der zweiten Hälfte des 19. Jahrhunderts. Thesen, in: W. Schieder (Hrsg.), Religion und Gesellschaft im 19. Jahrhundert, Stuttgart 1993, 144-156, resümiert die Forschungslage, wenn er feststellt, daß die „katholische Volksreligion im 19. Jahrhundert einen Teil der Herrschaftsgeschichte“ (144) bildete. Er selbst weist dann allerdings ergänzend und differenzierend auf „gruppen- und schichtenspezifische Unterschiede in der katholischen Volksreligion“ (145) hin. Zudem betont er, daß die „Geschichte der *Entfachung der Massenreligiosität* ... stets der Versuch ihrer Kontrolle (begleitete), die freilich nicht immer erfolgreich war.“ (149) Zur Technik der „ultramontanen Frömmigkeitserneuerung“ vgl. jetzt die sehr aufschlußreiche Detailuntersuchung von *N. Busch*, Katholische Frömmigkeit und Moderne. Die Sozial- und Mentalitäts-

neuerung der Volksfrömmigkeit kann als kompensatorische Strategie zur bereits erwähnten, der Organisationslogik des modernen Staates folgenden Bürokratisierung und Zentralisierung der Kirche im Verlauf ihrer Reorganisation nach der Säkularisierung angesehen werden. Beide Elemente des strategischen Handelns der Kirchenführung aber zeigen sich gerade in ihrer Gleichzeitigkeit als geradezu paradigmatische Variante der oben analysierten Doppelstrategie einer internen Pluralisierung bei synchroner Monolithisierung nach außen.

Denn die neuen Frömmigkeitsformen vermittelten emotionale und damit sehr persönliche Erlebnisintensitäten eines ansonsten zunehmend institutionell fixierten und doktrinär formierten Glaubens. Als neue Symbolsinnwelten erweiterten diese den traditionellen Fundus katholischer Frömmigkeit beträchtlich. Auch intern zeigt sich eine charakteristische Doppelstruktur. Wiewohl in ihren Gehalten strikt anti-modern, waren sie in ihren Mitteln ausgesprochen zeitsensibel. Ihr direkter Zugriff auf das gläubige Individuum sowie ihre mobilisierungsorientierte Organisationsform - zentrale publizistische Propagierung, gemeindliche Volksmissionen, Konstituierung lokaler Bruderschaften und überregionaler Wallfahrten - erweisen die Kirche als kompetente Teilnehmerin der sich etablierenden Massengesellschaft.

Die neuen Frömmigkeitsformen des 19. Jahrhunderts waren im wesentlichen Projekte der Hierarchie und wurden von ihr offiziell und kollektiv propagiert. Ihre Rezeption erfolgte zwar regional durchaus unterschiedlich, doch kamen sie im ganzen dem religiösen Orientierungsbedürfnis breiter sozialer Schichten entgegen. Sie wurden von den Gläubigen weithin als adäquate individuelle Konkretionsmuster der christlichen Botschaft aufgenommen.

In ihren expliziten, noch mehr aber impliziten theologischen Gehalten - Wundergläubigkeit, Materialisierung der Religiosität, Rettungsintention innerhalb der „verdorbenen Welt", Priorität des Emotionalitätszentrums „Herz" vor dem Rationalitätszentrum „Kopf" - reagierten sie ohne Zweifel defensiv auf die zutiefst negative Wahrnehmung der umgebenden gesellschaftlichen Wirklichkeit. Andererseits organisierten sie aber auch sehr individuelle Ausdrucksformen von Religion, insofern sie stets nur als empfohlene Konkretionsmuster katholischen Glaubens, nicht als dieser selbst auftraten - was es etwa gerade den Männern erlaubte, sich durchaus distanziert zu manchen der als „feminin" empfundenen neuen Frömmigkeitsformen zu verhalten.

Wiewohl sie also ohne Zweifel von der Hierarchie als innerkirchlich homogenisierende Maßnahmen intendiert waren, eröffneten sie in der Realität doch weite Handlungsspielräume für den einzelnen, insofern sie als zwar gewünschte und für die Erlangung des Heils hilfreiche, nicht aber heilsnotwendige religiöse Praktiken propagiert wurden. Die für volkskirchliche Zustände charakteristische enorme legale Varianzbreite der individuellen Partizipation am religiösen Kult wurde durch die neuen Frömmigkeitsformen eher erweitert als beschnitten.

---

geschichte des Herz-Jesu-Kultes in Deutschland zwischen Kulturkampf und Erstem Weltkrieg, Gütersloh 1997.

Das Phänomen einer internen Pluralisierung bei gleichzeitiger Monolithisierung nach außen findet sich nun aber nicht nur am individuellen Pol des stillstellungsorientierten Dispositivs der Dauer, sondern auch als Strukturmerkmal seines institutionellen Elements. Zentraler Beleg hierfür sind Aufgabe und Funktion des deutschen Verbandskatholizismus.

Der deutsche Verbandskatholizismus entstand ab der Mitte des 19. Jahrhunderts als Antwort auf den Verlust der feudalen Existenzbasis der Kirche in den Säkularisierungen vom Anfang des Jahrhunderts und als Freiheitsbewegung gegen staatskirchliche Tendenzen des modernen Staates[17]. Exakt auf dessen Basis schloß man sich, vornehmlich in Deutschland, zur Vertretung katholischer Interessen, aber auch zur Lösung sozialer Fragen in christlichem Sinne zusammen. Man tat dies - zumindest partiell und in der Intention - hierarchieunabhängig, in eigenständigen Vereinigungen von eigenständigen (Laien-)Katholiken.

Der deutsche Verbandskatholizismus ist in seiner reichen Differenzierung ein weltkirchlich singuläres Phänomen. Nur im Gebiet des Deutschen Reiches war die katholische Kirche eine nicht-marginalisierbare Minderheit: zu groß, um eine tolerierbare quantité négligeable zu sein, zu sehr Minderheit, um selbstverständlich die eigenen Existenzbedingungen durch Eingriffe in den politischen Raum beeinflussen zu können. Nur im Deutschen Reich waren die Katholiken auch stark genug, um ein eigenes, vielfach gegliedertes gesellschaftliches Milieu aufzubauen, sie besaßen aber dann doch zuwenig Einfluß, um dies anders denn in defensiver Abgrenzung zur liberal-protestantischen Gesamtgesellschaft vollbringen zu können.

Im Projekt der konservativen Zentralisierung der katholischen Kirche nimmt der deutsche Verbandskatholizismus damit eine merkwürdige Zwischenstellung ein. Denn einerseits gehört er selbst zu diesem Projekt, insofern er nach dem Verlust der gesellschaftlichen Dominanz der Kirche den Prozeß ihrer internen Neustrukturierung und Verdichtung wesentlich mittrug. Er agierte als nun wieder notwendiger „gesellschaftlicher Arm" der Kirche, errichtete dabei gar eine Art „zweite Hierarchie".

Andererseits aber war dieser „Katholizismus" auch eine pluralisierende Größe, welche die Neigung des Lehramtes nach dem I. Vatikanum, integralistisch eine umfassende Totalkompetenz für das individuelle wie gesellschaftliche Leben der Christen zu beanspruchen, durch seine bloße Existenz relativierte. Insofern war der deutsche Verbandskatholizismus, um so mehr seine Fortentwicklung, der politische Katholizismus, auch eine Emanzipationsbewegung der Laien gegenüber der Hierarchie - welche ihrerseits mit dem Konzept der „Katholischen Aktion" ja durchaus intensive, wenn in Deutschland auch wenig erfolgreiche Versuche unternahm, diese unabhängige Laienkompetenz zu zügeln und anzubinden[18].

---

17 Siehe zu diesen Vorgängen im einzelnen: *K.-E. Lönne*, Politischer Katholizismus im 19. und 20. Jahrhundert, Frankfurt/M. 1986; *J. Horstmann*, Katholizismus und moderne Welt. Katholikentage, Wirtschaft, Wissenschaft - 1848 bis 1914, München-Paderborn-Wien 1976.

18 Siehe dazu: *A. Steinmaus-Pollak*, Das als Katholische Aktion organisierte Laienapostolat, Würzburg 1988; *J. Köhler*, Katholische Aktion und politischer Katholizismus in der End-

Diese merkwürdige Ambivalenz des deutschen Verbandskatholizismus zeigt sich nicht zuletzt in der offenkundigen Diskrepanz von Selbstdefinition und realer Funktion. Sich selbst nicht im eigentlichen Sinne als Kirche verstehend, eröffnete doch der deutsche Verbandskatholizismus der Kirche überhaupt nur gewisse Handlungsmöglichkeiten in der liberalen Gesellschaft. Seine reale Funktion als überaus effektive Sozialform von Kirche und sein Selbstbild als kirchenvorgelagerte Laienaktivität fallen deutlich auseinander.

Die zentrale ekklesiologische Grundannahme des deutschen Verbandskatholizismus war so die überaus folgenreiche Unterscheidung von Katholizismus und Kirche. Diese sehr spezifische deutsche Durchführung der seit der Mitte des 19. Jahrhunderts kirchenweit propagierten anti-modernen Strategie einer „konservativen Zentralisierung" wurde dabei gesamtkirchlich nie ohne gewisses Mißtrauen betrachtet: die (relative) Eigenständigkeit der Laien und deren politische Options- und Bündnisfähigkeit waren innerkirchlich permanent umstritten und daher legitimationsbedürftig. Die Unterscheidung von Kirche und Katholizismus lieferte hier die stets ein wenig prekäre Argumentationsbasis. Die reale kirchenbildende Funktion des Verbandskatholizismus blieb dabei permanent unterbelichtet. Im Bewußtsein auch der Verbände selbst reduzierte sie sich auf eine sekundäre (politische, soziale oder kulturelle) Vorfeldfunktion des eigentlichen kirchlichen Dienstes.

Das grundsätzliche Plausibilitätsproblem der Kirche in modernen Gesellschaften, wie sie sich als ehemals monopolistische Deutungsinstanz von Welt in der neuen Pluralität von Weltinterpretationen behaupten sollte, war damit gerade im deutschen Katholizismuskonzept strukturell und damit nicht ungeschickt gelöst worden. Denn der Verbandskatholizismus konnte in der liberalen Gesellschaft agieren und von deren Prinzipien (etwa im Vereins- und Pressewesen) profitieren. Mit seiner Hilfe war es möglich, der sukzessiven Pluralisierung der Lebenswelten in der modernen, sich ausdifferenzierenden Gesellschaft - zumindest in einigen Bereichen - zu folgen, ohne aber die kirchliche Amtsstruktur selbst zu sehr mit den Pluralitätszumutungen der Moderne zu belasten.

Man konnte mithin handlungsfähig bleiben und gleichzeitig weiterhin die moderne liberale Gesellschaft und deren Konstitutionsprinzipien verurteilen. Als „Kirche" hatte man sich auch nicht wirklich auf sie eingelassen, lebte man letztlich nur „unter Protest" in dieser liberalen Gesellschaft. Der anti-moderne Einspruch der Kirche gegen die beginnende Auflösung der vormodernen Ordnungsstrukturen der Gesellschaft konnte zudem aus den lange unbeachte-

---

phase der Weimarer Republik, in: Rottenburger Jahrbuch für Kirchengeschichte 2(1983) 141-153. Vor allem unmittelbar nach 1945 gehörte die „unverkennbare Vorliebe des Episkopats" der Katholischen Aktion. „Sie kam dem neuen hierarchischen Selbstbewußtsein entgegen, entsprach der Tendenz zur Verkirchlichung des Katholizismus sowie der fundamentalistisch gestimmten Gesamtorientierung in Theologie und Liturgie." Erst „später hat man unter dem Druck sich selbst wiedergründender Verbände und nach entsprechenden päpstlichen Klarstellungen ein Sowohl-Als-Auch auch von Katholischer Aktion und Verbandskatholizismus zugelassen." (*K. Gotto*, Zum Selbstverständnis der katholischen Kirche im Jahre 1945, in: D. Albrecht/H. G. Hockerts (Hrsg.), Politik und Konfession (FS K. Repgen) Berlin 1983, 465-481, 475.

ten sozialen (Neben-)Folgen des bürgerlichen Gesellschaftsprojekts einige Plausibilität ziehen.

Mit dieser vor allem in Deutschland lange Zeit ungemein erfolgreichen institutionellen Doppelentwicklung - Zentralisierung der Kirche um ihre Amtsstruktur, Pluralisierung der Kirche in einem letztlich doch hierarchieangebundenen, selbst aber sich als vorkirchlich verstehenden Verbandskatholizismus - wurde ein drängendes Existenzproblem von Kirche in pluraler Gesellschaft ebenso pragmatisch wie effizient gelöst. Dieses Grundproblem kann als Zielkonflikt zwischen innerer Identitätsstabilisierung durch Organisation permanenter Selbstvergewisserung in einem homogenisierten Sozialraum einerseits und missionarischer, diakonischer und diskursiver Präsenz in den sich pluralisierenden gesellschaftlichen Feldern andererseits beschrieben werden.

Die Entwicklung eines als kirchliches „Vorfeld" heruntergestuften Verbändekatholizismus ermöglichte es, das interne Pluralitätsproblem von Kirche in der pluralen Gesellschaft durch eine spezifische kircheninterne Ausdifferenzierung zu lösen. Man hielt die gesellschaftliche Pluralität in bisher nicht gekannter Weise von der kirchenamtlichen Zentralstruktur fern (was tendenziell zu einer Homogenisierung des Klerus führte) und wies die Verarbeitung der modernen Gesellschaftspluralität und damit letztlich der Tradierungsproblematik des christlichen Glaubens einem nicht-hierarchischen kirchlichen Vorfeld zu.

In gewisser Weise verlagerte man damit aber das Pluralitätsproblem der Kirche in der modernen Gesellschaft in den Raum der Kirche selbst, ohne es jedoch als solches zu erfassen. Denn es wird innerkirchlich jetzt nicht als Pluralitätsproblem, sondern als Balanceproblem zwischen dem homogenisierten Binnenbereich und dem (gemäßigt) pluralen Verbändevorfeld thematisiert. Man hatte den amtlichen Zentralbereich der Kirche von den Pluralitätszumutungen der Moderne weitgehend entlastet, indem man ein „nicht-kirchliches" Organisationsvorfeld schuf, hatte jetzt aber zu klären, in welchem Zusammenhang dieses organisatorische „Vorfeld" mit der kirchlichen Hierarchie stehen sollte.

Im deutschen Katholizismuskonzept wurde somit der Zielkonflikt der Kirche in der pluralen Gesellschaft zwischen Identitätsbewahrung durch interne Homogenisierung und Beibehaltung der Tradierungschancen durch Nachvollzug der gesellschaftlichen Pluralisierung durch eine doppelte Differenzierung gelöst. Die Kirche differenzierte sich zum einen in ihrer gesellschaftlichen Praxis aus dem allgemeinen kulturellen Konnex hinaus, differenzierte zum anderen aber intern in ihrer Theorie zwischen Katholizismus und eigentlicher Kirche. Die erste Differenzierung ermöglichte den Auf-bau eines homogenen Milieus, die zweite die interne Strukturierung dieses Milieus nach den Anforderungen einer differenzierten Gesellschaft.

Die Leistungsfähigkeit dieses Systems war trotz seiner strukturellen inneren Spannungen enorm. Der differenzierte Verbandskatholizismus ordnete die nun rasch und eindrucksvoll entstehende katholische Welt, er modernisierte sie, verlieh ihr Attraktivität und Vitalität. Er verhinderte damit zumindest teilweise die Abkoppelung der Kirche von der gesellschaftlichen Modernisierung und trug wesentlich dazu bei, der Kirche in der liberalen Gesellschaft weiterhin Tradierungschancen zu eröffnen.

Darüberhinaus sicherte er aber auch eine außerkirchliche gesellschaftliche Options- und Handlungsfähigkeit der christlichen Tradition katholischer Prägung. Er eröffnete - wenn auch reduzierte - Eingriffschancen in den gesellschaftlichen Willensbildungsprozeß. Der Katholizismus entwickelte dabei freilich, wie F. X. Kaufmann anmerkte, „vor allem in der organisatorischen Form von Verbänden und Parteien" eine „bemerkenswerte Eigendynamik, die von der Hierarchie nicht zu kontrollieren war." Gerade auf „dieser Eigendynamik, die sich aus verschiedenen Quellen speiste, beruhte die soziale Vitalität des Katholizismus."[19] Wiewohl theologisch nicht als Kirche betrachtet, war er es, der die gesellschaftliche Meinungsbildung im Sinne etwa der sich jetzt entwikkelnden kirchlichen Soziallehre beeinflußte, er war es auch, welcher - strukturell querliegend zum Territorialprinzip - die in ihrem Selbstbild so homogene „Pfarrfamilie" intern auch organisatorisch pluralisierte.

Es gelang der deutschen Kirche im 19. Jahrhundert, der gesellschaftlichen Selbstgettoisierung durch den Aufbau eines „vorkirchlichen" Laienkatholizismus zumindest teilweise zu entgehen, wenigstens diese Selbstgettoisierung nicht mit völliger gesamtgesellschaftlicher Handlungsunfähigkeit zu bezahlen. Zudem mußte die prinzipielle Opposition zum liberalen Gesellschaftsprojekt nicht aufgegeben werden. Gerade im konfessionell gemischten Deutschland konnte der Laienkatholizismus sich dabei auch eine gewisse Selbständigkeit erarbeiten - eine Selbständigkeit, welche allerdings nicht überschätzt werden sollte. Die enge Anbindung an die hierarchische Zentralstruktur wurde, wenn auch im Detail nicht ohne Konflikte realisiert, nie wirklich in Frage gestellt.

Das Dispositiv der Dauer beruhte nun aber auf einer dreifachen Strategie der Stillstellung: jener der Institution, des Einzelnen sowie des theologischen Diskurses. Diese Stillstellungen gelingen, will man in der Moderne gleichzeitig handlungsfähig bleiben, nur, wenn sie in einer Doppelstrategie von interner Pluralisierung bei gleichzeitiger Abschottung von den Pluralitätsirritationen der Moderne vollzogen werden.

Am individuellen Pol des Dispositivs der Dauer wurde dies mit der Gleichzeitigkeit von naturrechtlicher, also dem Anspruch nach zeitinvarianter Biographienormierung und der Propagierung einer stark individualisierten Frömmigkeitspraxis erreicht. Am institutionellen Pol aber entsprach der hierarchischen Zentralisierung und Iuridifizierung der kirchlichen Innen- wie Außenbeziehungen der Aufbau eines als „Vorfeld" heruntergestuften Verbandskatholizismus. In beiden Bereichen gelang es, das „Dispositiv der Dauer" als Konstitutionsprinzip der Kirche zu etablieren. Denn in Institution wie gläubigem Individuum war ein Konkretionssystem der christlichen Botschaft wirksam geworden, dessen Unveränderbarkeit geradezu das zentrale Element seiner Legitimation darstellte und das gleichzeitig den realen Veränderungen des gesellschaftlichen Modernisierungsprozesses folgen konnte.

---

19 *F.-X. Kaufmann*, Kirchliche Institutionen und Gegenwartsgesellschaft, in: G. Alberigo/Y. Congar/H. J. Pottmeyer (Hrsg.), Kirche im Wandel. Eine kritische Zwischenbilanz nach dem Zweiten Vatikanum, Düsseldorf 1982, 65-72, 68.

C. DIE THEOLOGIE IM DISPOSITIV DER DAUER

1. Das innertheologische Projekt: Diskursdifferenzierung

Die Stillstellung des theologischen Diskurses zeigt sich demgegenüber nun allerdings als eine um einiges heiklere Unternehmung. War im Bereich der institutionellen Struktur und der individuellen Frömmigkeit die Strategie einer internen Pluralisierung bei gleichzeitiger Monolithisierung nach außen im wesentlichen erfolgreich, so zeigte sich, auf die Dauer gesehen, der wissenschaftlich-diskursive Sektor der Kirche als jener innerkirchliche Ort, an dem das Irritationspotential der Moderne am dichtesten unter der Oberfläche befriedeten Einvernehmens spürbar blieb. In ihm kam es schließlich auch zu jenem Konflikt, der als „Modernismusstreit"[20] schlechthin firmiert und damit alleine schon in der Benennung seine diskursübersteigende Exemplarität behauptet. Diese gesteigerte innerkirchliche Konfliktträchtigkeit des theologischen Diskurses hat mehrere Gründe.

Zum einen kam innerhalb der Theologie, nicht zuletzt auf Grund des historischen Entdeckungsfiebers des 19. Jahrhunderts, die Entmonopolisierung der Kirche als wissensverwaltende Instanz in der Moderne innerkirchlich am unmittelbarsten zur Erscheinung. Im wissenschaftlichen Diskurs der Theologie konnten sich Pluralisierungsirritationen noch am ehesten auch innerkirchlich Geltung verschaffen. Denn im theologischen Diskurs sammelte sich, seinem Auftrag als Problemlösungsort gemäß, notwendig permanent jenes Problempotential, welches zu einem potentiellen Störfaktor für das Dispositiv der Dauer als Konstitutionsprinzip von Kirche werden konnte.

Zudem entsprach der Entproblematisierungsstrategie des theologischen Diskurses, im Unterschied zu den anderen Formierungsstrategien des Dispositivs der Dauer, kein analoges anerkanntes Handlungsmuster in der modernen Gesellschaft. Individuelle Persönlichkeitsformierung nach vorgegebenen Normierungen und in vielfältigen konkreten Ausdrucksformen kennt auch das moderne Individuum, und auch die kirchliche institutionelle Struktur entsprach mit ihrer Definition kirchlicher Beziehungen zum Staat als Beziehungen zwischen Völkerrechtssubjekten dem Eigeninteresse wie der Strategie des modernen Staates. Und auch in ihrer spezifisch deutschen Binnendifferenzierung als verbandlich strukturiertes „sozial-moralisches Milieu"[21] war die Kirche zumindest kompatibel mit den Strukturen der zeitgenössischen deutschen Gesellschaft, in der sich, so etwa im „Arbeitermilieu", auch andere, ähnlich geschlossene Submilieus gebildet hatten. Der grundsätzliche Ausschluß wissenschaftlicher Pluralität aber verstieß gegen zentrale normative Annahmen der Moderne.

---

20 Siehe dazu unten die Seiten 56ff.

21 Vgl. dazu *Gabriel*, Christentum zwischen Tradition und Postmoderne, 96-104; zur Herkunft dieses Begriffs und seiner Verwendung in der Katholizismusforschung: *Liedhegener*, Der deutsche Katholizismus um die Jahrhundertwende, 387-392.

Vor allem aber: im theologischen Diskurs konnte dem für die Stillstellung notwendigen Homogenisierungsprozeß keine kompensatorische Pluralisierung beigegeben werden. Denn diese Pluralisierung hätte eine adäquate Abschottung vorausgesetzt, wie sie am institutionellen und individuellen Pol des Dispositivs der Dauer auch gelang. Die mit dem Wahrheits- und Wissenschaftsbegriff gegebene Verquickung der Theologie mit dem allgemeinen wissenschaftlichen Diskurs jedoch, in Deutschland durch die Existenz theologischer Fakultäten an staatlichen Universitäten auch noch institutionell abgesichert, verhinderte diese grundsätzliche Abschottung von der nicht-kirchlichen gesellschaftlichen Realität. Institution und Individuum können sich mit regionalen Plausibilitäten begnügen, der wissenschaftliche Diskurs aber ist - gerade in der Moderne - Träger eines universalistischen Anspruchs: wer an jenem Diskurs teilnehmen will, muß sich ihm unterwerfen.

Die grundsätzliche Abschottung des theologischen vom allgemeinen wissenschaftlichen Diskurs wäre nur um den Preis einer völligen Aufgabe der wissenschaftlichen Theologie als Projekt einer vernunftkompatiblen Konzeptualisierung des christlichen Glaubens zu erreichen gewesen. Die institutionelle Abkopplung von der deutschen Universität wurde praktisch während der gesamten Wirksamkeit des Dispositivs der Dauer von der kirchlichen Hierarchie mit unterschiedlicher Intensität betrieben, die Aufgabe des Projekts Theologie als Wissenschaft nie. Der theologische Diskurs war daher gezwungen, sich der Pluralitätsirritation der Moderne zu stellen. Betrachten wir diesen Prozeß im einzelnen.

Analysiert man die wissenschaftliche diskursive Praxis der Kirche in der Moderne, dann zeigt sich aber, daß ihre diskursive Struktur durch die eskalierende, konflikthafte und die eigenen Plausibilitätsstrukturen massiv angreifende Konfrontation mit einer alternativen Sicht auf ihre Themen charakterisiert ist. Der Verlust des gesellschaftlichen Diskurskontrollmonopols spätestens seit der Mitte des 18. Jahrhunderts hatte für die Theologie weitreichende interne Folgen.

Die überaus harte Konfrontation des theologischen Diskurses mit den Aussenperspektiven auf seine eigenen Themen kann näherhin als vierfache Relativierungsoperation beschrieben werden. Immer geht es um den Aufweis der aktuellen Unhaltbarkeit absoluter Geltungsansprüche durch den Nachweis ihrer tatsächlichen Relativierbarkeit[22]. Der andere Blick auf die theologischen Themen wird dabei dem theologischen Diskurs als das Verdrängte seiner selbst in entlarvender Absicht gegenübergestellt. Es wird präsentiert als Entdeckung bislang verschleierter Bedingungszusammenhänge der mit absolutem Geltungsanspruch auftretenden theologischen Zentralbegriffe.

In seiner Gesamtheit formulieren diese Relativierungsoperationen nun aber tatsächlich ein umfassendes Kritikprogramm: Es bezieht die Begriffe des theo-

---

[22] Die Philosophie der Aufklärung hatte bereits ein anders angelegtes Kritikprogramm gestartet: den Aufweis einer grundsätzlichen Legitimationsschwäche theologischer Begriffe vor dem Forum der theoretischen Vernunft. Vgl. für dieses Kritikprojekt die einschlägigen Werke von Lessing, Kant und Fichte. Siehe dazu: *W. Oelmüller*, Die unbefriedigte Aufklärung, Frankfurt/M. 1969.

logischen Diskurses kritisch auf Ort und Zeit, auf die Struktur des Menschen und jene der Gesellschaft. Es organisieren sich so theologiekonkurrierend die typischen Relativierungswissenschaften Geschichtsschreibung, Religionswissenschaft, Psychologie und Soziologie. In ihren kritischen Sog geraten nicht nur, aber wesentlich auch, die zentralen Begriffe der Theologie; diese werden durch Aufweis eines spezifischen Erklärungs- und Bedingungszusammenhangs ihres absoluten Geltungsanspruchs beraubt.

Fatal wirkt sich dies für alle jene Institutionen aus, deren sie stützende Legitimationstheorien genau dieses Bedingungsgefüge sorgsam versteckt hatten. Gerade dies nämlich hatte man im „Dispositiv der Dauer“ reklamiert: gültig zu sein immer und überall, für jeden Menschen und jede Gesellschaft. Vor allem aber hatte man diese Gültigkeit gebunden an jene Realisation seiner selbst, die man aktuell verkörperte. Nur so glaubte man, den eigenen mit dem Wahrheitsanspruch gekoppelten Autoritätsanspruch aufrecht halten zu können.[23] Exakt dieser Wahrheitsbegriff war es aber dann schließlich, der dieses kritikimmune System in seine schwerste Krise stürzte.

Vehikel der letztlich absolutistischen Totalisierung des eigenen, gerade aktuellen Entwurfs menschlicher Existenz und Gesellschaft war dabei der Gottesbegriff. Mit seiner Hilfe, sofern man ihn nur totalitär, substantialistisch und geschichtslos genug definierte, ließen sich treffliche, immanent völlig unangreifbare Binnendiskurse der Theologie entwickeln. Die Koppelung des Gottesbegriffs als des Basisbegriffs dieses Legitimationssystems an den Wahrheitsbegriff bringt nun allerdings den Gottesbegriff - und damit das ganze System - dann in eine instabile Lage, wenn nun nicht mehr länger die Wahrheit und Legitimität des Bestehenden über den Gottesbegriff, sondern umgekehrt der Gottesbegriff über den der Wahrheit, auch der Wahrheit der ihn in Anspruch nehmenden Menschen und Institutionen definiert wird. Dies muß aber notwendig dann geschehen, wenn es zur Konstitution theologieunabhängiger wissenschaftlicher Diskurse mit Wahrheitsanspruch und Öffentlichkeitszugang kommt.

Die Etablierung solcher theologieunabhängiger Diskurse im späten 18., 19. und 20. Jahrhundert in Philosophie, Religionswissenschaft, Psychologie und Soziologie stellte den theologischen Diskurs in den kritischen Horizont der Pluralität. Ihr schlechterdings unabweisbares kritisches Potential erhalten diese neuen Diskurshorizonte aber durch den von ihnen eigenständig reklamierten Wahrheitsbegriff. Er wird nunmehr zur hochprekären Basisebene aller gesellschaftlich und mit wissenschaftlichem Anspruch auftretenden Diskurse. Er ist

---

[23] Tradition als die erinnerte Geschichte der innovatorischen Entdeckungen des Glaubens wird exakt dann verraten, wenn man sie punktualisiert und totalisiert, dem geschichtlichen Index des Glaubens selbst diesen Index also abspricht. Insofern der Glaube aber als in der Geschichte je neu zu realisierender Gesamtentwurf menschlicher Existenz unabdingbar mit neuen Perspektiven auf die Schrift immer auch neue Tradition hervorbringt, wird mit der Totalisierung eines spezifischen Stands der Glaubenseinsicht der Glaube selbst verraten. Vgl. hierzu: *D. Wiederkehr* (Hrsg.), Wie geschieht Tradition? Überlieferung im Lernprozeß der Kirche, Freiburg/Br.-Basel-Wien 1991. Dieser Verrat ist es auch, der in der Auseinandersetzung mit dem sogenannten Traditionalismus etwa Erzbischof Lefebvres zu thematisieren ist. Vgl: *A. Schifferle*, Das Ärgernis Lefebvre. Informationen und Dokumente zur neuen Kirchenspaltung, Freiburg/Schweiz 1989.

Prinzip der Aufhebung der gegenseitigen Fremdheit; der allen wissenschaftlichen, ja gesellschaftlich relevanten Diskursen gemeinsame Wahrheitsanspruch zwingt sie zueinander.

Viele der traditionellen Autoritätslegitimationen gingen in diesem neuzeitlichen Konfrontationsprozeß zugrunde. Monarchie und Gottesgnadentum, Feudalismus, neuerdings das Patriarchat, haben diesen Auseinandersetzungsprozeß nicht überlebt. Offenkundig aber überstand und übersteht - wenn auch mit manchen Blessuren - die Theologie diese Kritik. Der theologische Diskurs erscheint als überaus modernisierungsfähig. Welche Modernisierung hat er tatsächlich hinter sich?

Vor allem eine spezifische Strategie scheint der Theologie ihr Überleben unter den Bedingungen der Moderne ermöglicht zu haben: die katholische Theologie[24] reagierte auf die neuzeitlich-aufklärerische Konfrontation mit den Außenperspektiven auf die eigenen Themen zuerst und vor allem diskursorganisatorisch, sehr zögerlich aber nur diskursinnovativ. Man veränderte die interne Diskursstruktur, entzog sich damit aber den innovativen Konsequenzen dieser Konfrontation für die Theologie als ganzer.[25]

Die für das Dispositiv der Dauer kennzeichnende Doppelstrategie von interner Pluralisierung und Abschottung nach außen zeigt sich somit im theologischen Diskurs schon vor dessen kirchenamtlicher Regulierung im Zuge des Modernismusstreits und auch nach dessen Abklingen in analoger Weise, wenn auch charakteristisch modifiziert. Da ohne Aufgabe des Wissenschaftsanspruchs eine generelle Abschottung nicht möglich war, kam es auf die Abschottung des als zentral erachteten dogmatischen Diskurses an. Diese geschah durch die Organisation von theologischen „Vorfelddiskursen", die partiell neuere Wissenschaftsmethodiken übernahmen und dadurch ihrerseits anschlußfähig an den zeitgenössischen wissenschaftlichen Diskurs blieben. Verfestigte sich also die Kirche im Dispositiv der Dauer ansonsten ziemlich exakt entlang ihrer institutionellen Außenlinie, so der theologische Diskurs entlang seines dogmatischen Diskurses.

Diese um einiges flexiblere Sonderentwicklung des theologischen Diskurses setzte bereits im späten 18. Jahrhundert ein. Zum einen separierte man jetzt jene Teile des theologischen Diskurses, welche unmittelbare Nützlichkeit für den aufgeklärten Staat versprachen: es entstand, staatlich initiiert, die Pastoral-

---

24 Die nun folgenden Thesen zur Diskursorganisation der Theologie in Reaktion auf den neuzeitlichen Einbruch theologiefremden Wissens in den wissenschaftlichen Diskurs beziehen sich zuerst auf den Bereich katholischer Theologie. Die Entwicklungen im Bereich des Protestantismus dürften aufgrund des identischen Problemdrucks in ihren Grundlinien wohl im wesentlichen parallel laufen, sich jedoch wegen der dort recht anders gearteten institutionellen kirchlichen Struktur in den Einzelheiten nicht unerheblich unterscheiden; vor allem fehlt dem Protestantismus grundsätzlich der Zwang zur einheitlichen Diskursorganisation.

25 Gegenentwürfe (etwa der Tübinger Schule, von Maurice Blondel oder Herman Schell), welche aus dem religionskritischen Potential der Zeit diskursinnovative Konsequenzen für die Theologie zogen und also neue Gesamtentwürfe der Theologie vorzulegen begannen, erreichten selten theologieinterne, nie kirchenweite Diskursdominanz. Vgl. dazu als immer noch instruktiven Überblick: *B. Welte*, Zum Strukturwandel der katholischen Theologie im 19. Jahrhundert, in: Ders., Auf der Spur des Ewigen, Freiburg/Br. 1965, 380-409.

theologie als eigene universitäre Disziplin. Doch auch der theoriebezogene Restdiskurs der Theologie differenzierte sich in eigentümlicher Weise weiter aus.

Ihren eigenen dogmatischen Binnendiskurs führte die Theologie allerdings unbeirrt weiter, jenen Diskurs, der geprägt war von der fraglosen Akzeptanz eines vor allem monarchistisch aufgefaßten Gottesbegriffs sowie der Autorität eines jetzt zunehmend nicht nur dem Anspruch nach, sondern realiter jeglicher Kritik entzogenen Lehramts. Dies schloß nun aber eben gerade nicht aus, daß es auch in diesem theologisch-dogmatischen Binnendiskurs zum selektiven und instrumentellen Aufgreifen moderner Wissenschaftsmethodik kam, sofern diese sich nur in den herkömmlichen Entwurf von Theologie folgenlos einpassen ließ.

Dieser theoretische Binnendiskurs organisierte nun aber als Antwort auf die sich zunehmend etablierenden Außenperspektiven auf Theologie und Kirche einen ausgesprochen defensiven Diskurs, gleichzeitig gedacht als Immunisierungsstrategie für den Raum des Eigenen wie als Reterritorialisierungsversuch jenes gesellschaftlich-kulturellen Milieus, in dem die Depotenzierung christlicher Plausibilitätsstrukturen in der Konfrontation mit alternativen Erklärungs- und Relativierungszusammenhängen bereits erfolgt war. Es entstanden somit drei theologische Paralleldiskurse: ein praktischer, ein apologetisch-defensiver und ein inhaltlich von aller modernen Wissenschaft letztlich merkwürdig unberührt gebliebener theologisch-dogmatischer Binnendiskurs.

Mit dieser Situation eines letztendlich dann sogar fünffach gespaltenen theologischen Diskurses - neben den bereits genannten entstanden mit Entwicklung der Katholischen Soziallehre und der, wenn auch sehr zögerlichen Einführung der historisch-kritischen Methode in Kirchengeschichte und Exegese noch weitere theologische Diskursregionalisierungen - handelte man sich aber das fundamentale Problem des Zusammenhangs aller dieser theologischen Teildiskurse untereinander und vor allem mit dem theologisch-dogmatischen Binnendiskurs ein. Das Einheitsproblem der Theologie bildete zudem ohne Zweifel auch ihr Kompatibilitätsproblem mit dem sozialen Raum Kirche.

Man war so zwar der religionskritischen Destruktionsenergie als einer schier unaufhörlichen Folge von Konfrontationserfahrungen mit dem anderen seiner selbst nicht ungeschickt dadurch ausgewichen, indem man diese Auseinandersetzung in einzelnen Teildisziplinen diskursorganisatorisch regionalisiert hatte, hatte damit aber die von diesen Konfrontationserfahrungen aufgebaute Plausibilitätsspannung von theologischem und theologiefremdem Wissen über theologisches Wissen nur in das Innere der Theologie selber verlegt. Man hatte sich semi-theologische Vorfelddiskurse geschaffen, welche sich nicht nur aller bereitliegender moderner Wissenschaftsmethodik bedienten, sondern in ihren methodischen Prinzipien implizit die Grundlagen aufklärerischer Christentumskritik akzeptierten, ließ aber das Verhältnis der so entstehenden, von ihren nicht-theologischen Schwesterdisziplinen kaum mehr unterscheidbaren neuen theologischen Disziplinen zum theologisch-dogmatischen Binnendiskurs weitgehend ungeklärt.

Diese Nichtklärung hat auch theologieinterne Gründe. Die theologischen Vorfelddiskurse wehren sich (bis heute) gegen jede Reintegration in den einen theologischen Diskurs, da sie fürchten, durch eine zu enge Fühlungnahme mit dem dogmatischen Binnendiskurs und dem dort zentralen Gottesbegriff ihre Autonomie zu verlieren. Der Gottesbegriff erscheint so als der diskursreglementierende, ja diskursunterdrückende Begriff schlechthin. Es geht somit um die Frage, wie welcher Gottesbegriff in die wissenschaftlichen Diskurse eingeführt werden kann, ohne daß diese Diskurse in ihrem spezifischen Eigen-, und das heißt Erkenntniswert zerstört würden.

Natürlich hatte der beschriebene Prozeß nun umgekehrt zur Folge, daß in den so entstehenden theologischen Vorfelddiskursen der Gottesbegriff tendenziell geopfert und methodisch ausgeklammert werden mußte. Wenn aber der Gottesbegriff als der Inbegriff des binnentheologisch-dogmatischen Diskursbereichs dann doch in die neuen Teildisziplinen eingebracht werden soll, dann kann dies folgerichtig nur postulatorisch, autoritätsverstärkend, nicht aber horizonteröffnend und erkenntniserweiternd geschehen.

Es muß daher vermutet werden, daß durch und in der Reorganisation des theologischen Diskurses im Gefolge der neuzeitlichen Konfrontation der Theologie mit dem anderen ihrer selbst in den Fremdperspektiven religionskritischen Denkens gerade das Heikelste dieser Kritik implizit akzeptiert wurde: ihr durch die Relativierungsoperation selbst noch keineswegs bewiesenes Kritikprinzip: die notwendige Unvereinbarkeit des Geltungsanspruchs christlicher Zentralbegriffe und der menschlich-autonomen Perspektive auf diese Begriffe.

2. Das Projekt der Hierarchie: Diskurshomogenisierung

Die in die Theologie selbst nur diskursorganisatorisch verlagerte Plausibilitätsspannung von theologischem Wissen und theologiefremden Perspektiven auf dieses Wissen provozierte nun konsequenterweise Reaktionen von Seiten des institutionellen Systems Kirche. Sofern sich nämlich diese Plausibilitätsspannungen in der Breite der kirchlichen Basis zu aktualisieren begannen, wurde die Differenz in den Reaktionsstrategien auf die Pluralitätsirritationen der Moderne deutlich. Dies mußte die Gesamtkirche tatsächlich an den Rand einer existenzgefährdenden Identitätskrise führen.

Konnte das theoriezentrierte Diskursgeschehen „Theologische Wissenschaft" die mit den modernen Wissenschaftsmethodiken auftretenden Plausibilitätsspannungen in disziplinabgrenzender Spezialisierung ignorieren, so war dies für die Kirche als ganzer nicht möglich. Denn in ihr ist der theologische Diskurs in grundsätzlich anderer Weise präsent als im wissenschaftlichen Raum. Innerkirchlich wurde die Theologie primär nicht als Teil des wissenschaftlichen, sondern des katechetischen Diskurses, näherhin als dessen reflektierteste und komplexeste Variante wahrgenommen.

Seine oben beschriebenen internen Organisationsprinzipien entfalteten daher im außerwissenschaftlichen kirchlichen Raum nicht jene spannungsminimierende Plausibilität, welche die disziplinabgrenzende Spezialisierung für die

Teilnehmer des wissenschaftlichen Diskurses selbst besaß und besitzt. Die Schutzfunktion einer sehr spezifischen Diskursorganisation der Theologie vor den Pluralitätsirritationen des modern möglichen anderen Blicks auf die Themen der Theologie konnte (und kann) sich daher auch nur innerwissenschaftlich entfalten. Anders gesagt: es mußte der Hierarchie mit Blick auf die Theologie wesentlich um die Rückverlagerung der kirchenkonstituierenden Außenlinie des Dispositivs der Dauer vom bereits bislang geschützten dogmatischen Kerndiskurs zur Grenze der Theologie überhaupt gehen. Sie akzeptierte innerhalb der Theologie nicht, was sie im Phänomen des Verbandskatholizismus, wenn auch widerstrebend, bereit war hinzunehmen: die Reduktion des Pluralitätsproblems durch innerkirchliche Einfluß- und Relevanzdifferenzierung. Dies heißt aber auch: die kirchliche Hierarchie nahm die innertheologischen Plausibilitätsspannungen ernster als die Theologie selbst.

Nun entwickelte die Hierarchie in den letzten 150 Jahren zweimal ein umfassendes Projekt kirchlicher Konstitution angesichts der Pluralitätsirritationen der Moderne. Beidesmal zeigen sich im übrigen typische Umsetzungsprobleme dieser Konzepte, stehen die beiden Vatikanischen Konzilien doch bis heute untergründig im Verdacht, das Pluralitätsproblem auf dogmatistische, bzw. liberalistische[26] Weise auflösen und also in seiner Relevanz ignorieren zu wollen.

Das I. Vatikanum hatte seine Perspektiven auf die ekklesiale Praxis weithin auf deren iuridischen Aspekt reduziert. Es geht ihm um die Über- und Untergeordnetheit der Glieder der Kirche in einem vor allem statisch gedachten Ordnungsmodell. Das I. Vatikanum unternahm den ambitionierten Versuch, Glaube und Vernunft auf der Basis des Gottesbegriffs zu integrieren.[27] Widersprüche zwischen beiden, sich ausschließende Perspektiven beider Erkenntnisweisen auf ein identisches Erkenntnisobjekt also, wurden vom Konzil als Konsequenz eines defizitären Vollzugs der jeweiligen Erkenntnisweise, nicht als deren unausweichliche Folge definiert. Das Konzil ging gar so weit, beiden Erkenntnisweisen wechselseitige Horizonterweiterungsfunktion zuzuschreiben.[28] Das plurale Wissen über die Themen der Theologie wurde so als unausweichliche Aufgabe der Theologie selbst definiert.

Basis dieser Integrationsleistung aber war der Gottesbegriff. Er wurde zum Schlüsselbegriff in der theologischen Auseinandersetzung zwischen jenen Teildiskursen der Theologie, welche fremde, neuzeitlich-rationalistische Perspektiven auf das Eigene akzeptiert und aufgenommen hatten und dem traditionellen dogmatischen Binnendiskurs. Der latent vorhandene Konflikt mußte denn auch spätestens dann ausbrechen, als einzelne Wissenschaftler begannen, die internen Diskursregionalisierungen der Theologie tendenziell hinter sich zu

---

26 Vgl. zur konservativen Kritik am Konzil: *D. Menozzi*, Das Antikonzil (1966-1984), in: H. J. Pottmeyer/G. Alberigo/J.-J. Jossua (Hrsg.), Die Rezeption des II. Vatikanischen Konzils, Düsseldorf 1986, 403-431.

27 Vgl. *H. Denzinger* (Hrsg.), Kompendium der Glaubensbekenntnisse und kirchlichen Lehrentscheidungen, verb., erw., ins Dt. übertr. u. unter Mitarb. v. H. Hoping hrsg. von Peter Hünermann, Freiburg/Br.-Basel-Rom-Wien [37]1991 (=DH), Nr. 3017.

28 Vgl. DH 3019.

lassen und disziplinübergreifend historisch-kritische und also ursprünglich theologiefremde Methoden auf Texte der Offenbarung aus Schrift und Tradition anzuwenden und daraus teilweise auch religionsphilosophische Konsequenzen zu ziehen[29].

Solange man jedoch das theologisch begründete Integrationsgebot des I. Vatikanums strikt von einem absolutistischen, stark weltlos und jenseitig konzipierten Supranaturalismus her denkt, kann dieses Gebot nur als autoritäre Forderung diskursreglementierend[30], nicht aber als inhaltliches Innovationsprinzip diskursorientierend eingebracht werden. Die neuentdeckte unumgängliche Geschichtlichkeit aller, auch der theologischen wissenschaftlichen Begriffe zum Beispiel, war mit dem Begriff eines Gottes, der bestenfalls äußerliche und dramatische, nicht aber innere und konsequente Beziehungen zur Geschichte entwickelt, nicht zu vereinbaren.

Es kam so fast zwangsläufig zu den bekannten Ausgrenzungsoperationen der kirchlichen Leitungsinstanzen.[31] Vor allem: man sah und hatte auch tatsächlich keine Möglichkeiten, den eigenen Anspruch, Träger des authentischen Diskurses über Gott zu sein, mit dem Anspruch einiger Theologen zu vereinbaren, diesen Diskurs in seiner Historizität zu analysieren. Man konnte die historisch festzustellende diachrone Pluralität theologischer Begriffe nicht mit diesen Begriffen selbst in Einklang bringen. Da man diese aber verteidigen und festhalten wollte, schritt man zu autoritären Maßnahmen der Diskursreglementierung. Diese massive Politik der Diskurslenkung bewirkte inhaltlich eine Redogmatisierung der sich sukzessive emanzipierenden theologischen Teildiskurse und die Abdrängung der innovativen Impulse in eher wissenschaftsfremde und erlebnisnahe kirchliche Aufbruchsbewegungen.

Diese innertheologische Krise begann gegen Ende des 19. Jahrhunderts, eskalierte in den ersten Jahren des 20. Jahrhunderts und wurde 1907 mit zwei scharfen päpstlichen Schreiben[32] abrupt beendet. In diesen autoritativen päpst-

---

29 Vgl. hier vor allem die Arbeiten der sog. „Modernisten" Loisy, Tyrell, F. v. Hügel, aber auch von A. Ehrhard. Siehe zum grundsätzlichen Problem: *G. Larcher*, Modernismus als theologischer Historismus. Ansätze zu seiner Überwindung im Frühwerk M. Blondels, Frankfurt/M. 1985.

30 Dieses zur Verdinglichung neigende Verständnis des Glaubens findet sich denn auch in dem bis 1967 verpflichtenden Antimodernisteneid: vgl. J. *Mausbach*, Der Eid wider den Modernismus und die theologische Wissenschaft, Köln 1911. In ihm wird die Reflexion auf die geschichtlichen und anthropologischen Komponenten des Glaubens implizit unter Immanentismusverdacht gestellt.

31 Vgl. *N. Trippen*, Theologie und Lehramt im Konflikt. Die kirchlichen Maßnahmen gegen den Modernismus im Jahre 1907 und ihre Auswirkungen, Freiburg/Br. 1977; *ders.*, Gesellschaftliche und politische Auswirkungen der Modernismuskrise in Deutschland, in: A. Langner (Hrsg.), Katholizismus und philosophische Strömungen in Deutschland, Paderborn 1982, 59-103; *R. Ardelt*, Anmerkungen zur antimodernistischen Ekklesiologie, in: E. Weinzierl (Hrsg.), Der Modernismus, Graz-Wien-Köln 1979, 257-282; *P. Neuner*, „Modernismus" und kirchliches Lehramt. Bedeutung und Folgen der Modernismus-Enzyklika Pius X., in: Theologie und Glaube 61(1972) 249-262; *R. Lill*, Der Kampf der römischen Kurie gegen den „praktischen" Modernismus, in: E. Weinzierl (Hrsg.), Die päpstliche Autorität im katholischen Selbstverständnis des 19. und 20. Jahrhunderts, Salzburg-München 1970, 109-123.

32 Es handelt sich um die Enzyklika „Pascendi dominici gregis" vom 8.9.1907 und das päpstliche Dekret „Lamentabili" vom 3.7.1907 „Pascendi" vollständig enthalten bei: *A. Michelitsch*,

lichen Entscheidungen sollten nicht nur die Gegner theoretisch „besiegt", sondern vor allem aus dem innerkirchlichen Diskurs entfernt werden. Diese Strategie hatte vor allem auch durch die sich ausbreitende Atmosphäre der Einschüchterung[33] Erfolg. Diese innertheologische Konflikteskalation wird theologiegeschichtlich unter dem bereits erwähnten Stichwort „Modernismuskrise"[34] behandelt und bestimmt in ihren Grundproblemen bis heute latent oder offen die innertheologische Diskussionslage gerade der deutschen Kirche.

Inhaltlich wurde in diesem Konflikt zwischen Theologie und Lehramt exakt jenes Thema bearbeitet, auf welches das Dispositiv der Dauer die strukturelle Antwort bildete. Es ging zuletzt um den Status des religiösen Subjekts in Glauben und Theologie. Es ist möglich, diesen einen großen Problemkomplex an allen drei zentralen Orten des theologischen Diskurses zu analysieren: zum einen am gläubigen Individuum mit der Frage nach dem Zusammenhang von Glaubensbegründung und Glauben, zweitens am zentralen Inhalt der Theologie, Gott, in der Frage nach dessen Erkennbarkeit durch das nicht-gläubige Subjekt und drittens an der Struktur des theologischen Diskurses selbst in der Frage nach der theologischen Rezipierbarkeit rationalistischer Methoden in der Theologie[35]. Alle drei Fragebereiche thematisieren an unterschiedlichen Orten - am gläubigen Subjekt der Theologie, am reflektierten Objekt der Theologie sowie am theologischen Diskurs - das eine Grundproblem der Theologie in der Moderne: das Problem des Verhältnisses der Rechte und des Status des

Der biblisch-dogmatische „Syllabus" Pius X. samt der Enzyklika gegen den Modernismus, Graz-Wien 1908, 256-322; „Lamentabili" in DH 3401-3466.

33 Vgl.: *E. Poulat*, Intégrisme et catholicisme intégral. Un réseau secret international antimoderniste: La 'Sapinière' (1909-1921), Tournai 1969.

34 Für den deutschen Bereich liegt neuerdings eine umfassende, allerdings eher historisch denn theologisch-analytische Untersuchung vor mit: *O. Weiß*, Der Modernismus in Deutschland. Ein Beitrag zur Theologiegeschichte, Regensburg 1995: für die ältere Forschung vgl.: *E. Weinzierl* (Hrsg.), Der Modernismus, Graz-Wien-Köln 1979; *O. Schroeder*, Aufbruch und Mißverständnis. Zur Geschichte der reformkatholischen Bewegung, Graz-Wien-Köln 1969; *Th. M. Loome*, Liberal Catholicism, Reform Catholicism, Modernism. A contribution to a new orientation in modernist research, Mainz 1979; *G. Daly*, Transcendence and Immanence. A Study on Catholic Modernism and Integralism, Oxford 1980; *G. Schwaiger* (Hrsg.), Aufbruch ins 20. Jahrhundert. Zum Streit um den Reformkatholizismus und Modernismus, Göttingen 1976; *R. Schaeffler*, Der „Modernismus-Streit" als Herausforderung an das philosophisch-theologische Gespräch heute, in: Theologie und Philosophie 55 (1980) 514-534; *M. Weitlauff*, „Modernismus als Forschungsproblem. Ein Bericht, in: Zeitschrift für Kirchengeschichte 93(1983) 312-344.- Alle „modernistischen" Theologie-Entwürfe können als das Projekt einer Alternative zur zeitgenössisch dominanten Neuscholastik beschrieben werden (vgl.: *Welte*, Zum Strukturwandel der katholischen Theologie im 19. Jahrhundert, 380-409); sie stellen dabei den Versuch dar, die sich im 19. Jahrhundert akkumulierenden wissenschaftlichen Außenperspektiven auf die Themen und Quellen der Theologie innertheologisch diskursinnovativ zu verarbeiten und nicht nur diskursorganisatorisch auf sie zu reagieren.

35 Dies betrifft - klassisch theologisch gesprochen - die Probleme der „analysis fidei", also des Zusammenhangs von Glaubwürdigkeitserkenntnis des Glaubens und dem Glauben selbst, zweitens das Problem des Zusammenhangs von philosophischer und theologischer Rede von Gott, sowie drittens das Problem der internen Konsistenz der Theologie in ihrer Reaktion auf die neuzeitliche Konfrontation mit den nicht-theologischen Wissenschaften. Zu letzterem Problem siehe: *R. Bucher*, Die Theologie, das Fremde, in: O. Fuchs (Hrsg.), Die Fremden, Düsseldorf 1988, 302-319.

Subjekts in Glaube, Theologie und Kirche. Formal aber erweist es sich als Pluralitätsproblem.

Diese zentralen Kontroverspunkte und ihr gemeinsames Grundproblem spiegeln sich denn auch im Hauptdokument des kirchenoffiziellen Anti-Modernismus, der Enzyklika „Pascendi dominici gregis“ vom 8.9.1907 wider. Durchgängig geht es um das Verhältnis von kirchlicherseits Vorgegebenem und den Rechten des Subjekts diesem Vorgegebenen gegenüber. Die ganze Enzyklika ist ein Versuch der Rettung des Vorgegebenen gegen die Rechte des Subjekts, das in „Pascendi“ vornehmlich im Kontext von Begriffen wie „Neugierde“ und „Hochmut“[36] erscheint.

„Pascendi“ kämpft gegen die unrechtmäßige Statuierung von Rechten des Subjekts an allen drei aufgezeigten Orten: dem Glaubenssubjekt, dem Glaubensobjekt sowie dem theologischen Diskurs selbst. Die den modernistischen Theologen entgegengehaltenen Stichworte zur Denunziation ihrer Ansätze lauten daher: „vitale Immanenz“ als Glaubensbegründung aus der Gotteserfahrung im religiösen Gefühl des einzelnen, „Agnostizismus“ als Lehre von der philosophischen Unerkennbarkeit Gottes, und „Entwicklung“ als philosophischer Grundlagenbegriff für die Anwendung der historisch-kritischen Methode auf die Urkunden des Glaubens, also der Bearbeitung dieser Urkunden mit rationalistischer Methodik.[37] Die Kirche definierte sich und ihre Inhalte dabei als das Vorgegebene und setzte sich dagegen zur Wehr, nur als Folgeprodukt des religiösen Subjekts zu gelten. Diesem sprach man daher das Recht ab, in seinem Gefühl Ort der Glaubensbegründung, in seiner Philosophie Ort der Entscheidung über die Möglichkeit einer Gotteserkenntnis und in seiner Wissenschaft Ort der Kritik von Glaubensurkunden zu sein.

Die theologieinternen Disziplinierungsmaßnahmen am Anfang dieses Jahrhunderts zeigen sich als unmittelbare und notwendige Konsequenzen des nach dem I. Vatikanum erfolgreich etablierten „Dispositivs der Dauer“. Sie waren so auch nicht nur primär diskursintern motiviert, sondern wurden stets mit kirchen- ja gesellschaftsweitem Rettungsanspruch vollzogen. Die Hierarchie war in ihrem Handeln deutlich gesellschaftspolitisch motiviert und vertrat dabei einen gemäßigten, restaurationsinteressierten Traditionalismus. Dies belegt etwa die Enzyklika „Aeterni Patris“ Leos XIII. aus dem Jahre 1879 mit ihrer theologieintern ungemein wirkungsmächtigen Empfehlung der thomistischen Philosophie.[38] Die damals vollzogene kirchenamtliche Abkehr von der zeitge-

---

36 *Michelitsch*, Der biblisch-dogmatische „Syllabus“, 303.

37 Vgl. dazu: *F. Padinger*, Die Enzyklika „Pascendi“ und der Antimodernismus, in: E. Coreth/W. Neidl/G. Pfligersdorfer, (Hrsg.), Christliche Philosophie im katholischen Denken des 19. und 20. Jahrhunderts, Graz-Wien-Köln, Bd. II: 1988, 349-361.

38 Zu den Spitzenzeiten liberaler Kirchen- und Theologiekritik empfahl Leo XIII. bekanntlich in dieser Enzyklika den überaus rationalen Theologen Thomas v. Aquin als Rettung vor dem Auseinanderbrechen der Einheit von Glaube und Vernunft in der Gegenwart: konsequent, insofern Thomas tatsächlich als der bislang wohl unübertroffene Architekt eines Vernunft und Glauben in Vernunft und Glauben integrierenden Theoriegebäudes gelten kann. Konkret ging es dem Papst primär um die Überwindung des historischen Relativismus, dies aber - und hierin dem 19. Jahrhundert durchaus nahe - mit Rückgriff auf einen historischen Autor: im übrigen ein echter Fortschritt gegenüber einer rein soziologischen Lösung dieses Problems im Aufbau eines immunisierten katholischen Milieus,

nössischen Philosophie, welche man sich angewöhnt hatte, als „Subjektivismus“ und „Relativismus“ zu etikettieren und auf den „Phänomenalismus“ Kants zurückzuführen, geschah - nach einer Äußerung J. Maritains - in der Annahme, daß „das Problem der christlichen Philosophie und dasjenige einer christlichen Politik nur die spekulative und praktische Seite ein und desselben Problems bilden“[39].

Damit hatte sich mit der Neuscholastik in der katholischen Kirche endgültig ein, immanent betrachtet, stark rationalistisches Theologie- und Glaubenskonzept durchgesetzt: Glaube wurde begriffen als Zustimmung zu den von der kirchlichen Autorität vorgelegten Sätzen sowie zu den sich aus ihnen und aus dem von der Kirche autoritativ interpretierten Naturgesetz ergebenden Handlungsnormen. Diese glaubensgeschichtlich herausragende Dominanz kognitiver Prozesse im Glaubensvollzug belegt noch einmal die dringende Normierungs- und Strukturierungsbedürftigkeit des Diskursiven, seine potentielle Virulenz und Subversivität im „Dispositiv der Dauer“ als Basis kirchlicher Konstitution.

Nun vollzog sich diese kohärenzorientierte Normierung und Strukturierung des theologischen Diskurses auf der Ebene der theologischen Konzeptualisierung des Glaubens, nicht unbedingt in der Breite des Glaubensvollzugs selbst. Die Individualisierung der Glaubenspraxis in einer durchaus pluralen Volksfrömmigkeit, die Zentralisierung und Iuridifizierung von Kirche und die normative Strukturierung einer Theologie, die ihre internen Plausibilitätsspannungen tendenziell verbarg, schienen sich lange aufs beste zu ergänzen, und jenes Dispositiv der Dauer zu konsolidieren, das kirchliche Konstitution in der Moderne als möglich erscheinen ließ, zumal ein differenzierter Verbandskatholizismus die Kirche in der deutschen Gesellschaft weiterhin handlungsfähig hielt.

---

insofern hier das Problem nicht durch Ausblendung negiert, sondern durch Rückgriff auf eine (einstmals) erfolgreiche Lösung angegangen wurde. Solch ein Vorgehen ist in Situationen der Aktualisierung einer bislang latenten (internen oder über die „Außenbeziehungen“ sich realisierenden) „kognitiven Dissonanz“ innerhalb einer Institution nur naheliegend: eine zwar vollzogene, nicht wirklich aber realisierte und deshalb auch nur selektiv bejahte Entwicklung wird rückwärts bis zu jenem Punkt abgesucht, an dem die plötzlich beunruhigende Problemlage noch nicht existierte, mindestens noch nicht zu existieren schien. Ebenso deutlich aber ist auch: dieses Vorgehen führt nur sehr vorläufig zur gewünschten Beruhigung des institutionsintern problematisch gewordenen Diskurses: gerade wenn die aufgesuchte historische Referenzautorität ein hohes (daher stets komplex und also plural interpretierbares) Problematisierungsniveau besitzt, ergibt sich fast notwendig aus ihrer autoritätsgelenkten Thematisierung das „ungewünschte“ Folgeprodukt eines wissenschaftlichen Innovationsschubs, statt der (von den wissenslenkenden Autoritäten) erhofften Eliminierung des internen „Störpotentials“ eigener Plausibilitäten. Das Aufeinandertreffen komplexer Gegenwartsprobleme mit komplexen historischen Lösungen analoger, aber eben nicht identischer Probleme, provoziert *auf die Dauer* nicht - wie gewünscht - Diskursberuhigung, sondern Problemartikulation auf neuem Niveau. So trug gerade auch die von Leo XIII. initiierte Thomas-Renaissance in ihrer Folgegeschichte über Maréchal, Rahner und Lotz nicht wenig zur Auflösung des geschlossenen neuscholastischen Plausibilitätsmusters bei: vgl. R. *Schaeffler*, Die Wechselbeziehungen zwischen Philosophie und katholischer Theologie, Darmstadt 1980, 187-228.

39 *J. Maritain*, De Bergson à Thomas d'Aquin, Paris 1947, 134f.

Aber sowohl in der institutionellen Struktur, wie auch in der individuellen Glaubenspraxis und im theologischen Diskurs lagerten immanente Sprengsätze dieses Dispositivs der Dauer. Seine Stillstellungsstrategien waren an allen drei Orten nicht nur durch externe Kritik, sondern auch auf Grund interner Prozesse gefährdet. Denn sie beruhten an allen drei Orten auf der Abwehr von Pluralitätsirritation durch die Konstitution einer sehr speziellen, sehr heiklen Balance von Homogenisierung und kontrollierter Pluralisierung.

Es ist signifikant, daß nach der weitgehenden Eliminierung des Modernismus als eines typischen Gelehrtenprojekts, sich die innovatorischen Impulse innerhalb der Kirche an die Basis und damit in die Entwicklung neuer Biographiekonzepte verlagerten. Jugendbewegung, Liturgische Bewegung, Ökumenismus und Bibelbewegung entstehen als von qualifizierten Basis-Minderheiten getragene Projekte genau dann, als der eigentliche, von der Universitätstheologie getragene „Modernismus" innerkirchlich vorerst irrelevant wurde. Sie entstehen als Kritik des Dispositivs der Dauer quer zu seinen fein austarierten Balancen. Sie definieren sich als „Bewegungen". Diese aber sind bekanntlich vor allem eines: Projekte der Veränderung.

D. EIN GEGENENTWURF ALS GEGENPROBE: DIE IMPLIZITE EKKLESIOLOGIE DER REFORMSCHRIFTEN HERMAN SCHELLS

1. Herman Schell - Theologie zu Zeiten des „Dispositivs der Dauer"

Die innerkirchliche Konflikteskalation um die Jahrhundertwende kann als Phase der endgültigen Durchsetzung des Dispositivs der Dauer als Prinzip kirchlicher Konstitution auch innerhalb der Theologie beschrieben werden. Diese Konflikteskalation stellt damit mehr dar als einen leicht zu marginalisierenden Gelehrtenstreit, sie bildet vielmehr ein reales Krisenphänomen der Theologie und der sie tragenden Institution Kirche[40]: einer Krise allerdings, die mit der Etablierung des „Dispositivs der Dauer" ihren recht deutlichen, wenn auch vorläufigen Abschluß fand.

Die spezifische theologieinterne Strategie einer *diskursorganisatorischen* Problemminimierung des Irritationspotentials der Moderne wurde von Rom zugunsten der weniger differenzierten, gesamtkirchlich aber anschlußfähigeren Strategie einer Konstitution von Kirche entlang ihrer Außenlinie, nun einschließlich des *gesamten* theologischen Diskurses, zurückgenommen. Es handelt sich im „Modernismusstreit" damit um die Durchsetzung letztlich außerdiskursiver Konstitutionsprinzipien von Kirche im Bereich ihres wissenschaftlichen Diskurses und somit um eine spezifische, in ihrer Logik tatsächlich anti-moderne, wenn auch in sich konsistente Entdifferenzierungsstrategie.

---

[40] So auch R. *Aubert* in seiner Behandlung des Themas im Handbuch der Kirchengeschichte, (Bd. VI/2, hrsg. v. H. Jedin, Freiburg/Br. 1973, 435-500) unter dem Titel „Die modernistische Krise".

Das Dispositiv der Dauer blieb aber auch zu Zeiten seiner endgültigen Durchsetzung innerhalb der Theologie konzeptionell nicht alternativlos. Auf der Suche nach solchen Alternativen ist allerdings ein Methodenwechsel zu vollziehen. Da es sich bei solchen Alternativen nach dem Sieg der gesamtkirchlichen Variante des „Dispositivs der Dauer" auch innerhalb der Theologie nur um historisch nicht realisierte Projekte handeln kann, wird es nicht länger um die Analyse des kirchlichen Dispositivs an seinen Orten Institution, Einzelner und Diskurs selbst gehen, sondern um die exemplarische Darstellung eines paradigmatischen alternativen Konzepts kirchlicher Konstitution, wie es sich innerhalb des zeitgenössischen theologischen Diskurses findet. Dies dann mit speziellem Blick auf jene Orte der Kirche, welche auch schon bislang interessierten: Einzelner, Institution und Diskurs.

Herman Schell war in den ersten Jahren dieses Jahrhunderts ohne Zweifel einer der herausragenden Exponenten innovativer Theologie in Deutschland,[41] war damals wohl der innerhalb, vor allem aber auch außerhalb der engeren Fachgrenzen bekannteste systematische Theologe. R. Aubert nennt denn auch in seinem Überblick über den „Reformkatholizismus in Deutschland" unter dessen „herausragenden Persönlichkeiten"[42] neben Schell bezeichnenderweise nur noch die Kirchengeschichtler Franz Xaver Kraus und Albert Ehrhard, eine Aufzählung, die noch durch Sebastian Merkle, auch er Kirchengeschichtler,

---

41 Als Überblicke zu Herman Schells Leben, Werk und Bedeutung siehe: *R. Lachner*, Schell, in: Biographisch-bibliographisches Kirchenlexikon, Bd. IX, Hamm 1995, 88-89; *G. Bleickert*, Herman Schell (1850-1906), in: H. Fries/G. Schwaiger (Hrsg.), Katholische Theologen Deutschlands im 19. Jahrhundert, Bd. III, München 1978, 300-328; *J. Hasenfuß*, Herman Schell als existentieller Denker und Theologe, Würzburg 1956, 25-48; *P.-W. Scheele*, Mysterium Missionis. Leben und Werk Herman Schells, in: H. Schell, Verherrlichung und Gemeinschaft. Eine Auswahl aus dem Gesamtwerk, hrsg. von P.-W. Scheele, Paderborn 1957, 15-58; *V. Berning*, Das Denken Herman Schells. Die philosophische Systematik seiner Theologie genetisch entfaltet, Essen 1964, 1-89, 119-223; speziell zum Fortschrittsgedanken bei Schell: *H. Petri*, Der Gedanke des Fortschritts in der Theologie Herman Schells, in: Catholica 23(1969) 119-135; nach *Weiß*, Modernismus in Deutschland, 135, bereitet K. Hausberger eine Biographie Schells vor. - Schells Theologie wurde seit Mitte der 50er Jahre, angestoßen durch J. Hasenfuß, Gegenstand einer ganzen Reihe monographischer Arbeiten. Neuere Einzeluntersuchungen liegen vor mit: *Th. Franke*, Leben aus Gottes Fülle. Zur trinitarischen Reich-Gottes-Theologie Herman Schells, Würzburg 1990, und *W. Sosna*, Die Selbstmitteilung Gottes in Jesus Christus. Grundlagen und dogmatische Explikation der Christologie Herman Schells, Paderborn 1991.

42 *Aubert*, Die modernistische Krise, 440. Auch im Sammelband *Wilfried Loths*, Deutscher Katholizismus im Umbruch zur Moderne, wird H. Schell als einziger Universitätstheologe eines eigenen Artikels gewürdigt: vgl. *K. Rivinius*, Integralismus und Reformkatholizismus. Die Kontroverse um Herman Schell, a.a.O., 199-218. Bemerkenswert auch, daß Schell als katholischer Theologe der erste deutsche Hochschullehrer war, der eine, zudem überaus differenziert wertende, öffentliche Vorlesung zu Nietzsche abhielt; eine Mitschrift liegt vor in: *J. Hasenfuß*, Herman Schell als Wegbereiter zum II. Vatikanischen Konzil, Paderborn-München-Wien-Zürich, 105-134. Zur Einordnung Schells in die des Modernismus verdächtigten Strömungen siehe: *Weiß*, Modernismus in Deutschland; 134-150; *K. Hausberger*, Der „Fall" des Würzburger Apologeten Herman Schell, Regensburg 1992; *Trippen*, Theologie und Lehramt in Konflikt, 32-45; *K. Mühlek*, Dynamische Gemeinschaft. Zur Lehre Herman Schells von der Kirche, München-Paderborn-Wien 1973, 12; *V. Berning*, Systematisches Philosophieren zwischen Idealismus und Neuscholastik um die Jahrhundertwende, Paderborn-München-Wien-Zürich 1984, 28; *Schroeder*, Aufbruch und Mißverständnis, 369-383.

ergänzt werden könnte. Deren Konflikt mit dem Lehramt aber betraf zuallererst den theologischen Diskurs selbst, näherhin das Recht auf die Einführung ursprünglich nicht-theologischer wissenschaftlicher Methodiken in die Theologie.

Der Systematiker Schell, seit 1884 Professor für Apologetik, christliche Kunstgeschichte und vergleichende Religionswissenschaft in Würzburg, legte nun gegen Ende des Jahrhunderts mehrere pastoral orientierte Schriften vor, in denen er explizit oder implizit Elemente eines innerkirchlichen Reformprogramms entwirft[43]. Er greift damit engagiert in den innerkirchlichen Reformdiskurs ein. Dies bleibt nicht ohne Reaktion seitens des kirchlichen Amtes. Ein Teil der Schriften Schells wird von Rom am 15.12.1898 indiziert. Diese Indizierung betraf neben den beiden sog. „Reformschriften" „Der Katholicismus als Princip des Fortschritts" und „Die neue Zeit und der alte Glaube", 1897 und 1898 erschienen, auch die in mehreren Bänden herausgekommene „Katholische Dogmatik"[44] sowie Schells Apologetik „Gott und Geist"[45], alles Werke, welche zur Zeit der Indizierung schon seit längerem publiziert waren.

Bemerkenswert ist dabei, daß, wie schon die Veröffentlichungsdaten der indizierten Werke nahelegen, offenkundig erst die kirchenöffentlich wirksamen „Reformschriften" zur Verurteilung führten. Schell vermutet selbst in einem Brief: „Nicht um der theologischen Sondermeinungen willen, sondern um der Fortschrittsgedanken und -Anregungen und - Grundsätze willen ist das Ganze erfolgt, und zwar, indem man eben nach theologischen Sondermeinungen suchte, um mich empfindlich zu treffen".[46] Das primäre Interventionsinteresse Roms galt so, wie es scheint, nicht dem wissenschaftlichen Diskurs als solchem, sondern den möglichen gesamtkirchlichen Auswirkungen von Schells Theologie.

Diese These wird erhärtet durch die - später öffentlich gewordenen[47] - offiziellen Indizierungsgründe. Sie verraten deutlich ein spezifisch ekklesiales, näherhin pastorales Interesse Roms. Hasenfuß faßt diese Verurteilungsgründe des Indexdekretes wie folgt zusammen: „der Gottesbegriff der Selbstursächlichkeit und die damit zusammenhängende Art der spekulativen Begründung der Trinität, die Übertreibung der zu einer Todsünde erforderlichen Bosheit und Verstockung des Widerstandes gegen den Heiligen Geist, die in seinem

---

43 Zu diesen Reformschriften sind neben „Der Katholicismus als Princip des Fortschritts", Würzburg ²1897, „Die neue Zeit und der alte Glaube", Würzburg 1898, auch „Christus. Das Evangelium und seine weltgeschichtliche Bedeutung", Mainz 1903, sowie einige der Vorträge und Artikel Schells, welche *Karl Hennemann* als „Kleinere Schriften", Paderborn 1908, herausgegeben hat, zu rechnen. Diesen Schriften eignet allen nicht nur eine hohe Rezeptionsorientiertheit, sondern ihnen kommt auch im Leben Schells selber biographische Konsistenz zu: Sie stehen für die Epoche seiner höchsten ekklesialen und gesamtgesellschaftlichen Öffentlichkeitsrelevanz. Einen eher allgemeinen Überblick bietet: *G. Griener*, Herman Schell and the Reform of the Catholic Church in Germany, in: Theological Studies 54(1993) 427-454.

44 Bde. I und II, Paderborn 1889, Bd. III/1 Paderborn 1892, Bd. III/2 Paderborn 1893.

45 Teil I: Paderborn 1895; Teil II: Paderborn 1896.

46 *H. Schell*, Briefe an einen jungen Theologen, hrsg. v. J. Hasenfuß, Paderborn 1973, XL.

47 Siehe: *K. Hennemann*, Widerrufe Herman Schells? Eine aktenmäßige Darstellung, Würzburg 1908, 82-86.

(Schells, R.B.) System drohende Gefahr der eschatologischen Wiederherstellung des Ganzen und der Auflösung der Hölle, die Hervorkehrung der Nächstenliebe als Maß des letzten Gerichtes und die Überbetonung der quasisakramentalen Wirksamkeit des Todes und der Leiden unter Gefährdung der Notwendigkeit der Taufe und der letzten Ölung“[48].

Deutlich wird: obwohl die aufgeführten Verurteilungsgründe die Ekklesiologie im klassischen Sinne nicht direkt betreffen, sind sie deutlich ekklesial motiviert: bis auf das Problem des Schellschen Gottesbegriffs „causa sui“ berühren alle aufgelisteten Beanstandungen konstitutive Elemente des „Dispositivs der Dauer“. Man sah offenkundig in Schells Theologie jenes metaphysische Drohpotential gefährdet, ohne welches Kirchenkonstitution unter den Bedingungen gesellschaftlicher Pluralität nicht möglich erschien, da ohne dieses Drohpotential die für das Dispositiv der Dauer notwendige innerkirchliche Disziplinierung und Homogenisierung nicht durchgesetzt werden konnte.

Rom hat Schell nicht mißverstanden. Denn Schells „Reformschriften“ formulieren eine echte Alternative zum herrschenden kirchenkonstituierenden Dispositiv. Für die Analyse einer konzeptionellen Alternative zum „Dispositiv der Dauer“ sind sie besonders geeignet, da in ihnen, im Unterschied zur ausgearbeiteten Ekklesiologie Schells,[49] auch die nicht-diskursinternen Fragestellungen der Kirchenkonstitution in Zeiten einer pluralen wissenschaftlichen und gesellschaftlichen Realität ausdrücklich aufgegriffen werden und somit die klassische Problemregionalisierung der Ekklesiologie verlassen wird.

Für eine populäre Rezeption geschrieben, sind Schells Reformschriften an aktuellen Konflikt- und Problemlagen der Kirche orientiert[50]. Sie entwerfen

---

48 *Hasenfuß*, Herman Schell als existentieller Denker und Theologe, 39.

49 Schells Ekklesiologie wurde in der o. a. Arbeit von Karl Mühlek (Dynamische Gemeinschaft) eingehend untersucht. Jene Teile dieses Werks, die sich mit den hier zur Diskussion stehenden Texten Schells befassen, referieren zuverlässig das in ihnen Gesagte, sie unterlassen es allerdings weitgehend, den systematisch-theologischen Kontext von Schells Positionen zu thematisieren. Dies geschieht nun zwar ausführlich im Kirchenkapitel (258-276) des großen Buches von *Hasenfuß*, Herman Schell als existentieller Denker und Theologe. Allerdings leidet dieses Kapitel, wie auch andere Teile des Werks, unter der mangelnden Integration der von Hasenfuß recht unvermittelt gegenübergestellten, in Schell aber exemplarisch aufeinanderbezogenen Paradigmen einer seinshaft orientierten und einer, wie es Hasenfuß nennt, personal-dynamisch ausgerichteten Theologie, bzw. Philosophie. Beide Paradigmen werden von Hasenfuß als alternative, bestenfalls spannungsvoll zusammengebundene Pole behandelt, nicht aber wird der ontologische Charakter des Existentiellen, noch der dynamische Charakter des Seins thematisiert. Exakt diese Thematisierung aber liegt bei Schell zugrunde. Vgl. etwa Schells Theologie und Philosophie in gegenseitiger Erhellung kombinierende These: „Die biblische Idee vom Engel und Geiste Jahwes sowie der damit grundgelegte Dreieinigkeitsbegriff würde richtiger beurteilt, wenn man von der Aktualität des Seins anstatt von dem Seinsbegriff der Substantialität ausging. Die ruhende Substantialität, zu der das Wirken als Accidens hinzukommt, war dem urzeitlichen Denken fremd.“ (*H. Schell*, Apologie des Christentums, Bd. II: Jahwe und Christus, Paderborn 1905, 53); vgl. auch: Apologie des Christentums, Bd. I: Religion und Offenbarung, Paderborn 1902, 53.

50 So wurde „Katholicismus als Princip des Fortschritts“ aus Anlaß des sog. „Inferioritätsproblems“, der damals zum erstenmal statistisch erwiesenen gesellschaftlichen und vor allem intellektuellen relativen Einflußlosigkeit der Katholiken im Deutschen Reich (vgl. dazu: *M. Baumeister*, Parität und katholische Inferiorität. Untersuchungen zur Stellung des Katholizismus im Deutschen Kaiserreich, Paderborn 1987), sowie als Kommentar zum

gerade in deren Thematisierung eine alternative Ekklesiologie. Diese Ekklesiologie liegt in ihnen nicht geschlossen und unmittelbar ablesbar vor, sie muß vielmehr in ihrer immanenten Stringenz und in ihrer Vernetzung mit Schells sonstigen systematisch-theologischen Grundannahmen rekonstruiert werden. Herman Schell ist 1906 und somit ein Jahr vor Erscheinen der anti-modernistischen Dekrete Roms gestorben.[51] Seine Reformschriften bilden den zeitgenössischen Gegenentwurf zum „Dispositiv der Dauer".

2. Der Gottesbegriff als Strukturprinzip der Ekklesiologie

Schells Reformschriften entwickeln paradigmatisch ein alternatives Konzept kirchlicher Konstitution. Gerade diese pastoral orientierten Texte problematisieren dabei zuallererst den Gottesbegriff der zeitgenössischen Theologie. Schell erkannte, daß es am pluralitätsunfähigen Gottesbegriff der neuscholastischen Theologie liegt, wenn den Pluralitätsirritationen der Moderne ein ekklesiales Konstitutionssystem entgegengesetzt werden muß, das hier als „Dispositiv der Dauer" charakterisiert wurde.

Schell entwickelt seine Ekklesiologie in den Reformschriften denn auch strikt auf der Basis seines Gottesbegriff[52], eines dabei bemerkenswert relational und säkular gefaßten Gottesbegriffs. Theologischer Grund-Satz dieser Ekklesiologie ist es, daß „das Ganze und Göttliche ... in der organischen Vereinigung der anscheinend gegensätzlichen Güter: Autorität und Freiheit, Wille und Vernunft, Natur und Persönlichkeit, Wahrheit und Verständnis (liegt)"[53].

Schell führt den Gottesbegriff in den hier zu untersuchenden Arbeiten in exakt jenen beiden Hauptformen ein, in denen er auch biblisch vorliegt: als personale wie säkulare Kategorie; vorherrschend personal über den trinitarisch gefaßten Gottesbegriff in den beiden kleinen Werken von 1897 und 1898, zumeist in seiner säkularen Dimension als Reich-Gottes-Begriff im Christusbuch

---

„Leo-Taxil-Schwindel" geschrieben, einem Vorfall, der die enorme Affinität zu abergläubischen Vorstellungen in Kirche und Theologie erschreckend entlarvt hatte (vgl. *Schell*, Katholicismus als Princip des Fortschritts 3, siehe dazu: *Mühlek*, Dynamische Gemeinschaft, 128f). Bemerkenswert erscheint, daß Schell als ausgewiesener Systematiker zu tagesaktuellen innerkirchlichen Problemen Stellung nimmt; bemerkenswerter noch die Art und Weise, wie das geschieht. P.-W. Scheeles Feststellung im Blick auf Schells dogmatisches Gesamtwerk, in ihm sei es der „Dogmatik verwehrt, sich in einen rein geistigen Raum zurückzuziehen", da sie „*in allem* der kirchlichen *Praxis* verpflichtet" sei (*P.-W. Scheele*, Impulse Herman Schells für die Dogmatik der Gegenwart, in: Theologie und Glaube 61(1971) 99-105, 103), kann in Schells pastoral-reformerischem Werk verifiziert werden.

51 Im Zuge dieser der anti-modernistischen Maßnahmen Roms kam es nach dem Tode Schells erneut zu Auseinandersetzungen um seine Person. Vgl. dazu: *Trippen*, Theologie und Lehramt im Konflikt, 189-219.

52 Die Struktur sowie die philosophie- und theologiegeschichtlichen Hintergründe des Schellschen Gottesbegriffs wurden bereits eingehend untersucht. Siehe dazu: *Berning*, Das Denken Herman Schells, 93-196; *Ders.*, Gott, Geist und Welt. Herman Schell als Philosoph und Theologe, München-Paderborn-Wien 1978; *Ders.*, Systematisches Philosophieren; *P.-H. Schenk*, Die Interpretation des Trinitätsmysteriums bei Herman Schell, Würzburg 1973 (Theol. Fak. Diss.); *R. Schaeffler*, Die Wechselbeziehungen zwischen Philosophie und katholischer Theologie, 67-81.

53 *Schell*, Neue Zeit und alter Glaube, 25.

von 1903. Diese Einführung bewährt sich dabei an drei zentralen ekklesiologischen Themen: der Frage nach der religiösen Kompetenz des einzelnen, dem Problem der Legitimation kirchlicher Autorität sowie der Frage nach einem Gesamtbegriff von Kirche überhaupt.

Oder anders gesagt: Schell entwirft ein theologisches Projekt von Kirche in der Bestimmung von zweien jener drei Orte, die wir oben als zentral für das kirchliche Konstitutionsdispositiv der Dauer herausgestellt hatten: der Einzelne und die kirchliche Institution. Die Aufgabe des theologischen Diskurses innerhalb seines Projekts einer moderne- und also pluralismusfähigen Kirche aber hatte Schell bereits mit der methodischen Konzeption seiner kleinen Schriften implizit bestimmt: indem seine Überlegungen vom Gottesbegriff ausgehen und aus ihm pastorale Konsequenzen ziehen, negiert Schell sowohl die innertheologischen Diskursseparierungen wie auch die darüber noch hinausgehende Entdifferenzierung des theologischen Diskurses, wie sie der kirchenamtliche „Anti-Modernismus" intendierte.

3. Die religiöse Kompetenz des einzelnen und die innerkirchliche Pluralität

Es ist nun gerade der personal gefaßte trinitarische Gottesbegriff, der für Schell, ganz im Gegensatz zur homogenisierenden Funktion des scholastischen Gottesbegriffs, zur Legitimationsbasis innerkirchlicher Pluralität wird. Insofern nämlich der „Gottesbegriff ... das Vorbild und Ziel der geistigen Vollkommenheit" bedeute,[54] der „dreieinige Gott" aber die „Bürgschaft" bilde, „dass Unveränderlichkeit und Fruchtbarkeit, Notwendigkeit und Freiheit, persönlicher Hervorgang und Unabhängigkeit des Wesens nicht blos nicht unvereinbar sind, sondern eine innere und lebendige Einheit in der Dreiheit bilden"[55], gilt für Schell: eine „Einheit ohne Gegensatz und Selbstständigkeit ist nicht das Höchste; sondern die Einheit, welche voll Leben und Gegensatz selbstständiger Personen ist, wie der dreieinige Gott: denn gerade die Einheit wird um so inniger, je mehr Selbstständigkeit und Leben von ihr umspannt wird".[56]

Schell führt diese theo-logische Begründung der Autorität und relativen Autonomie des einzelnen, seiner Würde und Kompetenz auch und gerade im Bereich des Glaubens, auf dreifache Weise weiter. Zum einen umgrenzt er die Macht der Institution Kirche gegenüber ihren einzelnen Mitgliedern, in dem er die Ausübung dieser Macht, und damit sie selbst, inhaltlich über den Gottesbegriff definiert. Er fordert daher von der Kirche, auf Grund der in Gott gegebenen Identifikation von Allmacht, Güte und Weisheit[57], aber auch von Wille und Heiligkeit[58], ihre eigene Macht und Autorität intern wie extern nicht anders denn als ebensolche Macht der Güte, Weisheit und Heiligkeit zu begreifen und

[54] A.a.O., 9.
[55] A.a.O., 10.
[56] A.a.O., 21.
[57] Vgl. a.a.O., 86.
[58] Vgl. a.a.O., 62.

auszuüben: „die Weltherrschaft, zu der die Kirche in der Fortsetzung des Reiches Gottes berufen ist“, kann für Schell damit nur eine sein, „die mit der Kraft Gottes, - mit der Kraft der Ueberzeugung und Liebe wirkt, die ins Innere der Geister dringt und wieder frei aus ihnen heraus wirkt!“[59]

Schell legt nun aber darüber hinaus im Kontext seiner Reflexionen über den trinitarischen Gottesbegriff und dessen Konsequenzen für die Praxis der Kirche eine höchst originelle Interpretation der abendländischen Lehrtradition vom gemeinsamen Ausgang des Geistes aus dem Vater und dem Sohne vor. „Wenn *der Geist* lebendiger Denkthätigkeit und selbstständiger Regsamkeit nicht in innerlichem Zusammenhang mit dem *Wort* als Inbegriff der Wahrheit und des Wahrheitsbesitzes stünde, so wäre es denkbar, dass der *Geist* des lebendigen Denkens für die Sicherheit des überlieferten Wahrheitsbesitzes und Lehrbegriffs gefährlich würde. Allein die Lehre, dass der *Hl. Geist* zugleich *vom Worte* ausgeht, bietet die Bürgschaft dafür, dass die von Ihm angeregte lebendige Geistesthätigkeit nicht *auflösend* und *zersetzend* wirkt, sondern *begründend* und *verwertend*“[60].

Damit ist für Schell theologisch sichergestellt, daß der Mensch sich in seiner autonomen Suche nach Wahrheit und Erkenntnis - etwa auch im religiösen Bereich - nicht notwendig von der in und bei Gott gegebenen und im Evangelium geoffenbarten Wahrheit entfernen muß, sondern im Gegenteil gerade in diesem, nur ihm eigenen, eigenständigen Wahrheitsstreben die einmalige Chance besitzt, die Wahrheit des Evangeliums immer präziser zu erkennen und zu entdecken. Schell entwickelt damit eine explizit theologische Begründung persönlicher Autonomie und legitimiert so implizit auch die innerkichliche Pluralität als für die Existenz einer evangeliumsgemäßen Kirche unabdingbares Phänomen.

Indem Schell nun aber schließlich das prinzipielle Verhältnis des absolut transzendenten Gottes zur Kontingenz des Menschen nicht als dichotomisierende Trennung von unendlich Verschiedenem, sondern als produktive und inspirative Relation von ursächlich Verbundenem bestimmt, thematisiert er das für die Ekklesiologie zentrale Problem der Strukturierung und Verhältnisbestimmung von Göttlichem und Menschlichem überhaupt. Schell - hierin weit entfernt von jedem Immanentismus - entdeckt dabei gerade in Gottes unendlicher Verschiedenheit von der Welt den Ort von Gottes Prinzipiencharakter für eben diese Welt.

Gerade „weil Gott unendlich hoch über dem Geschöpf steht, darum ist er der einzige Endzweck und das Lebensziel des Geschöpfes, sein unentbehrlicher Kraft- und Gnadenquell; weil Gott als unendlich hochstehend über der ganzen Welt des Endlichen erkannt und angebetet wird, *darum* ist er für den geschaffenen Geist das höchste Gut, dessen Besitz und Gemeinschaft allein dem Geiste die volle Befriedigung und den ausreichenden Lebensinhalt für Denken

---

59 A.a.O., 86.

60 A.a.O., 148 (Hervorhebungen hier und im folgenden stets im Original). Vgl. auch a.a.O. 18, 22. Siehe auch *Schell*, Kleinere Schriften, 477, wo Schell diesen Gedanken eingehend erläutert. Vgl. dazu: *Schaeffler*, Die Wechselbeziehungen zwischen Philosophie und katholischer Theologie, 69-74.

und Streben in *Aussicht stellt.* Die *Unendlichkeit* des Unterschiedes wirkt also nicht *trennend*, sondern *verbindend*: die unvergleichliche Heiligkeit Gottes wirkt nicht abstossend, sondern anziehend. Nicht die *Verschiedenheit* ist das *Tiefste* im Verhältnis zwischen Gott und Geschöpf, sondern die *Ursächlichkeit*, und zwar die volle Ursächlichkeit, sowohl als Wirk- wie als Zweckursächlichkeit. Gott ist der einzige hinreichende Erklärungsgrund für die Welt, und ebenso der einzig hinreichende Vollendungsgrund; das einzig wahre und genügende Gut und Endziel des Geistes. Die *Heiligkeit* wirkt im tiefsten Grund nicht *verurteilend*, sondern *heilend*."[61]

Mit dieser eindrucksvollen Integration von Theologie, als expliziter Rede von Gott, und Anthropologie - theologisch geleistet über den Schöpfungs-, anthropologisch über den Geistbegriff - schafft sich Schell die Voraussetzungen, kirchliches Handeln als Handeln in und „durch die innere Ueberzeugungskraft der Wahrheit und allein wahren Güte"[62] zu definieren und alle „Gewaltmassregeln im Dienst der Religion"[63] entschieden abzulehnen. Denn: „Wodurch ein Reich begründet worden, dadurch allein gewinnt es auch Fortbestand und Wachstum"[64].

Der Mensch wird so von Schell in seiner gegenüber Gott unendlich defizienten Struktur nicht denunziert und damit auch gegenüber dem transzendenten Gott nicht in eine unheilvolle Relation unendlicher Ferne gestellt. Schell entdeckt vielmehr gerade in dieser anthropologischen Defizienz, näherhin in deren Auf-Dringlichkeit für den Menschen, die Grundlage der religiösen Kompetenz des Menschen.

Dies setzt theologisch dann aber voraus, die „Unendlichkeit und heilige Erhabenheit" Gottes nicht als „Hindernis, das die Verbindung Gottes mit der Welt erschwert oder ausschliesst" zu definieren, sondern als den „Grund der innigsten Zusammengehörigkeit"[65]. „Die Welt steht" so zwar „unendlich tief unter dem Schöpfer", aber „gerade darum kann der natürliche Geist nur in Gott die Wahrheit und die endgültige Befriedigung seiner geistigen Anlagen und Kräfte finden. Gott ist Wahrheit und vollkommenes Leben: das Geschöpf ist unendlich weit davon entfernt beides zu sein: aber gerade darum die Empfänglichkeit und das Bedürfnis nach beidem, und darum ist es berufen, beides, die volle Wahrheit und das vollkommene Leben in Gott zu finden."[66]

Die Situation des Menschen ist so für Schell charakterisiert durch das Ausgerichtetsein auf Gott als Ziel, Grund und Inhalt der Existenz von Mensch und Welt. Da Schell in diesem Zusammenhang dann das Übernatürliche ausdrücklich und betont als „Berufung zur *unmittelbaren* Lebensgemeinschaft mit Gott"[67] definiert, liegt es nahe, in der Konsequenz dieses Schellschen Gedankens die derart umschriebene Befindlichkeit des Menschen in seiner geschöpf-

---

61 *Schell*, Neue Zeit und alter Glaube, 55.
62 Ebda.
63 So der Titel eines Kapitels in *Schell*, Neue Zeit und alter Glaube (52-59).
64 A.a.O., 52.
65 A.a.O., 54.
66 A.a.O., 56.
67 Ebda.

lichen Ausrichtung auf den Schöpfer als mittelbare Berufung zur Gemeinschaft mit Gott zu charakterisieren, eine Berufung, die in Jesus Christus sich ebenso realisiert wie aktualisiert und die zu verkünden primäre Aufgabe der Kirche ist.[68]

Die Qualifizierung des Übernatürlichen als Berufungskategorie präzisiert und operationalisiert Schell dann in seinem Christusbuch von 1903. Er bestimmt dort die in Christus geschehene Offenbarung als Selbstmitteilung der Wahrheit Gottes in der Liebe Jesu. Schell sieht daher diese göttliche Wahrheit der Liebe gerade in der Tatsache der göttlichen Offenbarung in Christus wirksam: als das liebende Sich-hineinbegeben dieser göttlichen Wahrheit in den menschlichen Lebens- und Denkhorizont.

„Jesus verkündigt das Reich, wo der Grundsatz herrscht: 'Nicht durch Macht, nicht durch Gewalt, sondern durch meinen Geist!' Nicht durch die Ueberlegenheit der Zwangsgewalt, sondern durch die dienende Hingebung der Liebe kommt der Messias". Schell verweist auf Lk 22,25-27 und fährt fort: „Die Liebe ist der Geist der dienenden Hingabe; denn sie ist der Wille und die Kunst der rücksichtsvollen Anpassung und des verständnisvollen Eingehens auf Eigenart und Umstände". Und mit deutlicher Bezugnahme wieder auf den trinitarischen Gottesbegriff erklärt Schell: „Die Wahrheit steht in unwandelbarer Erhabenheit dem Geiste gegenüber. Die Liebe steigt zu ihm herab."[69]

Insofern aber nun „das Diesseits nicht etwas durch und durch Widergöttliches, sondern Gottes Schöpfung ist", zudem in der Offenbarung durch Jesus „das Diesseits an das Jenseits als sein Ziel und Gesetz, als sein Glück und Heil gebunden werden soll", kann auch „das Jenseits und die Geisteswelt doch nicht dadurch verunreinigt (werden), daß sie im Kultus und in den Sakramenten mit dem Diesseits verbunden werden."[70]

Schell weist damit Harnacks kritischen Einwand zurück, das „Kirchentum sei Abfall vom Evangelium des Geistes ..., weil es den Versuch bedeute, das Jenseits ans Diesseits, den Geist an sinnliche Elemente zu binden"[71]. Er tut

---

68 Die Kategorie der Berufung weist voraus auf das II. Vatikanum und ist ein Schlüssel zu dessen Verständnis. Die Pastoralkonstitution „Gaudium et Spes" trägt in ihrem programmatischen I. Hauptteil den Titel „Die Kirche und die Berufung des Menschen". „Der Glaube an die Berufung des Menschen durch Gott ist die Form des Glaubens, in der es (das Konzil) Gott verkündet. (...) Sie ist die Form des Glaubens an Nizäa in der Gegenwart" (*E. Klinger*, Der Glaube an den Menschen - eine dogmatische Aufgabe. Karl Rahner als Wegbereiter des Zweiten Vatikanischen Konzils, in: Theologie und Glaube 78(1985) 229-238, 236). Vgl. zu den Grundlagen des Berufungsbegriffs auf dem Konzil auch den in *E. Klinger/K. Wittstadt* (Hrsg.), Glaube im Prozeß. Christsein nach dem II. Vatikanum. FS Karl Rahner, Freiburg/Br.-Basel-Wien 1984, veröffentlichten Schema-Entwurf Karl Rahners und Joseph Ratzingers (33-50). Schells Integration von Theorie und Praxis im Bedenken sowohl von Theorie wie Praxis des Glaubens ist sicherlich eines jener Kriterien, das tatsächlich „Herman Schell als Wegbereiter zum II. Vatikanischen Konzil" (vgl. Anm. 5) erscheinen läßt. Denn man muß mit Elmar Klinger auf der dogmatischen Relevanz der pastoralen Orientierung des Konzils bestehen. Siehe dazu: *E. Klinger*, Der Glaube des Konzils - ein dogmatischer Fortschritt, in: Ders./K. Wittstadt (Hrsg.), Glaube im Prozeß, Freiburg/Br.-Basel-Wien 1984, 615-626.

69 *Schell*, Christus, 129.

70 Ebda.

71 Ebda.

dies, indem er auf die inkarnatorische Struktur des christlichen Glaubens verweist, womit Schell indirekt auch die latente Strukturgleichheit dieser Harnackschen Kritik mit extrinsezistischen Theorien einer prinzipiellen, nur äußerlich zu überwindenden Unvereinbarkeit von Göttlichem und Menschlichem aufdeckt.[72]

„Um das Diesseits von innen heraus mit dem Jenseits zusammenzubinden, hat sich das Jenseits mit dem Diesseits verbunden. (...) Es ist die Weisheit und Liebe des Jenseits, die es mit dem Diesseits verband - als Zweck und als Mittel."[73] Der unübersehbare ekklesiologische Kontext, in dem Schell diese Überlegungen zur Relation von Natürlichem und Übernatürlichem anstellt, sowie die bereits aufgezeigte Argumentationslinie Schells, gerade mit theologischen Gründen die relative Autonomie des einzelnen, seine Würde und Kompetenz zu erweisen, ermöglichen es, in dieser Verhältnisbestimmung das - christologische und soteriologische - Strukturprinzip der Schellschen Ekklesiologie in den späten Reformschriften zu sehen.

Dies führt nun aber notwendig zur Frage nach der Problematik der konkreten Realisation dieses Prinzips in der Wirklichkeit der Kirche, näherhin also zur Frage nach dem Zusammenhang von Natürlichem und Übernatürlichem in der Existenz der Kirche selber. Der Überblick über den explizit theo-logischen Horizont von Schells ekklesiologischen Aussagen der späten Reformschriften legt dabei nahe, bei Schell eine starke Rückbindung kirchlicher Autorität an die von ihr an den Menschen zu leistende Aufgabe der Verkündigung Jesu Christi und seines Gottes zu vermuten. Dies läßt auch ein eigenständiges Herangehen Schells an die kontroverstheologisch umstrittenen Fragen von Amt und Hierarchie erwarten.

4. Die Basis kirchlicher Autorität

Schell, der schon in seiner Rede zur Einweihungsfeier der neuen Universität in Würzburg am 28.10.1896 der Theologie attestiert hatte, auch sie „kenn(e) nur *eine* Gebundenheit, - die Gebundenheit an die *Tatsachen*" und nur „*eine* Schranke für die wissenschaftliche Freiheit, nämlich die *Wahrheit*"[74], begründet

[72] Schell hat sehr eindringlich die verheerenden praktischen Konsequenzen einer solchen Dichotomisierung beschrieben: „Die Scheu des Geistlichen vor dem Weltlichen, die theoretische Loslösung des Übernatürlichen vom Natürlichen ... vermag nun allerdings keine eigentliche Vernachlässigung der irdisch-zeitlichen Güter katholischerseits zu bewirken; denn ihre Pflege ist durch Naturnotwendigkeit und instinktiven Drang sicher gestellt. Allein diese weltlichen Aufgaben bleiben dem Religiösen und Geistlichen mehr oder minder unvermittelt fremd gegenüberstehen: sie erscheinen dem religiösen Sinn mehr als zu verwünschende Notwendigkeit, als Gefahr und Verführung, höchstens als äußerer Anlaß und Stoff zu religiösem Verdienst. Allein innerlich verwertet, organisch eingegliedert in das Reich Gottes werden sie nicht: sie bleiben profan" (*Schell*, Katholicismus als Princip des Fortschritts 21). Vgl. zu Herman Schells Theologie des gesellschaftlichen Handelns des Christen: *R. Bucher*, Der Christ als Mensch in der Öffentlichkeit. Zum Kulturbegriff Herman Schells, Würzburg 1983.

[73] *Schell*, Christus, 130.

[74] *Schell*, Kleinere Schriften, 179.

denn auch tatsächlich die Autorität der Kirche über ihre Fähigkeit, die Wahrheit des Evangeliums zu vertreten und weist die gerade im „Dispositiv der Dauer“ dominierende, das wechselseitige Begründungsverhältnis unterlaufende exklusive Legitimierung der Wahrheit des Evangeliums über die Autorität der Kirche zurück.

Schell kritisiert dabei diese folgenschwere Vereinseitigung jenes Strukturierungs- und Legitimierungsverhältnisses durchaus vehement: es stellt für Schell einen „verhängnisvoll(en) Standpunkt“ dar zu meinen, „alles (gewinne) erst dadurch Wert, dass es von der Hand der Kirche vollzogen oder gespendet wird, sogar das Wort Gottes und die hl. Schrift“[75]. Diese ekklesial und ekklesiologisch höchst folgenschwere Monopolisierung des Begründungsverhältnisses von Autorität und Botschaft führt Schell zusätzlich noch dadurch ad absurdum, daß er auf die Zirkelstruktur dieser Argumentation hinweist: „Wenn wir wirklich dem Evangelium überhaupt *keinen Glauben* schenken würden, es sei denn mit Rücksicht auf die *Autorität* der *Kirche*, dann lässt sich eben der Glaube an die *Kirche* auch nicht durch das *Evangelium* und durch die *Anordnung Jesu* begründen.“[76]

Der Gottesbegriff wird dabei von Schell schließlich zum inhaltlichen Strukturmoment kirchlicher Praxis erklärt. Schell tut dies bemerkenswerterweise über die Einführung des Begriffs der Menschenrechte in die Diskussion innerkirchlicher Relationen und die Absicherung dieses aufklärerischen Rechtstheorems im Gottesbegriff selber. Schell entwickelt diese Ableitung der Menschenrechte aus dem Gottesbegriff, wenn er feststellt, „dass es für die *allgemeinen Menschenrechte* keine andere Grundlage giebt, als die *christliche Wahrheit* von der Erhabenheit des Geistes über die Natur, und von der *unmittelbaren Erschaffung* des *Geistes* überhaupt und *jeder Menschenseele* durch *Gott*“[77]. „Die Rechte der Persönlichkeit oder die allgemeinen Menschenrechte“ aber, so Schell, „gelten ebenso, wenn nicht noch dringender auf dem kirchlichen, wie auf dem staatlichen Gebiet. Das Ebenbild Gottes kann weder zu gunsten eines weltlichen noch eines kirchlichen Amtes ganz oder teilweise abdanken“.[78]

Das Wesen dieses Amtes bestimmt Schell denn auch folgerichtig über dessen Dienst für die einzelnen Christen in der Kirche: „für Jesus ist die Hierarchie das vorzüglichste Mittel und Amt der übernatürlichen Bruderliebe“.[79] Schell besteht in diesem Zusammenhang darauf, daß jeder Mensch ein möglicher Ort göttlicher Wahrheit und Wirksamkeit ist: „Der göttliche Gnaden- und Wahrheitsgeist wirkt unmittelbar und mittelbar auf alle; durch die Anordnung des apostolischen und priesterlichen Mittlertums hat sich Gott Diener und Werkzeuge, aber nicht Bedingungen und Schranken für seine Gnadenwirksamkeit geschaffen.“[80]

---

[75] Ebda.
[76] A.a.O., 75.
[77] A.a.O., 144.
[78] A.a.O., 142.
[79] A.a.O., 16.
[80] Ebda.

Schell verwendet dabei ein am paulinischen Gedanken der Kirche als Leib Christi orientiertes organisch-vitalistisches Modell, sowohl um die ekklesiologischen Exklusivitätsansprüche der Hierarchie zurückzuweisen, als auch um die positive Funktion innerkirchlicher Ordnungen zu verdeutlichen. „Im Organismus ist kein Glied nachzuweisen, wo der Sitz der Seele und der ausschliessliche Ausgangspunkt des Lebens wäre: das Leben und die Seele kommt trotz der hierarchischen Unter- und Ueberordnung der einzelnen Stände oder Lebenssysteme dem Ganzen als solchem zu.“[81]

Indem Schell so der „stillschweigenden Annahme“ entgegentritt, „dass das Wahre und Gute nur von der Autorität gebührend vertreten sowie zur ernsten und reinen Verwirklichung im Einzelnen und der Gesamtheit gebracht werde“[82], welche Annahme zudem unterstelle, „dass der Beistand des Hl. Geistes eigentlich nur dem Oberhaupt der Kirche verheissen sei, nicht auch der Gesamtheit aller Glieder“[83], behauptet Schell nicht nur die allen hierarchischen Abstufungen nochmals vorgeordnete Gleichheit aller Christen vor der Gnade Gottes, sondern kann er auch den ethischen Imperativ des Strebens nach Vollkommenheit, wie er sich beispielsweise in den „Evangelischen Räten“ konkretisiert, als keineswegs nur spezifisch mönchische oder priesterliche, sondern generell christliche Forderung begreifen. „Alle sind auch zur Vollkommenheit verpflichtet - und darum zur Erfüllung der Räte, zur berufsmässigen Förderung des Reiches Gottes, - irgendwie, wie es Eigenart und Freiheit selbst bestimmen soll.“[84]

Diese für die spirituelle Praxis der Kirche höchst relevante Aufhebung der Monopolisierung eines spezifischen asketisch-mönchischen Vollkommenheitsideals, in dem Schell jetzt nur das „grundsätzlich zum Ausdruck“ gebracht sieht, „was eben für jeden im einzelnen zur Vollkommenheit der Gottes- und Nächstenliebe, zur Vollkommenheit des Geistes und des Charakters, zur Ausbildung der menschlichen Natur und Persönlichkeit gehört“[85], eröffnet Schell die Möglichkeit, über eine religiöse Qualifizierung des Begriffs der Arbeit das berufliche und familiäre, aber auch das soziale und gesellschaftliche Engagement des Christen als genuin religiöses Tun zu bestimmen[86].

Nun differenziert Schell zwar auch in seinem Christusbuch durchaus zwei „Stufen“ von Gläubigen: er unterscheidet zwischen jenen, welche sich im Priestertum der „berufsmäßige(n) Förderung des Nächsten in Hinsicht seiner höchsten und ewigen Aufgaben“[87] widmen und jenen, die in „ihrem irdischen Berufs- und Pflichtenkreis“ bleibend, „das Erdenleben in das Licht und die Glut der höhern Liebe und Pflicht“ hineinstellen, ein Unterschied, der, mag er auch „hinsichtlich der Wissensausbildung wie der praktischen Forderungen“ tatsächlich „unvermeidlich“[88] gegeben sein, dabei für Schell im übrigen von

---

[81] Ebda.
[82] A.a.O., 15f.
[83] A.a.O., 16.
[84] A.a.O., 32.
[85] Ebda.
[86] Vgl. dazu: *Bucher*, Der Christ als Mensch in der Öffentlichkeit, 41-53.
[87] *Schell*, Christus, 124.
[88] A.a.O., 130.

vornherein „keine grundsätzliche Verschiedenheit in der Hingabe an Gott und sein Reich"[89] impliziert.

Schell sieht dann aber gerade in dieser systematisch-theologisch vorgegebenen „hierarchische(n) Auffassung der katholischen Kirche" ein Prinzip der Relativierung dieser Differenzierung durch Hinordnung beider Gruppen von Gläubigen auf die sie verpflichtende vorgeordnete Objektivität der Glaubenswahrheit. Denn die katholische Ekklesiologie gebe dem „Unterschied zwischen den genannten zwei Stufen" keineswegs „eine besondere Schärfe", sondern, so Schell, „sie mildert ihn vielmehr dadurch, daß sie den objektiven Karakter der Wahrheit und Gnade stark hervorhebt und das *allgemeine* Interesse und Pflichtgefühl für das religiöse Leben durch die reiche Entfaltung des Kultus und durch Kirchengebote erweckt."[90] Schell legitimiert damit die von ihm also keineswegs geleugnete objektiv-hierarchische Strukturierung der Kirche auch in und mit ihrer Funktion, die Objektivität der von ihr zu verkündenden Wahrheit zu verkörpern, womit er dann auch umgekehrt die Legitimität dieser Hierarchie an ihre reale - im Handeln zu beweisende[91] - Nähe zu dieser Wahrheit bindet.

Da zudem für Schell generell der „Zweck der Autorität" die „Ermöglichung und Erziehung zur Freiheit (ist)"[92], kann Schell die Aufgabe des Amtes in der Kirche als Dienst an den Gläubigen, als Dienst an ihrem religiösen und damit personalen Fortschritt definieren. Die „Autorität hat" so auch „nicht die Aufgabe, die Christen in der geistigen Unmündigkeit zu erhalten, sondern sie soll sie selber zu jener geistigen Reife selbstständigen Urteils und Strebens emporführen, welche durch die neutestamentlichen Offenbarungsworte von unmittelbarer Gottesbelehrung und vom geistigen Menschen, von der *alleinigen* Lehrgewalt Christi, von der *alleinigen Güte* und der *alleinigen* Vatergewalt Gottes als der Endzweck der kirchlichen Heilsanstalt hingestellt werden."[93]

5. Ein dynamischer Gesamtbegriff der Kirche

Schells - gegen Harnacks entsprechende Versuche gerichteter - Entwurf einer Apologetik der Institutionalisierung der neutestamentlichen Botschaft in kirchlichen Amtsstrukturen versucht auffälligerweise Harnacks zentralem Argument, die „Mittelmäßigkeit der Durchschnittsgläubigen, der Religionsange-

[89] A.a.O., 131. Zur Geschichte des Priesterbildes in der katholischen Kirche vgl.: *E. L. Grasmück*, Vom Presbyter zum Priester. Etappen der Entwicklung des neuzeitlichen Priesterbildes, in: P. Hoffmann (Hrsg.), Priesterkirche, Düsseldorf 1987, 96-131.

[90] *Schell*, Christus, 131.

[91] Dieser ins Praktische gewendete dynamisch-pragmatische Wahrheitsbegriff stellt einen der zentralen Gedanken Schells auch gerade in seinen späten Reformschriften dar. Vgl. z.B. *Schell*, Christus, 128f: „Das Evangelium ist das Einfachste und zugleich das Schwierigste. Gott und die Wahrheit sind es auch. Wenn wir der Wahrheit nur wie Spiegel gegenüber ständen - dann hätte Harnack recht. Aber die Wahrheit will durch die Lebenstat errungen werden! die Wahrheit will erlebt werden." Zur ausdrücklich theologischen Herleitung dieses Wahrheitsbegriffs siehe: *Bucher*, Der Christ als Mensch in der Öffentlichkeit, 34-41.

[92] *Schell*, Christus, 124.

[93] *Schell*, Neue Zeit und alter Glaube, 128.

hörigen durch Geburt und Erziehung, mache die Autorität und das Kirchentum notwendig"[94], nicht dadurch zu entgehen, daß er sich auf eine unmittelbare, iuridisch-institutionelle Einsetzung der kirchlichen Sakramente und Ämter durch Jesus beruft,[95] sondern durch die Entwicklung eines, nun allerdings tatsächlich neutestamentlich orientierten Gesamtbegriffs von Kirche, als dessen unabdingbare Momente kirchliche Institutionalisierungen dann von Schell legitimiert werden.

„Was das Gottesreich nach Jesu Absicht wirken soll, kann es nur wirken, indem es zur Kirche wird. Die Kirche im katholischen Sinne ist der Aktivismus des Gottesreiches: seine Wesenserscheinung, seine tatkräftige Selbstbehauptung, seine Liebesgemeinschaft; die Selbstverwirklichung seiner inneren Lebendigkeit, seiner Tatkraft, seiner Liebespflicht. Die Kirche ist nur dann ein Abfall vom Evangelium, wenn der Leib ein Abfall von der Seele, wenn das Wirken ein Abfall vom Wesen, wenn der Wille ein Abfall vom Gedanken, wenn die Tat ein Abfall von der Idee, wenn die Gemeinschaft ein Abfall von der persönlichen Selbständigkeit, wenn die Nächstenliebe ein Abfall von der Selbstliebe ist."[96]

Zentrales Moment der Ekklesiologie in den Reformschriften Schells ist damit *die geschichtliche Dynamisierung der Reich-Gottes-Botschaft Jesu durch deren Interpretation als Handlungsprinzip sowohl für den einzelnen Christen wie für die Kirche als Institution.* Philosophische Voraussetzung dafür ist die bei Schell auch ausdrücklich formulierte, Sein und Handeln integrierende pragmatische Definition des Wesens-Begriffs.[97]

Schell entwickelt damit den Zusammenhang von Reich Gottes und Kirche weder über eine iuridisch konzipierte Kontinuitätsthese, noch über eine postulatorische Proklamation der Kirche als schlechterdings übernatürliche Größe. Er leitet diesen Zusammenhang stattdessen vom Tun der Kirche her: der Verkündigung des Reiches Gottes in Wort und Tat.[98] Er stellt so nicht nur die konkrete Wirklichkeit von Kirche unter den Anspruch ihrer eigenen Botschaft, sondern spricht auch umgekehrt der Kirche, als der - defizienten, aber geistgeleiteten - Vertreterin dieser Botschaft, die dieser Botschaft eigene Autorität selber zu.

Das Verhältnis der Kirche zu den sie konstituierenden Texten der Offenbarung definiert Schell dadurch, daß er eine produktive Fortentwicklung und Inspiration der Kirche durch den in beiden, Kirche wie Offenbarungstexten, gemeinsam wirksamen Geist behauptet. Insofern nämlich „die hl. Schrift und

---

94 *Schell*, Christus, 119.

95 Vgl. *Schell*, Neue Zeit und alter Glaube, 16, die Betonung einer nicht-iuridischen Perspektive der einschlägigen Stellen in Mt 16 und Mt 18.

96 *Schell*, Christus, 120f.

97 Vgl. *Schell*, Kleinere Schriften, 189: *„Die Aktualität schließt die Substantialität, das Wirken schließt die Wirklichkeit, die Subjektivität das objektive Sein in sich ein: nicht aber umgekehrt"* (aus der Rektoratsrede „Das Problem des Geistes" vom 11.5.1897).

98 Vgl. etwa auch *Schell*, Christus, 121: „Indem das Reich Gottes zur Kirche wird und sich als Kirche auswirkt, indem es die Gesamtheit zur planmäßigen Verwirklichung des Gottesreiches in jeder Seele und von jedem Geist und Herzen aus zu wechselseitiger Abhängigkeit zusammenordnet, wird das Evangelium selber von der Menschheit *erlebt. Erleben* heißt *denkend* und *wollend* erleben, heißt durch tatkräftiges Denken und Wollen erleben."

insbesondere das neue Testament im vollsten Sinne ein Buch des lebendigen Geistes" ist, ist es für Schell nur selbstverständlich, daß sich dieser Geist in den „äussern Einrichtungen und Ordnungen göttlichen Ursprungs" nicht „einschliessen, sich auch nicht an sie binden lässt" und damit in ihnen auch „nicht aufgeht". Ebensowenig gilt aber, daß der Geist in der Kirche notwendig „untergeht". Denn dieser Geist sei es, der die kirchlichen „Einrichtungen und Ordnungen" schließlich „ins Leben führt und fortentwickelt", sich so mit ihnen eben gerade „nicht ausschliesst".[99]

Indem Schell so die kirchlichen Strukturen zu Ansatzpunkten der Wirksamkeit des Geistes erklärt, entgeht er zum einen der Gefahr einer ausschließlich sekundär-funktionalistischen Definition kirchlicher Institutionen, wie sie an einigen anderen Stellen vorzuliegen scheint: so etwa, wenn er die Kirche als „dienstbare Organisation und Einrichtung"[100] des Christentums beschreibt oder in einer von ihm vorgelegten Verhältnisbestimmung von Religion und Kirche letztere als „Organisation von Aemtern und Thätigkeiten, welche für den religiösen Geist ein zeitlich untergeordnetes Mittel ist und bleibt" definiert, „wenn sie auch die Pflege der Gottesgemeinschaft zum Zweck hat".[101] Zum anderen aber stellt er die kirchlichen Strukturen unter die Pflicht, der neutestamentlich bezeugten Wirksamkeit des Geistes in der Liebe und der Wahrheit zu entsprechen, weist ihnen somit eine enorme Aufgabe zu und eröffnet innerkirchlich einen legitimen Kritikhorizont.

Schell operationalisiert schließlich den Reich-Gottes-Gedanken als Prinzip des Handelns von Christ und Kirche, indem er in einer eindrucksvollen Gesamtschau der synoptischen Evangelien die Kriterien einer christlichen und damit auch kirchlichen Pragmatik entwickelt.[102] Diese Interpretation der synoptischen Evangelien setzt dabei gerade bei den sie differenzierenden Grundlinien an. Schell erarbeitet sich so konkrete Aussagen zu Ort, Form und Prinzip eines am Reich-Gottes-Begriff orientierten kirchlichen Handelns.

Er bestimmt dabei die „*Innerlichkeit*" als den „*Ort* des Gottesreiches", worin er den „Grundgedanke(n) des Markusevangeliums"[103] identifiziert. Jede rein spiritualisierende oder auch nur privatistische Interpretation des Innerlichkeitsbegriffs weist Schell dabei sofort und nachdrücklich zurück: „Aber nicht Innerlichkeit, die sich vor der Aeußerlichkeit wie vor etwas Unreinem und Gegensätzlichem fürchtet, sondern die Innerlichkeit als der ursächliche Lebensgrund aller äußern Erscheinung und Ausgestaltung. Das ist die *Kirche*. Nicht um im Innern abgeschlossen zu bleiben, soll das Gottesreich Innerlichkeit der Gottesgemeinschaft sein, sondern weil vom Innern aus die ganze Aeußerlichkeit zu erfüllen ... ist."[104]

---

99 *Schell*, Neue Zeit und alter Glaube, 18.
100 A.a.O., 76.
101 A.a.O., 74.
102 Die beachtliche Relevanz ekklesiologischer Fragestellungen innerhalb von Schells Christusbuch dokumentiert sich auch formal-literarisch in der Integrationsfunktion des Ekklesiologie-Kapitels gegenüber den Kapiteln zur Deutung der synoptischen Evangelien.
103 *Schell*, Christus, 121.
104 a.a.O., 121f.

Diese enorme Handlungsorientiertheit der Schellschen ekklesiologischen Konzeption kommt vollends zum Tragen, wenn er die „*Tatkraft*“ als „die *Form* des Gottesreiches“ qualifiziert. „Das Himmelreich ist *Tatkraft*, höchste und eigenste Kraftbetätigung des geistigen Lebens, Gottesliebe aus allen Kräften des geistigen Wesens. Das Reich Gottes ist Gabe, aber die beste Gabe, also Aufgabe, an der die einzelne Persönlichkeit wie die Gesamtheit zur vollkommenen Kraftbetätigung heranreift. So der Grundgedanke des Matthäusevangeliums.“[105]

Seine inhaltliche Ausformung erhält diese pragmatische Komponente in Schells Kirchenbegriff, wenn Schell in der Liebe das Prinzip des Gottesreichs und somit auch von dessen - notwendig defizitären - Realisation im Leben von Kirche und Gläubigen erkennt. „*Liebe* ist die *Seele* des Gottesreiches. Das Evangelium muß zur Kirche werden, weil es das *Gebot der Liebe* ist. Das Gottesreich ist Liebe und kommt auf dem Weg der Liebe.“[106]

Die Kirche wird so von Schell von ihrer Aufgabe her definiert - und das Amt von hierher auch legitimiert -, das Reich Gottes zu verkünden, es also in allen persönlichen und sozialen Bezügen durchzusetzen, es selbst aber auch zu verkörpern. Schell besteht dabei auf der Objektivität dieser Botschaft, auf ihrer vom Menschen selbst her gegebenen Notwendigkeit für Mensch und Welt. Denn keinesfalls dürfe man vergessen, „dass die *Kirche* gerade *für die Welt* gestiftet ist, - um ihr den *Gott* zu bringen, den sie in *ihrer* Weise sucht, um ihr zur Verwirklichung jenes Ideals zu verhelfen, dem sie eben doch in allem nachstrebt, um mit ihr vereint das Gottesreich der inneren Freiheit, der Gerechtigkeit und der Segensfülle auf Erden herzustellen.“[107]

Schell schafft es, die Vision einer pluralen und doch zielgerichteten Kirche im Horizont der aufgeklärten und differenzierten Gesellschaft zu entwerfen, einer Kirche jenseits von monarchistischem Absolutismus und legalistischer Intransigenz, jenseits damit eines petrifizierten „Dispositivs der Dauer“. Daß er dies im Ausgang vom Gottesbegriff tut, dokumentiert Schells exemplarische und zeitgenössisch alternative theologische Leistung. Schell integriert exemplarisch systematisch-theologische und pastoraltheologische Fragestellungen. Er verweigert sich damit der Entproblematisierung des pluralitätsirritierten theologischen Diskurses durch theologieinterne Diskursdifferenzierung wie durch kirchenamtliche Diskurshomogenisierung.

Schell erkennt die große Gefahr kirchlicher Konstitution in der Pluralität der Moderne: entweder Kirche auf der Basis einer dogmatistischen, geschichtslosen und iuridischen Auffassung der theologischen Zentralbegriffe als einen zur Moderne nicht anschlußfähigen Raum zu konstituieren, oder dem Glauben seine Handlungsrelevanz in einer geist- und konzeptlosen trivialen Identifikation mit dem herrschenden Meinungsklima zu nehmen.

Ziel des Schellschen Entwurf von Kirche ist es, in ihr dem individuellen Handeln des Christen eine ebenso umfassende wie konkrete Perspektive aus

---

105 A.a.O., 122.

106 A.a.O., 123. Als „Evangelium der Liebe“ hatte Schell das Lukasevangelium gekennzeichnet: vgl. Christus, 63-73, 124.

107 *Schell*, Neue Zeit und alter Glaube, 104.

dem Glauben zu geben. In dieser biographischen und gesellschaftlichen Handlungsrelevanz der Offenbarung Gottes in Jesus Christus konstituiert sich für Schell Kirche.

Schell definiert es als die existenzentscheidende Aufgabe der Kirche, exakt diesen Zusammenhang zwischen dem Handeln des einzelnen Gläubigen und der Offenbarung herzustellen. Kurz: Schell denkt Kirche als biographischen Konkretionsort der christlichen Botschaft.

III. 1933: INKARNATION UND BEWEGUNG

A. DAS JAHR 1933: HITLER ALS EPOCHALE HERAUSFORDERUNG DER KIRCHLICHEN KONSTITUTIONSPRINZIPIEN

Das um die Jahrhundertwende in der katholischen Kirche installierte und schließlich auch den theologischen Diskurs homogenisierende „Dispositiv der Dauer“ hatte in der Geschichte der deutschen katholischen Kirche vor dem II. Vatikanischen Konzil vor allem eine große Herausforderung zu bestehen: das Jahr 1933.

Diese Herausforderung vollzog sich auf mehreren Ebenen. Die im strengen Sinne politische Herausforderung für die Kirche lag nach dem 30.1.1933 in der Notwendigkeit, sich mit der neuen und legitimen Herrschaft unter Wahrung der eigenen institutionellen Interessen arrangieren zu müssen. Die Geschichte dieses institutionellen Arrangements zwischen Kooperation und Resistenz ist in ihren Grundzügen[1] und zum Teil auch in ihren Details[2] erforscht. Wie bekannt, überstand das kirchliche „Dispositiv der Dauer“, wiewohl in seiner Handlungsweite deutlich eingeschränkt, intern im wesentlichen intakt die Zeit des Nationalsozialismus. Es erwies sich zwischen 1933 und 1945 als stabil und - zumindest weitgehend - verführungsresistent.

Doch die Herausforderung des Nationalsozialismus erschöpfte sich nicht in diesem schwierig genug zu bewältigenden Zwang zum institutionellen Arrangement. Die personale Zugriffsintensität des Nationalsozialismus, seine unbe-

---

1 Aus der vielfältigen, teilweise kontroversen Literatur zur Problematik „Katholische Kirche und Nationalsozialismus“ siehe: *H. Hürten*, Deutsche Katholiken 1918-1945, Paderborn 1992; *K. Gotto/K. Repgen* (Hrsg.), Die Katholiken und das Dritte Reich, 3., erw. u. überarb. Aufl., Mainz 1990; *K. Scholder*, Die Kirchen und das Dritte Reich, Bd. I, Frankfurt/M.-Berlin-Wien 1977, Bd. II, 1985; *L. Volk*, Katholische Kirche und Nationalsozialismus. Ausgewählte Aufsätze, Mainz 1987; *D. Albrecht* (Hrsg.), Katholische Kirche im Dritten Reich, Mainz 1976; *G. Lewy*, Die katholische Kirche und das Dritte Reich, München 1965; siehe auch *K.-E. Lönne*, Motive des katholischen Widerstandes gegen das Dritte Reich, in: R. Claussen/S. Schwarz (Hrsg.), Vom Widerstand lernen, Bonn 1986, 167-181. Literaturberichte: *U. v. Hehl*, Katholische Kirche und Nationalsozialismus. Ein Forschungsbericht, in: Geschichtsverein der Diözese Rottenburg-Stuttgart (Hrsg.), Kirche im Nationalsozialismus, Sigmaringen 1984, 11-29; vergleichend: *V. Conzemius*, Katholische und evangelische Kirchengeschichtsschreibung im Vergleich: Phasen, Schwerpunkte, Defizite, in: Ders./M. Greschat/H. Kocher (Hrsg.), Die Zeit nach 1945 als Thema kirchlicher Zeitgeschichte, Göttingen 1988, 35-57; für den protest. Bereich: *K. Meier*, Neuere Konzeptionen der Kirchenkampfhistorie, in: Zeitschrift für Kirchengeschichte 99(1988) 63-86; *ders.*, Literatur zur kirchlichen Zeitgeschichte, in: Theologische Rundschau 54(1989) 113-168 samt „Nachtrag“, in: Theologische Rundschau 55(1990) 113-168. Siehe jetzt auch: *A. Doering-Manteuffel/K. Nowak* (Hrsg.), Kirchliche Zeitgeschichte. Urteilsbildung und Methoden, Stuttgart-Berlin-Kön 1996.

2 Siehe etwa die ausgesprochen instruktiven Regionalstudien: *Th. Breuer*, Verordneter Wandel. Der Widerstreit zwischen nationalsozialistischem Herrschaftsanspruch und traditionaler Lebenswelt im Erzbistum Bamberg, Mainz 1992; *J. Köhler*, Die katholische Kirche in Baden und Württemberg in der Endphase der Weimarer Republik und zu Beginn des Dritten Reiches, in: Th. Schnabel (Hrsg.), Die Machtergreifung in Südwestdeutschland, Stuttgart-Berlin-Köln-Mainz 1982, 257-294, 328-337; *K. Wittstadt*, Kirche im Widerstand gegen den Nationalsozialismus. Christliche Glaubenshaltung im Dritten Reich nach Regierungspräsidentenberichten und Gestapoakten, in: Würzburger Diözesangeschichtsblätter 37/38(1975) 627 - 656.

dingte Einforderung personaler Gefolgschaft verbunden mit einer lange anhaltenden Dynamik der steten Veränderung ließen ihn zum rivalisierenden Loyalitätszentrum werden. Denn der Nationalsozialismus beschränkte sich nicht auf das vom „Dispositiv der Dauer“ stillschweigend, weil gegen den eigenen gesamtgesellschaftlichen Normierungsanspruch preisgegebene politische Handlungsfeld,[3] sondern erhob seinerseits einen integralen und, wie sich zeigen wird, eben auch theologisch legitimierten und in religiösen Formen praktizierten Anspruch auf den einzelnen.

Im Sektor des Politischen entwickelte sich mit dem Nationalsozialismus damit eine durchaus attraktive Alternativlösung zum katholischen „Dispositiv der Dauer“. Denn Hitlers Projekt einer anti-pluralen Moderne besaß nicht nur einen theologischen Legitimationshorizont und forderte personale Ganzhingabe, sondern arbeitete auch mit genuin religiösen Erlebnisformen und konkurrierte daher auf diesem Felde mit den klassischen religionsvermittelnden Institutionen. Der Nationalsozialismus bot damit aber eine sehr spezifische Integration von Politischem und Religiösem jenseits schon jedes kirchlichen Dispositivs und noch mehr jenseits eines stillstellenden „Dispositivs der Dauer“. Er war exemplarisch, was die katholische Kirche nicht sein wollte und konnte: Bewegung. Damit aber schien er einen Ausweg aus zwei mit dem „Dispositiv der Dauer“ untrennbar verbundenen Begrenzungen darzustellen. Zum einen unterlief der Nationalsozialismus die typisch moderne Trennung von Privat und Öffentlich, welche das katholische Dispositiv der Dauer mit seinem inner- und außerkirchlichen Normierungsanspruch theoretisch zwar nie mitvollzogen hatte, wohl aber außerhalb seiner engeren Wirkungsreichweite hatte akzeptieren müssen, zumal diese Trennung überhaupt nur seine Existenz innerhalb der modernen Gesellschaft ermöglichte.

Zum anderen erschloß der Nationalsozialismus seinen Anhängern extraordinäre Erlebnisintensitäten, insofern er das Religiöse primär ästhetisch und in kollektiven Erfahrungsorgien vermittelte. Mit diesem sensualistischen Appell unterlief er sowohl die aufklärerische Religionskritik des 18. und 19. Jahrhunderts wie den Rationalismus einer sich in das neuscholastische (und also vorkantianische) Getto flüchtenden Theologie und Kirche. Der Nationalsozialismus konnte so als moderneadäquate Religiosität mit politischer Problemlösungskompetenz und individueller Sinnbefriedigung auftreten.

Die Analyse der „Versuchung der Bewegung“, welche das katholische Dispositiv der Dauer im Jahre 1933 ausgesetzt war, wird nachfolgend an drei exemplarischen Orten erfolgen: in einer Rekonstruktion des theologischen und religiösen Projekts Hitlers als Quelle dieser Versuchung, dann im Blick auf drei, nachmalig renommierte katholische Theologen, die zumindest zeitweise auf Hitlers theologisches Angebot eingingen, sowie schließlich, kontrastiv dazu, als Analyse der konservativen Antwort der Hierarchie, für die der Münchener Kardinal Faulhaber stehen soll.

Die Analyse des Hitlerschen Projekts selbst wird dabei, nach einer Diskussion seiner spezifischen „Modernität“, näherhin in einem dreifachen Schritt

---

[3] Vgl. *Kaufmann*, Wissenssoziologische Überlegungen.

vorgenommen werden. Erstens in einer Analyse der Stellung Hitlers zu den institutionalisierten Verwaltern der religiösen Tradition als seiner Auseinandersetzung mit der rivalisierenden vor-modernen Instanz von Herrschaftslegitimation, zweitens in einer Darstellung der Hitlerschen Zurückweisung der religiösen („neu-heidnischen") Traditionen seiner eigenen, der völkischen Bewegung als eines ungeeigneten religiösen Rahmens für das nationalsozialistische Gesellschaftsprojekt, sowie drittens als Analyse der theologischen Elemente in Hitlers Diskurs selbst.

In einem zweiten Zugang ist der Herausforderungs- und Versuchungscharakter des Hitlerschen Diskurses für die im oben beschriebenen „Dispositiv der Dauer" installierten Konstitutionsprinzipien der Kirche und deren klassischen theologischen Begründungsargumentationen zu analysieren. Als historischer Ansatzpunkt hierfür dient die Untersuchung der theologieinternen, wesentlich in den Schwächen des „Dispositivs der Dauer" wurzelnden Beweggründe für die zeitweise Bejahung des Hitlerschen Projekts gerade durch problem- und gegenwartssensible Theologen auch der katholischen Kirche[4]. Offenkundig war es die Sensibilität für die spezifischen Konstitutionsschwierigkeiten des theologischen Diskurses, ja von Kirche überhaupt in der Moderne, welche einige dieser Theologen im Nationalsozialismus eine spezifische Problemlösungskapazität suchen ließ.

Ein doppelter Verweis ist so in seinen komplexen Zusammenhängen zu analysieren: denn es gab evangelische[5] und auch katholische Theologen, die Hitlers Projekt befürworteten, andererseits besitzt das nationalsozialistische Projekt selbst einen religiösen, bei Hitler, wie zu zeigen sein wird, auch ausdrücklich theologischen Horizont.

Wenn Hitler mit seinem religiös grundierten und theologisch legitimierten Projekt einer nicht-pluralen Moderne als ein extremes Paradigma von Theologie in der Moderne erwiesen werden könnte, dann ist dieses Projekt eine epochale Provokation der christlichen Theologie in der Moderne. Denn es dokumentiert eine reale Konstitutionsmöglichkeit von Theologie und Religion in der Moderne: als Legitimationsmythos der identitären Okkupation ihrer modern besetzbaren (und nicht fraglos besetzten) Stelle der Macht, als Basis der gewaltsamen Pluralitätsreduktion der Moderne mithin. Hitler erwiese sich dann als extreme, aber gerade darin exemplarische Größe in der Behandlung der

---

[4] Diese Theologen sind ernstzunehmen und ihre Pro-Hitler-Texte nicht dadurch zu banalisieren, daß man sie als Dokumente einer (un)verzeihlichen politischen, theologisch jedenfalls irrelevanten Naivität in einem moralisiert und verharmlost. Gerade der unbestreitbare theologische Rang dieser Autoren sollte dies verhindern.

[5] Für den protestantischen Bereich siehe etwa: *R. B. Ericksen*, Theologen unter Hitler. Das Bündnis zwischen evangelischer Dogmatik und Nationalsozialismus, München-Wien 1986; *K. Meier*, Die Theologischen Fakultäten im Dritten Reich, Berlin-New York 1996; *L. Siegele-Wenschkewitz/C. Nicolaisen* (Hrsg.), Theologische Fakultäten im Nationalsozialismus, Göttingen 1993; *B. Hamm*, Schuld und Verstrickung der Kirche. Vorüberlegungen zu einer Darstellung der Erlanger Theologie in der Zeit des Nationalsozialismus, in: W. Stegemann (Hrsg.), Kirche und Nationalsozialismus, Stuttgart 1990, 11-56. Zu den Hintergründen dieser Parteinahme siehe auch: *K. Nowak/G. Roulet* (Hrsg.), Protestantismus und Antisemitismus in der Weimarer Republik, Frankfurt/M. 1994; *M. Smid*, Deutscher Protestantismus und Judentum 1932-1933, München 1990.

Konstitutionsprobleme von Kirche und Theologie in einer nunmehr offenkundig irreversibel pluralen Moderne.

Das negative Extrem Hitler aber stellt die Kirche vor die Frage nach ihrem eigenen Konstitutionskonzept in der Moderne. Wie konstituiert sie sich in deren Pluralität, einer Pluralität, welche sie notwendig zu einem Teil macht, sie partialisiert, wo sie doch den Gottesbegriff zu plausibilisieren hat, einen Begriff, der theoretische Universalität und integrale Lebensrelevanz vorauszusetzen und damit bei seiner sinnvollen Verwendung zu fordern scheint?

Hitlers Projekt erwiese sich dann als der Versuch, jenen Zusammenhang von Religion und Säkularem, den die Theologie in der Moderne gezwungen wird als Problem des Christentums zu denken und den Kirche als der Sozialraum des Glaubens in ihren Konstitutionsprinzipien berücksichtigen muß, quasi unter (mehrfach) umgekehrten Vorzeichen zu vollziehen, nämlich auf dem Boden des Politischen, unter (typisch moderner) ekklektizistischer und semi-instrumenteller[6] Verwendung des Religiösen, aber eben auch unter (will heißen: gegen) die Bedingungen einer modernen Gesellschaft, also nach der Trennung des Religiösen vom Politischen. Hitler wäre dann eine epochale Herausforderung für die Konstituionsprinzipien der Kirche und somit auch ein genuiner Ort der Selbstaufklärung christlicher Theologie, insofern er sich als der andere, der dritte Weg zwischen bürgerlich-privatem und kirchlich-institutionellem Dispositiv des Religiösen erwiese: jenseits von Kirche und jenseits vom Subjekt, alleine auf dem Boden des Politischen[7].

---

[6] Ich bezeichne Hitlers Einstellung zum Religiösen als „semi-instrumentell", weil sie einerseits ohne jeden Zweifel das Religiöse mit jenem Zynismus eines aufgeklärten falschen Bewußtseins, zu dem die Moderne fähig ist, instrumentalisiert, weil Hitler aber andererseits trotz, ja, in dieser Instrumentalisierung nicht völlig frei dem Religiösen gegenüber ist, sondern, wie im einzelnen nachzuweisen wäre, sowohl seinen eigenen Inszenierungen zumindest partiell verfällt, zum anderen in seinen Äußerungen überdeutlich die Authentizität des Religiösen bejaht. Siehe dazu etwa die berühmten Äußerung des Münchner Kardinals Faulhaber in seinem Bericht über ein Gespräch mit Hitler auf dem Obersalzberg am 4.11.1936: „Der Reichskanzler lebt ohne Zweifel im Glauben an Gott" (*L. Volk* (Hrsg.), Akten Kardinal Michael von Faulhabers 1917-1945, Bd. II: 1935-1945, Mainz 1978, 194).

[7] Daß Hitlers Projekt theologisch begriffen werden kann und muß, konstatierte auch *Falk Wagner*, Was ist Theologie? Studien zu ihrem Begriff und Thema in der Neuzeit, Gütersloh 1989, 73-92 („Politische Theorie des Nationalsozialismus als politische Theologie"). Wagner parallelisiert analytisch den Gedanken absoluter Selbstbestimmung der Nation in Hitlers Diskurs mit der freien Selbstbestimmung Gottes, wie sie die Dialektische Theologie in den Mittelpunkt rückt. Wagner kommt zu dem Ergebnis, daß „jede Radikalisierung von Selbstbestimmung, die an ein bestimmtes Subjekt gebunden bleibt, auf die Stufe zurückfallen muß, auf der die Selbstbestimmung eines bestimmten Subjekts nur unter Negation anderer partikularer Subjekte erreicht werden kann. Nur die an sich selber erfaßte Selbstbestimmung kann die absolute Verwirklichung ihrer selbst sein; jedes bestimmte Subjekt muß an dem Versuch, Selbstbestimmung radikal zu realisieren, a priori scheitern" (90). Wagners Fragestellung ist relevant: sie berührt allerdings nicht nur die Frage, wie die Absolutheit Gottes als nicht-totalisierte Partikularität festgehalten werden kann (was die Dialektische Theologie mit ihrer Ablehnung jeder „natürlichen Theologie" sicherstellen will), sondern eben auch das Problem, wie die biblisch bezeugte Partikularität Gottes mit seiner Absolutheit Gottes zu vermitteln ist. Denn die Theologie ist eben nicht „Theorie des Absoluten", wie Wagner (91) behauptet, sondern mindestens ebenso Theorie der Relation des Absoluten zum Relativen. Die festzuhaltende absolute Selbstbestimmung Gottes ist jedenfalls nicht als radikale und beziehungslose Autonomie einer absoluten Subjektivität zu

B. HITLERS RELIGIÖSES PROJEKT: RELIGION UND MODERNE

1. Hitler als Ort der Selbstaufklärung der Moderne

1.1. Hitler und die Moderne: eine Auseinandersetung mit den Thesen R. Zitelmanns

Adolf Hitlers Projekt einer geeinten, rassisch definierten „Volksgemeinschaft" bildet ohne Zweifel das strikte Gegenmodell zu allen normativen Grundlagen unserer, sich selbst als modern verstehenden Gesellschaft. Dieses Projekt wurde als solches erstaunlicherweise in seiner programmatischen Konsistenz und vor allem in seiner Vielseitigkeit von der historischen Forschung erst Ende der 80er Jahre eingehend analysiert. Exemplarisch wurde hier die Arbeit des Ernst Nolte-Schülers Rainer Zitelmann.[8] Zitelmann liest Hitlers Schriften als Zeugnisse eines *intendierten* revolutionären Modernisierungsprojekts. Zitelmann führt damit kritisch einen älteren Forschungsstrang zu den modernistischen, bzw. antimodernistischen Elementen in Hitlers Weltanschauung und in der Realität des Nationalsozialismus weiter.[9]

Sein 1987 erschienenes, erregte Diskussionen provozierendes und daher 1990 bereits in dritter Auflage vorliegendes Buch ist ein einziger langer, ge-

---

denken, wie es Wagner mit Barth für notwendig hält (87). Zu welchen Konsequenzen der Ansatz Wagners führt, zeigt seine Feststellung, daß durch „den Nationalsozialismus ... der Versuch ein für allemal desavouiert worden" sei, „theologische Theorie zugleich zum realen Ziel geschichtlicher Veränderungen zu machen" (92) - so als ob theologisch nur eine Pragmatik des Totalitären möglich wäre.

8 R. *Zitelmann*, Hitler. Selbstverständnis eines Revolutionärs, Stuttgart ³1990 (Erstauflage 1987). Eine kritische Zusammenfassung der Diskussion nun bei *H. Mommsen*, Noch einmal: Nationalsozialismus und Modernisierung, in: Geschichte und Gesellschaft 21(1995) 391-402. Mommsen weist vor allem darauf hin, daß es „absurd" sei, „die hochfliegenden Zukunftsvisionen des Regimes mit der tatsächlich befolgten Politik gleichzusetzen." (399) Darin wird man ihm recht geben und auch in der Kritik an Zitelmanns fataler Tendenz, „der nationalsozialistischen Politik nachträglich positive Züge anzudichten" (399). Andererseits war es gerade Hitlers Diskurs, waren es seine Visionen, welche das deutsche Volk offenkundig zumindest am Anfang und in (allerdings keineswegs unbeachtlichen) Teilen für Hitler einnahmen.

9 Bereits *H. Turner*, Faschismus und Kapitalismus in Deutschland, Göttingen 1972, speziell: 157-182, R. *Dahrendorf*, Gesellschaft und Demokratie in Deutschland München 1965, speziell 431-448 sowie *D. Schoenbaum*, Die braune Revolution. Eine Sozialgeschichte des Dritten Reiches, Köln-Berlin 1968, hatten die These vertreten, Hitler habe das Projekt einer vorindustriellen, agrarischen Gesellschaft bei objektiv modernisierenden Resultaten verfolgt. Zitelmann versucht demgegenüber zu belegen, daß diese Modernisierung Hitlers Intentionen entsprach. Zum Problembereich siehe auch: *H. Matzerath/H. Volkmann*, Modernisierungstheorie und Nationalsozialismus, in: J. Kocka (Hrsg.), Theorien in der Praxis des Historikers, Geschichte und Gesellschaft, Sonderheft 3, 1977, 86-116. Zitelmanns Werk, nicht lange nach Ausbruch des sog. „Historikerstreits" um die Singularität des Holocaust erschienen, erzielte höchste (kritische) Aufmerksamkeit in und außerhalb der historischen Zunft. Eine - naturgemäß apologetische - Reaktion hierauf bei Zitelmann in der (hier stets zitierten) dritten Auflage, 11-22.

nauer, erschreckender Blick auf das, was Hitler ausweislich seiner Schriften und Äußerungen dachte und wollte.[10]

Das Erschreckende, das Faszinierende an Zitelmanns Buch aber ist die Erkenntnis: der Nationalsozialismus ist nicht das ganz andere zur Moderne, nicht deren Leugnung auf der ganzen Linie, ist kein anti-modernes Projekt schlechthin, mit dessen Überwindung es dann auch schon getan sei, sondern der Nationalsozialismus ist die andere, die dunkle Seite der Moderne selbst. Diese Erkenntnis ist das große Verdienst des Buches und das allein schon macht dieses Werk für den Theologen spannend.

Die These vom Nationalsozialismus als der anderen Seite der Moderne ist allerdings eine Lehre *aus* Zitelmanns Buch, nicht eine seines Buches selbst.[11] Zitelmanns eigene These bleibt vordergründiger: er sucht zu erweisen, daß der reale Modernisierungsschub der deutschen Gesellschaft unter dem Nationalsozialismus durchaus Hitlers Intentionen entsprach, ja daß es das „revolutio-

---

[10] Gerade neuere Forschungen zu Hitler stellen dessen aus den Texten erhebbare Programmatik heraus und betonen die immanente Konsistenz von Hitlers Weltbild. Neben der Arbeit von Zitelmann siehe aus grundlegend anderer historiographischer Perspektive auch: *W. Wippermann*, Der konsequente Wahn. Ideologie und Politik Adolf Hitlers, München 1989. Von dieser Problematik zu unterscheiden und hier ausgeklammert ist zum einen die Frage, inwieweit Hitlers Programmatik im Dritten Reich tatsächlich Realität wurde und sich nicht vielmehr eine gewisse Eigengesetzlichkeit im offenkundig eher polykratisch strukturierten nationalsozialisitschen Deutschland durchgesetzt hat. Siehe exemplarisch für die Kontroverse zwischen den strukturgeschichtlich orientierten „Revisionisten" oder „Funktionalisten" (Broszat, Mommsen, Hüttenberger) und den an Hitlers entscheidender Rolle festhaltenden „Programmologen" oder „Intentionalisten" (Fest, Bracher, Hildebrand, Hillgruber, jetzt Zitelmann) die unter dem Titel „Nationalsozialismus oder Hitlerismus?" geführte Auseinandersetzung zwischen Hildebrand und Mommsen, jetzt wieder abgedruckt in: *W. Wippermann* (Hrsg.), Kontroversen um Hitler, Frankfurt/M. 1986, 199-216. Zur Forschungsgeschichte siehe: *G. Schreiber*, Hitler-Interpretationen 1923-1983. Ergebnisse, Methoden u. Probleme der Forschung, 2. verb. u. d. e. annot. Bibliograhie für d. Jahre 1984-87 erg. Auflage, Darmstadt 1988; leider wenig brauchbar, da allzu forsch wertend: *J. Lukacs*, Hitler. Geschichte und Geschichtsschreibung, München 1997.- Zu erörtern wäre in diesem Zusammenhang die Frage, inwiefern Hitlers Diskurs als Versuch interpretiert werden kann, generell die in der Moderne verlorengegangene Homogenität des gesellschaftlichen Diskurses etwa unter der Kategorie „gesunder Menschenverstand" wiederherzustellen, um ein Gegengewicht gegen die nicht mehr integrierbaren Einzelwissenschaften zu schaffen, in welchen Hitler bekanntlich teilweise frappierende Detailkenntnisse besaß, die er auf der Basis einer stets in der Literatur diagnostizierten „Unwissenschaftlichkeit" zu einem durchaus geschlossenen Ganzen zusammenfügen konnte.

[11] Es ist das große Verdienst Z. Baumanns, den Nationalsozialismus und speziell den Holocaust nicht als Rückfall in die Barbarei, sondern als Produkt eines spezifischen Elements der Moderne selbst analysiert zu haben, als Resultat näherhin ihrer Idee einer „absoluten Ordnung" und ihres „Kampfes gegen jede Ambivalenz"; vgl.: *Z. Baumann*, Dialektik der Ordnung. Die Moderne und der Holocaust, Hamburg 1992, sowie *Ders.*, Moderne und Ambivalenz. Das Ende der Eindeutigkeit, Hamburg 1992. Für den größeren Diskussionszusammenhang von Baumanns These siehe jetzt auch den instruktiven Sammelband: *M. Miller/H.-G. Soeffner* (Hrsg.), Modernität und Barbarei, Frankfurt/M. 1996, mit Beiträgen von Beck, Baumann, Mommsen, Luhmann, Offe, u.a.. Mit *R. Safranski*, Das Böse. Oder das Drama der Freiheit, München 1997, ist festzuhalten: „Hitler ist die letzte Enthemmung der Moderne. Seitdem kann jeder wissen, wie bodenlos die menschliche Wirklichkeit ist: daß es in ihr Verpflichtungen nur gibt, wenn man sie gelten läßt, daß Versprechungen das Leben nur unter der Voraussetzung erhalten, daß sie gehalten werden; daß man sich von seinem Leben nur etwas versprechen kann, wenn man den Zuspruch der anderen bekommt." (290)

näre(.) Programm" Hitlers war, „das ihn zum Massenführer werden ließ."[12] Zitelmann stimmt so der These Dahrendorfs und Schoenbaums zu, „daß der Nationalsozialismus die Wirkungen einer sozialen Revolution hatte", will aber darüber hinaus belegen, „daß die zweite These beider Autoren, dieser Prozeß sei unbeabsichtigt und gegen die eigentlichen Intentionen Hitlers erfolgt, nicht aufrechterhalten werden kann."[13] Hitler sei vielmehr ein „vehementer Befürworter der modernen Industriegesellschaft"[14] gewesen.

Hitler brach, so kann Zitelmann mit einiger Plausibilität darlegen, sehr bewußt mit den vormodernen traditionell-autoritären Strukturen der deutschen Gesellschaft. Schon recht früh legte Hitler ein in sich kohärentes Programm einer konsequenten Modernisierung Deutschlands vor. „Die vom Nationalsozialismus ausgelöste soziale Revolution, deren Inhalt die Modernität war, stand keineswegs im Widerspruch zu Hitlers Intentionen"[15].

Zitelmann rückt die innen-, sozial- , und wirtschaftspolitischen Elemente des Hitlerschen Programms in das Blickfeld. Dies geschieht in expliziter Abgrenzung etwa zu Eberhard Jäckel, der bereits 1969 mit einigem Erfolg versucht hatte, die immanente Konsistenz von „Hitlers Weltanschauung" nachzuweisen[16], dabei aber die Außenpolitik („Eroberung des Lebensraums im Osten") sowie die Rassenpolitik („Entfernung der Juden") als zentrale Anliegen Hitlers herausgestellt hatte. Aber nicht diese Ziele, vielmehr die gesellschaftspolitischen Elemente des Hitlerschen Programms erklären - so Zitelmann - die unübersehbare Attraktivität Hitlers für breite Schichten des deutschen Volkes in der Endphase der Weimarer Republik und über immerhin lange Strecken des Dritten Reiches.

Die Rekonstruktion der Hitlerschen Intentionen liefert einigermaßen erstaunliche Befunde. Vor allem: Hitler war sich offenkundig bewußt, daß eine bloße (konservative) Restauration vormoderner Ordnungsstrukturen nicht genügt, um die von ihm - ganz im Duktus der traditionellen Demokratiekritik der fundamentalkonservativen Rechten - mit nicht nachlassendem Haß denunzierten gesellschaftlichen „Dekadenz"-Zustände einer liberalen und pluralistischen Demokratie[17] zu überwinden. Hitlers Ablehnung einer reaktionären Restauration vorrevolutionärer Zustände (seien dies nun jene vor 1919 oder gar vor 1789) sowie seine These von der Unumkehrbarkeit, ja Wünschbarkeit ihrer Auflösung in den jeweiligen Revolutionen, setzen die Konzeption einer neuen, nicht restaurativen, aber eben doch anti-pluralistischen gesellschaftlichen Integrationsbasis durch Hitler voraus.

Schon in der Begriffsfügung „Nationalsozialismus" wird der Versuch deutlich, dem seit der Französischen Revolution gebräuchlichen politischen „Links-Rechts"-Schema quasi „nach vorne" zu entkommen. Damit gerät Hitler in die

---

12 *Zitelmann*, Hitler, 31.

13 A.a.O., 36.

14 A.a.O., 378. Zur Frage nach den modernistischen und anti-modernistischen Elementen in Hitlers Weltanschauung generell 306-378. Siehe zum Ganzen auch: *M. Prinz*/*R. Zitelmann* (Hrsg.), Nationalsozialismus und Modernisierung, Darmstadt 1991.

15 *Zitelmann*, Hitler, 495.

16 *E. Jäckel*, Hitlers Weltanschauung, Erw. und überarbeitete Neuausgabe, Stuttgart 1981.

17 Vgl. *Zitelmann*, Hitler, 379-398.

Nähe zu den zeitgenössischen Theoretikern einer „Konservativen Revolution“[18]. Von ihnen unterscheidet sich Hitler aber nicht nur in der Radikalität seines Denkens, sondern vor allem in dessen konkreter Operationabilisierbarkeit.

Das aber hat Gründe. Denn Hitler übernimmt wesentliche Elemente des nachfeudalen gesellschaftlichen Modernisierungsprogramms. Gerade dies aber verhindert, daß Hitlers Projekt zu einer letztlich nur mehr literarisch wirksamen konservativen Utopie der Wiederherstellung eines verlorengegangenen Paradieses wird und damit ihre konkrete politische Umsetzbarkeit einbüßt, wie dies etwa bei den Protagonisten der „Konservativen Revolution“ der Fall war.

Indem Hitler vom Modernisierungsprozeß der europäischen Gesellschaften wesentliche Elemente übernimmt - so die faszinationsgeleitete Einführung neuer Technologien einschließlich deren konsequenter Massenverbreitung, das Programm einer auf wissenschaftlicher und technischer Dauerinnovation beruhenden Industriegesellschaft (mit dem Vorbild USA!) sowie zentrale antikonservative Ideen, wie jene der Chancengleichheit, der Erhöhung vertikaler und horizontaler sozialer Mobilität bis hin zu egalitären Tendenzen etwa im Bildungssystem -, sicherte sich Hitler einerseits die Anschlußfähigkeit an die Weimarer Republik[19], beerbte er aber vor allem erfolgreich die Glücksversprechungen der Moderne, einschließlich des Versprechens von deren technologischer Produzierbarkeit und sozialen Zugänglichkeit für alle.

Damit wird der Unterschied zu den Vertretern einer „Konservativen Revolution“ deutlich. Auch diese begreifen Konservativismus nicht als Rückkehr, sondern als revolutionäres Projekt; sie erhofften aber dann doch nach erfolgter Revolution einen (statischen) Zustand zu erreichen, den es nicht wieder zu revolutionieren, sondern gerade zu bewahren gelte. Hitlers Unternehmen ist der Moderne aber zutiefst darin verpflichtet, daß er es, wenn nicht als „permanente Revolution“, so zumindest als dauernden Prozeß gesellschaftlicher Fort-

---

18 Siehe hierzu grundlegend: *S. Breuer*, Anatomie der Konservativen Revolution, Darmstadt 1993. Den Bezug der Denker der „Neuen Rechten“ zur Konservativen Revolution suchen (kritisch) aufzuzeigen: *K. Lenk/G. Meuter/H. R. Otten*, Vordenker der neuen Rechten, Frankfurt 1997, deskpritiv hingegen bis zum Affirmationsverdacht: *R. P. Sieferle*, Die Konservative Revolution. Fünf biographische Skizzen, Frankfurt/M. 1995. Grundlegend in der Selbstdeutung: *A. Mohler*, Die Konservative Revolution in Deutschland 1918-1932, 2. erw. Fassung, Darmstadt 1972 (Erstauflage 1950). Siehe auch: *K. Lenk*, Deutscher Konservativismus, Frankfurt/M.-New York 1989, 103-169. Die Protagonisten der „Konservativen Revolution“ waren im übrigen überwiegend christentumskritisch eingestellt, was die Zurechnung etwa Carl Schmitts zur „Konservativen Revolution“, trotz deutlicher Parallelen, schwierig machen dürfte. Vgl. dazu: *A. Mohler*, Carl Schmitt und die „Konservative Revolution“, in: H. Quaritsch (Hrsg.), Complexio oppositorum, Berlin 1988, 129-151, 153-157.

19 Was dann etwa auch die fatale Elitenkontinuität - jenseits des Arierparagraphen - von Weimar zum Nationalsozialismus ermöglichte. Zur politischen und kulturellen Lage Deutschlands zwischen den Weltkriegen siehe: *H. A. Winkler*, „Weimar 1918-1933“. Die Geschichte der ersten deutschen Demokratie, München 1993; *K. D. Bracher/M. Funke/H. A. Jacobsen* (Hrsg.), Die Weimarer Republik 1918-1933. Politik, Wirtschaft, Gesellschaft, Düsseldorf 1987; *H. Cancik* (Hrsg.), Religions- und Geistesgeschichte der Weimarer Republik, Düsseldorf 1982 (darin vor allem *F. Heer*, Weimar - Ein religiöser und weltanschaulicher Leeraum, 31-48); *H. Schulze*, Weimar. Deutschland 1917-1933, Berlin 1982; *K. D. Erdmann/H. Schulze* (Hrsg.), Weimar. Selbstpreisgabe einer Demokratie. Eine Bilanz heute, Düsseldorf 1980.

entwicklung verstehen will. Hitlers Ziel war keine festgestellt-statische, sondern eine dynamisch-innovative Gesellschaft.

„Hitlers These von der stetigen Steigerung des Lebensstandards als notwendigem Gesetz der modernen Gesellschaft widerlegt die Ansicht, er sei ein Gegner der Industriegesellschaft gewesen und habe sich der industriellen Gesellschaft nur gezwungenermaßen bedient, weil er sie für den Krieg benötigte, dessen letztes Ziel aber in der Realisierung einer anti-modernistischen Agrarutopie gelegen habe. Eine solche Absicht wäre unvereinbar mit Hitlers Vorstellungen gewesen, ja, sie wäre - in Hitlers Worten - Ausdruck eines 'Primitivitätskults', einer Ideologie der 'Anspruchslosigkeit' bzw. Ausdruck des 'bolschewistischen Ideals der allmählichen Rückentwicklung der Zivilisationsansprüche' gewesen." Hitler, so Zitelmann weiter, habe „die stetige Steigerung des Lebensstandards als 'objektives' Gesetz" betrachtet, und „diese Gesetzmäßigkeit ... durchaus auch begrüßt(.)." Dies nicht „etwa deshalb, weil er die Steigerung des Wohlstandes als Möglichkeit der Vermehrung des individuellen Glücks sah, sondern weil er in dem steten Wachstum der Bedürfnisse so etwas wie einen 'Stachel' sah, der den Menschen vor der Passivität bewahre und damit letztlich dem von ihm sozialdarwinistisch verstandenen Gesetz des 'ewigen Kampfes' entsprach."[20]

1.2. Hitler, die Säkularisierung und die Menschenrechte

Hitlers Modernisierungsvorhaben der deutschen Gesellschaft war nun allerdings ohne Zweifel noch einmal in einen spezifischen normativen Rahmen eingebunden, der Hitlers „Modernismus" in ein fatales Licht rückt. Zitelmann selbst thematisiert diesen Rahmen in dem er drei Prinzipien des Hitlerschen Projekts benennt: zum einen Hitlers sozialdarwinistisch begründete Idee vom ewigen Kampf[21], zweitens die Tatsache, „daß für Hitler das 'Individuum' und die 'Menschheit' keine relevanten Bezugsgrößen sind, sondern allein und ausschließlich die deutsche 'Volksgemeinschaft',„[22], sowie drittens ein von Hitler so bezeichnetes „Persönlichkeitsprinzip", welches besagt, „daß die Geschichte immer nur von einzelnen herausragenden Persönlichkeiten gestaltet werde."[23]

Mit diesem Hitler-spezifischen normativen Rahmen des nationalsozialistischen Modernisierungsprojekts aber zeigt sich die Problematik eines unspezifischen Modernisierungsbegriffs, wie Zitelmann ihn verwendet. Zitelmann will mit seiner Arbeit ausdrücklich zur neuerdings geforderten „Historisierung des Nationalsozialismus"[24] beitragen. Tatsächlich aber belegt Zitelmann die Aktua-

---

20 *Zitelmann*, Hitler, 354.
21 A.a.O., 44.
22 A.a.O., 45.
23 A.a.O., 46.
24 Vgl. a.a.O., 50. Zitelmann stellt sich damit in den Kontext des Mitte der 80er Jahre teilweise polemisch ausgetragenen sog. „Historikerstreits" um die historische Relativierbarkeit der Verbrechen des Nationalsozialismus. Nachzulesen in: *Historikerstreit.* Die Dokumentation der Kontroverse um die Einzigartigkeit der nationalsozialistischen Judenvernichtung, München-Zürich 1987. Vgl. auch *U. Backes/E. Jesse/Ders.*, Die Schatten der Vergangenheit.

lität des Hitlerschen Projekts. Denn Zitelmann zeigt dieses als eine, wohl die fatalste, Möglichkeit der modernen Gesellschaft selbst. Erkennbar wird dies aber nur bei einer um einiges genaueren Analyse der inneren Strukturen der gesellschaftlichen Modernisierungsprozesse der letzten 200 Jahre, als Zitelmann sie vornimmt.

Zitelmann vernachlässigt vor allem sträflich die anti-universalistischen Rahmenbedingungen des Modernitätsprojekts Hitlers. Genauer: er übersieht, welche Konsequenzen für die von ihm herauspräparierten modernistischen Elemente bei Hitler dieser Rahmen hat. Alle drei von Zitelmann angeführten „Grundannahmen" Hitlers, der sozialdarwinistische „Ewige Kampf", das (deutsche) Volk als allein relevante politische Bezugsgröße seiner Politik sowie der große Einzelne als einzig wirksamer Agent der Politik und alleine entscheidender Repräsentant des Volkswillens, verstoßen jedenfalls massiv gegen die universalistischen normativen Grundlagen der Moderne. Wie normativer Rahmen und reale Modernisierungsprozesse zusammenhängen, das ist tatsächlich ein hochgradig umstrittenes Problem in der Analyse der europäischen Modernisierungsprozesse nach 1789:[25] Zitelmanns unzulänglicher Modernisierungsbegriff aber verschenkt dieses Problem fahrlässig und mit durchaus bedenklichen Folgen.

Strukturelles Kennzeichen nachmetaphysisch legitimierter - also moderner - Herrschaft ist die Herausbildung einer eigenständigen Sphäre der Politik. Im nach-feudalen Verfassungsstaat treten das Symbolische und die Faktizität der Macht auseinander[26]. „Solange der Monarch seine Macht unter Berufung auf das Gottesgnadentum oder eine heilige Tradition rechtfertigte, konnte eine ei-

---

Impulse zur Historisierung des Nationalsozialismus, Frankfurt/M.-Berlin 1990; *J. Evans*, Im Schatten Hitlers. Historikerstreit und Vergangenheitsbewältigung in der BRD, Frankfurt/M. 1990; *D. Diner*, Ist der Nationalsozialismus Geschichte? Zu Historikerstreit und Historisierung, Frankfurt/M. 1990. Der Zusammenhang zwischen politisch erwünschter staatlicher Identitätsfindung und neohistoristischer Methodik wird dort überdeutlich. Geschichte als Ort kollektiver Sinnstiftung funktionalisieren zu wollen, erscheint im übrigen nicht nur wissenschaftlich bedenklich, insofern hier gerade im Namen der reinen Wissenschaft außerwissenschaftliche Interessen ganz unverhüllt eingeführt werden, sondern auch politisch wie theologisch kaum haltbar: kollektive Sinnfindung an der Geschichte des eigenen Volkes (oder Staates) zu organisieren, dürfte nämlich das Musterbeispiel jenes typisch neuzeitlichen Versuches darstellen, dem Staat (seiner Geschichte, seinem Volk, seiner ideologischen Legitimationstheorie) individuelle Sinnstiftungsfunktion zuzuschreiben, eine Funktion, die ihn latent theologisiert und als Lieferanten einer als überindividuell herstellbar deklarierten individuellen Identität definiert. Der Neohistorismus überspringt zudem souverän die wissenschaftliche Methodendiskussion, wie sie die Geschichtswissenschaft vor allem in den 70-er Jahren auf Grund der Herausforderung durch die Sozialwissenschaften führte. Siehe dazu etwa: *J. Kocka/Th. Nipperdey* (Hrsg.) Theorie und Erzählung in der Geschichte, München 1979; *J. Kocka* (Hrsg.), Theorien in der Praxis des Historikers, Göttingen 1977; *K. H. Faber*, Theorie in der Geschichtswissenschaft, München ^{4}1978; *Koselleck/Stempel*, Geschichte - Ereignis und Erzählung; *R. Koselleck/W. J. Mommsen/J. Rüsen* (Hrsg.), Objektivität und Parteilichkeit in der Geschichtswissenschaft, München 1977. Die Gefahren solchen Vorgehens zeigen sich nicht zuletzt darin, daß Zitelmann, entbunden von der methodischen Strenge seiner Dissertation, in den frühen 90er Jahren zu einem der publizistischen Wortführer der sog. „demokratischen Rechten" geworden ist.

25 Siehe dazu die subtile Analyse von *Offe*, Die Utopie der Null-Option.

26 Das Folgende orientiert sich an dem hellsichtigen Essay von *U. Rödel/G. Frankenberg/H. Dubiel*, Die demokratische Frage, Frankfurt/M. 1989.

gene Sphäre des Politischen nicht existieren. Macht und Gesellschaft waren eins." Die „jenseitige sakrale Ordnung" bestimmte „unverrückbar auch die diesseitige Gesellschaft, die Normen des Rechts und die Grenzen fürstlicher Machtentfaltung. Die weltliche Ordnung zu gestalten oder zu ändern, lag außerhalb der Kompetenz des Fürsten."[27] Erst die moderne „Säkularisierung der Politik" läßt eine eigenständige Zivilgesellschaft entstehen.

Dieser Prozeß der Säkularisierung von Politik aber eröffnet auch die Möglichkeit einer projektierten Gestaltung des Politischen. „Mit dem Zerfall der ehedem sinnbildlichen Einheit der Gesellschaft in einer jenseitigen Ordnung verlagern sich auch die Grundlagen des Rechts und des Wissens der Gesellschaft über sich selbst ins Diesseits der Zivilgesellschaft."[28] Das Wissen um die Gestaltungsmöglichkeiten von Gesellschaft, also der modern gewonnene Handlungsspielraum des Politischen, kann nun aber gerade dazu eingesetzt werden, die (normative) moderne Idee einer vernünftigen Selbstgesetzgebung zu liquidieren.

Denn die Errichtung republikanischer, nachfeudaler Verfassungsstrukturen - als Herstellung einer öffentlichen Sphäre und „Unterwerfung der Ausübung politischer Macht unter die Gesetze als Emanationen des Volkswillens"[29] - bietet noch nicht die Sicherheit vor der Beseitigung von Pluralität und Freiheit[30]. Mit der modernen Freisetzung einer Zivilgesellschaft entsteht sogar recht eigentlich erst die Möglichkeit einer totalitären „Unterwerfung der Gesellschaft unter einen ideologisch determinierten Geschichtsverlauf."[31] Dies geschieht etwa dadurch, daß der neu entstandene Raum des Politischen unter spezifischen Begriffen („Volk", „Nation") symbolisch repräsentiert und mit diesen (neuen) Repräsentationen völlig okkupiert wird.[32] Das Politische wird dann nicht als pluraler und konflikthafter Raum der Entscheidung, sondern als Ort der Repräsentation jener substantialisierten - und darin mythischen - Entitäten verstanden.

Ziel solcher nur in der Moderne möglichen Totalitarismen ist die Zerstörung dessen, was Rödel/Frankenberg/Dubiel das „symbolische Dispositiv der Demokratie" nennen, also die „Selbst-Instituierung einer autonomen Zivilge-

---

27 A.a.O., 85.

28 A.a.O., 90. Zur neueren Diskussion dieses Begriffes siehe: *J. v. Soosten*, Civil Society. Zum Auftakt der neueren demokratietheoretischen Debatte mit Seitenblick auf Religion, Kirche und Öffentlichkeit, in: Zeitschrift für evangelische Ethik 37(1993) 139-157, dort auch weitere Literatur.

29 *Rödel/Frankenberg/Dubiel*, Die demokratische Frage, 100.

30 Es sei daran erinnert, daß formal die Weimarer Verfassung während des ganzen Dauer der nationalsozialistischen Herrschaft nicht außer Kraft gesetzt wurde. Vgl. dazu *B. Rüthers*, Entartetes Recht. Rechtslehren und Kronjuristen im Dritten Reich, München 1988. Rüthers stellt als *„erste Lehre* aus der Rechtsumbildung in der NS-Zeit" fest: *„Es ist möglich eine ganze Rechtsordnung allein durch Interpretation umzuwerten."* (176). Siehe auch: *O. Lepsius*, Die gegensatzaufhebende Begriffsbildung. Methodenentwicklungen in der Weimarer Republik und ihr Verhältnis zur Ideologisierung der Rechtswissenschaft im Nationalsozialismus, München 1994. Hermeneutik ist eben nicht nur harmlos und auch nicht einfach eine subjektfreundliche Verstehenslehre.

31 *Rödel/Frankenberg/Dubiel*, Die demokratische Frage, 94.

32 Vgl. hierzu den instruktiven Artikel von *Lutz Hoffmann*, Das „Volk". Zur ideologischen Struktur eines unvermeidbaren Begriffs, in: Zeitschrift für Soziologie 20(1991) 191-208.

sellschaft, vermittelt durch die Herstellung einer Sphäre des Öffentlichen und Politischen gegenüber der leeren Stelle der Macht."[33] Zentral für das symbolische Dispositiv der Demokratie ist dabei, daß die Stelle der Macht tatsächlich leer bleibt, daß sie nur temporär und ohne jeden von der Zivilgesellschaft unabhängigen Legitimationsanspruch besetzt wird.

Genau diese Konstellation nimmt das totalitäre Regime zurück. Es versucht die leere Stelle der Macht wieder zu besetzen, indem es die Einheit von politischer Macht und Zivilgesellschaft unter spezifischen Vorzeichen restituiert. Dies geschieht näherhin dadurch, daß eine partikuläre Größe der Zivilgesellschaft selbst - etwa die Arbeiterklasse und deren „Avantgarde" oder die deutsche Rasse und deren „Führer" - mit dieser Gesellschaft als ganzer identifiziert wird. Über einen identitären Mythos wird eine behauptete Einheit gewaltsam als reale hergestellt. Gerade die modern (quasi „nach-metaphysisch") eröffnete Sphäre des Politischen wird damit Feld und Basis der Liquidation der normativen Prinzipien, welche die Genese dieser Sphäre bestimmten: Freiheit und Selbstbestimmung des (ursprünglich: bürgerlichen) Subjekts. Kennzeichen des Totalitarismus ist somit die Beherrschung des Ganzen durch einen Teil, der sich selbst zum Ganzen erklärt.

Diese modern erst mögliche Form der Herrschaft nimmt ausdrücklich die „Unterwerfung der Ausübung politischer Macht unter die Gesetze als Emanationen des Volkswillens"[34] zurück, kehrt aber auch nicht im Sinne einer bloßen Restauration zur vor-modernen explizit religiösen Legitimation von politischer Macht aus christlicher Tradition zurück.[35] Dieses Projekt braucht somit neue Einheitsmythen. Jene drei Hitlerschen Grundannahmen - der Sozialdarwinismus,[36] das (deutsche) Volk als allein relevante politische Bezugsgröße sowie der Führer als Repräsentant des Volkswillens - bilden das Prinzipiengerüst des nationalsozialistischen Einheitsmythos.[37]

Totalitäre Regime erweisen sich damit als *Risikovarianten einer säkularisierten Politik*. Sie beerben die moderne Säkularisierung der Politik und die damit ver-

---

33 *Rödel/Frankenberg/Dubiel*, Die demokratische Frage, 90.

34 A.a.O., 100.

35 Diese Rückkehr ist das große Ziel der gegenrevolutionären katholischen Restaurationsphilosophen des 19. Jahrhunderts, etwa de Maistres, de Bonalds und Donoso Cortés'. Aber auch ihnen war deutlich, daß diese Rückkehr der Aufbruch zu Neuem ist. Vgl. dazu: *L. de Guillou*, Die philosophische Gegenrevolution in Frankreich: L. de Bonald (1754-1840), J. de Maistre (1753-1821) und F.-R. de Chateaubriand (1768-1848), in: E. Coreth/W. Neidl/G. Pfligersdorfer (Hrsg.), Christliche Philosophie im katholischen Denken des 19. und 20. Jahrhunderts, Graz-Wien-Köln, Bd. I: 1987, 445-458; *C. Valverde*, Juan Donoso Cordés (1809-1853), a.a.O., Bd. I, 649-666.

36 Siehe dazu: *M. Vogt*, Sozialdarwinismus, Freiburg/Br.-Basel-Wien 1997, 277-306.

37 Der früh verstorbene Historiker Detlev Peukert sieht denn auch „die Ursachen des modernen Rassismus im Legitimationsproblem einer säkularisierten Welt". „Denn die säkularisierte Welt gab keine letzten Antworten mehr, weil sie nichts besaß, was über sie hinauswies. Deshalb machte man sich auf die Suche nach endgültigen Lösungen, sobald die Fassade der innerweltlichen Alltagsmythen krisenhaft erschüttert wurde. Nach dem Tode Gottes im 19. Jahrhundert machte sich die Wissenschaft zum Herren über das Leben. Aber die Grenzerfahrung des Todes dementiert in jedem einzelnen Fall diesen Erlösungsanspruch. Also suchte die Wissenschaft ihr Heil in der fiktiven Ewigkeit des rassischen Volkskörpers, dem sie das reale und schon deshalb unvollkommene Leben opferte." (*D. Peukert*, Max Webers Diagnose der Moderne, Göttingen 1989, 119).

bundene Entstehung einer Zivilgesellschaft, indem sie deren Konstitutionsbedingung, die Genese einer von metaphysischen Legitimationen unabhängigen Sphäre des Politischen, nutzen. Dies aber geschieht mit dem Ziel, die Sphäre des Politischen als eine gegenüber der Macht eigenständige Größe zu liquidieren. „Den realen Prozeß der fortwährenden gewaltsamen Herstellung und Wiederherstellung der Einheit von Partei, Staat und Gesellschaft verdichtet die Ideologie zu dem Bild eines Körpers, dessen Feinde, Parasiten und Krankheitserreger ausgemerzt werden müssen. Die totalitäre Ideologie beschwört mit der Körpermetapher jene Inkorporierung der Zivilgesellschaft in die politische Macht, deren Auflösung gerade den Beginn der Säkularisierung und die Herausbildung einer eigenständigen politischen Sphäre markierte."[38]

Damit wird aber auch deutlich, worin der normative Kern demokratischer Strukturen innerhalb des Modernisierungsprozesses liegt: in einer Umsetzung des symbolischen Dispositivs der Demokratie derart, daß das Leerbleibenlassen der leeren Stelle der Macht tatsächlich (weitestgehend) garantiert ist, mithin eine Wiederbesetzung dieser Stelle durch identitäre Einheitsmythen aus der Sphäre des Politischen selbst verhindert wird.

Jede Imagination einer prästablisierten und daher in einer singulären Instanz repräsentierbaren Harmonie zwischen Herrschaft und Beherrschten, Staat und Gesellschaft, Einzelnem und Ganzen wird dann nicht nur theoretisch, sondern auch in der institutionellen Struktur der politischen Praxis verabschiedet. Handlungsermöglichender Konsens wird hier als ein spezifisches Stadium im permanenten Prozeß der Dissensorganisation der pluralen Zivilgesellschaft definiert, nicht als Dissensunterdrückung durch identitäre Repräsentation etwa des „Volkswillens" in einer privilegierten Instanz: nur so bleibt die Stelle der Macht wirklich leer. Die Organisationsprinzipien eben dieses Prozesses der Dissensorganisation, vor allem aber wiederum deren Begründungstheorem, die Menschenrechte, werden dabei selbst - mit welcher Letztbegründung auch immer - aus diesem Verfahren herausgenommen, wenigstens dem alltäglichen konflikthaften Diskurs enthoben und bilden somit das normative Fundament demokratisch verfaßter Gesellschaften.[39]

Vor diesen Zusammenhängen zeigt sich unübersehbar die analytische Schwäche und Unzulänglichkeit eines Modernisierungsbegriffs, der Modernisierung, wie Zitelmann dies tut, positivistisch als „Prozeß der Industrialisie-

---

38 *Rödel/Frankenberg/Dubiel*, Die demokratische Frage, 96.

39 Wobei allerdings *Rödel/Frankenberg/Dubiel* darauf hinweisen, daß die „Geltungsgründe" der Menschenrechte konsequenterweise dann „nicht mehr im metaphysischen Jenseits einer menschlichen Natur, eines christlichen Menschenbildes oder einer abstrakten vernunftbestimmten Freiheit und Autonomie zu suchen" seien. „Die *Selbst-Erklärung* der Menschenrechte als politische Kommunikationsrechte stellt ihre Geltung und Anerkennung" vielmehr „auf eine neue Grundlage: die in der Geschichte tatsächlich vollzogene, vorgängige wechselseitige Anerkennung der Mitglieder der Zivilgesellschaft als freie und gleiche Individuen, die sich im Akt der Verfassungsgebung zugleich als plurale Zivilgesellschaft selbst instituiert. Diese tatsächlich vollzogene wechselseitige Anerkennung beruht ihrerseits auf der gesellschaftlich wirksam gewordenen politischen Imagination der von jeglicher Vormundschaft befreiten und zur gemeinsamen Selbstregierung entschlossenen Mitglieder der Zivilgesellschaft." (a.a.O., 103).

rung, Verstädterung, Rationalisierung, Technisierung und Verweltlichung"[40] faßt. Solchermaßen wird alles ausgeblendet, worauf sich dieser Modernisierungsprozeß selbst legitimatorisch - historisch mit welchem Recht konkret auch immer - beruft: zuvorderst jenes universalistische Ethos, wie es sich in den Menschenrechten ausformuliert. Ohne diese normativen Rahmen aber bleibt die Moderne unverstanden[41].

Gerade weil tatsächlich die moderne Zivilgesellschaft ständig durch die Liquidation ihrer Freiheitsräume und Pluralitätsstrukturen exakt auf der Basis des von ihr eröffneten politischen Raums bedroht ist, wird man Hitlers ambivalenter Stellung zur Moderne nicht gerecht, wenn man seine anti-konservative „Modernität" von jenem normativen Rahmen trennt, der sie bei Hitler umgibt - und welcher diese „Modernität" überhaupt erst durchsetzbar macht. Die von Zitelmann benannten drei Prinzipien dieses Rahmens Hitlerscher „Modernität" - der sozialdarwinistische „Ewige Kampf", das (deutsche) Volk als allein relevante politische Bezugsgröße sowie der große Einzelne als singulärer Repräsentant des Volkswillens - kommen aber alle in der Liquidation von Pluralität durch repressive Inszenation eines um den Volksbegriff und dessen Inkarnation, dem Führer, herum aufgebauten identitären Mythos überein.

Unmittelbar einsichtig ist dies beim Volksgemeinschafts- und (Rasse-)gedanken und dessen konsequenter Ablehnung jedes universalistischen Ethos, aber auch beim „Führerprinzip" und Hitlers Theorie einer „historischen Minorität" als revolutionärem Subjekt dann innerhalb der deutschen Nation[42]. Interessanterweise lehnt Hitler aber die pluralistische liberale Demokratie, wiewohl doch gerade sie von einem konflikthaften und dissensbestimmten Begriff des Politischen ausgeht, vor allem auf der Basis seines Sozialdarwinismus ab: die Toleranz der Demokratie gegenüber der unterlegenen Position erscheint ihm als unverzeihliche Schwäche. Alle drei normativen Grundannahmen Hitlers dienen also dazu, jene modern sich konstituierende „Sphäre des Politischen" totalitär zu liquidieren.

Dies festgestellt, wird erst wirklich deutlich, worin die eigentliche Originalität des Hitlerschen Konzepts besteht: im Versuch, die fatalen anti-dynamischen Folgen dieser Pluralitätsliquidation durch neu eingeführte Dynamisierungselemente zu kompensieren. Das Proprium von Hitlers Projekt bestand somit vor allem darin, das „Projekt der Moderne" zu spalten, um es auf seinem

---

40 *Zitelmann*, Hitler, 34.

41 „Persönliche Freiheitsrechte in Verbindung mit der Konnexgarantie freier politischer Kommunikation *ermöglichen* (nicht: garantieren), daß eine Vielfalt von Meinungen und Interessen zur Geltung kommt und Konflikte offen ausgetragen werden können, indem diese Freiheiten den Bürgern *innerhalb* der Zivilgesellschaft und *unabhängig* von der politischen Macht eine öffentliche Sphäre erschließen. Die Zivilgesellschaft fügt sich damit nicht länger in das Bild einer Einheit, sondern erscheint, sofern ihre Mitglieder diese Rechte selbstbewußt in Anspruch nehmen, als eine Pluralität von Meinungen, Assoziationen und Handlungsformen in einer eigenständigen Sphäre des Öffentlichen. Erst die Menschenrechtserklärungen schaffen ... die institutionellen Bedingungen der Möglichkeit dafür, daß eine plurale Zivilgesellschaft den öffentlichen Raum der Republik auch wirklich ausfüllt, von der Autorität der Macht unabhängig und autonom kommunikations- und handlungsfähig wird." (*Rödel/Frankenberg/Dubiel*, Die demokratische Frage, 101f)

42 Siehe hierzu: *Zitelmann*, Hitler, 399-424.

eigenen Feld und mit seinen eigenen Mitteln zu schlagen. Oder genauer: Hitler benutzte jene Elemente des Modernisierungsprojekts, die jenseits des symbolischen Dispositivs der Demokratie instrumentalisierbar erschienen, jenseits also der normativen Grundlagen dieses Projekts, wie sie vor allem in den Menschenrechten, aber auch in spezifischen Verfahren der Entscheidungsfindung bei bleibendem Dissens zum Ausdruck kommen.

Diese Strategie Hitlers hatte dabei tatsächlich zur Voraussetzung, daß er deren Ermöglichungsbedingung, die Liquidation der vor-modernen Strukturen der europäischen Gesellschaften, nicht nur nicht zurücknahm, sondern geradezu beschleunigte. Deswegen Hitler einen Modernisierer zu nennen, verkennt damit aber beide: Hitler und die Moderne. Die rahmenlose Analyse Hitlers wäre nur dann legitim, wenn der Rahmen mit den so in phänomenologischer „Reduktion“ gewonnenen Erkenntnissen wieder vermittelt würde. Unterbleibt dies, droht das historiographische Verfallen an die Quellen: bei Hitler wahrlich fatal.

Zitelmann sucht - so zeigt sich nun näher - nach den Dynamisierungszielen eines Gesellschaftsentwurfs von nicht-pluraler Struktur im nachmetaphysischen Zeitalter. Jetzt, nachdem die sich wechselseitig stützende Spannungseinheit von gesellschaftlicher und sakraler Ordnung zerbrochen, die alte Einheit von Symbolischem und der Faktizität der Macht also endgültig verlorengegangen ist, kann diese Einheit nurmehr im Modus der repressiven Inszenation wiederhergestellt werden. Daß Hitler dann diese ideologisch über die rassisch definierte Volksgemeinschaft, real aber vor allem über die politische Totalisierung des „Führerwillens“ hergestellte Einheit zu ganz und gar „modernistischen“ Zielen mobilisieren will, dies hat Zitelmann mit einiger Plausibilität aufgezeigt.

Aber schon die Frage nach den realen Dynamisierungsträgern innerhalb dieses Hitlerschen Gesellschaftsentwurfs einer nicht-pluralen Moderne kann im Rahmen von Zitelmanns Ansatz nicht mehr gestellt werden. Würde er sie stellen, würde klar werden, daß diese Elemente eben nicht, wie im bürgerlichen Modernisierungsprozeß, strukturell in einer freien Zivilgesellschaft und deren immanenter, weil pluralitätsgarantierter Dynamik liegen. Im nicht-pluralen Nationalsozialismusprojekt werden vielmehr eigene Dynamisierungträger gerade deshalb notwendig, weil es diese freie Zivilgesellschaft liquidiert, ihre gesellschaftliche Innovationsdynamik damit beseitigt - Hitler aber genau diese Dynamik nicht aufgeben will. Was aber nicht systemimmanent und strukturell gesichert ist, kann nur mehr von außen und somit personalistisch und voluntaristisch eingeführt werden.

Es bleibt damit letztlich nur eine einzige Instanz, über welche die verlorenzugehen drohende Dynamik permanenter Modernisierung in eine identitär formierte Gesellschaft wieder eingebracht werden kann: die alles in sich vereinende identitäre Spitze dieser Gesellschaft, mithin Hitler selbst. Der gesellschaftsintegrierende doppelte Mythos von der Identität aller in einem Volkswillen und dieses Volkswillens im „Führer“ wirkt nur dann nicht dynamikerstickend, wenn dieser Führer selbst zwar nicht Ort, aber Motor permanenter gesellschaftlicher Dynamisierungsanstrengungen ist. Insofern ist Zitelmanns

Methodik, bei Hitler nach solchen Dynamisierungsintentionen des nicht-pluralen nationalsozialistischen Gesellschaftsprojekts zu suchen, konsequent, aber eben auch blind für den Verrat an der Moderne als einem Projekt der organisierten Selbstbestimmung einer Zivilgesellschaft, den gerade diese Hitlersche „Moderne" bedeutet.

Ohne Zweifel: Hitler sieht sich als den entscheidenden Modernisierungsmotor des Nationalsozialismus - und er war es wohl auch. Er ist es, der die pluralistische Dynamik einer demokratischen Gesellschaft durch seinen Willen ersetzt, dergestalt moderne Dynamik und vor-moderne Einheitssehnsüchte zugleich befriedigend. Doch alle von Zitelmann dargelegten inhaltlichen „Modernismen" Hitlers (soziale Egalitätsbestrebungen, technologische Innovationsfreudigkeit, Bejahung der Industriegesellschaft etc.) stehen unter der Voraussetzung ihrer Intendiertheit durch die mit Hitler besetzte eine und höchste Stelle der Macht.

Daß Hitler seinen eigenen Willen (scheinbar) rückbindet an den Volkswillen, indem er ihn schlicht mit jenem für identisch erklärt[43], zeigt dabei zweierlei. Zum einen, daß sich Hitler der modernen und also nach-metaphysischen Grundlagen der Politik bewußt ist: seine Theorie von der „Diktatur als höchster Form der Demokratie"[44] kennt das moderne Feld des Politischen und besetzt es entschlossen in dessen ganzer Breite. Dies erklärt zum anderen aber auch die enorme Faszination und hohe Zustimmungsfähigkeit des Hitlerschen Projekts für breite Schichten des Volkes. Denn Hitler versprach die Segnungen der Moderne ohne deren identitätsgefährdenden Pluralitätszumutungen. Es entsprach damit tatsächlich wohl den geheimen oder offenen Sehnsüchten vieler im deutschen Volk. Die Gesellschaft als konfliktintensive Pluralität wurde als Zumutung erlebt, die Sehnsucht nach einem identitären Mythos war allgemein.

Zitelmann trennt den Modernisierungsbegriff nicht nur analytisch und historisch, sondern prinzipiell von Kategorien wie Aufklärung, Menschenrechte, Partizipation und Toleranz. Zitelmann vertritt vehement die These, daß die Demokratie „keineswegs die einzig mögliche politische Form (ist), in welcher sich der Modernisierungsprozeß verwirklichen kann".[45] Industrialisierung, Verstädterung, Rationalisierung, Technisierung und Verweltlichung, jene von Zitelmann für den Modernisierungsprozeß überhaupt genommenen gesellschaftlichen Veränderungen, wären demnach auch im Rahmen einer nicht-pluralen Gesellschaftsform möglich, auch dort also, wo die moderne Zivilgesellschaft formiert und unter einem identitären Mythos geeint ist. Zwar wären beide Prozesse in den westlichen europäischen Ländern historisch verbunden, doch dies

---

[43] So in der Reichstagsrede vom 30.1.1934: vgl. *Zitelmann*, Hitler, 441, weitere Belege 569f (Anm. 189).

[44] Vgl. a.a.O., 437-442. Zur Nähe dieser Konzeption Hitlers zu C. Schmitts identitärer Umwertung des Demokratiebegriffs in einer halbierten Interpretation der Rousseauschen Formel von der „Identität von Regierenden und Regenten" siehe: *Rödel/Frankenberg/Dubiel*, Die demokratische Frage, 138. Für Schmitt ist Demokratie wesentlich die (autoritäre) Herstellung dieser Identität.

[45] *Zitelmann*, Hitler, 378.

sei eben „nicht die einzig mögliche und historisch nachweisbare Form der Modernisierung".[46]

Es ist hier nicht der Ort, diese von Zitelmann nicht nur als historische Analyse, sondern quasi normativ eingeführte Feststellung zu diskutieren.[47] Jedes nicht-plurale gesellschaftliche Modernisierungsprojekt leidet jedenfalls an einer entscheidenden Schwäche: am Legitimationsdefizit seines identitären Mythos. Insofern ihm die vor-moderne Legitimation über traditionale - und das heißt in Europa ja: christliche - Religiosität nicht mehr möglich ist, benötigt es ein Doppeltes. Zum einen eine wissenschaftliche, genauer: eine dem nach-theologischen Diskursstandard der modernen Gesellschaft angepaßte Legitimationstheorie seines identitären Mythos („Blut", „Klasse"), zum anderen aber auch nicht-diskursive Vermittlungsformen dieses Mythos zum einzelnen. Diese nicht-diskursiven Vermittlungsformen aber werden von Hitler inszeniert: sie besitzen nicht nur religionsersetzende oder religionsanaloge Funktion, sondern selbst unmittelbar religiösen Charakter.

Mit dieser Problemstellung erreichen wir aber ein für die Theologie ebenso unausweichliches wie heikles Gebiet: die Frage nach der Kompatibilität des normativen Fundaments der modernen Gesellschaft in allen seinen anthropologischen, erkenntnistheoretischen und ethischen Implikationen mit der christlichen Tradition. Denn die Theologie ist immerhin das Theoriesystem jener Institution, gegen welche die neuzeitliche Zivilgesellschaft eingeführt werden mußte.[48] Es war die Kirche, welcher in der Moderne das kognitive und normative Legalisierungsmonopol genommen wurde, es war die Theologie, deren Theoriereichweite modern radikal beschnitten wurde.

Der Raum des Politischen entsteht in der europäischen[49] Moderne *gegen* den Raum des Religiösen: das macht die Frage nach den Konstitutionsmöglichkeiten sowohl der Kirche als pastoraler Institution im Raum der Moderne, wie auch des modernen Konzepts von Politik im Raum des Religiösen für die

---

46 A.a.O., 35.

47 Wobei nach dem Zusammenbruch des Sowjetsystems auch der historische Beleg einiges an Plausibilität verloren hat. Die Trennung der normativen von den nicht-normativen Elementen des Modernisierungsbegriffs mag analytisch möglich und historiographisch bisweilen hilfreich sein: nach der methodisch möglichen Separierung dieser Elemente den Modernisierungsbegriff aber weiterhin uneingeschränkt affirmativ zu verwenden, und das Verhältnis eines reduzierten Moderne-Begriffs zu seinen normativen Grundlagen auszublenden, ist entweder historiographisch naiv oder politisch ein Skandal.

48 Ganz unabhängig davon, wie real man die Urheberschaft des Christentums selbst an seiner Entmachtung einschätzt, wie sehr also die moderne „Entzauberung der Welt" einschließlich dann auch der Desintegration von Religion und Politik ein Resultat gerade des christlichen Weltverständnisses ist. Vgl. dazu in der Tradition von Weber, Durkheim und Otto: *M. Gauchet*, Le désenchantement du monde. Une historique politique de la réligion, Paris 1985.

49 Recht anders stellt sich die Situation bekanntlich in den U.S.A. dar, wo die „Bill of Rights" von 1776 ihren wesentlichen Ursprung gerade in der religiösen Pluralität des neuen Staates hatte und selbst ausgesprochen religiös motiviert war. Die Vereinigten Staaten begannen als religiöses, aber in ihrer Religiosität plurales Projekt. Das nach-feudale Europa aber pluralisierte sich gegen die verfaßte christliche Tradition. Dies erklärt die bis heute fundamental unterschiedliche Funktion von Religion in Europa und den USA. Denn dort spielen die Kirchen eine geringe, die Religion aber eine enorme politische Rolle, bei uns ist es - zumindest im öffentlichen Leben - tendenziell umgekehrt.

Theologie so heikel. Es geht dabei um das sachliche (und nicht nur historische) Problem sowohl der Akzeptanz gesellschaftlicher Demokratisierung und Pluralisierung durch die Kirche, welche ja mit dem II. Vatikanischen Konzil erfolgte, wie auch - und heikler - um das Problem von deren Akzeptanz in spezifischen Bereichen der Kirche selbst.

2. Hitlers Theologie einer anti-pluralen Moderne

„Viel Größeres aber geschieht: Es geht um den heimlichen Willen zu einem ganz neuen Menschentume und zu einem ganz neuen und echteren Bunde mit Gott. Und darum wird bei uns Deutschen am leidenschaftlichsten und tiefsten gerungen in Jeglichem, was geschieht.

Die alten Lehren und Erkenntnisse sind nicht falsch, nur sie reichen nicht mehr aus. Unter den alten Lehren und Erkenntnissen ist die Welt unversehens vor eine wahnwitzige Not geraten: Menschenhorden entstanden und entstehen und machen die ratlose Erde häßlich und fressen sie kahl. Vom falsch begriffenen Nationalismus der Kabinette aus gönnen die Horden sich als Staaten das Volksleben nicht, und vom falsch begriffenen Evangelium aus möchten sie dennoch jedes Einzelleben, ob gesund oder krank, als geheiligt betrachten.

Der große heimliche Wille zu einem neuen Menschentume und einem neuen echteren Bunde mit Gott geht auf die verpflichtete Auswahl an Stelle der Horde und auf das Vorrecht der Auswahl, die gesund und geradegewachsen ist und gesund und geradegewachsen denkt und gesund und geradegewachsen fühlt, und die also nicht lügt aus Bequemlichkeit und weil ihr eine ganze Erfüllung doch unmöglich erscheint, sondern die zum großen Gotte ehrfürchtig aber Auge in Auge zu stehen vermag, wenn sie das neue Gesetz von ihm endlich empfängt."[50]

Der Perspektivenwechsel in der Historiographie des Nationalsozialismus, den Zitelmann anstoßen will, indem er sich diesem nicht von seinen diabolischen Konsequenzen her nähert, sondern als offenkundig faszinationsträchtiges und dynamisches Projekt beschreibt, dieser Perspektivenwechsel kann tatsächlich allzu leicht verharmlosend wirken: so, wenn er dazu funktionalisiert würde, nicht den schillernden Anfang des Bösen und damit das Böse in seiner spezifischen Gefährlichkeit zu erfassen, sondern dieses auszublenden, so als ob das Faszinierende des Bösen ohne es selber zu haben wäre.

Die Diskussion um die „Modernität" Hitlers erweist sich aber auch als weiterführend. Sie zeigt: ein nicht-plurales Modernisierungsprojekt, das sich weder auf eine vor-modern traditionale metaphysische Legitimation stützen will, noch andererseits wie das pluralistische und um die Menschenrechte strukturierte demokratische Dispositiv überhaupt die Stelle der Macht leer und also auch gar

---

50 So *Hans Grimm*, der Autor des Romans „Volk ohne Raum", in: A. F. Velmede (Hrsg.), Dem Führer. Worte deutscher Dichter, o. O., o. J. (1941), Tornisterschrift des Oberkommandos der Wehrmacht, 54f. Zu Grimms Romantitel und seiner Rezeptionsgeschichte vgl.: *H.-U. Wagner*, Volk ohne Raum. Zur Geschichte eines Schlagwortes, in: Sprachwissenschaft 17(1992) 68-109.

keiner Legitimation bedürftig lassen kann, muß ein funktionales Äquivalent für die ehemals religiöse Legitimation anbieten. Wer die Stelle der Macht erneut besetzt, benötigt hierzu einen spezifischen Legitimationsmythos. Insofern dieser Mythos bei Hitler aber integral religiös und wissenschaftlich dem Volk präsentiert wird, zeigt dies, was Hitler an der Moderne auch zurücknehmen will: die Desintegration von Politik und Religion, von wissenschaftlichem und religiösem Diskurs.

Es soll im folgenden der Nachweis versucht werden, daß Hitler dieses Problem explizit reflektierte und analysierte und auch dessen nationalsozialistische „Lösung" in ihren Grundannahmen abzusichern suchte. Könnte dies gezeigt werden, wäre es möglich, bei Hitler mit einigem Recht von der Existenz einer „Theologie" zu sprechen, wenn man nur Begriffe wie Theologie und Religion nicht affirmativ werden läßt und für jene religiösen Phänomene und theologischen Prinzipien reserviert, welche man selbst in der christlichen Tradition vertritt.[51] Gelänge dieser Aufweis, würde deutlich, worin zuletzt das Verführungspotential Hitlers für die zeitgenössische Theologie gelegen haben könnte: in seiner anti-pluralistischen, jedoch auch anti-traditionalen Reintegration des Politischen und des Religiösen auf der Basis eines partiell modernekompatiblen Gesellschaftsprojekts.

Der Kirche würde dies aber, wie einige Theologen durchaus zu sehen glaubten, in doppelter Weise neue Konstitutionschancen eröffnen: sie käme aus ihrer modernetypischen Opposition zur Gesellschaft wie zum Individuum heraus, denn erstere besäße wieder einen explizit theologischen Legitimationshorizont, das Individuum aber wäre jener Autonomie und Freiheit beraubt, welche die Kirche in ihren herkömmlichen Konstitutionsprinzipien gefährdeten und wieder in einen Gesellschaft wie Individuum verpflichtenden Rahmen eingebunden. Kirchlich attraktiv konnte dies allerdings natürlich nur unter der reichlich verwegenen Voraussetzung werden, daß „Hitlers Theologie" katholisch „getauft" werden konnte. Die Verwegenheit dieser Voraussetzung freilich ist für die Nachgeborenen um einiges deutlicher erkennbar, als den Zeitgenossen. Denn unübersehbar ist: Hitlers Texte durchziehen auf Schritt und Tritt theologische Argumentationsfiguren. Sie sind auch nicht einfach als „neu-heidnisch" zu klassifizieren und formulieren ein überraschend differenziertes Programm.

Vor allem drei Orte des Hitlerschen Diskurses lassen theologische Elemente erwarten: zum einen sollten sie dort zu finden sein, wo Hitler sich mit den Kirchen auseinandersetzt, sein Vorhaben also gegenüber den traditionellen Tradierungsinstitutionen der Religion definieren muß; weiterhin dort, wo er diese Abgrenzung zur genuinen religiösen Tradition seiner eigenen Bewegung, also zur völkischen Religiosität vornimmt, sowie drittens dann an jener Stelle,

---

[51] Es scheint mir eine Notwendigkeit für die Theologie, Begriffe wie „Religion" und „Theologie" nicht nur mit Blick auf die eigene Tradition in einem affirmativen, sondern auch in einem analytischen Sinne zu gebrauchen. Vgl. dazu auch: *H. Cancik*, „Wir sind jetzt eins". Rhetorik und Mystik in einer Rede Hitlers (Nürnberg 11.9.1936), in: G. Kehrer (Hrsg.), Zur Religionsgeschichte der Bundesrepublik Deutschland, München 1980, 16-18.

wo er positiv das eigene Projekt über theologische Begriffe konzipiert und legitimiert.

Zitelmann übergeht diese theologischen Elemente in Hitlers Diskurs. Eine methodische Lehre jedoch kann aus der Diskussion der Arbeit Rainer Zitelmanns gezogen werden: auch für die Theologie wird es weiterführend sein, den Nationalsozialismus als *Projekt* zu begreifen und so auch die eigene Verstrikkung in diesen Anfang zu thematisieren. Die partielle Verstrickung der katholischen Theologie galt, wie sich zeigen wird, dem Nationalsozialismus als einem Gesellschaftsentwurf, der selbst theologische Strukturelemente konstitutiv besaß und der zudem Orte kultischer Erfahrung organisierte.

2.1. Vorbild und Kritik: Hitler und die vor-modernen Institutionen der Religion

Daß Hitler die Kirchen als rivalisierende Loyalitätszentren gleichermaßen umwarb wie bekämpfte, ist der Forschung seit längerem bekannt.[52] Hitler beschäftigte sich in seinen Schriften und Reden aber nicht nur tagespolitisch und somit in einem taktischen Kontext, sondern auch analytisch und damit sehr grundsätzlich mit den Kirchen. Sichtbar wird das Bemühen Hitlers, sein eigenes politisches Projekt in Kontrast, aber auch in partieller Identität gegenüber den kirchlichen Modellen einer sozialen Organisation der Religion auf „weltanschaulicher" Basis zu profilieren.[53] Hitlers Überlegungen offenbaren in Zustimmung wie Kritik eine intensive Abgrenzungsarbeit, im übrigen aber auch Hitlers nicht zu unterschätzende Lernfähigkeit.

Hitler bekämpft die Kirchen als soziale Organisationen, doch er vergißt nicht, von ihnen zu lernen. Sein Interesse an den Kirchen ist analytisch motiviert. Hitler untersucht die Konstitutionsprinzipien der Kirchen, kritisiert diese zum Teil massiv, ist aber auch fasziniert von einzelnen Konstitutionsprinzipien, speziell der katholischen Kirche. In früher Bewunderung und sich im Laufe seiner Herrschaft intensivierender Kritik bemüht sich Hitler, sein eigenes Projekt einer rassisch definierten Volksgemeinschaft in Anschluß und Kontrast zu Geschichte und Gegenwart der christlichen Kirchen zu bestimmen.

Hitler erblickt in den Kirchen über lange Zeit überaus erfolgreiche Weltanschauungsorganisationen, deren „stilles Ende" allerdings infolge der Unhaltbarkeit ihrer theoretischen Basisannahmen vor der fortgeschrittenen Vernunft für ihn als sicher und abwartbar gilt. Das eigene Projekt sieht Hitler demgegenüber in der Rassenbiologie wissenschaftlich legitimiert und damit auf der

---

52 Vgl. dazu: *J. S. Conway*, Die nationalsozialistische Kirchenpolitik 1933-1945. Ihre Ziele, Widersprüche und Fehlschläge, München 1968; *L. Siegele-Wenschkewitz*, Nationalsozialismus und Kirche. Religionspolitik von Partei und Staat bis 1935, Düsseldorf 1974; *G. Kretschmar*, Dokumente zur Kirchenpolitik des Dritten Reiches, 2 Bde., München 1971/75.

53 *H. G. Hockerts*, Die Goebbels-Tagebücher 1932-1941. Eine neue Hauptquelle zur Erforschung der nationalsozialistischen Kirchenpolitik, in: D. Albrecht u.a. (Hrsg.), Politik und Konfession (FS K. Repgen), Berlin 1983, 359-392, interpretiert den Nationalsozialismus in diesem Zusammenhang als Versuch, die institutionelle Differenzierung von geistlicher und weltlicher Herrschaft zurückzunehmen und Religiosität von ihrer kirchlichen Verfaßtheit zu trennen.

Höhe der Vernunft und der Zeit. Gleichzeitig aber stellt Hitler in unübersehbarer Spannung zu dieser auf theoretische Konsistenz abzielenden Argumentation den prinzipiellen „Tatcharakter" des Nationalsozialismus heraus und spielt diesen dann gegen die, wie er meint, unheilvolle Dominanz schließlich leer gewordener Begriffe im Christentum aus. Signifikanterweise kritisiert Hitler dabei gerade die - bekanntlich kirchenstabilisierende - Rekonfessionalisierung der deutschen Gesellschaft im 19. Jahrhundert als innere Schwächung des deutschen Volkes, eine Schwächung, der Hitler mit der nationalsozialistischen Volksgemeinschaftsideologie entgegenwirken möchte.

Hitlers positive Einschätzung der Kirchen als Muster einer erfolgreichen Weltanschauungsorganisation ist früh belegbar und findet sich, wie zu erwarten, vor allem in Äußerungen und Schriften der sog. „Kampfzeit". Der Blick auf andere historisch erfolgreiche Organisationen mit massivem Normierungsanspruch und nicht-diskursiver, also vor-demokratischer Legitimation lag nahe. Die Bewunderung der Durchsetzungsfähigkeit des Christentums auf der Basis seiner ideologischen Kompromißlosigkeit findet sich bereits in einem Text aus dem Jahre 1922. Gerade das „Ablehnen jedes Kompromisses", die Zurückweisung jeder „Verbindung mit sogenannten ähnlichen Ideen" habe, so Hitler, dem Christentum „diese unerhörte Kraft" gegeben. „Die größte Kraft auf dieser Welt liegt nicht in Arbeitsgemeinschaften, sondern im blinden Glauben an die Richtigkeit des eigenen Ziels und an die eigene Berechtigung des Kampfes dafür".[54]

Fast identisch findet sich diese Argumentation auch im 1925 erschienenen „Mein Kampf": „Die Größe jeder gewaltigen Organisation als Verkörperung einer Idee auf dieser Welt liegt im religiösen Fanatismus, in der sie sich unduldsam gegen alles andere, fanatisch überzeugt vom eigenen Recht, durchsetzt. Wenn eine Idee an sich richtig ist und, in solcher Weise gerüstet, den Kampf auf dieser Erde aufnimmt, ist sie unbesiegbar und jede Verfolgung wird nur zu ihrer inneren Stärkung führen. Die Größe des Christentums lag nicht in versuchten Vergleichsverhandlungen mit etwa ähnlich gearteten philosophischen Meinungen der Antike, sondern in der unerbittlichen fanatischen Verkündigung und Vertretung der eigenen Lehre."[55]

In einer Rede vor Lehrern in Nürnberg am 8.12.1928 beruft sich Hitler denn auch als Beleg für seinen optimistischen Blick auf die Zukunft der damals noch unbedeutenden NSDAP darauf, „dass ein Christentum siegen konnte, nicht weil es die Majorität der Zahl, sondern die Majorität der Energie bekam". „Wenn ich durch einen Prozess verstehe, aus einem Staat wertvolle Menschen herauszuziehen, wenn dann die kräftigsten herausgezogen sind, und zu einem gewissen Zeitpunkt konzentriert erscheinen, dann gibt es eine neue Bewegung. Das ist das, was mir vorschwebte, als ich daran ging, eine neue Organisation zu

---

54 *A. Hitler*, Sämtliche Aufzeichnungen 1905-1924, hrsg. v. E. Jäckel zusammen mit A. Kuhn, Stuttgart 1980, 636 (NSDAP-Mitteilungsblatt v. 26.4.1922).

55 *A. Hitler*, Mein Kampf, München ^{62}1933, 385.

bilden."[56] Für Hitler gilt: „Auch das Christentum konnte sich nicht damit begnügen, seinen eigenen Altar aufzubauen, sondern mußte zwangsläufig zur Zerstörung der heidnischen Altäre schreiten. Nur aus dieser fanatischen Unduldsamkeit heraus konnte sich der apodiktische Glauben bilden, diese Unduldsamkeit ist sogar die unbedingte Voraussetzung für ihn."[57]

Doch Hitler zieht nicht nur eine phänomenologische Parallele zwischen der Durchsetzungsfähigkeit des Christentums und jener der nationalsozialistischen Weltanschauung, er begründet schließlich auch den Totalitätsanspruch des Nationalsozialismus mit der Notwendigkeit, sich des vorgängigen christlich-jüdischen Totalitarismus zu erwehren. Eine „von infernalischer Unduldsamkeit erfüllte Weltanschauung", so Hitler, werde nämlich „nur zerbrochen werden durch eine vom gleichen Geist vorwärtsgetriebene, vom stärksten Willen verfochtene, dabei aber in sich reine und durchaus wahrhaftige neue Idee. Der einzelne mag heute schmerzlich feststellen, daß in die viel freiere antike Welt mit dem Erscheinen des Christentums erst der geistige Terror gekommen ist, er wird die Tatsache aber nicht bestreiten können, daß die Welt seitdem von diesem Zwange bedrängt und beherrscht wird, und daß man Zwang nur wieder durch Zwang bricht und Terror nur mit Terror. Erst dann kann aufbauend ein neuer Zustand geschaffen werden. *Politische Parteien sind zu Kompromissen geneigt, Weltanschauungen niemals. Politische Parteien rechnen selbst mit Gegenspielern, Weltanschauungen proklamieren ihre Unfehlbarkeit.*"[58] Mag es also für Hitler „tausendmal richtig sein", daß „diese Art von Unduldsamkeit und Fanatismus geradezu jüdische Wesensart verkörpere", so folgt doch gerade daraus, daß auch die nationalsozialistische Weltanschauung „gebieterisch ihre eigene, ausschließliche und restlose Anerkennung sowie die vollkommene Umstellung des gesamten öffentlichen Lebens nach ihren Anschauungen (fordert). Sie kann also das gleichzeitige Weiterbestehen einer Vertretung des früheren Zustands nicht dulden."[59]

Hitler entwirft in diesem Kontext eine explizite Theorie des Dogmas als der kristallisierten Form notwendiger Unduldsamkeit erfolgreicher Religionen und Weltanschauungen. Denn nur im Dogma werde die diffuse Religiosität des einzelnen gebündelt und konkretisiert, aussagbar und damit politisch kampffähig. Ähnlich aber sei es mit der „völkischen Weltanschauung". Hitler parallelisiert so die intellektuelle wie soziale Konkretisierung und Formierung des eigenen Projekts in einer aktionsfähigen Weltanschauungspartei mit der Funktion der Kirchen und ihrer Dogmen gegenüber dem an sich unbestimmten religiösen Fühlen.

Ein längeres Zitat aus „Mein Kampf" sei hier als exemplarischer Beleg angeführt. „Ohne den klar begrenzten Glauben würde die Religion in ihrer unklaren Vielgestaltigkeit für das menschliche Leben nicht nur wertlos sein, sondern

---

56 *A. Hitler*, Reden, Schriften und Anordnungen, Bd. III/1: Juli 1928 - Februar 1929, München 1994, (Vortrag vor Lehrern am 8.12.1928 in Nürnberg). Das Zitat folgt einer Mitschrift (Staatsarchiv Nürnberg, NS Mischbestand (Sam. Streicher, Nr. 116)), 26.

57 *Hitler*, Mein Kampf, 506.

58 A.a.O., 506f.

59 A.a.O., 506.

wahrscheinlich zur allgemeinen Zerrüttung beitragen. Ähnlich wie mit dem Begriff 'religiös' verhält es sich mit der Bezeichnung 'völkisch'. Auch in ihr liegen schon einzelne grundsätzliche Erkenntnisse. Sie sind jedoch, wenn auch von eminentester Bedeutung, ihrer Form nach so wenig klar bestimmt, daß sie sich über den Wert einer mehr oder minder anzuerkennenden Meinung erst dann erheben, wenn sie als Grundelemente in den Rahmen einer politischen Partei gefaßt werden. *Denn die Verwirklichung weltanschauungsmäßiger Ideale und der aus ihnen abgeleiteten Forderungen erfolgt ebensowenig durch das reine Gefühl oder das innere Wollen der Menschen an sich, als etwa die Erringung der Freiheit durch die allgemeine Sehnsucht nach ihr. Nein, erst wenn der ideale Drang nach Unabhängigkeit in den Formen militärischer Machtmittel die kampfesmäßige Organisation erhält, kann der drängende Wunsch eines Volkes in herrliche Wirklichkeit umgesetzt werden.* (...) Wenn aber eine geistige Vorstellung allgemeiner Art einer kommenden Entwicklung als Fundament dienen will, dann ist die erste Voraussetzung die Schaffung unbedingter Klarheit über Wesen, Art und Umfang dieser Vorstellung, da sich nur auf solcher Basis eine Bewegung bilden läßt, die in der inneren Homogenität ihrer Überzeugungen die nötige Kraft zum Kampfe zu entwickeln vermag. Aus allgemeinen Vorstellungen muß ein politisches Programm, aus einer allgemeinen Weltanschauung ein bestimmter politischer Glaube geprägt werden. (...) Diese Umsetzung einer allgemeinen weltanschauungsmäßigen idealen Vorstellung von höchster Wahrhaftigkeit in eine bestimmte begrenzte, straff organisierte, geistig und willensmäßig einheitliche politische Glaubens- und Kampfgemeinschaft ist die bedeutungsvollste Leistung, da von ihrer glücklichen Lösung allein die Möglichkeit des Sieges einer Idee abhängt. Hier muß aus dem Heer von oft Millionen Menschen, die im einzelnen mehr oder weniger klar und bestimmt diese Wahrheiten ahnen, zum Teil vielleicht begreifen, *einer* hervortreten, um mit apodiktischer Kraft aus der schwankenden Vorstellungswelt der breiten Masse granitene Grundsätze zu formen und so lange den Kampf für ihre alleinige Richtigkeit aufzunehmen, bis sich aus dem Wellenspiel einer freien Gedankenwelt ein eherner Fels einheitlicher glaubens- und willensmäßiger Verbundenheit erhebt."[60]

Für Hitler steht somit fest, daß ohne „dogmatische(.) Grundlagen" der „praktische Bestand eines religiösen Glaubens nicht denkbar ist" und auch nicht die Existenz einer politisch mächtigen Weltanschauung. „Die breite Masse eines Volkes besteht nicht aus Philosophen; gerade aber für die Masse ist der Glaube häufig die einzige Grundlage einer sittlichen Weltanschauung überhaupt".[61]

In „Mein Kampf" gesteht Hitler den real existierenden Kirchen, sei es aus taktischen Gründen, sei es aus nicht ganz überwundener innerer Anhänglichkeit, noch zu, im allgemeinen ihre Aufgabe als dogmatisch formierte Religion auch noch in der Gegenwart zu erfüllen. „Die verschiedenen Ersatzmittel" hätten „sich im Erfolg nicht so zweckmäßig erwiesen, als daß man in ihnen eine nützliche Ablösung der bisherigen religiösen Bekenntnisse zu erblicken

60 A.a.O., 417-419.
61 A.a.O., 293.

vermöchte“ und dies trotz des „immer heftiger einsetzende(n) Kampf(es) gegen die dogmatischen Grundlagen der einzelnen Kirchen.“[62]

Doch Hitler interessiert in diesem Zusammenhang nicht primär die inhaltliche Plausibilität der Dogmen und Normierungen der zeitgenössischen Kirchen. Sein Interesse setzt formaler an und gilt generell dem Funktionsmechanismus von Konkretisierung und Disziplinierung bei der Konstitution von „Weltanschauungsgemeinschaften“. Hitler vergleicht dabei drei sehr unterschiedliche Räume mit Konkretisierungs- und Normierungsbedarf: den Staat, die Kirchen und die individuelle Biographie.

„Was ... für das allgemeine Leben der jeweilige Lebensstil ist“, das, so Hitler, „sind für den Staat die Staatsgrundgesetze und für die jeweilige Religion die Dogmen. Durch sie erst wird die schwankende und unendlich auslegbare, rein geistige Idee bestimmt, abgesteckt und in eine Form gebracht, ohne die sie niemals Glaube werden könnte. Im anderen Falle würde die Idee über eine metaphysische Anschauung, ja, kurz gesagt, philosophische Meinung nie hinauswachsen.“ Damit aber gilt: „Sollen ... die religiöse Lehre und der Glaube die breiten Schichten wirklich erfassen, dann ist die unbedingte Autorität des Inhalts dieses Glaubens das Fundament jeder Wirksamkeit“ [63].

In „Mein Kampf“ begreift Hitler so auch noch die anti-modernistische Strategie der Kirchen als Ausdruck einer klugen und konsequenten Wissenspolitik. Die Notwendigkeit zu solch restriktiver Wissenspolitik folgt für Hitler unmittelbar aus dem Begriff des Dogmas. Obwohl nämlich das kirchliche „Lehrgebäude in manchen Punkten, und zum Teil ganz überflüssigerweise, mit der exakten Wissenschaft und der Forschung in Kollision gerät, ist sie dennoch nicht bereit, auch nur eine kleine Silbe von ihren Lehrsätzen zu opfern.“ Die Kirche habe nämlich „sehr richtig erkannt, daß ihre Widerstandskraft nicht in einer mehr oder minder großen Anpassung an die jeweiligen wissenschaftlichen Ergebnisse liegt, die in Wirklichkeit doch ewig schwanken, sondern vielmehr im starren Festhalten an einmal niedergelegten Dogmen, die dem Ganzen erst den Glaubenscharakter verleihen. So steht sie heute fester da als je.“[64]

Doch Hitler erkennt bereits zu diesem frühen Zeitpunkt auch: für die gewünschte Konkretisierungs- und Formierungsfunktion der religiösen bzw. weltanschaulichen Dogmen kommt es weniger auf deren reale Unveränderlichkeit an und schon gar nicht auf deren verbale Kontinuität; allzu rigides Festhalten an einmal Formuliertem kann, wie Hitler sieht, die Plausibilität des kognitiven Geltungsanspruchs vielmehr geradezu aushöhlen. Notwendig ist stets aber die Aufrechterhaltung einer Kontinuitätswahrnehmung bei den Adressaten der Verkündigung.

Hitler empfiehlt, „auch hier“ doch „an der katholischen Kirche zu lernen“: „Denn wie will man Menschen mit blindem Glauben an die Richtigkeit einer Lehre erfüllen, wenn man durch dauernde Veränderungen am äußeren Bau derselben stets Unsicherheit und Zweifel verbreitet?“ Aber Hitler weiß um die Notwendigkeit von Flexibilität im einzelnen. Er vergißt signifikanterweise

---

62 Ebda.
63 A.a.O., 293f.
64 A.a.O., 512f.

nicht, im Blick auf sein eigenes Politikprojekt einen hermeneutischen Puffer einzubauen. „Das Wesentliche", so Hitler an früherer Stelle, „darf nie in der äußeren Fassung, sondern stets nur im inneren Sinn gesucht werden. Und dieser ist unveränderlich."[65]

Jede „Lehre und alles Wissen" habe der *„Sicherung des Bestehens und drr Vermehrung unserer Rasse und unseres Volkes"*, der *„Ernährung seiner Kinder"*, der *„Reinerhaltung des Blutes"* und der *„Freiheit und Unabhängigkeit des Vaterlandes"* zu dienen. Daher gilt für Hitler, für den „es nur eine Doktrin (gibt): Volk und Vaterland", daß „von diesem Gesichtspunkte aus" dann „alles zu prüfen (ist) und nach seiner Zweckmäßigkeit zu verwenden oder abzulehnen. So kann keine Theorie zur tödlichen Doktrin erstarren, da alles ja nur dem Leben zu dienen hat."[66] Später wird Hitler dann auch den Kirchen das Festhalten an (natur-)wissenschaftlich unhaltbaren Dogmen vorwerfen und selbst durchaus beweglich mit den eigenen nationalsozialistischen Dogmen umgehen - bei stets gewahrter Kontinuität einiger weniger zentraler Basisannahmen, etwa der These von der rassischen Determiniertheit des Individuums.[67]

Doch die Kirchen sind für Hitler nicht allein wegen ihrer historischen Konkretisierungs- und Normierungsleistungen des diffusen religiösen Fühlens Lernobjekte für sein eigenes Projekt. Hitler interessierte sich auch stets und gerade für organisatorisch-funktionale Problemlösungsmechanismen. Ihn faszinierte speziell an der katholischen Kirche etwa ihre Lösung des für nichtdemokratisch organisierte soziale Systeme stets prekären Problems der Elitenrekrutierung, einschließlich ihres konkreten Mechanismus der Führungsauslese und -nachfolge.[68]

„Zwei Verfassungen", so Hitler, hätten „sich im Laufe der Geschichte bewährt: a) Das Papsttum, und zwar trotz vieler Krisen" und „trotz einer ausgesprochen verrückten geistigen Grundlage lediglich aufgrund der grandiosen Organisation der Kirche" sowie im übrigen „b) Die Verfassung von Venedig, die den kleinen republikanischen Stadtstaat durch ihre Führungsorganisation zur Beherrschung des gesamten östlichen Mittelmeeres befähigt"[69] habe. Einen der Gründe des Erfolgs des Papsttums entdeckt Hitler dabei in der geschickten Ausblendung der unvermeidlichen, tendenziell autoritätsdestruktiven Begleiterscheinungen jedes Entscheidungsvorgangs über Führungspositionen, vor allem des dabei fast unausweichlich öffentlich werdenden Dissenses innerhalb der Führungsspitze.

„Grundsatz auch für die Führerwahl" müsse es daher sein, „daß während der Wahlhandlung jede Diskussion unter den Wählern unterbunden würde". Die „Durchführung der Führerwahl habe nicht vor den Augen des Volkes, sondern hinter verschlossenen Türen zu geschehen. Auch bei der Papstwahl

---

65 A.a.O., 512.

66 A.a.O., 234.

67 Hitler behandelt denn auch das Parteiprogramm der NSDAP sehr großzügig, es wird nur zum geringen Teil Basis des nationalsozialistischen Staates. Gleichzeitig wird es öffentlich als unveränderlich deklariert. Vgl. dazu: *Jäckel*, Hitlers Weltanschauung, 80-85.

68 Zu Hitlers Überlegungen hierzu vgl.: *Zitelmann*, Hitler, 408-420.

69 *H. Picker*, Hitlers Tischgespräche im Führerhauptquartier 1941-1942. Im Auftrag des Verlags neu hrsg. von P. E. Schramm, Stuttgart 1965, 235 (31.3.1942).

wisse das Volk ja nicht, was hinter den Kulissen vorgehe. Bei den Kardinälen sei es einmal so weit gekommen, daß sie sich geprügelt hätten. Man habe sie daraufhin für die Zeit der Wahlhandlung einfach eingemauert." Wenn eine Staatsform, die dies berücksichtige, „auch nicht ewig halten möge, 200 bis 300 Jahre werde sie bestimmt Bestand haben. Denn sie sei auf Erwägungen der Vernunft gegründet, während die tausendjährige Organisation der katholischen Kirche auf Unsinn als Grundlage aufgebaut sei."[70]

Noch in einem weiteren Aspekt ihrer Eliterekrutierung gilt Hitler „die katholische Kirche als vorbildliches Lehrbeispiel". „In der Ehelosigkeit ihrer Priester", so Hitler bereits in „Mein Kampf", liege der Zwang begründet, den Nachwuchs für die Geistlichkeit statt aus den eigenen Reihen immer wieder aus der Masse des breiten Volkes holen zu müssen." Dies sei „die Ursache der unglaublich rüstigen Kraft, die in dieser uralten Institution wohnt. Denn dadurch, daß dieses Riesenheer geistlicher Würdenträger sich ununterbrochen aus den untersten Schichten der Völker heraus ergänzt, erhält sich die Kirche nicht nur die Instinkt-Verbundenheit mit der Gefühlswelt des Volkes, sondern sichert sich auch eine Summe von Energie und Tatkraft, die in solcher Form ewig nur in der breiten Masse des Volkes vorhanden sein wird. Daher stammt die staunenswerte Jugendlichkeit dieses Riesenorganismus, die geistige Schmiegsamkeit und stählerne Willenskraft."[71]

In einer für Hitlers Ideologie charakteristischen Verkennung der universalistischen Konsequenzen eines monotheistischen Gottesbegriffs parallelisiert Hitler in einem seiner späten Monologe im Führerhauptquartier schließlich die exklusive Verehrung eines einzigen Gottes im Christentum mit der anti-universalistischen Beschränkung der Menschenrechte auf das deutsche Volk in Hitlers eigenem Politikprojekt. So wie das Christentum „in der Ausrichtung der Liebe zu dem *einen* von ihm gewiesenen Gott" am „fanatischsten, am ausschließlichsten und am unduldsamsten" sei, so habe die „ganze Liebe" einer „unverbildeten" nationalsozialistischen „Führerschicht nur dem eigenen Volksgenossen *unteilbar* (zu) gelten". Das Christentum sei hierin „eine gute Lehrmeisterin." Wie jenes seinen Gott verehre, ebenso „fanatisch, ausschließlich und unduldsam müsse die ganze Zuneigung der führenden Schicht Deutschlands dem tüchtigen deutschen Volksgenossen gelten, der seine Pflicht für die Gesamtheit treu und brav erfülle."[72]

Hitlers partieller Respekt vor den Kirchen ist, so zeigt sich, die Konsequenz seiner Analyse ihrer internen Konstitutionsprinzipien, wie Hitler sie wahrnimmt. Als über lange Zeit einflußreiche Weltanschauungsinstitutionen sieht er in ihnen Beobachtungsobjekte mit partiellem Vorbildcharakter. Sie interessieren ihn, insofern manche ihrer Konstitutionsmechanismen auch unter den Bedingungen einer modernen - Hitler versteht darunter eine naturwissenschaftlich und technologisch fortgeschrittene Gesellschaft - als erfolgversprechend gelten können. Es geht Hitler in seiner positiven Rezeption kirchlicher Konstitutionsprinzipien um die Wahrnehmung von deren Mechanismen der

70 *Picker*, Hitlers Tischgespräche, 236 (31.3.1942).
71 *Hitler*, Mein Kampf, 481.
72 *Picker*, Hitlers Tischgespräche, 247 (4.4.1942).

Mobilisierung und Organisation auf ideologischem Feld und dies gerade unter modernen Konkurrenzbedingungen. Ihn interessieren die Kirchen als politische Weltanschauungsorganisationen innerhalb einer Konkurrenzsituation pluraler Anbieter auf dem Markt der Weltanschauungen.

Selbstverständlich erfolgt Hitlers Analyse der Kirchen unter fast völliger Abstraktion der kirchlichen Verkündigungsinhalte. Wiewohl Hitler sich als „gottgläubig" bezeichnet und ihm eine spezifische Form der Religiosität wohl auch persönlich eignet, so gelten ihm doch die meisten der konkreten Inhalte der christlichen Verkündigung durch die naturwissenschaftliche Forschung als widerlegt. Die Popularisierung der wissenschaftlichen Erkenntnisse werde, so Hitlers Überzeugung, die Glaubwürdigkeit der Kirchen endgültig untergraben. „Wer naturgemäß lebt kommt ..., ohne daß er es will, in Gegensatz zur Kirche. Die Kirche geht daran zugrunde. Die Wissenschaft wird Siegerin sein"[73], so Hitler in einem Gespräch im Führerhauptquartier am 14.10.1941.

Es sei deshalb auch nicht „richtig, sich jetzt in einen Kampf mit der Kirche zu stürzen. Am besten, man läßt das Christentum langsam verklingen; ein langsames Ausklingen hat auch etwas Versöhnendes in sich: Das Dogma des Christentums zerbricht vor der Wissenschaft. Die Kirche muß schon jetzt mehr und mehr Konzessionen machen. Tausend Dinge werden allmählich hinfällig. Es braucht nur noch der Nachweis geführt werden, daß das Anorganische und das Organische in der Natur ohne Grenze ineinanderüberfließen! Wenn erst einmal das Wissen um das Universum sich verbreitet, wenn der Großteil der Menschen sich klar darüber wird, daß die Sterne nicht Leuchtkörper sind, sondern Welten, vielleicht belebte Welten, wie die unsere, dann wird die Lehre des Christentums völlig ad absurdum geführt."[74]

Hitler will keine „andere Kirche", sondern ein eigenes neues religiöses Dispositiv. Individuum, Öffentlichkeit und Religion sollen in eine neue Konstellation zueinander treten. „Die Zukunft denke ich mir deshalb so: Jeder hat zunächst seinen Privatglauben; Aberglaube wird auch immer eine Rolle spielen. Die Partei ist der Gefahr enthoben, ein Konkurrenz-Unternehmen für die Kirche zu werden. Es muß durchgesetzt werden, daß die Kirche im Staat nichts mehr dreinredet. Die Erziehung von Jugend auf sorgt dafür, daß jeder weiß, was richtig ist im Sinne der Staatserhaltung. (...) Wir werden dafür sorgen, daß die Kirchen keine Lehren mehr verkünden, die mit unseren Lehren in Widerspruch stehen. Wir werden weiter unsere nationalsozialistischen Lehren durchsetzen, und die Jugend wird nur mehr die Wahrheit hören."[75]

Der „ganze(.) katholische(.) Kirchenglauben" ist denn auch für Hitler „eine unglaublich schlaue Mischung von Heuchelei und Geschäft unter Ausnutzung der menschlichen Anklammerung an die überkommene Gewohnheit". Selbst ein „gebildeter Geistlicher könne", so Hitler, „doch unmöglich den Unsinn

73 *A. Hitler*, Monologe im Führerhauptquartier 1941-1944. Die Aufzeichnungen Heinrich Heims, hrsg. von W. Jochmann, Bindlach 1988 (Sonderausgabe; Erstausgabe Hamburg 1980), 85 (14.10.41).

74 A.a.O., 83.

75 A.a.O., 85.

glauben, den die Kirche verzapfe".[76] Das Christentum sei „das Tollste, das je ein Menschenhirn in seinem Wahn hervorgebracht hat", vor allem, und Hitler hebt dies eigens hervor, ist es für ihn „eine Verhöhnung von allem Göttlichen."[77]

Hitlers durchgängiger Szientismus ist dabei durchaus nicht ungebrochen und völlig unaufgeklärt über seine Grenzen. „Die Wissenschaft" ist für ihn „nichts anderes wie eine Leiter, die man erklimmt: Mit jeder Stufe sieht man ein bißchen weiter, aber an das Ende der Dinge sieht auch die Wissenschaft nicht."[78] Auch bezweifelt Hitler die notwendige Deckungsgleichheit von wissenschaftlichem Fortschritt und individuellem Glück: „Ob wissenschaftliche Erkenntnisse den Menschen glücklicher machen? Ich weiß es nicht. Aber: mit ganz verschiedenen Bekenntnissen sind die Menschen glücklich! Gut, so muß man darin eben auch tolerant sein! Töricht ist es, den Menschen glauben zu machen, er sei ein Dirigent, wie das eine aufdringliche liberale Wissenschaft des vorigen Jahrhunderts getan hat."[79]

Aber Wissenschaft, so Hitler, „bemüht sich, nach den Grenzen, die jeweils ihrer Einsicht gezogen sind, eine Sache richtig zu sehen. Sie stellt nicht bewußt falsch dar." Das Christentum aber lüge: Es sei deshalb wegen seines Wahrheitsanspruchs „in einen Konflikt mit sich selbst hineingeraten."[80] Hitler stellt sich an dieser Stelle übrigens auch die Frage, ob mit der Liquidation des Christentums in der Kritik der modernen (Natur-)Wissenschaften, „nicht überhaupt der Gottesglaube beseitigt werden" wird. Seine Antwort: „Das würde nicht gut sein! Der breiten Masse ist der Begriff der Gottheit nur eine Substantiierung. Diese Substantiierung ist wunderbar. Warum sollen wir den Sammelbegriff für das Unbegreifliche zerstören?"[81]

Das Christentum aber habe „nun freilich", so Hitler, „den Gipfel aller Torheit erklommen. Deshalb wird eines Tages sein Gebäude gänzlich zerbrechen. Das Wissen hat heute schon die ganze Menschheit erfaßt. Je mehr sich das Christentum an das Dogma klammert, umso rascher wird es verglimmen."[82] Nachdem für Hitler aber „alle Erschütterungen von Übel sind", hält er „es für das schönste, wenn wir die Einrichtung der Kirche allmählich durch eine geistige Aufklärung überwinden und schmerzlos machen, zu einer gewissen Milde bringen. Das allerletzte könnten Frauenklöster sein!"[83] „Die Zeitenwende des Untergangs" der Kirchen sieht Hitler jedenfalls gekommen. „Es dauert noch einige Jahrhunderte, dann geschieht durch Evolution, was nicht durch Revolution geschieht. Jeder Gelehrte, der etwas Neues entdeckt, haut ein Stück von

---

76 *Picker*, Tischgespräche, 267 (9.11.1941).
77 *Hitler*, Monologe 150 (13.12.41).
78 A.a.O., 103 (24.10.41).
79 A.a.O., 105.
80 Diese Formulierung kann als geradezu klassische Formulierung der „Modernismus"-Problematik gelten.
81 *Hitler*, Monologe, 85 (14.10.41).
82 A.a.O., 84.
83 A.a.O., 135 (11.11.41).

deren Basis weg. Es tut einem oft leid, daß man in einer Zeit lebt, in welcher einem noch nicht bewußt ist, wie die neue Welt aussehen wird."[84]

„Die Zeit, in der wir leben, ist die Erscheinung des Zusammenbruchs dieser Sache. Es kann hundert oder zweihundert Jahre noch dauern. Es tut mir leid, daß ich wie Moses das gelobte Land nur aus der Ferne sehen kann. Wir wachsen in eine sonnige, wirklich tolerante Weltanschauung hinein: der Mensch soll in der Lage sein, die ihm von Gott gegebenen Fähigkeiten zu entwickeln. Wir müssen nur verhindern, daß eine neue, noch größere Lüge entsteht: die jüdisch-bolschewistische Welt muß zerbrechen."[85]

Hitler grenzt sich jedoch gegenüber den Kirchen nicht nur dadurch ab, daß er deren Theoriegebäude als unvereinbar mit den modernen Wissenschaften denunziert und damit den baldigen Einflußverlust des Christentums bei weiten Teilen der Bevölkerung mit der zukünftigen Popularisierung der Naturwissenschaften voraussagt. Er wirft den Kirchen bezeichnenderweise auch vor, sich selbst mehr über den Diskurs als über das Handeln zu definieren und gerade dadurch unglaubwürdig geworden zu sein. In Hitlers Sprache: es sei ein „Christentum des Wortes" geworden, und keines mehr „der Tat".

Eine Bewegung der Tat zu sein, gerade dies aber nimmt Hitler für den Nationalsozialismus in Anspruch. In seinen Anfängen reklamiert Hitler für den Nationalsozialismus gar, das eigentliche „Christentum der Tat" zu sein. „Wer nicht will, daß unser Christentum, das heute leider Gottes nur noch ein Christentum des Scheins statt der Tat ist, verloren geht, der muß Front machen gegen den, der uns unser Christentum raubt. (...) Aus uns heraus muß die Gesundung wachsen. Wir sind zwar klein, aber einst stand auch ein Mann auf in Galiläa, und heute beherrscht seine Lehre die ganze Welt. Ich kann mir Christus nicht anders vorstellen als blond und mit blauen Augen, den Teufel aber nur in der jüdischen Fratze"[86] - so Hitler auf einer NSDAP Versammlung 1921 in Rosenheim.

Noch 1937 benutzt Hitler das Klischeebild eines für das „Winterhilfswerk" sammelnden Kindes, um das wahre Christentum der (nationalsozialistischen) Tat gegen die unaufrichtigen Wortbekenntnisse der Kirchen auszuspielen. „Wenn ich so manches Mal ärmlich gekleidete Mädchen mit unendlicher Geduld sammeln sehe", so Hitler, „selbst frierend, um für andere Frierende zu sorgen, dann habe ich das Gefühl, daß sie alle auch Apostel eines Christentums sind. Und zwar eines Christentums, das von sich mit mehr Recht als ein anderes sagen kann: Dies ist das Christentum eines aufrichtigen Bekenntnisses, weil hinter ihm nicht das Wort, sondern die Tat steht."[87]

Diese Argumentationslinie hält sich bis zu Hitlers Tod. Noch im „Politischen Testament" vom 21.2.1945 findet sie sich, zeigt sich hier dann als Teil eines umfassenderen argumentativen Kontextes. Hitlers „Politisches Testament" formuliert noch einmal das Konzept eines „Nationalsozialismus als Tat"

---

84 A.a.O., 136.
85 A.a.O., 303 (27.2.1942).
86 *Hitler*, Sämtliche Aufzeichnungen, 367 (21.4.1921).
87 Rede am 5.10.1937; zitiert nach: *W. Reichelt*, Das Braune Evangelium. Hitler und die NS-Liturgie, Wuppertal 1990, 83.

und entwickelt dieses Konzept bezeichnenderweise aus dem konstitutiven Anti-Universalismus des Nationalsozialismus. Denn gerade die Unfähigkeit zur Tat, das Scheitern am eigenen Anspruch, das Steckenbleiben im bloßen „Wort" sei eine direkte Folge des falschen „westlichen" Universalismus.

Universalistische Konzepte können für Hitler schon aus ihrer Struktur heraus nie die Grundlage tatkräftigen Handelns werden. Während diese nämlich „das Wohl des abstrakten Individuums (erstreben)" und so „dem Trugbild einer universalistischen Lösung nach(jagen)", kenne der Nationalsozialismus „nur das Deutschtum" und interessiere ihn „nur das Wohl des deutschen Volkes." „Zwei Fronten" stünden sich so „als unversöhnliche Lager" gegenüber: „Auf der einen Seite das Weltjudentum und seine Helfershelfer, auf der anderen Seite die Führer einer völkischen Realpolitik."[88] „Die Universalisten, Idealisten und Utopisten" aber, so Hitler, „zielen ins Nichts. Sie versprechen ein unerreichbares Paradies und betrügen damit die Welt. Wie auch immer sie sich tarnen mögen, ob als Christen, Kommunisten oder Liberalisten, ehrliche Narren oder zynische Betrüger, sie arbeiten allesamt an der Unterjochung des Menschengeschlechtes. Ich aber habe immer nur das im Bereich des Möglichen und unserer Macht Liegende auf dieser Welt für mein Volk vor Augen gehabt. Und das heißt, das physische und psychische Wohlergehen des deutschen Volkes!"[89]

Hitlers ideologische Gebundenheit an die rassistisch legitimierte Volksgemeinschaftsideologie ist dabei derart massiv, daß er universalistische Konzepte noch im Angesicht seiner eigenen totalen Niederlage gegen die westlichen Demokratien und die kommunistische Sowjetunion für handlungsunfähig erklärt. Wenn aber „Universalisten, Idealisten und Utopisten" letztlich nichts anderes als Unerreichbares versprechen können, so Hitler, müssen sie auch notwendig im Spalt zwischen „Wort" und realer Tat steckenbleiben. Denn ihr Handeln bleibe nicht nur gelegentlich, sondern prinzipiell hinter ihren Worten zurück. Hitler war dezidiert der Auffassung, daß nur eine anti-universalistische Weltanschauung überhaupt politisch handlungsfähig mache.

Zumal, wie Hitler sehr genau sieht, universalistische Konzepte dann doch nur partielle soziale Räume belegen können und so ihren universalistischen Anspruch in der Begrenztheit ihrer eigenen sozialen Existenz selbst dementieren und unterlaufen. Hitler war sich also der moderne-spezifischen Pluralitätssituation sehr bewußt. Durchgängig rekurriert Hitler auf die Relativierung des universalistischen Anspruchs des Christentums durch seine historische und geographische Partikularität - mithin durch die Analyse seiner spezifisch modernen Situation[90]. Nicht ohne Hohn konstatiert Hitler in eben jenem „Politi-

---

[88] *H. Trevor-Roper/A. François-Poncet*, Hitlers politisches Testament. Mit einem Essay v. H. R. Trevor-Roper und einem Nachwort v. A. François-Poncet, Hamburg 1981, 98 (21.2.1945). Man beachte hier die Identifikation des Judentums mit universalistischen Konzepten.

[89] A.a.O., 98f.

[90] Vgl. etwa sein Tischgespräch am 27.2.1942: „Warum gibt Gott den Menschen nicht die Möglichkeit, alle zur richtigen Vorstellung zu kommen? Horizontal gesehen, wissen die Gebildeten heute, daß die Gottesvorstellung des Katholizismus noch nicht einmal zehn Prozent der Menschheit hinter sich hat. Im gleichen Zeitraum haben die von der gleichen Vorsehung geschaffenen Menschen tausenderlei verschiedenen Glauben. Wir sehen die

schen Testament“ denn auch, daß „der ganze Erfolg der bewunderten christlichen Mission, deren Künder die göttliche Wahrheit für sich allein in Erbpacht genommen haben“ nur einige „winzige Farbflecke als Inselchen der Christenheit, und auch diese mehr dem Namen nach“, ausmache.[91]

Die regional begrenzte Relevanz und die damit einhergehende soziale Verkapselung der Konfessionen gerade in Deutschland stehen so für Hitler in signifikantem Gegensatz zur einzig ideologisch möglichen, weil wissenschaftlich begründeten Handlungsbasis: der rassisch geeinten Volksgemeinschaft. „Unser Volk ist nicht von Gott geschaffen, um von Priestern zerrissen zu werden“, so Hitler in einer Rede vor Gauleitern bei der Einweihung der Ordensburg in Sonthofen am 23.11.1937. „Daher ist es notwendig, seine Einheit durch ein System der Führung sicherzustellen. Das ist die Aufgabe der NSDAP. Sie soll jenen Orden daher stellen, der, über Zeit und Menschen hinwegreichend, die Stabilität der deutschen Willensbildung und damit der politischen Führung garantiert.“[92] „Heute vollzieht sich“, so Hitler in dieser Rede weiter, „eine neue Staatsgründung, deren Eigenart es ist, daß sie nicht im Christentum, nicht im Staatsgedanken ihre Grundlagen sieht, sondern in der geschlossenen Volksgemeinschaft das Primäre sieht. Es ist daher entscheidend, daß das 'Germanische Reich Deutscher Nation' diesen tragfähigsten Gedanken der Zukunft nun verwirklicht, unbarmherzig gegen alle Widersacher, gegen alle religiöse Zersplitterung, gegen alle parteimäßige Zersplitterung.“[93]

Dieser Kampf gegen die „konfessionelle Zersplitterung“ Deutschlands ist für Hitler nicht nur rein taktisch motiviert, sondern gründet unmittelbar in seiner rassistischen Anschauung vom unerbittlichen Kampf der Rassen gegeneinander und von der Auserwählung der Deutschen als Teil der arischen Rasse. „Für die Zukunft der Erde“, so Hitler in „Mein Kampf“, liege „die Bedeutung nicht darin, ob die Protestanten die Katholiken oder die Katholiken die Protestanten besiegen, sondern darin, ob der arische Mensch ihr erhalten bleibt oder ausstirbt. Dennoch kämpfen die beiden Konfessionen heute nicht etwa gegen den Vernichter dieses Menschen, sondern suchen sich selbst gegenseitig zu vernichten.“[94]

Hitler fordert denn auch in der Konsequenz der oben analysierten „Wort“-“Tat“-Dichotomie von seinen Anhängern die Reinterpretation ihrer Konfessionsmitgliedschaft in rassistischen Handlungskategorien. „Gerade der völkisch Eingestellte hätte“, so Hitler, „die heiligste Verpflichtung, jeder in seiner eigenen Konfession, dafür zu sorgen, *daß man nicht nur immer äußerlich von Gottes*

Dinge heute aber auch vertikal: Wir wissen, daß dieses Christentum nur eine ganz kurze Epoche der Menschheit umfaßt.“ (*Hitler*, Monologe, 301 (14.10.41))

91 *Trevor-Roper/François-Poncet*, Politisches Testament, 56 (7.2.1945).

92 *M. Domarus*, Hitler, Reden und Proklamationen 1932-1945. Kommentiert von einem deutschen Zeitgenossen, 4 Bde., 4. Aufl., Leonberg 1988, 762 (Rede am 23.11.1937 vor Kreis- und Gauleitern anläßlich der Einweihung der Ordensburg in Sonthofen).

93 A.a.O., 761.

94 *Hitler*, Mein Kampf, 630.

Willen redet, sondern auch tatsächlich Gottes Willen erfülle und Gottes Werk nicht schänden lasse."[95]

Bereits in „Mein Kampf" hatte Hitler auch in jenen, „die heute die völkische Bewegung in die Krise religiöser Streitigkeiten hineinziehen, schlimmere Feinde meines Volkes" gesehen, „als im nächstbesten international eingestellten Kommunisten."[96] Denn „jüdisches Interesse" sei es heute, „die völkische Bewegung in dem Augenblick in einem religiösen Kampf verbluten zu lassen, in dem sie beginnt, für den Juden eine Gefahr zu werden."[97] Und bereits 1923 hatte Hitler in einer Rede vor einer Versammlung des Deutschen Kampfbundes „die Überzeugung" propagiert, *„daß religiöse Fragen die deutsche Nation in der schwersten Zeit nicht trennen dürften."* Man stünde gemeinsam „auf dem Boden der Lehre, die *Christus* einstens der Welt verkündet hat, *unter welcher Form aber der einzelne ein Christ ist, bleibt jedem selbst überlassen.*"[98] „Ich werde niemals zugeben, daß man dieses Volk wieder zerreißt in einen sich bekämpfenden religiösen Streithaufen"[99], so Hitler noch 1937.

Dogmatisierung, Formierung, Normierung: so lassen sich die Funktionen zusammenfassen, die Hitler an den Kirchen analysiert und bewundert. Sie alle sind formaler Natur. Hitlers inhaltliche Kritik gilt der materialen Verkündigung der Kirchen, deren Entplausibilisierung durch die modernen (Natur-)Wissenschaften für ihn feststeht. Doch Hitlers Kritik geht über diese szientistische Trivialargumentation hinaus. Denn die Unvereinbarkeit der christlichen Verkündigungstheoreme mit dem „modernen Bewußtsein" schlägt für Hitler nicht nur auf deren Plausibilität im Bewußtsein der einzelnen zurück, sondern auch auf die Möglichkeit der Konstitution von Kirche als handlungsfähigem sozialen Organismus, berührt somit ihre Konstitutionschancen in der Moderne.

Denn nach wie vor sieht Hitler in der christlichen Verkündigung ein universalistisches Konzept am Werk. Dieses aber bleibt für Hitler handlungsunfähig. Es zielt für ihn „ins Nichts", da es zu keiner Konkretion fähig sei, ohne darin den eigenen universalistischen Anspruch implizit zu verraten. Christliche Konzepte würden permanent zwischen dem eigenen Anspruch, dem ins Ganze zielenden „Wort", und dem eigenen Handeln, der dann weit hinter dem eigenen Anspruch zurückbleibenden „Tat", zerrieben. Sie retteten sich dann notgedrungen einerseits in einen Intellektualismus des Wortes, andererseits in eine Form bloß partikulärer Konstitution, die ihre eigene (konfessionelle und regionale) Partikularität vor sich selbst verschleiern muß. Es fällt nicht schwer, diese beiden Varianten mit den Gefährdungen der beiden großen christlichen Konfessionen zu parallelisieren.

---

95 Ebda. Vgl. etwa auch die noch frühere Äußerung: „Wer nicht will, daß unser Christentum, das heute leider Gottes nur noch ein Christentum des Scheins statt der Tat ist, verloren geht, der muß Front machen gegen den, der uns unser Christentum raubt." (*Hitler*, Sämtliche Aufzeichnungen, 367 (Rede auf einer NSDAP-Versammlung, Rosenheim 21.4.1921)).

96 *Hitler*, Mein Kampf, 631.

97 *Hitler*, Mein Kampf, 632.

98 *Hitler*, Sämtliche Aufzeichnungen, 1018 (Rede auf einer Versammlung des Deutschen Kampfbundes, München 27.9.1923).

99 *Domarus*, Reden und Proklamationen, 699 (Öffentliche Rede in Regensburg am 6.6.1937)

Auf dieser implizit selbstwidersprüchlichen Basis aber ist für Hitler die Konstitution einer handlungsfähigen sozialen Organisation unter den Bedingungen der Moderne nicht möglich. Hitlers Ausweg ist ebenso schlicht wie effektiv: sein grundsätzlicher Abschied vom Universalismus eliminiert das typisch moderne Problem der Diskrepanz von universalem Anspruch und erkannter regionaler Plausibilität. „Wort“ und „Tat“, universeller Anspruch und historisch-kontingente Realität, bleiben so korrellierbar, müssen nicht in Naivität oder Zynismus über den garstigen Graben der Moderne hinweg vermittelt werden.

Die im Volksgemeinschaftsideologem vollzogene Liquidierung des Universalismus ermöglicht für Hitler erst die Konstitution einer handlungsfähigen Weltanschauungsinstitution unter den Bedingungen der pluralen Moderne. Denn sie überwindet nicht nur die tendenziell plausibilitätszerstörende Kluft von Anspruch und Wirklichkeit im Bewußtsein der einzelnen, sie gibt dem „Wort“, also der „Verkündigung“ der Weltanschauung, auch eine - scheinbar - identifizierbare soziale Basis. Wenn dies, wie bei Hitler, auch noch unter Rückgriff auf die sozialdarwinistische Interpretation biologischer Theorien geschieht und sich also mit „wissenschaftlicher“ Legitimation versehen kann[100], dann ist die Anschlußfähigkeit an die Moderne sichergestellt.

Hitlers Auseinandersetzung mit den Kirchen als den traditionellen sozialen Trägerinstitutionen von Religion, identifiziert zielstrebig deren Konstitutionsprobleme in der Moderne und entdeckt prägnant deren Stärken und Schwächen. Das Normierungs- und Konkretisierungspotential der kirchlichen Verkündigung erachtet Hitler als herausragende Leistung der kirchlichen Institutionen, deren existenzgefährdende Schwäche aber sieht Hitler zum einen in der moderneinadäquaten kognitiven Basis der kirchlichen „Weltanschauung“, zum anderen aber in jener Kluft von „Wort“ und „Tat“, wie sie sich zwischen dem (vor-modernen) universalistischen Anspruch des Christentums und der in der Moderne unvermeidlich erkennbaren regionalen Reichweite dieses Anspruchs auftut.

Beide Schwächen zusammen aber zerstören, so Hitler, unaufhaltsam die Basis der eigentlich eindrucksvollen Herrschaftstechniken und Konkretisierungs-

---

100 Vgl. *L. Poliakov*, Der arische Mythos. Zu den Quellen von Rassismus und Nationalismus, Hamburg 1993; *R. Miles*, Rassismus. Einführung in die Geschichte und Theorie eines Begriffs, Hamburg 1991; *P. Weingart/J. Kroll/K. Bayertz*, Rasse, Blut und Gene. Geschichte der Eugenik und Rassenhygiene in Deutschland, Frankfurt/M. 1988; *G. Altner*, Weltanschauliche Hintergründe der Rassenlehre des Dritten Reiches, Zürich 1968. - Daß es gerade der neuzeitlich-wissenschaftliche Diskurs war, der den Rassebegriff schuf, belegt eindrucksvoll die Arbeit von *Annette Barkhaus*, Rasse. Zur Konstruktion des Begriffs im anthropologischen Diskurs der Aufklärung. Univ. Konstanz, Phil. Fak. Diss 1993: „Der Begriff der Rasse ist Produkt des anthropologischen Diskurses am Ende des 18. Jahrunderts und in diesem Sinne ein bedeutendes Beispiel dafür, wie eine wissenschaftliche Wirklichkeitskonstruktion in die Lebenswelt eindringt und die alltägliche Wahrnehmung bestimmt. „Rasse“ wird nach dem Legitimationsverlust des zentralen, vorneuzeitlichen Deutungsmusters der Religion ... - über die wissenschaftliche Bedeutung hinaus - zu einem wichtigen neuzeitlichen Deutungsmuster sozialer Wirklichkeit.“ (267) Die „Genese des Begriffs der Rasse“ ist damit „Ausdruck neuzeitlicher Subjektivität in praktischer Hinsicht, als im anthropologischen Diskurs eine Hierarchisierung der Rassen erfolgt, die an dem Modell der europäisch-bürgerlichen Subjektivität orientiert ist.“ (265)

leistungen der kirchlichen Institutionen. Hitler erkennt, daß eine „Weltanschauungsinstitution" in der Moderne nur plausibel und handlungsfähig wird, wenn sie anschlußfähig bleibt an das Wissen der Gegenwart und nicht zwischen ihrem eigenen universalistischen Anspruch und der modern notwendig erkennbaren Regionalität zerrieben wird.

2.2. Hitler und die Religion der völkischen Bewegung: sein Widerstand gegen eine modernitätsunfähige Religion

Hitlers Ausweg aus dem modernetypischen Dilemma zwischen universalistischem Anspruch und der modern unübersehbar nur noch regionalen Reichweite dieses Anspruchs arbeitet mit der Reduktion des Universalismus auf eine völkische Entitität mit einem dann allerdings wieder universalem Herrschaftsanspruch anti-universalistischen Charakters.

Die völkische Bewegung selbst stellt nun aber bekanntlich ihrerseits eine eigene religiöse Tradition und Praxis zur Verfügung.[101] Hitler greift auffälligerweise nicht auf dieses bereitliegende Angebot einer religiösen Einbindung seines Gesellschaftsprojekts zurück, sondern verwirft von Anfang an ausdrücklich, kontinuierlich und unzweideutig die völkische Religiosität als untauglich für sein nationalsozialistisches Gesellschaftsprojekt. Dieser Sachverhalt fordert eine Erklärung, war die damit verbundene politische und theoretische Abgrenzungsarbeit doch enorm und mußte Hitler sich in ihrem Verlaufe doch von frühen Mitstreitern der völkischen Bewegung trennen, was die Dynamik seiner noch schwachen Partei gefährden mußte.[102]

---

[101] Zu nennen wäre hier etwa die „Ariosophie" des Jörg Lanz von Liebenfels oder Artur Dinters „Geistchristentum", beide von großem Einfluß auf Hitlers frühe ideologische Entwicklung. Vgl. dazu: R. *Flasche*, Vom Deutschen Kaiserreich zum Dritten Reich. Nationalreligiöse Bewegungen in der ersten Hälfte des 20. Jahrhunderts in Deutschland, in: Zeitschrift für Religionswissenschaft 1(1993) 28-49; *W. Altgeld*, Katholizismus, Protestantismus, Judentum. Über religiös begründete Gegensätze und nationalreligiöse Ideen in der Geschichte des deutschen Nationalismus, Mainz 1992; *H. Cancik*, „Neuheiden" und totaler Staat. Völkische Religion am Ende der Weimarer Republik, in: Ders. (Hrsg.), Religions- und Geistesgeschichte der Weimarer Republik, Düsseldorf 1982, 176-212 (Lit.); *E. Hieronimus*, Zur Religiosität der völkischen Bewegung, in: H. Cancik (Hrsg.), Religions- und Geistesgeschichte der Weimarer Republik, Düsseldorf 1982, 159-175; *Ders.*, Zur Frage nach dem Politischen bei völkisch-religiösen Gruppierungen, in: J. Taubes (Hrsg.), Der Fürst dieser Welt, München-Paderborn-Wien-Zürich ²1985, 316-321; das Religiöse bei den völkisch-politischen Vorläufergruppierungen des Nationalsozialismus behandelt auch: *D. Mendlewitsch*, Volk und Heil. Vordenker des Nationalsozialismus im 19. Jahrhundert, Rheda-Wiedenbrück 1988.

[102] Vgl. hierzu auch: *Scholder*, Die Kirchen und das Dritte Reich, Bd. I, 110-123 („Hitlers kirchenpolitische Grundentscheidungen 1924-1928"); R. *Bollmus*, Das Amt Rosenberg und seine Gegner. Studien zum Machtkampf im nationalsozialistischen Herrschaftssystem, Stuttgart 1970; *Zitelmann*, Hitler, 372-378. Diese Distanzierung Hitlers von Rosenberg und anderen „neuheidnischen" Propagandisten erwies sich im übrigen als erfolgreich. Selbst während des „Kirchenkampfes" in den Anfangsjahren seiner Herrschaft zeigt sich, „daß kirchenfromme Christen und Kirchenführer im Dritten Reich zwar den atheistischen Kern der nationalsozialistischen Weltanschauung und die antikirchlichen Aktivitäten der Partei vielfach scharf kritisierten und dagegen rebellierten, dabei aber Hitler in der Regel ausnahmen, in ihm noch immer den Anwalt positiven Christentums gegenüber dem gottlosen

Hitler sah sich zur Ausgrenzung der genuinen Religiositätsvariante seiner eigenen Bewegung offenkundig aus für ihn eminent triftigen Gründen gezwungen. Die Theologie der völkischen Religiosität war nämlich eines gerade nicht: anschlußfähig an die Moderne. Sein eigenes Projekt aber verstand Hitler als spezifische Variante der Moderne, es war für ihn daher unumgänglich, eine eigenständige „Theologie einer anti-pluralen Moderne" zu entwickeln.

Daß sich Hitler „in 'Mein Kampf' nachdrücklich von allen völkischen, neuheidnischen, germanischen Bewegungen (distanziert)", daß dieses Buch auf „weite Strecken hin" den Eindruck erweckt, „als sei dieses Werk vor allem gegen diese Kreise geschrieben"[103], dies notierte Friedrich Heer bereits 1968. Hitlers programmatisches Hauptwerk ist denn auch in seiner Stellungnahme zur völkischen Religiosität unzweideutig.

Bei den „sog. religiösen Reformatoren auf altgermanischer Grundlage habe ich", so Hitler, „immer die Empfindung, als seien sie von jenen Mächten geschickt, die den Wiederaufstieg unseres Volkes nicht wünschen. Führt doch ihre ganze Tätigkeit das Volk vom gemeinsamen Kampf gegen den gemeinsamen Feind, den Juden, weg, um es statt dessen seine Kräfte in ebenso unsinnigen wie unseligen inneren Religionsstreitigkeiten verzehren zu lassen. (...) Von der Weltfremdheit und besonders der Unkenntnis der Volksseele dieser völkischen Johannesse des zwanzigsten Jahrhunderts will ich dabei ganz absehen."[104] Nicht minder „gefährlich", so an anderer Stelle in Hitlers Programmschrift, seien „dabei alle diejenigen, die als Scheinvölkische sich herumtrollen, phantastische Pläne schmieden, meist auf nichts weiter gestützt als auf irgendeine fixe Idee, die an sich richtig sein könnte, allein in ihrer Isoliertheit dennoch ohne jede Bedeutung für die Bildung einer großen einheitlichen Kampfgemeinschaft und auf keinen Fall geeignet ist, eine solche aufzubauen. Diese Leute ... sind häufig gefährlicher als die offenen Feinde der völkischen Idee. Sie sind im günstigsten Fall unfruchtbare Theoretiker, meistens aber verheerende Schwadroneure, und glauben nicht selten, durch wallenden Vollbart und urgermanisches Getue die geistige und gedankliche Hohlheit ihres Handelns und Könnens maskieren zu können."[105]

Hitler geht es dabei Mitte der 20er Jahre zwar unbezweifelbar auch, aber eben nicht nur, taktisch um die Beruhigung der Gewissen möglicher christlicher Anhänger und somit um seine Vermittelbarkeit innerhalb der christlichen Kultur Deutschlands.[106] Es geht ihm auch um die Definition seines eigenen

---

Marxismus und Bolschewismus sahen und sogar dazu beitrugen, den Glauben an den angeblich religiös eingestellten Führer im Kirchenvolk zu untermauern." (*I. Kershaw*, Der Hitler-Mythos, Volksmeinung und Propaganda im Dritten Reich, Stuttgart 1980, 92).

[103] *F. Heer*, Der Glaube Adolf Hitlers, Anatomie einer politischen Religiosität, München-Eßlingen 1968, 221.

[104] *Hitler*, Mein Kampf, 397f.

[105] A.a.O., 516f.

[106] Diesen Aspekt stellt besonders *Scholder*, Die Kirchen und das Dritte Reich, Bd. I, 110-123, heraus. Zweifelsohne ist er in Rechnung zu stellen und dokumentiert er Hitlers außergewöhnlichen strategischen Weitblick. Hitler entmachtete innerhalb seiner Partei zielstrebig die Propagandisten einer germanischen Religiosität, um sie dann, so etwa Rosenberg, dosiert gegen die bestehenden Großkirchen zu funktionalisieren. Auch *P. Hoser*, Hitler und die katholische Kirche. Zwei Briefe aus dem Jahre 1927, in: Vierteljahrshefte für Zeit-

Projekts. Denn auf der Basis einer modernitätsfeindlichen, neu-heidnischen Religiosität ist dieses Projekt, wie Hitler klar sieht, nicht durchführbar. Religion ist ohne Zweifel ein wesentliches Element dieses Projekts, aber eben nicht die Religiosität jener Kreise, die dem Nationalsozialismus ein scheinbar kongeniales religiöses Angebot unterbreiten. Hitler entwickelt ein eigenes Dispositiv des Religiösen.

Seine Ablehnung der „völkischen Religiosität" ist daher ebenso eindeutig wie durchgängig. Bereits 1922 und damit noch vor „Mein Kampf" hatte Hitler im „Völkischen Beobachter" geschrieben: „*Eine Unzahl von Schwärmern tauchte auf und holte an altem Kram hervor, was in deutscher Geschichte auffindbar schien, vergessend, daß wir nicht im Jahre 600 oder 700, sondern im Jahre 1920 leben, vergessend, daß die Bedürfnisse und Erfordernisse unserer heutigen Zeit andere sein müßten als die der Zeit vor 1 ½ tausend Jahren.* Die völkische Bewegung wurde zur Brutstätte gutgesinnter, aber deshalb nur gefährlicherer Narren. Verzückte Rechtsgelehrte wühlten in mittelalterlichen Rechten herum, verschlangen Sachsen- und Schwabenspiegel und glaubten, ein ganzes Volk ohne weiteres um tausend Jahre zurückverschieben zu können. Sie fühlten nicht in ihrer inneren Weltfremdheit, daß es sich nicht um die Wiedergeburt überlebter Formen handeln könne, sondern nur um die Schöpfung eines neuen germanischen Rechtes, auf das schärfste angepaßt den wirtschaftlichen Bedingungen unserer Zeit, auf das innigste entsprechend dem Gefühl unseres Blutes, dem Instinkt unserer Rasse."[107]

Auch Rosenbergs „Mythus des 20. Jahrhunderts", für die Öffentlichkeit ein quasi parteiamtliches Werk ideologischer Grundlegung, trifft Hitlers Verdikt. „Beim Abendessen betont der Chef, daß Rosenbergs 'Mythos' nicht als ein parteiamtliches Werk angesehen werden könne. Er, der Chef, habe es seinerzeit ausdrücklich abgelehnt, diesem Buch parteipäpstlichen Charakter zu geben, da schon sein Titel schief sei. Denn man könne nicht sagen, daß man den Mythos des 20. Jahrhunderts, also etwas Mystisches, gegen die Geistesauffassungen des 19. Jahrhunderts stellen wolle, sondern müsse als Nationalsozialist sagen, daß man den Glauben und das Wissen des 20. Jahrhunderts gegen den Mythos des 19. Jahrhunderts stelle"[108] - so Hitler in einem „Tischgespräch" am 11.4.1942.[109]

---

geschichte 42(1994) 473-492, betont, daß Hitler „nach dem Wiedereintritt in die Politik die Behandlung religiöser Fragen aus taktischen Erwägungen für tabu erklärt" (483) habe. „In dieser Frage war er auch nicht bereit, Verstöße seiner Anhänger zu dulden, obwohl er ansonsten politische Fehltritte und sogar kriminelle Schwächen ohne weiteres nachsah." (ebda.) Gleichzeitig stellt Hoser fest, daß „das Verhältnis zur Kirche für Hitler (offensichtlich) ein Reizthema" gewesen sei: „Anlaß für zwanghaftes Monologisieren ohne echte Gesprächsbereitschaft" (ebda.). Gerade letzteres spricht für ein mehr als nur taktisches Interesse Hitlers.

107 *Hitler*, Sämtliche Aufzeichnungen, 551 (Völkischer Beobachter, 25.1.1922).

108 *Picker*, Hitlers Tischgespräche, 269 (11.4.1942).

109 Historisch interessant ist dann die Fortsetzung der Hitlerschen Ausführungen: „Bemerkenswert sei, daß die Hauptleserschaft dieses Rosenbergschen Werkes nicht unter den Altparteigenossen zu suchen sei. Man habe in der ersten Zeit nach dem Erscheinen sogar die größten Schwierigkeiten gehabt, um überhaupt die Erstlingsauflage absetzen zu können. Erst als das Werk in einem Hirtenbrief erwähnt worden sei, sei es gelungen, die ersten 10000 Exemplare loszuwerden. Daß der Münchner Kardinal Faulhaber so dumm gewesen sei, auf einer Bischofskonferenz Zitate aus dem 'Mythos' anzuführen und anzugreifen, habe erst die zweite Auflage ermöglicht. Als das Buch dann auf den Index gekommen sei, da

Man beachte, daß Hitler hier nicht das Wissen, sondern *Glauben* und Wissen gegen den Mythos stellt.

Hitler betont durchgängig die Unvereinbarkeit neuheidnischer „völkischer" Religiosität mit dem nationalsozialistischen Projekt. Er begründet dies vor allem mit der mangelnden Anschlußfähigkeit dieser Form von Religion an die Moderne auf Grund ihrer theoretischen Unhaltbarkeit. „Der *Nationalsozialismus* ist eine kühle *Wirklichkeitslehre* schärfster wissenschaftlicher Erkenntnisse und ihrer gedanklichen Ausprägung. Indem wir für diese Lehre das Herz unseres Volkes erschlossen haben und erschließen, wünschen wir nicht, es mit einem Mystizismus zu erfüllen, der außerhalb des Zweckes und Zieles unserer Lehre liegt." „Das Einschleichen mystisch veranlagter, okkulter Jenseitsforscher darf ... in der Bewegung *nicht geduldet* werden. Sie sind nicht Nationalsozialisten, sondern irgend etwas anderes, auf jeden Fall aber etwas, was mit uns nichts zu tun hat."[110]

Hitlers Ablehnung geht schließlich sogar soweit, daß er dem Nationalsozialismus gegen alle inszenatorische Realität und gegen eigene Bekundungen im kleineren Kreis[111] öffentlich jeglichen Kult- und Kirchencharakter abspricht. Offenkundig ist es Hitler ungemein wichtig, das nationalsozialistische Projekt gerade in der Öffentlichkeit sowohl von den traditionellen religionsverwaltenden Institutionen wie von den „neu-heidnischen" Strömungen der eigenen völkischen Bewegung zu distanzieren. Diese Distanz rührt aus dem Abgrenzungsbedürfnis eines alternativen religionsintegrierenden und theologiegeladenen Projekts, nicht aber aus dessen eigener Religions- und Theologielosigkeit.

„Vor allem ist der Nationalsozialismus in seiner Organisation wohl eine Volksbewegung, aber unter keinen Umständen eine Kultbewegung. (...) Denn der Nationalsozialismus ist eben keine kultische Bewegung, sondern eine aus ausschließlich rassischen Erkenntnissen erwachsene völkisch-politische Lehre. In ihrem Sinne liegt kein mystischer Kult, sondern die Pflege und Führung des blutbestimmten Volkes. - Wir haben daher auch keine Kulträume, sondern ausschließlich Volkshallen, auch keine Kultplätze, sondern Versammlungs- und Aufmarschplätze. Wir haben keine Kultheime, sondern Sportarenen und Spielwiesen. Und

---

man eine Häresie der Partei unterstellt habe, sei die Nachfrage nach dem Buch weiter gestiegen. Und als dann von der Katholischen Kirche all' die Kampfschriften gegen die Rosenberg'schen Gedankengänge mit all' ihren Erwiderungen herausgekommen seien, sei die Auflagenziffer auf 170000 beziehungsweise 200000 hinaufgeklettert. Er, der Chef, freue sich immer, wenn er feststellen müsse, daß eigentlich nur unsere Gegner in dem Buch richtig Bescheid wüßten. Ebenso wie viele Gauleiter habe auch er es nämlich nur zu einem geringen Teil gelesen, da es seines Erachtens auch zu schwer verständlich geschrieben sei" (a.a.O., 269f).

110 *A. Hitler*, Ausgewählte Reden des Führers 1938, Sonderausgabe für die Wehrmacht, München 1938, 29 (Die Proklamation des Führers auf dem Parteitag, 6.9.1938).

111 Vgl. etwa eine Notiz von Goebbels in seinem Tagebuch: vom 7.3.33: „Gautag. (..) Ergreifender Augenblick. Hitler sprach 3 Stunden. Über fernere Zukunft. Sonst wird gegründet (Entzifferung unsicher R.B.). Scharf gegen die Kirchen. Wir werden selbst eine Kirche werden." (*E. Fröhlich* (Hrsg.), Die Tagebücher von Joseph Goebbels. Sämtliche Fragmente, Teil I: Aufzeichnungen 1924-1930, 4 Bde., München-New York-London-Paris 1987; hier Bd. II, 455). Goebbels bezieht sich auf eine Rede Hitlers am 5.3. vor den Reichs- und Gauleitern der NSDAP. Der Text dieser Rede ist bislang unbekannt. Zu dieser Rede und ihrem Stellenwert in Hitlers Kirchenpolitik siehe: *Siegele-Wenschkewitz*, Nationalsozialismus und Kirchen, 127-131.

das Charakteristische unserer Versammlungsräume ist nicht das mystische Dunkel einer Kultstätte, sondern die Helligkeit und das Licht eines ebenso schönen wie zweckmäßigen Saal- oder Hallenbaus."[112]

In der eben zitierten Rede aus dem Jahre 1938 wird Hitlers begriffspolitisches Vorgehen erkennbar. Im selben Atemzug, in dem Hitler den Nationalsozialismus massiv von Kult und Kirche abrückt, versucht er, klassische Begriffe aus Kult und Kirche neu und nationalsozialistisch zu füllen. Die Differenz der Merkmale dieser Begriffe im Christentum, aber auch in der „neu-heidnischen" Religiosität zu jenem Sinn, der ihnen von Hitler gegeben wird, wird von Hitler dabei bezeichnenderweise mit der aufklärerischen Lichtmetapher umschrieben. Es geht nicht um Religion oder Nicht-Religion, um Aufklärung oder Obskurantismus, sondern um aufgeklärte Religion, um Handeln, wie es bei Hitler dann schließlich heißt, „vor dem offenen Antlitz des Herren".

„An der Spitze unseres Programms steht nicht das geheimnisvolle Ahnen, sondern das *klare Erkennen* und damit das *offene Bekenntnis.* Indem wir aber in den Mittelpunkt dieser Erkenntnis und dieses Bekenntnisses die Erhaltung und damit Fortsicherung eines von Gott geschaffenen Wesens stellen, dienen wir damit der *Erhaltung eines göttlichen Werkes* und damit der Erfüllung eines göttlichen Willens, und zwar nicht im geheimnisvollen Dämmerschein einer neuen Kultstätte, sondern vor dem offenen Antlitz des Herren. Es gab Zeitalter, in denen das Halbdunkel die Voraussetzung für die Wirksamkeit bestimmter Lehren war, und es gibt heute ein Zeitalter, in dem das *Licht* die Grundbedingung für unser erfolgreiches Handeln ist. (...) Unser Kult heißt ausschließlich: Pflege des *Natürlichen* und damit auch des *göttlich Gewollten.* Unsere Demut ist die bedingungslose Verbeugung vor den uns Menschen bekannt werdenden göttlichen Gesetzen des Daseins und ihre Respektierung. Unser Gebet heißt: Tapfere Erfüllung der sich daraus ergebenden Pflichten. Für kultische Handlungen aber sind wir nicht zuständig, sondern die *Kirchen*! Wenn jemand jedoch glauben sollte, daß ihm diese unsere Aufgaben nicht genügen oder schlecht entsprechen könnten, dann muß er unter Beweis stellen, daß sich seiner Gott bedienen will, um es besser zu machen."[113] Für Hitler ist so der letzte und einzig ihn überzeugende Nachweis der Legitimität seines politischen Projekts der Aufweis ihrer göttlichen Legitimation!

Hitlers religiös-politisches Dispositiv akzeptiert die Moderne in ihren wissenschaftsbasierten kognitiven Strukturen. Es fordert eine Religiosität, die vereinbar ist mit der Wissenschaftskultur der Moderne. Weder das Christentum noch die völkische Religiosität leisten dies in Hitlers Augen. Sie sind daher überholt und bloß antiquarisch noch von Interesse. Fast scheint es, als ob Hitler ein nur noch instrumentelles Interesse an Religion hätte und sie auf ihre gesellschaftliche und politische Funktion reduzieren würde. „Die Religion", so seine Überlegungen in kleinem Kreis, „war primär eine Unterstützung des Baues einer menschlichen Gesellschaft, war Zweck, nicht Selbstzweck! (...) Der sanitäre Gehalt fast aller Religionen war eine ungemeine Hilfe für die Bildung

---

112 *Hitler*, Ausgewählte Reden des Führers 1938, 29 (Die Proklamation des Führers auf dem Parteitag, 6.9.1938).

113 A.a.O., 29f.

eines Staates. (...) Das Ganze ein Weg zur Bildung menschlicher Gesellschaftsorganismen, ohne welchen die Völker ihre heutige Gestalt nicht erhalten hätten.[114]

Doch selbst an dieser Stelle wird eine zweite, über die bloße Funktionalisierung von Religion hinausgehende Ebene sichtbar. Religion ist für Hitler mehr als Fiktion, mehr auch als nützliches Mittel zur Gesellschaftsintegration und Staatsbildung: sie ist „Ehrfurcht vor dem Unerkennbaren". Dieses „Unerkennbare" denkt sich Hitler nun in verschiedener Weise durch den Menschen thematisiert und erfaßt, jeweils abhängig vom erreichten individuellen Erkenntnisniveau. Den Königsweg zur Erkenntnis des „Unerkennbaren" nennt Hitler „Verinnerlichung". Diese „kann stattfinden bewußt im Wege der Versenkung in die Natur oder durch Studium der Geschichte; dazu ist indes immer nur ein Teil befähigt, welcher darüber von Ehrfurcht erfaßt wird vor dem Unerkennbaren und darin seine metaphysische Befriedigung erfährt."[115]

Unterhalb dieses Weges der Aufgeklärten verläuft der Weg der Schlichten. Denn der „kleine Mensch hat das Bedürfnis nach dem Metaphysischen auch, doch kann es bei ihm nur befriedigt werden durch eine Verinnerlichung, die sich abhebt von diesem Weg. (...) Der einfache Mensch klammert sich empfindungsmäßig an eine überirdische Hilfe."[116] Für die „breite(.) Masse ist der Begriff der Gottheit" eben „nur eine Substantiierung".[117] Wohl also mag der Weg des „kleinen Mannes" defizitär sein, Trug, Täuschung oder Illusion ist er nicht. Hitlers „Aufklärung" über die Religion betreibt nicht Entlarvung jeder Religion, sondern Analyse unvollkommener Religion. Unvollkommen aber ist sie für Hitler als christliche - für ihn der „Gipfel aller Torheit, da dessen „Gebäude" am Wissen der Gegenwart „gänzlich zerbrechen"[118] werde - fast noch mehr aber als „völkische": es erschien Hitler als „unsagbar töricht, einen Wotanskult wieder erstehen zu lassen. Unsere alte Götter-Mythologie war überholt, war nicht mehr lebensfähig, als das Christentum kam. Es verschwindet immer nur, was reif ist unterzugehen!"[119]

Ganz und gar falsch sei es daher, die Kirchen durch eine völkische Religion ablösen zu wollen. Wer dies tun wolle, möge es jedenfalls jenseits der Politik tun: denn gerade hierzu tauge die völkische Religion nicht. „Glaubst du dich vom Schicksal ausersehen, hier die Wahrheit zu verkünden", so Hitler in „Mein Kampf" an die Propagandisten einer neu-heidnischen Religion, „dann tue es; aber habe dann auch den Mut, dies nicht über den Umweg einer politischen Partei tun zu wollen ..., sondern stelle eben an Stelle des Schlechteren von Jetzt dein Besseres der Zukunft auf. Fehlt es dir hier an Mut, oder ist dein Besseres selber nicht ganz klar, dann lasse die Finger davon; auf alle Fälle aber versuche

114 *Hitler*, Monologe, 83f (14.10.41).
115 A.a.O., 84.
116 Ebda.
117 A.a.O., 85.
118 A.a.O., 84.
119 Ebda.

nicht, was du mit offenem Visier nicht zu tun dir getraust, über den Umweg einer politischen Bewegung zu erschleichen."[120]

War Hitlers Auseinandersetzung mit den christlichen Kirchen eine formale Analyse ihrer Konstitutionsprinzipien bei gleichzeitig massiver inhaltlicher Kritik einer im Ganzen modernitätsinkompatiblen Institutionalisierung des Religiösen, so ist seine Kritik der „völkischen Religiosität" Kritik einer in *allen* ihren Komponenten modernitätsfeindlichen Religion. Sie zeigt sich für Hitler vor der wissenschaftlichen Vernunft der Moderne als inhaltlich noch abstruser als das Christentum, besitzt, wie Hitler meint, zudem auch kein dem Christentum vergleichbares Wissen um die sozialen Konstitutions- und Institutionalisierungsprozesse von Religion. Dies zeigt sich für Hitler alleine schon in ihrer atomisierenden und zersplitternden Wirkung. Daher ist sie für Hitler auch gänzlich ungeeignet, als religiöse Komponente des nationalsozialistischen Projekts zu fungieren.

2.3. Hitlers Diskurs: der theologische Rahmen einer nicht-pluralen Modernisierung

2.3.1. Die Problemkonstellation

Hitlers nationalsozialistische „Theologie einer anti-pluralen Moderne" greift nicht auf das traditionelle kirchliche Dispositiv zurück, zuletzt da in ihm die typisch moderne Spannung von universalem Anspruch und erkennbarer Partialität nicht gelöst erscheint und deshalb dieser Widerspruch, so Hitlers These, auf die Dauer plausibilitätszerstörend wirken muß.[121] Aber auch das ideologisch auf den ersten Blick so naheliegende Konzept einer neu-heidnischen Religiosität wird von Hitler zurückgewiesen. Zu offenkundig ist es intellektuell nicht anschlußfähig an die zeitgenössische Wissenschaft - eine Anschlußfähigkeit, welche die christliche Theologie den Kirchen zumindest bis an die Schwelle der Moderne sichern konnte. Die bisherigen Analysen von Hitlers Einstellung zu den vor-modernen Institutionen der Religion einerseits und zur zeitgenössischen „völkischen" Religiosität andererseits ergaben ex negativo Abgrenzungslinien für eine eigenständige religiöse Fundierung des Hitlerschen Projekts. Nun gilt es, die interne Struktur der von Hitler entworfenen religiösen Fundierung des Nationalsozialismus aufzuweisen.

Daß zur nationalsozialistischen Herrschaftstechnik konstitutiv kultische Inszenierungen auf den verschiedensten Ebenen und in den verschiedensten Varianten gehörten, wurde früh erkannt und wird bis heute detaillierten Analy-

---

120 *Hitler*, Mein Kampf, 126f.

121 Vgl. etwa eine Bemerkung Hitlers vom 24.10.1941, wo er die reale Pluralität und Historizität der Religionen gegen ihren Wahrheitsanspruch ins Feld führt: „Bei den zweieinviertel Milliarden Menschen auf der Erde finden wir 170 größere Glaubensbekenntnisse, von denen jedes behauptet, die allein richtige Vorstellung vom Jenseits zu besitzen. 169 davon müssen im Unrecht sein, denn nur eines kann recht haben. Von den Religionen, die wir heute haben, ist dabei keine älter als höchstens 2500 Jahre." (*Hitler*, Monologe, 105)

sen unterzogen.[122] Bereits Zeitgenossen begriffen den Nationalsozialismus zuallererst als „Politische Religion“[123], versuchten ihn somit primär von einer religionswissenschaftlichen Perspektive her zu verstehen.

Demgegenüber soll hier der Nationalsozialismus weiterhin vor allem als ein Projekt Hitlers untersucht werden. Als solches aber ist er analysierbar als ein spezifischer Diskurs, der in Reflexion und Projektierung ein umfassendes politisch-religiöses Konzept formuliert.

Es wird näherhin im folgenden der Versuch unternommen werden, diesen Hitlerschen Diskurs als genuine und durchaus eigenständige Theologie zu be-

---

122 Vgl. etwa: *Y. Karow*, Deutsches Opfer. Kultische Selbstauslöschung auf den Reichsparteitagen der NSDAP, Berlin 1997; *Dies.*, Zur Konstruktion und Funktion nationalsozialistischer Mythenbildung, in: Zeitschrift für Religionswissenschaft 2(1994) 145-160; *S. Behrenbeck,* Der Kult um die toten Helden. Nationalsozialistische Mythen, Riten und Symbole 1923-1945, Vierow/Greifswald 1996; *B. Ogan/W. Weiss* (Hrsg.), Faszination und Gewalt. Zur politischen Ästhetik des Nationalsozialismus, Nürnberg 1992; *F. Dröge/M. Müller*, Die Macht der Schönheit. Avantgarde und Faschismus oder die Geburt der Massenkultur, Hamburg 1995; *C.-E. Bärsch*, Das Erhabene und der Nationalsozialismus, in: Merkur 43(1989) 777-790; *H. Becker*, „Liturgie“ im Dienst der Macht. Nationalsozialistischer Totenkult als säkularisierte christliche Paschafeier, in: Universität im Rathaus, Bd. II, Mainz o.J. (1982), 56-86. Aus der älteren Literatur siehe: *H.-J. Gamm*, Der braune Kult. Das Dritte Reich und seine Ersatzreligion, Hamburg 1962; *K. Vondung*, Magie und Manipulation. Ideologischer Kult und politische Religion des Nationalsozialismus, Göttingen 1971. Eher populär: *Reichelt*, Das Braune Evangelium; *P. Reichel*, Der schöne Schein des Dritten Reiches. Faszination und Gewalt des Faschismus, München 1991; Zum „Hitler-Mythos“: *I. Kershaw*, Der Hitler-Mythos. Volksmeinung und Propaganda im Dritten Reich, Stuttgart 1980; *P. Zürn*, Hitler als „Erlöser“ in faschistischen Kinder- und Jugendbüchern, in: Neue Sammlung 31(1991) 203-210.

123 So etwa bereits 1938 *E. Voegelin*, Die politischen Religionen, Stockholm 1939 (Erstausgabe Wien 1938), wo es einleitend heißt: „Von politischen Religionen zu sprechen und die Bewegungen unserer Zeit nicht nur als politische, sondern auch und vor allem, als religiöse zu deuten, versteht sich heute noch nicht von selbst, obwohl die Tatbestände den aufmerksamen Beobachter zu dieser Rede zwingen“ (11). Parallele zeitgenössische Stellungnahmen bei *H. Cancik*, Wir sind jetzt eins, 13-19. Die Diskussion der Problematik kommt neu in Gang. Siehe jetzt die Ergebnisbände zweier Symposien: *M. Ley* (Hrsg.), Der Nationalsozialismus als politische Religion, Bodenheim 1997, sowie *H. Maier* (Hrsg.), „Totalitarismus“ und „politische Religionen“. Konzepte des Diktaturvergleichs, Paderborn 1996. Ältere Diskussionsbeiträge: *R. Zinnhobler*, Nationalsozialismus als Religion, in: Theologisch-praktische Quartalschrift 127(1979) 139-149; *J.-P. Sironneau*, Sécularisation et religions politiques, Den Haag-Paris-New York 1982, (262-354: Le national-socialisme); *R. Pois*, National socialism and the religion of nature, London-Sydney 1986, beschreibt die nationalsozialistische Religion als „a view of humankind as part and parcel of nature“, „which allowed for a fusion of idealism and pragmatism absolutely singular in its nature and effectiveness“ (VII). Innerhalb der Kirchen wurde die religiöse Valenz des Nationalsozialismus in der Nachkriegszeit in signifikant verschobener Weise wahrgenommen. Zentrale Interpretationskategorie war hierfür der Begriff des „Abfalls“. So schreibt etwa der protestantische Theologe *Walter Künneth* 1947 in seinem Werk „Der große Abfall. Eine geschichtstheologische Untersuchung der Begegnung zwischen Nationalsozialismus und Christentum“, Hamburg 1947, die „Besinnung auf die religiöse Substanz des Nationalsozialismus“ habe „zu dem Ergebnis geführt“, daß das eigentliche Wesen dieses Phänomens unter dem Begriff des 'Abfalls' zu verstehen ist“, ein Abfall, der näherhin „die Abkehr von der christlichen Offenbarungsbotschaft und damit den Grund für den religiös-geistigen Zerfall des Abendlandes“ (300) bedeute. Entsprechende Deutungsmuster, die den Nationalsozialismus als Scheitern der Moderne und Folge der hypriden Selbstüberschätzung der Menschheit interpretierten, herrschten auch im Katholizismus vor. Vgl. hierzu auch: *V. Bücker*, Die Schulddiskussion im deutschen Katholizismus nach 1945, Bochum 1989.

greifen und in ihren wesentlichen Elementen zu analysieren. Dieser Versuch hat somit zu erweisen, daß theologische Begriffe im Projekt Hitlers nicht nur eine marginale und arbiträre, sondern eine zentrale und konstitutive Rolle einnehmen.

Daß Hitlers Rhetorik[124] zentral mit Stilelementen der religiösen Sprache[125] und mit theologischer Begrifflichkeit arbeitete, wurde stets notiert. Kenneth Burke konstatierte bereits 1939 in seinem brillanten Essay über „Die Rhetorik in Hitlers 'Mein Kampf',,: „Hitlers Denkschemata sind nichts anderes als pervertierte oder karikierte Formen religiösen Denkens".[126] Burke erkannte etwa in Hitlers rhetorischer Personalisierung gesellschaftlicher Konflikte ein typisch „theologisches Denkschema".[127] Generell habe Hitler „deshalb so große Wirkung" erzielt, „weil er sich auf eine Bastardisierung ursprünglich theologischer Denkschemata stützt".[128]

Vor allem aber Friedrich Heer wies dann die Herkunft der theologischen Versatzstücke des Hitlerschen Diskurses im einzelnen nach.[129] Auch wurde der chiliastische Hintergrund der theologischen Begriffe Hitlers, wie er etwa schon

---

[124] Zur Rhetorik Hitlers vgl.: *K. Burke*, Die Rhetorik in Hitlers „Mein Kampf" und andere Essays zur Strategie der Überredung, Frankfurt/M. ³1973 (Titelessay 1939 entstanden); *D. Grieswelle*, Propaganda der Friedlosigkeit. Eine Studie zu Hitlers Rhetorik 1920-1933, Stuttgart 1972 (speziell 43-63: „Die Predigt eines politischen Glaubens"). Grieswelle „gelangt zu dem Ergebnis ..., daß sich die Rhetorik Hitlers am besten als die Predigt einer *politischen Religion* deuten läßt" (183). Vgl. auch: *Ders.*, Rhetorik und Politik, München 1978 (speziell 105-134: „Rhetorik politischer Religionen").

[125] Die exemplarische religionswissenschaftliche Analyse einer Hitler-Rede liegt vor bei: *Cancik*, „Wir sind jetzt eins", 13-48 (Lit.). Vgl. etwa auch den Schluß einer vom Rundfunk in ganz Deutschland übertragenen Rede vom 10.2.1933 im Berliner Sportpalast: *Domarus*, Reden und Proklamationen, 208 (Text zitiert auf Seite 140) oder die „Erklärung des Kanzlers" zum 1.5.1933: „Wir bitten nicht den Allmächtigen Herrn: Mach' uns doch frei! Wir wollen tätig sein, arbeiten, uns brüderlich vertragen, miteinander ringen, auf daß einmal die Stunde kommt, da wir vor ihn hintreten können und ihn bitten dürfen: Herr, du siehst, wir haben uns geändert. Das deutsche Volk ist nicht mehr das Volk der Ehrlosigkeit, der Schuld, der Selbstzerfleischung, der Kleinmütigkeit und Kleingläubigkeit, nein, Herr, das deutsche Volk ist wieder stark geworden, in seinem Geist stark, in seinem Willen stark, in seiner Beharrlichkeit, stark im Ertragen aller Opfer. Herr, wir lassen nicht von dir! Nun segne unsern Kampf um unsere Freiheit und damit unser deutsches Volk und Vaterland." (*A. Hitler*, Das Recht der Deutschen Arbeit. Adolf Hitler und Staatsrat Dr. Ley zum Recht der Arbeit. Zusammengestellt von Dr. Karl Sell, München 1933, 9). Vgl. dazu: *M. Ach/C. Pentrop*, Hitlers „Religion". Pseudoreligiöse Elemente im nationalsozialistischen Sprachgebrauch, o. O. 1977.

[126] *Burke*, Die Rhetorik in Hitlers „Mein Kampf", 14.

[127] A.a.O., 20.

[128] A.a.O., 33. Von den nationalsozialistischen Propagandisten wurde im übrigen auch die *mediale Form* der Verbreitung Hitlerscher Reden mit theologischen Begriffen erfaßt: „Was das Gebäude der Kirche für die Religion, das wird der Rundfunk für den Kult des neuen Staates sein". Der Rundfunk sei „nun nicht länger im physikalisch-technischen Sinne, sondern endlich im geistigen Sinne 'Sendung'. Jeder Funkschaffende ist Träger nationalsozialistischer Sendung, ein Propagandist und Apostel der Idee", so Eugen Hadamovsky, „Reichssendeleiter" von 1933-1942 (zitiert nach: *C. Schmölders*, Die Stimme des Bösen. Zur Klanggestalt des Dritten Reiches, in: Merkur 51(1997), 681-693, 683.)

[129] Neben *Heer*, Der Glaube des Adolf Hitler, siehe auch: *Ders.*, Gottes erste Liebe. 2000 Jahre Judentum und Christentum. Genesis des östereichischen Katholiken Adolf Hitler, München-Esslingen 1967. Für Goebbels liegt eine instruktive Untersuchung vor mit: *C.-E. Bärsch*, Erlösung und Vernichtung. Dr. phil. Goebbels. Zur Psyche und Ideologie eines jungen Nationalsozialisten, München 1987.

im, von Hitler allerdings mißtrauisch betrachteten, Terminus „Drittes Reich" zum Ausdruck kommt, analysiert[130]. Hitlers Szientismus allerdings läßt es geraten erscheinen, gerade diesen chiliastischen Einfluß auf Hitler nicht zu überschätzen; Hitler benutzte denn auch etwa den Terminus „Drittes Reich" nach der Machtergreifung offenkundig gerade wegen dessen „schwärmerischen" Implikationen nicht mehr.[131]

Bei aller Befassung mit Hitlers Rhetorik: stets wurde die unübersehbare theologische Komponente des Hitlerschen Diskurses als genau dieses nur genommen: als rhetorische Strategie. Doch Hitlers theologische Begriffe formulieren tragende Prinzipien seines Denkens und seines politischen Projekts.

Die exemplarische Analyse der Begriffe „Vorsehung", „Gott" sowie „Glaube" mag dies erweisen. Sie sollen in einem ersten Schritt beispielhaft untersucht und dabei auf ihre konstitutive Funktion in Hitlers Diskurs hin erörtert werden. In einem zweiten Schritt wird es darum gehen, in Rückblick und Abgrenzung zu Hitlers Auseinandersetzung mit den Kirchen und der völkischen Religiosität, noch einmal einen Gesamtblick auf die Struktur der Hitlerschen Theologie zu werfen.

Eine Durchsicht der Hitlerschen Texte ergibt als ersten Befund: Hitlers Diskurs ist durchgängig *in allen Phasen* seiner politischen Biographie mit theologischen Begriffen durchsetzt. So können und sollen denn auch im folgenden, wie auch schon bisher, Beispiele aus jeweils unterschiedlichen Phasen des Hitlerschen Wirkens exemplarisch angeführt werden.

2.3.2. „Vorsehung" als Legitimation

Sicherlich am auffälligsten ist Hitlers exzessive Verwendung des Vorsehungsbegriffs.[132] Kaum eine von Hitlers öffentlichen Reden nach 1933 verzichtet auf

---

130 Zur Karriere des chiliastisch aufgeladenen Terminus „Drittes Reich" in den 20er Jahren einschließlich seiner Vorläufer in der Geschichtsphilosophie des 19. Jahrhunderts siehe: R. P. *Sieferle*, Die Konservative Revolution und das „Dritte Reich", in: D. Harth/J. Assmann (Hrsg.), Revolution und Mythos, Frankfurt/M. 1992, 178-205; K. *Vondung*, Apokalypse in Deutschland, München 1988; R. *Maurer*, Chiliasmus und Gesellschaftsreligion. Thesen zur politischen Theologie, in: J. Taubes (Hrsg.), Der Fürst dieser Welt, München-Paderborn-Wien-Zürich ²1985, 117-135; R. *J. M. Rhodes*, The Hitler Movement. A Modern Millenarian Movement, Stanford 1980; *W. Mühlmann* (Hrsg.), Chiliasmus und Nativismus. Studien zur Psychologie, Soziologie und historischen Kasuistik der Umsturzbewegungen, Berlin ²1964; *N. Cohn*, Das Ringen um das Tausendjährige Reich. Revolutionärer Messianismus im Mittelalter und sein Fortleben in den modernen totalitären Bewegungen, Bern-München 1961.

131 *Sieferle*, Die Konservative Revolution und das „Dritte Reich", 201, weist darauf hin, daß Hitler den Gebrauch dieses Begriffs 1939 - allerdings vergeblich - untersagte: diese Variante einer letztlich eben doch christlichen Geschichtstheologie wollte sich Hitler nicht zu eigen machen, wie sich Hitler ja generell von der „Mystik" der „Konservativen Revolution" distanzierte.

132 Zur Diskussion des Vorsehungsbegriffs in der gegenwärtigen katholischen Theologie siehe: *Schneider/Ullrich*, Vorsehung und Handeln Gottes; eine Rehabilitation des Vorsehungsbegriffs versucht jetzt: R. *Kocher*, Herausgeforderter Vorsehungsglaube. Die Lehre von der Vorsehung im Horizont der gegenwärtigen Theologie, St. Ottilien 1993: die materialreiche

diese geschichtstheologische Kategorie, auf die Einordnung des eigenen Projekts also in einen noch relativ unbestimmt bleibenden, gerade deswegen aber rhetorisch um so wirksameren eschatologischen Hintergrund.

Aber es geht um mehr als Rhetorik. Schon in einer Parteirede am 30.10.1923 gipfelt Hitlers Kritik an den demokratischen Politikern ausgerechnet im Verdikt, „keiner" von ihnen sei „von einer höheren Vorsehung bestimmt", sie seien vielmehr allesamt nur „Produkte parlamentarischer Zweckmäßigkeit."[133] Die Nichtanwendbarkeit des Vorsehungsbegriffs auf eine konkrete politische Obrigkeit scheint für Hitler geradezu paradigmatisch für deren Illegitimität zu stehen. Noch scheut Hitler zu diesem Zeitpunkt davor zurück, den Vorsehungsbegriff direkt auf sein eigenes nationalsozialistisches Projekt anzuwenden.[134] In noch zurückhaltenden, aber doch schon theologisch grundierten Kategorien erscheint der Nationalsozialismus Hitler vielmehr als ein „Wunder in der Zeit des Niedergangs", als eine „Millionenarmee ... von gläubigen Deutschen", die zu Deutschlands Erlösung angetreten sei. „Unsere Bewegung, die Millionen einen neuen Glauben gab, hat ihnen auch die Erfüllung zu geben."[135]

In „Mein Kampf" wird diese Zurückhaltung in der Anwendung des Vorsehungsbegriffs auf die eigene Biographie aufgegeben. Hitler ist jetzt „jener Vorsehung (dankbar)", welche ihn in die „Schule" der Wiener Elendszeit „gehen ließ"[136], und mit Bezug auf die ungenügenden Propagandaleistungen der Frühzeit der Bewegung „quälte" Hitler „der Gedanke", daß „dem Schicksal der Kampf anders angesagt worden wäre", wenn „mich die Vorsehung an die Stelle" dieser „unfähigen oder verbrecherischen Nichtskönner oder Nichtwoller ... gestellt hätte".[137] In dieser frühen unmittelbaren Anwendung des Vorsehungsbegriffs auf die eigene Biographie bleibt dieser allerdings immer noch merkwürdig funktionsarm und wird er letztlich nur im Sinne eines „höheren Zufalls" eingeführt. Direkte Legitimationsfunktion mit Bezug auf das eigene Projekt und die eigene Person kommt ihm offenkundig noch nicht zu.

Noch ist der „Vorsehungsbegriff" für Hitler eine eher allgemeine Legitimationskategorie für rechtmäßig Gehorsam fordernde gesellschaftliche Institutionen überhaupt. „Der Staat", so Hitler, sei „nicht eine Zusammenfassung wirtschaftlicher Kontrahenten in einem bestimmt umgrenzten Lebensraum zur Erfüllung wirtschaftlicher Aufgaben, sondern die Organisation einer Gemein-

---

Arbeit ist wegen ihrer allzu apologetischen und entproblematisierenden Perspektive allerdings nicht recht weiterführend.

133 *Hitler*, Sämtliche Aufzeichnungen, 1049 (Rede auf einer NSDAP-Versammlung, München 30.10.1923).

134 Wie Hitler generell sich in der Frühzeit der Bewegung zuerst nur als „Trommler" eines Größeren sah. Vgl.: *A. Tyrell*, Vom „Trommler" zum „Führer". Der Wandel von Hitlers Selbstverständnis zwischen 1919 und 1924 und die Entwicklung der NSDAP, München 1975.

135 *Hitler*, Sämtliche Aufzeichnungen, 1050 (Rede auf einer NSDAP-Versammlung, München 30.10.1923).

136 *Hitler*, Mein Kampf, 29. Zu Hitlers Wiener Zeit und die dort erfahrenen, vielfach bestimmenden Prägungen liegt jetzt die detaillierte Untersuchung von *B. Hamann*, Hitlers Wien. Lehrjahre eines Diktators, München 1996, vor.

137 A.a.O., 206.

schaft physisch und seelisch gleicher Lebewesen zur besseren Ermöglichung und Forterhaltung ihrer Art sowie der Erreichung des dieser von der Vorsehung vorgezeichneten Zieles ihres Daseins."[138] Hier dient der Vorsehungsbegriff deutlich als Begründungskategorie der Staatsziele eines „wirklichen Staates". Der Friedensvertrag von Versailles ist dann in diesem Konzept folgerichtig „nicht etwas von der Vorsehung uns Aufgebürdetes oder Aufgeladenes", er ist „ein Menschenwerk, für das selbstverständlich auch wieder Menschen mit ihren Vorzügen oder mit ihren Fehlern verantwortlich gemacht werden müssen"[139], so Hitler dann 1932 vor dem Düsseldorfer Industrieclub. Deutlich wird dabei: in „Mein Kampf" wird der Vorsehungsbegriff zwar zu einer nicht weiter selbst begründungspflichtigen Begründungsgröße, doch Hitler benutzt sie nur sehr zurückhaltend, bezieht sie nur indirekt auf die eigene Person.

Dies ändert sich signifikant mit dem Sieg des Nationalsozialismus über die Weimarer Demokratie. Nach 1933 greift Hitler immer massiver und unbedenklicher auf die Vorsehungskategorie zurück. Um die Beseitigung des demokratischen „Systems" zu legitimieren, rückt er die nationalsozialistische „Machtergreifung" mit dem Vorsehungsbegriff in theologische Zusammenhänge jenseits des bloßen „Menschenwerks" ein. Gerade die Schwere und zeitweise Aussichtslosigkeit des nationalsozialistischen Kampfes wird dabei zum Erweis der providentiellen Notwendigkeit des Sieges des nationalsozialistischen Projekts.

In seiner berühmten programmatischen Rede vor dem Reichstag am „Tag von Potsdam" (21.3.1933), dessen Inszenation der Inauguration des „Staatsmannes" Hitlers, seiner Selbsteinreihung in die deutsche Geschichte diente[140], ist es die „Vorsehung", die Hindenburg „Schirmherr sein (läßt) über die neue Erhebung unseres Volkes".[141] Bei Hindenburgs Tod bekennt Hitler denn auch dem deutschen Volk am Radio: „Ich habe in den letzten anderhalb Jahren oft und oft der Vorsehung gedankt, daß nach ihrer Fügung die nationalsozialistische Bewegung durch meine Person noch den Treueid in die Hände dieses wahren Vaters der Nation ablegen durfte".[142] Hitlers Theologie glaubt zu wissen, „daß alle menschliche Arbeit am Ende vergeblich sein wird, wenn nicht der Segen der Vorsehung dazu kommt. Wir gehören nicht zu jenen, die sich einfach auf das Jenseits verlassen. Nein, wir wollen arbeiten, wir wollen tätig sein, wir wollen ringen, ringen um unser Volk, ringen um die Lösung unserer Probleme und unserer Aufgaben, und wir wissen, daß wir dabei Schwierigkeiten über Schwierigkeiten zu überwinden haben. Es wird uns nichts geschenkt."[143]

Erst nach der Machtergreifung wagt es Hitler, sich im Gelingen seiner Politik direkt auf den Beistand Gottes zu berufen. „Gott kann mein Zeuge sein: Diese Arbeit hat kein anderes Ziel, als Deutschland wieder frei und glücklich

---

138 A.a.O., 164f.

139 *Hitler*, Reden, Schriften und Anordnungen, Bd. IV/3: Januar 1932 - März 1932, 75 (Rede vom 26.1.1932).

140 Vgl. dazu: *K. Scheel*, Der Tag von Potsdam, Berlin 1996.

141 A.a.O., 228.

142 A.a.O., 441 (Rundfunkrede 17.8.1934).

143 *Hitler*, Das Recht der Deutschen Arbeit, 8 (Erklärung des Kanzlers zum 1.5.1933).

zu machen."[144] Und selbst die Mühen und Rückschläge im Kampf um die Macht werden theologisch integriert. Hitler spricht von der „Ahnung, daß die Hand des Herren uns schlagen mußte, um uns reif zu machen für dieses größte innere Glück, das es geben kann, das Glück des gegenseitigen Verstehens im eigenen Volke."[145]

Immer wieder, geradezu refrainartig, intoniert Hitler in den nächsten Jahren die Rede von der Vorsehung, die den „Kampf gesegnet" habe. Der „Himmel und die Vorsehung haben unser Streben gesegnet", so Hitler, „und wenn ich das Ergebnis am heutigen Tage hier abwäge, dann muß ich dem Himmel danken: er hat den Kampf gesegnet und immer wieder gesegnet. Er ist nicht umsonst gewesen."[146] Gerade diese „Parteierzählung"[147] vom mühsamen Aufstieg, schließlichem Sieg und erfolgreichem Wirken der NSDAP wird von Hitler stereotyp über viele Jahre repetiert und dies nie ohne Anrufung der diesen Weg durch seinen Erfolg legitimierenden Vorsehung.

Als beispielhaft für diese Jahre und für die Verwendung theologischer Argumentationsschemata gerade vor Parteigenossen, vor jenen also, mit denen Hitler sich besonders verbunden fühlte, kann eine Rede auf dem Gauparteitag Mainfranken in Würzburg am 27.6.1937 gelten. Sie wird daher auch bei der Analyse der Begriffe „Gott" und „Glaube" herangezogen werden. Der „Vorsehungsbegriff" figuriert in ihr, wie schon vor 1933, jetzt aber in voller und rückhaltloser Anwendung auf die nationalsozialistische Bewegung, als zentrale Ermächtigungskategorie.

„So schwach der einzelne Mensch in seinem ganzen Wesen und Handeln am Ende doch ist gegenüber der allmächtigen Vorsehung und ihrem Willen, so unermeßlich stark wird er in dem Augenblick, in dem er im Sinne dieser Vorsehung handelt! Dann strömt auf ihn jene Kraft hernieder, die alle großen Erscheinungen der Welt ausgezeichnet hat. Und wenn ich auf die fünf Jahre, die hinter uns liegen, zurückblicke, dann darf ich doch sagen: das ist nicht Menschenwerk allein gewesen! Wenn uns nicht die Vorsehung geleitet hätte, würde ich diese schwindelnden Wege oft nicht gefunden haben. Das sollten gerade unsere Kritiker wohl wissen. So sind wir Nationalsozialisten auch im tiefsten Herzen gläubig! Wir können es gar nicht anders; es kann niemand Völker- und Weltgeschichte machen, wenn er nicht zu seinem Wollen und Können den Segen der Vorsehung hat."[148]

Und schon einige Wochen vorher hatte Hitler befunden: „So gehen wir auch mit der tiefsten Gottgläubigkeit in die Zukunft. Wäre das, was wir erreichten, möglich gewesen, wenn die Vorsehung uns nicht geholfen hätte? Ich weiß es, alles Menschenwerk ist schwer und vergänglich, wenn es nicht gesegnet wird von dieser Allmacht. Wenn aber diese Allmacht ein Werk segnet, so

---

144 *Domarus*, Reden und Proklamationen, 484 (Öffentliche Rede am 1.3.1935 in Saarbrücken anläßlich der Angliederung des Saarlandes an das Deutsche Reich).

145 A.a.O., 485.

146 A.a.O., 485f.

147 Der Begriff wurde von Domarus geprägt: siehe *Domarus*, Reden und Proklamationen, 1047.

148 *Domarus*, Reden und Proklamationen, 704.

wie sie unseres gesegnet hat, dann können Menschen es auch nicht mehr zerstören".[149]

Die fulminanten Anfangserfolge des Krieges bestärkten Hitler natürlich in seiner Anwendung des Vorsehungsbegriffs auf die eigene Bewegung und damit sich selbst. Daß Polen „in sage und schreibe zehn Tagen militärisch geschlagen, in 18 Tagen vernichtet und in 30 Tagen zur restlosen Kapitulation gezwungen worden" ist, war für Hitler nicht nur eine herausragende Leistung des Militärs: Hitler ist sich „bewußt, wie sehr die Vorsehung uns geholfen hat. Sie hat unsere Pläne richtig gestalten lassen und sie hat ihre Durchführung sichtbar gesegnet. Ohne dem hätte dieses Werk in dieser Zeit nicht gelingen können. Wir sind daher des Glaubens, daß die Vorsehung das, was geschah, so gewollt hat!"[150] Daß Hitler das Fehlschlagen der Attentate im Bürgerbräukeller[151] und am 20.7.1944[152] der Vorsehung zuschreibt, ist so nur konsequent. Denn er glaubt: „Ich bin aufgrund höherer Gewalt da, wenn ich zu etwas nötig bin."[153]

Doch wie verarbeitet Hitler die Niederlagen der späten Kriegsjahre? Es zeugt vom hohen Stellenwert der Vorsehungskategorie in Hitlers Diskurs, daß Hitler auch jetzt keinen Anlaß sieht, sein „Vorsehungs"-Konzept zu revidieren. Zu stark bestimmt es sein Handeln, zu wichtig ist diese Legitimationskategorie, vor allem wohl auch für Hitler selbst. Die Niederlagen des Krieges werden denn auch als notwendige Prüfungen der „Vorsehung" in das seit Hitlers ideologischen Anfängen im wesentlichen stabile System eingebaut. Es gelte eben hinzunehmen, so Hitler in einer Proklamation am 12.11.1944, „daß die Vorsehung am Ende nur demjenigen hilft, der selbst unverzagt starken und gläubigen Herzens den Kampf mit den Widerwärtigkeiten der Zeit aufnimmt".[154] Daß hinter Hitlers Vorsehungsbegriff dabei ein, wenn auch diffuser, Gottesbe-

---

149 A.a.O., 700 (Rede vom 6.6.1937).

150 A.a.O., 1413 (Rede am 8.11.1939 im Löwenbräukeller zur Erinnerung an den Putschversuch 1923).

151 „Jetzt bin ich völlig ruhig. Daß ich den Bürgerbräu früher als sonst verlassen habe, ist mir eine Bestätigung, daß die Vorsehung mich mein Ziel erreichen lassen will", a.a.O., 1415 (Bemerkung Hitlers nach dem Bürgerbräuattentat, 8.11.1939).

152 „Welches Schicksal Deutschland getroffen hätte, wenn der Anschlag heute gelungen wäre, das vermögen die wenigsten sich vielleicht auszudenken. Ich selber danke der Vorsehung und meinem Schöpfer nicht deshalb, daß er mich erhalten hat - mein Leben ist nur Sorge und ist nur Arbeit für mein Volk -, sondern, wenn ich danke, nur deshalb, daß er mir die Möglichkeit gab, diese Sorgen weiter tragen zu dürfen und in meiner Arbeit weiter fortzufahren, so gut ich das mit meinem Gewissen und vor meinem Gewissen verantworten kann. (...) Ich ersehe daraus auch einen Fingerzeig der Vorsehung, daß ich mein Werk weiter fortführen muß und daher fortführen werde!" (a.a.O., 2128f (Rundfunkrede am Abend des 20.6.1944)). Bereits 1932 hatte Hitler sein Überleben im I. Weltkrieg der Vorsehung zugeschrieben und unmittelbar mit seinem Entschluß, in die Politik zu gehen, in Verbindung gebracht. „Ich hätte zugrunde gehen können wie Millionen meiner Kameraden. Ich habe mein Leben als Geschenk der Vorsehung zurückgenommen und mir geschworen, dieses Leben dem Volke zu widmen. Und dabei bleibe ich bis zum letzten Atemzug." (a.a.O., 141 (Rede am 25.10.1932 in Pasewalk))

153 *Hitler*, Monologe, 303 (Tischgespräch 27.2.1942). Wenn Hans Blumenbergs These von der „Erzwingung der Konvergenz von Lebenszeit und Weltzeit" als Strukturmoment des Hitlerschen Lebens und als die „letzte seiner Ungeheuerlichkeiten" (*Blumenberg*, Lebenszeit und Weltzeit, 80) zutrifft, dann hat sie ihren Urspung jedenfalls in Hitlers messianischen Selbstzuschreibungen.

154 *Domarus*, Reden und Proklamationen, 2161 (Proklamation am 12.11.1944).

griff steht, belegt der Zusammenhang dieser Stelle. Denn dort heißt es: „Soweit uns der Allmächtige das Auge geöffnet hat, um in die Gesetze seines Waltens nach unserem schwachen menschlichen Vermögen einen Einblick zu gewinnen, erkennen wir die unbestechliche Gerechtigkeit, die das Leben als letzten Preis nur denjenigen zuspricht, die gewillt und bereit sind, Leben für Leben zu geben."[155]

Zur „Erprobung" der „letzten Werte" der Menschen, „und damit zur Entscheidung über die Berechtigung ihres Seins oder über ihr Nichtsein"[156] schicke, so Hitler, die Vorsehung die Prüfungen der Gegenwart. Und im Rückgriff auf die oben erwähnte, evangeliumsgleich stilisierte und repetierte „Parteierzählung" legt Hitler auch für den nationalsozialistischen Staat dann „das erneute Bekenntnis" ab, sein Werk als seine Pflicht fortzuführen. Denn „diese Pflicht ist nicht eine selbst gewählte, sondern eine jedem Deutschen von der Vorsehung auferlegte, alles zu tun und nichts zu unterlassen, was unserem Volk die Zukunft sichern und damit das Dasein ermöglichen kann."[157] Hitler zweifelt dabei „keinen Augenblick, daß am Ende die Zeit der Prüfungen von uns erfolgreich bestanden werden wird und die Stunde sich dann nähert, da uns der Allmächtige wieder seinen Segen genauso schenken wird, wie in langen Zeiten vordem."[158]

Noch im Neujahrsaufruf für das Jahr 1945 erbittet Hitler denn auch „von der Vorsehung" eine „gnädige Würdigung" des deutschen „Ringens"[159]: „Wem die Vorsehung so schwere Prüfungen auferlegt, den hat sie zu Höchstem berufen!"[160] „In dieser Stunde will ich daher als Sprecher Großdeutschlands gegenüber dem Allmächtigen das feierliche Gelöbnis ablegen, daß wir treu und unerschütterlich unsere Pflicht auch im neuen Jahr erfüllen werden, des felsenfesten Glaubens, daß die Stunde kommt, in der sich der Sieg endgültig dem zuneigen wird, der seiner am würdigsten ist: dem Großdeutschen Reiche!"[161]

Von Anfang an in Hitlers Diskurs auffindbar, gewinnt die Vorsehungskategorie mit der Zeit und Hitlers Erfolgen noch an Bedeutung, insofern Hitler sie immer direkter mit der eigenen Biographie und seinem nationalsozialistischen Projekt verbindet. Deutlich wird die Funktion des Vorsehungsbegriffs in Hitlers theologischem Diskurs: er dient als *zentrale geschichtstheologische Legitimationskategorie des eigenen Projekts.*

Der Vorsehungsbegriff ist die funktional wichtigste Kategorie des Hitlerschen Selbstverständnisses und er ist eine theologische Kategorie: die „Vorsehung" ist es, welche Hitlers Weg als gerechtfertigt erweist, denn von ihr werden die Erfolge geschenkt, sie ist es auch, welche die Prüfungen auferlegt. „Irgendwie mündet das alles ein in eine Erkenntnis der Hilflosigkeit des Menschen dem ewigen Naturgesetz gegenüber. Das ist nicht schädlich, wenn wir

155 A.a.O., 2161.
156 A.a.O., 2163.
157 A.a.O., 2167.
158 Ebda.
159 A.a.O., 2182 (Neujahrsaufruf an das deutsche Volk, 1.1.1945).
160 A.a.O., 2185.
161 Ebda.

nur zu der Erkenntnis kommen, daß die ganze Rettung des Menschen darin liegt, daß er die göttliche Vorsehung zu begreifen versucht und nicht glaubt, er könne sich gegen das Gesetz aufbäumen. Wenn der Mensch sich also demütig den Gesetzen fügt, dann ist das wunderbar."[162]

2.3.3. „Gott" als Totalisierung

Doch nicht nur der geschichtstheologisch aufgeladene Vorsehungsbegriff bestimmt Hitlers theologischen Diskurs. Auch der Gottesbegriff selbst wird von ihm explizit eingeführt und auch er in allen Phasen von Hitlers öffentlichem Reden. Als Legitimationskategorie verwandt mit dem Vorsehungsbegriff, erfüllt der Gottesbegriff darüberhinaus offenkundig noch eine weitere, differente Funktion.

Diese deutet sich schon früh im Gebrauch des Gottesbegriffs innerhalb von Hitlers politischer Rhetorik an. *„Was unser Volk braucht"*, so Hitler auf einer NSDAP-Versammlung in München am 27.4.1923, *„sind Führer, nicht parlamentarischer Art, sondern entschlossen, das, was sie vor Gott, der Welt und ihrem Gewissen als recht erkennen, durchzusetzen, wenn notwendig gegen Majoritäten"*.[163] Gott figuriert hier als letzte und höchste Autorität, gerade der Bezug auf ihn markiert den Gegensatz zur defizitären, weil rein formalen Autorität der verhaßten Demokraten. Der nationalsozialistische Führer[164] hat sich denn auch „nicht darum zu kümmern, was die Majorität will, sondern was aufgrund seines Gewissens vor Gott und den Menschen notwendig ist, zu tun. Wir haben kein Programm gemacht wie andere Kommissionen, die nur bestrebt sind, die Zahl der Mandate zu vergrößern ohne Rücksicht auf das Wohl und Wehe des einzelnen und des Ganzen. Das ist nicht die Schöpfertätigkeit von Gesetzgebern wie Christus, Solon usw., sondern von Männlein, die um ihre parlamentarische Würde besorgt sind."[165]

Gott erscheint in Hitlers Diskurs als „Autorität des Ganzen", er ist das reine Gegenüber, die transzendente Appellationsinstanz. Der Bezug auf ihn ist Garantie der Sicherheit des eigenen Wissens und Handelns und verkörpert den Sprung aus der stets von Zweifeln und Perspektivenpluralität gefährdeten Partikularität. Hitler verankert, so zeigt sich, ausgerechnet seinen völkischen Anti-

---

162 *Hitler*, Monologe, 135 (Tischgespräch 11.11.1941).

163 *Hitler*, Sämtliche Aufzeichnungen, 916 (Rede auf einer NSDAP-Versammlung, München 27.4.1923).

164 Zu jenem frühen Zeitpunkt geht Hitler noch nicht davon aus, selbst dieser Führer zu sein. Vgl. etwa seine Rede auf einer NSDAP-Versammlung in München am 4.5.1923: „Was Deutschland retten kann, ist die Diktatur des nationalen Willens und der nationalen Entschlossenheit. Da entsteht die Frage: Ist die geeignete Persönlichkeit da? Unsere Aufgabe ist es nicht, nach der Person zu suchen. Die ist entweder vom Himmel gegeben oder ist nicht gegeben. Unsere Aufgabe ist es, das Schwert zu schaffen, das die Person brauchen würde, wenn sie da ist. Unsere Aufgabe ist, dem Diktator, wenn er kommt, ein Volk zu geben, das reif für ihn ist. Deutsches Volk, wach auf! Es nahet gen den Tag!" (*Hitler*, Sämtliche Aufzeichnungen, 922).

165 A.a.O., 946 (Rede auf einer NSDAP-Versammlung, Augsburg 6.7.1923).

Universalismus mit Hilfe des Gottesbegriffs in einer jeglicher Partikularität enthobenen Kategorie.

In „Mein Kampf" wird dieses Konzept in aller Klarheit entwickelt, dies charakteristischerweise vor allem im Kontext von Hitlers Ausführungen zur „Judenfrage".[166] Hitler ist sich sehr sicher, für „*was wir zu kämpfen haben*": eben für die „*Sicherung des Bestehens und der Vermehrung unserer Rasse und unseres Volkes, die Ernährung seiner Kinder und Reinerhaltung des Blutes, die Freiheit und Unabhängigkeit des Vaterlandes*". Diese Sicherheit aber gründet Hitler im Gottesbegriff, denn es handele sich um nichts anderes, als die dem deutschen Volk „*vom Schöpfer des Universums zugewiesene Mission*", für die dieses Volk „*heranzureifen*" habe.[167] „Menschliche Kultur und Zivilisation sind auf diesem Erdteil unzertrennlich gebunden an das Vorhandensein des Ariers. Sein Aussterben oder Untergehen wird auf diesen Erdball wieder die dunklen Schleier einer kulturlosen Zeit senken. Das Untergraben des Bestandes der menschlichen Kultur durch Vernichtung ihres Trägers aber erscheint in den Augen einer völkischen Weltanschauung als das fluchwürdigste Verbrechen. Wer die Hand an das höchste Ebenbild des Herren zu legen wagt, frevelt am gütigen Schöpfer dieses Wunders und hilft mit an der Vertreibung aus dem Paradies."[168]

Diesem Schöpfer und Gott gegenüber aber ist das Gebet die alleinig adäquate Kommunikationsform. Hitlers Reden enden denn auch häufig mit direkten Gottesanrufungen. Aber auch schon in „Mein Kampf" findet sich die Form des Gebetes. Von der „Fibel des Kindes angefangen bis zur letzten Zeitung", so imaginiert Hitler, solle „jedes Theater und jedes Kino, jede Plakatsäule und jede freie Bretterwand in den Dienst" der nationalsozialistischen „einzigen großen Mission gestellt werden, bis daß das Angstgebet unserer heutigen Vereinspatrioten 'Herr, mach uns frei!' sich in dem Gehirn des kleinsten Jungen verwandelt zur glühenden Bitte: *'Allmächtiger Gott, segne dereinst unsere Waffen; sei so gerecht, wie du es immer warst; urteile jetzt, ob wir die Freiheit nun verdienen; Herr, segne unseren Kampf!'*"[169]

Immer wieder, über die gesamte Zeit seines öffentlichen Redens, verankert Hitler seinen völkischen, rassistischen Antiuniversalismus in der universalen Schöpfungsautorität Gottes. Dies ermöglicht Hitler, die oben beschriebene Ablehnung völkischer Religiosität noch einmal theologisch zu begründen und gleichzeitig in Richtung auf sein rassistisches Konzept hin zu radikalisieren. Gerade weil der Nationalsozialismus „*eben keine kultische Bewegung, sondern eine aus ausschließlich rassischen Erkenntnissen erwachsene völkisch-politische Lehre*"[170] sei, in der „nicht das geheimnisvolle Ahnen, sondern das *klare Erkennen* und damit das *offene Bekenntnis*" an der Spitze stehe, stehe auch im „Mittelpunkt dieser Erkenntnis und dieses Bekenntnisses die Erhaltung und damit Fortsicherung eines von Gott geschaffenen Wesens", diene der Nationalsozialismus „damit der

166 Vgl. dazu den Exkurs zur theologischen Legitimation des Holocaust bei Hitler S. 132 ff.
167 *Hitler*, Mein Kampf, 234.
168 A.a.O., 421.
169 A.a.O., 715.
170 *Hitler*, Ausgewählte Reden des Führers 1938, 29 (Die Proklamation des Führers auf dem Parteitag, 6.9.1938).

Erhaltung eines göttlichen Werkes und damit der Erfüllung eines göttlichen Willens".[171]

Jene bereits erwähnte Rede des Jahres 1937 auf dem Gauparteitag Mainfranken in Würzburg stellt dann Gott explizit neben die ansonsten Hitlers Denken bestimmende höchste, einem „god-term"-gleiche Kategorie: das deutsche Volk. Diese beiden Kategorien werden dabei von Hitler in signifikanter Weise aufeinander bezogen. „Wir deutschen Nationalsozialisten glauben auf dieser Erde außer an unseren Herrgott im Himmel zunächst an unser deutsches Volk". Und Hitler fährt fort: „Ich bin mir darüber klar, was ein Mensch kann und wo seine Begrenzung liegt, aber ich bin der Überzeugung, daß die Menschen, die von Gott geschaffen sind, auch dem Willen dieses Allmächtigen nachleben wollen. Gott hat die Völker nicht geschaffen, daß sie sich im Leichtsinn selbst aufgeben, vermantschen und ruinieren, sondern daß sie sich so erhalten, wie Gott sie geschaffen hat! Indem wir für ihre Haltung eintreten in der Form, wie Gott es gewollt hat, glauben wir, daß wir auch dem Willen des Allmächtigen entsprechend handeln."[172]

Drei Jahre später schließlich, nun schon im Krieg, kann Hitler in einer Rede zum 20. Jahrestag der Verkündigung des Parteiprogramms diese Ableitung seiner Handlungsziele aus einer strikt transzendenten Instanz nunmehr deutlich aggressiver formulieren, müssen die Konsequenzen dieses Ansatzes nicht mehr versteckt werden. „Der Herrgott hat die Welt sicherlich nicht für die Engländer allein gemacht. Der Herrgott hat nicht bestimmt, daß ein paar kleine Rassen, die ihr eigenes Volk noch nicht einmal mit dem Notwendigsten versehen können, drei Viertel der ganzen Erde unterjochen und die anderen Völker zum Hungerleiden verdammen."[173] In dieser Rede wird auch ersichtlich, wie der Gottesbegriff Hitlers und sein Vorsehungsbegriff sich aufeinander beziehen. „Im übrigen glaube ich eines: Es gibt einen Herrgott! Dieser Herrgott schafft die Völker. Er gibt grundsätzlich den Völkern das gleiche Recht." Dem deutschen aber sei dieses göttliche Recht, teilweise durch eigene Schuld, genommen worden, doch dann „begann der Wiederaufstieg unseres Volkes in unermeßlicher Arbeit". „Je tapferer wir waren, um so mehr kam auch der Segen der Vorsehung." Hitler glaubt „persönlich in tiefstem Sinne das Walten einer Vorsehung gefühlt" zu haben, „die die Menschen begleitet und ihnen Aufgaben stellt. Diesen Aufgaben dienen wir. Was wir wollen, ist nicht die Unterdrückung anderer Völker, es ist unsere Freiheit, unsere Sicherheit, die Sicherheit unseres Lebensraumes. Es ist die Sicherheit des Lebens unseres Volkes selbst. Dafür kämpfen wir! Die Vorsehung hat bisher diesen Kampf gesegnet, tausendfältig gesegnet."[174]

Der Vorsehungsbegriff erweist sich als operationable und damit funktional primäre, systematisch aber sekundäre geschichtstheologische Variante des spezifischen Hitlerschen Gottesbegriffs. Dessen zentrale Merkmale rekonstruiert

---

171 A.a.O., 20.

172 *Domarus*, Reden und Proklamationen, 704 (Rede auf dem Gauparteitag Mainfranken in Würzburg, 27.6.1937).

173 A.a.O., 1464.

174 A.a.O., 1469.

Hitler in einer Art „natürlicher Theologie" aus seinen rassistischen Basisannahmen, die er an dieser Stelle interessanterweise und offenkundig, um nicht mit seinem Gottesbegriff der absoluten und auch dem deutschen Volk überlegenen Autorität in Konflikt zu kommen, zumindest vordergründig egalitär formulieren muß.

„Ich glaube hier an eine höhere und an eine ewige Gerechtigkeit. Die wird dem zuteil, der sich ihrer würdig erweist. Das war mein Glaube, mit dem ich zum ersten Male vor zwanzig Jahren hier aufgetreten bin. Damals glaubte ich: Es kann nicht sein, daß mein Volk zum Untergang bestimmt ist. Es wird nur untergehen, wenn sich keine Männer finden, die dieses Volk retten. Wenn aber jemand wieder mit gläubigem Herzen sich zu diesem Volk bekennt und dafür arbeitet, und alles einsetzt für dieses Volk, dann kann es nicht sein, daß die Vorsehung dieses Volk zugrunde gehen läßt. Mehr als Wunderbares hat seitdem die Vorsehung an uns getan."[175]

Es ist nur konsequent, wenn Hitler dann seinerseits die naturgemäß ganz andersartige Verwendung des Gottesbegriffs durch die Alliierten als ketzerisch verteufelt. Das deutsche Volk wisse, daß der Krieg „nur die Folge der Habgier einiger internationaler Kriegshetzer und des Hasses der dahinter stehenden jüdischen Demokratien ist. (...) Wer aber dann zu so einem satanischen Beginnen sich auch noch untersteht, das Wort 'Gott' in den Mund zu nehmen, der lästert die Vorsehung und kann nach unserem tiefsten Glauben nichts anderes ernten als die Vernichtung."[176]

Da Hitler der Meinung ist, mit seinem Gesellschaftsprojekt den Willen des Schöpfers auszuführen, kann er seine eigenen Ziele auch als Befreiung der Menschheit überhaupt deklarieren. „So kämpfen wir heute darüber hinaus nicht nur um unsere eigene Existenz, sondern um die *Befreiung der Welt* von einer Verschwörung, die in skrupelloser Weise das Glück der Völker und Menschen ihrem gemeinen Egoismus unterordnet."[177] Hitler wirft damit den Kriegsgegnern vor, nur partikuläre Interessen zu verfolgen, diese aber universalistisch zu verbrämen, während er selbst, in Verfolgung von Gottes Schöpfungswillen, göttliche, als universal begründete Ziele verfolge, die eben gerade in einer der Schöpfungsordnung angemessenen Machtstellung des deutschen Volkes bestünden. „Wenn wir bei all dem zum allmächtigen Lenker der Schicksale blicken, dann wollen wir besonders dankbar sein dafür, daß er es ermöglichte, diese großen Erfolge mit so wenig Blut zu erreichen. Wir können ihn nur bitten, auch in Zukunft unser Volk nicht zu verlassen."[178] Am 4. Juli 1944, vor Wirtschaftsführern, stellt Hitler diesen Zusammenhang dann noch einmal mit Bezug auf seine persönliche Religiösität her: „Ich bin vielleicht kein sogenanntes Kirchenlicht - ein Frömmling, das bin ich nicht. Aber im im tiefsten Innern bin ich doch ein frommer Mensch, d.h. ich glaube, daß, wer den Naturgesetzen, die ein Gott geschaffen hat, entsprechend auf dieser Welt tapfer kämpft und nie kapituliert - *daß der dann auch von dem Gesetzgeber nicht im Stich*

[175] Ebda.
[176] A.a.O., 1708 (Reichstagsrede am 4.5.1941).
[177] Ebda.
[178] A.a.O., 1709.

gelassen wird, sondern daß endlich er doch den Segen der Vorsehung bekommt."[179]

Und noch in seiner letzten Rundfunkrede vom 30.1.1945, in der Hitler den „Allmächtigen" gleich mehrmals bemüht, expliziert Hitler ausführlich jenes spezifische Ineinander von transzendenter Legitimation seines Auftrags in einem Gottesbegriff, der die Sicherheit des eigenen Wissens garantiert, und des Vorsehungsbegriffs als einer hermeneutischen geschichtstheologischen Kategorie: einschließlich dann von deren unmittelbarer Anwendung auf die eigene Biographie und des eigenen nationalsozialistischen Projekts.

„Es lag in der Hand der Vorsehung, am 20. Juli durch die Bombe, die 1 ½ Meter neben mir krepierte, mich auszulöschen und damit mein Lebenswerk zu beenden. Daß mich der Allmächtige an diesem Tag beschützte, sehe ich als Bekräftigung des mir erteilten Auftrages an." Hitler ist „durchdrungen von der heiligen Überzeugung, daß am Ende der Allmächtige den nicht verlassen wird, der in seinem ganzen Leben nichts anderes wollte, als sein Volk vor einem Schicksal zu retten, das es weder seiner Zahl noch gar seiner Bedeutung nach verdient hat."[180] Mit Bezug auf die Volksgemeinschaftsideologie fährt Hitler dann fort: „Indem wir eine so verschworene Gemeinschaft bilden, können wir mit Recht vor den Allmächtigen treten und ihn um seine Gnade und seinen Segen bitten. Denn mehr kann ein Volk nicht tun, als daß jeder, der kämpfen kann, kämpft und jeder, der arbeiten kann, arbeitet und alle gemeinsam opfern, nur von dem einen Gedanken erfüllt, die Freiheit, die nationale Ehre und damit die Zukunft des Lebens sicherzustellen."[181]

Der Gottesbegriff ist damit in Hitlers Denken als „Autorität des Ganzen" selbst der Kategorie des „deutschen Volkes" nochmals übergeordnet. Er ist transzendente Appellationsinstanz und garantiert die Sicherheit des eigenen (rassistischen) Konzepts. Er funktioniert so als kognitiver Sprung aus jener Partikularität, die mit Hitlers rassistischer Ideologie ansonsten gegeben ist. Dadurch gelingt es Hitler, sich selbst nicht als schieren Machtpolitiker deutscher Weltherrschaftsinteressen zu definieren, sondern sich als Vollstrecker eines göttlichen Willens zu sehen, der die verletzte göttliche und deswegen „natürliche" Ordnung der Völker restauriert.

Mit Hilfe des Gottesbegriffs totalisiert Hitler sein real aggressiv nationalistisches Politikkonzept, gibt ihm eine quasi-universalistische Legitimation. Er entrinnt so in seiner eigenen Selbstwahrnehmung jener drohenden Gefahr, die er etwa bei den Kirchen als konkurrierenden Weltanschauungsinstitutionen durchschaut zu haben meint: die Regionalität des eigenen Geltungsanspruchs nicht zu erkennen und damit in einer Art unaufgeklärten falschen universalistischen Anspruchs de facto zwischen regionalem Totalitarismus und liberaler Geltungsreduktion zerrieben zu werden.

---

179 A.a.O., 2117. Nach Domarus klopfte während der hier hervorgehobenen Worte „Hitler mit dem Mittelknochen der rechten Hand auf die Pultplatte, um seiner Äußerung hörbar Nachdruck zu verleihen" (2117, Anm. 170).

180 A.a.O., 2197.

181 A.a.O., 2198.

Jede Beschäftigung mit Hitler ohne Analyse seiner Theologie muß unvollständig bleiben, wird einen bestimmenden, vielleicht den letzten Horizont der Motivation und auch der Technik seines nationalsozialistischen Projekts übersehen. Nichts belegt dies deutlicher und erschreckender, als ein Blick auf das zentrale Element des Hitlerschen Politikprojekts: die Vernichtung des europäischen Judentums.[182]

Daß dem so ist, ist nicht so verwunderlich, wie es auf den ersten Blick erscheinen mag. Denn das Böse kommt erst mit der Religion zu seiner letzten und intimsten Qualität: das Böse ist erst als Religiöses wirklich böse.[183] Erst mit einer religiösen Komponente, erst mit dem Bezug zum Heiligen erreicht es jene gleichzeitige Intimität und Universalität, die der Religion zu eigen ist und die das Böse unausweichlich und unentrinnbar werden läßt.[184]

Seit längerem herrscht in der historischen Wissenschaft ein weitgehender Konsens, daß Hitler zwei Hauptziele verfolgt habe: die „Ausmordung fremder Gebiete für Lebensraumgewinnung" sowie die physische Vernichtung des Ju-

---

182 Auf den Zusammenhang von „Rasse und Religion" im Antisemitismus Hitlers hat zuletzt *Bärsch*, Erlösung und Vernichtung, 370-409, eindringlich hingewiesen.

183 Weswegen die Religion, die das Höchste und das Niedrigste erreicht, auch die „letzte Zuflucht menschlicher Grausamkeit" (*A. N. Whitehead*, Wie entsteht Religion?, Frankfurt/M. 1985, 31) sein kann: „Die unkritische Gleichsetzung von Religion und Güte wird durch schlichte Fakten direkt widerlegt. Religion kann das Hauptinstrument des Fortschritts sein und ist es auch gewesen. Wenn wir aber das gesamte menschliche Geschlecht in Betracht ziehen, müssen wir betonen, daß es sich im allgemeinen nicht so verhalten hat" (ebda.). Was im übrigen bedeutet, daß umgekehrt die religiöse Qualifikation etwa Hitlers als „Macht des Bösen" nicht immunisierende Dämonisierung sein muß, sondern eine präzise Kennzeichnung des Phänomens darstellen kann. Denn die Religion hat es in ihren Begriffen nicht mit Chimären, sondern mit echten Phänomenen menschlicher Existenz zu tun. Vgl. etwa die eindringliche Passage aus dem IV. Flugblatt der „Weißen Rose": „Jedes Wort, das aus Hitlers Munde kommt, ist Lüge. Wenn er Frieden sagt, meint er Krieg, und wenn er in frevelhaftester Weise den Namen des Allmächtigen nennt, meint er die Macht des Bösen, den gefallenen Engel, den Satan. Sein Mund ist der stinkende Rachen der Hölle, und seine Macht ist im Grunde verworfen. Wohl muß man mit rationalen Mitteln den Kampf wider den nationalsozialistischen Terrorstaat führen; aber wer heute noch an der realen Existenz dämonischer Mächte zweifelt, hat den metaphysischen Hintergrund dieses Krieges bei weitem nicht begriffen." (*I. Scholl*, Die Weiße Rose, erw. Neuausgabe, Frankfurt/M. 1993, 88f). Mit Safranski ist jedenfalls festzuhalten: „Wenn heute Historiker von der 'kummulativen Radikalisierung' (H. Mommsen) durch das Gegeneinander- und Zusammenwirken der einzelnen Entscheidungsträger und Funktionsbereiche sprechen, so wandeln sie den entschlossenen Willen zur Vernichtung wieder in einen anonymen Effekt des Systems um. Auf diese Weise verwandelt man Geschichte wieder in ein Geschehen und geht der beunruhigenden Einsicht aus dem Weg, daß Geschichte bisweilen auch gemacht wird durch Gestalten, die Goethe 'dämonisch' nannte." (*Safranski*, Das Böse, 284). Dieses Phänomen, diesmal mit Blick auf die „ganz gewöhnlichen Deutschen", dürfte jenseits historiographischer Details auch im Hintergrund der teilweise heftigen Auseinandersetzungen um das Buch von *Daniel Goldhagen*, Hitlers willige Vollstrecker, Berlin 1996, stehen.

184 Vgl. dazu: *Ch. Wulf/D. Kamper* (Hrsg.), Das Heilige. Seine Spur in der Moderne, Frankfurt/M. 1987; *H. Halter* (Hrsg.), Wie Böse ist das Böse? Psychologische, philosophische und theologische Annäherungen an ein Rätsel, Zürich 1988; *H. Häring*, Das Problem des Bösen in der Theologie, Darmstadt 1985.

dentums.[185] Der Genozidforscher Gunnar Heinsohn schlug nun jüngst vor, diese beiden bislang als gleichrangig erachteten zentralen Ziele der Politik Hitlers in spezifischer Weise zu hierarchisieren. Die „Judenausrottung sollte", so meint Heinsohn, „für die aktuelle und mehr noch für alle zukünftigen Eroberungen von einem schlechten 'Gewissen' beim Ausrotten befreien"[186], indem mit den Juden das für die jüdische Religion konstitutive universale Tötungsverbot, ihre Ethik des Lebensschutzes, beseitigt werden sollte. Insofern „der Glaubenskern des Judentums die Lebensheiligkeit ist und Hitler eben diese Basalethik aus dem Abendland wieder entfernen wollte"[187], hatte, so Heinsohn, „der Holocaust vor allem ein Ziel: er sollte das Recht auf Töten wiederherstellen."[188]

Heinsohn gelingt es damit, den Versuch der Ermordung der europäischen Juden als integralen Bestandteil des Hitlerschen Projekts darzustellen und dies von einem Spezifikum der Religion der Opfer, der universalistischen Ethik des Judentums, her zu entwickeln. Doch indem Heinsohn das Judentum primär als Träger einer spezifischen Ethik begreift und damit auf Hitlers „Gewissen" verweisen muß, bleibt der Zusammenhang merkwürdig sekundär.

Denn weder erschöpft sich Religion, und schon gar nicht die jüdische, in Ethik, noch beachtet Heinsohn ausreichend die theologische Legitimation des Judenmordes innerhalb des Denkens Hitlers selbst. Die genuin religiöse Qualität des Holocaust bei Hitler wird so von Heinsohn vernachlässigt. Für den katholisch sozialisierten Kirchenverächter Hitler war die „wahre Religion" nicht primär Ethik, sondern „das demütige Gefühl des Begrenztseins alles menschlichen Könnens und Wissens", eine „wunderbare menschliche Einsicht, eine souveräne Haltung".[189]

Kurz vor Heinsohn hatte demgegenüber Michael Ley 1993 die These vertreten, „daß der Nationalsozialismus primär die Ausschaltung bzw. Vernichtung der Juden zum Ziele hatte", wo hingegen „die Eroberung des Ostens" nur das „zweite Ziel" gewesen wäre, mit dem Zwecke, „den 'jüdischen' Bolschewismus zu zerstören".[190] Ley verweist zum Beleg nun interessanterweise vor allem auf den kultischen Charakter der öffentlichen Manifestationen des Nationalsozialismus. Dessen „Inszenierungen" seien „in gewissem Sinne als 'politisch-religiöser Gottesdienst' zu verstehen. Der eucharistische Akt wird aber nicht mehr 'symbolisch' vollzogen, die nationalsozialistische Religion begeht den Ritus real, das Menschenopfer wird in den Vernichtungsanstalten

---

185 Vgl. *H. Graml*, Rassismus und Lebensraum. Völkermord im Zweiten Weltkrieg, in: K. D. Bracher/M. Funke/H. A. Jacobsen (Hrsg.), Deutschland 1933-1945. Neue Studien zur nationalsozialistischen Herrschaft, Düsseldorf 1993, 440-451. Siehe auch: *Jäckel*, Hitlers Weltanschauung, 118.

186 *G. Heinsohn*, Warum Auschwitz? Reinbek/Hamburg 1995, 19. Bei Heinsohn findet sich im übrigen eine bei aller Schematisierung doch instruktive Zusammenfassung bisheriger „Erklärungstheorien" des Holocaust (39-128). Heinsohn listet immerhin 42 solcher Erklärungsversuche auf.

187 *Heinsohn*, Warum Auschwitz, 20.

188 A.a.O., 18.

189 *Hitler*, Monologe, 279 (17.2.1942).

190 *M. Ley*, Genozid und Heilserwartung. Zum nationalsozialistischen Mord am europäischen Judentum, Wien 1993, 27.

vollzogen. Diese Opferung ist Sühneopfer und intendierte Neuschöpfung zugleich".[191]

So richtig m. E. die Grundthese Leys von der Priorität und religiösen Qualität des Holocausts in Hitlers Projekt ist, so zutreffend auch der Verweis auf die kultischen Strukturen in Hitlers Politikprojekt, so fragwürdig scheint mir Leys - hier und anderswo - angewandte Methode zu sein, christliche, speziell katholische Dogmatik per Analogie auf Hitlers Projekt analytisch zu übertragen, und Hitlers Projekt als gleichzeitig banalisierte und radikalisierte Konsequenz christlicher Theologie zu beschreiben. Dieser analytische Kurzschluß, der aus einer partiellen Strukturanalogie unbesehen Erklärungszusammenhänge herausliest und dann etwa den Holocaust als modernes Menschenopfer auf dem Hintergrund der christlichen Apokalyptik beschreibt, übersieht, daß Hitler ein eigenes theologisches Konzept entworfen hat, wenn auch sicherlich unter sehr eigenwilliger Verwendung christlicher Theologiefragmente. Hitler tut dies aber gerade zur Legitimation seines wohl tatsächlich primären Handlungszieles: der „Rettung der Welt" durch die Vernichtung der Juden.

Drei programmatische Äußerungen aus drei Phasen des öffentlichen Lebens Hitlers mögen dies belegen: Passagen aus „Mein Kampf", aus Hitlers berüchtigter Kriegserklärung an das Weltjudentum vom 30.1.1939 sowie Stellen aus seinem „Politischen Testament" aus dem Februar 1945. Dabei fällt unmittelbar auf, daß Hitler keines seiner politischen Ziele so unmittelbar als Verwirklichung eines göttlichen Schöpferwillens begreift, wie die geplante Ausrottung des Judentums. Es ist ihm schlicht der Träger einer „widernatürlichen" Kultur. Das Judentum steht in „Mein Kampf" nicht nur für Ausbeutung und materielle Unterdrückung, sondern schon früh und durchgehend auch für die „Zerstörung der gesamten Kultur"[192] in Kunst, „in Malerei, Bildhauerei und in der Musik, so auch in der Dichtung und vor allem in der Literatur"[193]. Mit den Juden „als den modernen Erfindern dieses Kulturparfüms" sei daher auch jedes Gespräch über Ästhetik und Kultur zwecklos: „Ihr ganzes Dasein ist der fleischgewordene Protest gegen die Ästhetik des Ebenbildes des Herrn."[194] Selbst schon der Begriff des Juden ist bei Hitler zuletzt eher metaphysisch, denn ausschließlich oder auch nur primär biologisch bestimmt. Hitler weiß, daß es „vom genetischen Standpunkt aus ... keine jüdische Rasse (gibt)". Für ihn, so seine paradoxe Formulierung, ist die „jüdische Rasse ... vor allem eine Gemeinschaft des Geistes."[195]

---

191 A.a.O., 211.

192 R. *Phelps*, Hitlers „grundlegende" Rede über den Antisemitismus, in: Vierteljahrshefte für Zeitgeschichte 16(1968) 390-418, 412 (Rede vom 13.8.1920). Die Rede ist auf den Seiten 400-420 dokumentiert.

193 A.a.O., 413.

194 *Hitler*, Mein Kampf, 195f.

195 *Trevor-Roper/François-Poncet*, Politisches Testament, 68 (3.2.1945). *L. J. Hartog*, Als Hitler den Massenmord propagierte, in: ZEIT vom 27.1.1989, 41, zitiert in diesem Kontext einen in seiner Radikalität exemplarischen Ausspruch Hitlers: „Der Jude ist der Gegenmensch, der Antimensch. Der Jude ist das Geschöpf eines anderen Gottes." Er könne „gar nicht Mensch im Sinne des Ebenbildes Gottes sein. Der Jude ist das Ebenbild des Teufels." Leider gelang es mir nicht, dieses in seinem Duktus glaubwürdige, bei Hartog leider nicht nachgewiesene Zitat zu verifizieren.

Die durch den Juden bewirkte, kulturell, politisch und wirtschaftlich verheerende „Verpestung unseres Blutes“ werde „vom Juden heute planmäßig betrieben.“ Beide christlichen Konfessionen sähen „dieser Entweihung und Zerstörung eines durch Gottes Gnade der Erde gegebenen edlen und einzigartigen Lebewesens gleichgültig zu.“ Gerade der „völkisch Eingestellte“ hätte aber „die heiligste Verpflichtung, jeder in seiner eigenen Konfession, dafür zu sorgen, *daß man nicht nur immer äußerlich von Gottes Willen redet, sondern auch tatsächlich Gottes Willen erfülle und Gottes Werk nicht schänden lasse.*“[196]

Die Vernichtung des Judentums ist für Hitler die Wiederherstellung einer verletzten göttlichen Ordnung. „Denn Gottes Wille gab den Menschen einst ihre Gestalt, ihr Wesen und ihre Fähigkeiten. Wer sein Werk zerstört, sagt damit der Schöpfung des Herren, dem göttlichen Wollen, den Kampf an.“[197] Kurz, knapp und eindringlich heißt es denn auch am Ende des einschlägigen Kapitels: „So glaube ich heute im Sinne des allmächtigen Schöpfers zu handeln: *Indem ich mich des Juden erwehre, kämpfe ich für das Werk des Herren.*“[198]

Ein wenig staatsmännisch zurückgenommen und verbrämt findet sich diese Argumentation auch in der berühmt-berüchtigten Reichstagsrede vom 30.1.1939, Hitlers eigentlicher „Kriegserklärung“ an die Welt, besonders aber an die Juden, wieder. Es sei „eine Anmaßung, anzunehmen, daß der liebe Gott die Welt nur für ein oder zwei Völker geschaffen habe.“ Jedes Volk habe „das Recht, sich sein Leben auf dieser Erde sicherzustellen.“[199] Anzunehmen jedenfalls, „daß es einigen Völkern vom lieben Gott gestattet sei, erst durch Gewalt eine Welt in Besitz zu nehmen und dann mit moralischen Theorien den Raub

---

[196] *Hitler*, Mein Kampf, 630.

[197] Ebda.

[198] *Hitler*, Mein Kampf 70. Der letzte Satz war Hitler offenbar sehr wichtig: als einziger innerhalb eines 16-seitigen Kapitels ist er durchgängig gesperrt gedruckt. Vgl. auch Hitlers Rede vom 12.4.1922, in der es heißt: „Herr *Graf Lerchenfeld* meinte in der letzten Landtagssitzung, sein Gefühl 'als Mensch und als Christ' müsse ihn abhalten, Antisemit zu sein. Ich sage: *Mein christliches Gefühl weist mich hin auf meinen Herrn und Heiland als Kämpfer.* Es weist mich hin auf den Mann, der einst einsam, nur von wenigen Anhängern umgeben, diese Juden erkannte und zum Kampf gegen sie aufrief, und der, wahrhaftiger Gott, nicht der Größte war als *Dulder*, sondern der Größte als *Streiter!* In grenzenloser Liebe lese ich als Christ und Mensch die Stelle durch, die uns verkündet, wie der Herr sich endlich aufraffte und zur Peitsche griff, um die Wucherer, das Nattern- und Otterngezücht hinauszutreiben aus dem Tempel. Seinen ungeheueren Kampf aber für diese Welt, gegen das jüdische Gift, den erkenne ich heute, nach zweitausend Jahren, in tiefster Ergriffenheit am gewaltigsten an der Tatsache, daß er dafür am Kreuze verbluten mußte. Als Christ habe ich nicht die Verpflichtung, mir das Fell über die Ohren ziehen zu lassen, sondern habe die Verpflichtung, ein Streiter zu sein für die Wahrheit und das Recht. Und als Mensch habe ich die Verpflichtung dafür zu sorgen, daß die menschliche Gesellschaft nicht den gleichen katastrophalen Zusammenbruch erleide wie bereits eine alte Kultur vor rund 2 Jahrtausenden, die auch durch dieses Judenvolk dem Untergang entgegengetrieben wurde.“ Schließlich parallelisiert sich Hitler gar mit Jesus: „Vor 2000 Jahren wurde ein Mann denunziert von der gleichen Rasse, die heute überall verleumdet und verlästert, der Rasse, die überall hetzt und die jeden Widerstand gegen sie als fluchwürdiges Verbrechen bezeichnet. Der Mann wurde vor das Gericht geschleift, und damals hieß es auch: 'Er wiegelt das Volk auf.' Er hat also auch '*gehetzt*'! Und gegen wen? Gegen 'Gott' schrie man. Jawohl: er hetzte gegen den 'Gott' der Juden, denn dieser 'Gott' ist nur das *Gold*“. (*Hitler*, Sämtliche Aufzeichnungen, 623f (Rede auf einer NSDAP-Versammlung, München 12.4.1922))

[199] *A. Hitler*, Der Führer vor dem ersten Reichstag Großdeutschlands, München 1939, 25 (Reichstagsrede am 30.1.1939).

zu verteidigen", das sei „für den Besitzenden vielleicht beruhigend und vor allem bequem, für den nicht Besitzenden aber ebenso belanglos wie uninteressant und unverbindlich!"[200]

Diese quasitheologische Legitimation der Gewalt zwischen den Völkern leitet denn auch in dieser Rede jene berüchtigten Drohungen an die jüdischen Menschen Europas ein, die heute als die klarste Vorankündigung des Holocausts durch Hitler gelten können. „Ich bin in meinem Leben sehr oft Prophet gewesen und wurde meistens ausgelacht. In der Zeit meines Kampfes um die Macht war es in erster Linie das jüdische Volk, das nur mit Gelächter meine Prophezeiungen hinnahm ... Ich will heute wieder ein Prophet sein: Wenn es dem internationalen Finanzjudentum in- und außerhalb Europas gelingen sollte, die Völker noch einmal in einen Weltkrieg zu stürzen, dann wird das Ergebnis nicht die Bolschewisierung der Erde und damit der Sieg des Judentums sein, sondern *die Vernichtung der jüdischen Rasse in Europa.*"[201]

Hitler blickt denn auch in seinem „Politischen Testament" aus dem Februar 1945 gerade auf diese Rede zurück, einer der ganz wenigen Rückbezüge, die er sich jetzt noch erlaubt. „Ich habe gegen die Juden mit offenem Visier gekämpft. Ich habe ihnen bei Kriegsausbruch eine letzte Warnung zukommen lassen, daß sie, sollten sie die Welt von neuem in den Krieg stürzen, diesmal nicht verschont würden - daß das Ungeziefer in Europa endgültig ausgerottet werde."[202] Er spricht von ihrem „Dünkel als Angehörige des auserwählten Volkes"[203] und schließt die Ausführungen zum jüdischen Volk, jetzt, kurz vor dem Zusammenbruch seines Reiches: „Die jüdische Eiterbeule habe ich aufgestochen. Die Zukunft wird uns ewigen Dank dafür wissen."[204] Der Mord an den Juden, er war offenkundig das, worauf Hitler noch im Untergang wirklich stolz war.

Hitler meint aber nicht nur, im Genozid an den Juden das „Werk des Herren" zu vollbringen; ähnlich wie den Kirchen gegenüber ist ihm auch das Judentum Analysegegenstand und Lernobjekt. Ausgerechnet am Judentum entwickelt Hitler seine Theorie des Zusammenhangs von Politik und Religion. Denn Hitler beschreibt das Judentum in „Mein Kampf" auch als Projekt einer spezifischen Verschiebung: jener vom Politischen ins Religiöse. Das Judentum sei gar nicht wirklich Religion, sondern Tarnung eines politischen Weltherrschaftswillens.

Das „ganze Dasein" der Juden sei, so Hitler, „auf einer einzigen großen Lüge aufgebaut, nämlich der, daß es sich bei ihnen um eine Religionsgenossenschaft handle, während es sich um eine Rasse - und zwar was für eine - dreht."[205] Für Hitler ist das Judentum „immer ein Volk mit bestimmten rassischen Eigenarten und niemals eine Religion, nur sein Fortkommen ließ es

---

200 A.a.O., 29f.

201 A.a.O., 46.

202 *Trevor-Roper/François-Poncet*, Politisches Testament, 69 (3.2.1945). Hitler täuschte sich rückblickend in der Datierung: offenkundig begann, so mag man spekulieren, für ihn mit dieser Rede vom Januar 1939 gewissermaßen der Krieg.

203 A.a.O., 68.

204 A.a.O., 70.

205 *Hitler*, Mein Kampf, 253.

schon frühzeitig nach einem Mittel suchen, das die unangenehme Aufmerksamkeit in Bezug auf seine Angehörigen zu zerstreuen vermochte. Welches Mittel aber wäre zweckmäßiger und zugleich harmloser gewesen als die Einschiebung des geborgten Begriffs der Religionsgemeinschaft? Denn auch hier ist alles entlehnt, besser gestohlen - aus dem ursprünglichen eigenen Wesen kann der Jude eine religiöse Einrichtung schon deshalb nicht besitzen, da ihm der Idealismus in jeder Form fehlt".[206] Auf dieser „ersten und größten Lüge, das Judentum sei nicht eine Rasse, sondern eine Religion, bauen sich dann in zwangsläufiger Folge immer weitere Lügen auf."[207]

Das Judentum verkörpert damit für Hitler die exakte Gegenfolie zu seinem eigenen Projekt: ist dieses für ihn ein primär politisches Unternehmen, welches allerdings in einer religiösen Legitimation wurzelt, so das Judentum eine (scheinbar) religiöse Wirklichkeit, welche real rein politischen Zielen dient. An seinen größten Feinden analysiert Hitler das für sein eigenes Projekt zentrale Thema des Bezugs des Religiösen zum Politischen. Auch und gerade weil sie hier, wie Hitler meint, „lügen", muß er sie bekämpfen. „Es gehört zu den genialsten Tricks, die jemals erfunden worden sind, diesen Staat als 'Religion' segeln zu lassen und ihn dadurch der Toleranz zu versichern, die der Arier dem religiösen Bekenntnis immer zuzubilligen bereit ist. Denn tatsächlich ist die mosaische Religion nicht anderes als eine Lehre der Erhaltung der jüdischen Rasse. Sie umfaßt daher auch nahezu alle soziologischen, politischen sowie wirtschaftlichen Wissensgebiete, die hierfür überhaupt nur in Frage zu kommen vermögen."[208]

Nun kann man diese Beziehung der Umkehrung von Außenseite und „wahrem" Kern tatsächlich konstatieren, nur verläuft sie exakt spiegelbildlich: gerade Hitlers Projekt ist ein (scheinbar) religiöses Unterfangen, das in Wirklichkeit rein politischen (Weltherrschafts-)Zielen dient, während das Judentum sich als eine gesellschaftliche Größe konstituiert, deren legitimatorische Wurzeln eine spezifische Religion zur Verfügung stellt. Diese aber ist eben in ihren Inhalten nicht partikularistisch und rassistisch, wie Hitler dem Judentum unterstellt, sondern universalistisch und anti-rassistisch; partikularistisch und rassistisch: das ist vielmehr natürlich Hitlers Theologie. Hitler unterstellt den Juden, was er selbst tut: einen rassistisch begründeten partikularistischen Weltherrschaftsanspruch religiös zu legitimieren.

Erkennbar ist damit eine Umkehr von Universalismus und Partikularismus im Spannungsfeld zwischen Politischem und Religion: das Judentum ist religiös universalistisch, politisch und gesellschaftlich aber bewußt partikulär. Die Vermittlung von Universalität und Partikularität erfolgt über eine Ethik des Lebensschutzes aller Menschen, die der eine und universale Gott garantiert. Der Gottesbegriff wird nicht totalitär wirksam, sondern anti-totalitär, weil er sich mit dem Individuum verbindet, als dessen Ebenbild jeder Mensch ausnahmslos zu gelten hat. Genau diese Gottebenbildlichkeit ist es denn auch, die Hitler manchen Menschen, allen voran den Juden, abspricht. Hitler bekämpft die

---

206 A.a.O., 335f.
207 A.a.O., 337.
208 A.a.O., 164f.

Juden nicht, indem er ihren zentralen Glaubensinhalt, die Gottebenbildlichkeit des Menschen, generell leugnet, sondern indem er gerade sie von diesem Inhalt ausnimmt.

Der religiöse Horizont, den das Judentum für seine Politik mit seinem universalen Gott des Lebensschutzes und dem Glauben an die Gottebenbildlichkeit des Menschen aufbaut, wird von Hitler nicht schlicht destruiert, sondern folgenschwer modifiziert. Auch Hitlers Projekt benützt nicht nur instrumentell religiöse Formen und Riten, sondern besitzt einen genuin theologischen Rahmen, den Hitler gerade in der Kontrafaktur seines Hauptfeindes, der Juden, entwickelt.

Hitlers Theologie des Zusammenhangs von Religion und Politik begründet einen universalen anti-universalistischen Rassismus, der vor allem eines tut: Unterscheidungen setzen. Sein Prinzip ist die Selektion. „Das Schicksal hat unsere Rasse auf ewig zum Kulturträger bestimmt. (...) Wir müssen Gott danken für diese Gnade. (...) *Gott hat Völker, aber keine Klassen geschaffen.*“[209] Hitler setzt als Korrelat zum Schöpfer auf Seiten der Schöpfung völkische Entitäten, nicht das Individuum.

2.3.4. „Glaube“ als Motivation und Vereinigung

Was aber bleibt dann dem Individuum? Hitlers Antwort: der Glaube. Es wurde bereits in der Analyse von Hitlers Stellung zu den Kirchen darauf hingewiesen, daß Hitler die „größte Kraft auf dieser Welt“ im „blinden Glauben an die Richtigkeit des eigenen Ziels und an die eigene Berechtigung des Kampfes dafür“[210] erblickte. Es ist denn auch einer seiner zentralen Kritikpunkte am „Weimarer System“, daß die herrschenden Weltanschauungen nicht die Qualität eines Glaubens, gar eines allen gemeinsamen Glaubens besäßen. Und so fragt er sie: *'Was habt denn nun ihr dem Volk zu geben als Glauben, an den es sich zu klammern vermöchte?'* Gar nichts. Denn ihr glaubt ja selber an eure eigenen Rezepte nicht!“[211] So ist denn genau dies „das Gewaltigste, das unsere Bewegung schaffen soll“: den „breiten, suchenden und irrenden Massen einen neuen festen Glauben, der sie in dieser Zeit der Wirrnisse nicht verläßt, auf den sie schwören und bauen, auf daß sie wenigstens irgendwo wieder eine Stelle finden, die ihrem Herzen Ruhe gibt. *Und das bringen wir zuwege!*“[212]

Der Glaubensbegriff hat bei Hitler deutlich zwei Merkmale: der Glaube stärkt das Individuum, in dem er ihm Ziele und Werte gibt, und er führt es aus seiner Isolation, schafft Kampfbereitschaft und Einigkeit. In einer bislang unveröffentlichten Rede aus dem Jahre 1927 wird dieser Zusammenhang von

---

[209] *Hitler*, Reden, Schriften und Anordnungen, Bd. II/1: Juli 1926 - Juli 1927, 192 (Rede v. 23.3.1927). Eine Mitschrift der Rede liegt vor in der Sammlung Streicher (Staatsarchiv Nürnberg, NS Mischbestand, Nr. 115, nicht wie in der zitierten Ausgabe angegeben Nr. 175). Das Manuskkript wurde von mir eingesehen.

[210] *Hitler*, Sämtliche Aufzeichnungen, 636 (NSDAP-Mitteilungsblatt, 26.4.1922).

[211] *Hitler*, a.a.O., 624 (Rede auf einer NSDAP-Versammlung, München 12.4.1922).

[212] Ebda.

Hitler sehr knapp und deutlich formuliert. Vor Zuhörern, die Hitler zum Teil erst noch gewinnen muß, verwendet Hitler den Glaubensbegriff, um die Basis sowohl der individuellen wie der staatlichen Identität und Willensbildung zu bezeichnen.

„Wie Sie heute in diesem Saal versammelt sind, sind Sie aus beiden Lagern. Es sind Arbeiter, die bisher zu den proletarischen Parteien gehört haben, und Bürgerliche, die zu den bürgerlichen Parteien gehörten und dennoch sind Sie heute in diesen Saal gekommen. (...) Sie kommen hierher, weil Sie trotz allem Entgegenzuwendenden in Ihrer Partei nicht mehr voll befriedigt werden. Es ist so. Glauben Sie mir, es ist auch hier wichtig das Glauben, nicht das Erkennen. Man muss auch an eine Sache glauben können und das alleine macht den Staat. Was läßt den Menschen sterben, für religiöse Ideale in den Kampf gehn! Nicht das Erkennen, sondern der Glaube, das ist das Wesentliche, dieses unbedingte: Ich glaube daran ganz blind." Glauben, so Hitler weiter: „Darunter verstehe ich das Einsetzen der ganzen Person"[213]. Das letzte Kriterium ist das Martyrium: „Wer bereit ist, dafür zu sterben, der glaubt daran, wer nicht bereit ist, dafür zu sterben, der glaubt nicht daran."[214]

Die Kirchen aber, so ist Hitler überzeugt, schaffen es in ihrer modernen Relativierungskrise nicht, einen wirklichen Glauben hervorzurufen. Weder können sie das Individuum mit jener Unbedingtheit erfüllen, die für Hitler zum Glaubensbegriff gehört, noch viel weniger sind sie in der Lage, für den Staat, der nur durch einen einheitlichen „Glauben" konstitutiert werden könne, jenen Glauben bereitzustellen. „Die allerwesentlichsten Grundlagen, auf denen man überhaupt eine Volks-Organisation aufmachen kann, sind erschüttert. (...) Wo ist z.Zt. noch eine allgemein anerkannte Wurzel für unsere moralischen und sittlichen Ansichten und Überzeugungen. In derselben Zeit, in der ein Teil der Nation in religiösem Sinne die Quelle seiner moralischen Verfassung besieht, leugnet der andere Teil die Existenz eines Gottes (...). Den wenigsten wird klar, daß es sich hier um eine absolute Erschütterung handelt. Von was wollen sie eine einheitliche moralische Auffassung ableiten, wenn der eine Teil sagt, wir glauben an Gott und der andere Teil, wir leugnen Gott." Und Hitler stellt fest, „daß wir in einer Zeit leben, in der diese einheitliche Auffassung nicht mehr da ist und das schlimmste ist, daß man sich damit abgefunden hat".[215] „Die Zeitenwende des Untergangs" der Kirchen sieht Hitler dann Jahre später in aller Offenheit gekommen.[216]

Doch auch jene beiden Nachfolgeweltanschauungen, die Hitler ja zusammenführen und beerben will, der Nationalismus und der Sozialismus, ihnen

213 *Hitler*, Reden, Schriften und Anordnungen, Bd. II/1: Juli 1926-Juli 1927, 207 (Rede in Ansbach v. 26.3.1927). Der Gesamtduktus der Rede zeigt, daß sie vor einem noch teilweise reservierten Arbeiter-Publikum gehalten wurde. Das Zitat folgt der in der Interpunktion leicht abweichenden Originalmitschrift S. 24f (Staatsarchiv Nürnberg, NS Mischbestand, Nr. 115 (Sammlung Streicher)).

214 Ebda. (Originalmanuskript S. 26).

215 *A. Hitler*, Rede in Erlangen am 26.6.1931, 16f (Stadtarchiv Erlangen, Hitler Reden: III. 220 H. 1).

216 *Hitler*, Monologe, 136 (11.11.1941).

fehle, so Hitler, beiden „diese überzeugende Kraft“[217], sie „stehen sich ermattet, aber in sich gehärtet und abgeschlossen gegenüber.“[218] Indem Hitler den Sozialismus anti-universalistisch interpretiert und auf die Volksgemeinschaft begrenzt, den Nationalismus aber anti-bürgerlich interpretiert und als Gleichheit aller Volksgenossen begreift, findet er „nicht nur zunächst eine dritte Plattform, von der aus heute der politische Kampf gesehen und gekämpft werden kann“, sondern, so Hitler, „ich schaffe zunächst zugleich auch die Brücke zum Verstehen und zum Zusammmenfinden des deutschen Menschen.“[219]

Individuelle Kampf- und Einsatzbereitschaft sowie die kollektive Versammlung des deutschen Volkes zu einer Einheit: der Nationalsozialismus will einen Glaubensinhalt bereitstellen, der jene Form des Glaubens noch ermöglicht, der früheren Glaubensinhalten religiöser und säkularer Art in den Relativierungsprozessen der pluralen Moderne abhanden gekommen ist. Es ist daher für Hitler „etwas Wunderbares um den Glauben, der eine solche Bewegung beseelen muß; etwas Wunderbares um die Opfer, die in einer solchen Bewegung gebracht werden; etwas Wunderbares um die Kampfkraft, diese ewige Angriffskraft, die eine solche Bewegung ihr Eigen nennen muß, und es ist nur zu verständlich, daß diejenigen, die den Kampf nicht führen, überhaupt das Wesen einer solchen Erscheinung gar nicht begreifen können.“[220]

Hitler präsentiert sich selbst als obersten Gläubigen des Nationalsozialismus. Dies hatte er ja gerade den Führern in Weimar vorgeworfen, selbst nicht an das zu glauben, was sie vertreten; will in Hitlerschem Sinne heißen: mit jener personalen Radikalität und politischen Unbedingtheit zu vertreten, wie es notwendig sei, um den einzelnen zu mobilisieren und das Volk zu einen. In seinen Reden steigert Hitler dabei das Pathos eines persönlichen Glaubensbekenntnisses bis zu Gebetsformen. „(I)ch kann mich nicht lösen“ so Hitler im Februar 1932, „von dem Glauben an mein Volk, kann mich nicht lossagen von der Überzeugung, daß diese Nation wieder einst auferstehen wird, kann mich nicht entfernen von der Liebe zu diesem meinem Volk und hege felsenfest die Überzeugung, daß eben doch einmal die Stunde kommt, in der die Millionen, die uns heute hassen, hinter uns stehen und mit uns dann begrüßen werden das gemeinsam geschaffene, mühsam erkämpfte, bitter erworbene neue deutsche Reich der Größe und der Ehre und der Kraft und der Herrlichkeit und der Gerechtigkeit. Amen!“[221]

Noch in seinem „Politischen Testament“, angesichts des Endes, ist es der „nationalsozialistische Glaube“, den Hitler durch die Alliierten „bestraft“ sieht: „Unsere Feinde haben beschlossen, das Reich zu zerstören, die nationalsozialistische Weltanschauung auszurotten und das deutsche Volk zu versklaven, um

---

217 *Hitler*, Reden, Schriften und Anordnungen, Bd. IV/1: Oktober 1930 - Juni 1931, 94 (Rede am 13.11.1930 in Erlangen). Das Zitat folgt der Originalmitschrift, S. 7 (Stadtarchiv Erlangen, Hitler Reden: III. 220 H. 1).

218 Ebda. (Originalmanuskript S. 7f).

219 A.a.O., 100 (Originalmanuskript S. 16).

220 *Hitler*, Reden, Schriften und Anordnungen, Bd. V/1: April 1932 - September 1932 (Rede vom 7.9.1932).

221 *Domarus*, Reden und Proklamationen, 208 (Rede vom 10.2.1933 im Berliner Sportpalast). Die Rede wurde vom Rundfunk in ganz Deutschland übertragen.

es für seinen nationalsozialistischen Glauben zu bestrafen."[222] Doch Hitlers Glaube ist bis zuletzt ungebrochen, unbelehrt: Hätte ihm die „Vorsehung" mehr Zeit gelassen, so die Botschaft seiner letzten programmatischen Äußerung, so wäre „ein durch einmütigen Glauben gefestigtes, mit Gefühl und Verstand nationalsozialistisches Deutschland unbesiegbar"[223] geworden.

Dem Individuum bleibt in Hitlers Politikprojekt somit vor allem eines: der Glaube. Das Individuum selbst ist in Hitlers Theologie weder ein eigenständiger Ort, noch gar ein Prinzip des Religiösen. Vielmehr ist es Träger eines Glaubens, der das Individuum motiviert in seinem Tun, weil gerade er, dieser Glaube, es vereinigt mit dem Objekt seines Glaubens, dem deutschen Volk. Von diesem aber bekommt es seine Handlungsziele und Handlungsnormen, seine Herkunftsvergewisserung und seine Zukunftshoffnungen.

Wenn Hitler sehr genau die Konstitutionsprobleme der Kirchen in der Moderne analysiert und sie im Widerspruch zwischen dem universalen Anspruch des Christentums und der in der Moderne unvermeidlich erkennbaren (kognitiven wie geographischen) Regionalität dieses Anspruchs ortet, wenn schließlich für Hitler auch die Unvereinbarkeit der „völkischen Religiosität" zu modernen Wissens- und Gesellschaftstrukturen definitiv feststeht, so bildet dies die Voraussetzung der theologischen Fundierung seines nationalsozialistischen Politikprojekts. Hitler entwickelt einen eigenen theologischen Rahmen für seine Politik einer nicht-pluralen gesellschaftlichen Modernisierung. Geschichtstheologische Legitimation im Vorsehungsbegriff, Totalisierung der obersten normativen Kategorie des eigenen Politikkonzepts im Gottesbegriff und schließlich die Motivation des Individuums und seine Vereinigung mit seinem Glaubensgegenstand, dem deutschen Volk, im Glaubensbegriff: Hitlers theologischer Diskurs deckt unübersehbar die drei Zeit-Dimensionen menschlicher Existenz, Vergangenheit, Gegenwart und Zukunft, ab.

Mit Hilfe des Vorsehungsbegriffs als zentraler hermeneutischer Komponente seines theologischen Diskurses kann Hitler historische Vorgänge theologisch interpretieren und als Legitimationsbasis seines eigenen Projekts benutzen. Der explizite Gottesbegriff als „Autorität des Ganzen" hingegen totalisiert dann Hitlers an sich nur partikulären „god-term" „deutsches Volk", gibt ihm eine quasi-universalistische Basis: weil Gott dieses Volk als „Herrenvolk" zur Weltherrschaft berufen hat, darf, ja muß es diesen Anspruch auch erheben. Als im strengen Sinn transzendente, noch einmal selbst dem „deutschen Volk" übergeordnete Kategorie ist der Gottesbegriff damit einerseits mittels des Vorsehungsbegriffs geschichtstheologisch (und damit gesellschaftlich-politisch), mittels des Glaubensbegriffs aber auf der Ebene des Individuums operationalisierbar geworden, was ihm eine pragmatische Komponente sichert.

Die drei genannten theologischen Kategorien des Hitlerschen Diskurses stützen sich damit wechselseitig und leihen sich wechselseitige Plausibilität. Hitler erreicht damit zweierlei, beides aber ist für die Theologie attraktiv. Zum einen verleiht er theologischen Begriffen unmittelbar individuelle wie gesell-

---

[222] *Hitler*, Politisches Testament, 50 (6.2.1945).
[223] *Hitler*, a.a.O., 73 (14.2.1945).

schaftliche Wertbereiche und damit individuelle wie gesellschaftliche Relevanz und Geltung: sie verkommen nicht in der bloßen Behauptung einer Bedeutung, sie erlangen diese Bedeutung unmittelbar im Handeln des einzelnen wie der Gesellschaft. Daß es sich dabei um eine fatale Bedeutung handelt, braucht nicht eigens betont zu werden.

Zum anderen aber entkommt Hitler mit Hilfe seiner theologischen Konzeption der spezifischen Universalismus/Partikularismus-Problematik religiöser Geltungsansprüche in der Moderne. Der Blick auf die Struktur der Hitlerschen Theologie zeigt, daß Hitler der Gefahr, wegen eines unaufgeklärten universalistischen Anspruchs zwischen regionalem Totalitarismus und liberaler Geltungsreduktion zerrieben zu werden, mit Hilfe exakt jener theologischen Umkehrung zu entkommen sucht, wie sie bereits im Exkurs zur theologischen Begründung des Holocausts aufgewiesen wurde. Vor allem handelt es sich dabei um die Umkehrung der im theologischen Diskurs der Moderne ansonsten vorfindlichen Beziehungen von Partikularität und Universalität.

Kann das Judentum religiös universalistisch, politisch und gesellschaftlich aber bewußt partikulär beschrieben werden, wobei dann die Vermittlung von Universalität und Partikularität über eine Ethik des Lebensschutzes erfolgt, die der eine und universale Gott garantiert, so ist es bei Hitler exakt umgekehrt: sein Projekt ist religiös partikulär, denn es setzt als god-term das „deutsche Volk", wobei Gott nicht als Garant einer Ethik des individuellen Lebensschutzes, sondern als Garant der Letztgültigkeit dieses god-terms „deutsches Volk" fungiert. Politisch aber ist dieses Projekt im schlechtesten nur möglichen Sinne universalistisch, denn das deutsche Volk darf, ja muß, weil von Gott dazu ausersehen, zur Weltherrschaft streben. Damit aber zeigt sich auch: die theologische Legitimation des Holocaust ist keine singuläre Argumentationsstruktur in Hitlers Denken, die sich etwa aus dem (auch) religiösen Charakter des Judentums quasi spiegelbildlich ergeben hätte: sie ist vielmehr die fatale Konsequenz der theologischen Argumentation Hitlers überhaupt.

Hitlers nicht-pluralistisches gesellschaftliches Modernisierungsprojekt ist konstitutiv eingewoben in einen sehr spezifischen theologischen Diskurs. Ohne diesen Diskurs dürfte es nicht begreifbar sein. Dieser Diskurs ermöglicht - im Unterschied zu anderen zeitgenössischen theologischen Diskursen - gesellschaftliche Modernisierung. Denn er legitimiert, anders als das kirchliche „Dispositiv der Dauer", welches Kirchenkonstitution durch Stillstellung erhoffte, anders auch als die „völkischen Religiosität" der „Neuheiden", welche gesellschaftlich integrationsunfähig und intellektuell lächerlich blieb, Bewegung und Dynamik. Zudem hielt Hitler sein theologisches Konzept Hitler für kognitiv anschlußfähig an spezifische Strukturen und Inhalte der (nicht-normativen) Modernisierung der europäischen Gesellschaften seit dem 18. Jahrhundert, ja Hitler wähnte sich sogar mit seiner „Theologie" an der Spitze der „Aufklärung".

Anti-pluralistisch aber konnte dieses Modernisierungsprojekt sein, insofern Hitler durch Ausschluß einer universalistischen Ethik des Lebensschutzes und durch Einsetzung der (in ihrer inhaltlichen Bestimmung natürlich völlig willkürlichen) Kategorie „deutsches Volk" als „god-term" eine überaus wirksame

Selektionskategorie in die Hände bekam. Dabei bleibt festzuhalten: zu keinem Zeitpunkt und an keiner Stelle seines Diskurses denkt und spricht Hitler gegen oder auch nur jenseits seiner theologischen Kategorien. Kontinuierlich von Beginn bis zum Schluß seiner öffentlichen Tätigkeit begreift Hitler sein politisches Projekt als theologisch fundiert.

Mit beidem aber, mit der Eröffnung individueller und gesellschaftlicher Geltung theologischer Begriffe wie mit der „Lösung" des moderne-spezifischen Universalismus-Partikularismus-Problems religiöser Wahrheitsansprüch muß Hitlers theologischer Diskurs faszinierend werden für die gegenwartssensiblen Theoretiker einer Kirche, die deren Konstitutionsprobleme in der Moderne nur zu genau erkannten und denen das begrenzte Lösungspotential des herrschenden „Dispositivs der Dauer" nicht entgangen war.

C. LORTZ, SCHMAUS, ADAM: DIE HOFFNUNGEN DER THEOLOGIE

„Auf katholischer Seite: ... eine wahrhaft tragisch zu nennende Unkenntnis der gewaltigen positiven Kräfte, Ideen und Pläne des Nationalsozialismus, wie sie authentisch in Hitlers Buch 'Mein Kampf' bereits seit 1925 allgemein zugänglich niedergelegt waren. An diesem Versäumnis haben wir alle unser Teil Schuld."

Joseph Lortz
Katholischer Zugang zum Nationalsozialismus, kirchengeschichtlich gesehen, Münster 1933, 5

1. Gründe der Annäherung

1.1. Das Unbehagen an der eigenen Zeit: Theologie und Katholizismus zu Ende der Weimarer Republik[224]

Joseph Lortz' Diktum trifft die Realität. Wenn auch aus überaus erläuterungsbedürftiger Perspektive formuliert, so konstatiert Lortz durchaus zu Recht „eine wahrhaft tragisch zu nennende Unkenntnis" über Hitlers „Kräfte, Ideen und Pläne" im Katholizismus. Doch diese „Unkenntnis", besser, diese osten-

[224] Zur deutschen katholischen Theologie zwischen den beiden Weltkriegen siehe jetzt: *Th. Ruster*, Die verlorene Nützlichkeit der Religion. Katholizismus und Moderne in der Weimarer Republik, Paderborn-München-Wien-Zürich 1994; *A. Schwan*, Zeitgenössische Philosophie und Theologie in ihrem Verhältnis zur Weimarer Republik, in: K. D. Erdmann/H. Schulze (Hrsg.), Weimar, Düsseldorf 1980, 259-285. Theologiegeschichliche Überblicke bieten: *R. Gibellini*, Handbuch der Theologie im 20. Jahrhundert, Regensburg 1995; *R. Aubert*, Die Theologie während der ersten Hälfte des 20. Jahrhunderts, in: H. Vorgrimler, R. Vander Gucht (Hrsg.), Bilanz der Theologie im 20. Jahrhundert, Bd. II, Freiburg/Br.-Basel-Wien 1968, 7-70; *A. Kolping*, Katholische Theologie Gestern und Heute, Bremen 1964, 62-126; *M. Schoof*, Der Durchbruch der neueren katholischen Theologie. Ursprünge-Wege-Strukturen, Wien-Freiburg/Br.-Basel 1969, 105-130.

tative Zurückhaltung gerade gegenüber den religiösen Implikationen von Hitlers Politikprojekt, die sich bis zur offenen Ablehnung steigern konnte, hatte ihre Vorgeschichte und ihre guten Gründe.

Immerhin hatten die deutschen Bischöfe in verschiedenen Pastoralanweisungen 1931 speziell vor dem „kulturpolitischen Programm" der nationalsozialistischen Bewegung, das „eine neue Weltanschauung an die Stelle des christlichen Glaubens setzen"[225] wolle, gewarnt. Bei aller kirchenoffiziellen Teil-Versöhnung mit Hitler nach dem März 1933[226] blieb man im offiziellen Katholizismus, bei Theologen wie Bischöfen, Politikern wie im Kirchenvolk gerade gegenüber den religiösen Elementen von Hitlers Bewegung ausgesprochen mißtrauisch. Man identifizierte Hitler in weiten Teilen des deutschen Katholizismus mit jener „völkischen Religiosität", wie man sie von den Ursprüngen der nationalsozialistischen Bewegung her kannte und zuletzt noch, quasi „parteiamtlich", in Alfred Rosenbergs kämpferisch anti-christlichem „Mythus des 20. Jahrhunderts" in Händen gehalten hatte. Diese „völkische Religiosität" verurteilte man, anders etwa als die „Deutschen Christen" im protestantischen Bereich,[227] fast einhellig als „neuheidnisch" und „antichristlich"[228].

Wichtiger aber noch: auf die Mehrheit der deutschen katholischen Universitätstheologen hatte der Sieg des Nationalsozialismus keinen Einfluß auf ihre professionelle wissenschaftliche Arbeit; dieser Kontext wurde von ihnen nicht als - im eigentlichen, im wissenschaftlichen Sinne[229] - theologierelevant erach-

---

225 So die Pastorale Anweisung der bayerischen Bischöfe vom 10.2.1931 (*B. Stasiewski* (Hrsg.), Akten deutscher Bischöfe über die Lage der Kirche 1933 bis 1945, Bd. I: 1933-1934, Mainz 1968, 806-809, 806); ähnliche Anweisungen und Verlautbarungen wurden in der Kölner, der Paderborner und der Oberrheinischen Kirchenprovinz herausgegeben.

226 Vgl. die Kundgebung der deutschen Bischöfe vom 28.3.1933, in der „ohne die in unseren früheren Maßnahmen liegende Verurteilung bestimmter religiös-sittlicher Irrtümer zurückzunehmen", der „Episkopat das Vertrauen hegen zu können (glaubt), daß die vorbezeichneten Verbote und Warnungen nicht mehr als notwendig betrachtet zu werden brauchen." (*Stasiewski*, Akten deutscher Bischöfe I, 30-32). Die Bischöfe begründen diese Rücknahme mit den „öffentlich und feierlich (gegebenen) Erklärungen" des „höchsten Vertreter(s) der Reichsregierung, der zugleich autoritärer Führer" der nationalsozialistischen Bewegung sei, „durch die der Unverletzlichkeit der katholischen Glaubenslehre und den unveränderlichen Aufgaben und Rechten der Kirche Rechnung getragen, sowie der vollinhaltlichen Geltung der von den einzelnen deutschen Ländern mit der Kirche abgeschlossenen Staatsverträge durch die Reichsregierung ausdrücklich zugesichert" würden.

227 Vgl. dazu: *H. J. Sonne*, Die politische Theologie der Deutschen Christen, Göttingen 1975.

228 Siehe paradigmatisch: *P. Simon*, Mythos oder Religion, Paderborn ²1934. Vgl. dazu: *R. Baumgärtner*, Weltanschauungskampf im Dritten Reich. Die Auseinandersetzung der Kirchen mit Alfred Rosenberg, Mainz 1977; für den protest. Bereich: *H. Iber*, Christlicher Glaube oder rassischer Mythus. Die Auseinandersetzung der Bekennenden Kirche mit Alfred Rosenbergs „Der Mythus des 20. Jahrhunderts", Frankfurt/M.-Bern-New York-Paris 1987.

229 Es dürfte sich lohnen, an diesem Beispiel über die spezifischen Kosten des Ortes Universität für die katholische Theologie nachzudenken. Es kann jedenfalls nicht genügen, die Konstitutionsprinzipien der Theologie von den Konstitutionslogiken des Ortes Universität zu borgen. Zwar ist dies explizit kaum der Fall, scheint mir aber, etwa im Ideal der „Gelehrsamkeit", der „Praxisferne" und in ähnlichen anderen mentalitätswirksamen Phänomen dann doch recht weitgehend implizit zu geschehen. Natürlich spricht dies nicht gegen die - von fundamentalistischen wie liberalistischen Kreisen immer wieder kritisierte - Anbindung der Theologie an die Universität, zumal der Nutzen dieser Anbindung für Gesellschaft und Kirche bei nüchterner Betrachtung unbestritten sein dürfte. Es fordert

tet. Wenn auch keine umfassende Darstellung der Geschichte der deutschen katholischen (Fakultäts-)Theologie für die Jahre des Nationalsozialismus vorliegt[230], so wird sich, bei Berücksichtigung spezifischer Ausnahmen[231], doch verallgemeinern lassen, was Klaus Wittstadt für die Katholische Fakultät der Universität Würzburg resümiert: „die meisten Fakultätsmitglieder aber fielen nach keiner Seite hin auf".[232]

Es trifft so den Befund, wenn Heinz Hürten in seinem knappen Überblick über die „Brückenbau"-Versuche innerhalb des deutschen Katholizismus im Jahre 1933 feststellt, daß es „gleichwohl nur wenige waren, die von seinem (des Nationalsozialismus', R.B.) Sog mitgerissen wurden", während „von vielen hingegen kein Wort zu vernehmen war, das als theologische Rechtfertigung des Geschehens hätte genommen werden können"[233]: die „Zahl derer, die schwiegen, sich von allen literarischen Anpassungsversuchen fernhielten, war weitaus größer als die der 'Brückenbauer'."[234]

So „blieb" ein „offener Protest der Universitätstheologie"[235] ebenso aus, wie andererseits auch die ausdrücklichen pro-nationalsozialistischen Stellungnahmen - jenseits der bischöflich geforderten „Mahnung zur Treue gegenüber der rechtmäßigen Obrigkeit und zur gewissenhaften Erfüllung der staatsbürgerlichen Pflichten unter grundsätzlicher Ablehnung allen rechtswiderigen und

---

aber dazu auf, sowohl nach der (natürlich nicht institutionalistisch, sondern theologisch verstandenen) kirchlichen, wie nach der gesellschaftlichen Bedeutung und realen Bezogenheit des theologischen Diskurses zu fragen. (Vgl. zur Problematik: *O. Fuchs*, Ämter für eine Kirche der Zukunft, Luzern 1993, 43-66 („Exkurs: Die Verantwortung der wissenschaftlichen Theologie")). Dies gilt umso mehr, als die Wissenschaft ihrerseits selbst gegenwärtig ihren Status als unumstrittene Nachfolgeinstitution der einstmaligen diskurskontrollierenden Theologie zu verlieren scheint und daher gezwungen ist, über ihre eigene gesellschaftliche Rolle und Bedeutung verstärkt nachzudenken.

230 Eine repräsentative Untersuchung über die deutsche katholische Universitätstheologie zu Zeiten des Nationalsozialismus existiert nicht. Vgl. exemplarisch: *K. Wittstadt*, Die Katholisch-theologische Fakultät der Universität Würzburg während der Zeit des Dritten Reiches, in: P. Baumgart (Hrsg.), Vierhundert Jahre Universität Würzburg, Neustadt/Aisch 1982, 399-429; *W. Damberg*, Kirchengeschichte zwischen Demokratie und Diktatur. Georg Schreiber und Joseph Lortz in Münster 1933-1950, in: L. Siegele-Wenschkewitz/C. Nicolaisen (Hrsg.), Theologische Fakultäten im Nationalsozialismus, Göttingen 1993, 145-167, in diesem instruktiven Band werden ansonsten ausschließlich evangelisch-theologische Fakultäten untersucht.

231 Die Braunsberger Fakultät, der auch Joseph Lortz von 1929 bis 1935 angehörte, „bildete mit ihren offenen Sympathie-Bekundungen dem neuen Führerstaat gegenüber deutlich die Ausnahme von den in der Regel zurückhaltenden bis ablehnenden Reaktionen an anderen deutschen katholisch-theologischen Fakultäten", so *G. Lautenschläger*, Neuere Forschungsergebnisse zum Thema: Joseph Lortz, in: R. Decot (Hrsg.), Zum Gedenken an Joseph Lortz (1887-1975), Wiesbaden 1989, 293-313, 299. Siehe dazu auch *G. Reifferscheid*, Das Bistum Ermland und das Dritte Reich, Köln-Wien 1975, 34-78.

232 Allerdings identifiziert *Wittstadt* immerhin drei Mitglieder der Würzburger Fakultät (L. Mohler, L. Ruland und A. Stonner) als „wirkliche Nationalsozialisten" (Die Katholisch-theologische Fakultät, 433).

233 *Hürten*, Deutsche Katholiken, 219. Hürten bezieht sich in diesem Zusammenhang ausdrücklich auf die wissenschaftliche Theologie und auf die grundsätzliche (und nicht nur pragmatische) Frage, „wie es denn um die innere Übereinstimmung katholischen Christentums und nationalsozialistischer Weltanschauung bestellt sei" (ebda.).

234 *Hürten*, Deutsche Katholiken, 228.

235 *Wittstadt*, Die Katholisch-theologische Fakultät, 404.

umstürzlerischen Verhaltens"[236] - unter den deutschen Universitätstheologen nie repräsentativ wurden. Das stillstellende kirchenkonstitutive „Dispositiv der Dauer", dessen ratio gerade die möglichst weitgehende Kontextunabhängigkeit von theologischem Diskurs, kirchlicher Realität und persönlicher Glaubensverwirklichung war, wirkte weiter, erwies sich als hinlänglich stabil.

Dieser Befund ist nicht weiter erstaunlich. Die (Universitäts-)Theologie als der klassische Ort der Theorieproduktion der Kirche war durch die lehramtlichen Disziplinierungsmaßnahmen vom Anfang des Jahrhunderts - zumindest öffentlich - weitgehend entproblematisiert worden, die kirchlichen Institutionen der pastoralen Praxis aber hatten sich innerhalb eines relativ stabilen sozial-moralischen Milieus etabliert und in der Exklusivität ihrer Binnenkommunikation eingerichtet.

Die im „Dispositiv der Dauer" stillgestellten Spannungen und Impulse verschwanden allerdings nicht, sondern wanderten vielmehr in basisbezogene Aufbruchsbewegungen ab - Liturgiebewegung, Jugendbewegung, Ökumenische Bewegung[237] -, wo sie theorieärmer, institutionsdistanzierter, aber auch basisnäher zum Ausdruck kamen. Jenseits der im ganzen eher schulisch-sterilen Universitätstheologie, jenseits auch der in ihren eigenen diskursiven, institutionellen und lebensweltlichen Strukturen eingeschlossenen kirchlichen Hierarchie hatten sich im Weimarer Katholizismus schon lange Absetzbewegungen vom geschlossenen kirchlichen Konstitutionsdispositiv herausgebildet und bemerkbar gemacht.

Viele dieser Bewegungen entwickelten dabei eine unübersehbare Affinität zu den Argumentations-, vor allem aber Mentalitätsstrukturen der völkischen Bewegung. Arno Klönne identifiziert deutliche „'Schnittmengen' im Gedanken- und Gefühlsbestand kirchlich-katholischer und völkischer oder faschistischer Erneuerungsbewegungen zwischen den Kriegen"[238]. Gerade in den gegenwarts- und problemsensiblen Kreisen der Kirche, in der Jugend und unter den katholischen Intellektuellen, gewann zunehmend jener spezifische antimoderne Affekt, jener romatische „Hunger nach Ganzheit" und „organischem Leben"[239] an Raum, wie er generell in den Weimarer Studenten- und Intellektuellenzirkeln verbreitet war, gegen Ende der Republik schließlich gar dominierte.[240] Die Spannung zwischen „liberaler Selbstverflüchtigung und orthodo-

---

[236] Kundgebung der deutschen Bischöfe vom 28.3.1933 (*Stasiewski*, Akten deutscher Bischöfe I, 31f).

[237] Siehe dazu: *E. Iserloh*, Innerkirchliche Bewegungen und ihre Spiritualität, in: Handbuch der Kirchengeschichte, hrsg. v. H. Jedin, Bd. VII, Freiburg/Br. 1979, 301-337.

[238] *A. Klönne*, Die Liturgische Bewegung - 'erblich' belastet? Historisch-soziologische Fragestellungen zur Vorgeschichte der Liturgiekonstitution, in: H. Becker/B. J. Hilberath/U. Willers (Hrsg.), Gottesdienst-Kirche-Gesellschaft, St. Ottilien 1991, 13-21; für die entsprechende Affinität der katholischen Jugendbewegung siehe *K. Breuning*, Die Vision des Reiches. Deutscher Katholizismus zwischen Demokratie und Diktatur (1929-1934), München 1969, 81-98.

[239] Dabei spielte vor allem auch die „katholische Reichsideologie" eine verhängnisvolle Rolle. Eine zusammenfassende Darstellung liegt vor mit dem bereits erwähnten Werk von *Breuning*, Die Vision des Reiches. Siehe auch *H. Lutz*, Demokratie im Zwielicht. Der Weg der deutschen Katholiken aus dem Kaiserreich in die Republik 1914-1925, München 1963.

[240] Die weite Verbreitung rechtsradikaler und nationalsozialistischer Positionen belegt etwa: *M. Grüttner*, Studenten im Dritten Reich, Paderborn 1995. Siehe auch: *M. Kater*, Studenten-

xer Einkapselung oder als dritter Möglichkeit: fundamentalistischem Imperialismus"[241], wie Ulrich Bröckling zutreffend die Problemlage katholischer Intellektueller[242] in der Weimarer Republik jüngst zusammenfaßte, trieb dazu, nach einer Lösung jenseits dieser fatalen Trias zu suchen.

In seiner 1994 erschienenen Studie zur deutschen katholischen Theologie der Weimarer Zeit entwickelt Thomas Ruster in diesem Zusammenhang die zugespitzte, aber plausible These, daß die „Suche nach der verlorenen Nützlichkeit der Religion" das „geheime Grundmotiv der römisch-katholischen Theologie in der Zeit der Weimarer Republik"[243] gewesen sei. „Die 'Modernität' des katholischen Denkens jener Zeit" zeige sich vor allem „in der Reflexion auf die 'Nützlichkeit' oder 'Brauchbarkeit' der Religion." Diese sei geradezu „als Ware" angeboten worden, „die ihren Wert in ihrer Funktionalität für den einzelnen, die Gemeinschaft oder den Staat beweisen sollte".[244] Religion bedeutete dabei „schließlich nichts anderes mehr als Autoritätsprinzip, Sinnstiftung, Handlungsimpuls oder geistige Form."[245] Dabei sei es „merkwürdig zu sehen", wie bei aller „Rede über die Objektivität der Wahrheit, die die Epoche durchzieht, und der beständigen Polemik gegen den neuzeitlichen Subjetivismus", die „Glaubensentscheidung schließlich bei der reinen Subjektivität"[246] gelandet sei.

„Die Pluralisierung des katholischen Geisteslebens", die in der Weimarer Zeit eingetreten sei, zeigt sich für Ruster bereits als Ergebnis des „Verlust(s)

---

schaft und Rechtsradikalismus in Deutschland 1918-1933, Hamburg 1975; *H. P. Bleuel/E. Klinnert*, Deutsche Studenten auf dem Weg ins Dritte Reich. Ideologien-Programme-Aktionen 1918-1935, Gütersloh 1967. Zu Genese und Struktur des anti-demokratischen Denkens in Weimar vgl.: *N. Bolz*, Auszug aus der entzauberten Welt. Philosophischer Extremismus zwischen den Weltkriegen, München 1989; *N. Schürgers*, Politische Philosophie in der Weimarer Republik: Staatsverständnis zwischen Führerdemokratie und bürokratischem Sozialismus, Suttgart 1989; *R. P. Sieferle*, Fortschrittsfeinde? Opposition gegen Technik und Industrie von der Romantik bis zur Gegenwart, München 1984; *K. D. Bracher*, Zeit der Ideologien. Eine Geschichte des politischen Denkens im 20. Jahrhundert, Stuttgart 1982; *K. Sontheimer*, Antidemokratisches Denken in der Weimarer Republik, München 1962 (Taschenbuchausgabe München 1968); *K. v. Klemperer*, Konservative Bewegungen. Zwischen Kaiserreich und Nationalsozialismus, München-Wien 1957. Die meisten dieser antidemokratischen Bewegungen besaßen ausgesprochen religiöse Komponenten. Vgl. hierzu: *H. Cancik* (Hrsg.), Religions- und Geistesgeschichte der Weimarer Republik, Düsseldorf 1982.

241 *U. Bröckling*, Katholische Intellektuelle in der Weimarer Republik. Zeitkritik und Gesellschaftstheorie bei Walter Dirks, Romano Guardini, Carl Schmitt, Ernst Michel und Heinrich Mertens, München 1993, 11.

242 Ich stimme Thomas Ruster zu, wenn er anmerkt, daß die oben erwähnte Entscheidungstrias die „grundlegende Alternative für den Weimarer Katholizismus" darstelle, „insofern er am vergangenen Kirchentum orientiert war" (*Ruster*, Die verlorene Nützlichkeit der Religion, 357). Wie Ruster scheint es mir allerdings auch, daß das „Spektrum der Möglichkeiten" darüberhinaus „aber reicher" war, insofern eben dieses „vergangene Kirchentum" durchaus auch in Frage gestellt werden konnte. Ruster geht in seiner Arbeit, die materialreich die Wahrnehmungs- und Reaktionsmodelle der Theologie auf die Moderne während der Weimarer Republik untersucht, nur am Rande auf die Herausforderung durch den faschistischen Diskurs ein.

243 *Ruster*, Die verlorene Nützlichkeit, 11.

244 A.a.O., 392.

245 Ebda.

246 A.a.O., 393.

einer klar definierten katholischen Identität". Entgegen ihren Absichten sei es den Theologen nicht gelungen, „diesen Verlust wettzumachen, im Gegenteil: je mehr verschiedene Entwürfe sich als katholisch identifizieren ließen, um so weniger war das Wesen des Katholizismus eindeutig identifizierbar." Man habe jeweils ein spezifisches „Bruchstück des vergangenen katholischen Kosmos"[247] aktualisiert und für die eigene Gegenwart totalisiert. „Wegen dieses Rückbezuges auf tradierte Elemente konnten", so Ruster, diese tonangebenden Theologen der Weimarer Zeit deshalb „als katholisch gelten, aber sie verfehlten die jeweils angestrebte Totalität des Katholischen, indem sie sich gegenseitig neutralisierten. Wogegen sie alle ankämpften, dem verhalfen sie durch ihr Schaffen erst recht zum Durchbruch: der Subjektivierung und Vervielfältigung der Wahrheit."[248]

Ruster ist zuzustimmen, wenn er zuletzt das Fehlen einer positiven Sicht des Subjekts innerhalb der katholischen Theologie für diese Situation verantwortlicht macht. Man habe, so Ruster, innerhalb der unübersehbaren - und meist bitter beklagten - Weltanschauungspluralität Weimars „seinen Platz auf dem Markt der Weltanschauungen" gesucht und zu diesem Zwecke „die Prinzipien des 'Katholischen' auf ihre allgemeine Bedeutung hin"[249] verobjektiviert. Jedoch „allein die Orientierung an der Mündigkeit des freien Subjekts hätte den Rahmen abgegeben, substantielle Kritik an der Gegenwart zu leisten und dem Abgleiten der Weimarer Gesellschaft in den faschistischen Staat entgegenzutreten, diese Orientierung lag dem katholischen Denken aber fern."[250] Die Weimarer Theologie habe ihre „Zeitzugewandtheit" dagegen in der „Koalition mit Kräften und Gesinnungen, die auf den Untergang der freiheitlichen Demokratie hinarbeiteten"[251] demonstriert.

Neben diesem inhaltlichen Moment eines grundlegenden Mißtrauens gegenüber den Ansprüchen des modernen Subjets zeigt die Analyse Rusters aber auch, daß die Theologen der Zwischenkriegszeit nicht in der Lage waren, ihre eigenen Diskursbedingungen adäquat zu reflektieren. Ihr eigener Diskurs organisierte vielmehr vor allem den Versuch, eben diese modernen Diskursbedingungen grundlegend zu revidieren. Damit wird aber auch erkennbar: es ging ihnen nicht nur um den Nachweis der „Nützlichkeit" von Religion (besser: des Katholizismus) für die (deutsche Nachkriegs-)Gesellschaft, sondern auch um die grundlegende Überwindung der pluralen Realität eben dieser Gesellschaft.

Ruster sieht dies selbst, wenn er zu dem Ergebnis kommt, daß „die römisch-katholische Theologie der Epoche insgesamt" zur „Moderne und ihren leitenden Ideen" schließlich „kein Verhältnis habe finden können." „Wir be-

---

247 A.a.O., 390.

248 A.a.O., 391.

249 Ebda.

250 Bekanntlich konnte sich diese fehlende Subjektorientierung bis zur Subjektverachtung steigern, vgl. dazu unten S. 159. Es wird im übrigen zu zeigen sein, wie erst das II. Vatikanum die theologischen Voraussetzungen einer subjektorientierten Kritik der Moderne bereitstellt und dadurch die Grundlagen sowohl für einen wirklich pluralismusfähigen theologischen Diskurs wie auch für eine subjektorientierte Pastoral legte. Siehe hierzu Teil IV dieser Arbeit.

251 *Ruster*, Die verlorene Nützlichkeit, 394.

gegnen vielmehr durchgehend der instinktsicheren Abwehr der Vertreter einer statischen Welt- und Gesellschaftsordnung, einer Welt des 'Schicksals', gegen die Veränderungs- und Differenzierungsprozesse der Moderne, die das Individuum in eine Welt der Wahlmöglichkeiten stellte. Die Stärkung des Subjekts, als Voraussetzung, die Auflösung vorgegebener Ordnungen bewältigen und neue Entwicklungen verantwortlich mitgestalten zu können, lag nicht im Interesse dieses Hauptstroms dieser Theologie. Zu deutlich erkannte man, daß die Modernisierung die überkommene Gestalt der römischen Kirche in Frage stellte, als daß man eine unbefangene und kritische Prüfung ihrer Ansprüche hätte vornehmen können."[252]

1.2. Die Attraktivität des Nationalsozialismus

Es ist daher durchaus verständlich, wenn das Projekt Hitlers als ein neuer, gesellschaftlich zudem offenkundig zukunftsträchtiger Versuch erscheinen mußte, einen ganz neuen Zusammenhang von Religion und säkularer Welt herzustellen. Damit wird Hitlers Diskurs tatsächlich attraktiv für eine Theologie, die gezwungen ist, unter irreversiblen Pluralitätsbedingungen zu arbeiten.

Denn Hitlers Projekt verspricht nun dreierlei: zum einen, die gesellschaftliche wie individuelle Relevanz der Religion zu restaurieren, also das zu belegen, was Ruster die „verlorene Nützlichkeit der Religion" nennt, zumindest dann, wenn es gelingen sollte, den Katholiken Hitler auch wirklich als „katholisch" zu erweisen, oder zumindest die theologischen Versatzstücke seines Diskurses als kompatibel mit dem Katholizismus aufzuzeigen.

Weiterhin schien mit Hitlers Hilfe dann auch jene innertheologische Pluralisierung überwunden werden zu können, die Ruster für die Weimarer Theologie als charakteristisch analysiert, und welche darin bestand, daß von den katholischen Autoren je nach persönlicher Präferenz spezifische Traditionsbestände des Katholizismus als „typisch katholisch" isoliert und totalisiert wurden.[253] Denn wegen Hitlers Politikprojekt als Religionsprojekt begriffen und innerkatholisch aufgegriffen würde, verschöbe sich das religionskonstitutive Zentrum von der kirchlichen Zentralstruktur, wo es im „Dispositiv der Dauer" ohne Zweifel lag,[254] auf das Feld des Politischen, welches von Hitler aber gerade als nicht-plural konzipiert war. Bei einer (moderaten) Übernahme des „Volksgemeinschaftsgedankens" ließe sich auch innerkirchlich wieder, zumindest für die

---

[252] A.a.O., 391.

[253] So versuchten nach Ruster zu totalisieren: „Guardini das Katholischsein als geistige Form, Adam die Übernatürlichkeit der Offenbarung, mit ihren Konsequenzen für die Autorität, Michel die Ethik des Liebesgebotes, Rademacher den rheinischen Kulturkatholizismus im System von Natur und Gnade, Casel die liturgische Heilsaneignung, Przywara die Vermittlung zwischen Endlichkeit und Unendlichkeit, Eschweiler das organische Gemeinschaftsmodell, Krebs die Vollmacht des Amtes an sich, Heinen die katholische Familie, Haecker das christlich-abendländische Kulturerbe, Schmitt die Kirche als politisches Herrschaftsprinzip." (a.a.O., 390)

[254] Vgl. *M. N. Ebertz*, Herrschaft in der Kirche. Hierarchie, Tradition und Charisma im 19. Jahrhundert, in: K. Gabriel/F.-X. Kaufmann (Hrsg.), Zur Soziologie des Katholizismus, Mainz 1980, 89-111.

„deutsche Gefühls- und Schicksalsgemeinschaft", jene religiöse Einheit restaurieren, wie sie - auch von Hitler beklagt - in der Reformation verlorengegangen war und selbst innerhalb des Katholizismus zunehmend verloren zu gehen schien.[255]

Vor allem aber schien es jetzt möglich, die als fatal erkannte Statik des „Dispositivs der Dauer", seinen kognitiven Rationalismus und seine existentielle „Lebensferne" zu überwinden. Denn Hitlers Projekt erlaubte es, spezifische kognitive und gesellschaftliche Elemente der Moderne aufzugreifen, ohne gesellschaftlichen Pluralismus akzeptieren zu müssen. So schienen mit Hitler zentrale Anliegen einer anti-pluralen Modernisierung des Katholizismus verwirklicht werden zu können.

Hitlers theologiegesättigter Diskurs mußte die christliche Theologie daher provozieren. Denn er belegte eine reale, wirksame, mächtige und deswegen verführerische Konstitutionsmöglichkeit von Theologie und Religion in der Moderne: als legitimierender, totalisierender und motivierender Legitimationsmythos einer anti-pluralen Modernisierung. Die Annäherung an den Nationalsozialismus konnte so nicht nur auf der Basis der fast allgemeinen Ablehnung der normativen Grundlagen der Weimarer Demokratie seitens des Katholizismus, nicht auch nur auf der Grundlage einer vor allem publizistisch wirksamen, theologisch aufgeladenen „Reichsideologie" erfolgen, sondern fand in Hitlers Diskurs ein Angebot für spezifische Probleme des theologischen Diskurses vor. Diese aber waren ihrerseits Reflexe - gleichzeitig aber natürlich auch Symptome - der kirchlichen Konstitutionsprobleme in der Moderne. Genauer: sie resultierten aus Defiziterfahrungen mit jenen Problemlösungen, wie sie das kirchliche „Dispositiv der Dauer" für die Konstitutionsprobleme von Kirche in der Moderne etabliert hatte.

Hitlers Versuch, die reaktionäre Revolution eines utopischen Anti-Modernismus mit partiellen Modernisierungsfolgen ins Werk zu setzen, mußte für eine Theologie verführerisch sein, die selbst zwischen der Szylla des „anti-modernistischen Dispositivs der Dauer" und der Charybtis einer befürchteten gesellschaftlichen Bedeutungslosigkeit in Folge interner wie externer Pluralität zerrissen wurde. Gerade die merkwürdige doppelte Doppeldeutigkeit des Na-

---

255 Speziell bei Joseph Lortz, der später auch als Ökumeniker bekannt wurde (vgl. dazu: *E. Iserloh*, Joseph Lortz - Leben und ökumenische Bedeutung, in: R. Decot (Hrsg.), Zum Gedenken an Joseph Lortz (1887-1975), 3-11.), zeigt sich dieser Gesichtspunkt wirksam. G. Lautenschläger kommt zu dem Schluß, daß Lortz sich durch die „'Einbindung in ein Objektives'„ - die Autorin zitiert hier Lortz - „und eine damit verbundene Überwindung alles Partikular-Trennenden" angesichts „von rund 400 Jahren Kirchenspaltung" dann „1933 umso mehr von dem neuen Führerstaat erhofft" (*G. Lautenschläger*, Neuere Forschungsergebnisse zum Thema: Joseph Lortz, in: R. Decot (Hrsg.), Zum Gedenken an Joseph Lortz, 293-313, 298). Im November 1933 schreibt Lortz in seinem Artikel „Um Luther", daß sich „von der nationalsozialistischen Bewegung her, so wie sie Adolf Hittler [sic!] geschaffen und in ihr die Richtlinien der Weiterentwicklung grundgelegt hat, erhebt sich so fordernd und absolut das Verlangen nach einem *innersten Einssein* der Nation, daß der Nationalsozialismus, will er sich selbst nicht untreu werden, das Gegeneinander der Konfessionen überwinden muß." Zum „ersten Male seit 1517" tauche „durch den Nationalsozialismus die Möglichkeit auf, daß der konfessionelle Riß wenigstens praktisch überbrückt werde." (*J. Lortz*, Um Luther, in: Zeitschrift für den katholischen Religionsunterricht an höheren Lehranstalten 10(1933) 193-207, 200)

tionalsozialismus als reaktionäre Revolution eines utopischen Anti-Modernismus mit partiellen Modernisierungsfolgen machte die Attraktivität des nationalsozialistischen Projekts für die deutsche katholische Theologie des Jahres 1933 aus.

Vom Einzelnen her betrachtet zeigte sich diese Ambivalenz im übrigen als *gleichzeitiger* Appell an seine heroische Unvertretbarkeit[256], wie an seine Einordnungspflichtigkeit in ein vorgegebenes Ganzes, an die Dynamik einer „Neuen Zeit", wie an verklärte archaische Vergangenheiten. Man kann dieses Element des Nationalsozialismus als eine Art „über-individuellen Existentialismus" bezeichnen, was näherhin die Fähigkeit des nationalsozialistischen Projekts meint, gleichzeitig dem Individuum eine Rhetorik der Eigentlichkeit anzubieten, diese auf den einzelnen zielende Eigentlichkeitsrhetorik aber auf ein Volksganzes zu projizieren, das vom einzelnen gerade um der Erfüllung seines Wesens wegen die totale Einordnung in ein Ganzes, näherhin eben das Volkganze forderte.[257] Daß dabei dieser Syntheseversuch aus den Ansprüchen des Individuums auf authentische Existenz einerseits und den Ansprüchen des Kollektivs auf Unterordnung andererseits über die Rassenlehre auch noch naturwissenschaftlich „abgesichert" wurde, trug wahrscheinlich nicht unwesentlich zur Fiktion bei, im Nationalsozialismus läge ein Gesellschaftsentwurf vor, der die sich zunehmend separierenden Bereiche der modernen Gesellschaft - so etwa Experten- und Alltagskultur - reintegrieren könnte.[258]

Der Nationalsozialismus versprach dem einzelnen eine authentische Existenz als eine völkische Existenz und er tat dies mit wissenschaftlicher Autorität. Er besaß damit die Fähigkeit, einen Gesamtentwurf menschlicher Existenz in ihren individuellen *wie* gesellschaftlichen Bezügen zu imaginieren. Er erweckte damit die Hoffnung auf eine Revision aller modernen Zersplitterungen und Pluralitäten, ohne dabei aber ein bloß restauratives, statisches und vormodernes Ordnungsmodell der Gesellschaft zu vertreten.

Gerade diese im nationalsozialistischen Gesellschaftsprojekt charakteristischerweise auffindbare Koexistenz von vor-modernem Ordnungs-, Einheits- und Stabilitätsdenken einerseits mit moderner gesellschaftlicher Dynamik andererseits, und dies dann auf ausdrücklich nicht-pluraler Basis, war in hohem Maße attraktiv für das problembewußte katholische Denken der Zeit. Denn mit eben jenem Problem des Verhältnisses von vorgegebener Ordnung und subjektivem Erleben, von objektiv Vorgegebenem und den Rechten des Sub-

---

256 Siehe hierzu: *V. Tallgren*, Hitler und die Helden. Heroismus und Weltanschauung, Helsinki 1981; *M. Naumann*, Strukturwandel des Heroismus. Vom sakralen zum revolutionären Heldentum, Frankfurt/M. 1984 (speziell: 66-107 „Geistesgeschichtliche Ursprünge und psychische Dimensionen des revolutionären Heroismus der Neuzeit").

257 Siehe hierzu: *D. Peukert*, Volksgenossen und Gemeinschaftsfremde, Köln 1982.

258 So erhofft sich Michael Schmaus vom Nationalsozialismus ausdrücklich die Rettung vor der überhandnehmenden wissenschaftlichen Diskurspluralität, welche unübersehbar, ja kontradiktorisch geworden sei (*M. Schmaus*, Begegnungen zwischen katholischem Christentum und nationalsozialistischer Weltanschauung, Münster ^{3}1934, 10). Schmaus will wissenschaftliche Pluralitätsreduktion, ein einheitliches Weltbild, getragen von einer „Idee des Ganzen".

jekts, hatte sich die katholische Theologie der Zeit auf mehreren Ebenen zu beschäftigen.

Sicherlich stellte nicht erst der Nationalsozialismus diese für die Theologie attraktiven Lösungsstrategien bereit, sie waren vielmehr schon vorher in Theologie und Politik virulent: außertheologisch etwa bei den Protagonisten der „Konservativen Revolution" und in der Lebensphilosophie, welche auf Grund „ihrer Distanzlosigkeit gegenüber der dynamischen Werdewirklichkeit in Natur und Geschichte" sowohl zum „Versuch einer ständigen Anpassung an das Neue, Dynamische, Heutige" tendierte, aber eben auch zu einer „Regression in die vortechnische Welt".[259] Institutionell gesehen aber waren es die bereits angesprochenen basisbezogenen religiösen Aufbruchsbewegungen vor und nach dem I. Weltkrieg, welche solches Denken in den Raum der Kirche transportierten.

Neu jedoch war, daß mit der Machtübernahme durch den Nationalsozialismus vieles eine gesellschaftliche Realisationschance zu bekommen schien, das vorher nur in mehr oder weniger marginalen Zirkeln gedacht und konzipiert worden war. Vor allem aber versprach der Nationalsozialismus die beiden divergierenden Elemente - Sehnsucht nach der (scheinbaren) Geborgenheit der Vormoderne[260] und die Dynamik permanenter Modernisierung - verbinden zu können.

Dabei darf im kirchengeschichtlichen Kontext nicht übersehen werden, daß das Reichskonkordat vom Juli 1933 zwischen Hitler und dem Vatikan die für den deutschen Katholizismus spezifische interne Pluralität bereits drastisch reduziert hatte, indem die Kirche ihre gesellschaftlichen „Vorfeldorganisationen" bis hinein in den Bereich des politischen Katholizismus zugunsten einer Reduktion auf die klerikale Struktur aufgab.[261] Es war dann allerdings gerade der Status einer konkurrierenden anti-liberalen Institution, welcher die Kirche im Dritten Reich zunehmend in die Position eines rivalisierenden Loyalitätszentrums brachte.

---

259 *H. M. Baumgartner*, Lebensphilosophie, in: H. Vorgrimler/R. Vander Gucht (Hrsg.), Bilanz der Theologie im 20. Jahrhundert, Bd. I, Freiburg/Br.-Basel-Wien 1969, 290-296, 295.

260 Siehe dazu: *A. Baumgartner*, Sehnsucht nach Gemeinschaft. Ideen und Strömungen im Sozialkatholizismus der Weimarer Republik, Paderborn 1977.

261 Zum Konkordat siehe: *L. Volk*, Das Reichskonkordat vom 20. Juli 1933, Mainz 1972; *K. Scholder*, Die Kirchen und das Dritte Reich, Bd. I, Frankfurt/M.-Berlin-Wien 1977. Zur Diskussion der brisanten These Scholders, es gäbe einen kausalen Zusammenhang zwischen Ermächtigungsgesetz und Konkordat siehe: *K. Repgen*, Über die Entstehung der Reichkonkordats-Offerte im Frühjahr 1933 und die Bedeutung des Reichskonkordats. Kritische Bemerkung zu einem neuen Buch, in: Vierteljahrshefte für Zeitgeschichte 26(1978) 499-534 sowie *K. Scholder*, Altes und Neues zur Vorgeschichte des Reichskonkordats. Eine Erwiderung auf Konrad Repgen, in: Vierteljahrshefte für Zeitgeschichte 26(1978) 535-570; eine Zusammenfassung der Kontroverse aus Repgens Perspektive bei: *Ders.*, Reichskonkordats-Kontroversen und historische Logik, in: M. Funke/H. A. Jacobsen/H.-H. Knütter/H.-P. Schwarz (Hrsg.), Demokratie und Diktatur. Geist und Gestalt politischer Herrschaft in Deutschland und Europa (FS K.-D. Bracher), Bonn 1987, 158-177.

1.3. *Karl Adam, Joseph Lortz und Michael Schmaus: das Neue und das Alte in der Theologie*

Theologie und Katholizismus zu Ende der Weimarer Zeit standen Hitlers politischem Projekt in ihrer großen Mehrheit, trotz der strukturellen Affinitäten zwischen der sich im 19. Jahrhundert als anti-liberale Weltanschauungsorganisation formierenden katholischen Kirche und dem pluralitätsreduktiven nationalsozialistischen Gesellschaftsprojekt und auch trotz gemeinsamer Gegnerschaft zu Liberalismus und „Bolschewismus“[262] ausgesprochen kritisch gegenüber.[263]

Gerade dies macht, wie Heinz Hürten zu Recht feststellt, „die Brückenbauversuche einiger weniger umso spektakulärer“[264] und läßt nach den Gründen fragen, welche gerade einige der innovativen Theologen dann doch dazu brachten, zwischen Nationalsozialismus und Kirche nach mehr zu suchen, als nur jene Abgrenzung der wechselseitigen Interessensphären, wie sie die Kirche im Reichskonkordat mit Hitler gefunden und vereinbart hatte. Hürten nennt im einzelnen unter den Universitätstheologen Karl Adam, Joseph Lortz, Michael Schmaus sowie den Braunsberger Dogmatiker Carl Eschweiler.[265] Diese „einige wenigen“ tragen nun allerdings - mit Ausnahme Eschweilers[266] - Namen, die innerhalb der deutschen Theologiegeschichte der ersten Hälfte des 20. Jahrhunderts Klang und Bedeutung besitzen.

Adam, Lortz und Schmaus waren außergewöhnlich angesehene Vertreter ihres Faches und sind es auch noch nach 1945 geblieben. Sie gehören ohne Zweifel zu den wegweisenden katholischen Theologen ihrer Generation[267] und

---

262 Vgl. dazu: *H. Heitzer*, Deutscher Katholizismus und „Bolschewismusgefahr“ bis 1933, in: Historisches Jahrbuch 113(1993) 354-387.

263 *J. Falter*, Hitlers Wähler, Darmstadt 1991, spricht gestützt auf Analysen der einschlägigen Wahlergebnisse der Jahre bis 1933, vom Katholizismus „als starke(m) Resistenzfaktor“ (193) und einer „starken immunisierenden Funktion, die vom politischen Katholizismus gegenüber dem Nationalsozialismus“ (371) ausging.

264 *Hürten*, Deutsche Katholiken, 219.

265 A.a.O., 221f; dieselben Namen finden sich bei *R. A. Krieg*, Karl Adam. Catholicism in German Culture, Notre Dame/Indiana 1992, 113-117.

266 Eschweiler, der bereits 1936 starb, wird hier nicht behandelt, da er in seiner Relevanz für den theologischen Diskurs weit hinter Adam, Lortz und Schmaus zurücksteht. Zu Eschweiler siehe: *Reifferscheid*, Das Bistum Ermland, 37f sowie *Ruster*, Die verlorene Nützlichkeit, 293-304.

267 Neuere Gesamtdarstellungen liegen vor zu Adam mit *H. Kreidler*, Eine Theologie des Lebens. Grundzüge im theologischen Denken Karl Adams, Mainz 1988; *Krieg*, Karl Adam. Catholicism in German Culture, sowie zu Lortz mit *G. Lautenschläger*, Joseph Lortz (1887-1975), Weg, Umwelt und Werk eines katholischen Kirchenhistorikers, Würzburg 1987; siehe dazu meine Besprechung in: Theologie und Glaube 80(1990) 345-348. Zu Schmaus siehe: *R. Heinzmann*, Die Identität des Christentums im Umbruch des 20. Jahrhunderts, in: Münchener Theologische Zeitschrift 38(1987) 115-133; dort findet sich auch auf den S. 131-133 eine Bibliographie der Schriften Schmaus' seit 1967, für die Jahre bis 1967 liegt sie vor in: Wahrheit und Verkündigung, Michael Schmaus zum 70. Geburtstag, 2 Bde., hrsg. v. L. Scheffczyk, W. Dettloff, R. Heinzmann, München-Paderborn-Wien 1967, Bd. I, XXI-XXXIII. Siehe jetzt auch: *I. Escribano-Alberca*, Michael Schmaus (1897-1993) in memoriam, in: Annuario de Historia de la Iglesia 4(1995) 511-516.

gelten als Wegbereiter des II. Vatikanischen Konzils.[268] Alle drei waren der vorherrschenden Neuscholastik gegenüber kritisch[269] eingestellt, ja wurden teilweise direkt des Modernismus verdächtigt[270]; sie trafen 1933 eine unzweideutige Option für den Nationalsozialismus, eine Option, die sie auch veröffentlichten und deren theologische Begründung sie mit einiger Energie ausarbeiteten. Im folgenden wird auf die einschlägigen Texte von Karl Adam,[271] Joseph Lortz[272] und Michael Schmaus[273] zurückgegriffen.

---

268 Vgl. *U. Horst*, Michael Schmaus. Glückwunsch zum 95. Geburtstag, in: Münchener Theologische Zeitschrift 43(1992) 390; *Krieg*, Karl Adam. Catholicism in German Culture, 1; *Iserloh*, Joseph Lortz - Leben und ökumenische Bedeutung, 6.

269 Siehe als frühes Zeugnis bei Lortz hierfür seine enthusiastische Reaktion auf einen Vortrag des Wiener Philosophen Hans Eibl im Jahre 1926. Lortz schreibt „Philosophie und Geschichte sind nicht lebensfremde Gebiete und Gebilde, sondern denkbar kundige Führer zu den tiefsten Lösungen der Gegenwartsfragen" (*J. Lortz*, Katholische Renaissance oder dogmenfreie Religiosität?, Würzburg 1926, 42). Der „Geist sei lebendig", brauche „Rhythmus, Schwung", welcher bei Thomas noch zu finden gewesen wäre, doch: „Wir kamen weit ab von diesem lebendigen Quell. Wir kamen zum Sandboden der Kompendien. Manche von ihnen waren über die Grenze des Erlaubten hinaus dürftig. Es rächt sich stets, wenn man allzu schnell selbstzufrieden ist". So „wanderten viele von der 'philosophia perennis' ab, manche der Besten. Viele kleinere Geister blieben alleine und dünkten sich Könige" (40f). Und in seinem autobiographischen Rückblick heißt es über seine Studienzeit an der Gregoriana: „An der gregorianischen Universität, wo wir nur systematische scholastische Fächer hörten, war geschichtliches Denken unbekannt." In Philosophie und Theologie „gab es überhaupt keine kritische Wissenschaft. Denn es gab kein echtes Fragen: es gab nur Behaupten und Beweisen; man praktizierte ein statisches, vordergründig konzeptualistisches, aber in keiner Weise dynamisches Denken." (*J. Lortz*, Mein Umweg zur Geschichte, Wiesbaden 1960, 12). Lortz charakterisiert den Modernismus in seiner „Geschichte der Kirche" als „*grundsätzliche* Relativierung des Dogmas auf der Grundlage des Historismus" (IV 67). Die Unterstreichung der (für Lortz zur Häresie offenbar notwendigen) Grundsätzlichkeit der historischen Relativierung sowie die ausdrückliche Qualifikation der Arbeit Herman Schells - der „mit am stärksten um den Ausgleich der Kirche mit dem Fortschritt gerungen" habe - als fortwirkenden „Segen der Kirche" (ebda.) zeigen, wir verständnisvoll Lortz das grundsätzliche Anliegen der sog. „Modernisten" beurteilte. Lortz stellt im übrigen in seiner „Kirchengeschichte" auch ausdrücklich fest, daß mit dem „Syllabus" Pius' IX. „nicht die moderne Kultur als solche getroffen werden sollte" (ebda.).

270 Für Adam vgl. hierzu: *Weiß*, Modernismus in Deutschland, 493-502; *Kreidler*, Eine Theologie des Lebens, 296-318. Heinzmann merkt an, daß der erste Band der von 1938 an erscheinenden „Katholischen Dogmatik" von Michael Schmaus „nur durch Intervention von Martin Grabmann bei Papst Pius XII. vor der Indizierung bewahrt wurde" (*Heinzmann*, Die Identität des Christentums, 121). Schmaus habe mit diesem Werk das erste dogmatische Lehrbuch vorgelegt, „das durchgehend in verstehbarer deutscher Sprache und nicht in einer für einen Nichtfachmann unverstehbaren Mischung aus Latein und Deutsch geschrieben war." (119) Schmaus habe dabei „die Theologie nicht nur in verstehbare Worte, sondern zugleich in ein modernes Denken" (ebda.) übersetzen wollen. Dabei fanden in diesem Werk, so Heinzmann, „Impulse der zwanziger Jahre wie etwa die Jugendbewegung, die Bibelbewegung und (die) liturgische Bewegung ... ihren Niederschlag." „Das mehr sachhaft dingliche Denken neuscholastischer Theologie wurde bei Schmaus von der Grundkategorie der personalen Relation abgelöst" (120). Lortz wiederum, kirchenpolitisch geschickter und als Kirchenhistoriker etwas abseits der systematisch-theologischen Konfliktlinien, wurde stark von A. Ehrhard und S. Merkle geprägt; vgl. dazu *Lautenschläger*, Joseph Lortz, Weg, Umwelt und Werk, 83-89, 108-117.

271 *K. Adam*, Deutsches Volkstum und katholisches Christentum, in: Theologische Quartalschrift 114(1933) 40-63; *Ders.*, Christus und das deutsche Volk, in: Deutsches Volksblatt 86(1934), Nr. 18 (23.1.1934); *Ders.*, Die Erlösungstat Jesu Christi, in: Deutsches Volksblatt 86(1934), Nr. 19 (24.1.1934). Im Nachlaß Adams liegt außerdem das Manuskript einer (damals aufsehenerregenden) Rede „Die geistige Lage des deutschen Katholizismus" vom

Alle drei theologischen Autoren erlangten übrigens durch ihre massive Befürwortung des Nationalsozialismus innerkirchlich keine wirklichen Vorteile, ja sie manövrierten sich mit ihrem Versuch eines inneren Bündnisschlusses zwischen Nationalsozialismus und Katholizismus jenseits einer bloßen Interessensabgrenzung, wie sie das Konkordat vom Juli 1933 mehr oder weniger erfolgreich institutionalisiert hatte, innerkirchlich wie politisch eher in eine doppelte Außenseiterposition. Sie gerieten zwischen die Stühle zweier zunehmend rivalisierender Loyalitätzentren, denen sie beiden verdächtig wurden,[274] eine Position, vergleichbar vielleicht mit der Carl Schmitts nach 1936.

Nur Joseph Lortz hatte auch persönliche Vorteile: er verdankte seine Berufung weg von der recht unbedeutenden Staatlichen Akademie im kleinen ermländischen Braunsberg an die angesehene Theologische Fakultät der Universität Münster offenkundig der „Einflußnahme seines Braunsberger Kollegen Hans Barion und dessen Verbindungen zur Deutschen Dozentenschaft in Berlin".[275] Es war dennoch in der Regel nicht zuerst schierer Opportunismus, der

---

10.12.1939 (Diözesanarchiv Rottenburg N 67, Nr. 32) vor sowie die unveröffentlicht gebliebene Fortsetzung des ThQ-Aufsatzes „Deutsches Volkstum und katholisches Christentum" (DAR Rottenburg N 67, Nr. 34). Zu Adams politischer Option liegt bisher vor: *H. Kreidler*, Karl Adam und der Nationalsozialismus, in: Rottenburger Jahrbuch für Kirchengeschichte 2(1983) 129-140; *Krieg*, Karl Adam. Catholicism in German Culture, 107-136.

272 *J. Lortz*, Katholischer Zugang zum Nationalsozialismus, kirchengeschichtlich gesehen, Münster 1933; *Ders.*, Katholisch und doch nationalsozialistisch, in: Germania v. 28.1.1934; *Ders.*, Katholischer Zugang zum Nationalsozialismus. Ideologie oder Wirklichkeit?, in: Germania v. 4.2.1934 (die beiden Germania-Artikel erschienen mit wechselnden Titeln noch in einer Reihe anderer Zeitungen, vgl. dazu *Lautenschläger*, Joseph Lortz, Weg, Umwelt und Werk, 520); *Ders.*, Unser Kampf um das Reich, Germania v. 6.5.1934; *Ders.*, Nationalsozialismus und Kirche (Nachtrag zur 4. Auflage von Lortz' „Geschichte der Kirche", Münster 1935, IV 87-93). Auch das „Sendschreiben katholischer Deutscher an ihre Volks- und Glaubensgenossen" (hrsg. v. K. Brombacher u. E. Ritter, Münster 1936) entstand unter wesentlicher Mitarbeit von Lortz (vgl. *Lautenschläger*, Joseph Lortz, Weg, Umwelt und Werk, 310-321). Da der exakte Anteil von Lortz nicht mehr rekonsturiert werden kann, wird dieser Text nicht herangezogen. Lit.: *Lautenschläger*, Joseph Lortz, Weg, Umwelt und Werk, 298-346; *Dies.*, Neuere Forschungsergebnisse; *V. Conzemius*, Joseph Lortz - ein Kirchenhistoriker als Brückenbauer. Vom leichtfertigen Umgang mit Ideengeschichte und theologischer Geschichtsdeutung, in: Geschichte und Gegenwart 9(1990) 247-278; *Damberg*, Kirchengeschichte zwischen Demokratie und Diktatur, 151-164.

273 Vgl. die in Fußnote 258 des Teils III erwähnten „Begegnungen zwischen katholischem Christentum und nationalsozialistischer Weltanschauung".

274 So bekam Adam etwa nach seiner Rede vom 21.1.1934, welche den Artikeln im Deutschen Volksblatt zu Grunde lag, Schwierigkeiten mit der örtlichen SA, seine Rede vom 10.12.1939 aber stieß wegen ihrer „modernistischen" Forderungen (vgl. zu dieser Rede im einzelnen unten Fußnote III 280) auf die Kritik kirchlicher Stellen. Vgl. dazu *Kreidler*, Karl Adam und der Nationalsozialismus, 134-138, sowie *Krieg*, Karl Adam. Catholicism in German Culture, 133-135.

275 *Lautenschläger*, Joseph Lortz, Weg, Umwelt und Werk, 299. - In Rom scheint eine Verurteilung des Schlußabschnitts von Lortz' „Geschichte der Kirche" zum Verhältnis von „Nationalsozialismus und Kirche" erwogen worden zu sein. Dies belegt ein Brief, den Prälat Jean Pierre Kirsch, Lehrer und Landsmann von Lortz, diesem am 23.4.1935 aus Rom schrieb: „Wegen des Schlusses Deiner 'Kirchengeschichte' wollte ich Dir gleich nochmals schreiben auf Grund einer Unterredung, die ich am Ostersonntag mit S. Exz. Msgre Hudal hatte. Ich erfuhr von ihm, dass schon bei der letzten Auflage Deines Bandes wegen der Formulierung Deiner Darlegung über den Nationalsozialismus in vatikanischen Kreisen Bedenken entstanden sind. Wenn Du in der neuen Auflage diese Darlegungen so

jene Autoren leitete, die anders als die Mehrzahl ihrer Kollegen einen Brückenschlag zum Nationalsozialismus versuchten. Gerade dies läßt nach den *innertheologischen* Gründen für ihre Parteinahme fragen.

Adam, Lortz und Schmaus bildeten in ihrer Option für Hitler eine Ausnahme - und gerade dadurch sind sie von hoher Signifikanz. In ihren Diskursen des Jahres 1933 kulminieren gewissermaßen die Konstitutionsprobleme der deutschen katholischen Kirche der ersten Hälfte dieses Jahrhunderts. Ihre pro-nationalsozialistischen Schriften und Reden bilden einen entlegenen, aber höchst aussagekräftigen Ort des deutschen theologischen Diskurses, einen Ort radikaler Entblößung, an dem paradigmatisch abgelesen werden kann, welche Probleme diese Theologen umtrieben. Es sind dies aber Probleme, die allesamt aus den Konstitutionsschwierigkeiten der Kirche in der Moderne rühren.

Sowohl Adam wie auch Lortz und Schmaus gelten als richtungsweisend für die Theologie nach ihnen, alle drei reagieren auf die spezifischen Probleme des theologischen Diskurses nach der Modernismuskrise - und sie alle reagieren auf das Angebot des Hitlerschen Projekts. Sie wollen mit ihren Stellungnahmen deutlich über den theologischen Diskurs hinaus wirken und den kirchlichen und gesellschaftlichen Raum beeinflussen. An der für die nachgeborenen Leser ihrer Schriften kaum aushaltbaren Spannung zwischen der Perversität dieser Parteinahme einerseits und der offenkundigen innerkirchlichen Modernisierungs- und Reformintention aller drei Autoren läßt sich indirekt ablesen, unter welchem Problemdruck damalige Theologen gestanden haben müssen, um ausgerechnet in Hitlers nationalsozialistischem Projekt eine Hoffnung zu erblicken.

Dabei waren diese Theologen keine nationalsozialistischen Aktivisten.[276] nicht also theologisch getarnte Propagandisten des Nationalsozialismus wie etwa Teile der protestantischen „Deutschen Christen". Stets blieben sie zuerst der katholischen Kirche und dem, was sie als deren Aufgabe und Auftrag verstanden, verpflichtet. Es war Adam, Lortz und Schmaus daher auch bewußt, daß ihre pro-nationalsozialistische Option erst möglich wurde, nachdem der Nationalsozialismus sich seiner ursprünglichen germanisierenden Religiosität weitgehend entledigt hatte. Sie vergessen denn auch nicht, gerade dies als spezielles Verdienst Hitlers hervorzuheben.[277] Diese Entwicklung weg vom germanisierenden „Neuheidentum" sah man dabei nach der Übergabe der Macht an Hitler durch die konservativen Eliten und nach manchen „staatsmännischen" Zusicherungen Hitlers als unumkehrbar an.

---

veröffentlichen würdest wie der Wortlaut war, den Du mir im Satz geschickt hattest, würdest Du sicher von seiten des Vatikans große Schwierigkeiten finden und es wäre mit einer Verurteilung durch das Sacrum Officium zu rechnen." (zitiert nach: *Lautenschläger*, Joseph Lortz, Weg, Umwelt und Werk, 322f). Ab der 5., 1937 erschienenen Auflage fehlt denn auch dieser inkriminierte Abschnitt.

276 Wenn auch Lortz Mitglied des NSDAP war und dies offenkundig - entgegen eigenen Angaben - auch noch nach 1937 blieb und bis Juli 1944 seinen Mitgliedsbeitrag zahlte. Andererseits scheint Lortz ab 1937 doch einen spezifischen Gesinnungswandel mitgemacht, und sich, zumindest im kleinen Kreise, vom Nationalsozialismus distanziert zu haben. Vgl. dazu *Lautenschläger*, Joseph Lortz, Weg, Umwelt und Werk, 331-333.

277 Vgl. *Lortz*, Katholischer Zugang, 6; *Schmaus*, Begegnungen, 37; *Adam*, Deutsches Volkstum, 43.

Andererseits: Adam, Lortz und Schmaus waren auch nicht unbedarfte Wissenschaftler ohne Verständnis für das Politische: Basis ihrer Annäherung an den Nationalsozialismus war ausdrücklich das nationalsozialistische Projekt, waren vor allem die Programmschriften Hitlers. Alle drei Autoren berufen sich explizit auf „Mein Kampf" und andere parteioffizielle Texte.[278] Mit einer allerdings ebenso signifikanten wie fatalen Ausnahme - der Funktion des Rassismus - täuschten sie sich dabei nicht über die Grundstrukturen des nationalsozialistischen Projekts. Sie erhofften sich vielmehr exakt, was es versprach.

Es fällt dabei auch auf, daß die Argumentationen dieser drei Autoren sich bei aller Fächer- und Persönlichkeitsdivergenz erstaunlich gleichen und in zentralen Gedanken, bisweilen gar bis in wörtliche Formulierungen hinein, übereinstimmen. Alle drei Autoren werden daher im folgenden - bis auf eine allerdings nicht unbedeutende argumentative Differenz in der Frage des Rassismus - parallel behandelt werden. Auch diese weitgehende Übereinstimmung legt die Vermutung nahe, daß eine gemeinsame kirchengeschichtliche Rahmen- und Problemsituation das theologische Argumentieren dieser Autoren maßgeblich beeinflußte.

Es ging den „Brückenbauern" des Jahres 1933 - und, wie zumindest für Adam belegt werden kann, auch über dieses Jahr hinaus[279] - in ihrem Versuch, eine innere Vereinbarkeit, ja Übereinstimmung von Katholizismus und Nationalsozialismus zu erweisen, um mehr als nur um die Legitimation der Mitarbeit der Katholiken am „neuen Staat", um mehr auch als nur um den Versuch eines ideologischen „Brückenschlags". Sie wollten mit ihrer Option für den Nationalsozialismus Innertheologisches, Innerkirchliches erreichen. Die pro-nationalsozialistische Option dieser Autoren dokumentiert nicht zu allererst und vor allem nicht nur die politische Naivität durchaus bedeutender Theologen, sondern ist auch Ausdruck ihrer enormen Sensibilität für die Konstitutionsbedin-

---

278 So *Lortz*, Katholischer Zugang, 5 und *Schmaus*, Begegnungen, 37. Bei Karl Adam radikalisiert sich dies sogar noch. Sein Bezug auf Hitler rekurriert nicht auf dessen theoretisches Programm, sondern auf die Einheit dieses Programms mit der Person Hitlers und dem Willen des Volkes: „Nicht weitausholende Programme und kluge Prognosen taten in erster Linie not, sondern ein lebendiger Mensch, der zu jenen verborgenen Kräften, zu jenen geheimen Lebensquellen des Volkes Zugang hatte und der sie erwecken konnte, ein Mensch also, in dem die ganze Wesensart des Volkes, seine Ängste und seine Hoffnungen, sein Zorn und sein Trotz, sein Hochsinn und sein Heldenmut Fleisch und Blut geworden war, in dem das Volk sich selbst, sein Bestes, wieder erkannte und erlebte. Ein solcher Mensch, der ganz und gar Volk und nichts als Volk war, ein Volkskanzler, mußte kommen, wenn anders das deutsche Volk in seinem Innersten berührt und zu neuem Lebenswillen erweckt werden sollte. Und er kam, Adolf Hitler. Aus dem Süden, aus dem katholischen Süden kam er, aber wir kannten ihn nicht" (*Adam*, Deutsches Volkstum, 41).

279 So schreibt ein Dr. Kleine vom (stark antisemitisch orientierten) Eisenacher „Institut zur Erforschung des jüdischen Einflusses auf das deutsche kirchliche Leben" noch am 7.7.1942 an Adam: „Herzlichen Dank für Deinen Brief vom 4.7., dessen Inhalt mich sehr gefreut hat. Er bestätigt mir aufs neue unsere völlige Übereinstimmung in allem Wesentlichen." (DAR Rottenburg, N 67, Nr. 31) und noch 1943 bzw. 1944 veröffentlichte Adam einen Aufsatz, der deutlich rassistische Argumentationslinien aufweist: Jesus, der Christus, und wir Deutsche, in: Wissenschaft und Weisheit 10(1943) 73-103, und 11(1944) 10-23. - Es fällt im übrigen auf, daß Adam ausweislich der in seinem Nachlaß erhaltenen Korrespondenz sowohl zu diesem antisemitischen Forschungsinstitut als auch zu reformkatholischen Kreisen, vor allem des Rheinlandes, Kontakt unterhielt.

gungen von Theologie und Kirche in der Moderne. Gerade diese Sensibilität öffnete sie für Hitlers Gesellschaftsprojekt.

Im folgenden soll daher die These entfaltet werden, daß die unzweideutige Option einiger führender katholischer Theologen der 30er Jahre für den Nationalsozialismus in der Problemlösungskapazität begründet lag, die der Nationalsozialismus für einige jener Fragen zu besitzen schien, welche die theologie- und kirchengeschichtliche Situation den katholischen Theologen aufgab. „Wir müssen katholisch sein bis zur letzten Faser unseres Herzens, aber wir müssen auch - um des Katholischen willen - deutsch sein bis aufs Mark. Nur dann blüht unser Christentum auf eigenem Grund. Nur dann ist es wurzelecht, fruchtbar und stark und niemand wird es uns entreissen“[280] - so Karl Adam noch 1939.

2. Strukturen der Annäherung

Die hier zu referierenden Theologen verfolgen übereinstimmend drei aufeinander aufbauende Argumentationslinien: den konventionellen Ansatzpunkt bietet die gemeinsame Liberalismus- und Subjektivismuskritik von Nationalsozialismus und Katholizismus. Weniger konventionell ist es dann schon, wenn Nationalsozialismus und Katholizismus in ihrem Status als Mitte zwischen Theoriesystem und Lebensentwurf und damit als geglückte Integration von „Leben“ und „Denken“ analogisiert werden. Ausgesprochene (auch: innerkirchliche) Originalität erreichen die angesprochenen Theologen aber mit ihrer „Theologie des Völkischen“: mit dem Versuch also, eine inhaltliche Brücke zwischen Nationalsozialismus und Katholizismus zu schlagen, was schon nicht mehr ohne eine massive Verkennung und schließlichen Modifikation der tatsächlichen Funktion des Rassismus im Nationalsozialismus möglich war. Gerade diese

---

280 *Adam*, Die geistige Lage, 24. Adams Rede, in der es ihm um ein „volles und ganzes Ja zum neuen Reich“ (2) geht und zwar gerade zu „jener *Weltanschauung*“, die „dieses neue Reich trägt, ja die es geboren hat und ohne die es sein Eigentliches, seine Substanz und seine treibenden Kräfte einbüßte“ (ebda.), enthält gleichzeitig eine ganze Reihe konkreter Reformforderungen an die Kirche: so das Deutsche als Liturgiesprache (23f), die Einberufung der Theologiestudenten zum Wehrdienst („vom Waffendienst ferngehalten“ würden sie sonst „für das öffentliche Bewusstsein in eine Linie mit den Juden und Geisteskranken gerückt werden“ (22)), oder die vorrangige Verehrung deutscher Heiliger (24). Doch Adams Reformforderungen reichen über diese eher sekundären Anliegen hinaus. Adam spricht auch davon, daß das „Gesetz der Freiheit und Liebe ... auch über dem *kirchlichen Gehorsam*“ (7) stehe, kritisiert schließlich die „Einwirkungen einer allzu überspitzten kasuistischen Moral“ (17) und postuliert die „Eigengesetzlichkeit der Kultursachgebiete“ (3). Vor allem aber fordert er eine „gegenwartsnahe(.) Theologie“. Denn auch für die Dogmen gelte: „so unbedingt wahr, so absolut ihr dogmatischer Gehalt ist, so zeitgeschichtlich bedingt, so relativ sind ihre Formulierungen“ (6). Die Parole von der „Eigengesetzlichkeit der Kultursachgebiete“ hatte schon 1926 *F. X. Landmesser* in einer gleichnamigen Schrift (Köln-München-Wien) ausgegeben. Landmesser veröffentlichte dann 1934 ein kleines Werk über „Die religiöse Formkraft des Katholizismus in der Zeit“ (Augsburg 1934), welches, mit verhaltener, aber deutlicher anti-römischer Intention einen „religiösen“ Katholizismus fordert und sich, wenn auch vorsichtiger in den Formulierungen, in vielen Elementen mit Adams Argumentationen deckt.

„Theologie des Völkischen" dokumentiert - wie sich zeigen wird - die stark innerkirchliche Zielrichtung dieses Brückenschlags.

2.1. Der konventionelle Ansatzpunkt: die Liberalismuskritik

Die Polemik gegen die modernen Freiheitsrechte gehört zum Repertoire katholischer Theologie dieser Zeit. „Wenn wir die versinkende Epoche nochmal wie einen ins Jenseits der Vergangenheit flüchtenden Schatten beschwören, so erscheint sie uns als Geist der Freiheit, der Ungebundenheit, der Autonomie, als Geist der Liberalismus"- so etwa formuliert 1933 Michael Schmaus diese opinio communis katholischer Theologen.[281] Zwischen „katholischem Glauben und liberalistischem Denken" gebe es „keinen ideenmäßigen Ausgleich". Denn „katholisch bedeutet Bindung an das Gegebene, an das Objektive, Ehrfurcht vor dem Gewordenen, Gewachsenen, vor allen naturhaften Ordnungen, und zwar aus religiösen Motiven".[282]

Ganz in der Tradition anti-modernistischer kirchlich-katholischer Apologetik und ihrer populären Geschichtsphilosophie sieht Schmaus seit dem Beginn der Neuzeit, „anhebend mit der Loslösung von religiösen Bindungen" eine „mannigfache Stufenfolge" der Auflösung am Werke, „bis zur Aufhebung der Gebundenheit des Denkens und Wollens überhaupt an gegebene Wirklichkeiten, Ordnungen und Werte".[283] Den Höhepunkt dieser „durch Kant eingeleiteten Zeit des wirklichkeitsfreien Denkens und Wollens" hält er übrigens mit Stirners „Der Einzige und sein Eigentum" für erreicht. Die Imagination einer einzigen Abfalls- und Aufstandsgeschichte des ungebändigten und überheblichen Subjekts ist nun nicht sehr originell: sie findet sich bereits wenige Jahre nach 1789 im katholischen Schrifttum[284] und gelangt im Verlauf des 19. Jahrhunderts zu kirchenoffiziellen Ehren.[285] Der Beginn dieser Abfallsgeschichte wird dabei bisweilen schon im spätmittelalterlichen Nominalismus gesehen, stets aber bei Luther, dessen Abfall von der Kirche dann über die Aufklärung zur Französischen Revolution geführt habe, welche notwendig den Marxismus und schließlich das Übelste von allem, den Liberalismus, hervorgebracht habe.

Diese gängige Kritik am neuzeitlichen „Subjektivismus" parallelisiert sehr direkt geistesgeschichtliche und politische Entwicklungen und ermöglichte es

---

281 Siehe auch: *Ruster*, Die verlorene Nützlichkeit, 181-346 („Katholische Religion und moderne Welt - was denken die Theologen?").

282 *Schmaus*, Begegnungen, 23.

283 A.a.O., 8.

284 Siehe als knappen Überblick: *D. Menozzi*, Die Bedeutung der katholischen Reaktion auf die Revolution, in: Concilium 25(1989) 51-58.

285 Vgl. etwa die Enzyklika „Nostis et nobiscum" Pius' IX. aus dem Jahre 1849, wo, wie *Menozzi* schreibt, „die Genealogie der modernen Irrtümer auf den neuesten Stand gebracht (wurde) - von der Reformation her langte man schließlich beim Kommunismus an". „Mit diesem Dokument bekräftigt der Papst die These, daß der Protestantismus, indem er die kirchlichen Vorschriften verletzt habe, den Weg zu jeder Art von Insubordination gebahnt habe, und zwar so sehr, daß auf ihn jener Sozialismus und jener Kommunismus zurückzuführen seien, der damals gerade das Banner der revolutionären Subversion in die Hand genommen hatte" (a.a.O., 57).

nun relativ komplikationslos, neben und statt der gesamtgesellschaftlich gerade in Deutschland recht einflußlos gewordenen katholischen Kirche, den Nationalsozialismus als geradezu providentielle Gegenbewegung[286] zu identifizieren. Man begrüßt in ihm einen Bündnispartner gegen die sich - wie der Kirchenhistoriker Lortz schreibt - „seit sechs vollen Jahrhunderten" entwickelnde „riesige Zersetzung aller unmittelbar naturentsprossenen, gesundgewachsenen menschlichen Haltungen".[287]

Dieser Ablehnung des als ungebunden und wurzellos beschriebenen gesellschaftlichen wie theoretischen Liberalismus und Pluralismus entspricht dabei die Parallelisierung des autoritären Charakters von nationalsozialistischem Staat und katholischer Kirche. „Die starke Betonung der Autorität in der neuen Staatsführung" ist für Schmaus „das in der natürlichen Ebene gegebene Gegenstück zur kirchlichen Autorität auf übernatürlichem Gebiet",[288] „die Einordnung in das Ganze, der Gehorsam (gehört)" daher für ihn „zum Wesen des katholischen Menschen".[289]

Die gemeinsame Frontstellung von Nationalsozialismus und katholischer Kirche gegen die „Zersetzungsfrüchte des die Neuzeit beherrschenden Subjektivismus",[290] gegen alle „Auswüchse, die der individualistische Liberalismus mit dem Wesen der Freiheit verwechselte",[291] wie Lortz schreibt, wurde in der Forschung schon immer registriert.[292] Angesichts der grundsätzlichen Opposition der katholischen Kirche gegen die moderne bürgerlich-liberale Gesellschaft[293] ist diese Oppositionsgemeinschaft auch nicht weiter verwunderlich: sie findet man nicht nur bei Lortz,[294] sondern auch bei kirchlichen Amtsträgern wie dem Münchner Kardinal Faulhaber.[295]

Karl Adam referiert also nur Übliches, wenn er 1933 in der Tübinger Quartalschrift schreibt: „je mehr die soziale Zerklüftung, der ins Uferlose anschwellende Partei- und Klassenhaß unsern Volkskörper zerriß, ... je unbekümmerter

---

286 So ausdrücklich bei *Lortz*, Katholischer Zugang, 3.

287 *Lortz*, Katholisch und doch nationalsozialistisch, in: Germania v. 28.1.1934.

288 *Schmaus*, Begegnungen, 42.

289 A.a.O., 28.

290 *Lortz*, Katholischer Zugang, 9.

291 A.a.O., 10.

292 Vgl. etwa: *Breuning*, Die Vision des Reiches, 55-66; *H. Lutz*, Katholizismus und Faschismus. Analyse einer Nachbarschaft, Düsseldorf 1970; ausgesprochen kirchenkritisch: *C. Mühlfeld*, Katholische Kirche und Faschismus, Gersthofen ²1973.

293 Siehe dazu : *J. Isensee*, Keine Freiheit für den Irrtum; *G. Lindgens*, Freiheit, Demokratie und pluralistische Gesellschaft in der Sicht der katholischen Kirche - Dokumente, Stuttgart 1985; *R. Morsey* (Hrsg.), Katholizismus, Verfassungsstaat und Demokratie. Vom Vormärz bis 1933, Paderborn-München-Wien-Zürich 1988 (Textsammlung); *B. Stangl*, Untersuchungen zur Diskussion um die Demokratie im deutschen Katholizismus unter besonderer Berücksichtigung ihrer Grundlagen und Beurteilung in den päpstlichen Stellungnahmen und konziliaren Entscheidungen, München 1985.

294 Vgl. *Lortz*, Katholischer Zugang, 9.

295 So Faulhaber in einer Unterredung zu Hitler auf dem Obersalzberg am 4.11.1936: „Sie sind als das Oberhaupt des Deutschen Reiches für uns gottgesetzte Autorität, rechtmäßige Obrigkeit, der wir im Gewissen Ehrfurcht und Gehorsam schulden. Herr Reichskanzler haben so klar gesagt, Mißachtung staatlicher Autorität erschüttere die Achtung vor jeder Autorität. Ich glaube, daß der Autoritätsgedanke in keiner Religionsgemeinschaft so stark betont wird wie in der katholischen Kirche." (*Volk*, Akten Faulhaber, Bd. II, 188)

sich endlich Wissenschaft und Kunst ... ihrer Verbundenheit mit der Mutter Erde, mit dem Volksganzen entzogen und im aufklärerischen Drang nach Autonomie, nach wertfreier Erkenntnis, nach sogenannter voraussetzungloser Sachlichkeit zum Selbstzweck entarteten und dadurch blutleer und steril wurden, desto leidenschaftlicher verlangten die tieferen, besinnlichen Geister im Lande, jene, die welche auf die geheimen Triebkräfte des Seins und auf den Pulsschlag des Lebens achthaben, also die Dichter und Philosophen ... nach einer Verwurzelung unserer Geistigkeit im lebendigen Volkstum, nach einer Rückkehr zu den Müttern, zu jenen Urmächten, die unser Volkstum schufen und formten: Blut und Geist, Blut und Religion, deutsches Blut und Christentum".[296]

Konsequent ist es daher im übrigen auch, wenn die mit dem Konkordat getroffene innerkirchliche Strukturentscheidung von den hier zu referierenden Theologen einer Annäherung des Katholizismus an den Nationalsozialismus ausdrücklich befürwortet wird. Die interne Pluralitätsreduktion auch der Kirche, ihre Reduktion auf die klerikale Struktur, vor allem aber ihre „Entpolitisierung" wird als Reduktion der Kirche „auf ihre ureigenste Sphäre"[297] begrüßt. Zwar habe, so etwa Schmaus, der Katholizismus „sichtlich von der liberalistischen Haltung der Zeit (profitiert)", man dürfe dabei aber nicht übersehen, daß die „katholische Geistigkeit doch innerhalb der Mauern der kirchlichen Organisationen gefangen (blieb)", vor allem aber sei es den „aus den Dämonien des Lebens heraufsteigenden Mächte(n)" gelungen, „große Einbrüche in die katholischen Reihen zu machen".[298]

Als „zweite Folge der Freiheit" diagnostiziert Schmaus zudem „Überorganisation" sowie ein „Durcheinander von Organisationsgebilden, die dem Katholiken selber den Blick für das Ganze verlieren ließen".[299] Vor allem aber „verloren die Katholiken den Sinn für die Unerbittlichkeit katholischer Wahrheiten und Normen"[300]: „Es mag bei dieser Sachlage zum Segen sein, wenn die katholischen Organisationen zu einer straffen Zusammenfassung gezwungen werden, zu einer starken Betonung des Grundsätzlichen, des Wesentlichen, zu einer Rückkehr aus den weit vorgeschobenen Außenbezirken des Glaubens in das Heiligtum des wirklichen religiösen Lebens".[301] Die von Hitler erzwungene Pluralitätsreduktion des Katholizismus wird als Chance begriffen, den Pluralitätszumutungen der modernen Gesellschaft zu entgehen. Die für den deut-

---

[296] *Adam*, Deutsches Volkstum, 40f.

[297] So *Lortz*, Katholischer Zugang, 16.

[298] *Schmaus*, Begegnungen, 40.

[299] A.a.O., 41.

[300] A.a.O., 40.

[301] A.a.O., 41. Ganz parallel spricht Lortz in einem Germania-Artikel mit dem Titel „Unser Kampf um das Reich" vom 6.5.1934 davon, daß „der liberalistische Geist ... doch auch tief in unser Denken und weit in unsere Reihen eingedrungen" wäre: „Auch wir mußten davon befreit werden". Auch bedauert er an anderer Stelle „eine gewisse verhängnisvolle Verwechslung des politischen Katholizismus mit dem Katholizismus als religiöser und geistiger Idee, ja mit dem katholischen Glauben" (*Lortz*, Katholischer Zugang, 5, ähnlich: 16). Karl Adam begrüßt das Konkordat vom 20. Juli 1933 als „öffentlich-rechtlichen Ausdruck" des „innere(n) Einvernehmen(s)", des „Zusammenklang(s) der Interesse (sic!) von Kirche und Reich" (*Adam*, Deutsches Volkstum, 43).

schen Katholizismus über Verbände organisierte Form einer „Verlebendigung" der Kirche wollte man nicht. Denn sie war - freilich eher *gegen* ihre internen Legitimationen und daher real so ungenügend legitimiert - spezifisch modern, d. h. eine ebenso differenzierte wie öffentliche und also politische Interessenswahrnehmung und Lebensweltgestaltung innerhalb einer pluralen Gesellschaft ermöglichende Organisationsform der Kirche.

2.2. *Die Analogie: Nationalsozialismus und Katholizismus als Integration von „Erleben" und „Denken"*

Bis zu diesem Punkt bewegt sich die Argumentation von Adam, Lortz und Schmaus noch in gewohnten und üblichen Bahnen. Überraschender ist da schon, daß gerade bei den hier in Betracht gezogenen Autoren noch eine andere, etwas untergründiger verlaufende, dennoch aber unübersehbare Argumentationslinie auffindbar ist: die Kritik gegen eine zu intellektualistische Auffassung des Glaubens, gekoppelt mit einer vorsichtigen, aber deutlichen Zurückweisung des herrschenden innerkirchlichen Autoritarismus. Bei Schmaus wird diese Argumentation (übrigens mit ausdrücklichem Bezug auf Adam) geschickt über eine Kritik des Rationalismus im Liberalismus eingeführt, indem die übliche Assoziationskette „Liberalismus, Individualismus, (...) Mechanismus und Rationalismus"[302] aufgemacht wird.

Doch dann wendet sich diese Argumentation, vorsichtig, aber unübersehbar auch gegen jene innerkirchlichen Bestimmungen des Glaubens, welche ihn vor allem als kognitive Zustimmung zu durch die Kirche vorgelegten, in ihrer Plausibilität zudem demonstrierbaren Wahrheiten definieren. Der Glaube sei, so Schmaus, „nicht etwas streng Beweisbares, so daß sich ihm kein normales Denken entziehen" könne, er sei „Entscheidung des ganzen, lebendigen Menschen". „Glaube ist nicht nur Bejahung eines Systems von Wahrheiten, nicht nur Bekenntnis, sondern Leben aus dem Leben des lebendigen Gottes".[303]

Gerade hier, bei der Abwehr eines rationalistisch verengten Glaubensbegriffs, wird der Brückenschlag jenseits bloßer anti-liberaler Kampfgemeinschaft zum Nationalsozialismus angesetzt. Denn genau dies, Leben und nicht System zu sein, gelte auch vom Nationalsozialismus. Er sei eben „kein erdachtes System, keine ausgeklügelte Weltanschauung, sondern eine aus den Gründen des Lebens heraufgestiegene Bewegung".[304] Während nun Schmaus den Vitalismus der „Lebensphilosophen" - er faßt darunter übrigens Nietzsche, Bergson, Lessing, Klages und Strich - als „Gerede aus dem Aufstand der Triebe" denunziert und mit der Bemerkung abweist, zu ihm führe vom Christentum her keine Brücke, so sieht er aber eben doch die Möglichkeit einer „Brücke zu der nationalsozialistischen Vitalität".[305] Denn diese sei „Erleben und Denken", wobei Schmaus zugibt, daß es erst noch eine „Frage von nicht geringem Gewichte"

---

302 *Schmaus*, Begegnungen, 12.
303 A.a.O., 45.
304 A.a.O., 44.
305 Ebda.

sei, „ob der Nationalsozialismus ... sich zu geistiger Form entwickeln oder ob er in dionysischer, triebhafter Haltung verharren will".[306] Die Brücke zwischen Kirche und Nationalsozialismus bildet damit der analoge Status als Theoriesystem und Existenzentwurf in einem. Der christliche Glaube sei „selber nichts anderes als Leben aus verborgenen Gründen", und damit „gleichfalls vom bloßen Rationalismus weit entfernt",[307] sei eben „nicht nur Bejahung eines Systems von Wahrheiten, nicht nur Bekenntnis, sondern Leben aus dem Leben des lebendigen Gottes".[308]

Auch für Lortz ist der Nationalsozialismus vor allem „Aufbruch des Lebens in seiner ganzen Breite", eine „elementare Welle des Lebens",[309] ein Aufstand gegen einen „blutleeren, nur abstrahierenden und daher geistlosen Intellektualismus", von dem auch „die verschiedenen Disziplinen katholischen Denkens....(leider nicht) frei geblieben"[310] seien. „Die Abwendung des Nationalsozialismus vom Intellektualismus", so Lortz, „trifft ... wunderbar zusammen mit den Prinzipien des klassischen katholischen Denkens, wie es seit einigen Jahrzehnten wieder machtvoll nach Klarheit ringt". Dies seien aber „Verwandtschaften des Wesens", mag es auch, wie Lortz einräumt, in „der praktischen Ausgestaltung der *Inhalte* ... eine Fülle von Abweichungen, ja von Gegensätzen"[311] gegeben haben.

Lortz offeriert nun aber den Katholizismus als jenes „System der Mitte", das in seiner Ausgeglichenheit zwischen Leben und Struktur den Nationalsozialismus erst „erfüllen"[312] könne. Er begreift damit, ganz im Sinne Hitlers, nicht nur den Katholizismus, sondern auch den Nationalsozialismus integral als Gesellschaftsprojekt und Existenzentwurf in einem, welche Einheit beiden, der Gesellschaft wie der Existenz des einzelnen, die verlorengegangene Sicherheit der wechselseitigen Übereinstimmung wiederzugeben verspricht. Hinter der Phobie vor jedem „Intellektualismus" mag gerade dies stecken: die Angst vor den identitäts- wie gesellschaftsdestabilisierenden Folgen eines ungebändigten Diskurses.

Doch Lortz dreht nun die Argumentationsrichtung und damit auch Richtung der Beeinflussung vorsichtig um. Es steht für Lortz nämlich auch fest, „daß der Nationalsozialismus im Tiefsten dem Gläubigsein den Weg bereitet und sogar die Idee der Kirche neu aufleben läßt". Es bleibe die Aufgabe, „daß unser Christentum, unser Beten, unsere Seelsorge vom geruhsamen Abgestandenen befreit zur lebenden Einheit mit der lebenden Wirklichkeit des nationalen Volkes zusammenwachse"[313]. Lortz kritisiert denn auch - für die damaligen innerkirchlichen Verhältnisse ausgesprochen freimütig - die iuridisch-autoritäre Verfaßtheit der katholischen Kirche, wenn er auf die Gefahr aufmerksam macht, „daß die Festigkeit der Kircheneinheit infolge überbetonter Uniformie-

---

306 Ebda.
307 A.a.O., 45.
308 Ebda.
309 *Lortz*, Katholischer Zugang, 24.
310 A.a.O., 14.
311 Ebda.
312 A.a.O., 15.
313 A.a.O., 18.

rung einigermaßen zur Starrheit ... werden könnte“, gerade hier „könnte das neue, betont nationale Leben in Deutschland der Kirche zum Segen gereichen, statt zum Schaden“.[314] Die Sicherung der kirchlichen Einheit durch das I. Vatikanum „könnte nun die Gewährung größerer Bewegungsfreiheit ermöglichen, eine gewisse Auflockerung, nicht der Einheit, wohl aber einer vielleicht überbetonten Uniformierung. Die Folge einer solchen Auflockerung wiederum wäre eine Steigerung des Lebens im Schoße der Kirche durch reichere Bewegtheit“.[315]

Ganz ähnlich argumentiert auch der Systematiker Karl Adam. Für ihn, von dem Thomas Ruster wohl zu Recht behauptet, daß „selten ... ein Mann, ein Theologe seiner Faszination durch Macht, Kraft, Herrschaft, Gewalt, Gesundheit so unmittelbar Ausdruck verliehen“[316] habe wie er, und über den noch 1988 eine Gesamtdarstellung mit dem - mindestens unglücklichen - Titel „Eine Theologie des Lebens“ erscheinen konnte,[317] auch für Adam ist das Christentum „nicht Geist allein, nicht mystischer Spiritualismus, sondern ... Geist und Blut oder vielmehr *Blut und Geist.*“[318] Für „die Frage, was Christentum, was katholisches Christentum“ eigentlich sei, dürfe man „alleine von dem lebendigen katholischen Christentum selbst“ eine Antwort erwarten. So zumindest möchte Adam es gerne habe.

Auch bei Karl Adam finden sich so zwei durchaus unterscheidbare, doch miteinander verschränkte Argumentationsrichtungen. Auch Adam möchte beides: den Katholizismus durch die Lebendigkeit des Nationalsozialismus zu sich selbst reformieren, wie umgekehrt den Nationalsozialismus durch das (katholische) Christentum läutern und darin das Volk zu sich selbst kommen lassen. Denn: „Deutsches Volkstum wird entweder christliches Volkstum sein oder es wird überhaupt nicht sein.“[319]

---

314 A.a.O., 19.

315 A.a.O., 22. Vgl. auch *Schmaus*, Begegnungen, 28: „Das eigene Übergeordnetsein der Führer in der Kirche bedeutet nicht ein willkürliches Herrschendürfen, sondern lebendigeren Dienst an der Gemeinschaft.“

316 *Ruster*, Die verlorene Nützlichkeit, 197.

317 Vgl. oben Fußnote III 267, siehe dazu meine Besprechung in: Theologie und Glaube 80(1990) 345-348. Dabei hatte Kreidler bereits einige Jahre früher an anderer Stelle selbst festgestellt, daß es „seine Theologie des Lebens“ gewesen sei, „die Karl Adam in die Nähe der nationalsozialistischen Weltanschauung brachte“ (*Kreidler*, Karl Adam und der Nationalsozialismus, 138)

318 *Adam*, Deutsches Volkstum, 53.

319 *Adam*, Deutsches Volkstum. Fortsetzung, 4. Dieser angekündigte, aber nicht mehr veröffentlichte Fortsetzungsartikel des ThQ-Aufsatzes ist durchgängig in dieser letzteren Intention geschrieben. Er ergänzt damit die pro-nationalsozialistische Option des ersten Teils, insofern er nun nicht mehr die „Angwiesenheit des Katholizismus auf das deutsche Volkstum“ erörtert, sondern umgekehrt den „Reichtum fruchtbarer Einwirkungen, die das deutsche Volkstum vom Christentum her empfängt“ (1), aufzeigen will. Dabei kritisiert Adam deutlich zentrale ideologische Grundannahmen des Nationalsozialismus. So sei für den Christen „nicht die Volksgemeinschaft ... das Höchste und Letzte, sondern die religiöse Gemeinschaft“ (16). Auch nennt er die „Verlagerung der Konstante des deutschen Volkstums nach dem Jenseits“ eine „Häresie“ und „entschleiertes Heidentum“ (6). Dies wirft die Frage auf, warum Adam ausgerechnet diesen nationalsozialismuskritischen und in weiten Teilen gut katholischen Text nicht veröffentlichte. Zudem stehen diese Passagen in einer gewissen Spannung mit Ausführungen seiner Rede aus dem Jahre 1939. Hier heißt es: „Wir sind ... nicht Christen und Katholiken schlechthin, sondern *deutsche Christen, deutsche*

Adam, der gleich zu Beginn seines Artikels den Nationalsozialismus als „Rückkehr zu den Müttern, zu jenen Urmächten, die unser Volkstum schufen“[320] gefeiert und Hitler als einen gepriesen hatte, der zu den „geheimen Lebensquellen des Volkes“[321] Zugang habe, Adam möchte dieses katholische Christentum, dessen „Glaubens- und Sittengesetz“ schließlich „nicht in vergilbte Folianten und vieldeutige Symbole, sondern in lebendige blutvolle Wirklichkeit eingeschrieben“[322] sei, unmittelbar anschließen an die nationalsozialistische Lebens- und Kraftquelle - und dies zum wechselseitigen Nutzen.

Weswegen Adam auch nur Spott für die germanische Religiosität der völkischen Bewegung übrig hat. Denn sie ist in ihrem Archaismus zu diesem wechselseitig nützlichen Kontakt gerade nicht fähig: hier decken sich Adams und Hitlers Einschätzung. Es habe geradezu „etwas Tragikomisches in sich, daß es zu einer Zeit, da unsere große nationale Bewegung aus dem leidenschaftlichen Protest gegen alles Nur-Historische, Vergilbte, Vertrocknete in Wissenschaft und Kunst und aus heißester Sehnsucht nach dem Lebendigen, Blutvoll-Quellenden, Überquellenden ihre stärksten Antriebe“ nehme, „daß es just zu dieser Zeit Käuze gibt, die nach alten Steinfiguren, Runeninschriften und Zaubersprüchen suchen“.[323]

Doch auch bei Adam bekommt die Argumentation eine charakteristisch anti-römische Schlagseite. Wieder wird eine innerkirchliche Konfliktlage im Hintergrund erkennbar. Adam kontrastiert in plakativen Formulierungen den „romanische(n) Geist“, welcher „die Klarheit, die reinliche Gleichung“ liebe und stets geneigt sei, „in ihr allein schon das Kriterium der Wahrheit zu finden“, welcher zudem dazu neige, „leichte Blumengebinde über die Abgründe zu werfen“[324], mit dem „germanischen Denken“, das „zu letzten Tiefen“ strebe, „auch wenn diese dunkel sind“, zudem nicht vor Aporien fliehe, sondern sie geradezu aufsuche und sich damit bescheide, „letzte Erkenntnisse nicht in reinliche Gleichungen, sondern in Annäherungswerten, sozusagen in einer unendlichen Reihe von Brüchen zu formulieren“.[325] Man würde auch, so Adam, nicht nach einer „Theologie der Verkündigung“ rufen müssen, „wenn unsere bisherige Schultheologie, zumal jene, die zu uns Deutschen in lateinischer Sprache reden zu sollen glaubt, ihre Wahrheiten im Sinn und Geist des göttlichen Meisters in blutvoller Anschaulichkeit und Konkretheit dargeboten und ausgewertet hätte. Statt dessen hat sie diese Wahrheiten sozusagen in einen

---

Katholiken. Dieses 'Deutsche' ist nicht etwas, was zu unserem Christsein rein äusserlich hinzukäme, so dass also das Christsein das Substantielle, das Tragende wäre, sondern gerade umgekehrt: das Substantielle, Bleibende, Tragende ist unsere natura germanica, und das *Christsein tritt als Akzidens, als besondere Gottesgabe zu diesem Ursprünglichen und Urtümlichen hinzu.*“ (18f) In der ThQ-Fortsetzung hatte es noch geheißen, daß die „Absolutsetzung eines Volkes oder gar eines Menschen ... in Widerstreit mit der evidenten Erfahrung“ (6) stehe.

320 *Adam*, Deutsches Volkstum, 40.

321 A.a.O., 41.

322 A.a.O., 47.

323 A.a.O., 48.

324 A.a.O., 57f.

325 A.a.O., 57.

leeren Raum, in den Raum einer abstrakten Ide(o)logie gestellt. Das runde, abgeschlossene System war ihr alles, nicht der lebendige Mensch.“[326]

Den aber glaubte Karl Adam paradigmatisch in Adolf Hitler gefunden zu haben.[327] Dessen Projekt verhieß ihm, was er sich vom Katholizismus wünschte.

2.3. Die inhaltliche Brücke: Der nationalsozialistische Rassismus

2.3.1. Die Strukturen der theologischen Rassismus-Rezeption

2.3.1.1. Das Ziel: Eine völkische Inkulturationstheologie

Allen drei Theologen ist es ein Anliegen, die, wie sie erstaunlich unverblümt schreiben, im scholastischen Rationalismus und im innerkirchlichen Autoritarismus erstarrte katholische Kirche zu dynamisieren. Sie parallelisieren zu diesem Zwecke Katholizismus und Nationalsozialismus, bestimmen beide als Instanzen, denen es doch um ein „geistige(s) Leben(.)“ ginge, „das aus dem Konkreten, der eigentlichen und einzigen Wirklichkeit, erwächst“,[328] wie Lortz schreibt, weswegen der Gläubige eben zur „nationalsozialistischen Vitalität“, wie Schmaus geschrieben hatte, so leicht eine Brücke finde, sehe er doch „wie in ihr wieder der ganze Mensch zu seinem Rechte kommt, nicht nur die eine Seite des Menschen, der Verstand“.[329]

Doch dieser Dynamisierungsversuch wird nicht nur formal über eine - deutlich interessensgeleitete - Analogisierung von katholischem und nationalsozialistischem Denken unternommen. Ebenso erstaunlich wie konsequent: auch material wird nun der Kirche von einigen ihrer Theologen exakt jene Kategorie angeboten, welche bereits im Nationalsozialismus die Divergenz von soziologisch gesehen modernen und antimodernen, organisationslogisch gesehen hierarchischen und institutionell-anarchischen oder formal gesehen statischen und dynamischen Elementen verdeckt und überspielt hatte: das Völkische.[330]

---

[326] *Adam*, Die geistige Lage des deutschen Katholizismus, 5.

[327] Vgl. *Adam*, Deutsches Volkstum, 41 (Text zitiert in Fußnote III 278).

[328] *Lortz*, Katholischer Zugang, 14.

[329] *Schmaus*, Begegnungen, 44.

[330] Siehe zur innerkirchlichen Plausibilität eines solchen Vorgehens jetzt die überaus instruktive Studie von *O. Blaschke*, Katholizismus und Antisemitismus im Deutschen Kaiserreich, Göttingen 1997. Blaschke weist nach, wie sehr auch im Katholizismus gerade des niederen Klerus und der „Basis“ antijudaistische und bisweilen auch antisemitische Tendenzen spürbar waren, wenn auch nicht in jener quasi-religiösen Funktion, wie in Teilen des Protestantismus. Bereits 1991 hatte Blaschke (Wider die „Herrschaft des modern-jüdischen Geistes“: Der Katholizismus zwischen traditionellem Antijudaismus und modernem Antisemitismus, in: W. Loth (Hrsg.), Deutscher Katholizismus im Umbruch zur Moderne, Stuttgart-Berlin-Köln 1991, 236-265) festgestellt, daß sich „die Haltung des deutschen Katholizismus zum modernen Antisemitismus als ambivalent“ erweise. „Er rezipierte Teilelemente, lehnte andere jedoch ab. Das Primat der Religion bleibt ungebrochen.“ (256) Zudem gelte: „Die Judenfeindschaft im Katholizismus ist vor allem auf die Interessenslage des Klerus für sozialdisziplinierende Milieustabilisierung und die teilweise pseudotheologische

Mit Hilfe einer „Theologie des Völkischen" - und hier beginnt nun das Spezifische der brückenbauenden Theologen Lortz, Schmaus und Adam - soll offenkundig der neuscholastische Rationalismus prinzipiell, aber auch aktuell aufgesprengt werden. Prinzipiell, da für sie das Völkische zuerst eine Gefühls- und Erlebnisgröße darstellt,[331] aktuell aber, insofern gerade „der Romane Gott", so etwa Schmaus, „mehr als *ordo* und Gesetz, als klare Form" bestimme, der Germane hingegen „in seinem chaotischen Ringen und Wühlen, seinem Mißtrauen gegen Klarheit und Harmonie ... Gott als den Gott der unbegreiflichen Wege, der ahnungsreichen Zukunft, der schaurigen Tiefen"[332] sehe. Und auch bei Adam findet sich dieses Schema: „Ein geheimer Widerwille gegen alle voreiligen Synthesen und tönenden Axiome" sei dem germanischen Denken eigen. „Darum sein angestammter Sinn für das Unbegreifliche, für das Irrationale im Sein und Geschehen, für die Mystik und endlich jene Vitalität des Fragens und Forschens, die aus den Tiefen der eigenen Not entspringt und deshalb die reiche Dialektik und Spannung des eigenen gelebten Lebens in sich trägt".[333]

Es ist in diesem Zusammenhang höchst signifikant - und liefert ein Indiz für die These für die vornehmlich innertheologische Funktion der theologischen Option für den Nationalsozialismus - daß Lortz genau diese latent antirömische Begründungslinie seiner pro-nationalsozialistischen Parteinahme dann nach dem Krieg verschleiert und sich sehr geschickt auf jene konventionellen anti-liberalen Begründungsargumente zurückzieht, die er offenkundig auch jetzt noch für konsensfähig hält. So schreibt er 1946 in einer Erklärung vor dem Entnazifizierungsausschuß: „Ich fand in der ns Idee ... Elemente, die ich nach Ausweis meiner Geschichte der Kirche ... 1930, ohne Kenntnis des NS, als für die kommende geistig-religiöse Entwicklung maßgeblich gekennzeichnet hatte, nämlich: Wendung zum Objektiven ..., zur Autorität, zur Gemeinschaft und zum Glaubensmäßigen". Diesen Haltungen wäre päpstlicherseits im 19. Jahrhundert „das Wort geredet worden", vor allem aber der Verurteilung „des radikalen, alles bedrohenden Subjektivismus und Individualismus".[334]

Gegenwartsdeutung zurückzuführen; die Bischöfe bereits bieten ein uneinheitlicheres Profil, während die Hierarchiespitze, die Kurie in Rom, keine antisemitischen Initiativen und Vorgaben machte." (250) Zur konkreten Politik der Hierarchie vgl.: *B. v. Schewick*, Katholische Kirche und nationalsozialistische Rassenpolitik, in: K. Gotto/K. Repgen, Die Katholiken und das Dritte Reich, Mainz ³1990, 151-190. Siehe auch: *H. Greive*, Theologie und Ideologie. Katholizismus und Judentum in Deutschland und Österreich 1918-1935, Heidelberg 1969; *Ders.*, Between Christian Anti-Judaism and National Socialist Antisemitism: The Case of German Catholicism, in: O. D. Kulka/P. R. Mendes-Flohr (Hrsg.), Judaism and Christianity under the Impact of National Socialism, Jerusalem 1987, 169-179; *R. Lill*, German Catholicism' Attitude towards the Jews in the Weimar Republic, in: Kulka/Mendes-Flohr, Judaism and Christianity, 151-168; *W. Hannot*, Die Judenfrage in der katholischen Tagespresse Deutschlands und Österreichs 1923-1933, Mainz 1990.

331 Vgl. etwa *Schmaus*, Begegnungen, 16: „Volk und Heimat muß man fühlen, erleben".

332 A.a.O., 34f.

333 *Adam*, Deutsches Volkstum, 57.

334 Zitiert nach *Lautenschläger*, Joseph Lortz, Weg, Umwelt und Werk, 281. Auch der Bezug auf seine Kirchengeschichte verdeckt mehr, als er erhellt. Zwar referiert Lortz zutreffend die Intentionen des dortigen Schlußkapitels. Es war ja gerade einer der Leistungen dieser Kir-

Hier verschleiert Lortz geschickt eine wesentliche Intention seiner Option für den Nationalsozialismus, eine Intention, die er im übrigen mit Schmaus und Adam teilt. Attraktiv war der Nationalsozialismus eben nicht nur, weil er neben der katholischen Kirche „den schärfsten und wuchtigsten Protest gegen die Geistigkeit des 19. und 20. Jahrhunderts“[335] darstellte, wie Schmaus geschrieben hatte. Dies, wie auch die gemeinsame Gegnerschaft zum Bolschewismus, machte ihn sicherlich innerkirchlich als möglichen Bündnispartner überhaupt nur diskutabel. Interessanter war der Nationalsozialismus offenkundig als eine „complexio oppositorum“[336] aus statischen, vormodernen und autoritären Elementen einerseits und dynamischen, modernisierenden und an das Pathos existentieller Eigentlichkeit appellierender Komponenten andererseits. Dessen ideologische Basisannahme aber war der biologistisch legitimierte und sozialdarwinistisch generalisierte Rassismus.

Wenn man den Nationalsozialismus in seiner Funktion als nicht-plurales Modernisierungsprojekt rezipieren wollte, konnte man dieses Element des Nationalsozialismus nicht ignorieren, zu deutlich bestimmte es dessen Theorie wie Praxis. Andererseits konnte es aber auch nicht schlicht in jener Form übernommen werden, wie es etwa bei Rosenberg oder den in der Frühgeschichte der NSDAP recht einflußreichen heidnisch-religiösen Ideologen der Partei vorlag. Was man daher, mit festem Blick auf Hitlers Diskurs, begann, das war der Versuch, eine „Theologie des Völkischen“ zu erarbeiten. Sie sollte verträglich sein mit der katholischen Tradition, aber eben auch anschlußfähig an den Nationalsozialismus.

Diese von den Adam und Schmaus sehr dezidiert, von Lortz eher vorsichtig entworfene „Theologie des Völkischen“ sucht ihr Ziel in zwei deutlich unterscheidbaren Schritten zu erreichen. Zum einen werden bestimmte Grundannahmen des Rassismus übernommen, am deutlichsten und konsequentesten bei Karl Adam. Vor allem wird ein biologisch definierbares, meist im mythologieträchtigen Begriff des „Blutes“ zusammengefaßtes und erblich weitergegebenes rasse- und volkstypisches Substrat als existenzbestimmendes Element menschlichen Lebens postuliert. Zum anderen aber werden diese Grundannahmen dann zur Basis einer völkischen Inkulturationstheorie des christlichen Glaubens.

Die Verwendung der Kategorie des Völkischen wird theologisch dabei mit einer stets gleichlautenden Argumentationsfigur abgesichert. Ausgehend von den scholastischen Axiomen „Die Gnade setzt die Natur voraus“ und „Die Gnade zerstört nicht die Natur, sondern ergänzt und vollendet sie“ identifizieren alle drei Autoren gerade diese von der göttlichen Gnade zu vollendende Natur als etwas wesentlich Völkisches, den Katholizismus aber als Vermitt-

---

chengeschichte, nicht institutions- und autoritätsfixiert, sondern ideengeschichtlich konzipiert gewesen zu sein. Zum Verhalten von Lortz nach 1945 siehe: *Lautenschläger*, Neuere Forschungsergebnisse, 308-311; bei *Conzemius*, Joseph Lortz - ein Kirchenhistoriker als Brückenbauer, 273-278 und *Lautenschläger*, Joseph Lortz, Weg, Umwelt und Werk, 513-517, Dokumente dieses Entnazifizierungsverfahrens.

335 *Schmaus*, Begegnungen, 13.

336 Mit welchem Begriff ja *Carl Schmitt* die katholische Kirche strukturell charakterisiert hatte. Vgl. Römischer Katholizismus und politische Form, München ²1925, 10.

lungsort jener Gnade, welche die völkisch definierte Natur des Individuums zu sich selbst vollenden könne.

„Natur und Übernatur, Blut und Geist bedingen einander. Christentum ist für den Katholizismus nicht Übernatur, nicht Geist allein ..., sondern ist Geist und Blut oder vielmehr *Blut und Geist*"- so etwa Karl Adam. „Es ist nicht so, als ob sich das Reich des neuen Geistes wie eine eigene besondere Region über der Natur erhöbe, als ob im erlösten Menschen zwei Sphären, eine irdische und eine himmlische, zu unterscheiden wären. (...) Es steht vielmehr so, daß der 'Geist' an dem Blut, im Blut, durch das Blut wirksam wird."[337] Die Gnade sei „kein eigenes, in sich ruhendes Sein, sondern sie ist ein quale, eine übernatürliche Beschaffenheit unserer Natur"[338]. Denn der Mensch sei nicht nur „in seinem Personkern, sozusagen in seiner geistigen Spitze, sondern in der ganzen Breite seines menschlichen Wesens, in der Fülle seiner bluthaften Kräfte zu Erlösung aufgerufen".[339] Theologisch am zurückhaltendsten argumentiert noch der Historiker Lortz: „Die Vielfältigkeit der Rassen und Nationen ist in solchem Umfange *Grund*lage allen Menschheitsgeschehens, daß man das Vorhandensein dieser Vielfältigkeit ohne weiteres als gottgewollt zu betrachten hat. Also ist auch jede nationale, besser gesagt jede völkische Individualität gottgewollt. Damit aber trägt sie in sich die Grundpflicht, dieser gottgewollten Art treu zu bleiben und sie zu vervollkommnen."[340]

Mit dieser Einführung des Völkischen über den Verweis auf das spezifische Verhältnis von Natur und Übernatürlichem im katholischen Denken wird aber nun wieder eines jener heiklen Probleme berührt, welche zum Modernismusstreit geführt hatten. Lautete doch einer der zentralen Vorwürfe an die sog. Modernisten „Immanentisten" zu sein, was meinte, das Übernatürliche in eine Funktion des Natürlichen aufzulösen, ein Vorwurf übrigens, der seinerseits auf das Extrinsezismus-Verdikt etwa Maurice Blondels gegen das scholastische „Stockwerksdenken" und speziell seine Weise der Glaubensbegründung aus äusseren Glaubwürdigkeitsgründen reagiert hatte.

2.3.1.2. Der Weg: die Rezeption rassistischer Basisannahmen

Bei genauerer Hinsicht wird nun deutlich, daß diese Theologen aus dem Theorienkonglomerat des völkischen Rassismus ganz offensichtlich spezifische Elemente bevorzugen. Sie betonen jene rassischen Theorieelemente, welche sie für ihre Zwecke gebrauchen können und wollen, und blenden jene seiner Konsequenzen aus, welche sie - vor allem aus Gründen ihrer ekklesialen Einbindung - nicht offensiv rezipieren können. Sie spalten so den nationalsozialistischen Rassismus, um ihn benützen zu können. Dies ist eine für unsere These von der primär *innertheologischen* Funktion der Pro-Hitler-Option katholischer Theologen entscheidende Beobachtung.

---

337 *Adam*, Deutsches Volkstum, 53.
338 Ebda.
339 A.a.O., 53f.
340 *Lortz*, Katholischer Zugang, 12f.

Zur analytischen Annäherung an die völkisch-rassistische Argumentation dieser katholischen Theologen ziehen wir jene Rassismusdefinition heran, wie sie Detlev Peukert, den Forschungsstand resümierend, vorgelegt hat. Danach besteht der „gemeinsame Nenner des Rassismus in den humanwissenschaftlichen Disziplinen und Professionen" darin, „daß die Beurteilung und Behandlung von Menschen nach deren 'Wert' differenziert wird, dessen Kriterien aus einem normativen und affirmativen Leitbild des 'Volkskörpers' als Kollektivsubjekt abgeleitet werden und dessen biologisches Substrat dem genetischen Code der Individuen zugeschrieben wird".[341] Welche Elemente eines so definierten Rassismus übernehmen nun Adam, Schmaus und Lortz, vor welchen schrecken sie zurück?

Die rassisch definierbare Differenz der Völker wird von allen drei Autoren vorausgesetzt und für theologisch relevant erachtet. Es wird also ganz selbstverständlich die Anschauung vom „Volkskörper" als eines Kollektivsubjekts geteilt. Vor allem aber wird dieser Volkskörper primär biologistisch bestimmt. Die Kategorie „Blut" dient ihnen dazu, die Vermittlung zwischen dem biologisch definierbaren Volkskörper und dem Individuum auf den Begriff zu bringen. Über sie wird dieser Volkskörper dem einzelnen als determinierend eingeschrieben gedacht.

Für Adam ist „das Blut die physiologische Grundlage unserer ganzen Geistigkeit, der besonderen Weise unseres Fühlens, Denkens und Wollens".[342] Es sei, so dann auch Schmaus, „kein leerer Wahn, wenn Menschen gleicher Geschlechterfolge sich zusammengehörig fühlen. In unserem Blute kreisen ... in winzigen und doch unsagbar mächtigen Tropfen jene geheimnisvollen Boten, die alle Kräfte, Organe und Glieder unseres Körpers zur Tätigkeit aufrufen, also auch die Wogen des Gemütslebens in Schwingung versetzten".[343]

Schmaus benennt ausdrücklich die naturwissenschaftliche Basis seiner Argumentation. „Was ist's, das mich im Herzen bewegt, wenn ich zu einem meines Volkes komme, und mich anders fühlen läßt wie gegen Fremde? Kann man das fassen? Das Volk selbst sagt, es sei das Blut. Als Schulmeister suche ich es wissenschaftlich herauszubringen. Es sind die Erblinien, das Erbe, körperlich und geistig von Vaters und Mutters Linie. Es ist das wunderbare Geheimnis der Vererbung, die über Jahrhunderte und Jahrtausende ein Erbgut

341 *Peukert*, Max Webers Diagnose der Moderne, 105.

342 *Adam*, Deutsches Volkstum, 60. An anderer Stelle versucht Adam eine biologistische Herleitung der Erbsündenlehre: Das „Wesen der Erbsünde" läge darin, „dass sich Adam, unser Stammvater, verführt von der dämonischen Schlange, in verlogenem Absolutheitswahn gegen das göttliche Du stellte und Gott gleich sein wollte. Und weil Adam unser Stammvater war, weil deshalb in seinem Keimplasma nicht zwar unsere menschliche Person, wohl aber unsere menschliche Natur, d.h. all das, was ausserhalb unserer Personenspäre und ausserhalb unseres Ichbewusstseins an menschlichen Anlagen und Fähigkeiten in uns lebte -, weil all dieses Naturhafte im Keimplasma des Stammvaters irgendwie verkörpert und gegenwärtig war, darum reckte sich in ihm und durch ihn zugleich auch dieses in ihm verkörperte rein *Naturhafte der ganzen Menschheit* gegen den Schöpfer auf." Gewiß bliebe dies „in seinen letzten Tiefen ein Rätsel." Doch „dieses Geheimnis sollte gerade uns Menschen der Gegenwart nicht mehr so unglaublich und untragbar erscheinen, gerade uns, die wir vom Mythos des Blutes wissen" (*Adam*, Die geistige Lage des deutschen Katholizismus, 9f).

343 *Schmaus*, Begegnungen, 16f.

trägt in zahllosen Erblinien, die sich kreuzen und immer wieder kreuzen, immer wieder dasselbe Gut an Leib und Seele, aber auch immer wieder in unendlich neuen Gestaltungen, Vereinigung und Trennung, Neuvereinigung zu Merkmalen, Eigenschaften in tausendfältiger Kombination, das gemeinsame Erbgut des Volkes, von dem ich ein Teil bin".[344]

Etwas später fährt Schmaus dann fort: „Die Menschen gleichen Blutes haben daher ähnliche Wallungen des Gemüts und des Empfindens, eine ähnliche Art sich zu freuen, sich zu begeistern, zu trauern und zu leiden, zu lieben und zu hassen. Weil ... auf dem Untergrunde des Empfindungslebens sich das Geistesleben aufbaut, ist auch dieses in die Farbe des Blutes getaucht, auch die Religion."[345] Später heißt es dann sogar: „Die Liebe, die der Gläubige zu seinem Volk hat, ... ist verwurzelt im rauschenden Blut und tragenden Boden, die beide Gottes Werk sind, sie ist so letzten Endes verankert im unerschütterlichen göttlichen Urgestein."[346]

Zumindest Adam und Schmaus teilen also explizit den Biologismus des modernen Antisemitismus und erreichen damit die zweite, die biologistische Ebene des völkischen Rassismus. Alle drei Autoren rekurrieren im übrigen nicht auf das Standardarsenal anti-judaistischer Argumente aus der christlichen Tradition, wie der These von den jüdischen Gottesmördern oder der Entlassung des jüdischen Volkes aus der Heilsgeschichte nach der Verwerfung Jesu.[347] Es zeigt sich vielmehr, daß Karl Adam und auch Michael Schmaus, nicht mehr allerdings Joseph Lortz, die biologistischen Basisannahmen des Rassismus durchaus teilen.[348] Lortz motivieren dieselben Intentionen, aber gerade er, der Kirchengeschichtler, ist sehr viel vorsichtiger in der Rezeption systematischer Basistheoreme des Rassismus. In signifikanter Differenz zu den beiden Dogmatikern scheinen bei ihm die systematisch-theologischen Alarmglocken gegenüber einer zu weitgehenden Rezeption des biologistischen Rassismus angeschlagen zu haben.

Der sich hier zwischen den drei untersuchten Autoren differenzierende Befund kompliziert sich noch weiter, wenn es um die Frage geht, inwieweit diese Autoren auch die dritte Ebene des nationalsozialistischen Rassismus erreichen,

---

344 A.a.O., 16.

345 A.a.O., 17.

346 A.a.O., 29.

347 Letztere Argumentation findet sich etwa beim Münchner Kardinal Faulhaber. Vgl. *M. Faulhaber*, Das Alte Testament und seine Erfüllung im Christentum. Erste Adventspredigt von Kardinal Faulhaber in St. Michael zu München am 3.12.1933, München o. J. (1933), 4f.

348 Bei Adam dringt dieses Denken nicht nur in die Erbsündenlehre (vgl. oben Fußnote III 342) ein, sondern auch in die Christologie ein. Vgl. den Abschnitt „Christus und das Judentum" in: *Adam*, Jesus, der Christus und wir Deutsche, 88-103, wo es heißt: „Es ist dieses Dogma von der immaculata conceptio Mariens, welche all jene böswilligen Fragen und Klagen, als ob wir in Jesus trotz aller seiner Vorzüge einen 'Juden-Stämmling' erkennen müßten, in katholischer Sucht zu einer völlig abwegigen Frage macht. Denn es bezeugt uns, daß Jesu Mutter Maria in keinerlei physischem oder moralischem Zusammenhang mit jenen häßlichen Anlagen und Kräften stand, die wir am Volljuden verurteilen" (91). Was im übrigen Adam nicht davon abhält, mehrmals zu betonen, „daß im Wandel der Jahrhunderte zu dem jüdischen Blut der im Lande verbliebenen Galiläer ein starker Schuß artfremden, wohl auch arischen Blutes trat", nicht ohne hinzuzufügen: „wenn auch exakte Zeugnisse fehlen." (90)

die Ebene der konkreten, entlang rassischer Kriterien differenzierten Maßnahmen. Die differenzierte Behandlung bis hin zur „Selektion“ von Menschen je nach behaupteter Zugehörigkeit zu einem spezifischen „Volkskörper“ scheint nun angesichts des christlichen Heilsuniversalismus für katholische Theologen prinzipiell unakzeptabel zu sein. Hier beginnt denn auch der Befund endgültig ambivalent und widersprüchlich zu werden.

Deutlich ist, daß diese konkrete Handlungsebene des Rassismus von Adam und Schmaus in spezifischen Zusammenhängen keineswegs gemieden, sondern ausdrücklich angezielt wird. Beide sprechen sich explizit für die differenzierte Behandlung von Menschen unterschiedlicher Volkszugehörigkeit seitens des Staates aus. Sie gehen dann gar soweit, gerade auch diese dritte Ebene des Rassismus theologisch zu begründen. Karl Adam tut dies über eine extensive Interpretation des vierten Gebots und, man wird sagen müssen: zynischerweise, unter Hinweis auf die jüdische Rechtsordnung, Schmaus dann über den geschichtstheologischen Verweis auf die Stellung des deutschen Volkes in der Kulturentwicklung. Voraussetzung für die theologische Legitimation von rassisch begründeten Behandlungsunterschieden der einzelnen Individuen ist dabei, daß neben dem Postulat des biologisch definierten und dem einzelnen genetisch eingeschriebenen „Volkskörpers“ auch ein ebenfalls biologisch, also irreversibel festgelegter, rechtsbedeutsamer *Rangunterschied* zwischen den Individuen angenommen wird. Genau dies aber geschieht.

Adam etwa stellt fest, daß es „eine Forderung der deutschen Selbstbehauptung“ sei, „die Reinheit und die Frische dieses Blutes zu wahren und durch Gesetze zu sichern.“ Diese „Forderung“ entspringe „unserer geordneten Selbstliebe“. Insofern aber diese Selbstliebe das ganze Volk und auch „die Reihe seiner Ahnen und Geschlechter umfaßt, darf man auch sagen: Diese Forderung ist nichts anderes als das auf die ganze Breite der Generationen angewandte vierte Gebot des Dekalogs“.[349] Insofern auch „kein Volk sorgsamer auf seine Blutreinheit bedacht“ gewesen sei, „denn das jüdische Offenbarungsvolk selbst“[350] und „diese jüdische Rechtsordnung durch die alttestamentliche Gottesoffenbarung legitimiert war“, könne man behaupten, so Adam, daß die „deutsche Forderung der Blutreinheit ... in der Linie der alttestamentlichen Gottesoffenbarung“[351] liege. Damit aber wurden nicht nur im vorhinein die „Nürnberger Gesetze“ legitimiert, es wurde auch jenes Prinzip Selektion theologisch abgesegnet, das wesentlich zur nationalsozialistischen Volksgemeinschaftsideologie gehörte und Voraussetzung der nationalsozialistischen Diskriminierungs- und schließlich Tötungsmaschinerie war.

Auch für Schmaus ist „die gerechte Sorge für die Reinerhaltung des Blutes, dieser Grundlage für die geistige Struktur eines Volkes“, eine „Folge der Liebe zum Volk“.[352] Noch massiver, weil *explizit* völkische Rangunterschiede postulierend und rassistische Maßnahmen nicht nur über die (zumindest theoretisch) noch wertungsneutrale Forderung der Rassereinheit vermittelnd, ist dann aller-

349 *Adam*, Deutsches Volkstum, 60.
350 Ebda.
351 A.a.O., 61.
352 *Schmaus*, Begegnungen, 29.

dings seine Aussage, daß „die Aufgaben der verschiedenen Völker an Wert und Bedeutung verschieden sind“, was sich aus dem „katholischen Vorsehungs- und Schöpfungsbegriff“ ergebe. Denn: „Gott gab jedem Volk seine, jedem Volk eine andere Sendung; er stattete es mit den hierfür notwendigen Anlagen und Kräften aus. Auch da gibt es Rangunterschiede.“[353] Die Nähe zu Hitlers Thelogie ist unübersehbar.

Diese Argumentation wird nun von Schmaus geschichtstheologisch durch Verweis auf die Kulturleistungen des deutschen Volkes gestützt. „Da im Hintergrund aller Geschichte der göttliche Wille steht, können wir aus der Geschichte ohne Furcht uns zu täuschen ablesen, daß Gott dem deutschen Volke eine der größten Aufgaben zudachte“. Soll also „die Weltgeschichte nicht sinnlos sein, soll sie sich nicht jenseits des göttlichen Willens vollziehen, dann wird man der deutschen Nation einen anderen Rang zuweisen müssen als der Negerrepublik Nigeria“.[354]

Wie sehr dann dieser biologistische Rassismus und seiner Statuierung völkischer Rangunterschiede einschließlich seiner fatalen Handlungskonsequenzen gegenüber jedem christlichen Heilsuniversalismus durchschlägt, wird in seiner ganzen Inkonsequenz deutlich, wenn Karl Adam einerseits versichert, die katholische Kirche sei als „übernationale, alle Völker und Stämme umgreifende Gemeinschaft ... der natura individua nicht weniger verpflichtet wie der Eigenart der übrigen Völker“, damit aber nur begründet, daß das „christliche Gewissen ... bei der *Durchführung* der staatlichen Verordnungen“ zum Schutze der Reinerhaltung des Blutes „auf Gerechtigkeit und Liebe dringt“.[355]

Es muß zusammenfassend festgehalten werden, daß alle drei Ebenen des nationalsozialistischen Rassismus, wie er von Hitler vertreten und nach und nach in konkrete Politik umgesetzt wurde - die Definition eines Volkskörpers, dessen biologistische Ein- und Festschreibung im Erbgut des Individuums sowie die handlungsleitende Beurteilung des einzelnen nach seiner (vermeintlichen) Zugehörigkeit zum eigenen oder zu fremden „Volkskörpern“ - von Adam und Schmaus explizit rezipiert werden, die dritte, die Handlungsebene, dabei sicherlich noch am zögerlichsten.

Bei Adam liegt dabei ein gewisser Schwerpunkt auf dem rassischen Biologismus, bei Schmaus wird hingegen eher der völkische Rangunterschied betont. Von beiden aber werden staatliche Maßnahmen zur Reinerhaltung der Rasse theologisch begründet. Nur Lortz, immerhin Parteimitglied und offenkundig in seinem persönlichen Verhalten nicht frei von Karrieremotiven, hält hier erstaunliche Distanz zum nationalsozialistischen Rassismus, gerade zu dessen biologistischem Zentraltheorem.

---

353 A.a.O., 30.
354 Ebda.
355 *Adam*, Deutsches Volkstum, 62.

2.3.2. Die theologische Rezeptions-Intention: die Pluralisierung der Kirche

2.3.2.1. Die Notwendigkeit einer funktionalen Transformation des nationalsozialistischen Rassismus

Der Rassismus war im Nationalsozialismus Teil einer Weltherrschaftskonzeption.[356] Jegliche Unterordnung des Völkischen unter eine andere Kategorie ist für den Nationalsozialismus daher völlig unakzeptabel. Auch Rainer Zitelmann, der sich ansonsten sehr bemüht, so etwas wie ein „anderes Hitlerbild" zu entwerfen, konstatiert, für Hitlers Weltanschauung gelte die „zentrale Grundthese", daß in ihr „das 'Individuum' und die 'Menschheit' keine relevanten Bezugsgrößen" darstellten, „sondern allein und ausschließlich die deutsche 'Volksgemeinschaft'".[357]

Damit aber ergibt sich für theologische Autoren gerade der katholischen Tradition die unabweisbare Notwendigkeit einer funktionalen Transformation des nationalsozialistischen Rassismus. Es soll daher im folgenden die These entfaltet werden, daß das völkische Denken von diesen drei Theologen tatsächlich in einer signifikant anderen Funktion eingeführt wurde, als dies im Nationalsozialismus geschah. Diese Funktionsverlagerung zog dann auch gewisse Modifikationen in der inhaltlichen Fassung des Rassismus nach sich. Denn so deutlich in manchen Zusammenhängen von Schmaus und Adam rassistische Thesen vertreten werden, so offenkundig stoßen sich diese Thesen mit spezifischen universalistischen Postulaten der christlichen Tradition.

Der Funktionswechsel des Rassismus von einer homogenisierenden Kategorie im Nationalsozialismus zu einer pluralisierenden bei den katholischen Theologen, wo er dazu diente, einen monolithischen, römisch-iuridischen Kirchenbegriff aufzusprengen, erklärt diesen selektiven und inkonsequenten inhaltlichen Umgang mit dem nationalsozialistischen Rassismus seitens Adams und Schmaus'. Nur dadurch wurde es überhaupt möglich, ihn dem innertheologischen katholischen Diskurs mit einiger Aussicht auf Rezeption anzubieten.

Erkennbar wird an dieser Stelle, daß die innere Heterogenität der Argumentation dieser Theologen, ihr Schwanken zwischen christlichem Universalismus und rassistischem Anti-Universalismus, aus der Varianz der angezielten Rezeptionsräume herrührt: einmal war dies der nationalsozialistische, das andere Mal der kirchliche Diskursraum. Im Nationalsozialismus Ausschluß- und gleichzeitig Integrationskategorie des Pluralen, wird der rassistische Diskurs bei den katholischen Theologen zur Pluralisierungskategorie jenes Homogenen, in dem sie selber lebten: der Kirche.

Daß dabei die diskursinterne Funktion des Rassismus im Nationalsozialismus seitens seiner theologischen Rezipienten massiv modifiziert werden mußte, dies erlaubt Rückschlüsse auf die Energie, mit der diese Theologen

---

[356] Vgl: *J. Thies*, Architekt der Weltherrschaft. Die „Endziele" Hitlers, Königstein 1980.
[357] *Zitelmann*, Hitler, 45.

Hoffnungen auf den Nationalsozialismus setzen *wollten*, mag auch der verbreitete innerkirchliche „Antisemitismus der Vernunft" Ansätze hierzu bereitgestellt haben. Theologisch attraktiv wurde der nationalsozialistische Rassismus erst nach und in dieser markanten funktionalen Modifikation.

Im Nationalsozialismus kam dem Rassismus eine unhintergehbare Rahmenfunktion zu, ihm wurden alle anderen Interessen geopfert: bekanntlich ließ sich Hitler, um das teuflischste Beispiel zu nennen, weder durch militärisch-logistische, noch durch ökonomische Gründe zu einer Modifikation seiner Politik der Judenermordung bewegen.[358] Der völkische Rassismus war im Nationalsozialismus das eine grundlegende Prinzip, welches den nationalsozialistischen Staat bei aller inneren Divergenz in Theorie und (noch mehr) Praxis ideologisch tatsächlich homogenisierte.[359] Das „Völkische" wird bei den hier untersuchten Theologen hingegen vor allem *pluralisierend* funktionalisiert: als Prinzip des Aufsprengens eines monolithischen, römisch-iuridischen Kirchenbegriffs und der ihm folgenden Praxis.

Wenn die These von der Umfunktionalisierung der Kategorie des Völkischen von einer immunisierten politischen Letztbegründungskategorie zur Pluralisierungskategorie einer Art rassistischer Inkulturationstheologie zutrifft, gibt sie starke Hinweise darauf, daß es primär innerkirchliche Gründe waren, welche gerade für problemsensible katholische Theologen den Nationalsozialismus attraktiv machten.

2.3.2.2. Die transformierenden theologischen Rahmenbedingungen

Jeder Rezeption eines völkischen Rassismus in der katholischen Theologie steht eine starke Gegentradition gerade des katholischen Denkens entgegen: sein prinzipieller Universalismus, der eine rassistische, also Menschen nach ihren biologischen Gegebenheiten differenzierende Theologie unmöglich zu

---

358 Vgl. zusammenfassend: *E. Jäckel/J. Rohwer*, Der Mord an den Juden im Zweiten Weltkrieg, Stuttgart 1985; *E. Jäckel*, „Der Tod ist ein Meister aus Deutschland". Deportation und Ermordung der Juden, Kollaboration und Verweigerung in Europa, zus. mit L. Rosh, Hamburg [4]1990.

359 Über die ideologietragende Rolle des Rassismus bei Hitler herrscht in der Forschung Konsens. Einen interessanten Aspekt bringt Zitelmann in die Diskussion, wenn er darauf hinweist, daß Hitler nicht - wie biologistisch eigentlich konsequent - von der äußerlich identifizierbaren Rasse auf die Fähigkeiten und Eigenschaften schloß, sondern umgekehrt von den Fähigkeiten auf die Rasse, was dem im Legitimationssystem der Vernichtungsmaschinerie zentralen Rassismus eine völlige Fungibilität verschaffte; vgl. dazu *Zitelmann*, Hitler, 420-424. - Daß die *ideologische* Homogenisierung der deutschen Gesellschaft durch den Nationalsozialismus für die tatsächliche Homogenisierung der *Herrschaftspraxis* nicht hinreichte, ist ebenfalls Forschungskonsens. Die real existierende „institutionelle Anarchie" des Dritten Reiches ist nicht zu übersehen. Umstritten ist dabei Hitlers Stellung innerhalb des nationalsozialistischen Herrschaftssystems. Zum Diskussionsstand: *K. Hildebrand*, Das Dritte Reich, München [3]1987, 178-188; *M. Rauh*, Anti-Modernismus im nationalsozialistischen Staat, in: Historisches Jahrbuch 107(1987) (Lit.); paradigmatische Diskussionsbeiträge sind zu finden in: *W. Wippermann* (Hrsg.), Kontroversen um Hitler, Frankfurt/M. 1986, 199-216. Zur Sachlage selbst: *D. Rebentisch*, Führerstaat und Verwaltung im Zweiten Weltkrieg, Wiesbaden 1989; zum Herrschaftsalltag: *H. Mommsen/S. Willems* (Hrsg.), Herrschaftsalltag im Dritten Reich, Düsseldorf 1988.

machen scheint. Dieser christliche Universalismus wurde dabei nun allerdings in der katholischen Tradition des späten 19. Jahrhunderts, nach dem Sieg des ultramontanen Projekts und der Etablierung des „Dispositivs der Dauer", in einer eigentümlich kirchenzentrierten Weise vertreten. Er trat auf als Anspruch nach einer in Offenbarung und Naturrecht begründeten qualifikatorischen Letztzuständigkeit der Kirche auch für den nicht-kirchlichen Bereich, sei es im wissenschaftlichen Diskurs, auf dem Felde des Rechts oder des individuellen wie staatlichen Handelns.

Alle drei hier behandelten katholischen Theologen sind sich der verpflichtenden Existenz eines kirchlich interpretierten christlichen Universalismus bewußt. Gerade aber die Art, wie sie diesen - theoretisch und binnenkirchlich ebenso entschieden wie vergeblich postulierten - kirchlichen Universalismus thematisieren, zeigt ihr Interesse, ihn grundlegend zu reinterpretieren und mittels einer völkischen Inkulturationstheorie zu pluralisieren.

Immerhin muß festgehalten werden, daß der Kirchenbegriff bei allen Autoren dem Begriff des Völkischen undiskutiert übergeordnet bleibt: „Die Übernatürlichkeit der Kirche" besage, so etwa Schmaus, „daß ... kein Volk und kein Staat so kräftig und so vollkommen ist, daß er die Kirche ersetzen kann, daß er das in ihr fließende Leben hervorzubringen vermag".[360] „So weltweit, so übervölkisch der Katholizismus in seiner übernatürlichen Wesenheit ist", so auch Adam, „so volkhaft bedingt ist sein empirisches Wirken, seine Mission. Gerade dadurch und nur dadurch existiert er als Katholizismus der Fülle, daß er die Eigenart eines jeden Volkes schützt".[361]

Eng damit verbunden ist die Abwehr jeder Form heidnisch-germanischer Religiosität, deren Ablehnung bei allen theologischen Autoren unzweideutig bleibt. „Wo nur immer lebendige Religion ist, da lebte sie niemals aus den Kräften des Volkstums, erst recht nicht aus deren ideologischer Spiegelung - mag man diese ideologische Spiegelung nun Wodan oder Baldur oder sonstwie heißen -: da nahm sie *ihre stärksten Antriebe aus den Kräften der Transzendenz*, aus jener Urwirklichkeit, die man jenseits allen Volkstums schaffend wußte und von der das Volkstum erst Leben und Gestalt empfangen hat".[362]

Diese Stellungnahme gegen jede Form einer neuen, heidnisch-germanischen Religiosität erklärt auch die geradezu demonstrative Stilisierung Hitlers als bevorzugte nationalsozialistische Autorität. Hitler hatte schon sehr früh in der Parteigeschichte den rassistisch-religiösen Flügel der NSDAP entmachtet und hat später seinen „Chefideologen" Rosenberg wohl vor allem als Drohpotential gegen die Kirchen funktionalisiert, wenn er ihm weiterhin einen gewissen propagandistischen Spielraum einräumte. Vor allem aber hatte sich Hitler in seiner Reichstagsrede vom 23.3.1933 ausdrücklich zur staatstragenden Rolle des Christentums bekannt.[363] Nur diese Abkehr Hitlers von einer völkisch-reli-

---

360 *Schmaus*, Begegnungen, 33.

361 *Adam*, Deutsches Volkstum, 58f.

362 *Adam*, Christus und das deutsche Volk, 5.

363 Wesentliche Auszüge der Rede Hitlers in: *Stasiewski*, Akten deutscher Bischöfe I, 15, dort auch weitere Literatur. Die außerordentliche Relevanz dieser Rede für die Bereitschaft des Episkopats, die Regierung Hitler als rechtmäßige Obrigkeit zu akzeptieren, wird deutlich in

giösen Interpretation des nationalsozialistischen Projekts ermöglichte es den Theologen, Elemente des Nationalsozialismus zu rezipieren, denn nur durch sie war die für die katholische Tradition gerade des 19. Jahrhunderts konstitutive Überordnung des Kirchenbegriffs über nicht-theologische Kategorien, also dessen unbedingte Autonomie als societas perfecta, zu sichern.

So scheint tatsächlich der letzte Schritt zum Rassismus des Nationalsozialismus dann doch noch nicht vollzogen, wenn Adam, Lortz und Schmaus deutlich den Kirchenbegriff dem Begriff des Völkischen über- und vorordnen. Karl Adam etwa schreibt: „katholisches Christsein bestand bereits, bevor es noch deutsches Volkstum gab. Es hat seine erhabene Eigenbedeutung und seinen Eigenwert ganz unabhängig von den nationalen und völkischen Gestaltungen der Menschheit. (...) Es ist Übernatur. Und darum ist es übernational und übervölkisch. So kann keine Rede davon sein, daß katholisches Christentum sich jemals auf ein einziges Volkstum, und sei es das höchstentwickelste und adeligste, und sei es auch das deutsche, einengen und sich ihm alleine hingeben wollte."[364]

In seiner Festrede vom 21.1.1934, wie sie das Deutsche Volksblatt am 23.1. und 24.1. wiedergibt, greift er gar die nazistischen „Deutschen Christen" mit der rhetorischen Frage an: *„Wo ist euer Zeugnis, wo ist eure Beglaubigung dafür, daß das deutsche Volk in demselben erhabenen Sinn zum Instrument der göttlichen Heilsentschlüsse erwählt ward wie das jüdische?* Weist auch die deutsche Geschichte Männer Gottes auf wie Moses, Jesaia und Jeremia, Männer Gottes, die, eingetaucht in die Gluten des Heiligen Geistes, mitten unter dem Wildwuchs zügellosen Heidentums und polytheistischer Verirrungen den *einen wahren Gott*, den Schöpfer des Himmels und der Erde verkündeten, und die sein heiliges Gesetz, das Gesetz des Gehorsams und der Treue, der Wahrhaftigkeit und Liebe, der entarteten Menschheit wieder ins Herz schrieben?"[365] Und auch Schmaus hält fest, daß die „Vergötzung der eigenen Art unter Verwerfung anderer Arten" schließlich „glaubenswidrig würde", während Lortz ja generell und reichlich neutral konstatiert hatte, daß die „Vielfältigkeit der Rassen und Nationen ... *Grund*lage allen Menschheitsgeschehens (ist)", daß man also „das Vorhandensein dieser Vielfältigkeit ohne weiteres als gottgewollt zu betrachten hat", mithin auch „jede völkische Individualität".[366]

Darlegungen Kardinal Faulhabers vom 5.12.36: „Warum erwähnt der Artikel nicht, daß Kardinal Faulhaber zusammen mit allen deutschen Bischöfen auf die Erklärungen des Führers in der Reichstagsrede in weltgeschichtlicher Stunde am 23. März 1933 fünf Tage später, am 28. März 1933, frühere Bedenken gegen die Kulturpolitik der Parteibewegung zurückgestellt und im gemeinsamen Hirtenbrief Pfingsten 1933 nochmals die deutschen Katholiken zur freudigen Mitarbeit mit dem Staat aufgerufen haben? Warum erwähnt der Artikel nicht, daß Kardinal Faulhaber anfangs Februar 1934 seinem Klerus die bestimmte Weisung gab, alles Nörgeln und Kritisieren an Regierungsmaßnahmen auf der Kanzel und im Privatgespräch zu unterlassen und in ehrlicher Mitarbeit dem Staate zu geben, was des Staates ist?" (*Volk*, Akten Faulhaber, II, 223)

364 *Adam*, Deutsches Volkstum, 44.

365 *Adam*, Christus und das deutsche Volk, 5.

366 *Schmaus*, Begegnungen, 12f.

Näheres Hinsehen aber zeigt: die über die kirchliche Universalismusthese scheinbar gerettete Gleichwertigkeit der Völker wird nicht ausdrücklich behauptet, vielmehr soll nur die Universalität der Kirche gegenüber jeder Reduktion ihres Wirkungsbereichs auf ein Volk, etwa das „germanische", festgehalten werden.[367] Dies zeigt sich nun exemplarisch darin, daß es den Autoren um die „Übernationalität" der Kirche geht, nicht um deren „Internationalität"; gerade gegen diesen Begriff wehrt man sich entschieden - bei Schmaus mit einer bemerkenswerten theologischen Begründung.

Noch im Konventionellen bleibt Lortz mit seiner Feststellung, die Kirche sei „nicht international, sondern universal und übernational". Die „kirchliche Lösung des Problems 'national und übernational',, hieße „für den Deutschen als Katholiken" - „entsprechend dem Engländer, Franzosen, Polen" - „in der lebenden und begeistert betont national-kirchlichen *Einheit*: Deutscher Katholik oder: katholischer Deutscher."[368] Auch Schmaus nimmt die Kirche vor dem Vorwurf in Schutz, „sie sei international und daher eine Feindin des Nationalen". Die Kirche sei zwar „universell" und „ihre Substanz" decke „sich nicht mit dem Wesen einer Nation". „Sie steht über allen Nationen, ist übernational, ohne dem Nationalen Eintrag zu tun." Schmaus lädt diesen Begriff der „Übernationalität" theologisch aber entscheidend auf, wenn er fortfährt: „In glücklicher ... Formulierung bezeichnete man vor kurzem den Begriff des Übernationalen als einen Teilbegriff des Übernatürlichen. Was übernatürlich ist, wird wieder nur dem verständlich sein, der innerhalb der Linie des Glaubens steht. Übernatürlich ist jenes Sein, das auch das vollkommenste Geschöpf nicht hervorbringen, das nur von Gott dankbar entgegengenommen werden kann".[369] Eine solche Ableitung des Übernationalen aus dem Übernatürlichen hatte auch schon Adam vorgenommen, als er konstatierte: „Es (das Christentum: R.B.) ist Übernatur. Und darum ist es übernational und übervölkisch".[370]

Nun steht - schon rein immanent betrachtet - diese Definition der Kirche als „übernational" in deutlicher Spannung zur „völkischen Inkulturationstheologie", die ansonsten gerade die Basis des theologischen Brückenschlags zur rassistischen Kernzone des Nationalsozialismus bildet. Wenn die Kirche als übernatürliche Größe notwendig übernational wird, welchen Status hat in ihr dann das (gar rassisch definierte) Nationale, das doch angeblich so entscheidend für die konkrete Realisation von Kirche sein soll? Gerade diese Frage lassen die Autoren (bewußt?) ungeklärt. Denn sie betrifft den Konkretionsbereich. Durch die Vagheit ihrer Stellungnahme kommen sie darum herum, klä-

---

367 Wie der ausdrückliche Bezug bei *Adam*, Christus und das deutsche Volk, 5, nahelegt, geschieht dies wohl primär gegen das Arisierungsprogramm des Christentums bei den „Deutschen Christen". Auch Faulhabers berühmte Adventspredigten vom Advent 1933 sind in diesem Zusammenhang zu sehen. Sie nehmen ausdrücklich nicht für das zeitgenössische Judentum Stellung, sondern wenden sich gegen die Abkopplung des Christentums von seinen jüdischen Wurzeln. Vorchristliches und nachchristliches Judentum werden explizit unterschieden.

368 *Lortz*, Katholischer Zugang, 23.

369 *Schmaus*, Begegnungen, 33.

370 *Adam*, Deutsches Volkstum, 44.

ren zu müssen, was am Nationalen jeweils in welcher Weise in die Identität des Christlichen eingeht.

Signifikant ist auch hier, daß die oben bereits erwähnten Ausnahmen von dieser Konkretionsscheu deutlich innerkirchlichen Konfliktlagen entsprechen. Wenn Schmaus zwischen „romanischem Denken", das „Gott mehr als *ordo* und Gesetz, als klare Form" konzipieren würde, und jenem der „Germanen", das durch „chaotische(s) Ringen und Wühlen" und dem „Mißtrauen gegen Klarheit und Harmonie"[371] charakterisiert sei, differenziert, oder Adam dem „germanischen" Denken einen „geheime(n) Widerwillen gegen alle voreiligen Synthesen und tönenden Axiome"[372] attestiert, dann wird der alte (anti-)modernistische Konflikthintergrund zwischen der problemorientierten deutschen und einer eher problemexternalisierenden römischen Theologie überaus deutlich.[373] Man kämpft eben auch für eine „Vitalität des Fragens und Forschens, die aus den Tiefen der eigenen Not entspringt und deshalb die reiche Dialektik und Spannung des eigenen gelebten Lebens in sich trägt".[374]

Um einiges vorsichtiger argumentiert im übrigen hier der Kirchenhistoriker Lortz, der zwar auch von einer „völkische(n) Individualität"[375] reden kann, generell aber einer biologistischen Definition dieser Individualität offenkundig nicht nachgibt. Seine Argumentation folgt vielmehr den kirchengeschichtlichen Entwicklungsetappen, die Lortz als Abfolge des Hineinwachsens des Christentums in sich ablösende geistige Räume bestimmt. Es zeige sich, so Lortz, „daß das Wachsen der Kirche engstens gebunden ist an das Volkstum jener Stämme und Nationen, an denen die Kirche jeweils in besonderem Maße ihre Arbeit leistet".[376] Lortz gelingt es so, eines der zentralen Relativierungsprojekte der neuzeitlichen Religionskritik, den Abbau absoluter Geltungsansprüche durch den Nachweis ihrer (oder ihrer Träger) historischen Relativierbarkeit, in eine Apologie des christlichen Geltungsanspruchs umzubiegen. Genau diese Problematik - die Vereinbarkeit von absolutem Geltungsanspruch und seiner historischen Relativierbarkeit - hatte ja auch im innerkirchlichen Modernismuskonflikt eine zentrale Rolle gespielt.

Die Geschichte der Kirche beweise *„in concreto"*, so Lortz, daß „die Kirche gar nicht anders wachsen kann als durch Mit- und Rückwirkung des konkreten Einzelmenschen bzw. dieses bestimmten Stammes, dieser Nation und Rasse, also bestimmter Volkskräfte unter dem Wirken der Gnade."[377] Lortz faßt damit das Spezifische der jeweiligen Ausprägung des Christlichen gegenüber den beiden Dogmatikern Schmaus und Adam in einem anderen Zusammenhang. Vor-

---

371 *Schmaus*, Begegnungen, 34.

372 *Adam*, Deutsches Volkstum, 57.

373 Ein Konflikthintergrund, der durchaus innerkirchlich zu Zeiten des Nationalsozialismus auch praktisch werden konnte. So in der Rolle Sebastian Merkles bei der Auflösung der (jesuitischen) Innsbrucker Theologischen Fakultät im Jahre 1938. Merkle war ein enger Freund Herman Schells, dessen beeindruckendes scholastikalternatives Theologieprojekt selbst nicht ganz frei von deutsch-nationalen Hintergrundmotivationen war. Vgl. dazu: *Wittstadt*, Die Katholisch-theologische Fakultät der Universität Würzburg, 408-413.

374 *Adam*, Deutsches Volkstum, 57.

375 *Lortz*, Katholischer Zugang, 13.

376 A.a.O., 20.

377 A.a.O., 21.

sichtig und sich offenkundig des prekären innerkirchlichen Geländes überaus bewußt, schreibt allerdings auch Lortz: „Aus der katholischen Bejahung der natürlichen Schöpfungsordnung gewinnt man auch die Grundlagen zur Beurteilung der vom Nationalsozialismus geforderten deutschen Renaissance. Es wird verlangt, daß das deutsche Volk zu seinen eigenen, germanischen Quellen zurückgeführt werde. Durchaus mit Recht."[378]

Den Hintergrund dieser Zustimmung zu einer Wiederbesinnung auf das „germanische Denken" (wohlgemerkt: *in* der katholischen Theologie, nicht gegen sie), bildet nun aber auch bei Lortz deutlich die Kritik am Theologie-, indirekt damit aber auch am aktuell herrschenden Kirchenkonzept römischer Prägung. Es sei ja „leider nicht an dem, daß die verschiedenen Disziplinen katholischen Denkens von einem blutleeren, nur abstrahierenden und daher geistlosen Intellektualismus frei geblieben wären. Aber ebenso sicher ist, daß sie damit von den schöpferischen Meistern des katholischen Gedankens denkbar weit abgekommen waren. Die Abwendung des Nationalsozialismus vom Intellektualismus, seine Forderung eines geistigen Lebens, das aus dem Konkreten, der eigentlichen und einzigen Wirklichkeit, erwächst, ... trifft wunderbar zusammen mit den Prinzipien des klassischen katholischen Denkens, wie es seit einigen Jahrzehnten wieder machtvoll nach Klarheit ringt."[379]

Interessanterweise wendet der Reformationshistoriker Lortz diese völkischen Kategorien zur Interpretation kirchengeschichtlicher Strömungen auch kritisch gegen das „germanische Denken" selbst, wenn er bemerkt, der „partikularistische(.) Grundzug des Germanen" sei „auch einseitigem Subjektivismus eng verwandt", was erkläre, warum „eher unter germanischen Stämmen als in romanischen Ländern die reformatorische Deutung des christlichen Gedankens"[380] sich durchgesetzt habe.

3. Resümee

Das Problem-Feld zwischen Theologie und Politik ist in jeder nur denkbaren Hinsicht heikel: theoretisch wie praktisch. Es ist auch in diesem Jahrhundert viel bearbeitet. Alleine die Diskussionen um die Möglichkeit oder Unmöglichkeit „Politischer Theologie" - was immer man auch von Carl Schmitt und Erik Peterson[381] bis Johann Baptist Metz und Hans Maier darunter verstehen mag[382]

---

378 A.a.O., 12.

379 A.a.O., 14.

380 A.a.O., 18.

381 Zu Peterson siehe jetzt das ungemein materialreiche Werk von *Barbara Nichtweiß*, Erik Peterson. Neue Sicht auf Leben und Werk, Freiburg/Br.-Basel-Wien 1992..

382 Siehe: *C. Schmitt*, Politische Theologie, München ^{2}1934 (Erstauflage: 1922), *ders.*, Politische Theologie II, Berlin 1970; Dazu: *J. Taubes* (Hrsg.), Der Fürst dieser Welt. Carl Schmitt und die Folgen, München-Paderborn-Wien-Zürich ^{2}1985; *H. Meier*, Die Lehre Carl Schmitts. Vier Kapitel zur Unterscheidung Politischer Theologie und Politischer Philosophie, Stuttgart/Weimar 1994, interpretiert - mit guten Gründen - die gesamte Politische Theorie Schmitts als Politische Theologie, konzipiert im unaufhebbaren Gegensatz zu jeder „Politischen Philosophie". Zur Neukonzeption einer „Politischen Theologie" in den 70er Jahren: *H. Peukert* (Hrsg.), Diskussion zur „Politischen Theologie", Mainz-München 1969;

- belegen dies. Angesichts der bislang reichlich katastrophalen Politikgeschichte des 20. Jahrhunderts ist dies nur problemadäquat.

In diesem Abschnitt ging es aber weder um die theologische noch politische Legitimität oder Illegitimität einer politischen Hermeneutik der christlichen Überlieferung, noch um die immer noch überaus faszinierenden Thesen Carl Schmitts, etwa jene, daß alle Begriffe der modernen Staatstheorie säkularisierte theologische Begriffe seien[383], oder daß die politische Form des römischen Katholizismus den letzten Ort personaler Repräsentation[384] einer autoritären Person oder Idee darstelle. Eher ging es schon um eine andere These aus Schmitts „Römischer Katholizismus und politische Form", welche besagt, die katholische Kirche sei eine hochrationale und doch lebensnahe „complexio oppositorum", in der es „keinen Gegensatz zu geben (scheint), den sie nicht umfaßt".[385]

Das Feld zwischen Theologie und Politik ist aber auch ein Feld der Schuld und ein Ort der Sühne. Wenn Theologie beginnt, über den Nationalsozialismus und also damit über Schuld und Sühne nachzudenken, hat sie tatsächlich zuallererst die Perspektive der Opfer einzuklagen.[386] Doch es gibt nicht nur die Notwendigkeit, historiographisch die Perspektive der Opfer einzunehmen, sondern auch den Zwang, aus dieser Perspektive die eigene Option damals, als das Täter-Opfer-Geschehen begann, zu beleuchten. Auf die Seite der Opfer darf sich nur stellen, wer analysiert, wo er, bzw. die Tradition, in der er steht, eigentlich damals, als die Täter zu Tätern und die Opfer zu Opfern wurden, zu finden war. Das ist nicht Neohistorismus, sondern der schmerzliche, aber notwendige Weg an die sensiblen Stellen der eigenen Geschichte - um der Opfer willen.

J. B. Metz, Glaube in Geschichte und Gesellschaft, Mainz 1977; zu deren Kritik: *H. Maier*, Kritik der Politischen Theologie, Einsiedeln 1970.

383 So: *Schmitt*, Politische Theologie, 49. Zu dieser These: *K. M. Kodalle*, Politik als Macht und Mythos. Carl Schmitts „Politische Theologie", Stuttgart-Berlin-Köln-Mainz 1973, 44f. Gegen Schmitts These hatte bekanntlich Hans Blumenberg sein monumentales Wort und Werk von der „Legitimität der Neuzeit" gesetzt.

384 *Schmitt*, Römischer Katholizismus und politische Form, 26-37. Siehe dazu: *K. Kröger*, Bemerkungen zu Carl Schmitts „Römischer Katholizismus und politische Form", in: H. Quaritsch (Hrsg.), Complexio oppositorum, Berlin 1988, 159-165. Zu Schmitts, neuerdings in der Forschung wieder betontem „Katholizismus" siehe: *B. Wacker* (Hrsg.), Die eigentlich katholische Verschärfung. Konfession, Theologie und Politik im Werk Carl Schmitts, München 1994. Ein Überblick über einschlägige neuere Arbeiten bei: *A. Hense*, Verschärfung und Verzeichnung. Neuere Veröffentlichungen zum Katholischen bei Carl Schmitt, in: Herder-Korrespondenz 49(1995) 486-490. Ein Vergleich zwischen Schmitts Begründung des Politischen im Glauben und der hier referierten Theologen Genesungshoffnungen der Kirche (und auch ihres Glaubens) im Politischen - etwa hinsichtlich ihrer gemeinsamen anti-modernen Grundhaltung, aber auch hinsichtlich ihrer Differenzen in der Sicht von Kirche - wäre sicherlich aufschlußreich, muß hier aber unterbleiben.

385 *Schmitt*, Römischer Katholizismus und katholische Form, 10. Zur kirchengeschichtlich nicht ganz uninteressanten Frage, ob Schmitt damit eine idealtypsche oder die real existierende katholische Kirche beschrieb, siehe die Aussprache zum oben (Fußnote III 384) erwähnten Referat von K. Kröger.

386 Vgl. dazu jetzt: *J. Manemann*, „Weil es nicht nur Geschichte ist". Die Begründung der Notwendigkeit einer fragmentarischen Historiographie des Nationalsozialismus aus politisch-theologischer Sicht, Hamburg-Münster 1995.

Ohne die Analyse, welche Optionen wichtige Vertreter der eigenen Denk- und Glaubenstradition damals trafen und warum sie es taten, bleibt jede Selbstidentifikation mit den Opfern ambivalent. Drei herausragende Vertreter der katholischen Theologie haben nun eine unzweideutige Option für den Nationalsozialismus getroffen. Deren Hintergründe lagen, so zeigte sich nun bei genauer Betrachtung der einschlägigen Texte, in den Schwierigkeiten jener Theologen mit der Form kirchlicher Selbstkonstitution, wie sie sich seit der Modernismuskrise auch in Deutschland durchgesetzt hatte.

Zwischen der deutschen Theologie, welche vor allem durch die Doppelherausforderung der historisch-kritischen Forschung und der nach-kantischen Philosophie begonnen hatte, problemorientiert zu arbeiten und die zudem institutionell in den universitären Diskurs hineingezwungen[387] war, und der römischen Theologie nach dem I. Vatikanum, welche die innertheologische Konflikteskalation in Folge des kirchlichen Kontrollverlustes über den wissenschaftlichen Diskurs in der Moderne über den Aufbau eines in sich kohärenten Satzsystems theologischer Aussagen bewältigen wollte, und derart mit der „Erledigung" aller Probleme diese nach außen abzudrängen suchte, zwischen diesen beiden Polen des Umgangs mit dem modernen Pluralitätsproblem der Theologie, hatten deutsche Theologen in den 30er Jahren ihren eigenen Diskurs zu entwerfen.

Es war gerade für jene Theologen, die sich dieser Konfliktlage in besonderer Weise bewußt waren - und dies kann für alle drei der hier untersuchten Autoren als gesichert gelten - nur naheliegend, das im nationalsozialistischen Diskurs bereitliegende rassistische Theoriepotential als Interpretationsrahmen ihrer eigenen innerkirchlichen Konflikte zu nehmen. Sie erreichen damit ein Doppeltes. Zum einen erklären sie (sich und anderen) jene innertheologische Konfliktkonstellation, indem sie diese zu einer (rasse-)mentalitätsbedingten Differenz in der Formulierung des Christlichen verharmlosten. Zum anderen konnten sie damit aber auch umgekehrt eine gewisse Nähe zum nationalsozialistischen Rassegedanken herstellen und damit zumindest am Rande in den nationalsozialistischen Rassediskurs einsteigen.[388]

---

[387] Vgl. paradigmatisch für diese Problemkonstellation die Rede *H. Schells* „Der Katholizismus in Deutschland und die deutschen Universitäten" aus dem Jahre 1893 (in: Ders., Kleinere Schriften, hrsg. v. Karl Hennemann, Paderborn 1908, 151-164) sowie seine Rektoratsrede „Theologie und Universität" aus dem Jahre 1896 (A.a.O., 178-184).

[388] Eine Nähe, die selbst bei diesen Theologen, gezähmt durch ihre Einbindung ins kirchliche Dispositiv, nicht jene fatale Qualität erreicht, wie dies bei einer Reihe anderer Wissenschaften der Fall ist. Vgl. das überaus instruktive Kapitel „Die Genesis der 'Endlösung' aus dem Geist der Wissenschaft" in *Peukert*, Max Webers Diagnose der Moderne, 102-121. Spätestens die Geschichte der Wissenschaften im Dritten Reich zerstört jegliche Mythenbildung hinsichtlich des gesellschaftlichen Beitrags der Wissenschaften zur Sicherung humaner Lebensverhältnisse. Gerade im Stadium ihrer institutionalisierten Selbstkritik nach der wissenschaftsgeschichtlichen und wissenschaftstheoretischen Forschungsexplosion des 20. Jahrhunderts und in einer Phase eskalierenden gesellschaftlichen Risikopotentials scheint die Selbstdogmatisierungstendenz in den gesellschaftlichen Außenbeziehungen der Wissenschaften eher noch zuzunehmen. So die - m. E. überaus plausible - These von Ulrich Beck. Vgl. dazu: *U. Beck*, Risikogesellschaft. Auf dem Weg in eine andere Moderne, Frankfurt/M. 1986, 254-299 („Wissenschaft jenseits von Wahrheit und Aufklärung? Reflexivität und Kritik der wissenschaftlich-technologischen Entwicklung").

Denn ihr eigentliches Interesse galt den innerkirchlichen Konflikten. Dies wird etwa dadurch deutlich, daß sie dort, wo sie - wie in Hinsicht auf den geforderten kirchlichen Universalismus - jene dritte rassistische Ebene, die der konkreten Diskriminierung und Bewertungsdifferenzierung, vom Theologischen her andenken, zu anderen Ergebnissen kommen, denn dort, wo sie direkt im rassistischem Argumentationsumfeld arbeiten.

Peter Koslowski hat vor einiger Zeit eine Klassifikation von Typen „Politischer Theologie" vorgelegt, genauer „drei Deduktions- bzw. Begründungsverhältnisse von Theologie und Politik"[389] entwickelt: er unterscheidet *„Politische Theologie als unmittelbare Deduktion von Politik aus Theologie"*, *„Politische Theologie als mittelbare Deduktion"*[390], etwa als politische Exegese der Bibel und drittens *„Politische Theologie als Analogie"*.[391] Diesem dritten Begründungsverhältnis von Theologie und Politik liegt die These von der Strukturähnlichkeit der sozialen Gemeinschaften (Kirche-Staat) sowie der Entsprechung von kosmischer und sozialer Welt zugrunde. Hier würden nicht politische Formen aus religiösen Inhalten deduziert, sondern politische Formen zusätzlich durch theologische Aussagen legitimiert, die politische Form also analog zur theologischen bestimmt.

Es zeigt sich nun, daß die hier untersuchten Texte in keines der drei Beziehungsmodelle exakt passen; zwar kommen sie am ehesten noch dem dritten, dem Analogie-Muster nahe, doch nur mit einer nicht ganz unwesentlichen Modifikation. Diese betrifft die Zielrichtung ihres Argumentierens. Denn diese ist mindestens eine doppelte: es geht nicht nur um die Legitimation einer spezifischen, hier der nationalsozialistischen Politik, sondern um die Konzeption einer gegenüber der kirchlichen Realität reformierten christlichen Existenz.

Die Bekenntnistexte katholischer Theologen zum Nationalsozialismus aus der Anfangsphase des Dritten Reiches wollen nicht nur, vielleicht nicht einmal zuerst, Politik legitimieren, sondern erhoffen mit der Analogisierung beider Bereiche innerkirchliche Problemlösungshilfe aus dem politischen Bereich zu erhalten. Sie sind Zeugnisse einer spezifischen „Theologenpolitik", Dokumente eines innertheologischen und innerkirchlichen Versuchs, im nationalsozialistischen Gesellschafts- und Existenzentwurf eine neue Basis verlorener existentieller Kompetenz des Christlichen und auch kirchlicher Konstitution wiederzugewinnen, und dies dann jenseits von religiösem Individualismus und heteronomen Autoritarismus, jenseits also des kirchlichen „Dispositivs der Dauer" und jenseits natürlich auch des bürgerlichen religiösen Liberalismus.

Nach der Auflösung seiner feudalen gesellschaftlichen Realisationsformen in der Pluralität der Moderne hatte das katholische Christentum sich in seinen Frömmigkeitsformen individualisiert und pluralisiert, sowie - gegenläufig hierzu - die Zentralisierung und Iuridifizierung von Kirche und Theologie betrieben. Beide Entwicklungen schienen sich lange aufs beste zu ergänzen, liefen

---

[389] *P. Koslowski*, Politischer Monotheismus oder Trinitätslehre. Zu Möglichkeit und Unmöglichkeit einer christlichen Poltischen Theologie, in: J. Taubes, Der Fürst dieser Welt, München-Paderborn-Wien-Zürich ²1985, 26-44, hier: 32-35.

[390] A.a.O., 32.

[391] A.a.O., 34.

aber eben dann doch auseinander. Der Zusammenhang beider Entwicklungslinien blieb das Problem. Zwar wurde dieses Problem im allgemein-kirchlichen Bereich durch die weitgehende Unaufhellbarkeit des realen Frömmigkeitsvollzugs verdeckt, doch kam es im Modernismusstreit dann doch zum Ausbruch. Denn darum war es in diesem innerkirchlichen Konflikt ja gegangen: welchen theoretischen Status das Subjekt im Glauben besitzt und welcher religiöse Status der kirchlichen Autorität zukommt.

Wie nun aber die modern für die Kirche so wichtige existentielle Relevanz des christlichen Glaubens für das Individuum gesichert werden kann, ohne daß dies über einen reinen formalen und extrem heteronomen Autoritarismus, wie ihn etwa das Glaubensmodell des I. Vatikanums nahelegte, geschieht, ohne aber andererseits in einen als traditions- und kirchenzerstörenden erachteten Subjektivismus und Liberalismus zu rutschten, das war das Problem gerade der gegenwartssensiblen Theologen nach dem Modernismusstreit. Ob diese Frage nun auf der Ebene des gläubigen Individuums selbst, also der Frage nach dem Zusammenhang von Glaubwürdigkeitsgründen und Glaube, auf der Ebene des zentralen Inhalts der Theologie, dem Gottesbegriff, als Frage nach dem Zusammenhang von philosophischer und theologischer Gotteserkenntnis,[392] oder auf der Ebene des theologischen Diskurses, als Frage nach der Legitimität rationalistischer Methoden im Umgang mit den Dokumenten des Glaubens entwickelt wurde, dies war demgegenüber sekundär. Immer ging es darum, wieder zusammenzubringen, was nicht nur im Außenverhältnis der katholischen Kirche, sondern eben auch in ihrem eigenen Inneren auseinandergelaufen war und ihre Selbstkonstitution zu gefährden drohte: das Subjekt und seine Rechte einerseits wie das diesem Subjekt Vorgegebene, seiner Verfügungsgewalt Entzogene andererseits.

Im Nationalsozialismus sahen die referierten Theologen offenkundig ein Modell der Lösung jenes Problems. Denn er schien ihnen subjektive Authentizität auf nicht-pluraler und also nicht-liberaler Basis zu garantieren. Diese formale Strukturidentität diente Lortz, Schmaus und Adam als Brücke zwischen Nationalsozialismus und katholischer Kirche, der Nationalsozialismus wurde ihnen zum Hoffnungsträger für ihre eigene „Weltanschauungsorganisation“, die katholische Kirche. Nach einer gewissen Uminterpretation konnte man dabei nicht nur die formale Struktur zum Vorbild nehmen, sondern auch material das „völkische Denken“ benutzen - nicht ohne dabei allerdings die fatalen Konsequenzen des nationalsozialistischen Rassegedankens massiv zu verkennen.[393]

---

392 Welche beide - zutieft interdependenten - Fragen gerade Adam in hohem Maße beschäftigten. Vgl. *Kreidler*, Eine Theologie des Lebens, 42-120.

393 Dies stellt selbstverständlich keine Entschuldigung der verheerenden politischen Konsequenzen solch eines Partial-Rassismus dar. In dieser Hinsicht ist Kreidlers Feststellung, Adam hätte „sicherlich ... mit Loyalitätsbeteuerungen der neuen Bewegung und dem neuen Staat gegenüber des Guten zuviel“ (*Kreidler*, Karl Adam und der Nationalsozialismus, 140) getan, noch zu verharmlosend. Auch Kreidlers These, das „'Gemisch aus Anerkennung und Vorbehalt', aus ganzer Zustimmung und überzeugter Kritik“, ließe sich „von heute aus nicht mehr auflösen“ (ebda.), mag hinsichtlich der individualpsychologischen Motivationsrekonstruktion zutreffen. Die hinterlassenen und analysierbaren Texte aber eröffnen die

Über bloßen restaurativen Konservativismus hinausgehend, akzeptieren, ja bewundern diese Autoren den Bewegungscharakter des Nationalsozialismus, dieses „System der Mitte" von „Erleben" und „Denken", Modernisierung und anti-modernistischem Protest, von existenzialistischem Authentizitäts-Pathos und Einordnungspflichtigkeit des einzelnen. Sie sahen den Nationalsozialismus als Chance, wieder die Kontrolle über die in ihren Augen chaotisch und steuerungslos gewordene gesellschaftliche Entwicklung zu gewinnen und gleichzeitig die nach-vatikanische Selbstgettoisierung des Katholizismus aufbrechen zu können. Der Nationalsozialismus war für diese Theologen attraktiv, suggerierte er doch die Überwindung der modernen und für die Kirche so folgenreichen Dichotomien von privat - öffentlich, Verstand - Gefühl, Politik - Religion.

Adam, Lortz und Schmaus übernehmen dazu von Hitler vor allem die Kategorie des Völkischen und integrieren sie in den eigenen theologischen Diskurs. Für alle drei wird die völkische Entität zur zentralen Kategorie der Konkretion des Christlichen. Dies geschieht bei ihnen allerdings nicht unmittelbar durch eine „Theologisierung" der Rasse, sondern durch eine weitgehende rassistische Bestimmung der von ihnen - ganz modern - als zentral erachteten Konkretionsebene des Christlichen: der individuellen Person.

Sehr unmittelbar zeigt sich diese kleine, aber folgenreiche Verschiebung in der Feststellung Adams, der „eigentliche Ort der Gottheit" sei „der Mensch selbst oder vielmehr das lebendige Volk, in dessen Atem der ewige Rythmus [sic] sinnvoller Ordnungen flutet".[394] „Denn nach dem katholischen Leitsatz 'Gnade setzt Natur voraus' ist das Subjekt der Empfänger und Träger seiner übernatürlichen Segenskräfte die vorgegebene menschliche Natur, in unserm Falle also die im deutschen Volkstum sich entfaltende natura germana"[395] - so resümiert Adam schließlich zu Beginn der unveröffentlichten Fortsetzung seines veröffentlichten ThQ-Aufsatzes jenen ersten Teil. Was Adam fürchtet, das ist eine „ausgezehrte, bleichsüchtige Theologie", ein „Glaube ohne Blut, ohne würzigen Erdgeruch, ohne Wurzelfestigkeit", „lendenlahmes Allerweltschristentum"[396] eben. Er wehrt sich deshalb dagegen, daß „man gerade das Konkrete am Menschen, seine Zugehörigkeit zu einer bestimmten Bluts- und Schicksalsgemeinschaft, als unwesentlich und nebensächlich ausschaltet(.)", und „nur das allgemein Menschliche in uns, also die menschliche Natur in abstracto, als Subjekt und Träger des übernatürlichen Gnadenlebens" auszugeben. „Damit verflachte man aber nicht bloss das katholische Dogma von der individuellen, den Personenkern heimsuchenden Wirksamkeit der Gnade, sondern man verflachte auch das Gnadenleben selbst, insofern nach dieser Theorie sein Subjekt und Träger nicht der konkrete, aus Blut und Boden gewach-

Möglichkeit, danach zu fragen, welche Argumentationsstrukturen und Konfliktlinien hinter ihnen stehen und in ihnen ihre Spuren hinterlassen.

394 *Adam*, Deutsches Volkstum, 5.

395 *Adam*, Deutsches Volkstum, Fortsetzung, 1. Die grammatisch ambivalente Form dieses Satzes ergibt sich aus dem offenkundigen Fehlen eines Kommas in Adams Manuskript nach dem Wort „Subjekt".

396 *Adam*, Deutsches Volkstum, 19.

sene Mensch wäre, sondern eine leere Abstraktion, ein Gebilde des menschlichen Denkens".[397]

Mit der merkwürdig verschobenen Übernahme rassistischer Basisannahmen erhoffen sich Lortz, Schmaus und Adam zu bekommen, was sie in Hitlers Projekt entdeckt hatten und in der Kirche so sehr vermißten: eine kräftige Modernisierung einschließlich der Erneuerung der verlorengehenden kirchlichen Wirkmächtigkeit auf das Subjekt und dies in einem anti-modernen Rahmen. Zuletzt wollten sie somit vor allem eines: die Überwindung des Dispositivs der Dauer herbeiführen, ohne die auch von ihnen als kirchenzerstörend empfundenen normativen Prinzipien der Moderne akzeptieren zu müssen.

D. MICHAEL KARDINAL VON FAULHABER: DIE KONSERVATIVE ANTWORT DER HIERARCHIE

Hitlers theologisches Angebot wurde zuletzt weder von der deutschen katholischen Theologie noch von den kirchlichen Amtsträgern angenommen. An der Reaktion beider auf Hitlers Projekt können jedoch die damals herrschenden Konstitutionsprinzipien der deutschen katholischen Kirche abgelesen werden.

Was sich die Theologen Lortz, Schmaus und Adam erhofft hatten, trat nicht ein. Beide Stützpfeiler ihres Brückenbauversuchs trugen nicht: weder ließ sich der Nationalsozialismus darauf ein, selbst noch einmal vom Katholizismus normativ umfangen zu werden, noch empfanden die kirchlichen Amtsträger ausgerechnet den Nationalsozialismus als Modernisierungschance.

Doch das nationalsozialistische Projekt einer totalitären Identifikation von Staat und Gesellschaft unter dem Vorzeichen einer durch Führerautorität geeinten „Volksgemeinschaft", ein Projekt, das zudem selbst einen theologischen Legitimationsdiskurs enthielt und das religiöse Erfahrungsorte zu inszenieren wußte, stellte die katholische Kirche, speziell aber das kirchliche Amt vor die Frage, wie sie es nach dem Ende ihrer eigenen, „mittelalterlichen Identität als monopolistische Symbolsinnwelt"[398] und ihrer Restriktion auf eine nur noch regional wirksame Größe mit dem ihr nun gegenüberstehenden Ganzen von staatlicher und individueller Existenz eigentlich hält.

Der Münchener Kardinal Michael von Faulhaber stellt ohne Zweifel eine der herausragenden Gestalten unter den katholischen Kirchenführern während der Zeit des Nationalsozialismus dar. Neben dem Eichstätter (ab 1935 Berliner) Bischof Konrad Graf von Preysing,[399] dem Münsteraner Oberhirten Cle-

---

397 Ebda.

398 *K. Gabriel*, Die neuzeitliche Gesellschaftsentwicklung und der Katholizismus als Sozialform der Christentumsgeschichte, in: K. Gabriel/F.-X. Kaufmann (Hrsg.), Zur Soziologie des Katholizismus, Mainz 1980, 201-225, 211.

399 Zu Preysing, wohl der eindrucksvollsten bischöflichen Gestalt während des Nationalsozialismus, siehe: *L. Volk*, Katholische Kirche und Nationalsozialismus. Ausgewählte Aufsätze, Mainz 1987, 26-276; *W. Adolph*, Geheime Aufzeichnungen aus dem nationalsozialistischen Kirchenkampf 1935-1943, bearb. von U. v. Hehl, Mainz 1979.

mens August Graf von Galen,[400] sowie dem stets sehr zurückhaltend und vorsichtig agierenden Vorsitzenden der Fuldaer Bischofskonferenz Adolf Kardinal Bertram[401] gehörte Faulhaber zu den maßgeblichen Persönlichkeiten der katholischen Kirche im „Dritten Reich".[402] Als Kardinal und Vorsitzender der Freisinger Bischofskonferenz besaß er allein schon Kraft seiner Ämter enormen Einfluß innerhalb des Katholizismus. Im Unterschied zu Preysing und Bertram ein „mitreißender Redner", zudem der „Inbegriff eines 'Kirchenfürsten'"[403] galt er gerade auch im Kirchenvolk als besonders eindrucksvoller Repräsentant der katholischen Kirche während der Zeit des Nationalsozialismus.

1. Die Kirche, der Staat: Handlungsstrategien Faulhabers

Im folgenden sollen jene Handlungsprinzipien rekonstruiert werden, welche Faulhabers Reaktionen auf den zur Macht gekommenen Nationalsozialismus in hohem Maße bestimmten. Sie formulieren, so die These, die konservative Antwort der Hierarchie auf Hitlers Herausforderung und stehen in offenkundigem Widerspruch zu den doppelgleisigen Hoffnungen der Theologen Adam, Lortz und Schmaus. Wesentliches Ziel aber dieser konservativen Antwort auf Hitlers Projekt war die Sicherung und Aufrechterhaltung des „Dispositivs der Dauer" als Prinzip innerkirchlicher Konstitution in feindlicher Umwelt.

Inhaltlich geraten dabei vor allem zwei Entscheidungsdeterminanten des Handelns Faulhabers in den Blick: einerseits seine Identifikation mit dem antiliberalen monarchischen Obrigkeitsstaat semi-autoritärer Ausprägung sowie andererseits die theologische Behandlung von Menschenrechtsproblemen unter dem Naturrechtsbegriff. Beide Argumentationslinien sind charakteristisch für das „Dispositiv der Dauer", denn beide rekurrieren auf Unwandelbares zur Bewältigung des Wandels. Beide Determinanten dürften zudem nicht nur Kardinal Faulhabers Handeln bestimmt haben, vielmehr, wenn auch natürlich in differenzierter Weise, die Handlungshorizonte des gesamten deutschen Episkopats und damit des kirchlichen Amtes im Jahre 1933 repräsentieren.

---

400 Zu Galen siehe: *J. Kuropka* (Hrsg.), Clemens August von Galen. Neue Forschungen zum Leben und Werk des Bischofs von Münster, Regensberg 1992; *P. Löffler* (Bearb.), Bischof Clemens August Graf von Galen. Akten, Briefe und Predigten 1933 - 1946, 2. erw. u. durchgeseh. Aufl., 2 Bde. Mainz 1996; *R. Morsey*, Clemens August von Galen - Größe und Grenze eines konservativen Kirchenfürsten (1933-1946), in: Jahresbericht der Görresgesellschaft 1990, 5-25.

401 Siehe zu Bertram: *B. Stasiewski* (Hrsg.), Adolf Kardinal Bertram. Sein Leben und Wirken auf dem Hintergrund der Geschichte seiner Zeit, Köln 1992; *A. Leugers*, Adolf Kardinal Bertram als Vorsitzender der Bischofskonferenz während der Kriegsjahre (1939-1945), in: Archiv für schlesische Kirchengeschichte 47/48(1989/90) 7-35; *M. E. Koch*, Adolf Kardinal Bertram als Kirchenpolitiker im Dritten Reich, in: Archiv für schlesische Kirchengeschichte 47/48(1989/90), 37-115.

402 Zur Biographie Faulhabers siehe: *L. Volk*, Lebensbild, in: Ders. (Bearb.), Akten Kardinal Michael von Faulhabers 1917-1945, Bd. I: 1917-1934, Mainz 1975, XXXV-LXXXI.

403 *Hürten*, Deutsche Katholiken 1918-1945, Bildunterschrift zu Abb. 2..

1.1.1. Integralistische Identifikation und Kritik: Faulhabers Verhältnis zum Kaiserreich und zur Weimarer Republik

Michael Faulhaber, am 5.3.1869 im unterfränkischen Klosterheidenfeld in durchaus bescheidenen Verhältnissen geboren, gewann die prägenden Eindrücke seiner Kindheit und frühen Jugend in einer Phase enormer wirtschaftlicher und machtpolitischer Dynamik des neugegründeten Deutschen Reiches. Vom Aufstiegs- und Leistungswillen dieser Epoche der deutschen Gesellschaftsgeschichte bleibt vieles spürbar in der Biographie des 1913 schließlich persönlich geadelten Michael Faulhaber.[404]

Der überaus signifikante interne Strukturgegensatz des Deutschen Kaiserreichs zwischen einer vom Bürgertum getragenen forcierten industriellen, partiell auch gesellschaftlichen Innovationsfreudigkeit und einer fast völligen Beschneidung der politischen Partizipationschancen dieses wirtschaftlich durchaus erfolgreichen Bürgertums, mußte gerade den heranwachsenden Angehörigen dieser Gesellschaftsschicht fast zwangsläufig einen weitgehend apolitischen, weil statischen und dem kritischen Diskurs entzogenen Begriff vom Staat und dessen Verfassung vermitteln. Wiewohl nämlich real dynamischer Organisator industrieller Modernisierung, repräsentierte sich das Deutsche Reich von 1871 in Verfassungsrealität wie im Bewußtsein weiter Kreise seiner Bevölkerung doch vor allem als göttlich-legitimierte, natürlich vorgegebene, unwandelbare Erbmonarchie. Der einzelne war damit in unausgeglichener Spannung beides: Bürger eines sich modernisierenden Industriestaates und Untertan einer gemäßigt autoritären Monarchie.

Der noch ungewöhnlich junge Bischof von Speyer - Faulhaber wurde am 19.2.1911 als 41-jähriger zum Bischof geweiht - verbindet denn auch in seiner Person exemplarisch die beiden Hauptmerkmale des Staates, in dem er aufwuchs: enorme Leistungsfähigkeit, persönliche Dynamik und Mobilität[405] einerseits, sowie unbezweifelte Identifizierung mit den herrschenden politischen Strukturen andererseits. Diese Strukturen aber waren verfassungspolitisch monarchistisch, gesellschaftspolitisch antidemokratisch und sozialpolitisch paternalistisch determiniert. Die Spannung zwischen persönlicher, vor allem auch

---

[404] Zur Situation des Katholizismus im wilhelminischen Kaiserreich vgl.: *W. Loth*, Katholizismus im Kaiserreich, Düsseldorf 1984.

[405] Faulhabers Horizont wurde früh und intensiv durch eine für diese Zeit außergewöhnliche Reihe ausgedehnter Reisen ins europäische und außereuropäische Ausland erweitert. Zudem steht die enorme persönliche Ausstrahlung und Autorität Faulhabers außer Zweifel. So berichtet etwa der bayerische Gesandte beim Hl. Stuhl Ritter über einen Rombesuch des 44-jährigen Faulhaber: „Das selbstbewußte, sichere und dabei doch bescheidene Auftreten des Bischofs von Speyer stach damals sehr wohltuend von dem viel zu schüchternen und ängstlichen Benehmen seiner bayerischen Amtsbrüder ab. (...) Auch die äußeren Formen seines Auftretens entsprechen viel mehr, als dies sonst bei deutschen Bischöfen der Fall ist, dem vatikanischen Milieu" (*Volk*, Akten Faulhaber I, LII).

intellektueller Dynamik und letztlich apolitischem Strukturkonservativismus durchzieht denn auch Faulhabers ganzes Leben.

Eindrucksvoll wie kaum eine andere schriftliche Quelle aus dem Leben Faulhabers dokumentiert dabei eine Sammlung von Feldpredigten[406] des stellvertretenden bayerischen Feldprobstes jene für einen katholischen Kardinal durchaus nicht selbstverständliche fraglose Identifikation mit der protestantischen deutschen Monarchie.[407] Faulhaber geht es dabei auffälligerweise nicht nur um die bloße staatspolitische Treue zum kriegführenden Vaterland, er will vielmehr prinzipiell erweisen, „wie Kreuz und Krone sich zueinander bekennen".[408] Es zeigt sich: Faulhabers Monarchismus besitzt theologische Hintergründe.

Charakteristisch für Faulhabers Argumentationslinie ist dabei vor allem der in immer neuen Variationen unternommene Versuch, eine exegetische Legitimation gerade der monarchischen Staatsform zu leisten, speziell ein „Bekenntnis des Gekreuzigten zur Krone"[409] zu rekonstruieren. Die in diesen Argumentationsgang eingebaute Berufung auf Röm. 13 wirkt demgegenüber in ihrer verfassungspolitischen Neutralität nur sekundär.[410] Nicht allein grundsätzliche Staatsloyalität ist es somit, welche Faulhaber biblisch geoffenbart sieht, vielmehr auch eine spezifische Staatsform. Denn wiewohl Pilatus persönlich „ein recht unwürdiger Vertreter des Kaisers" gewesen sei, „bekannte sich der Menschensohn in jener blutgesalbten Entscheidungsstunde zu den heiligen Rechten der Kaiserkrone": das „Bekenntnis zum gottgesetzten Führer ist" für Faulhaber daher „Geist vom Geiste Jesu".[411]

Faulhaber versieht somit relative - weil gerade vom Gottesbegriff her zu relativierende - Loyalitäten mit unmittelbar religiöser Autorität. So etwa, wenn er das „lebenslängliche Bekenntnis zu den Kronrechten des Kaisers" ganz direkt als „*Nachfolge Jesu*"[412] qualifiziert. Dabei gilt diese Loyalität näherhin betrachtet

---

[406] *M. Faulhaber* (Hrsg.), Das Schwert des Geistes. Feldpredigten im Weltkrieg, Freiburg/Br. ³1918. Das Buch diente dem Zwecke, „den Mitbrüdern im Felde homiletische Munition nachzuliefern" (Vorwort, V). Es sagt von sich, auf die „Innenwelt und Umwelt unserer Feldgrauen eingestellt" zu sein, dabei „aber letzten Endes beim Gottesdienst in die Friedenswelt des Evangeliums führen" (VI) zu wollen. Dies scheint sich für Faulhaber mit dem weiteren Zweck, „die Seelen stark (zu) machen für die militärischen Aufgaben" (ebda.), nicht zu stören. Gerade weil Faulhaber als Herausgeber dieser Predigtvorlagen sicher nicht zu den Kriegsbegeisterten zu zählen ist, scheint mir die in ihnen erschließbare Theologie aussagekräftig.

[407] Faulhabers Monarchismus bezieht sich sicherlich primär auf das katholische bayerische Königshaus; gerade die Feldpredigten jedoch belegen die Generalisierungsfähigkeit dieses Monarchismus; immerhin übersandte sie Faulhaber im Juli 1918 Kaiser Wilhelm II. mit persönlichem Widmungsschreiben (vgl. *Volk*, Akten Faulhaber I, 4).

[408] A.a.O., 363.

[409] A.a.O., 365.

[410] Faulhaber schreibt: „In dem Augenblick, da Pilatus zum ungerechtesten Todesurteil der Weltgeschichte den Mund öffnen will, beugt sich der Menschensohn der staatlichen Obrigkeit mit dem Evangelium: Deine Macht stammt von oben. Könige und Kaiser sind von Gottes Gnaden. Die Fundamente der Kronrechte liegen auf heiligen Bergen. 'Wer sich gegen die Obrigkeit auflehnt, widersetzt sich also der Ordnung Gottes' (Röm 13,2)." (ebda.)

[411] Ebda.

[412] Ebda.

nicht etwa einer Person, sondern einer - staatlichen - Institution: sie wird mit religiöser Aura umgeben und im wesentlichen unabhängig von ihrem konkreten Handeln religiös legitimiert. Dies zeigt sich nun gerade dort, wo Faulhaber die Rechte der Monarchie dann doch noch einmal rückbindet an ein „Bekenntnis der Krone zum Gekreuzigten".[413] Dieses Bekenntnis des deutschen Kaisers identifiziert Faulhaber nun aber bereits in rein formalen Huldigungsakten Wilhelms II. vor dem Kreuz sowie in der Danksagung an Gott nach gewonnenen Schlachten.

Traditioneller und von Faulhaber daher auch ausführlich reflektierter Ort der Kopplung von göttlicher mit staatlicher Autorität im einzelnen aber ist die Institution des Eides. Faulhaber betont denn auch die bruchlose Einheit von religiöser und staatlicher Loyalität im Eid. Insofern nämlich an „die Fahne sich anschwören heißt, seinem König den Eid der Treue leisten",[414] den Eid leisten zugleich aber eben auch meint, „*Gott selber den Handschlag geben* und ihm die Treue zur gerechten Sache in die Hand versprechen",[415] ist es nur konsequent, wenn Faulhaber „dem Königshause besonderen Schutz und Waffensegen zugesichert"[416] sieht.

Das berühmte Wort Faulhabers aus seiner Katholikentagsrede vom 27.8.1922, zur Zeit also der Weimarer Republik - „Die Revolution war Meineid und Hochverrat und bleibt in der Geschichte erblich belastet und mit dem Kainsmal gezeichnet"[417] -, belegt so nicht nur die Kontinuität seiner monarchi-

---

413 Ebda.

414 *Faulhaber*, Schwert des Geistes 469 (Predigtvorschlag zur Rekrutenvereidigung).

415 A.a.O., 470.

416 A.a.O., 471.

417 *M. Faulhaber*, Rufende Stimmen in der Wüste der Gegenwart. Gesammelte Reden, Predigten, Hirtenbriefe, Freiburg/Br. 1931, 31; siehe auch den erläuternden Brief Faulhabers an Pizzardo vom 19.9.1922 (*Volk*, Akten Faulhaber I, 278-280), wo Faulhaber zudem wenig Verständnis für die Bündnispolitik des Zentrums mit den Sozialdemokraten aufbringt und auch jede Öffnung des Zentrums hin zu den Protestanten entschieden ablehnt. Vgl. zur Problematik generell: *L. Volk*, Kardinal Faulhabers Stellung zur Weimarer Republik und zum NS-Staat, in: Stimmen der Zeit 177(1966) 173-195. - Der oben zitierte Satz Faulhabers hatte bekanntlich ein öffentliches Nachspiel (vgl. *Volk*, Faulhabers Stellung, 177-179). Auch Faulhaber selbst hat zu dieser Äußerung aus offenkundig unterschiedlicher Perspektive Stellung bezogen. 1931 fügt Faulhaber der Drucklegung seiner Rede folgende Fußnote bei: „Dieser Satz wurde in der Folge hunderte Male nachgesprochen und nachgedruckt. Sogar im Reichstag wurde November 1922 an die Reichsregierung die Anfrage gerichtet, ob nicht durch solche Rede die deutsche Republik in Gefahr gebracht werde. In einem halben Dutzend von Gerichtsverhandlungen haben sich Angeklagte, gegen deren Äußerungen das Republik-Schutzgesetz angerufen wurde, zur Deckung hinter meine Worte geflüchtet. Es bleibt aber ein Unterschied, ob man die *Revolution* eine meineidige und hochverräterische Untat nennt oder ob man über die *Republik* die gleiche Aussage macht. Die Revolution muß von jedem, der die christliche Staats- und Gesellschaftslehre anerkennt, sittlich verurteilt werden, während die gleiche Sittenlehre über die Staatsform einem Volke keine bindenden Vorschriften macht." (*Faulhaber*, Rufende Stimmen, 31). In einer internen, nicht für die Öffentlichkeit bestimmten Argumentationssammlung gegen Angriffe des Zentralorgans des NSD-Studentenbundes „Die Bewegung" vom 2.12.1936 notiert Faulhaber hingegen am 5.12.36, also fünf Jahre später: „Eine Verdächtigung ist es, wenn der Artikel schreibt: 'Das bekannte Wort des Kardinals aus dem Jahre 1922, daß *die Revolution von 1918 aus Meineid und Hochverrat entstanden sei* (das Zitat ist ungenau, obwohl es in Anführungszeichen steht) ... kam nicht aus der Ideenwelt der damaligen Freikorpskämpfer und Nationalsozialisten, sondern aus der Ideenwelt der bayerischen Partikularisten und Monarchisten ...'.

stischen Grundeinstellung, sondern erweist sich auch als konsequente Fortführung der von Faulhaber schon früher betriebenen Identifikationen religiöser mit monarchischer, keineswegs nur mit formal staatlicher Autorität.[418]

Daher ist eine Äußerung Faulhabers in seinen autobiographischen Notizen - „für die Seelsorge war es zu allen Zeiten ein inneres Gebot, auch für die staatliche Ordnung sich einzusetzen"[419] - als konkrete Definition des kirchlichen Verhältnisses primär zur monarchischen Obrigkeit zu lesen. Diese privilegierte religiöse Qualifizierung der Monarchie erfolgt dabei aber aus genuin theologischen Gründen: aus der Behauptung des Gottgnadentums erblicher Monarchie und der damit möglichen Legitimierung königlicher Autorität durch die Autorität Gottes. Faulhabers Verehrung der Monarchie zielt auf ihre Legitimationstheorie: damit aber auf die Religion als höchstem Autoritätsträger.

Es ist nur konsequent, wenn diese im Autoritätsgedanken gipfelnden theologischen Überlegungen Faulhabers dessen überaus kritische Haltung zur Demokratie wesentlich bestimmen.[420] Der neuen Staatsform wirft Faulhaber im Oktober 1919 daher vor allem ihren Verzicht auf religiöse Selbstlegitimierung vor: *„Eine Obrigkeit, die darauf verzichtet, eine Autorität von Gottes Gnaden zu sein, verzichtet damit darauf, eine Autorität zu sein.*"[421] Kern dieser theologischen Integration von Staat und Religion ist für Faulhaber das Postulat von der Nützlichkeit, ja Unabdingbarkeit der religiös legitimierten Autorität der Kirche wie der religiösen Autoritätslegitimation überhaupt für die Stabilität des Staates. Faulhaber sieht unlösbare Legitimationsprobleme auf den Staat zukommen, falls er sich nicht über religiöse Kategorien begründet. „Eine Staatsnotwendigkeit ist *die*

Ich weise diesen Versuch, meine klaren Worte gegen den Marxismus abzuschwächen, mit Verachtung zurück. (...) Der Versuch, dieses Wort jetzt abzuschwächen, wurde zum ersten Mal im 'Reichswart' (11. März 1934) gemacht, und doch mußte gerade der 'Reichswart' wissen, daß in den Jahren zwischen 1923 und 1933 wenigstens in einem halben Dutzend von Gerichtsverhandlungen Vorkämpfer der nationalsozialistischen Bewegung, die wegen Vergehen gegen das Republikschutzgesetz vor Gericht standen, zur Deckung sich hinter das Wort des Kardinals Faulhaber flüchteten, die Revolution von 1918 sei Meineid und Hochverrat gewesen. Heute bringt es der namenlose Artikelschreiber der 'Bewegung' fertig, dieses klare Wort in nationalsozialistischen Kreisen zu verdächtigen!" (*Volk*, Akten Faulhaber II, 217 f; eingeklammerte Auslassungszeichen nicht im Original).

418 Die bereits zitierte Aussage Faulhabers aus dem Jahre 1931, die katholische „Sittenlehre" mache „über die Staatsform einem Volke keine bindenden Vorschriften" (*Faulhaber*, Rufende Stimmen, 31) scheint für Faulhaber somit vor allem in den Jahren der Weimarer Republik im Vordergrund gestanden zu haben.

419 Zitiert nach: *L. Volk*, Lebensbild, in: Ders., Akten Faulhaber I, LIII.

420 Wichtig erscheint in diesem Zusammenhang die Unterscheidung zwischen der immer nur annäherungsweise zu rekonstruierenden Psychologie historischer Handlungsträger und ihren ja durchaus exakt nachweisbaren Argumentationsketten. Insofern dürfte es zwar einige historische Plausibilität haben, wenn *Volk* die „Ursprünge von Faulhabers Regententreue zunächst mehr in der Ratio als im Gefühl" (Faulhabers Stellung, 176) ortet, zumal Volk dann gleichzeitig zu Recht auch auf die „Auszeichnung königlicher Gunst" (ebda.) als Motivationshintergrund Faulhabers hinweist; stärker als es bei Volk geschieht, ist aber auf Faulhabers theologische Legitimation seiner politischen Vorstellungen einzugehen. Denn erklärungsbedürftig bleibt sonst immer noch, inwiefern zum einen tatsächlich die „Grundsätze katholischer Staatslehre" schlicht als die „Achtung legitimen Herrschaftsrechts" (ebda.) resümiert werden können und wie zum anderen Faulhabers offensichtliche Präferenz der Monarchie als Staatsform zu erklären sei.

421 *Faulhaber*, Rufende Stimmen, 6.

Ehrfurcht vor dem Dogma. 'Nur starke Dogmen schaffen starke Völker.' Wo heute der Glaube an Gottes Wort stirbt, werden morgen auch der Glaube und das Vertrauen auf Menschenwort den Kredit verlieren."[422]

1.1.2. Regionalisierte Zuständigkeiten: das Kirche-Staat Modell Faulhabers zu Zeiten des Nationalsozialismus

So sehr also die Monarchie von Faulhaber unmittelbar theologisch legitimiert wird und er mit der Behauptung einer „religiöse(n) Weihe über dem Königtum von Gottes Gnaden"[423] zwischen Staat und Religion einen direkten und integralen Zusammenhang aufbaut, so eindeutig wird umgekehrt die Auseinandersetzung mit dem Nationalsozialismus vor 1933 von Faulhaber im gänzlich anderen Horizont einer regionalisierten Aufgabenstellung von Kirche und Staat geführt. Dieser stillschweigende Umschwung von einem integralistischen Identifikationsmodell von Kirche und Staat im Kontext einer sich selbst religiös legitimierenden Monarchie zu einem Regionalisierungsmodell dieses Verhältnisses im Kontext des Nationalsozialismus scheint mir außerordentlich bemerkenswert. Zumal es sich zeigt, daß dieses Regionalisierungsmodell bereits die theoretische Grundlage des schließlich eingegangenen modus vivendi mit der Weimarer Republik darstellte: jenes, wie Ludwig Volk schreibt, ab 1925 zu konstatierenden Verstummens der „dezidierten Antipathiekundgebungen des Münchener Erzbischofs gegen die republikanische Nachkriegsordnung".[424]

Faulhaber war sich dabei durchaus im klaren, daß jenes Regionalisierungsmodell, welches Staat und Kirche zwei mehr oder weniger separierte Zuständigkeitsbereiche zuweist, seinerseits ein zentrales politisches Prinzip gerade der republikanisch gesinnten liberalen und sozialdemokratischen Parteien war. Er übernimmt dieses Prinzip exakt in jenem Moment, als die demokratisch verfaßte Republik sich organisiert und konsolidiert. Faulhaber hält es jetzt für eine „Entweihung des Gotteshauses", falls „die Kirchenbehörden in Bayern in Bezug auf die Weimarer Verfassung eine innerkirchliche Gedächtnisfeier anordnen würden",[425] und gibt nun die - durchaus exemplarisch gemeinte - Anweisung, daß die „von der Kirche geweihten Glocken ... nur möglichst selten für nichtkirchliche Zwecke geläutet werden (dürfen)".[426]

---

422 Ebda.

423 *Faulhaber*, Schwert des Geistes, 379.

424 *Volk*, Faulhabers Stellung, 181.

425 Brief an den Reichsinnenminister Jarres vom 23.7.1924, in dem Faulhaber die Verweigerung kirchlicher Feierlichkeiten zum Verfassungstag am 11.8. begründet: *Volk*, Akten Faulhaber I, 338.

426 Rundschreiben Faulhabers an den bayerischen Episkopat vom 24.9.1927 (*Volk*, Akten Faulhaber I, 422), in dem Faulhaber es ablehnt, den 80. Geburtstag Hindenburgs durch eine kirchliche Feier zu ehren: bei „aller Verehrung für die Person des greisen Reichspräsidenten" könne „man seine Person von seinem Amte nicht trennen" (ebda.). Schon die Verweigerung des kirchlichen Ehrengeläutes anläßlich der Beerdigung des Reichspräsidenten Ebert hatte Faulhaber nicht ungeschickt mit der Weimarer Verfassung selbst begründet: „Reichspräsident Ebert *stand auf dem Boden der Weimarer Verfassung*, die grundsätzlich auf eine Trennung von Staat und Kirche abzielt. Es kann also nicht im Sinne des

Doch der Münchener Kardinal greift auf dieses Schema auch schon dort zurück, wo er - wie auf dem Katholikentag in Münster 1930 - die grundsätzliche Bereitschaft der Katholiken zur Mitarbeit am Weimarer Staat erklärt. Dieses nunmehr akzeptierte Regionalisierungsmodell separierter Zuständigkeiten erweist sich damit als Möglichkeitsbedingung partieller Zustimmung zu einer ungeliebten Staatsform. Faulhabers Aufruf „*Wir müssen unsere Zeit bejahen*“[427] gründet so nicht etwa in einer Bejahung der Demokratie, sondern geschieht im Rückgriff auf die nun ausdrücklich als „weitherzig“ interpretierte „kirchliche Staatslehre“[428]: „Ob wir zu dem heutigen Kurs unseres Volkes Ja oder Nein sagen, wir haben *als Katholiken aus unserer Weltauffassung heraus die heilige Pflicht*, für unsern Teil uns für die Rettung unseres Volkes einzusetzen“.[429]

Von daher wird es auch verständlich, daß die schrittweise Liquidierung der demokratischen Ordnung durch den Nationalsozialismus nach dessen legaler Machtergreifung im Januar 1933 ohne Protest seitens des Münchner Kardinals vor sich ging, er vielmehr offenkundig mit dem Gedanken einer Restauration der Monarchie in Bayern spielte.[430] Als sich dieser Plan sehr schnell als unrealistisch erwies und Hitler in seiner Rede vom 23.3.33 die entsprechenden religionspolitischen Zusicherungen zu geben schien, verfolgte die katholische Kirche in Deutschland dann die bereits erwähnte Politik des begrenzten Sich-arrangierens mit dem neuen deutschen Staat und seiner Gesellschaftsordnung.[431] Basis dieser Politik war dabei exakt jenes Regionalisierungsmodell der Zuständigkeitsbereiche, das man schon zu Zeiten der Weimarer Republik der Demokratie gegenüber entwickelt hatte.

Denn nun beschränkte man sich kirchenoffiziell bei der Ablehnung des Nationalsozialismus allein auf jene Teile, die sich explizit auf die christliche Religion bezogen, klammerte aus dem Konfliktpotential mit dem Staat somit alle jene gesellschaftspolitischen Vorgänge aus, die dieses Problemfeld nicht unmittelbar berührten.[432] Daß damit der gesamtgesellschaftliche Gestaltungs-

---

verstorbenen Reichspräsidenten liegen, ein Zusammenwirken von Kirche und Staat zu einer möglichst prunkvollen Bestattungsfeier zu kommandieren“ (*Volk*, Akten Faulhaber I, 364). Deutlich wird im übrigen der erkennbar schärfere Ton der Ablehnung kirchlicher Ehrungen im Falle des Todestages Eberts, denn anläßlich des 80. Geburtstags Hindenburgs.

427 *Faulhaber*, Rufende Stimmen, 368.

428 Ebda.

429 Ebda.

430 Vgl. die Unterredung Faulhabers mit Graf von Soden-Fraunhofen am 20.2.1933 (*Volk*, Akten Faulhaber I, 648-650). Siehe dazu *K. Schwend*, Bayern zwischen Monarchie und Diktatur, München 1954, 514-543. Zum monarchistischen Widerstand gegen den Nationalsozialismus in Bayern siehe jetzt: *Ch. M. Förster*, Der Harnier-Kreis. Widerstand gegen den Nationalsozialismus in Bayern, Paderborn 1996.

431 Vgl. zur Relevanz dieser Rede für die Bereitschaft des Episkopats, die Regierung Hitler als rechtmäßige Obrigkeit zu akzeptieren, die Feststellungen Faulhabers in der bereits erwähnten Verteidigungsschrift vom 5.12.36 (*Volk*, Akten Faulhaber II, 223).

432 Weder die Erklärung der deutschen Bischöfe vom 28.3.1933, in der eine bedingte Rücknahme der kirchlichen Verbote gegenüber dem Nationalsozialismus ausgesprochen wurde, noch das Konkordat vom 20.7.1933 enthalten einen Artikel, der auf die zeitgleiche Zerstörung der Demokratie eingeht oder die verfassungsrechtliche und gesellschaftliche Realität des neuen Staates qualifiziert. Es sei denn, man liest die „Mahnung zur Treue gegenüber der rechtmäßigen Obrigkeit und zur gewissenhaften Erfüllung der staats-

anspruch der christlichen Religion, wie er über die religiöse Legitimation der Monarchie zumindest noch in Restbeständen behauptet worden war, endgültig aufgegeben wurde, scheint Faulhaber nicht bewußt geworden zu sein.

So formuliert Faulhaber bereits in seiner pastoralen Anweisung an den bayerischen Episkopat vom 10.2.1931 programmatisch: „Der Nationalsozialismus enthält in seinem kulturpolitischen Programm *Irrlehren*, weil er darin wesentliche Lehrpunkte des katholischen Glaubens ablehnt oder doch schief auffaßt und weil er nach der Erklärung seiner Führer eine neue Weltanschauung an die Stelle des christlichen Glaubens setzen will. Es liegt uns ferne, uns mit den staatspolitischen Zielen des Nationalsozialismus zu befassen; wir fragen uns nur, was für eine Stellung er zum katholischen Christentum einnimmt."[433] Sollten nun aber exakt diese Teile des Programms durch die Partei zumindest scheinbar relativiert werden, wurde - auf der Basis des bereits eingeführten Modells regionalisierter Zuständigkeiten von Staat und Kirche - ein gewisser Ausgleich prinzipiell denkbar: anderes denn diese religionspolitischen Intentionen des Nationalsozialismus, stand - zu diesem Zeitpunkt - offenkundig nicht absolut trennend zwischen Kirche und nationalsozialistischem Staat.

Faulhaber verläßt diese Position eines separierenden Regionalisierungsmodells von Kirche und Staat[434] während der Zeit des Nationalsozialismus nur ein einziges Mal. Er greift einmal noch auf jenes Integrationsmodell beider Institutionen zurück, das er für die Monarchie entwickelt hatte und das er jetzt auch auf den Führer und Reichskanzler Adolf Hitler anwendet. Dies geschieht in einem Bericht, den Faulhaber unmittelbar nach einer dreistündigen Unterredung mit Hitler auf dem Obersalzberg am 4.11.1936 verfaßte.[435]

Offenkundig mit der Funktion einer einleitenden captatio benevolentiae vor der dann folgenden Aufzählung einiger „nicht immer nur Kleinigkeiten und Bagatellen" betreffender „Störungen des Friedens zwischen Staat und Kirche", ist Faulhaber nun grundsätzlich bereit, die Herrschaft Hitlers in religiösem

---

bürgerlichen Pflichten unter grundsätzlicher Ablehnung allen rechtswidrigen oder umstürzlerischen Verhaltens" (*Stasiewski*, Akten deutscher Bischöfe I, 30-32, Zitat: 31f) oder den Geheimanhang zum Reichskonkordat, der für den „Falle einer Umbildung des gegenwärtigen deutschen Wehrsystems im Sinne der Einführung einer allgemeinen Wehrpflicht" (vgl. *L. Schöppe* (Hrsg.), Konkordate seit 1800, Frankfurt/M.-Berlin 1964, 29-36, Zitat: 35f) die kirchlichen Angelegenheiten regelt, als ebenso bedingte Zustimmung zum neuen Staat.

433 Pastorale Anweisung an den bayerischen Episkopat vom 10.2.1931 (*Volk*, Akten Faulhaber I, 541).

434 Es liegt in der internen Logik einer Konkordatspolitik, den Staat als den legitimen Ansprechpartner der sich selbst politisch nach dem Modell eines autonomen Staates definierenden und als Staat handelnden Kirche zu betrachten; die vom Staat noch einmal zu unterscheidende Gesellschaft kommt damit nicht in den Blick. Eine Mobilisierung der Gesellschaft gegen den sich als Unrechtsstaat erweisenden Staat wird dadurch a priori unmöglich.

435 *Volk*, Akten Faulhaber II, 184-194. Zur Verteilung dieses streng vertraulichen Textes vgl. a.a.O. 194. Einen mündlichen Bericht gab Faulhaber auf der Konferenz des bayerischen Episkopats am 24.-25.11.1936 in Regensburg (vgl. *Volk*, Akten Faulhaber II, 199). Der Bericht Faulhabers ist interessant nicht nur wegen seiner wohlwollenden Einschätzung der Person und der Intentionen Hitlers, sondern gerade in dem, was Ludwig Volk im Rückgriff auf die monarchische Grundhaltung Faulhabers psychologisch zu erklären versucht: „Instinktiv und wahrscheinlich ohne spätere Reflexion hatte Faulhaber den Führer des Dritten Reiches an früheren Trägern der Staatsautorität gemessen, und der Vergleich war nicht zu Hitlers Ungunsten ausgefallen" (*Volk*, Faulhabers Stellung, 187).

Kontext positiv zu qualifizieren: „Herr Reichskanzler haben von dem 'ewigen Wandel' in der Kirche gesprochen. Die Dogmen der Kirche haben sich nicht gewandelt. Herr Reichskanzler haben von einem Frieden 'aus taktischen Erwägungen' gesprochen. Für uns gibt es in dieser Frage nicht taktische, sondern dogmatisch sittliche Erwägungen. Sie sind als das Oberhaupt des Deutschen Reiches für uns gottgesetzte Autorität, rechtmäßige Obrigkeit, der wir im Gewissen Ehrfurcht und Gehorsam schulden. Herr Reichskanzler haben so klar gesagt, Mißachtung staatlicher Autorität erschüttere die Achtung vor jeder Autorität. Ich glaube, daß der Autoritätsgedanke in keiner Religionsgemeinschaft so stark betont wird wie in der katholischen Kirche."[436]

Wie im Falle der religiösen Legitimierung der Monarchie geschieht die religiöse Absicherung des Herrschaftsrechts Hitlers vor allem über die Einführung des Autoritätsgedankens als des verbindenden Prinzips von Staat und katholischer Kirche. Und doch zeigt sich hier überraschend auch eine andere, eine zweite, mit der ersten nicht voll kompatible Argumentationslinie: jene, welche die religiöse Autorität der Kirche auf dem Gebiet des Staates nicht über die Legitimierung der Staatsobrigkeit, sondern über das die Gewissen des einzelnen bindende Sittengesetz behauptet: „Wenn freilich Ihre Behörden oder Gesetze gegen Dogma oder gegen das Sittengesetz, also gegen unser Gewissen verstoßen", so fährt Faulhaber fort, „müssen wir das als die verantwortlichen Verkünder des Sittengesetzes aussprechen dürfen."[437]

Beide Wege, sowohl der affirmativ-institutionelle wie der kritisch-individuelle, wurden nicht zu Prinzipien des Verhältnisses der katholischen Kirche mit dem Nationalsozialismus.[438] Vorherrschend auf Seiten der Kirchenleitungen blieb vielmehr jene Verhältnisbestimmung von Staat und Kirche, welche beider Aufgabenbereiche regionalisierte und sich somit konsequent auf die Abwehr der Übergriffe auf den nun als eigentlich kirchlich definierten Bereich seitens des Staates beschränkte.[439]

---

436 *Volk*, Akten Faulhaber II, 188.

437 Ebda.

438 Was allerdings nicht ausschloß, daß Faulhaber bei Gelegenheit auf dieses Modell religiöser Legitimierung staatlicher Herrschaft wieder zurückkam. So etwa, wenn er in einem nicht verlesenen Entwurf eines Hirtenbriefs zu den Ereignissen des 20. Juli 1944 schreibt: „Das 5. Gebot prägt jedem das Kainsmal auf, der einen Mord gegen einen Mitmenschen plant oder gar durchführt oder im Komplott mit anderen an der Vorbereitung eines Mordes teilnimmt. Das Leben des rechtmäßigen Staatsoberhauptes des Deutschen Reiches steht überdies unter dem Schutz des 4. Gebotes, das uns den Gehorsam und die Treue gegenüber der staatlichen Obrigkeit zur Pflicht macht" - es folgt Röm 13,1-2 (*Volk*, Akten Faulhaber II, 1026).

439 Bereits in den Aufzeichnungen über das Gespräch mit Hitler hatte Faulhaber, nachdem er statt der Sterilisierung die Internierung der erbkranken Menschen vorgeschlagen hatte (vgl. *Volk*, Akten Faulhaber II, 191), für solche Bereiche beiderseitiger Kompetenz friedliche Koexistenz vorgeschlagen: es werde sich auch in jenen „Fragen, in denen die Kirche ihren dogmatisch sittlichen Standpunkt nicht verlassen kann, trotzdem ein modus vivendi finden, ohne daß man von einem Kampf der Kirche gegen den Staat sprechen muß" (*Volk*, Akten Faulhaber II, 191).

Nun hatten aber gerade in Deutschland Theologie und Lehramt unter dem Naturrechtsbegriff[440] eine massiv vorgetragene innerkirchliche Theorie eigener außerkirchlicher Kompetenz entwickelt. Der Naturrechtsdiskurs war wesentlicher Bestandteil des „Dispositivs der Dauer", formulierte einen das individuelle wie gesellschaftliche Leben normierenden Regelungsanspruch der Kirche auch für nicht-kirchliche Realitäten. Er überstieg damit den kirchlichen Binnenraum, wenn freilich nur postulatorisch. Dennoch kam ihm eine konstitutive Stabilisierungsfunktion für das kirchliche Konstitutionsdispositiv zu.

Die offenkundige Folgenlosigkeit dieses innerkirchlichen Naturrechts-Diskurses für die Formulierung praktischer Politik zeigt sich nun sehr deutlich angesichts der aufgezeigten Dominanz einer kirchlichen Strategie der Selbstregionalisierung. Wie und warum sich die fast ausschließlich wirksam gewordene Strategie regionaler Zuständigkeiten von Staat und Kirche[441] also trotz der durchaus in den Quellen auffindbaren partiellen Berufung auf die katholische Naturrechtstradition im Vollzug der praktischen Kirchenpolitik während des Dritten Reiches durchsetzen konnte, soll an signifikanten Vorgängen im Wirken Kardinal Faulhabers aufgezeigt werden.

War die katholische Kirche 1933 in Deutschland soziologisch ohne Zweifel eine zwar einflußreiche, keineswegs aber gesellschaftlich dominante Institution,[442] so verfügte sie doch kirchenintern über ein effizientes Theoriesystem

---

[440] Zum Naturrechtsbegriff und seiner philosophischen, theologischen und juristischen Problematik siehe: *A. Schwan*, Das Problem des Naturrechts in der pluralistischen Demokratie, in: Philosophisches Jahrbuch 94(1987) 297-315; *D. Mayer-Maly/P. Simons* (Hrsg.), Das Naturrechtsdenken heute und morgen. Gedächtnisschrift für René Maric, Berlin 1983; *E. W. Böckenförde/F. Böckle* (Hrsg.), Naturrecht in der Kritik, Mainz 1973; *W. Maihofer* (Hrsg.), Naturrecht oder Rechtspositivismus?, Darmstadt 1972; *P. Schallenberg*, Naturrecht und Sozialtheologie. Die Entwicklung des theonomen Naturrechts der späten Neuscholastik im deutschen Sprachraum (1900-1960), Münster 1993; *H. F. Köck*, Das Naturrecht und die Menschenrechte bei Pius XII' in: H. Schambeck (Hrsg.), Pius' XII. zum Gedächtnis, Berlin 1977, 471-510; *S. Breuer*, Sozialgeschichte des Naturrechts, Opladen 1983; zu seiner Funktion in der nationalsozialistischen Ideologie selber siehe: *W. Schild*, Die nationalsozialistische Ideologie als Prüfstein des Naturrechtsgedankens, in: D. Mayer-Maly/P. Simons (Hrsg.), Das Naturrechtsdenken heute und morgen, Berlin 1983, 437-453.

[441] Welche ein öffentliches Eintreten für nicht der eigenen soziologischen Gruppe Angehörende so unendlich erschwerte, ja unter Umständen auch die Hierarchie der innerkirchlichen Solidarität so merkwürdig verschob. Vgl. etwa die Antwort Kardinal Bertrams auf ein Schreiben Faulhabers vom 13.11.1941, in dem dieser gefordert hatte „für jene Nichtarier einzutreten, die durch die Taufe 'neue Kreaturen' und Kinder der katholischen Kirche geworden und damit unter den Schutz ihrer Diözesanbischöfe getreten" (*Volk*, Akten Faulhaber II, 824) seien. Bertram ist „besorgt, es sei vordringlicher, daß der Episkopat darauf bedacht sei, seine geringen Einflußmöglichkeiten zunächst auf andere, kirchlich wichtigere und weitragendere Belange zu konzentrieren, ganz besonders auf die immer dringlicher werdende Frage, wie eine christentums- und kirchenfeindliche Beeinflussung in der katholischen Jugend wirksam zu verhindern ist." (Bertram an Faulhaber, 17.11.1941, *Volk*, Akten Faulhaber II, 845)

[442] Vgl. die Angaben bei *U. v. Hehl*, Das Kirchenvolk im Dritten Reich, in: K. Gotto/K. Repgen (Hrsg.), Die Katholiken und das Dritte Reich, Mainz ^{3}1990, 93-118.

zur Legitimierung auch ihrer außerkirchlichen Kompetenz. Dieses Theoriesystem bestand seit der neothomistischen Renaissance unter Leo XIII. aus zwei sich gegenseitig stützenden Argumentationssträngen: der strikt innertheologisch gedachten und offenbarungsbegründeten Autorität des universalen Lehramtes des römischen Papstes sowie der - selbst wiederum theologisch legitimierten - universalen Interpretationskompetenz eines ausdrücklich nicht-theologisch definierten Naturrechts.[443]

Diese doppelte innerkirchliche Selbstzuschreibung außerkirchlicher Urteilskompetenz mußte bei offenkundiger Verletzung der Prinzipien dieses Normsystems, sollte es als solches ernst zu nehmen sein und also genügend operationalisierbare Normen bereitstellen können, konsequenterweise zum - mindestens verbalen - Protest der Kirche auch in die außerkirchliche Öffentlichkeit hineinführen; dies wenigstens im Horizont des ausdrücklich nicht-theologisch konzipierten und also von seinem Anspruch her gesamtgesellschaftlich diskursfähigen Naturrechts.

Kardinal Faulhabers hohe Reputation in der kirchlichen Öffentlichkeit gründet nun tatsächlich vor allem in zwei öffentlichkeitsrelevanten Initiativen zu Beginn der nationalsozialistischen Herrschaft, welche als innerkirchliche Parteinahme zugunsten einer außerkirchlichen Gruppe verstanden wurden: den Adventspredigten des Jahres 1933 sowie seiner Mitarbeit an der päpstlichen Enzyklika „Mit brennender Sorge“ des Jahres 1937. Operieren die Adventspredigten auf strikt theologischem Gebiet, indem sie das Alte Testament und seine bleibende religiöse Bedeutung thematisieren, so enthält „Mit brennender Sorge“ eine mit päpstlicher Autorität vorgetragene, naturrechtlich begründete Kritik der nationalsozialistischen Rassenlehre.

Angesichts der skizzierten, kirchlich selbstverständlich urgierten Naturrechtslehre,[444] kann nun gefragt werden, mit welcher Reichweite Faulhaber selber diese Äußerungen kirchlicher Urteilskompetenz über außerkirchliche Probleme versah. Es gilt also aufzuzeigen, welche politische Relevanz Faulhaber einerseits diesen Äußerungen des kirchlichen Lehramtes gegenüber dem nationalsozialistischen Staat tatsächlich zumaß, und welche Stellungnahme er ande-

---

443 Zur Frage, welche innerkirchliche „Funktion das katholische Naturrechtsdenken im Zusammenhang mit der Reaktion der katholischen Kirche auf die gesellschaftlichen Differenzierungsprozesse der Neuzeit ausübte“ vgl. *F.-X. Kaufmann*, Theologie in soziologischer Sicht, Freiburg/Br. 1973, 78-92, Zitat: 79. Kaufmann kommt zu dem Ergebnis, daß sich die „Naturrechtsdoktrin ... in der Zeit der politischen Ohnmacht des Papsttums als geeignetes Instrument des politischen Einflusses der Kirche auf die Gläubigen im internationalen Kontext (erwies)“ und speziell in Deutschland „zur Stabilisierung der Grenzen zwischen 'Kirche' und 'Gesellschaft' (beitrug), indem sie die Entwicklung einer spezifischen Subkultur der Katholiken legitimierte“ (a.a.O.88).

444 Vgl. zur verbreiteten kirchlichen Theorie der Quellen ethischer Normierung den Hirtenbrief des deutschen Episkopats vom 7.6.1934: „Sittlich ist das, was dem Willen und den Geboten Gottes entspricht, die entweder als *Naturrecht 'auf den Tafeln des Menschenherzens stehen'* (Röm. 2,65) oder in den heiligen Büchern der *Offenbarung* enthalten sind, oder durch das Lehramt der Kirche, der Verwalterin der Offenbarung, in Christi Auftrag verkündet werden“ (*Stasiewski*, Akten deutscher Bischöfe I, 711). Damit sollte die These widerlegt werden, *„sittlich sei, was dem Volke nützt“* (ebda.). Dieser bereits fertiggestellte Hirtenbrief wurde aus Opportunitätsgründen dann doch nicht verlesen.

rerseits zu den öffentlichen Diskriminierungsmaßnahmen der jüdischen Mitbürger gerade zu Beginn der nationalsozialistischen Herrschaft abgab.

In Frage steht die reale Gestaltungskraft der beanspruchten universalen Norm-setzungskompetenz der Kirche als Sachwalterin des Naturrechts, einer Kompetenz, die Faulhabers Ekklesiologie notwendig beinhaltete. Konkret ist zu fragen: welche praktischen Konsequenzen zog Faulhaber einerseits aus dem innerkirchlich aufrechterhaltenen Interpretationsmonopol des Naturrechts und welche Theorie bildete er sich andererseits über die Praxis der antisemitischen Maßnahmen des Staates?

Von Seiten der NSDAP war am 28.3.1933, also bereits wenige Wochen nach der Machtergreifung, ein Boykottaufruf jüdischer Geschäfte für den 1. April 1933 erfolgt. Faulhaber konnte sich zu einer öffentlichen Kritik nicht entschließen; dies trotz interner Aufforderung zu solch einem Schritt. So hatte der Münchner Priester und Pubizist Alois Wurm Faulhaber am 5. April in einem Brief darauf aufmerksam gemacht, „daß in dieser Zeit einer äußersten Haßschürung gegen die doch sicher zu mehr als 99% unschuldigen jüdischen Staatsbürger kein einziges katholisches Blatt, soviel ich sehe, den Mut hatte, die katholische Katechismuslehre zu verkünden, daß man keinen Menschen hassen und verfolgen darf - am wenigsten wegen seiner Rasse“ und daß die „katholische Lehre doch gerade dann verkündet werden (müsse), wenn eine solche Gefahr besteht“.[445]

Faulhaber antwortete Wurm: „Dieses Vorgehen gegen die Juden ist derart unchristlich, daß jeder Christ, nicht bloß jeder Priester, dagegen auftreten müßte. Für die kirchlichen Oberbehörden bestehen weit wichtigere Gegenwartsfragen; denn Schule, der Weiterbestand der katholischen Vereine, Sterilisierung sind für das Christentum in unserer Heimat noch wichtiger, zumal man annehmen darf, und zum Teil schon erlebte, daß die Juden sich selber helfen können, daß wir also keinen Grund haben, der Regierung einen Grund zu geben, um die Judenhetze in eine Jesuitenhetze umzubiegen. Ich bekomme von verschiedenen Seiten die Anfrage, warum die Kirche nichts gegen die Judenverfolgungen tue. Ich bin darüber befremdet; denn bei einer Hetze gegen die Katholiken oder gegen den Bischof hat kein Mensch gefragt, was man gegen diese Hetze tun könne. Das ist und bleibt das Geheimnis der Passion“.[446]

Auch hatte bereits die Diskriminierung der Juden auf legalem, staatsoffiziellem Wege begonnen. Mit dem „Gesetz zur Wiederherstellung des Berufsbeamtentums“ vom 7.4.1933 wurde für Beamte der sogenannte „Ariernachweis“ verlangt, jüdische Beamte wurden in der Folge fast ausnahmslos amtsenthoben; unter dieses erste offen rassistische Gesetz des nationalsozialistischen Staates fielen im übrigen auch jüdische Konvertiten zum Katholizismus.

Der Hirtenbrief der bayerischen Bischöfe vom 5. Mai 1933 nimmt auf diese antisemitischen Maßnahmen von Partei und Staat Bezug: „Der *Rechtsstaat* gewährleistet *allen* seinen Angehörigen Gleichheit vor dem Rechte. Weil aber die Staatsregierung die Aufgabe hat, über das *Gemeinwohl* zu wachen, kann sie nicht

---

[445] *Volk*, Akten Faulhaber I, 701.
[446] A.a.O., 705.

dulden, daß das Recht des einzelnen zum Schaden der Allgemeinheit werde. Daher kann sie auch nicht tatenlos zusehen, wenn einige wenige wirtschaftlich starke Kräfte immer weiter Wirtschaft und Handel fast für sich allein in Beschlag nehmen und die Schwächeren vollständig erdrücken. Es ist durchaus im Sinne des Wirtschaftsprogramms unseres Hl. Vaters, wenn die Staatsregierung die Volksgemeinschaft vor völliger *Vermachtung* durch einzelne Kreise schützt, und wenn sie auch die *Handhabung* des Rechts auf Sondereigentum abstimmt auf die Erfordernissse des Gemeinwohls. Desgleichen wird es niemand als ungerecht bezeichnen, wenn die Staatsregierung dafür sorgt, daß nicht einer bestimmten und kleinen Schicht allein der Weg zum Studium und zu den geistigen Berufen offen steht, der großen Mehrheit des Volkes und besonders den Kindern des armen Volkes dagegen versperrt bleibt." Der Abschnitt schließt mit dem allgemeinen Rekurs auf die Verpflichtung zur „Gerechtigkeit und Liebe gegen *alle* Menschen" und wehrt sich - in deutlicher Spannung zu den vorausgehenden Ausführungen - dagegen, „*grundsätzlich einen verschiedenen Rechtsmaßstab an(zu)legen*".[447]

Erstaunen muß vor allem die hier offenkundig relativ problemlos zu rechtfertigende Relativierung des Eigentumsrechts, das man doch gegenüber paralleler Relativierung durch den Sozialismus und Kommunismus uneingeschränkt als naturgesetzlich zu verteidigen bereit war.[448] Noch mehr erstaunt aber das Fehlen eines ausdrücklichen Bezugs auf die Unhaltbarkeit des rassistischen Hintergrunds und die daher fehlende Legitimität der anti-jüdischen Maßnahmen.

Faulhaber selbst ist sich dieser argumentativen Leerstelle durchaus bewußt: dem Gießener Philosophen und Moraltheologen Steinbüchel schreibt er: „Ich hatte wohl von Anfang an gewünscht, daß im Hirtenbrief der bayerischen Bi-

---

447 *Stasiewski*, Akten deutscher Bischöfe I, 129f. Inwiefern der Hirtenbrief in diesem Punkte „klärend und befreiend im Kirchenvolk" (*Volk*, Faulhabers Stellung, 182) gewirkt haben soll, bleibt zu fragen: eine grundsätzliche Ablehnung rassisch motovierter Handlungskriterien der Politik ist damit jedenfalls nicht ausgesprochen, scheint geradezu in gewissem Rahmen legitimiert. Deutlicher war da schon die Kundgebung Kardinal Schultes, Erzbischof Kleins und Bischof Bernings vom 9.4.1934, in der „mit tiefster Kümmernis und Sorge" bemerkt wird, „wie die Tage nationaler Erhebung zugleich für viele treue Staatsbürger und darunter auch gewissenhafte Beamte unverdientermaßen Tage des schwersten bittersten Leidens geworden sind." (*Stasiewski*, Akten deutscher Bischöfe I, 51) Vgl. zum Verhältnis zwischen Christen und Juden in Deutschland vor und während des Nationalsozialismus: *O. D. Kulka/P. R. Mendes-Flohr* (Hrsg.), Judaism and Christianity under the Impakt of National Sozialism, Jerusalem 1987, darin vor allem die - zu teilweise unterschiedlichen Ergebnissen kommenden - Aufsätze von Greive, Kulka, Repgen, Gutteridge und Lill; siehe auch: *I. Kershaw*, Antisemitismus und Volksmeinung. Reaktionen auf die Judenverfolgung, in: M. Broszat/E. Fröhlich (Hrsg.), Bayern in der NS-Zeit, Bd. II, München-Wien 1979, 281-348.

448 Vgl. etwa das „Hirtenwort über die Abwehr des Bolschewismus" vom 3.1.1937: „Hier in der Kirche Schutz des Privateigentums und der anderen Grundlagen des Gemeinschaftslebens, Aufrichtung einer Kultur, die den unsterblichen Ruhm der christlichen Völker bildet. Dort im Bolschewismus die Enteignung des persönlichen Besitzes zugunsten des staatlichen Kommunismus, die Vernichtung jeder Kultur, der Triumpf der Barbarei, das wirtschaftliche Elend." (*Volk*, Akten Faulhaber II, 249). Der Text des Hirtenbriefs stammt von Faulhaber und stellt ein unmittelbares Resultat seines Besuchs bei Hitler dar; vgl. Faulhabers Brief an den deutschen Episkopat vom 23.12.36 (*Volk*, Akten Faulhaber II, 242f).

schöfe der unchristliche Ansturm gegen die Juden mit Namen genannt werde. Ich habe mich aber überzeugen lassen, daß wir in einem kurzen Hirtenwort nicht auf alle Fragen eingehen können, die an sich gewiß auch wichtig und religiös wichtig sind, die aber im Vergleich mit anderen Gegenwartsfragen auf der zweiten Stufe stehen. (...) Für uns Christen wird die Vaterlandsliebe damit zur Gewissenspflicht, daß wir auf diesem Boden geboren und so von Gottes Vorsehung diesem Boden verpflichtet sind. Nun aber sind die jüdischen Mitbürger vom gleichen Naturrecht diesem Vaterland verpflichtet. Wir wollen gewiß keine Vorherrschaft, die zur wirklichen Zahl der Juden in einem Mißverhältnis steht, wir können ihnen aber nicht jedes Recht im deutschen Vaterland bestreiten, wenn wir nicht unserer eigenen Vaterlandsliebe den naturrechtlichen Unterbau entziehen wollen."[449]

Daß es sich bei dieser - im übrigen weitgehend folgenlos bleibenden - Parteinahme Faulhabers für die öffentlich diskriminierten Juden tatsächlich, entgegen naturrechtlicher Argumentationslogik, primär um ein Eintreten für die Getauften unter ihnen handelte, belegt ein Brief Faulhabers an seinen Augsburger Amtskollegen Kumpfmüller vom 26.4.33. Faulhaber schreibt: „Auch mir geht es nicht aus dem Kopf, daß wir nicht in kategorischer Form für die getauften Juden eintreten konnten. (...) Einem geistig hochstehenden, jüdisch geborenen, jetzt ernsten Katholiken habe ich erklärt, daß bei der Taufe ausdrücklich gesagt werde, der Glaube nütze zum ewigen Leben und daß niemand von der Taufe irdische Vorteile erwarten dürfe. Trotz alledem geht man jetzt förmlich mit Mitleid für die getauften Juden hausieren, und ich denke daran, eine besondere Eingabe[450] in diesem Sinne an den Herrn Reichskanzler zu machen. (...) Wir haben jetzt soviele sachlich grundsätzliche Dinge in Ordnung zu bringen, daß wir unmöglich für jeden einzelnen Gefangenen oder in seiner Stellung Bedrohten eine Aktion unternehmen können."[451]

Es ist somit nur konsequent, wenn Faulhabers weithin Aufsehen erregenden Adventspredigten des Jahres 1933 nicht als Reaktion auf die partei- bzw. staatsoffiziellen öffentlichen Diskriminierungsmaßnahmen gegenüber Juden des Frühjahrs 1933 verstanden werden wollen, sondern vielmehr das Ziel verfolgen, die Ablehnung des Alten Testaments als integralen Teils der christlichen Offenbarung durch die protestantische Glaubensbewegung der „Deutschen Christen" zurückzuweisen; dies, zumal deren „religiöse Revolution"

---

449 *Volk*, Akten Faulhaber I, 725f.

450 Diese Eingabe unterblieb offensichtlich.

451 *Volk*, Akten Faulhaber I, 717. Eine gewisse Aktivität entwickelte Faulhaber in einem Brief an die bayerischen Bischöfe vom 29.4.1933, in dem er bittet, „mir die ungefähre Zahl katholisch getaufter Juden, deren Taufe nicht Konjunkturtaufe ist, anzugeben." Faulhaber berichtet in diesem Brief, er habe die „Frage, was wir für die katholisch gewordenen Juden tun können ... persönlich dem Herrn Reichstatthalter vorgelegt. Er ließ sich davon überzeugen, daß diese Konvertiten, die sich ja mehr vom Judentum abgewendet haben als christlich Geborene, nicht unter die Ausnahmegesetze gegen die Juden fallen dürften. Er ersuchte mich, die ungefähre Zahl von solchen Fällen in Bayern anzugeben." (*Stasiewski*, Akten deutscher Bischöfe I, 123)

auch *„vor der Person Christi"* nicht Halt mache, und - so Faulhaber - behaupte: Jesus sei *„überhaupt kein Jude"*.[452]

Faulhaber klärt denn auch zu Beginn seiner Predigtreihe unmißverständlich den hermeneutischen Horizont, innerhalb dessen zumindest er selbst seine Ansprachen interpretiert wissen will. Wieder begegnet dabei jenes Trennungsmodell religiöser und natürlicher Gegebenheiten, wie es theologisch für extrinsizistische Theologiekonzepte charakteristisch ist, welche auffälligerweise dann jedoch innerkirchlich mit einem universalen kirchlichen Interpretationsanspruch der Wirklichkeit einhergehen.

Faulhaber begründet so auch sein Eintreten für das Alte Testament mit der Notwendigkeit der Abwehr des Kampfes gegen das Christentum. „Wenn die Rassenforschung, an sich eine religiös-neutrale Sache, zum Kampf gegen die Religion sammelt und an den Grundlagen des Christentums rüttelt, wenn die Abneigung gegen die Juden von heute auf die Heiligen Bücher des Alten Testaments übertragen und das Christentum wegen seiner ursprünglichen Beziehungen zum vorchristlichen Judentum verdammt wird, wenn Steine gegen die Person unseres Herren und Erlösers geworfen werden ... , kann der Bischof nicht schweigen. Darum halte ich diese Adventspredigten über *das Alte Testament und seine Erfüllung im Christentum.*"[453]

Gerade auch jene eindrucksvollen Bekenntnissätze aus der die Predigtreihe abschließenden Silvesteransprache - *„Wir sind nicht mit deutschem Blut erlöst.* Wir sind mit dem kostbaren Blut unseres gekreuzigten Herren erlöst"[454] - werden von Faulhaber in den Kontext einer die Reichweite dieses Satzes entscheidend begrenzenden theologischen Konzeption des Verhältnisses von Natürlichem und Übernatürlichem gestellt: dies nimmt diesen Sätzen jede intendierte politische Relevanz. „Rasse und Christentum sind an sich keine Gegensätze, wohl aber verschiedene Ordnungen. Rasse ist Naturordnung, Christentum ist Offenbarungsordnung, also übernatürliche Ordnung. Rasse ist Verbundenheit mit dem Volk, Christentum ist zunächst Verbundenheit mit Gott. Rasse ist völkische Geschlossenheit und Abgeschlossenheit, Christentum ist weltweite Heilsbotschaft an alle Völker. Die Begriffe Offenbarung und Erlösung, Übernatur und Gnade dürfen nicht verwässert werden."[455] Wie Adam bzw. Schmaus nähert sich auch Faulhaber somit dem Problem des nationalsozialistischen Rassismus mit Hilfe des klassischen theologischen Begriffspaares natürlich-übernatürlich.[456] In signifikantem Unterschied zu ihnen aber - und damit ganz im

---

452 *Faulhaber*, Das Alte Testament und seine Erfüllung im Christentum. Erste Adventspredigt, München o. J. (1933), 2.

453 *Faulhaber*, Adventspredigt I, 3.

454 *M. Faulhaber*, Christentum und Germanentum. Silvesterpredigt, München o. J (1934), 18.

455 *Faulhaber*, Silvesterpredigt, 17.

456 Siehe auch die „Blutpredigt" Faulhabers in Sigmaringen, in: *P. Kopf*, Der Blutfreitag in Weingarten, Ulm 1990, 15-20, wo Faulhaber sehr deutlich zwischen einer *„natürlichen Blutsgemeinschaft"* und „der *übernatürlichen Gnadengemeinschaft der Gotteskinder"* (15) unterscheidet und zudem betont, das *„kostbare Blut* (Jesu, R.B.) *redet zu allen Völkern"* (18) und *„zu allen Zeiten"* (17). Diese Abwehr einer biologistischen Interpretation der Christologie verhindert allerdings umgekehrt nicht, daß Faulhaber auch bei der Charakterisierung der „natürlichen Blutsgemeinschaft" von der Möglichkeit spricht, in deren Rahmen „sozusagen mit einer *zweiten Erbsünde* belastet" (15) zu werden. Faulhaber redet in diesem Zusammenhang von

Sinne des „Dispositivs der Dauer"- tut er dies, um den Zusammenhang von rassischen, also „natürlichen", Kategorien und solchen „übernatürlicher" Art möglichst zu lösen. Von einer allzu engen Nachbarschaft von Begriffen aus diesen beiden Bereichen fürchtet er nur die Depotenzierung der religiösen Kategorien des Christentums.

Andererseits eröffnet nun allerdings jene beschriebene grundsätzliche Trennung natürlicher und übernatürlicher Gegebenheiten eine recht breite Toleranzzone, in der Platz wird für rassistisch motivierte Handlungskonzepte, jetzt aber eben jenseits genau jener (Modernisierungs- und Inkulturations-)prozesse, auf welche die Theologen gehofft hatten. Wenn Faulhaber schließlich auch gut biblisch betont, im Reiche Jesu gebe es „nach dem Wort seines Herolds 'keinen Unterschied zwischen Juden und Hellenen, ein und derselbe ist Herr für alle' (Röm. 10,12)",[457] so sei es doch „dem Christen nicht verwehrt, unter obigen Bedingungen[458] für seine Rasse einzutreten und für deren Rechte. Man kann also ohne innern Zwiespalt ein aufrichtiger Deutscher und ein ebenso aufrichtiger Bekenner des Christentums sein. Wir haben darum keinen Grund, deshalb dem Christentum den Rücken zu kehren und eine nordisch-germanische Religion zu gründen, um ein Bekenntnis zu unserem Volk ablegen zu können."[459]

Faulhaber selbst thematisiert im übrigen ausdrücklich die eigene Unzuständigkeit für die Frage der Stellung zum zeitgenössischen Judentum. „Um volle Klarheit zu schaffen und jedes Mißverständnis auszuschließen"[460] differenziert Faulhaber *„zwischen dem Volke Israel vor dem Tode Christi und nach dem Tode Christi."*[461] Wäre das Volk Israel vor Jesus *„Träger der Offenbarung"* gewesen, so sei es nach *„dem Tode Christi ... aus dem Dienst der Offenbarung entlassen"* worden. „Sie hatten die Stunde der Heimsuchung nicht erkannt. Sie hatten den Gesalbten des Herren verleugnet und verworfen, zur Stadt hinausgeführt und ans Kreuz geschlagen. Damals zerriß der Vorhang im Tempel auf Sion und damit der Bund zwischen dem Herren und seinem Volk. Die Tochter Sion erhielt den Scheidebrief, und seitdem wandert der ewige Ahasver ruhelos über die Erde. Die Juden sind auch nach dem Tode Christi noch ein 'Geheimnis', wie Paulus

---

einer möglichen *„Blutvergiftung"* (ebda.). Zu dieser Predigt siehe: *J. Köhler*, Die „Stimme des Blutes". Blutfreitagspredigten aus den Jahren 1933 bis 1946, in: N. Kruse/H. U. Rudolf (Hrsg.), 900 Jahre Heilig-Blut-Verehrung in Weingarten 1094-1994, Sigmaringen 1994, 519-528. Zur theologischen Verwendung der Kategorie des „Übernatürlichen" zur damaligen Zeit vgl.: *A. Deneffe*, Geschichte des Wortes „supernaturalis", in: Zeitschrift für katholische Theologie 46(1922) 337-360.

457 *Faulhaber*, Silvesterpredigt 18.

458 Faulhaber nennt drei Bedingungen: a) die Liebe zur eigenen Rasse dürfe nicht zum Hasse gegen andere Völker werden, b) dürfe sich der „einzelne nicht der sittlichen Pflicht enthoben glauben, mit den Gnadenmitteln der Kirche in zäher Selbsterziehung seine Seele zu pflegen", c) dürfe „die Rassenpflege keine Frontstellung gegen das Christentum einnehmen" (*Faulhaber*, Silvesterpredigt, 16). Die allein den innerkirchlichen Rahmen sprengende Forderung a) wirkt dabei ebenso naturrechtlich selbstverständlich, wie psychologisch und zu dieser Zeit auch bereits politisch naiv. Auch Faulhaber lehnt offenkundig rassisch motivierte Handlungskriterien der Politik nicht prinzipiell ab.

459 *Faulhaber*, Silvesterpredigt, 18.

460 *Faulhaber*, Adventspredigt I, 3.

461 *Faulhaber*, Adventspredigt I, 4.

sagt (Röm. 11,25), und einmal, am Ende der Zeiten, wird auch für sie die Stunde der Gnade schlagen (Röm. 11,26). Für unsere Adventspredigten aber handelt es sich nur um das *vorchristliche* Judentum."[462]

Die damit von Faulhaber legitimierte völlige Depotenzierung des christlichen Glaubens für die Lösung von drückenden Gegenwartsproblemen verbietet es gerade dann, wenn es historiographischer Methodik darum gehen soll, diese Predigten aus dem Prozeß ihres Entstehens heraus zu verstehen, von ihrer zweifelsohne politisch höchst relevanten Rezeption im Kirchenvolk her in ihnen irgend einen intendierten politischen Akt zu erkennen. Daß diese Rezeption in der kirchlichen und außerkirchlichen Öffentlichkeit alle Energie darauf setzte, die immanenten Abgrenzungs- und Unzuständigkeitsstrategien des Christlichen in diesen Ansprachen nicht wahrzunehmen, dokumentiert vor allem die offenbar bis dorthin unerfüllte Erwartung der kirchlichen Basis auf Identifikationsmöglichkeiten mit den Bischöfen und damit ein enormes innerkirchliches Führungsdefizit.

Daß Faulhabers Predigten als das „Lautwerden einer Gegenstimme, die sich dem erdrückenden Zwang der Uniformierung und Gleichschaltung des Denkens widersetzte",[463] interpretiert wurden, belegt das interpretationsbereite Warten der Gläubigen auf Identifikationschancen mit dem kirchlichen Amt in Zeiten enormen inneren und äußeren existentiellen Problemdrucks. Solche Identifikationschancen der Basis mit der Autorität gründen, sollen sie nicht bloß vorgestellt sein, in der wahrgenommenen Solidarität der Autoritätsträger mit der Basis und ihren Problemen. Die Hoffnung, diese Problemsolidarität in den Adventspredigten zu finden, führte zu dem produktiven Mißverständnis, sie besäßen eine intendierte Gegenwartsrelevanz.

Aber eben nicht erst jene bekannte „Reihe von Gesten und Aktionen" Faulhabers, „deretwegen ein künftiger Biograph 1934 das Jahr der Rehabilitationsversuche nennen"[464] könnte, belegen das Fehlen jedwedes beabsichtigten, über die Abwehr eines germanisierenden Deutschchristentums hinausgehenden Aktualitätsbezugs. Die Predigten selber entziehen sich explizit solch einem gegenwartsbezogenen Interpretationshorizont. Sie fügen sich damit bruchlos ein in die Kontinuität regionalisierender Verhältnisbestimmung staatlicher und kirchlich-religiöser Kompetenz. Sie stehen grundsätzlich auf demselben Boden

---

462 *Faulhaber*, Adventspredigt I, 4f. Würde Faulhaber die Gegenwartsrelevanz seiner Predigten, wenn schon nicht ausdrücklich behaupten, so doch zumindest nicht explizit leugnen, könnte eine Gegenwartsintention noch vermutet werden: sie wäre als ein Prediger wie Zuhörern bewußter, aus Gründen des verständlichen Selbstschutzes nicht-explizierter Konsens tatsächlich immerhin wahrscheinlich: doch Faulhaber schweigt nicht vielsagend, er redet vieles, um das, was gehört werden will, nicht zu sagen.

463 *Volk*, Faulhabers Stellung, 183.

464 A.a.O., 183f. Volk nennt als solche Gesten Faulhabers: a) Einschärfen der Gehorsamspflicht gegenüber der staatlichen Obrigkeit vor seinen Klerikern im Feb. 1934, b) Überweisung des Druckhonorars der Predigten an das NS-Winterhilfswerk, c) Hitlergruß gegenüber dem Gauleiter Wagner, d) ausdrückliche Zurückweisung jedes Aktualitätsbezugs seiner Predigten gegenüber einer Emigrantenzeitung, e) ein „hymnische(r) Exkurs" an den Führer in der Weihnachtsansprache 1934, f) Abbestellen kritischer deutschsprachiger Auslandsblätter, da - wie Faulhaber von seinem Sekretär Weissthanner schreiben läßt - „auch die bloße Annahme von solchen Zeitungen als eine Art Unterstützung und Mitarbeit an der Zeitung gedeutet wird" (*Volk*, Akten Faulhaber II, 88).

wie Faulhabers Kritik am Staat von Weimar: sie definieren Kirche als Phänomen mit regionaler Zuständigkeit.

Der für die innerkirchlich aufrechterhaltene Interpretationskompetenz außerkirchlicher Wirklichkeit seit dem späten 19. Jahrhundert so wichtige Naturrechtsbegriff erscheint in den politischen Argumentationen Faulhabers während der nationalsozialistischen Herrschaft nicht als relevantes, handlungsstrukturierendes Argumentationsprinzip.[465] Er bildet offenkundig nicht die strategische Grundlage der Auseinandersetzung mit den Herrschaftsprinzipien des nationalsozialistischen Staates und der nazifizierten Gesellschaft. Deutlich wird das nun aber gerade dort, wo dieser Begriff dann doch exemplarisch bei Faulhaber erscheint: in seinem Entwurf zur päpstlichen Enzyklika „Mit brennender Sorge" vom 14.3.1937.[466] Denn dort thematisiert Faulhaber zwar das Naturrecht, wendet es aber sogleich ausdrücklich allein auf die Rechte des Glaubens und der Kirche an: deutlich wird dabei auch, daß das Naturrecht selbst streng theonom begründet wird: womit seine behauptete universale normative Plausibilität als nicht-religiöses Normbegründungsverfahren gleich wieder weitgehend zurückgenommen wird.

„Im Zuge der Zeit liegt es, wie die Sittenlehre so auch *die Rechtspflege* vom Gottesglauben und den Gottesgeboten mehr und mehr abzulösen. Wir denken nicht bloß an den Eid, der als Anrufung Gottes für die Pflege der sozialen Gerechtigkeit eine überaus große Bedeutung hat. Wir denken besonders an das sogenannte *Naturrecht*, das vom Finger des Schöpfers auf die Tafeln des Menschenherzens geschrieben wurde (Röm. 2,14f.) und von der gesunden Vernunft von diesen Tafeln abgelesen werden kann. An den Geboten des Naturrechts kann jedes positive Recht, auch das Staatsrecht, auf seinen sittlichen Gehalt nachgeprüft werden. Mit den Geboten des Naturrechts dürfen menschliche Gesetze nicht in Widerspruch geraten. An diesem Maßstab gemessen, kann auch der Grundsatz '*Recht ist, was dem Volke nützt*' keine reine Rechtsquelle werden, weil er, wenn alle Völker nach diesem Grundsatz handeln würden,

---

465 Auch die sog. Papstpredigt vom 7.3.1943 ändert dieses Gesamtbild nicht. In ihr konstatiert Faulhaber zwar: „Der Staat hat kein Recht, Gesetze zu erlassen, die mit den Rechten Gottes und mit dem Naturrecht in Widerspruch stehen. Er darf nicht Gotteslästerungen, 'Majestätsbeleidigungen gegen den König der Könige' dulden, ohne einzuschreiten. Der Staat darf *nicht die Macht* an die Stelle des Rechtes setzen. Er braucht Machtmittel, um seine Rechtsordnung aufrecht zu erhalten, die Macht darf aber das Recht nicht verdrängen und nicht überwuchern. Der Staat darf *nicht den Nutzen* zum Maßstab nehmen. Die Entscheidung darüber, ob etwas Recht oder Unrecht sei, kann nicht davon ausgehen, ob etwas einen Nutzen bringe. Die Gerechtigkeit fordert, daß auch das Strafrecht ohne Ansehen der Person durchgeführt werde, daß gleiches Recht für alle gelte, ohne Privilegien und ohne Ausnahmegesetze, daß auch die Lasten des Krieges möglichst gleichmäßig auf alle verteilt werden." (*Volk*, Akten Faulhaber II, 965). Doch man kann nicht davon sprechen, daß Faulhabers politisches Handeln ein entschiedenes Befolgen dieser hier tatsächlich mutig vorgetragenen Maxime darstellen würde.

466 Zur Entstehungsgeschichte sowie Inhalt und Rezeption der Enzyklika vgl.: *H.-A. Raem*, Pius XI. und der Nationalsozialismus. Die Enzyklika „Mit brennender Sorge" vom 14. März 1937, Paderborn 1979, 32-69; zu Faulhabers Rolle im Entstehungsprozeß: *L. Volk*, Katholische Kirche und Nationalsozialismus, 34-55 („Die Enzyklika 'Mit brennender Sorge',,).

letzten Endes den ewigen Krieg zwischen den Völkern heraufbeschwören würde."[467]

Diesen Worten folgten in Faulhabers Entwurf tatsächlich 1937 - nach Judenboykott und Nürnberger Gesetzen, Ausschaltung der innerparteilichen wie gesellschaftlichen politischen Opposition und der Beseitigung fast aller demokratischen Grundrechte - zwei Konkretionen: das „Recht, seinen Glauben zu bekennen"[468] sowie das Erziehungsrecht der Eltern. Es fällt auch auf, daß Faulhaber auf Gesetze rekurriert, nicht konkrete Taten anprangert oder das Leiden der Verfolgten benennt.

Den vatikanischen Redaktoren des Faulhaberschen Entwurfs[469] ist diese Leerstelle nicht verborgen geblieben. Zwar benennen auch sie nicht außerkirchlich geschehenes Unrecht, wie es konsequente Naturrechtsthematisierung verlangen würde, doch erweitern sie Faulhabers Exposition naturrechtlicher Grundsätze entscheidend. An Faulhabers Diskussion der nationalsozialistischen Maxime „Recht ist, was dem Volke nützt" anschließend, verlassen sie die rechtsphilosophische Argumentationslinie des Entwurfs und wechseln zu einer personal-anthropologischen Perspektive des Problems.

Jener Satz verkenne - so fügen sie ein - „die grundlegende Tatsache, daß der Mensch als Persönlichkeit gottgegebene Rechte besitzt, die jedem auf ihre Leugnung, Aufhebung oder Brachlegung abzielenden Eingriff vonseiten der Gemeinschaft entzogen bleiben müssen. Die Mißachtung dieser Wahrheit übersieht, daß das wahre Gemeinwohl letztlich bestimmt und erkannt wird aus der Natur des Menschen und ihrem harmonischen Ausgleich zwischen persönlichem Recht und sozialer Bindung, sowie aus dem durch die gleiche Menschennatur bestimmten Zweck der Gemeinschaft. Die Gemeinschaft ist vom Schöpfer gewollt als Mittel zur vollen Entfaltung der individuellen und sozialen Anlagen, die der Einzelmensch, gebend und nehmend, zu seinem und aller anderen Wohl auszuwerten hat. Auch jene umfassenderen und höheren Werte, die nicht vom Einzelnen, sondern nur von der Gemeinschaft verwirklicht werden können, sind vom Schöpfer letzten Endes des Menschen halber gewollt, zu seiner natürlichen und übernatürlichen Entfaltung und Vollendung."[470]

Der deutsche Episkopat konnte sich - wesentlich unter dem Einfluß Kardinal Bertrams, aber auch Faulhabers - nicht dazu durchringen, die mit der päpstlichen Enzyklika begonnene öffentliche Anklage der nationalsozialistischen Herrschaftstechnik offensiv fortzuführen.[471] Die Folgenlosigkeit der ein-

---

[467] *D. Albrecht* (Bearb.), Der Notenwechsel zwischen dem Heiligen Stuhl und der Deutschen Reichsregierung, Bd. I, Mainz 1965, 429f.

[468] *Albrecht*, Notenwechsel I, 431.

[469] Vgl. *Raem*, Pius XI. und der Nationalsozialismus, 99-105.

[470] *Albrecht*, Notenwechsel I, 430f.

[471] Vgl. dazu die Darstellung *Raems*, Pius XI. und der Nationalsozialismus, 174-186. Zur Rolle Faulhabers vgl.: *Volk*, Faulhabers Stellung, 195, siehe dazu auch den Brief Preysings an Bertram (26.10.1937), in: L. Volk (Bearb.), Akten deutscher Bischöfe über die Lage der Kirche 1933-1945, Bd. IV, 1936-1939, Mainz 1981, 381f, sowie die Aufzeichnungen von Preysings Mitarbeiter *Walter Adolph* vom 13.9. und 27.9.1937, in: Ders., Geheime Aufzeichnungen, 141-143 sowie 149-151. - Pius XI. selbst plante offenbar eine solche Weiterführung: vgl. *G. Passelecq/B. Suchecky*, Die unterschlagene Enzyklika. Der Vatikan und die Judenverfolgung, München 1997.

drucksvollen Denkschrift Bischof Preysings vom 17.10.1937, in welcher in Anschluß an „Mit brennender Sorge“ Grundlinien einer kompromißlosen, die Öffentlichkeit mobilisierenden kirchlichen Konfliktstrategie entworfen wurden,[472] charakterisiert diese Situation nachdrücklich. Dies dokumentiert paradigmatisch die *fast völlige konzeptionelle und die vollständige praktische Irrelevanz des Naturrechtsgedankens für das konkrete Handeln der katholischen Kirche im „Dritten Reich“*.

Auch Faulhaber thematisiert das Naturrecht als Basistheorem einer offensiven und die kirchlich-institutionellen Bereiche überschreitenden Konfliktstrategie mit dem Nationalsozialismus öffentlich nur noch ein einziges Mal: in jenem berühmten, als gemeinsames Projekt des deutschen Episkopats vor allem an den Vorbehalten Kardinal Bertrams gescheiterten Hirtenbrief vom Passionssonntag 1942.[473] In durchaus souveräner Weise als „persönliches Hirtenwort“[474] von Faulhaber verlesen, benennt zwar auch dieses deutlichste Wort katholischer Bischöfe zur Herrschaftstechnik und zur gesellschaftlichen Realität des Nationalsozialismus dessen grausamen Praktiken nur sehr indirekt. Es formuliert aber in seinem zweiten Teil positiv jene Maxime, die ansonsten gerade nicht zum Prinzip kirchlicher Politik wurde.

„Wir legen größten Wert darauf, nicht nur für die religiösen und kirchlichen Rechte an zuständiger Stelle einzutreten, sondern auch für die allgemeinmenschlichen, *gottverliehenen Rechte des Menschen*.“ Dieser Leitsatz wird in vier Untersätzen konkretisiert: „1. Jeder Mensch hat *das natürliche Recht auf persönliche Freiheit* innerhalb der Grenzen, die der Dienst Gottes, die Rücksicht auf die Mitmenschen und das Gemeinwohl, und die Pflicht des Gehorsams gegen die gerechten Gebote der rechtmäßigen Obrigkeit ihm ziehen. (...) 2. Jeder Mensch hat *das natürliche Recht auf das Leben* und die zum Leben notwendigen Güter. Der lebendige Gott, der Schöpfer alles Lebens, ist allein Herr über Leben und Tod. (...) 3. Jeder Mensch hat *das natürliche Recht auf den Besitz und den Gebrauch rechtmäßig erworbenen Eigentums* und auf den staatlichen Schutz des Privateigentums gegen willkürliche Eingriffe. (...) 4. Jeder Mensch hat *das natürliche Recht auf Schutz seiner Ehre gegen Lüge und Verleumdung*.“[475]

Wenn man in den jeweils beigefügten Beispielen dieses Hirtenbriefs aus dem Jahre 1942 zwar wieder jeden Hinweis auf die Vernichtung des jüdischen Volkes vermißt, so bleibt er doch das eine herausragende, wenn auch erst sehr späte, öffentliche Zeugnis einer konkreten Operationalisierung des Naturrechtsgedankens für den öffentlichen Kampf gegen den nationalsozialistischen Willkürstaat in Faulhabers Biographie.[476] Wesentlich ermöglicht wurde diese

---

472 Text in: *Volk*, Akten deutscher Bischöfe IV, 356-361.

473 Originaltext: *L. Volk* (Bearb.), Akten deutscher Bischöfe V: 1940-1942, Mainz 1983, 700-704. In dieser Fassung und deklariert als gemeinsamer Hirtenbrief der deutschen Bischöfe wurde er nur in den Diözesen Würzburg, Bamberg und Speyer verlesen (vgl. Faulhabers zusammenfassenden Bericht an den bayerischen Episkopat: *Volk*, Akten Faulhaber II, 894f).

474 Vgl. *Volk*, Akten Faulhaber II, 883-888.

475 A.a.O., 886f.

476 Der gegen den Widerstand Bertrams verlesene sog. Dekalog-Hirtenbrief vom 19.8.1943 (*L. Volk* (Bearb.) Akten deutscher Bischöfe über die Lage der Kirche 1933-1945, Bd. VI:

Operationalisierung aber durch die im Hirtenbrief geleistete Überführung des Naturrechtsbegriffs in den der natürlichen Menschenrechte. Das grundlegende gesamtgesellschaftliche Plausibilitätsproblem des kirchlichen Naturrechtsdenkens, wie nämlich die Kirche als geschichtliche Definitionsinstanz des überzeitlich gedachten „Natürlichen" außerkirchlich zu vermitteln sei, wird durch den Rückgriff auf den gerade nichtkirchlichen Menschenrechtsbegriff zumindest im Ansatz überwunden. Es war gerade Faulhaber, der sich gegen einen von anderen Bischöfen vorgeschlagenen Verzicht auf diesen so konkretisierten Naturrechtsteil ausgesprochen hatte.[477]

Die Singularität dieses Rückgriffs auf ein in den Menschenrechtsgedanken transformiertes Naturrecht innerhalb der Argumentationslinie der katholischen Kirche im Dritten Reich sowie die offenkundige Ablehnung solcher Vorgehensweise durch entscheidende Teile des Episkopats[478] erkären zumindest par-

---

1943-1945, Mainz 1985, 197-205), dessen Ausformulierung der „Menschenrechte der zweiten Tafel" (199) zwar deutlich gegen die Entrechtung der Menschen im totalitären Staat angeht, bezieht seine Legitimation nicht aus naturrechtlicher Argumentation, sondern aus der Berufung auf den Dekalog. Wiewohl die Tötung von Geisteskranken oder Rassefremden abgelehnt wird, wird auf konkrete Vorkommnisse kein Bezug genommen, fällt das Wort „Jude" nicht.

477 Vgl. den Bericht Pater Augustin Röschs SJ: *Volk*, Akten Faulhaber II, 914-921, speziell 917.

478 Zur Vor- und Nachgeschichte des Hirtenbriefs sowie zu seiner Rezeption im Episkopat vgl. auch den bereits zitierten aufschlußreichen Bericht Pater Röschs. Der Textentwurf zu diesem Hirtenbrief stammt signifikanterweise aus dem im August 1941 gebildeten „Ausschuß für Ordensangelegenheiten", dessen Mitglied Rösch war. Siehe zu Duktus und Inhalt der dem Entwurf des Hirtenwortes beigefügten „Gründe für die Notwendigkeit des Hirtenworts", in denen es u.a. heißt: „Auch der *nichtchristliche* Teil in Deutschland, der unter der Last der Rechtlosigkeit und seiner eigenen Ohnmacht gegenüber Unrecht und Gewalt leidet, erwartet Hilfe und Verteidigung der allgemein menschlichen Rechte durch den deutschen Episkopat. (.) Es wird eines Tages von *gewaltiger historischer Bedeutung* sein, wenn die deutschen Bischöfe in der Stunde der Entscheidung für die Kirche Deutschlands öffentliche Verletzung von göttlichem und natürlichem Recht *öffentlich* mißbilligt und damit für Millionen von Seelen eine Vorentscheidung getroffen haben. Andererseits, wenn die Bischöfe schweigen, würde für Nichtkatholiken der Weg zur Kirche nicht nur vorübergehend, sondern für Jahrzehnte und länger versperrt sein." Und an anderer Stelle: „Wer sonst soll und kann überhaupt noch göttliches und natürliches Recht in Deutschland verteidigen?" (*Volk*, Akten Faulhaber II, 838; Hervorhebungen im Original). Vgl. auch die wahrscheinlich von Pater Rösch ausgearbeitete „Stellungnahme aus dem Ausschuß für Ordensangelegenheiten" vom Nov. 1941 (*Volk*, Akten Faulhaber II, 850-853). Zu den hochsignifikanten Vorgängen der inhaltlichen Verharmlosung und schließlichen Teilrücknahme des Hirtenbriefs vgl.: *Volk*, Katholische Kirche und Nationalsozialismus, 56-83 („Die Fuldaer Bischofskonferenz von der Enzyklika 'Mit brennender Sorge' bis zum Ende der NS-Herrschaft"). Diese Vorgänge spiegeln im übrigen auch die enormen Schwierigkeiten innerhalb des Episkopats wider, alte Loyalitätsstrukturen, etwa gegenüber dem - qua Würde seines Bischofsstuhls, nicht qua Wahl amtierenden Vorsitzenden der Bischofskonferenz, trotz drängender Notwendigkeiten und offenkundiger Isolierung und Unzulänglichkeit seiner Position kraft Mehrheitsbeschluß zu durchbrechen und dokumentieren die tief verinnerlichte Realität eines sehr formal aufgefaßten Autoritätsverständnisses. Am Widerstand des Vorsitzenden der Bischofskonferenz und der ihn unterstützenden Bischöfe scheiterte auch der o.g. „Ordensausschuß". Zu diesem „Ordensausschuß" (ein eher irreführender Name) und seiner alternativen Widerstandskonzeption, siehe jetzt die verdienstvollen Arbeiten von *A. Leugers*, Gegen eine Mauer bischöflichen Schweigens. Der Ausschuß für Ordensangelegenheiten und seine Widerstandskonzeption, Frankfurt/M. 1996 sowie *Dies.*, Georg Angermeier. Katholischer Jurist zwischen nationalsozialistischem Regime und Kirche, Mainz 1994; Angermeier war als Laie und Justiziar der Diözese Würz-

tiell das beinahe völlige Fehlen einer entsprechenden Vorgehensstrategie in der konkreten kirchlichen Praxis. Auch für Faulhabers Handeln bleibt diese für ihn einmalige, von ihm auch nicht formulierte, wohl aber öffentlich verlesene Thematisierung des Menschenrechtsbegriffs als Inhalt kirchlicher Kompetenz auf außerkirchlichem Gebiet folgenlos.[479]

2. Ein theologischer Analysehorizont: die Ekklesiologie des Zweiten Vatikanischen Konzils

Die deutsche katholische Kirche besaß zur Zeit des Nationalsozialismus zwar ohne Zweifel eine - primär für den innerkirchlichen Raum urgierte - Theorie eigener universaler Kompetenz, sie besaß aber keine theologische Theorie einer nicht nur regionalen, sondern umfassenden kirchlichen Praxis auf außerkirchlichem Gebiet, zumal unter den Bedingungen einer un- oder gar antikirchlichen gesellschaftlichen Realität.[480] Sie besaß vor allem keinen handlungsorientierten Begriff ihrer selbst: sie dachte ihr Sein nicht von ihrem Handeln her und konnte daher ihr Handeln nur dort mit ihrem Sein begründen, wo es mit diesem ihrem primär soziologisch und damit institutionalistisch aufgefaßten Sein unmittelbar zu tun hatte. Das große Problem der deutschen Kirche unter dem Nationalsozialismus dürfte somit ihr *institutionalistisch geprägter latenter Soziologismus* gewesen sein: sie definierte sich gesellschaftlich als eine soziale und somit regionale, nicht als eine theologische und somit universale Größe.

---

burg einflußreicher (und eindrucksvoller) Berater dieses Ausschusses. A. Leugers weit im übrigen darauf hin (Gegen eine Mauer bischöflichen Schweigens, 290), daß Papst Pius XII. zunehmend die Linie der Bischöfe Bertram (und Buchberger) kritisch gegenübertrat und, auch unter Bezugnahme auf den Menschenrechtsbegriff, die Linie Preysings und des Ordensausschusses unterstützte. Man wird von hierher die Jahre 1941 -1945 als Anfang jenes Umbruchs im lehramtlichen Denken bezeichnen können, der zum Menschenrechtsstandpunkt der Enzyklika „Pacem in terris" Johannes XXIII.´ und des II. Vatikanums führte.

479 Vgl. zu den psychologischen Hintergründen von Faulhabers Haltung die meisterhafte Darstellung *Volks*: Faulhabers Stellung, 191-195. Zur immer beachteten Distanz Faulhabers gegenüber Schell und den modernen Theologieansätzen siehe: *Volk*, Lebensbild, in: Ders., Akten Faulhaber I, XLV; *G. Schwaiger*, Kardinal Michael von Faulhaber, in: Zeitschrift für Kirchengeschichte 80(1969) 361; sowie, den Würzburger Alttestamentler J. Hehn betreffend: *K. Wittstadt*, Johannes Ferdinand Hehn (1873-1932) im Spannungsfeld von theologischer Wissenschaft und kirchlichem Lehramt, in: Würzburger Diözesangeschichtsblätter 49(1987) 313-330, 326.

480 Daß naturrechtliches Denken dies historisch nicht im notwendigen Umfang leistete, scheint mir erwiesen. Die Gründe hierfür sind wohl auch in der inneren Struktur des kirchlichen Naturrechtsgedankens, speziell in seiner Selbstdefinition als „überzeitlich gültige(r), unverbrüchliche(r) normative(r) Rahmen" (*E. W. Böckenförde*, Kirchliches Naturrecht und politisches Handeln, in: Ders./F. Böckle (Hrsg.), Naturrecht in der Kritik, Mainz 1973 96-125, 105), welcher letztlich „*vor*-politischen Charakter hat", dem dann das Politische als „eigener Sachbereich, der dem 'Gesetz des Möglichen' untersteht", gegenübergestellt wird. Böckenförde sieht hier eine „für das naturrechtliche Denken kennzeichnende Verkennung des Wesens des Politischen" wirksam: „Die Bischöfe nahmen nur auf das Bedacht, was am Politischen naturrechtlich bzw. weltanschaulich war". „Das Politische" aber, so Böckenförde, „ist kein abgegrenzter Sachbereich neben anderen Sachbereichen, sondern bezeichnet den Intensitätsgrad einer Assoziation oder Dissoziation im Verhältnis von Menschen bzw. Menschengruppen zueinander" (ebda.).

Damit zeigt sich aber eine zentrale Schwäche des „Dispositivs der Dauer": es ist innerhalb der pluralen Moderne nicht wirklich theologiefähig. In seinem Kontext werden die Begriffe des theologischen Diskurses permanent einer ekklesiozentrischen Hermeneutik unterworfen, die dazu noch den Kirchenbegriff institutionalistisch verkürzt und so den theologischen Bgriffen ihre säkularen Wertbereiche nimmt. Dies scheint nun allerdings auch kaum anders möglich. Denn erst das II. Vatikanische Konzil entwickelte kirchenamtlich eine nicht-integralistische und deshalb pluralismuskompatible Theorie des eigenen kirchlichen Seins. Das Konzil entwarf sie als Theorie der Kirche als sozialen Ort einer universalen Berufung des Menschen durch Gott in Christus. Diese Theorie besitzt theologiegeschichtlich innovativen und kirchengeschichtlich epochalen Charakter.

„Das Konzil versteht die Kirche als Prinzip des Handelns in der Welt und das Leben in der Welt als ein Prinzip des Handelns in der Kirche. Diese gegenseitige Durchdringung beider Existenzbereiche des menschlichen Lebens ist der Glaube des Konzils. Er ist seine Entdeckung."[481] Möglichkeitsbedingung dieser Durchdringung aber ist ein praxisorientierter Begriff der christlichen Lehre und ein existenzorientierter Begriff der menschlichen Praxis: „Der zentrale Inhalt des Glaubens auf dem II. Vatikanum ist" denn auch, so der Würzburger Fundamentaltheologe Elmar Klinger, „die Lehre von ihm als einer Praxis der Existenz."[482] Der theologische Ansatz bei diesen Auffassungen von Lehre und Praxis und deren beider Integration bildet die herausragende Leistung des Konzils: „Der Glaube an Gott ist der Glaube, daß Gott den Menschen berufen hat, er selbst zu sein vor ihm".[483] „Die pastorale Ausrichtung des Konzils hat" damit aber „einen dogmatischen Kern: die Berufung des Menschen."[484]

Das Wissen um die Berufung durch Gott in Christus auf dem II. Vatikanum besitzt dogmatischen Stellenwert. Dieses Wissen beinhaltet „das Dogma vom Glauben an Gott als dem Inbegriff menschlicher Existenz. Der Subjekt-Objekt-Gegensatz von Mensch und Gott ist in diesem Glauben überwunden. Wer mit diesem Gegensatz die Kirche regieren und die Lehre selber gegen ihre Träger ausspielen will, versündigt sich am Zweiten Vatikanum."[485] Man kann daher mit Klinger nicht nachdrücklich genug betonen, daß der „Weltbezug" der Kir-

---

481 *Klinger*, Der Glaube des Konzils, 620.

482 *Klinger*, Der Glaube des Konzils, 617. Vor allem O. Fuchs hat die sich daraus ergebenden praktisch-theologischen Konsequenzen gezogen. Siehe dazu: *O. Fuchs*, Die Praktische Theologie im Paradigma biblisch-kritischer Handlungswissenschaft zur Praxis der Befreiung, in: Ders. (Hrsg.), Theologie und Handeln, Düsseldorf 1984, 209-244; *Ders.*, Evangelisation: Prinzip der Hoffnung für Christ und Kirche in der Welt, in: Fak. Kath. Theologie der Univ. Bamberg (Hrsg.), Die Kraft der Hoffnung (FS Josef Schneider), Bamberg 1986, 213-224; *Ders.*, Heilen und befreien. Der Dienst am Nächsten als Ernstfall von Kirche und Pastoral, Düsseldorf 1990. Klingers Ansatz wurde jüngst pastoraltheologisch aufgegriffen auch von *Stefan Knobloch*, Was ist Praktische Theologie?, Freiburg/Schweiz 1995, 239-242 und *Ders.*, Praktische Theologie, Freiburg/Br.-Basel-Wien 1996, 175-179.

483 *Klinger*, Der Glaube an den Menschen, 235.

484 A.a.O., 237.

485 A.a.O., 235.

che für sie „Seinscharakter"[486] hat. „Ihr Berufensein durch Gott in Christus ist ohne die ausdrückliche Anerkennung ihres eigenen Welt-seins und wesentlich zur Welt-gehörens überhaupt nicht realistisch zu verstehen. Der Preis einer Leugnung solchen Zugehörigseins ist das Eingeständnis der Bedeutungslosigkeit ihrer eigenen Berufung und allen Glaubens an Christus und Gott."[487]

Exakt diese säkulare Bedeutungslosigkeit aber scheint in hohem Maße die handlungsleitende Ekklesiologie der deutschen Kirche zur Zeit des Nationalsozialismus bestimmt zu haben. Man definierte sich als wesentlich übernatürliche, nicht-welthafte Größe und begründete damit die eigene praktisch-politische Nichtzuständigkeit, welche wesentlich den Bereich des Natürlichen betrifft. War dies angesichts der Folgen ebenso tragisch, wie auf Grund der gesamtkirchlichen Dominanz dieser Ekklesiologie nach dem I. Vatikanum wohl unvermeidlich, so bleibt zum einen das historische Defizit dieser Konzeption ebenso deutlich wie seine theologische Insuffizienz gegenüber der neueren lehramtlichen Tradition unübersehbar. Nachkonziliar zumindest ist jeder Versuch der Wiederaufnahme dieses Modells kritisch auf seine leitenden Interessen hin zu befragen.[488]

Damit zeigt sich aber: das politische Modell regionalisierter Zuständigkeiten von Staat und Kirche findet nicht nur historisch seinen Ort zu Beginn einer sich emanzipierenden bürgerlichen Gesellschaft,[489] sondern theologisch seine Entsprechung in einer latent dualistischen Theologiekonzeption, welche die

---

486 *E. Klinger*, Politik und Theologie, in: Theologie und Glaube 71(1981) 184-207, 194

487 Ebda. Vgl. auch: *R. Bucher*, Art. Verkündigung, in: Handwörterbuch religiöser Gegenwartsfragen, hrsg. von U. Ruh, D. Seeber, R. Walter, Freiburg/Br.-Basel-Wien 1986, 484-488.

488 So vertrat der Historiker *Heinz Hürten*, wiewohl er völlig zutreffend einräumt, es „(liege) außerhalb der Kompetenz des Historikers" festzustellen, „was die Aufgabe der Kirche von ihrem Auftrag her war" (Zeugnis und Widerstand der Kirche im NS-Staat, in: Stimmen der Zeit 201(1983) 363-373, 369), bereits 1983 die These, das „christliche Zeugnis in dieser Welt und vor dieser Welt" habe „eine Qualität, die nicht in ihr aufgeht", und es könne „darum nicht dasselbe sein wie politisch wirksamer und als solcher gewollter Widerstand". Dies zu betonen scheine heute nötig, denn „die Diskussion über die Rolle der Kirche im nationalsozialistischen Deutschland" vollziehe sich „weitgehend unter der ungeprüften Voraussetzung, daß Widerstand die ihrem Wesen gemäße, ja primäre Aufgabe gewesen sei."(363) Siehe auch: *Ders.*, Verfolgung, Widerstand und Zeugnis. Kirche im Nationalsozialismus: Fragen eines Historikers, Mainz 1987. Die fundamentale theologische Problematik dieser Aussagen liegt natürlich nicht in ihrer Betonung des transzendenten Horizonts des christlichen Zeugnisses, sondern im damit legitimierten Schluß auf die Möglichkeit, das konkrete Verhalten der Kirche in der Welt als sekundär gegenüber diesem Horizont zu definieren: übernatürliche und natürliche Aufgabe der Kirche erscheinen alternativ, als gegeneinander abwäg-, ja ausspielbar. Theologisch formuliert sich damit aber ein Extrinsezismus, der Gott nicht als unendliches Prinzip der endlichen Existenz des Menschen begreift, sondern als diesem gegenübergestelltes Anderes. Philosophisch scheint so dem politischen Regionalisierungsmodell separierter Zuständigkeiten von Staat und Kirche ein metaphysischer Dualismus zwischen Natürlich und Übernatürlich zu entsprechen, sowie ontologisch eine Trennung des Handelns vom Sein: das Handeln der Kirche ist dann etwas anderes als ihr Zeugnis und das ihr Wesen definierende Zeugnis hat dann nichts mehr mit ihrem Handeln zu tun.

489 Die Ablösung des Modells theologischer Herrschaftslegitimierung der Monarchie durch das Modell regionalisierter Zuständigkeiten unter der bürgerlichen Weimarer Republik dokumentiert den spezifischen Entstehungszusammenhang dieses dann gerade auch für das Verhältnis zum nationalsozialistischen Staat geschichtlich relevant gewordenen Modells.

Kirche als Trägerin eines übernatürlichen Wissens definiert, das den Bereich des Natürlichen in wesentlichen Punkten gar nicht mehr erreicht. Aller innerkirchlich erhobener universaler Interpretationsanspruch der Wirklichkeit verpufft vor der Unfähigkeit einer solchen Theologie, zu irgendwelchen relevanten Fragen menschlicher Existenz gesellschaftlich wirkungsvoll überhaupt noch Stellung nehmen zu können und der Kirche operationable Konzepte christlichen politischen Handelns in einer nicht-christlichen Gesellschaft bereitzustellen.

Es zeigt sich damit aber auch: verstehbar ist das kirchenoffizielle Handeln der katholischen Kirche unter der nationalsozialistischen Herrschaft nur im Horizont ihres vorkonziliar kirchenkonstitutiven „Dispositivs der Dauer". Ihm entsprach tendenziell eine merkwürdig friedliche Koexistenz von externer Weltabstinenz mit internem Integralismus. Sie entwickelte deshalb auch in Deutschland einen eigenen „Katholizismus", um - nicht als sie selber, sondern stellvertretend für die „eigentliche" Kirche, - überhaupt gesellschaftlich außerhalb der Kirchenmauern präsent sein zu können.

Dies bedacht, erhöht sich auch die Verstehbarkeit jener Leerstellen kirchlichen Handelns im Nationalsozialismus, welche nicht nur für das gegenwärtige demokratische, an den Menschenrechten orientierte politische Denken schmerzlich sind, sondern auch dem widersprechen, was der Glaube von sich weiß: ein alle Existenzbereiche umfassender Entwurf des von Gott in Christus zu sich selbst befreiten Menschen zu sein. Die fehlende Bereitschaft, für die untergehende Weimarer Demokratie zu kämpfen, das fast völlige Schweigen gegenüber den schon 1933 einsetzenden Menschenrechtsverletzungen, das nur sehr zögerliche und dann nur zu oft auf die katholischen Nichtarier beschränkte Eintreten für das eigene religiöse Vater- und Brudervolk der Juden,[490] die Unfähigkeit schließlich, subversiven und konspirativen Widerstand überregional zu organisieren[491]: erklärbar ist das zuletzt nur als Resultat einer vorherr-

---

[490] *L. Volk* kommt in seinem, die Bemühungen der deutschen Bischöfe ausführlich darstellenden Aufsatz „Episkopat und Kirchenkampf im Zweiten Weltkrieg. II. Judenverfolgung und Zusammenbruch des NS-Staates" (Ders., Katholische Kirche und Nationalsozialismus, 98-113) mit Blick auf Judenvernichtung und Euthanasie zu dem Ergebnis: „In der Tat liegt ein echter und beklagenswerter Unterschied darin, daß den Juden in ihrer Bedrängnis kein zweiter Bischof Galen entstanden ist. Denn Wirkung hatten die kirchlichen Proteste gegen die Euthanasiemorde erst von dem Augenblick an gezeigt, als sie nicht mehr nur intern vorgebracht, sondern in die Öffentlichkeit getragen wurden." (110)

[491] Die geläufige Darstellung des Entscheidungsdilemmas der Kirchenleitungen - Aufforderung zum Martyrium oder mehr oder weniger stiller Anpassung an die Verhältnisse bei internem Sichfernhalten vom Nationalsozialismus - übersieht die Möglichkeit einer Strategie jenseits der fatalen Alternative Massenselbstmord und erzwungener Loyalität: den Versuch, in durchaus verdeckter Weise auf einen Sturz der Regierung hinzuarbeiten, unterstützt von abgestimmten und im Risiko kalkulierten öffentlichen Aktionen. Solche Versuche hat es als Initiativen des deutschen Episkopats nicht gegeben sieht man von Ansätzen innerhalb des „Ausschusses für Ordensangelegenheiten" (vgl. Fußnote III 478) ab. Die Organisation illegalen Widerstands gelang nur zwei, sozial und politisch sehr unterschiedlichen Gruppen: den radikalen Teilen der Weimarer Linken zu Beginn des Nationalsozialismus und einer kleinen gesellschaftlichen Elite, meist aus Adel und höherem Bürgertum, zu Ende der NS-Herrschaft (vgl. *G. Plum*, Widerstand und Resistenz, in: M. Broszat/H. Möller (Hrsg.), Das Dritte Reich, München ^{2}1986, 248-273).

schenden, den Problemen gegenüber insuffizienten Konstitutionskonzeption von Kirche.[492]

Das „Dispositiv der Dauer" war erfolgreich in der Zurückweisung des Hitlerschen Angebots, es scheiterte aber zuletzt an seiner Handlungsunfähigkeit innerhalb einer nicht-kirchlich dominierten Gesellschaft. Zuletzt aber scheiterte es an seiner Unfähigkeit, theologische Begriffe auf säkulare Gegebenheiten zutreffend anzuwenden. Sein Prinzip der Stillstellung wurde mit der Realität der gesellschaftlichen Stillegung erkauft.

Exkurs: Zur Problematik eines entgrenzten Widerstandsbegriffs.

Der deutsche Widerstand gegen Hitler gehört zu den legitimatorischen Wurzeln der Bundesrepublik.[493] Die Geschichte seiner Erforschung ist damit auch Geschichte der je erreichten Selbstdefinition des demokratischen, westorientierten Nachfolgestaates des Deutschen Reiches.[494] Auch die Kirchen berufen sich zur Stützung ihrer Position in der bundesrepublikanischen Gesellschaft auf ihre Widerstandstraditionen.[495] Dabei spielte eine sich seit der Mitte der

---

492 Tragischerweise belegen dies gerade auch die in ihrer menschlichen Größe durchaus beeindruckenden Zeugnisse, wie sie im Werk von *U. v. Hehl/Ch. Kösters* (Bearb.), Priester unter Hitlers Terror. Eine biographische und statistische Erhebung. 3., wesentlich veränd. u erw. Aufl., Paderborn 1996, gesammelt sind, bei genauerer Analyse. Die Herausgeber kommen in ihrer Einleitung zu dem Schluß: „In der Bewahrung und Verteidigung des katholischen Lagers liegen zugleich Größe und Grenze priesterlichen Verhaltens im Dritten Reich" (115).

493 Siehe zum Umgang der (frühen) Bundesrepublik mit dem Erbe des Nationalsozialismus: *N. Frei*, Vergangenheitspolitik. Die Anfänge der Bundesrepublik und die NS-Vergangenheit, München 1996.

494 Zur Geschichte der Widerstandsforschung siehe: *W. Altgeld*, Zur Geschichte der Widerstandsforschung, in: R. Lill/H. Oberreuther (Hrsg.), 20. Juli. Portraits des Widerstands, aktualisierte und überarbeitete Neuausgabe Düsseldorf-Wien 1994, 522-542; *I. Kershaw*, 'Widerstand ohne Volk?' Dissens und Widerstand im Dritten Reich, in: J. Schmädecke/P. Steinbach (Hrsg.), Der Widerstand gegen den Nationalsozialismus, München-Zürich [2]1986, 779-798.

495 Vgl. etwa die „Erklärung der deutschen Bischöfe zum 30. Januar 1933" vom 24.1.1983. In ihr heißt es unter Aufnahme eines schon früher geleisteten Bekenntnisses: „'Wir wissen, daß es auch in der Kirche Schuld gegeben hat'. Viele Glieder der Kirche ließen sich in Unrecht und Gewalttätigkeit verstricken. Wir dürfen aber auch erneut bezeugen, daß Kirche und Glaube eine der stärksten Kräfte im Widerspruch, ja Widerstand gegen den Nationalsozialismus waren, in mancher Hinsicht sogar die stärkste." Ekklesiologisch beachtenswert ist dabei die Zuordnung der Schuld an die „Glieder der Kirche", die Leistung des Widerstands aber an die Kirche selbst. Das *Wort der deutschen Bischöfe aus Anlaß des 50. Jahrestages der Befreiung des Vernichtungslagers Auschwitz* vom 27. Januar 1995 dokumentiert in: Orientierung 59(1995) 26-27) stellt demgegenüber einen Fortschritt dar. Denn es hält zum einen in Anschluß an den Synodenbeschluß „Unsere Hoffnung" fest: „Versagen und Schuld der damaligen Zeit haben auch eine kirchliche Dimension" (26) und nennt zudem die Realitäten beim Namen: „Es hat unter Katholiken vielfach Versagen und Schuld gegeben. Nicht wenige haben sich von der Ideologie des Nationalsozialismus einnehmen lassen und sind bei den Verbrechen gegen das jüdische Eigentum und Leben gleichgültig geblieben. Andere haben dem Verbrechen Vorschub geleistet oder sind sogar selber zum Verbrecher geworden." (ebda.)

70-er Jahre in der Forschung durchsetzende Ausdifferenzierung des Widerstandsbegriffs eine zentrale Rolle.

Man unterschied nun in Anschluß an grundsätzliche Überlegungen Peter Hüttenbergers im Rahmen des sog. „Bayern-Projekts“[496] und in Weiterentwicklung des dort vorgelegten „Resistenz“-Begriffs[497] entlang der Differenzierungsmerkmale von Privatheit beziehungsweise Öffentlichkeitscharakter der Widerstandshandlung sowie von deren - partiellen oder generellen - systemkritischen Reichweite vier, sich steigernde Formen abweichenden Verhaltens:[498] die derart entwickelte Skala führt von bloßer privater und partieller Nonkonformität über die passive Verweigerung von Teilanforderungen der Herrschaft und dem aktiven, wenn auch immer noch regionalisierten öffentlichen Protest schließlich zum eigentlichen, auf den Sturz des Regimes zielenden Widerstand.

Mit Hilfe dieser Differenzierung wurde es möglich, alle Formen, auch die punktuellsten und privatesten, des Loyalitätsentzugs gegenüber dem herrschenden Regime unter die stark positiv besetzte Widerstandskategorie zu subsumieren. Es wurde damit auch möglich, die gesellschaftliche Realität des Nationalsozialismus sozialhistorisch umfassend zu analysieren und das breite Spektrum möglicher Verhaltensweisen angemessen zu erfassen.

Bemerkenswert ist dabei nun allerdings eine unübersehbare Differenz zwischen der kirchlichen nahestehenden und Teilen der allgemeinen Zeitgeschichtsschreibung. Während Peukert[499] und auch Kershaw[500] den Widerstandsbegriff für die letzte, die politisch bewußte und subversive Form des allgemein als „abweichendes Verhalten“ charakterisierten loyalitätsentziehenden Handelns reservieren, faßt Konrad Repgen alle vier Stufen als „Typen des Widerstandes im totalitären System“.[501] Begründet wird dieses Vorgehen mit dem universalen Anspruch totalitärer Herrschaft und dem damit verbundenen Risikocharakter jeglicher, auch der geringfügigsten nicht-loyalen Handlung. „Das Grundkriterium des Widerstandsbegriffs hat ... in der Frage zu liegen, ob damals ein bestimmtes Verhalten von einzelnen oder von Gruppen Risikocharakter hatte oder nicht. Diesem Risikocharakter entspricht ein sehr weiter 'Widerstands'-Begriff; denn grundsätzlich unterlag zwischen 1933 und 1945 jedes Verhalten, das sich im totalitären Erfassungszwang und Gleichschaltungsdruck entzog, einem Risiko.“[502]

---

496 Vgl. *P. Hüttenberger*, Vorüberlegungen zum Widerstandsbegriff, in: J. Kocka (Hrsg.), Theorien in der Praxis des Historikers, Göttingen 1977, 117-134.

497 Vgl. das vom Projektleiter *Martin Broszat* geschriebene Vorwort zum ersten Band dieses Forschungsvorhabens: Ders./E. Fröhlich/F. Wiesemann (Hrsg.), Bayern in der NS-Zeit. Bd. I, München-Wien 1977, 11-19.

498 Die Darstellung folgt dem Entwurf *Peukerts*, Volksgenossen und Gemeinschaftsfremde, 97

499 Ebd.

500 Vgl. *Kershaw*, 'Widerstand ohne Volk', 784f.

501 *K. Repgen*, Katholizismus und Nationalsozialismus, hrsg. von der Sozialwissenschaftlichen Zentralstelle Mönchengladbach, Köln 1983, 3. Ähnlich auch schon: *K. Gotto/H. G. Hockerts/Ders.*, Nationalsozialistische Herausforderung und kirchliche Antwort, in: K. Gotto/K. Repgen (Hrsg.), Kirche, Katholiken und Nationalsozialismus, Mainz 1980 (Erstausgabe von *Dies.*, Die Katholiken und das Dritte Reich), 101-118.

502 *Gotto/Hockerts/Repgen*, Nationalsozialistische Herausforderung und kirchliche Antwort, 102. Hintergrund für diesen Ansatz dürfte Hüttenbergers Widerstandsdefinition als „jede Form der Auflehnung im Rahmen asymmetrischer Herrschaftsbeziehungen gegen eine zumindest

Es zeigt sich nun, daß - akzeptiert man erst den Schluß vom totalitären Anspruch der nationalsozialistisch geprägten Gesellschaft auf die Legitimität der Ausdehnung des Widerstandsbegriffs auf alle Formen risikobehafteten Loyalitätsentzugs - sich dann die Sicht gerade auf jenes zentrale Element der Handlungskonzeption kirchlicher Entscheidungsträger verstellt, das offenkundig in außerordentlich hohem Maße Faulhabers öffentliches Handeln bestimmte und dessen Genese oben skizziert wurde: das Regionalisierungsmodell separierter Zuständigkeiten von Staat und Kirche. Dessen interne Problematik kann aber exakt dann nicht mehr diskutiert werden, wenn man historiographisch die Perspektive wechselt und plötzlich, nun wirkungsgeschichtlich operierend, auf den unleugbaren universalen Risikocharaker abweichenden Verhaltens rekurriert, statt die sich überaus selbstbeschränkenden Handlungskonzeptionen der historischen Entscheidungsträger zu analysieren.

Die offenkundig für Faulhabers Denken kaum relevante Unterscheidung zwischen Staat und Gesellschaft, die es ihm so schwer machte, als Anwalt der Gesellschaft und ihrer Mitglieder gegenüber dem Unrechtsstaat zu agieren, wird durch solches Vorgehen ebenso verschleiert wie erneut reproduziert. Die unleugbare Fähigkeit der katholischen Kirche im „Dritten Reich“, die Nazifizierung ihrer eigenen Strukturen - insofern sie nicht, wie der politische Katholizismus und Teile des Verbandskatholizismus, sowieso gänzlich eliminiert werden konnten - weitgehend zu verhindern, wird schließlich unter einem Resistenz- oder Immunitätsbegriff gefaßt, den man nicht versäumt, semantisch zum Widerstand aufzuwerten. Dies aber verhindert nur die differenzierte Diskussion der positiven Ermöglichungsgründe dieser Leistung regionalisierter und sich regionalisierender Resistenz, wie es die Gründe für das fast völlige Fehlen des damit gerade nicht geleisteten Kampfes gegen die Nazifizierung der Gesellschaft verschleiert.

Der Blick auf einige Aspekte der Biographie Faulhabers liefert nun aber Indizien für die These einer ekklesiologischen Determinierung der Haltung der deutschen katholischen Kirche zum Nationalsozialismus: weder die damalige Berufung auf die alleinige kirchliche Interpretationskompetenz des universal gültigen Naturrechts noch der heutige Rekurs auf den objektiven Risikocharakter jeden abweichenden Verhaltens können die Erkenntnis verdecken, daß die deutsche Kirche sich selbst - zumindest und gerade in ihren kirchenpolitischen Handlungen - nicht als Ort und Prinzip eines gesamtheitlichen, privates wie öffentliches Sein des Menschen umfassenden Existenzentwurfs begriff.

---

tendenzielle Gesamtherrschaft“ (*Hüttenberger*, Vorüberlegungen zum Widerstandsbegriff, 126) sein.

E. THEOLOGIE UND KIRCHE NACH HITLERS HERAUSFORDERUNG: EIN RESÜMEE

Das nach dem I. Vatikanum und verstärkt in Folge der Modernismuskrise Anfang des Jahrhunderts installierte „Dispositiv der Dauer" hat in der Zeit des Nationalsozialismus ohne Zweifel einen wesentlichen Teil seiner Aufgabe erfüllt. Hitlers Angebot neuer kirchenkonstituierender Prinzipien wurde im Katholizismus nicht angenommen. Das Konzept „Überzeitlichkeit" motivierte zu partieller Resistenz und legitimierte die Autorität des kirchlichen Amtes. Hitlers Angebot war allerdings attraktiver als es im Rückblick und im Bewußtsein von Hitlers epochalen Verbrechen erscheinen mag. Die Reaktion der katholischen Kirche auf Hitler stellt einen signifikanten Kristallisationspunkt der Stärken und Schwächen des „Dispositivs der Dauer" dar: es ermöglichte Kirchenkonstitution, aber es tat es jenseits des Subjekts, jenseits letztlich auch einer säkularen Wirksamkeit theologischer Begriffe.

Es waren immerhin nicht die schlechtesten Theologen, eher schon die ausgesprochen problemsensiblen unter ihnen, welche das nationalsozialistische Projekt attraktiv fanden. Denn sie erkannten nicht nur dessen religiösen, ja explizit theologischen Elemente, die sie im übrigen christlich und katholisch zu „reinigen" hofften, sie erkannten auch die spezifischen Modernisierungschancen für die Konstitution der Kirche, die es versprach. Vor allem sahen sie in ihm einen Ausweg aus der anti-modernistischen Unbeweglichkeit der katholischen Kirche, ihrem theologischen „Rationalismus" und ihrer lebensweltlichen Ferne zum Menschen der Gegenwart. Sie versprachen sich eine Dynamisierung von Kirche und Glauben, ökumenische Öffnung, die Stärkung der Stellung der Laien, letztlich eine neue, wenn auch weiterhin im liberalen Sinne anti-moderne Inkulturation des Christentums in die deutsche Gesellschaft.

Hitlers theologisch legitimierter anti-pluraler Modernismus bot hierfür geeignete Ansatzpunkte, denn er schien Modernisierung ohne Pluralisierung und damit ohne Relativierung eigener Geltungsansprüche zu erlauben. Diese Hoffnung angesichts der totalitären Qualität des Nationalsozialismus gehegt zu haben, mag als politische Naivität erscheinen und sie war es auch. Doch die Initiative der Theologen erwuchs zumindest auch aus ihrer Sorge um die Kirche. Denn sie suchten für die Kirche nichts weniger, als ein zeitadäquates Inkarnationssubjekt, sie litten unter der tendenziellen Nicht-Inkulturation der katholischen Kirche in die deutsche Gesellschaft.

War in der vormodernen Feudalgesellschaft die religiöse Umfassung der Gesamtgesellschaft Garant diskursiver wie nicht-diskursiver Konkretion der christlichen Tradition, so übernahm diese Funktion im „Dispositiv der Dauer" die Kirche in ihrer beeindruckenden alltagsweltlichen Regelungsdichte und in ihrer bewußtseins- und erfahrungsprägenden Ästhetik in Liturgie, Literatur[503] und bildender Kunst. Das kirchenkonstitutive Konkretionsproblem des Christlichen hatte sich damit von gesamtgesellschaftlichen auf kirchliche

[503] Vgl. *S. Schmidt*, „Handlanger der Vergänglichkeit". Zur Literatur des katholischen Milieus 1800-1950, Paderborn-München-Wien-Zürich, 1994.

Strukturen verlagert, weshalb diese dann auch überhaupt erst in einen inhaltlichen Kontrast zur Gesamtgesellschaft treten konnten, was schließlich im Konzept der anti-relativistischen Stillstellung von Diskurs und kirchlicher Praxis auch geschah.

Adam, Lortz und Schmaus setzen nun zwar das Individuum an Stelle der bislang quasi monopolistisch agierenden Instanz „Kirche" als Konkretionssubjekt des Christlichen. Doch sie wollten auch die mit diesem Konzept verbundenen Gefahren des Pluralismus bannen, was sie zu erreichen suchten, indem sie in ihrer völkischen Inkulturationstheologie dieses Subjekt wesentlich als völkisch bestimmt dachten. Zwar gelang es ihnen so, das kirchenzentrierte Dispositiv aufzusprengen und das Individuum als Konkretionssubjekt des Christlichen einzusetzen, doch dies nur um den Preis der fatalen Übernahme völkisch-rassistischer Basisannahmen. Denn auch sie wollten das Subjekt, ganz wie das „Dispositiv der Dauer" es tat, gegen die nach wie vor als bedrohlich empfundenen Gefahren der pluralen Moderne immunisieren.

Demgegenüber wirkt die amtliche Antwort der Kirche in jeder Hinsicht konservativ. Nachdem sich eine staatlich garantierte christliche Umfassung der Gesellschaft, der etwa Faulhaber ausdrücklich nachtrauert, nicht mehr als möglich erwies, antwortete man amtlicherseits mit jenem Regionalisierungsmodell staatlicher und kirchlicher Kompetenz, mit dem man auch schon auf die Pluralisierungsherausforderung der Moderne reagiert hatte.[504] Das grundlegende Problem dieser Variante der Kirchenkonstitution war damit aber nicht gelöst: nicht nur war es in seiner anti-modernistischen Verfassung strukturell unfähig, Hitlers Projekt unter Menschenrechtsgesichtspunkten zu begreifen, vor allem blieben auch alle jene Probleme unbearbeitet, die Adam, Lortz und Schmaus ausgerechnet mit Hilfe des Hitlerschen Politikprojekts hatten angehen wollten.

Nun gehören Adam, Lortz und Schmaus zu jenen Theologen, die auch und gerade nach der Zeit des Nationalsozialismus in den 50er Jahren an Einfluß gewannen und deren innerkirchliche Modernisierungsanliegen - wenn auch in unterschiedlicher Weise - im II. Vatikanischen Konzil zum Durchbruch gelangten. Dies wirft sehr eindringliche Fragen auf. Vor allem jene nach dem grundsätzlichen Unterschied der kirchenkonstituierenden Prinzipien des II. Vatikanums zu jenem Modernisierungsvorhaben, das Adam, Lortz und Schmaus mit Hilfe von Hitlers Nationalsozialismus verwirklichen wollten. Daß jedenfalls die Ekklesiologie des II. Vatikanums eine echte Alternative zum „Dispositiv der Dauer" darstellt, dies wird noch zu zeigen sein.

---

504 Zu einem parallelen Ergebnis gelangt auch *Breuer*, Verordneter Wandel, 365-374.

IV. 1965: ENTWURF UND AUTONOMIE

A. NACH DEM „DISPOSITIV DER DAUER“: KIRCHE ZWISCHEN PASTORALEM AUTONOMISMUS UND „VOLK-GOTTES“-DISKURS

Das „Dispositiv der Dauer“ ist bekanntlich nicht an Hitlers Herausforderung zerbrochen. Es verlor seine stabilisierende Kraft vielmehr Ende der 50er, Anfang der 60er Jahre im Verlaufe der Auflösung des „katholischen Milieus“ im Modernisierungsprozeß der westdeutschen Gesellschaft.[1]

Dies erscheint nicht weiter verwunderlich. Denn dieses Dispositiv beruhte auf einer Voraussetzung, die nun nicht mehr gegeben war. Das „Dispositiv der Dauer“, dieses Ensemble aus Diskursen und Institutionen, aus Architektur und Ästhetik, aus Normen und Vorbildbiographien, aus „Gesagtem und Ungesagtem“ also, dessen primäre Funktion in der anti-relativistischen Plausibilisierung katholischer Geltungsansprüche angesichts moderner Relativierungsoperationen lag, es mußte seine Glaubwürdigkeit als kirchenkonstituierende Konkretionsstruktur des Christlichen in dem Moment verlieren, da die Individuen ihre eigene Existenz endgültig nicht mehr unter der Kategorie der „Dauer“ und des Unwandelbaren begreifen konnten, sondern wesentlich selbst als ihr eigenes Projekt entwerfen mußten. Dies aber war spätestens zu dem Zeitpunkt der Fall, als in Folge der sozio-strukturell erzwungenen Individualisierungsschübe der 60er Jahre jegliche traditionale Lebensführung tendenziell anachronistisch wurde.

Es stellen sich damit aber für die Konstitutionsprinzipien der deutschen katholischen Kirche eine Reihe drängender Fragen. So etwa jene, welche kirchenkonstituierenden Konkretionsorte des Christlichen die deutsche katholische Kirche nach dem Zerfall des „Dispositivs der Dauer“ noch besitzt und wie sie diese zu einem einheitlichen, neuen Dispositiv vernetzt. Das Jahr 1965, an des-

---

[1] Die entsprechenden Vorgänge wurden von K. Gabriel und F.-X. Kaufmann eingehend beschrieben. Siehe zusammenfassend: *Gabriel*, Christentum zwischen Tradition und Postmoderne. Zur eigentümlichen Situation des deutschen Katholizismus in den 50er Jahren zwischen der Abwehr „kultureller Modernisierung“ und der zunehmenden Akzeptanz „struktureller Modernisierung“ der deutschen Gesellschaft siehe: *Ders.*, Katholizismus und katholisches Milieu in den fünfziger Jahren der Bundesrepublik: Restauration, Modernisierung und beginnende Auflösung, in: F.-X. Kaufmann/A. Zingerle (Hrsg.), Vatikanum II und Modernisierung, Paderborn 1996, 67-83 (Lit.). „Der Einfluß der Kirche und des Klerus auf die Kultur ist höher als je zuvor in der deutschen Geschichte. Nach dem Debakel des Nationalsozialismus ist das Bedürfnis nach einer religiösen Integration der Gesellschaft groß. “ (78) Doch die Folgen der zunehmend hingenommenen strukturellen Modernisierung der Bundesrepublik holten die Kirche ein: „Gegen Ende des Jahrzehnts bereiten sich für die Katholiken die 60er Jahre mit ihrem tiefgreifenden Umbruch vor.“ (ebda.) - Die spezifische Geschichte der katholischen Kirche der DDR steht erst am Beginn ihrer Aufarbeitung. Einige Plausibilität schient mir aber *K. Gabriels* bereits 1987 formulierte Vermutung zu haben, daß die katholische Kirche der DDR geprägt war durch „eine Radikalisierung von Tendenzen, die die katholische Kirche insgesamt der Moderne gegenüber bis zum Konzil eingenommen hatte“ (Die katholische Kirche in der DDR. Religionssoziologische Überlegungen, in: Stimmen der Zeit 205(1987) 806-812. Siehe auch: *J. Pilvousek* (Hrsg.), Kirchliches Leben im totalitären Staat. Seelsorge in der SBZ/DDR 1945-1976. Quellentexte aus den Ordinariaten und bischöflichen Ämtern, Hildesheim, 1994.

sen Ende am 7. Dezember das II. Vatikanische Konzil die „Pastorale Konstitution über die Kirche in der Welt von Heute“ verabschiedete - ein Jahr zuvor, am 21.11.1964, war die „Dogmatische Konstitution über die Kirche“ angenommen worden - kann dabei gerade für die deutsche Kirche als Schlüsseldatum betrachtet werden.

Von nun an entstand ein ganz eigener und neuer Zusammenhang von normativem kirchlichen Diskurs über die Kirche und der tatsächlichen ekklesialen Realität. Denn gerade dies war eines der Hauptmerkmale des „Dispositivs der Dauer“ gewesen: es bildete ein ineinandergreifendes Netz aus Diskursen unterschiedlichster intellektueller Ebenen, aus Architekturen, rituellen und nichtrituellen Praktiken und institutionellen Machtstrukturen. Im „Dispositiv der Dauer“ hatten nicht nur der wissenschaftlich-theologische, der katechetische sowie der persönliche Glaubensdiskurs im wesentlichen harmonisch ineinandergegriffen und sich in konzentrischen Kreisen umeinandergelegt, sondern auch gemeinsam mit der ekklesialen Realität ein in sich strukturiertes, durchaus auch plurales, wohl aber sich in seinen unterschiedlichen Elementen wechselseitig stützendes und daher funktionsfähiges Ganzes gebildet.

Mit welchen kognitiven und sozialen Ausschlußprozeduren die Funktionstüchtigkeit dieses Dispositivs erkauft worden war, ist hier nicht weiter zu erörtern. Die Anfragen der „Modernisten“ vom Beginn des Jahrhunderts sowie der „Ausbruch zu Hitler“ gerade mancher problemsensibler Theologen im Jahre 1933 belegen jedoch die ungelösten inneren Probleme dieses Dispositivs. Wichtiger aber ist: Kirche wurde von den Gläubigen als Raum erlebt, an dem diskursive wie nicht-diskursive Konkretionsmuster des Christlichen erlernt, erfahren und vermittelt werden konnten.

Im folgenden soll nun die These entwickelt werden, daß die deutsche katholische Kirche ab Mitte der 60er Jahre in die Phase eines grundlegend veränderten Verhältnisses zwischen pastoraler Realität und kirchlichem Selbstentwurf geriet. Normativer Diskurs und ekklesiale Realität traten *sichtbar* auseinander, *beide* aber entwickelten sich weg vom bisherigen kirchenkonstituierenden Dispositiv, dies nun allerdings in verschiedene Richtungen. Dies führte, nach der ersten nachkonziliaren Befreiungseuphorie, innerhalb der deutschen katholischen Kirche nicht nur zur Selbstwahrnehmung als krisenhaftes Phänomen, sondern tatsächlich zum Verlust der inneren Kohärenz der kirchenbildenden Orte.

Die Kirche besaß nun allerdings jetzt in der Ekklesiologie des II. Vatikanums einen Entwurf ihrer selbst auf der Basis der „Volk Gottes“-Theologie. Sie ließ damit das endgültig dysfunktional gewordene „Dispositiv der Dauer“ auch und gerade auf der normativen Ebene hinter sich, geriet dabei nun aber in das Stadium einer allgemeinen wechselseitigen „Entbindung“, ja Autonomisierung kirchlicher Praxisorte, seien sie diskursiver oder nicht-diskursiver Art. Jenseits kirchen- und arbeitsrechtlicher Strukturen sowie jenseits ihres Netzes finanzieller Ressourcenströme gelang es ihr aber nur sehr unvollkommen, ein wirklich überzeugendes neues kirchenkonstituierendes Dispositiv aufzubauen, das eine nicht-repressive Integration kirchlicher Orte erlaubte.

Die deutsche katholische Kirche wird so seit Ende der Konzilsbegeisterung zwischen einem strukturellen Liberalismus sich autonomisierender pastoraler Orte, der Normativität des „Volk-Gottes"-Diskurses des II. Vatikanums und mehr oder weniger erfolglosen Restaurierungsversuchen des alten „Dispositivs der Dauer" hin und hergerissen, wobei sowohl die Restaurierungsversuche des „Dispositivs der Dauer" wie auch die realen pastoralen Autonomisierungstendenzen unter den Bedingungen individualisierter Existenz sowohl in der Binnen- wie in der Außenwahrnehmung der Kirche ihre Gläubwürdigkeit tendenziell mindern. Das grundlegende Problem der deutschen katholischen Kirche nach dem II. Vatikanum kann so als ihr Mangel an kirchenkonstituierenden Strukturen, als ihr Mangel an vernetzten und als vernetzt wahrgenommenen Orten der Kirchenbildung beschrieben werden.

Diese These soll im folgenden mit einem doppelten, quasi stereoskopischen Blick auf den ekklesiologischen Diskurs des II. Vatikanums als dem Projekt einer gegenwartsfähigen Kirche einerseits und auf paradigmatische Orte gegenwärtiger ekklesialer Realität andererseits, wie sie sich seit dem Konzil in Deutschland herausgebildet hat, entfaltet und belegt werden. Letztere Analyse wird dabei näherhin den Priester, den Laientheologen, die katholischen Verbände und die Lage der Gottes-Verkündigung betrachten, mithin zwei für die Kirche generell relevante (Priester, Verkündigungsgeschehen) sowie zwei speziell für die deutsche Kirche charakteristische Orte untersuchen.

B. DIE KIRCHE ALS PROJEKT: DER ENTWURF DES II. VATIKANUMS

1. Das I. und das II. Vatikanum: Konstitutionsmodelle von Kirche in der Moderne

Die jüngere Kirchengeschichte kennt zwei gesamtkirchliche, amtlich initiierte Lösungsmodelle der Konstitutionsprobleme der Kirche in der Moderne. Beide Lösungsmodelle bearbeiten integral Probleme des theologischen Diskurses und solche der ekklesialen Realität. Sie sind sich auch des spezifischen Status der Kirche in der Moderne bewußt, insofern sie die in der Pluralität der Moderne unvermeidlichen Plausibilitätsspannung zwischen theologischem Wissen und theologiefremden Perspektiven auf dieses Wissen thematisieren.

Sie sind sich auch der Auswirkungen dieser Situation auf die Konstitutionsbedingungen von Kirche bewußt. Sofern sich nämlich diese Plausibilitätsspannungen innerkirchlich ausbreiteten, führt dies die Gesamtkirche tatsächlich an den Rand einer existenzentscheidenden Identitätskrise. Für die Kirche wird eine Lösung dieser Spannung spätestens dann unumgänglich, wenn diese sich nicht mehr länger durch die abgrenzende Stabilisierung geschlossener Milieus und damit Plausibilitätsräume soziologisch minimieren läßt.

Die genannten Lösungsmodelle lassen sich mit den beiden Vatikanischen Konzilien benennen und stehen weithin im Verdacht, dieses Problem auf dogmatistische, bzw. liberalistische Weise auflösen und also in seiner Relevanz ignorieren zu wollen. Beide Urteile sind falsch. Denn es ist theologisch wie historisch möglich und auch notwendig, beide kirchengeschichtlichen Ereignisse aufeinander zu beziehen und auf der Höhe ihrer theologischen Zentralaussagen, nicht in der Vordergründigkeit ihrer unmittelbaren populären Rezeptionsgeschichte zu korrelieren. Gerade weil lehramtliche Dokumente erst in ihrer kreativen Rezeption durch die Gesamtkirche neben ihrer formalen Autorität die ihnen eigene materiale Autorität tatsächlich entwickeln und erst so ihre volle ekklesiale Relevanz erhalten,[2] ist dieser Traditionsbildungsprozeß nie abgeschlossen, der Zugang zu den lehramtlichen Texten also permanent neu zu erarbeiten und zu entdecken. Insofern aber die Rezeption innerkirchlich mit Autorität auftretender Texte in einem notwendig synchron wie diachron differenzierten Prozeß verläuft, muß die perspektivische Unabgeschlossenheit des Sinns gerade der tatsächlich ekklesial relevanten Texte der Lehrautorität zwingend festgehalten werden.

Man darf daher das I. Vatikanum weder ausschließlich im Horizont der ihm folgenden zugespitzten Papstfrömmigkeit sowie der schließlich ausbrechenden Antimodernismuskrise begreifen, noch das II. Vatikanum als opportunistische Anpassungsoperation an das kulturelle Milieu der liberal-bürgerlichen, entwikkelten Industriegesellschaft des Westens denunzieren. So sehr beides, ekklesial zentrierter Dogmatismus wie bürgerlicher Liberalismus, auch Teilkonsequenzen der jeweiligen Konzilien darstellen mögen, beide Kirchenversammlungen gehen in ihrer systematischen Relevanz nicht in diesen vordergründigen Interpretationsmustern auf. Denn die Vatikanischen Konzilien besitzen einen gemeinsamen Problemstellungshorizont: sie wollen beide eine Antwort geben auf die unausweichlich gewordene Erfahrung von Pluralität, gerade auch auf die Erfahrung der fremden Perspektiven auf das eigene kirchliche Sein: sie sind beide mithin typisch moderne Konzilien.

Die Antwortansätze beider Konzilien unterscheiden sich nun aber tatsächlich offenkundig. Verhandelt das I. Vatikanum das Problem der Pluralität auf der Basis einer Reflexion auf das Verhältnis von Glaube und Vernunft,[3] so tut dies das II. Vatikanum auf der Basis einer Reflexion des menschlichen Handelns. Zum Problem wird damit aber genau das jeweils andere: die Integration des Praktischen in ein theoretisch postuliertes und theologisch legitimiertes Harmonisierungsmodell von Glaube und Vernunft, wie der dogmatische Status der vom II. Vatikanum vorgelegten Lehre vom Glauben als Gesamtentwurf menschlicher Existenz in der Berufung durch Gott in Christus.

---

2 Vgl. dazu: *L. Boff*, Eine kreative Rezeption des II. Vatikanums aus der Sicht der Armen: die Theologie der Befreiung, in: E. Klinger/K. Wittstadt (Hrsg.), Glaube im Prozeß, Freiburg/Br.-Basel-Wien 1984, 628-654, speziell 638-648. Vgl. dazu auch: *G. Alberigo*, Die Situation des Christentums nach dem II. Vatikanum, in: H. J. Pottmeyer/Ders./J.-J. Jossua (Hrsg.), Die Rezeption des II. Vatikanischen Konzils, Düsseldorf 1986, 15-44, speziell 17-22 (Lit.!) sowie *H. J. Pottmeyer*, Vor einer neuen Phase der Rezeption des Vatikanums II, in: a.a.O.., 47-65. Zum grundsätzlichen Problem siehe: *W. Beinert* (Hrsg.), Glaube als Zustimmung. Zur Interpretation kirchlicher Rezeptionsvorgänge, Freiburg/Br.-Basel-Wien 1991.

3 Zur Konstitution „Dei Filius" des I. Vatikanums siehe: *H. J. Pottmeyer*, Der Glaube vor dem Anspruch der Wissenschaft, Freiburg/Br. 1968; zum historischen Ablauf: *K. Schatz*, Vaticanum I 1869-1870, Bd. II: Von der Eröffnung bis zur Konstitution „Dei Filius", Paderborn 1993.

Beide gesamtkirchlichen Lösungsmodelle besitzen damit füreinander sowohl Alternativ- wie auch Explikationsfunktion. Alternativ sind sie in ihren praktischen innerkirchlichen Konsequenzen, wechselseitig explikativ in ihrer theoretischen Konzeption. Denn das II. Vatikanum ist wesentlich die - theoretisch entworfene - explikative, darin wertbereichserweiternde und konstitutive, nicht etwa nur sekundäre, Hineinnahme der Praxis in das vom I. Vatikanum postulierte Lösungsmodell des gemeinsamen Fundamentalproblems der Integration von theologischem Wissen und ihm fremden, nicht-theologischen Perspektiven auf dieses Wissen.

Diese Erweiterung der Ansätze des I. Vatikanums um die Reflexion seiner Ergebnisse im Horizont einer Analyse der menschlichen Existenz und damit deren perspektivische Reformulierung auf neuer Basis hat dabei selbst dogmatischen Stellenwert: denn die weitgehende Ausklammerung der Praxis als Fundamentalprinzip katholischer Ekklesiologie auf dem I. Vatikanum[4] hatte sehr unglückliche Folgen: sie führte notwendig zur autoritär-postulatorischen Interpretation seiner Ergebnisse: mithin zu deren inhaltlichen Verkürzung, ja Verkehrung.

Das I. Vatikanum hatte es unternommen, Glaube und Vernunft auf der Basis des Gottesbegriffs zu integrieren, beiden Erkenntnisweisen wurde wechselseitige Horizonterweiterungsfunktion zugeschrieben. Indem man dieses Integrationsgebot des I. Vatikanums strikt diskursreglementierend und nicht diskursinnovativ anwandte, kam es zu den bekannten Maßnahmen des Lehramtes: man entfernte die Träger dieses historisch-kritischen Wissens innerhalb der Theologie aus ihren Stellungen, indizierte die Texte dieser Wissenschaftler und ordnete an, die potentiellen Rezipienten zu überwachen.[5]

Eine Änderung dieser Situation konnte erst dann eintreten, als das kirchliche Lehramt selbst eine Reformulierung der Theologie jenseits des Supranaturalismus vorlegte und damit einen nicht-substantialistischen Interpretationshorizont für das I. Vatikanum eröffnete. Dies geschah auf dem II. Vatikanischen Konzil näherhin in einer zweifachen Weise: als Analyse des prozeßhaften Charakters christlichen Glaubens als Entwurf menschlicher Existenz in der Berufung durch Gott in Christus wie als Einsicht in die wesentliche Geschicht-

---

4 Das I. Vatikanum reduziert seine Perspektiven auf die ekklesiale Praxis bekanntlich weithin auf deren iuridischen Aspekt. Die Ordnung der Kirche kann aber nicht nur von ihrer iuridischen Gestuftheit, sondern auch von ihrer nur dogmatisch faßbaren gesamtkirchlichen Aufgabe her beschrieben werden. Diesen Weg aber geht „Lumen gentium".

5 Vgl. die §§ 32-37 von „Pascendi dominici gregis", in denen Disziplinarmaßregeln gegen widerspenstige Modernisten, Bücherzensur, die Einsetzung offizieller Zensoren, die Beschränkung von Priesterkongressen, die Einsetzung eines Aufsichtsrates gegen den Modernismus in jeder Diözese sowie eine periodische Berichtspflicht der Diözesanbischöfe an den Heiligen Stuhl angeordnet wurden. Siehe dazu auch: *F. Heiner*, Die Maßregeln Pius' X. gegen den Modernismus nach der Enzyklika Pascendi vom 8. Sept. 1907 mit dem Motu Proprio vom 1. Sept. 1910, verteidigt und erläutert von F. Heiner, Paderborn 1910. Weder der teilweise rigide Ton der Enzyklika noch die zeitweise außerordentliche Schärfe ihrer Durchführung können im übrigen darüber hinwegtäuschen, daß deren diskursreglementierende Reichweite strikt auf den binnenkirchlichen Raum beschränkt blieb und gesamtgesellschaftlich den Entfremdungsprozeß von moderner Kultur und katholischem Christentum nur beschleunigte. Die autoritäre Einforderung von Gefolgschaft erscheint fast umgekehrt proportional zu ihrer realen Durchsetzbarkeit erfolgt zu sein.

lichkeit der Kirche als pilgerndes Volk Gottes. Das Konzil entwickelte damit auch einen nicht-absolutistischen und relationalen Gottesbegriff;[6] dies allerdings nicht über die Diskussion dieses Begriffs selber, sondern über die Erörterung von dessen zentralen Anwendungen: als Hoffnung des Menschen und Herr seines Volkes.

Denn die Berufung jedes einzelnen Menschen durch Gott ist für das Konzil die Grundlage der menschlichen Gemeinschaft, der Horizont menschlichen Schaffens in der Welt und das Prinzip der Aufgabe der Kirche in der Welt von heute.[7] Diese Berufung hat damit sozialen, personalen und ekklesialen Stellenwert. Die Kirche hat die Aufgabe, den Aufbau der menschlichen Gesellschaft, die Sicherung der Würde des einzelnen sowie ihr eigenes Wesen[8] von dieser Berufung her geschichtlich je neu zu definieren.

Das II. Vatikanische Konzil realisiert so die Geschichtlichkeit des theologischen Diskurses nicht über eine Analyse der Geschichtlichkeit der ihn tragenden Begriffe, sondern über die Analyse des christlichen Glaubens als eines Entwurfs menschlicher Existenz in der Berufung durch Gott in Christus. Es initiiert damit aber das Projekt einer Ausformulierung des christlichen Glaubens im Horizont der Praxis, der menschlichen Geschichte und Existenz. „Die Pastoral des Glaubens ist der Glauben selbst als Inhalt der Praxis des Lebens".[9]

---

6 Inwiefern solch ein Gottesbegriff zum einen philosophisch explizit zu entwickeln, zum anderen aber auch für die Theologie selbst weiterführend ist, dazu vgl. *Bucher*, Nietzsches Mensch und Nietzsches Gott, 197-226, 231-300. Dort auch ein Verweis auf A. N. Whitehead, dessen nicht-substantialistische Prozeßphilosophie ja tatsächlich eine eigene „Prozeßtheologie" provozierte.

7 Vgl. die einzelnen Kapitelüberschriften des I. Hauptteils von „Lumen gentium" (=LG): „Die Kirche und die Berufung des Menschen". Mit diesem Programm ist im übrigen auch die Basis einer produktiven Auseinandersetzung der Theologie mit den anderen großen Relativierungsstrategien neuzeitlicher Kritik (Soziologie, Psychologie, Religionswissenschaft) gegeben. Denn die Formulierung des Glaubens als eines umfassenden Projekts menschlicher Existenz fordert von sich selber her die Analyse dieses Projekts aus der Perspektive menschlicher Wissenschaft. Das humanwissenschaftliche Wissen vom Christentum und seinen Themen gehört in exakt jenem Maße zur theologischen Diskussion, als diese selbst ein authentisches Projekt von Menschsein verkörpert.

8 Die nachkonziliare Lehrtradition hat diese Gebundenheit des Wesens der Kirche an ihre Aufgabe, das Evangelium Jesu Christi in allen seinen Dimensionen und Konsequenzen zu verkünden, paradigmatisch im Evangelisationsbegriff festgehalten. Vgl. *Paul VI.*, Apostolisches Schreiben „Evangelii nuntiandi" über die Evangelisierung in der Welt von heute, hrsg. vom Sekretariat der Deutschen Bischofskonferenz, Bonn 1975 (=EN). Dieser Begriff darf weder in seinem Wertbereich vorschnell regionalisiert werden (vgl. EN 18), noch bildet er einfachhin eine beliebige Bestimmung von Kirche. Er definiert vielmehr das Wesen von Kirche selbst: „Evangelisieren ist in der Tat die Gnade und eigentliche Berufung der Kirche, ihre tiefste Identität. Sie ist da, um zu evangelisieren" (EN 14). Als Aufgabe der Kirche permanent aufgetragen, mit ihrer reinen institutionellen Gegebenheit somit noch nicht selbstverständlich gewährleistet ist es damit, sich als Trägerin von Evangelisation tatsächlich zu erweisen: „Die Kirche, Trägerin der Evangelisierung, beginnt damit, sich selbst zu evangelisieren"; Kirche muß „unablässig selbst vernehmen, was sie glauben muß, welches die Gründe ihrer Hoffnung sind und was das neue Gebot der Liebe ist" (EN 15). Siehe dazu *O. Fuchs*, Ist der Begriff der „Evangelisierung" eine „Stopfgans"?, in: Katechetische Blätter 112(1987) 498-514 sowie die ausführliche Dokumentation der Tagung der deutschsprachigen Pastoraltheologen vom September 1987 zum Thema „Evangelisierung in Europa", in: Pastoraltheologische Informationen 8(1988) Heft 1, 5-183 (Lit. 34-39).

9 *Klinger*, Der Glaube des Konzils, 619.

Dies ist aber tatsächlich nur möglich auf der Basis eines Gottesbegriffs, der Gott als konstitutiv bezogen auf seine Offenbarung denkt und damit ihn selbst als den Inhalt der Offenbarung in der Geschichte bestimmt. Das Konzil definiert daher die Offenbarung als Selbstmitteilung Gottes[10] und kann so sagen, daß Gott auch heute noch „mit uns ist".[11]

Damit aber stellt sich der Theologie eine neue Perspektive: ihre Analyse der Historizität des theologischen Diskurses und seiner Quellen erweist sich nicht als Destruktionsimpuls der Inhalte dieses Diskurses, vielmehr als deren ureigene Anwendung: die Geschichte der nach-denkenden Entdeckung seiner Offenbarung in Jesus, dem Christus, erweist sich als reale Geschichte Gottes unter den Menschen, als seine Inkarnationsgeschichte im Denken der Menschen. „Gottes Offenbarung ist sachgemäß nicht nur als Größe der Vergangenheit zu bestimmen, sondern ebenso als solche der Gegenwart (und der Zukunft, die sie eröffnet): wo sie sachgemäß vermittelt wird, nämlich als Offenbarung Gottes selbst (nicht nur als abstrakte, welt- und geschichtsenthobene Aussage über Gott), da ereignet sie sich neu. Diese Einsicht ist von höchster pastoraler Bedeutung, denn sie bestimmt die Pastoral dogmatisch und die Dogmatik pastoral. Sie gibt der Pastoral ihren Sinn und Bedeutung: Gott selbst in der Konkretheit der geschichtlichen Existenz zur Sprache kommen zu lassen in der Unmittelbarkeit seiner Gnade. Das ist die Aufgabe der Kirche. So bestimmt sie sich im II. Vatikanischen Konzil, und so ist dieses auszulegen und zu verwirklichen."[12]

2. Die Ekklesiologie der Moderne: Der Glaube des Konzils und die Befreiung des Menschen - E. Klingers herausfordernde Konzilsinterpretation

Das II. Vatikanische Konzil formuliert in seiner Ekklesiologie das Projekt einer pluralismus- und also gegenwartsfähigen Kirche. Der Würzburger Fundamentaltheologe Elmar Klinger warf nun aber in einem 1990 erschienenen Buch dem römischen Lehramt vor, „die zentralen Aussagen des Konzils bisher nicht zur Grundlage des eigenen Lehramtes gemacht"[13] und so dem „antimodernistischen, supranaturalistischen Extrinsezismus"[14] noch nicht überwunden zu haben. Die reiche Kirche Deutschlands aber müsse „sich entscheiden zwischen der Wahrheit des Glaubens selbst und ihrer eigenen interessensbestimmten,

---

10 Dogmatische Konstitution über die göttliche Offenbarung „Dei Verbum" (=DV) Nr. 6. Siehe hierzu jetzt die ungemein materialreiche Arbeit: *H. Sauer*, Erfahrung und Glaube. Die Begründung des pastoralen Prinzips durch die Offenbarungskonstitution des II. Vatikanischen Konzils, Frankfurt/M-Berlin-New York-Paris-Wien 1993. Sauer belegt aus einer detaillierten Rekonstruktion der Entstehungsgeschichte von „Dei Verbum", „daß die Offenbarungskonstitution in der Offenbarung selbst ein pastorales Prinzip begründet: Gott handelt an der Welt."(5)

11 DV 4.

12 *Sauer*, Erfahrung und Glaube, 6.

13 *Klinger*, Armut, 263.

14 Ebd.

bürgerlich-politischen Ideologie". Die Verkündigung des Glaubens sei in Deutschland ohne gesellschaftlichen Biß, die Kirche selbst sei politisch angepaßt und verrate dadurch an vielen Orten den Glauben.[15] Der Grund auch hierfür: die defizitäre Rezeption des Konzils, welche in einer defizitären Auffassung vom dogmatischen Fortschritt des Konzils gründe.

Der Glaube des Konzils sei der Glaube an die Befreiung des Menschen, vor allem aber der Armen in Christus durch Gott. Diese Position des Konzils sei eindeutig und unbezweifelbar. Das zentrale Prinzip der Auslegung des Konzils ist für Klinger die Pastoralkonstitution „Gaudium et spes"; sie sei „keine pastoraltheologische Handreichung, sondern ein fundamentaltheologisches Programm".[16] Die Kirche in Deutschland habe, so Klingers zentraler Vorwurf, bislang aber diese zentrale Botschaft des Zweiten Vatikanums in ihrer pastoralen Realität schlicht umgangen.[17]

Schlüssel zur massiven Kritik Klingers an der deutschen Kirche der Gegenwart ist seine Interpretation des II. Vatikanischen Konzils. Mit deren Plausibilität steht und fällt Klingers Herausforderung. Kernthese dieser für die deutsche Pastoraltheologie herausfordernden Konzilsinterpretation: „Der Glaube an die Berufung des Menschen ist das Dogma des Konzils. Er ist sein Fortschritt im Verständnis der apostolischen Lehre. Ihn hat das Konzil in der Konstitution über die Kirche in der Welt von heute selbst vollzogen, er ist die Basis der Erneuerung des Glaubens an die Kirche und ihre Überlieferung als eine Offenbarung in der heutigen Welt. Die Pastoralkonstitution ist also eine Glaubenskonstitution. Sie ist die Konstitution, in der sich der Glaube als Ereignis in der heutigen Welt offenbart."[18]

Klinger entwickelt eine dreifache, sich gegenseitig stützende Begründungsargumentation dieser Zentralthese: eine historische, eine material-inhaltliche und eine prinzipienbezogene, mithin fundamentaltheologische. Historisch erörtert Klinger drei grundlegende Entwürfe des Konzilsprogramms. Zum einen die Eröffnungsrede Johannes XXIII. vom 11.10.1962[19]: in ihr, so Klinger, überwinde Johannes XXIII. einen vierfachen Dualismus: den erkenntnistheoretischen, „indem er sagt, die Lehre ist in ihrem Wesen pastoral", den anthropologischen, „indem er sagt, die Lehre umfaßt den ganzen Menschen, der aus Leib und Seele besteht", den gesellschaftlichen, „indem er sagt, die Lehre ist ein Erbe und steht im Dienst des wahren Fortschritts der gesamten Menschenheit" und schließlich den metaphysischen von Natur und Gnade, „indem

15 Vgl.. a.a.O., 75.
16 A.a.O., 69.
17 Vgl. a.a.O., 74.
18 A.a.O., 139.
19 Vgl. dazu: *L. Kaufmann/N. Klein*, Johannes XXIII., Prophetie im Vermächtnis, Freiburg/Brig 1990. Diesem Buch kommt das unschätzbare Verdienst zu, die Legende vom ebenso frommen, wie theologisch und kirchenpolitisch etwas einfältigen Papst Johannes XXIII. aus den Quellen heraus zu widerlegen. In welchem Kontrast die Eröffnungsrede Johannes XXIII´ stand zu Mentalität und Denken seiner Umgebung, dies wird deutlich bei der Lektüre von: *G. Alberigo/K. Wittstadt* (Hrsg.), Geschichte des Zweiten Vatikanischen Konzils (1959-1965), Bd.I: Die katholische Kirche auf dem Weg in ein neues Zeitalter. Die Ankündigung und Vorbereitung des Zweiten Vatikanischen Konzils (Januar 1959-1962), Mainz 1997.

er von der Gnade sagt, daß sie eine Stärkung und Bereicherung des Menschen und ihres Zusamenlebens in der Gesellschaft ist."[20]

Der Plan Kardinal Suenens vom Dezember 1962 konkretisiere dieses Programm. Zentraler Inhalt dieses Plans sei die Auffassung der Kirche als einer „polaren Wirklichkeit": „in ihr bedingen sich innen und außen. Denn die Kirche kann nach außen nicht versprechen, was sie nach innen nicht hält, und sie kann sich nach innen nicht für etwas entscheiden, was sie nach außen nicht vertritt."[21] Der Schlüssel zur Feststellung des authentischen Gehalts des Konzils sei daher die „Zuordnung von weltlichem Dienst und geistlicher Aufgabe in der Kirche selbst und in ihrer Überlieferung." Diese Zuordnung sei von Johannes XXIII. eingefordert, von Suenens projektiert und von K. Rahner und J. Ratzinger in ihrem gemeinsamen Gegenentwurf zum Offenbarungsschema Kardinal Ottavianis[22] als Gegenstand der Offenbarung selbst bestimmt worden. „K. Rahner benennt die Pole des Konzils dogmatisch und kann zeigen, daß sie in der Offenbarung selbst einander zugeordnet sind". Es gebe daher eine „dogmatische Basis der Einheit von Dogmatik und Pastoral, nämlich die Offenbarung selbst. Diese umfaßt Worte und Taten und ist die Wahrheit von der Berufung des Menschen durch Gott in Christus."[23]

Zentraler Text des Konzils, dessen „dogmatisches Hauptereignis"[24], ist für Klinger daher die Pastoralkonstitution „Gaudium et spes": sie enthalte das hermeneutische Prinzip des Konzils. Sie sei die „Klärung seines Gesamtprogramms auf der Grundlage dieses Prinzips, nämlich der gegenseitigen Durchdringung von Dogmatik und Pastoral in der Dogmatik." Das Prinzip dieser Durchdringung aber sei eben „die Lehre der Offenbarung selbst von der Berufung des Menschen in Gott und Christus".[25]

Klinger zeigt im Detail - und dies stützt entscheidend material-inhaltlich seine Zentralthese -, daß „Gaudium et spes" zentrale Begriffe der christlichen Überlieferung neu erschließt. Die Pastoralkonstitution behandele einerseits herausragende Themen der Tradition in einem pastoralen und andererseits drängende Themen der Gegenwart in einem theologischen Horizont. „Gaudium et spes" greife so das Programm Johannes' XXIII. unmittelbar auf, sei nach dessen Maßgabe formal gegliedert wie inhaltlich gestaltet.

Klinger führt dies im einzelnen aus. „Gaudium et spes" entwickle die Gottesaussage als Aussage über „das Geheimnis der Existenz von Mensch und Schöpfung",[26] die Christusaussage des Konzils aber begreife diesen als Schlüssel zur Würde des Menschen, denn in den „Worten und Taten Jesu klärt sich das Geheimnis des Menschen und das Geheimnis Gottes auf",[27] Kirche aber entwerfe die Pastoralkonstitution als den „Sauerteig und die Seele der in Chri-

20 *Klinger*, Armut, 84.
21 A.a.O., 90.
22 Abgedruckt in: *E. Klinger/K. Wittstadt* (Hrsg.), Glaube im Prozeß. Christsein nach dem II. Vatikanum, Freiburg/Br.-Basel-Wien 1984, 33-50.
23 *Klinger*, Armut, 94.
24 A.a.O., 97.
25 A.a.O., 102.
26 A.a.O., 103.
27 A.a.O., 104.

stus zu erneuernden .... menschlichen Gesellschaft"[28]. „Das Konzil weigert sich, den Teufel des Naturalismus mit dem Beelzebub des Supranaturalismus zu vertreiben".[29] Solch ein Vorgehen habe aber auch unmittelbare Konsequenzen für die theologische Bestimmung des Verhältnisses von einzelnem und Gesellschaft. Die Soziallehre von „Gaudium et spes" sei daher nicht, „wie die bisherige ein Betrag zur Technik der Ordnung im Staat, sondern ein Glaube an die Menschen, die sie tragen und entwickeln und verantworten. Dieser Glaube enthält eine Offenbarung, nämlich die Wahrheit vom 'Gemeinschaftscharakter der menschlichen Berufung im Ratschluß Gottes'(GS 24)."[30]

Konsequenterweise verwendet Klinger das aus „Gaudium et spes" abgeleitete Programm einer für beide Pole konstitutiven Durchdringung von Dogmatik und Pastoral zur Interpretation auch der Kirchenkonstitution „Lumen gentium". Die Integration von Dogmatik und Pastoral in Dogmatik und Pastoral entfalte das Konzil in der Pastoralkonstitution. „Daher ist es legitim und notwendig, auf ihrer Basis und nach ihrer Maßgabe 'Die Konstitution über die Kirche' zu verstehen und auszulegen." „Lumen gentium" selbst aber beantworte dann die Frage: „Wer ist die Kirche selbst, wenn die Pastoralkonsitution eine Konstitution der Kirche ist?" Oder anders gewendet: „Zeigt sich im Außen das wirkliche Innen, und ist das Innen wirklich das Innen dieses Außen"[31].

Klinger gibt damit „Lumen gentium" einen prinzipiellen Horizont. Vehement wendet er sich gegen das ebenso weit verbreitete, wie für ihn grundsätzlich verfehlte Vorurteil, das Konzil habe sich vorwiegend mit innerkirchlichen Angelegenheiten, und das noch halbherzig-reformistisch befaßt, weswegen es seiner Aufgabe, das Gesamt der christlichen Botschaft in der Gegenwart zu entwerfen, nicht wirklich nachgekommen sei. Bei Klinger wird deutlich: In seiner thematischen Konzentration auf die Kirche stellt das Konzil Kirche konsequent in den Horizont ihrer Aufgabe und Botschaft - womit sich aber Kirche gerade in der Besprechung ihrer selbst am konsequentesten relativiert.[32]

Klinger besteht so auch darauf, daß in einer sachgerechten Hermeneutik des Konzils alle klassischen Amts- und Strukturfragen vor dem Hintergrund der - in „Gaudium et spes" projektierten - Aufgabe der Kirche zu behandeln seien.

---

28 So bei *Klinger*, a.a.O., 106, aus „Gaudium et spes" (=GS) Nr. 40 zitiert.

29 A.a.O., 108.

30 A.a.O., 110.

31 A.a.O., 120. Vgl., auch den instruktiven Artikel von *H.-J. Sander*, Die Zeichen der Zeit. Die Entdeckung des Evangeliums in den Konflikten der Gegenwart, in: G. Fuchs/A. Lienkamp (Hrsg.), Visionen des Konzils. 30 Jahre Pastoralkonstitution „Kirche in der Welt von heute", Münster 1997, 85-102. Sander rekonstruiert die Genese dieses Perspektivenwechsels lehramtlicher Theologie anhand der Geschichte der Pastoralkonstitution.

32 Weswegen die Feststellung, daß „alle Konzilsaussagen über Gott und Welt, über Glaube und Vernunft, über Offenbarung und Geschichte usw. ... von vorneherein in ekklesiologischer Kodierung vorgetragen" würden und daher die Gefahren eines „welt- und geschichtsfernen ekklesiologischen Narzißmus" drohten (*J. B. Metz*, Das Konzil - „der Anfang eines Anfangs"?, in: Orientierung 54(1990) 245-250, 248), nur von der defizitären Rezeption des Konzils her verständlich, aus ihm selber heraus aber eben nicht belegbar ist. Als Zwischenbilanzen zur Rezeptionsgeschichte des II. Vatikanums siehe: *G. Alberigo/Y. Congar/H. J. Pottmeyer* (Hrsg.), Kirche im Wandel, Düsseldorf 1982; *H. J. Pottmeyer/G. Alberigo/J.-J. Jossua* (Hrsg.), Die Rezeption des II. Vatikanischen Konzils, Düsseldorf 1986.

Weswegen das Konzil jedes „hierarchistische Mißverständnis der Hierarchie“[33] überwinde und sie prinzipiell als Institution des Volkes Gottes bestimme. Das Volk Gottes aber - nach Klinger „der allgemeinste Begriff von Kirche, den es gibt“ - ist Kirche als Aufgabe: „Die katholische Kirche ist *die* Kirche, da in ihr die Kirche Christi - als authentische Aufgabe - subsistiert.“[34] Die Offenbarungskonstitution aber ist dann für Klinger jener Ort, wo sich das Konzil Rechenschaft vom biblischen Charakter seiner Prinzipien gibt. In ihr erkläre es den eigenen dogmatisch-pastoralen Ansatz als „neue Form des Gegenwärtigseins der Offenbarung“[35].

Der dritte Argumentationsgang zur Stützung seiner Hauptthese von der Pastoralkonstitution als dogmatisch relevanter Glaubenskonstitution betrifft deren theologische Prinzipien, mithin ihren fundamentaltheologischen Modellcharakter. Klinger begreift die Frage nach der Zeitlichkeit des Glaubens als die „Grundfrage einer Fundamentaltheologie des Konzils.“[36] Unter - in dieser Kombination: originellem - Rückgriff auf M. Heidegger und Teile der analytischen Tradition (Whitehead, Frege) führt Klinger den Existenzbegriff ein, um mit seiner Hilfe die konstitutive Zeitlichkeit des Glaubensentwurfs des Konzils zu unterscheiden von geläufigen, „uneigentlichen“ Zeitauffassungen: so von jener der Traditionalisten, bei denen die Vergangenheit keine Zukunft besäße, jenem der Progressisten, deren Zukunft keine Vergangenheit habe und schließlich jenem der Bürokraten, in deren Gegenwart sich weder die Zukunft der Vergangenheit noch die Vergangenheit der Zukunft ereigne, weil die Gegenwart für Bürokraten eben nur ein Verwaltungszustand sei. „Existenz“ aber - so Klinger - „meint eine Zukunft, die in der Gegenwart gewonnen oder verloren wird; eine Vergangenheit, die sich in der Gegenwart für die Zukunft öffnet oder verschließt, sowie eine Gegenwart, die ihre Vergangenheit bewältigt und damit Zukunft eröffnet. Die Zeit des Glaubens ist die Zeit der Gewinnung solcher Existenz.“[37]

Damit wird deutlich, was Klingers Bemerkung, die Kirche in Deutschland könne sich zu keiner Option entschließen, in der pastoralen Praxis bedeutet: den weitgehenden Ausfall einer wirklich konkreten Rede von Gott. Die deutsche Kirche verkündet für Klinger „bestenfalls den Glauben generell, aber niemals den Glauben an die Berufung von irgendwem, und schon gar nicht an die Berufung des Armen.“ Sie müsse sich „daher entscheiden zwischen der Wahrheit des Glaubens selbst und ihrer eigenen interessensbestimmten, bürgerlich-politischen Ideologie. Findet sie bei dieser Entscheidung nicht zu ihrer eigenen Sache, nämlich zum Glauben an ihre eigenen Mitglieder und vorrangig die Armen, dann wird sie dafür mit der Unfähigkeit bestraft, den Glauben überhaupt zu verkünden.“[38]

---

33 *Klinger*, Armut, 126.
34 A.a.O., 133.
35 *Klinger*, Armut, 135.
36 A.a.O., 144.
37 A.a.O., 147f.
38 A.a.O., 74f.

Aber auch die wissenschaftliche Theologie zeigt sich vom Anspruch des Konzils, wie Klinger ihn sieht, außerordentlich herausgefordert. Denn aus dem Konzil folgt für sie eine neue und inhaltlich bestimmbare Aufgabe. Kirche insgesamt habe nun darzulegen, inwiefern der „Glaube den Plan Gottes von der Berufung des Menschen enthülle und einen Beitrag zur humanen Lösung weltlicher Probleme leiste“: der wissenschaftliche Diskurs der Theologie aber habe zu erklären, wie sie diesen Glauben versteht und zu begründen, warum sie ihn verteidige. Sie habe daher Standpunkte einzunehmen, Wirklichkeiten zu analysieren - und auch zu verändern.

Klingers Konzilsinterpretation wirft die zwei zentralen Fragen kirchlicher Konstitution in den Pluralitätszumutungen der Moderne und nach dem Auseinandertreten von wissenschaftlichem Diskurs und ekklesialer Realität auf. Denn Klinger fragt zum einen nach der Options-, mithin der Handlungsfähigkeit der christlichen Tradition in der Gegenwart, zum anderen nach den wissenschaftstheoretischen Grundlagen der Fundamentaltheologie, ja der systematischen Theologie überhaupt - und er stellt diese Fragen als Frage nach einer sachgerechten Hermeneutik des II. Vatikanischen Konzils.

Diese Fragen betreffen das Verständnis der Vergangenheit des Glaubens in den Urkunden seiner lehramtlichen Tradition, die Prinzipien seiner gegenwärtigen Konzeptualisierung angesichts der fundamentaltheologischen Grundsituation von Kirche in der Moderne sowie die Fähigkeit, seine Zukunftsfähigkeit über seine konkrete Problemlösungskapazität angesichts von Not und Elend zu erweisen.

Klingers These zu diesen Grundsatzfragen von Theologie und Kirche operiert formal mit ihrer gegenseitigen Integration. Er realisiert damit diskursiv jene Integration von Pastoral und Dogmatik, von nicht-diskursiver und diskursiver kirchlicher Realität, die er material als wesentliches Ergebnis des II. Vatikanums behauptet. Gerade damit formuliert Klinger einen echten Neuansatz der deutschen katholischen Theologie nach dem II. Vatikanum.

Um Klingers Anliegen mit einem seiner Zentralbegriffe zusammenzufassen: das Konzil ist für Klinger das Projekt, den Existenzgehalt der Begriffe der christlichen Tradition zu entdecken. Es eröffnet damit aber auch den Horizont, in dem die christliche Tradition interpretiert werden muß: dieser Horizont ist das Handeln der Kirche mit und für jene, mit denen sich Christus selbst identifiziert: die Armen und Marginalisierten. Kirche wird, so zeigt sich, options- und damit pluralismusfähig, wenn sie mit dem Konzil lernt, die eigene Tradition als Projekt Gottes zur Befreiung der Menschen, besonders der Armen, zu begreifen. Genau dies programmatisch herausgestellt und exemplarisch realisiert zu haben, stellt für Klinger den dogmatischen Fortschritt des Konzils dar.

Klingers Konzilsinterpretation ist eine Interpretation des Konzils auf der Basis von dessen Theologie - ist mithin strikt lehramtlich orientiert.[39] Sie wen-

---

[39] Da nun natürlich auch Klinger nicht aus dem hermeneutischen Zirkel herauskommt, steht auch seine Interpretation des Konzils, die sich auf dessen Theologie selbst als hermeneutischem Prinzip stützt, unter der Voraussetzung, daß diese Theologie in ihrem

det sich dezidiert gegen jeden „Historismus und Relativismus im Umgang mit den Standpunkten des Konzils".[40] Zentrum von Klingers Konzilsinterpretation ist dabei die Entdeckung von „Gaudium et spes" als Glaubenskonstitution mit dogmatischer Relevanz gerade in ihrer pastoralen Reformulierung der christlichen Tradition. Solch eine konsistente und kompakte Interpretation des Konzils ist ungewöhnlich. Deshalb soll Klingers Neuansatz mit jener Hermeneutik des Konzils konfrontiert werden, wie sie, gerade auch in ihrer pastoral wirksamen Rezeption, gängig ist. Dies macht es notwendig, noch einmal auf das Verhältnis der beiden vatikanischen Konzilien zurückzukommen.

Denn Interpretationen des II. Vatikanischen Konzils werden durchweg - versteckt oder offen - im Horizont seines Kontinuitäts- bzw. Diskontinuitätsverhältnisses zum I. Vatikanum entwickelt. Rein logisch ergeben sich dabei folgende Deutungsvarianten. Entweder man konstatiert einen signifikanten Traditionsbruch (I) zwischen den beiden vatikanischen Konzilien. Dann bleibt die Entscheidung, sich auf dies Basis des I. Vatikanums zu stellen, besagten Traditionsbruch zu beklagen und das II. Vatikanum als Abweichung von der auf dem I. Vatikanum („auf immer und ewig") definierten Tradition zu verurteilen: die ausdrückliche Argumentation Lefebvres und die weniger ausdrückliche mit ihm sympathisierender Kreise (Ia)[41]. Oder man kann sich auf die Grundlage des II. Vatikanums stellen, dann ebenfalls einen Traditionsbruch feststellen und das I. Vatikanum ausgrenzen: die weitverbreite Haltung im progressiv-katholischen Milieu (Ib).

Hauptvariante II bildet hingegen die Leugnung eines solchen Traditionsbruchs zwischen den vatikanischen Konzilien. Wieder gibt es zwei Untervarianten: denn entweder kann man das II. Vatikanum als etwas Neues überhaupt leugnen (IIa), was etwa der Haltung entspricht, es als letztlich für den Glauben belangloses Pastoralkonzil zu behandeln, oder man kann umgekehrt versuchen, das I. Vatikanum in seiner Relevanz und in seinen Texte dermaßen zu depotenzieren, daß es mit den Aussagen des II. Vatikanums kompatibel wird. Hier ist natürlich auch eine Kombination beider Untervarianten möglich.

In Konfrontation mit Klingers Interpretation zeigt sich nun aber zweierlei. Erstens: das Gemeinsame *aller* dieser vier Varianten ist die implizite Negation der legitimen Möglichkeit von wirklich Neuem in der Entwicklung des Lehramtes.[42] Denn entweder konstatiert man Differenzen der lehramtlichen Positionen der beiden Konzilien und entwertet dann einen der beiden historischen Orte, oder, wenn man das nicht will, man leugnet lehramtliche Aussageunterschiede und löst die unterschiedlichen Positionen ineinander auf. Damit aber zeigt sich zweitens: auch jene, welche grundsätzlich auf einer Verwirklichung des II. Vatikanums hoffen und an ihr arbeiten, akzeptieren offenkundig - be-

---

zentralen Prinzip korrekt erfaßt ist. Dies ist eine Tatsachenfrage. Klinger ist sich dessen bewußt, denn er betont, es ginge nicht um den Geist, sondern den Buchstaben des Konzils.

40 *Klinger*, Armut, 309.

41 Vgl. *Schifferle*, Das Ärgernis Lefebvre; *Beinert*, „Katholischer" Fundamentalismus.

42 Zur Problematik vgl. generell: *W. Löser/K. Lehmann/M. Lutz-Bachmann* (Hrsg.), Dogmengeschichte und katholische Theologie, Würzburg 1985.

wußt oder unbewußt - die hermeneutischen Interpretationsprinzipien ihrer Interpretationsopponenten.

Das Grundproblem des Lehramtes in der Moderne ist nun allerdings tatsächlich die Geschichtlichkeit der Feststellung des Glaubens: diese Geschichtlichkeit betrifft das Lehramt als Subjekt wie als Objekt. Denn das Lehramt der Moderne hat sich mit dem Problem der Geschichtlichkeit auseinanderzusetzen, insofern die Einsicht in die Geschichtlichkeit aller Instanzen geradezu die Moderne charakterisiert, was diese Moderne ja auch ebenso faszinierend wie bisweilen erschreckend dynamisiert. Diese Geschichtlichkeit betrifft aber eben auch das Lehramt selber, denn modern besitzt es Autorität nur als geschichtliche Autorität: das Lehramt besteht so in Trient im Traditionsbegriff auf dem geschichtlichen Index des Glaubens an die Offenbarung, im I. Vatikanum aber auf sich selbst als authentischer Instanz der Auslegung der Offenbarung in der Geschichte.

Nun ist es aber gerade hier mit dem Konstatieren nicht getan. Es bleibt Behauptung, wenn es nicht erwiesen wird. Die Rezeption des I. Vatikanums tendierte nun aber tatsächlich dahin, die Behauptung für den Ersatz des Erweises zu nehmen: dies übrigens hinsichtlich seiner beiden verabschiedeten Dokumente. Sowohl die Vereinbarkeit von Glaube und Vernunft wie die Authentizität der Auslegung der Offenbarung durch die Kirche wurden als gesichert erachtet, wenn man sie amtlich feststellte. Dies führte dazu, daß man deren amtliche Feststellung nicht als qualifiziertes Modell ihrer Feststellbarkeit überhaupt, sondern exklusiv begriff.

Genau diesen beiden Mißverständnissen - daß die Behauptung als Ersatz des Erweises genüge und hierarchische Vollzüge der Kirche ersatzweise für alle ihre Vollzüge zu nehmen seien - begegnet nun aber das II. Vatikanum. Es entwickelt einen Gesamtentwurf des Glaubens auf einer neuen Basis. Das II. Vatikanum füllt damit aus, was das I. Vatikanum offen läßt: die Prinzipien seiner Realisation jenseits von Autoritarismus und Iuridismus. Es gibt damit den Texten des I. Vatikanums einen völlig neuen Rahmen.

Das II. Vatikanum besteht auf der Partizipation jedes Christen an den Ämtern Christi und an seiner Teilhabe an der Heilssendung der Kirche; es besteht auch auf dem Aufgabencharakter des Christseins und damit auf dessen Existenz- und Prozeßhaftigkeit. Dieser neue Rahmen bestätigt das I. Vatikanum ebenso wie er es weiterentwickelt. Das Konzil ist deswegen ein Fortschritt in der Projektierung des Glaubens; ein entscheidender Fortschritt, denn es stellt zur Verfügung, was das I. Vatikanum forderte, aber letzlich selbst nicht leistete: einen Gesamtentwurf des Glaubens. Das II. Vatikanum ist daher nicht nur faktisch als die historisch jüngste lehramtliche Festlegung, sondern prinzipiell der Horizont zur Interpretation des I. Vatikanums. Denn gerade das Neue am II. Vatikanum ist die Basis, das I. Vatikanum ist seiner Bedeutung zu erschließen.

Es wäre deshalb gleich mehrfach fatal, das II. Vatikanum im Sinne der *Rezeption* des I. Vatikanums zu beurteilen - und von daher als irrelevant einzustufen. Diese „konservative" Interpretation nimmt ausgerechnet die mit dem II. Vatikanum überwundene Schwäche des I. Vatikanums, den Autoritarismus und Iuridismus seiner Rezeption,[43] zum Kriterium der Beurteilung des II. Vatikanums. Weswegen hier auch beharrlich die theologische Gewichtigkeit von „Gaudium et spes" gemindert werden muß; so, als ob die Formulierung der christlichen Zentralaussagen als Projektierungsbegriffe menschlicher Existenz die Entwertung dieser Begriffe bedeute, nicht die Eröffnung ihres Wertbereichs.

Aber eben auch jene Kritik am II. Vatikanum, welche es atmosphärisch im Fortschrittsoptimismus der 60er Jahre ansiedelt, thematisch als ekklesiozentrisch charakterisiert[44] oder auch die Zwiespältigkeit seiner Texte betont,[45] kann das Konzil nicht hinlänglich als konsistenten Fortschritt der lehramtlichen Formulierung der christlichen Tradition begreifen. Hier wird unter der Hand die minimalistische Intepretation der Konzilsminderheit des II. Vatikanums[46] akzeptiert und dadurch der dogmatische Charakter der pastoralen Orientierung des Konzils übersehen und so seine ekklesiale Wirksamkeit gefährdet.

Mit Klinger muß festgehalten werden: „Die Absicht des Konzils ist wirklich feststellbar. Es hat auf dem Boden einer ganzheitlichen Bestimmung von Dogmatik und Pastoral den Existenzgehalt des Glaubens erörtert. Diese Art der Zielsetzung ist neu. Das Konzil mißt den *Aussage*wert von *Aussagen* an ihrem Inhalt. Es stellt seine eigene Autorität in den Dienst dieser Wahrheit und stellt diese Wahrheit nicht umgekehrt in den Dienst seiner Autorität. Eine Behauptung wird nicht dadurch wahr, daß sie die Kirche bezeugt, sondern umgekehrt wird das Zeugnis der Kirche durch die Wahrheit seiner Behauptung wahr. Ihr Zeugnis bezieht aus dieser Wahrheit seine Autorität. Das Konzil beschreitet damit einen neuen Weg. Es vertritt neue Aussagen nicht herkömmlich, sondern herkömmliche Aussagen neu, denn es erörtert ihren Existenzgehalt."[47]

Klingers Leistung besteht darin, das II. Vatikanum von einem in ihm selbst identifizierbaren Zentrum aus, der Pastoralkonstitution „Gaudium et spes", konsequent interpretieren zu können. Über die ekklesiale Relevanz lehramtlicher Texte entscheidet zuletzt aber deren Rezeption.[48] Diese Feststellung ist

---

43 Dieser Fehler des I. Vatikanums - Iuridismus und Autoritarismus in seiner Rezeption - darf sich beim II. Vatikanum nicht wiederholen. Dies umso weniger, als dieser Rezeptionsfehler im atmosphärischen und personalen Tableau des I. Vatikanums natürlich überdeutlich präsent war, was auf dem II. Vatikanum aber gerade nicht der Fall ist.

44 Nachgerade klassisch finden sich diese (Vor)Urteile zusammengefaßt bei *H. Häring*, Die Entdeckung des offenen Freimutes, in: Publik-Forum v. 30.11.1990, 14f.

45 Wissenschaftlich differenziert und in der grundsätzlichen Option für eine umfassende Umsetzung des ekklesiologischen Fortschritts des II. Vatikanums dann doch unzweideutig: *H. J. Pottmeyer*, Die zwiespältige Ekklesiologie des Zweiten Vatikanums - Ursachen nachkonziliarer Konflikte, in: Trierer Theologische Zeitschrift 92(1983) 272-283.

46 Die Trennung von dogmatischen und pastoralen Aussagen stand denn auch schon auf dem Konzil im Mittelpunkt des Interesses etwa von Erzbischof Lefebvre; vgl. *G. Philips*, Die Geschichte der Dogmatischen Konstitution über die Kirche „Lumen gentium", in: Lexikon für Theologie und Kirche, Ergänzungsband I, Freiburg/Br.-Basel-Wien 1966, 139-155, 140. Man darf aber Lefebvre keinen späten Sieg gönnen.

47 *Klinger*, Armut, 270.

48 Vgl. dazu etwa: *A. Grillmeier*, Konzil und Rezeption, in: Theologie und Philosophie 45(1970) 321-352; *Y. Congar*, La „réception" comme réalité ecclésiologique, in: Revue des sciences philosophiques et théologiques 56(1972) 369-403; *W. Krämer*, Konsens und Rezeption. Verfassungsprinzipien der Kirche im Basler Konziliarismus, Münster 1980.

ebenso selbstverständlich, wie sie ahistorischem Denken befremdlich sein mag, weil sie eine Art „diachroner Demokratisierung“ des Magisteriums impliziert: sie ist dennoch historisch unbestreitbar.

Es wäre nun aber pastoral fatal, wenn ausgerechnet jene Texte der lehramtlichen Tradition in ihrer Rezeption verkümmern würden, die - kirchengeschichtlich durchaus exzeptionell - projektieren und nicht nur reagieren, die das Andere als die Provokation des Eigenen begreifen, und in diesem Anderen sich selbst zu finden. Denn in „Gaudium et spes“ begreift sich die Kirche zum erstenmal von jener Welt her, die sie umgibt. Mit ihrer Pastoralkonstitution bekennt sich die katholische Kirche zur Möglichkeit und zur Notwendigkeit, die Wahrheiten ihrer eigenen Tradition von der Situation und den Menschen eben dieser Welt her zu entdecken.

Sie formuliert damit das Programm einer zukunftsfähigen Kirche in der Moderne.

C. „PASTORALER AUTONOMISMUS“: ANALYSEN AUSGEWÄHLTER KIRCHLICHER ORTE[49]

Wie aber wurde dieses konziliare Programm in der deutschen Kirche umgesetzt? Im folgenden soll die These entfaltet werden, daß die deutsche Kirche auf dem Weg vom pastoralen Integralismus der Vergangenheit zur Kirche des Konzils gegenwärtig offenkundig im Stadium eines pastoral-professionellen Autonomismus möglichst klar abgesteckter und verteidigter Kompetenzen steckt, kirchliche Konstitution mithin gegenwärtig in einem seltsamen Übergangszustand stattfindet.

Nun ist jede Analyse kirchlicher Realität mit dem Problem konfrontiert, wie sich der normative ekklesiologische Diskurs und die kirchliche Realität vor Ort zueinander verhalten und wie dieses Verhältnis analytisch fruchtbar gemacht werden kann. Man kann von der Kirche auf mehreren Ebenen sprechen. Es ist notwendig, die Ebenen zu unterscheiden, um zu wissen, welche Reichweite die jeweiligen Aussagen zur Kirche besitzen.

Es soll daher hier vorgeschlagen werden, zwischen vier Ebenen des Diskurses über die Kirche zu unterscheiden: der Ebene der normativen Selbstaussagen, jener der aktuellen Selbstwahrnehmung, jener der Logik des institutionellen Systems und schließlich der Ebene der Subjekte. Man muß die normative Selbstaussage der Kirche über sich, ihre aktuelle Selbstwahrnehmung, ihre institutionelle Logik und die Selbsterfahrungen der kirchlichen Subjekte analytisch trennen, um sie überhaupt kontrolliert aufeinander beziehen zu können. Natürlich gibt es einen Zusammenhang zwischen diesen Ebenen, er ist zuletzt das zentrale Thema jeder Praktischen Theologie als Handlungswisssenschaft

---

49 Die folgenden Analysen zur pastoralen Wirklichkeit der bundesrepublikanischen Kirche beruhen nicht zuletzt auf seit 1986 regelmäßig gehaltenen Fortbildungsveranstaltungen mit hauptamtlichen pastoralen Mitarbeiterinnen und Mitarbeitern unterschiedlicher Berufsgruppen in verschiedenen deutschen Diözesen. Der Mitarbeit und Offenheit dieser Frauen und Männer im kirchlichen Dienst verdanken sie viel.

der Kirche Jesu in einem spezifischen gesellschaftlichen Kontext und wohl auch ihr zentrales Problem.[50]

Betrachtet man nun die beiden zuletzt genannten dieser Ebenen, also die Logik der Institution und die Selbsterfahrungen der Subjekte, so zeigt sich jenseits der normativen Selbstaussagen und der aktuellen Selbstwahrnehmung eine um so tiefergehende Individualisierung und Autonomisierung kirchlichen Handelns.

Kirchliches Handeln hat sich nach dem II. Weltkrieg in Deutschland stark professionalisiert. Die alte Pfarrerrolle wurde in ein Set von hauptamtlichen Berufen ausdifferenziert. In Schule und Jugendarbeit, in Caritas und Beratungsstellen, im Krankenhaus und in der Altenarbeit geschieht kirchliches Handeln durch eine große Zahl von kirchlichen Mitarbeitern. Die Logik dieser institutionellen Struktur ist auf professionalisiertes Handeln vor Ort hin angelegt und läßt sich daher auch nicht mehr unter priesterliche Dominanz und Kontrolle bringen.

Es stellt sich damit aber die Frage, wie dann noch der Zusammenhang kirchlichen Handelns überhaupt dargestellt werden kann. Denn de facto weiß man wenig bis nichts voneinander, beharrt auf seine Autonomie, und dies ja in gewisser Weise völlig zu Recht. Institutionell scheint weitgehend etwas zu herrschen, was man den „pastoralen Autonomismus" eifersüchtig abgeschirmter Einflußbereiche nennen kann. Die unterschiedlichen kirchlichen Handlungsfelder werden in der gegenwärtigen pastoralen Realität der deutschen Kirche nur sehr ungenügend im Sinne einer Gesamtpastoral wieder zusammengeführt.[51]

Betrachtet man die Logik der kirchlichen Institutionen, so zeigt sich, daß sich jenseits einer gewissen Einheitsrhetorik kirchliches Handeln gerade bei Hauptamtlichen um so tiefergehender individualisiert und autonomisiert hat. Dies hat Auswirkungen für die unterschiedlichsten kirchlichen Orte, vor allem für die dort tätigen pastoralen Mitarbeiter. Zum Belege sollen im Folgenden

---

50 Vgl. dazu die grundlegenden Sammelbände: *F. Klostermann/R. Zerfaß* (Hrsg.), Praktische Theologie heute, München/Mainz 1974 und *O. Fuchs* (Hrsg.), Theologie und Handeln, Düsseldorf 1984.

51 Das Problem wird von der Theologie zunehmend erkannt und einerseits pastoraltheologisch unter dem Stichwort „Kooperation zwischen den pastoralen Berufen" (vgl. jetzt etwa das gleichlautende Themenheft 3/97 von Diakonia), andererseits unter der systematisch-theologischen Problematik der Ämterfrage verhandelt. Der „pastorale Autonomismus" ist nun tatsächlich *auch* ein Kooperationsproblem und wirft natürlich auch gewichtige amtstheologische Fragen auf und im übrigen auch solche strikt fundamentaltheologischer Natur, etwa die Frage nach dem Zusammenhang von Praxis und Begriff in der konkreten Praxis jeweiliger Theologien. Kooperationsprobleme kann (und sollte) man tatsächlich mit besseren Organisations-, und Managementstrategien lösen, mindestens mildern und auch die Ämtertheologie ist erkenntnis- und damit entwicklungsoffen wie jedes menschliche Erkennen. Weder aber bessere Management-(und Mentalitäts-)strukturen, noch eine eventuell gewandelte Ämtertheologie allein würden garantieren, worum es gehen muß: die Entwicklung einer Gesamtpastoral der deutschen Kirche. Denn diese ist keine Frage des Managements oder der konkreten Ämterstruktur, sondern der Wahrnehmung der „Zeichen der Zeit" und der gemeinsamen Orientierung an den von ihnen geforderten Notwendigkeiten. Freilich: diese Wahrnehmung scheitert *auch* an den durch Managementdefizite und ungeklärten Ämterfragen belasteten Kommunikationsdefiziten innerhalb der Kirche.

vier Orte der bundesrepublikanischen Kirche exemplarisch betrachtet werden: der neue Beruf des „Pastoralreferenten“, die Situation der Priester, die Krise der für Deutschlands Kirche charakteristischen Verbandsstruktur sowie zuletzt die Plausibilitätskrise des Diskurses expliziter Verkündigung angesichts pluralisierter Lebensläufe.

1. Pastoralreferent/inn/en: Professionalisierung und Entklerikalisierung

Die deutsche katholische Kirche hat nach einer erstaunlich kurzen Phase der versuchten Milieurestauration in den 50er Jahren, ausgestattet mit gesamtkirchlich außergewöhnlich reichen finanziellen und personellen Ressourcen, auf die Legitimationskrise ihrer im 19. Jahrhundert entstandenen Sozialform - und zu deren Rettung - mit einer enormen Professionalisierung und vor allem Entklerikalisierung ihres Personalangebots reagiert. Der Beruf des Pastoralreferenten ist die letzte, die eskalierende und damit die dramatische Folge dieses Prozesses[52] und besitzt daher für diesen Prozeß eine hohe Signifikanz.

Unter Entklerikalisierung soll dabei der tendenzielle Abbau monopolistischer, primär in ihrem Status begründeter Entscheidungskompetenzen von Priestern verstanden werden.[53] Es ist einsichtig, daß Professionalisierung zwar

---

52 Einen Prozeß zunehmender Professionalisierung aller pastoralen Berufe beschreibt auch *G. Köhl*, Der Beruf des Pastoralreferenten, Freiburg/Schweiz 1987, 269-276. Schon vor einiger Zeit hat allerdings *Hartmut Heidenreich* die Professionalisierungskategorie mit Blick auf die in der kirchlichen Jugendarbeit Tätigen bemerkenswert problematisiert. Er bezeichnet sie als „Semi-professionals“, welche „sich u. a. durch eine diffuse Allzuständigkeit und geringe Spezialisierung“ auszeichneten und „qualitative Unterschiede ihrer Tätigkeit zu spontanem, alltäglichem, nichtprofessionellem 'laienhaftem' Handeln nicht plausibel machen“ (Mitarbeiter und „Personales Angebot“, in: M. Affolderbach/H. Steinkamp (Hrsg.), Kirchliche Jugendarbeit in Grundbegriffen, Düsseldorf-München 1985, 293-316, 299) könnten. Sie würden daher einerseits permanent mit dem Vorwurf mangelnden professionellen Kompetenzausweises (für welche Kompetenz sie ja schließlich bezahlt würden) konfrontiert, bekämen aber andererseits gerade ihren professionellen Status als kontraproduktiv für ihre Aufgabe vorgehalten. Sollen nicht auch Pastoralreferent/inn/en in dieses Dilemma stürzen, müssen sie ihre professionelle als eine diskursive Kompetenz begreifen (was ja auch ihre wissenschaftliche Ausbildung nahelegt), sei diese diskursive Kompetenz nun primär kognitiv-informativer oder kommunikativ-beratender Natur; die Verbindung beider als das Optimum natürlich eingeschlossen (zur Problematik generell: *H. Stenger* (Hrsg.), Eignung für die Berufe der Kirche, Freiburg/Br. 1988). Die Professionalisierung des Laien zum Laientheologen, von mir hier zuerst sehr formal als Übernahme einer hauptamtlichen Tätigkeit auf der Basis der theologischen Ausbildung verstanden, hat inhaltliche Konsequenzen: diese Professionalisierung pluralisiert und qualifiziert notwendig den theologischen Diskurs der Basis (ähnlich: *O. Fuchs*, Geistlicher Umgang mit Laientheologen, in: Diakonia 11(1980) 183-191, 186f). Der Diskurs der Gemeindemitglieder über ihre Praxis, die theologischen Themen und die theologische Wissenschaft scheint mir im übrigen ein offenkundig eher vernachlässigtes Gebiet der praktisch-theologischen Wissenschaft.

53 Diese Definition ist strikt soziologisch gefaßt. Theologisch wäre unter Entklerikalisierung die nicht nur appellative, sondern strukturelle und in der Regelung von Entscheidungsabläufen realisierte Einsicht in den Volk-Gottes-Charakter der Kirche zu verstehen. Eine klerikalisierte Kirche ist demgegenüber jene, deren pastorale Realität dem Gliederungsprinzip des I. und auch noch des II. Vorentwurfs von „Lumen gentium“ entspricht, wo das Volk Gottes mit den Laien identifiziert wurde, Priester damit aber gerade nicht zu ihm gehörten. Vgl. *Philips*, Die Geschichte der Dogmatischen Konstitution über die Kirche

nicht notwendig, wohl aber tendenziell Entklerikalisierung bewirkt. Man weitete den nicht-klerikalen Teil seines Personals bedeutend aus und besetzte viele Stellen mit hauptamtlich tätigen, zunehmend auch professionell qualifizierten und professionell entlohnten Personen. Es entstand so etwas wie ein „diakonisch-bürokratischer Komplex".[54]

Dieser Ausdruck ist analytisch, nicht denunziatorisch gemeint.[55] Er soll die für gegenwärtiges kirchliches diakonisches Handeln konstitutive strukturelle

---

„Lumen gentium", 139-142. Die wesentliche Einheit aller Christen vor deren Differenzierung ist unbezweifelbare Lehre des II. Vatikanums; sie gilt auch und gerade in der Gemeinde. Ob es möglich ist, die Ekklesiologie des II. Vatikanums auf der Basis des Communio-Begriffs umfassend zu entwickeln und von da aus die Frage des ekklesiologischen Ortes des „Laien im pastoralen Dienst" weiterführend anzugehen, wie das *B. J. Hilberath*, Zum ekklesiologischen Ort des „Laien im pastoralen Dienst", in: B. Fraling u.a. (Hrsg.), Kirche und Theologie im kulturellen Dialog (FS P. Hünermann), Freiburg/Br.-Basel-Wien 1994, 363-377, mit sicherlich gut konziliarer Intention versucht, scheint mir zumindest diskussionswürdig. Denn das „Volk Gottes geht der Gemeinschaft voraus und bildet sie. Es ist ihr oberster Maßstab und ihre grundlegende Perspektive." Das Konzil „geht nicht vom Gemeinschaftsgedanken aus, um zu erläutern, was die Kirche in der Pastoral zu leisten hat. Es bevorzugt den entgegengesetzten Weg. Es geht von der Pastoral aus, um zu erläutern, wer die Kirche ist, nämlich die Gemeinschaft ihrer Mitglieder, der Jünger und Jüngerinnen Christi, einer Gemeinschaft, die aus Menschen besteht und mit der ganzen Menschheit engstens verbunden ist" (*E. Klinger*, Kirchenbildung - die Aufgabe der Pastoral, in: Pastoraltheologische Informationen 11(1991) 203-212, 205). Vgl. dazu auch: *Fuchs*, Zwischen Wahrhaftigkeit und Macht. Pluralismus in der Kirche?, Frankfurt/Main 1990, 153-194 („Widersprüchliche Einheit in der 'communio',,). Die „Gemeinschaft, die der Kirche in Gott, *Christus* und dem Heiligen Geist gegeben ist, ist ihr zugleich aufgegeben. Sie ist eine eschatologische Größe; sie ist jetzt da und noch zu vollenden. Ohne diesen Prozeßcharakter verliert die Communio der Kirche die Innen-Außen-Konstellation, die mit *Gaudium et spes* einen strukturellen Ausdruck gefunden hat." (*Sander*, Zeichen der Zeit, 96)

54 Welcher auch als ökonomische Größe analysiert werden kann. Vgl. für den evangelischen Bereich: *A. Jäger*, Diakonie als christliches Unternehmen. Theologische Wirtschaftsethik im Kontext diakonischer Unternehmenspolitik, Gütersloh 1986. Einen ausgesprochen spannenden Versuch der Weiterentwicklung diakonischer Strukturen in Kombination von (pastoral-)theologischen und ökonomischen Ansätzen sowie von Erkenntnissen moderner Managementmethoden stellt das Projekt „Führung und Organisationsentwicklung in den Krankenhäusern der Marienhaus GmbH" dar. Vgl. dazu: *M. I. Schmitt/N. Hinkel* (Hrsg.), Betroffene beteiligen. Prozesse der Organisations- und Kulturentwicklung in den Franziskanerinnen von Waldbreitbach, Waldbreitbach o. J.

55 Schon gar nicht soll jener Meinung Vorschub geleistet werden, wie sie etwa *Robert Spaemann* paradigmatisch vertritt. Dieser sagte zu den sozialen Aktivitäten der Kirchen: „Ich glaube, die Kirche übernimmt sich hier seit langem. Sie betreibt soziale Institutionen mit Kräften, die gar nicht mehr die ihren sind. Es sind Dienstleistungen, die jeder andere übernehmen könnte. Sie verzehrt sich dabei, sie verbraucht wertvolle Kräfte, ohne daß das irgendetwas bedeutet." (Diskussion über Staatskirchensystem, Trennungssystem und Rolle der Kirchen, in: P. Koslowski (Hrsg.), Die religiöse Dimension der Gesellschaft, Tübingen 1985, 151-158, 157). - Die theologische Ungeklärtheit der Zuordnung der diakonischen Institutionen der Kirche zur Gemeindestruktur provoziert allerdings solche Grobargumentationen. Vgl. zur ekklesiologischen und ekklesialen Relevanz der Diakonie neben *Fuchs*, Heilen und befreien auch: *Ders.*, „Umstürzlerische" Bemerkungen zur Option der Diakonie hierzulande, in: Deutscher Caritasverband (Hrsg.), Caritas 85 (Jahrbuch), Freiburg/Br. 1984, 18-40; die gegenwärtige pastoraltheologische Diskussionslage findet sich nun ausführlich dargestellt bei: *H. Haslinger*, Diakonie zwischen Mensch, Kirche und Gesellschaft. Eine praktisch-theologische Untersuchung der diakonischen Praxis unter dem Kriterium des Subjektseins des Menschen, Würzburg 1996. - Man wird mit *R. Zerfaß* feststellen müssen, „daß die organisierte kirchliche Caritas in Deutschland in einen Zustand geraten ist, der krisenhafte Züge trägt" und daß zu diesem Zustand „auch das Scheitern aller bisherigen

Vernetztheit mit außerkirchlichen Institutionen verdeutlichen, wie auch eine gewisse (neue) Unübersichtlichkeit benennen.[56] Diese Vernetzung etwa des kirchlichen diakonischen Handelns mit außerkirchlichen Institutionen ist angesichts der Geschichte des deutschen Katholizismus seit der Säkularisation einigermaßen erstaunlich. Diese Antwort auf die Entwicklungen der deutschen Nachkriegsgesellschaft ließ die christlichen Gemeinden allerdings weitgehend unverändert: das macht sie ekklesiologisch so spannend.

Die deutsche katholische Kirche beschäftigt ungleich mehr Frauen und Männer im sozial-caritativen Bereich als etwa Priester.[57] Zudem unterhält sie ein enormes theologisches, aber auch humanwissenschaftliches Aus- und Weiterbildungssystem von durchaus beeindruckender Leistungsfähigkeit. Die Ausgliederung der Diakonie aus der Gemeinde im Zuge der Professionalisierung des kirchlichen diakonischen Handelns folgte dabei der generellen Linie einer funktionalen Differenzierung ehemals integrierter gesellschaftlicher Handlungsbereiche. Diese Ausgliederung zeigt sich so als konformes Reaktionsmuster der Kirche in einer sich endgültig modernisierenden Gesellschaft.

Doch war dies eine ausgesprochen konservative Modernisierung. Sie war Modernisierung, insofern man der Ausdifferenzierung der Gesellschaft durch gezielte Professionalisierung und institutionelle Expansion folgte und damit zugleich die unhaltbar gewordene gesellschaftliche Isolierung in einem unmittelbar konsensfähigen Bereich aufbrach; konservativ war diese Modernisierungsaktion, da sie es ermöglichte, die als kirchlichen Kernbereich definierte Gemeindeebene unberührt zu lassen.[58]

Versuche zu rechnen ist, einen Ausweg zu finden. Der deutscheste darunter ist der Versuch, die Kluft zwischen Pastoral und Caritas dadurch zu überwinden, daß zwischen Pfarrbüro und dem Caritasbüro ein neues Büro eingerichtet wird mit der Aufgabe, die beiden anderen zu koordinieren." (Organisierte Caritas als Herausforderung an eine nachkonziliare Theologie, in: E. Schulz/H. Brosseder/H. Wahl (Hrsg.), Den Menschen nachgehen, (FS Schilling), St. Ottilien 1987, 321-348, 338). Zur „Leitbilddiskussion" des Caritasverbandes siehe: *Deutscher Caritasverband* (Hrsg.), Zeit für ein Leitbild, Freiburg/Br. 1994; siehe jetzt auch die (u.a. historisch) weit ausgreifende Arbeit: *M. Lehner,* Caritas. Die soziale Arbeit der Kirche. Eine Theoriegeschichte, Freiburg/Br. 1997.

56 *Zerfaß* spricht in diesem Zusammenhang vom „Wohlfahrtskonzern" (Organisierte Caritas, 328).

57 Vgl. *H. H. Bühler*, Die katholischen sozialen Einrichtungen der Caritas in der Bundesrepublik Deutschland, in: Deutscher Caritasverband (Hrsg.), Caritas 86 (Jahrbuch), Freiburg/Br. 1985, 66-75, sowie *Zerfaß*, Organisierte Caritas, 335.

58 Zur theologischen Problematik dieser Entwicklung, insofern mit ihr die Spannung zwischen Koinonia (als der Gemeinschaft der Gläubigen) und Diakonie (als dem diese Gemeinschaft immer wieder entgrenzenden Dienst an den Leidenden) im realen Gemeindevollzug allzu schnell aufgelöst wird, siehe: *O. Fuchs*, Kirche für andere. Identität der Kirche durch Diakonie, in: Concilium 24(1988) 281-289, speziell 283-287. Ein Modell der Zuordnung der Grundvollzüge der christlichen Gemeinde (Martyria, Diakonia, Koinonia und Liturgia), welches die ersteren beiden den anderen vorordnet, da „Liturgie und Gemeinschaftsbildung... immer nur dann authentisch christlich (sind), wenn sie tatsächlich die Botschaft von der Liebe Gottes in Wort und Sakrament bzw. seine diakonale Präsenz unter den Gemeinschaft- und Gesellschaftsformen der Menschen zu Geltung bringen", entwickelt Ottmar Fuchs in *Ders.*, Ämter für eine Kirche der Zukunft, Luzern 1993, 33-42, 34; ähnlich, ja radikaler noch *Stefan Knobloch*, der „in der Diakonie ... das *Prinzip* aller Gemeindegrundvollzüge" sieht, „in der Koinonia die *Matrix*, in der die Diakonie zu ihrer Reife kommt." (*Knobloch*, Praktische Theologie, 339). Einen umfassenden und normativen Begriff der „Koinonia" als „praktisch-theologischen Grundbegriff", „mit dessen Hilfe sich

Der beschriebene Prozeß geschah somit nicht an und in den Gemeinden, sondern sorgfältig an ihnen vorbei. Nichts belegt diese These nachdrücklicher als ihre Ausnahme: der Berufsstand des Pastoralreferent/inn/en. Nicht ganz zufällig erst am Schluß dieser Entwicklung eingeführt, als es schon lange hauptamtliche Laien im caritativ-sozialen Bereich, in der kirchlichen Verwaltung und auch schon in Schule und Katechese gab, trugen Pastoralreferent/inn/en Entklerikalisierung und Professionalität, also Laienkompetenz, in die Gemeinden selbst[59]. Wenn nicht alles täuscht, ist seitens der Pastoralreferent/inn/en nun aber ein deutlicher Trend weg aus dem stets mit dem Makel der strukturellen Inferiorität belasteten Gemeindedienst hin zur Kategorialseelsorge zu beobachten, wo Eigenverantwortlichkeit eher zu realisieren zu sein scheint, man weniger angewiesen ist auf die Kooperationsfähigkeit eines permanent letztzuständigen priesterlichen Gemeindeleiters.[60]

Die kirchliche Praxis reagierte damit auf die Auflösung des geschlossenen katholischen Milieus strukturell nicht unähnlich, wie es der theologische Diskurs schon bedeutend früher getan hatte, als er sich zunehmend seines gesellschaftlichen Diskurskontrollmonopols beraubt sah und seinerseits in den kritischen Horizont der modernen Wissenschaften geriet. Da der theologische Diskurs durch den Wahrheitsbegriff prinzipiell in eine kommunikative Gemeinschaft mit den modernen Wissenschaften hineingezwungen ist, wurde es für ihn allerdings schon sehr viel früher nicht mehr länger möglich, sich rein soziologisch über Immunisierungsstrategien abzuschirmen. Er entwickelte daraufhin theologische Teildiskurse, in welchen moderne Methodenrationalität zunehmend und zunehmend selbstverständlich übernommen wurde, handelte sich

---

Gemeindebildungsprozesse identifizieren und kritisch begleiten lassen" (15) entwirft dagegen: *U. Kuhnke*, Koinonia. Zur theologischen Rekonstruktion der Identität christlicher Gemeinde, Düsseldorf 1992. Kuhnke postuliert „Gratuität", „Reziprozität", „Solidarität" und „Funktionalität", worunter er u.a. das „diakonisch-politische Engagment" (323) versteht, als die zentralen Merkmale des Koinonia-Bgriffs (vgl. 311-326) und verortet - in Anschluß an J. Habermas - die Gemeinde „an der Schnittfläche von System und Lebenswelt" (16). - Das Problem aller wechselseitigen Zuordnungs- und Definitionsversuche gemeindlicher Vollzüge dürfte darin liegen, daß sie, nimmt man sie normativ und daher idealtypisch, *grundsätzlich wechselseitig integrierbar* sein müßten: denn „Innen" und „Außen" verhalten sich in der pastoralen Konzeption von „Gaudium et spes" nicht alternativ, sondern wertbereichserweiternd und fungieren als wechselseitiges Entdeckungsprinzip. Die religionssoziologisch erhebbare Situation der Gegenwart (siehe I, Anm. 3) legt es allerdings tatsächlich nahe, die euphorische Aufnahme des Gemeindebegriffs in den 70er und (teilweise noch) 80er Jahren (vgl. exemplarisch *P. Weß*, Gemeindekirche - Ort des Glaubens, Graz 1989) stark zu relativieren. Zur neueren pastoraltheologischen Diskussion über Wirklichkeit und Konzept katholischer Gemeinden siehe: *Knobloch*, Praktische Theologie, 263-363 sowie jetzt: *A. Schifferle* (Hrsg.), Pfarrei in der Postmoderne? Gemeindebildung in nachchristlicher Zeit, Freiburg/Br. 1997.

59 Zur Situation, wie sie sich bis Ende der 70-er Jahre entwickelt hatte, siehe: *M. Gartmann*, „Laien"-Theologen in der Gemeindepastoral, Düsseldorf 1981.

60 Eine Bewegung, die auch den Intentionen der Kirchenleitungen entspricht und strukturell impliziert ist. Vgl. das *Rahmenstatut für Pastoralreferenten/Pastoralreferentinnen in den Bistümern der Bundesrepublik Deutschland* vom 10.3.1987, wo es unter Abschnitt 2 (Berufliche Aufgabenbereiche) heißt: „Die spezifische Aufgabe des Pastoralreferenten/der Pastoralreferentin ist die eigenverantwortliche Übernahme einzelner pastoraler Sachgebiete. Die dieser Aufgabe entsprechende Einsatzebene ist der Pfarrverband bzw. die größere Seelsorgseinheit". Zur konkreten Berufssituation siehe: *Köhl*, Der Beruf des Pastoralreferenten, 233-259.

damit aber das Problem des Zusammenhangs dieser vom ursprünglichen (dogmatischen) Binnendiskurs emanzipierten theologischen Teildiskurse untereinander und mit dem weit weniger transformierten dogmatischen Binnendiskurs ein.[61]

Vieles spricht dafür, daß solch eine Art versteckter interner Grunddivergenz, welche ein einstmals über Außenkonflikte realisiertes Problempotential nach innen verlagert, dieses damit scheinbar entdramatisiert, in Wirklichkeit aber nach einer gewissen Latenzzeit nur um so eruptiver - und vor allem: unerwarteter - eskalieren läßt, auch in der gegenwärtigen pastoralen Grundsituation vorliegt. Das Problempotential eskaliert nun aber just dort, wo die Grundregeln des (Differenzierungs-)Spiels verletzt wurden: beim Beruf des Pastoralreferent/inn/en. Denn dieser professionalisiert und entklerikalisiert Gemeindestrukturen.[62]

So wie eine dringend notwendige neue Einheit der Theologie nicht als Heimholung der in moderne Methodenrationalität „entlaufenen" nicht-dogmatischen theologischen Teildiskurse in den einen dogmatischen Binnendiskurs geschehen kann, ohne daß dieser sich entscheidend transformiert, so kann nun aber auch eine neue pastorale Gesamtstruktur nicht mittels der Reintegration „entlaufener" Laienkompetenz in eine reklerikalisierte Kirche erfolgen. Daß diese kleruszentrierte Sozialform von Kirche im Kontext einer entfalteten Moderne gerade nicht mehr leistet, was sie zu ihren besten Zeiten zu leisten im Stande war (die Integration und Plausibilisierung des katholischen Glaubens zu Zeitn des „Dispositivs der Dauer"), hatte gerade zur Ausdifferenzierung der kirchlichen Berufsstruktur und schließlich zur Herausbildung von theologischer Laienkompetenz geführt.

---

61 Eine spezifische Transformation allerdings hat auch der dogmatische theologische Diskurs mitgemacht: seine weitgehende Historisierung. Diese Problematik betrifft wesentlich auch die Praktische Theologie. Denn sie entsteht als etablierter Teildiskurs der Theologie in einer Plausibilitätskrise des dogmatischen Diskurses. Der Zusammenhang mit diesem blieb - wie auch bei den anderen sich separierenden theologischen Teildiskursen - letztlich ungeklärt. Konflikteskalationen entstehen im übrigen zwangsläufig exakt dort, wo die innertheologischen Plausibilitätsspannungen noch nicht durch innertheologische Diskursseparierung in die Latenz gedrückt wurden, man diese vielmehr (durchaus problembewußt) thematisierte - und meinte, sie durch massive Diskurslenkung vermeiden zu können: wie etwa im Widerstand des Lehramts gegen die historisch-kritische Methode bis 1943. Solche Konflikteskalation entsteht aber auch da, wo, wie etwa bei E. Drewermann, die innertheologische und innerkirchliche Isoliertheit eines theologischen Teildiskurses nicht mehr länger akzeptiert wird und man, mit wie immer tauglichen, jedenfalls aber innovativen Strategien versucht, diese Isolation aufzubrechen.

62 Einen Überblick über das Profil der verschiedenen pastoralen Berufe von Laien gibt: *Köhl*, Der Beruf des Pastoralreferenten, 88-158 (einschließlich historischer Formen); Zur Entwicklungsgeschichte des Berufs des Pastoralreferenten in der Kirche der Bundesrepublik siehe: *Ch. Kohl*, Amtsträger oder Laie? Die Diskussion um den ekklesiologischen Ort der Pastoralreferenten und Gemeindereferenten, Frankfurt/M. u. a. 1987, 2-11; *Köhl*, Der Beruf des Pastoralreferenten, 190-217. Dieser ist nach Kohl „nicht das Ergebnis einer gezielten Planung", sondern sei „mehr aus dem Augenblick geboren worden" (6). Eine einfühlsame Beschreibung der aktuellen Situation bei: *H. Heinz*, Korrekturen an einem jungen Berufsbild. Perspektiven für Gemeinde- und Pastoralreferenten, in: Stimmen der Zeit 214(1996) 16-26.

Hinter den Entklerikalisierungs- und Professionalisierungsprozessen der deutschen Kirche nach dem II. Weltkrieg steckte zudem offenkundig kein pastorales Gesamtkonzept, das wesentlich über das Reagieren auf konkrete Herausforderungen nach Mustern hinausginge, wie sie die moderne Gesellschaft selbst zur Verfügung stellt.[63] Eins aber dürfte unbezweifelbar sein: die gemeindlichen Strukturen, die hohe Priesterzentriertheit der Entscheidungsabläufe, die bestenfalls subsidiäre Rolle der Laien, all dies wurde in den (nun zunehmend) außergemeindlich organisierten Handlungsfeldern der Kirche (Diakonie, Religionsunterricht, Entwicklungshilfe) bedeutend entschlossener minimiert, denn in der Gemeinde selbst.[64]

Dies signalisiert einerseits die enorme Resistenz des katholischen Gemeindemilieus gegen strukturelle und nicht nur atmosphärische Veränderungen, gleichzeitig aber die ebenso enorme und nicht zu unterschätzende Modernisierungsfähigkeit der übergemeindlichen kirchlichen Strukturen. Dies signalisiert aber auch, daß Professionalisierung und Entklerikalisierung exakt dort nicht betrieben wurden, wo immer noch die überwiegende Mehrzahl der Menschen Kirche erlebt, vor allem aber Kirche als solche identifiziert und qualifiziert: in der Gemeinde.

Für Pastoralreferent/inn/en bedeutet diese Situation im übrigen eine schwere personale Belastung. Akzeptiert man die - meist unterbewußte, jedenfalls fast immer geleugnete - Erfolgsmessung anhand der Zahlen und Aktivitäten der Kerngemeinde, bleibt den Pastoralreferent/inn/en nur das psychologische Dilemma, entweder mit dem Priester im Handlungsfeld „Kerngemeinde" zu konkurrieren und auf Grund von dessen kirchenrechtlich exklusiver sakraler Kompetenz permanent zu verlieren, oder sich denen an den „Hecken und Zäunen" als einer vernachlässigten Zielgruppe zu widmen. Sie werden dann aber nur wenig „Vorzeigbares" im Sinne der Kerngemeinde vorweisen können; sofern sie es überhaupt als ihre Aufgabe sehen, jene Fernstehenden in die (bestehende) Kerngemeinde hinein zu sozialisieren.[65]

Die offenkundig auftretenden Probleme der Konfliktbewältigung zwischen den hauptamtlich (als Laien oder Priester) in der Pastoral Tätigen weisen auf ein unaufgearbeitetes Pluralitätsproblem. Dieses Pluralitätsproblem ist aber gerade keines der Hauptamtlichen, diese transportieren es nur in den professionellen Bereich der Kirche. Es ist vielmehr das Grundproblem christlicher

---

[63] *Zerfaß* weist in diesem Zusammenhang zu Recht - und ernüchternd - auf die bundesrepublikanische Sozialgesetzgebung hin, deren „Förderungsschlüssel" von 80-90% zu „einer explosionsartigen Vermehrung der kirchlichen Einrichtungen und ihres Personals nach dem Motto: 'Bevor ‘andern‘- die ‘Evangelischen‘, die ‘Arbeiterwohlfahrt‘ usw. - das Altenheim bauen, machen wir das!'„ geführt habe (Organisierte Caritas, 328).

[64] Dem widerspricht auch nicht die Einführung des Laiengremiums Pfarrgemeinderat. Dieser hat konstitutionell nur äußerst eingeschränkte Mitentscheidungsrechte, wie sie hingegen die Kirchenverwaltungen ganz selbstverständlich - als Nachwirkung der staatskirchenrechtlichen Regelungen des Kulturkampfes - auf finanziellem Gebiet haben. Zur rechtlichen Situation des Laien im CIC 1983 siehe: *R. Weigand*, Zur Stellung des Laien im neuen Kirchenrecht, in: E. Klinger/R. Zerfaß (Hrsg.), Die Kirche der Laien, Würzburg 1987, 145-155, speziell 151-154).

[65] Vgl. dazu *A. Kaupp*, Selbstbild und Fremdbild des Berufs Pastoralreferent/in, in: Katechetische Blätter 117(1992) 833-837.

Gemeinden in pluraler Gesellschaft. Während es die Kirche über ihren aus- (und hinaus-) differenzierten „diakonisch-bürokratischen Komplex" schaffte, in sehr vielen gesellschaftlichen Milieus präsent zu bleiben, erweiterte sich nur unwesentlich ihr internes Pluralitätsspektrum, verstanden als die Bandbreite innergemeindlich artikulierbarer und thematisierbarer Lebensgeschichten, blieben die Gemeinden tendenziell nach dem Muster einer homogenisierenden, nicht einer kreativ differenzierten und kommunikativen „Sammlung um den Altar" strukturiert.

Der und die ausgebildete, kommunikativ kompetente und professionell tätige Laientheologe/in aktualisiert das ansonsten in der Latenz gehaltene oder durch stillen Auszug entschärfte Pluralitätsproblem christlicher Gemeinden in einer modernisierten Gesellschaft.[66] Dies erklärt seine partiellen Rezeptionsprobleme auch in den Gemeinden selbst. Denn der und die Laientheologe/in bringt, so er/sie sein und ihr Amt ernst nimmt, jene Pluralitätskonflikte zum Ausbruch, deren Latenzhaltung Positionsklärung nicht nötig werden läßt. Dies zeigt sich etwa dort, wo eine Pastoralreferentin durch ihr Frausein an exponierter, vor allem aber auch kultnaher Stelle uneingestandene Affinitäten von spezifischer Religiosität und Sexismus (übrigens bei Männern und Frauen) zum Vorschein bringt und damit schlicht durch ihre Existenz thematisiert.[67]

---

66 Signifikanterweise sieht das *Rahmenstatut für Pastoralreferenten/referentinnen in den Bistümern der Bundesrepublik Deutschland*, in: Rahmenstatuten und - ordnungen für Gemeinde- und Pastoralreferenten/Pastoralreferentinnen vom 10.3.1987, hrsg. vom Sekretariat der Deutschen Bischofskonferenz, Bonn o. J. (1987), 33-40, als „spezifische Aufgabe des Pastoralreferenten/der Pastoralreferentin ... die eigenverantwortliche Übernahme einzelner pastoraler Sachgebiete" (34) vor. Die „dieser Aufgabe entsprechende Einsatzebene" sei „der Pfarrverband bzw. die größere Seelsorgeeinheit." (ebda.) Ähnlich grenzt auch der Beschluß der Deutschen Bischofskonferenz „*Der pastorale Dienst in der Pfarrgemeinde*" vom 28.9.1995 die Aufgabenbereiche der Pastoralreferentinnen und Pastoralreferenten ab: sie seien „verantwortlich für die Seelsorge in kategorialen Seelsorgsbereichen (z.B. Schule, Krankenhaus, Gefängnis, caritative Einrichtungen etc.) oder Fachreferenten zur theologischen und methodischen Ausbildung und Begleitung von ehrenamtlichen Diensten. Diese Aufgabe nehmen sie in der Regel auf Pfarrverbands- und Dekanantsebene wahr und sorgen so für die konzeptionelle Erarbeitung und fachliche Begleitung vor allem pfarrübergreifender Seelsorgsaufgaben" (14). Demgegenüber stellt *Heinz*, Korrekturen an einem jungen Berufsbild, 21, zu Recht fest, daß zwar „in manchen Diözesen die Hälfte der PR in kategorialen Diensten und auf überpfarrlicher Ebene tätig" seien, in anderen aber „ein überwiegender Einsatz auf Pfarrebene fest(zu)stellen" sei.

67 Literaturhinweise zur Problematik von Pastoralreferent*innen* bei *Köhl*, Der Beruf des Pastoralreferenten, 238f. Die kürzlich für Österreich durchgeführte empirische Studie *Ch. Friesl* (Hrsg.), Christsein als Beruf. Chancen und Problemfelder theologischer Karrieren, Innsbruck 1996, belegt denn auch die Geschlechterproblematik als eines der beiden zentralen Konlikt- und Problemfelder (neben dem Priester-Laien-Verhältnis) hauptamtlich tätiger Laien im pastoralen Dienst; allzu überraschend wird man dieses Ergebnis allerdings nicht nennen können. Zur Diskussion der Ergebnisse siehe: *Ders.*, (Hrsg.), Christsein als Beruf. Neue Perspektiven für theologische Karrieren, Innsbruck 1996. Ansonsten überrascht positiv die doch relativ hohe Berufszufriedenheit der Theolog/inn/en im kirchlichen Dienst.

2. Priester: Identitätsprobleme nach dem Verlust des Konkretionsmonopols

Das bislang Ausgeführte legt die Vermutung nahe, daß auch die Stellung des (Pfarr-)Priesters durch die Entwicklungen der nachkonziliaren Kirche und die Auflösung des kirchenkonstituierenden „Dispositivs der Dauer" nicht unberührt blieb. Denn als sich die katholische Kirche Mitte des 19. Jahrhunderts zu einem geschlossenen Raum innerhalb der nunmehr zunehmend unchristlichen Gesellschaft verdichtete, da beruhte dieses Projekt einer konservativen kirchlichen Zentralisierung inmitten einer liberalen Gesellschaft wesentlich - wie vor allem Karl Gabriel einsichtig machen konnte[68] - auf drei Elementen. Neben dem alle Lebensbereiche umfassenden Netz von Sozialbeziehungen auf konfessioneller Basis schuf sich die Kirche zweitens eine flächendeckende innerkirchliche Bürokratie.[69] Diese Bürokratie aber wurde personell von geweihten Priestern besetzt. Der Zusammenbruch dieses kirchlichen Konstitutionssystems betraf deswegen auch gerade den Priester.

Zumal der Priester im „Dispositiv der Dauer" nicht nur - etwa im Unterschied zur feudalen Kirche der Vormoderne - exklusiv die realen Machtpositionen besetzte, sondern er quasi gegenläufig gleichzeitig auch zum religiösen Garanten der Sicherheit und Unveränderlichkeit des Glaubens wurde, was u.a. mittels seiner tendenziellen Sakralisierung geschah. Während die innerkirchlichen Handlungsabläufe bürokratisiert wurden, wurde gleichzeitig die priesterlich-hierarchische Struktur der Kirche sakralisiert. Erst jetzt, im 19. Jahrhundert, als Staat und bürgerliche Gesellschaft auf breiter Front begannen, sich dem kirchlichen Deutungsmonopol von Welt zu entziehen, entwickelt die Kirche eine voll ausgefaltete Theorie ihrer selbst. Diese aber ist jetzt wesentlich eine Theorie ihrer priesterlichen Hierarchie. Denn sie wird in einer Zeit der Glaubensunsicherheit zum privilegierten Garanten der Sicherheit des Glaubens. Auf der Gemeindeebene zeigte sich dies im Programm einer „Sammlung um den Altar". Biedermeierlich unter der Familien-Metapher als Pfarrfamilie romantisiert wird die Gemeinde zum Versicherungsraum katholischer Identität inmitten liberaler Freisetzung religiöser Bindungen. Zentrum dieses religiösen Verdichtungsraumes aber war der Priester.

Auch die Gesamtkirche wird jetzt streng hierarchisch konzipiert. Organisatorisches Rückgrat dieser vereinheitlichten Kirche wird die Priesterschaft. Deren Sozialprestige wächst ins kirchengeschichtlich Einmalige. Dies betrifft die Spitze wie die Basis der priesterlichen Hierarchie. Auch der einfache Pfarrpriester wird zu einer quasi-sakralen Instanz: die deftige Klerikerkritik des Mittelalters und noch der Frühneuzeit tritt zurück hinter der zunehmenden verbalen und realen Unberührbarkeit auch des Pfarrpriesters.

---

68 Vgl. *Gabriel*, Die neuzeitliche Gesellschaftsentwicklung und der Katholizismus als Sozialform der Christentumsgeschichte.

69 Der Vorgang findet sich prägnant beschrieben bei: *Ebertz*, Die Bürokratisierung der katholischen „Priesterkirche".

Unübersehbar ist dabei die merkwürdige Doppelrolle der priesterlichen Hierarchie in diesem Kirchenmodell. Einerseits bildet sie das Rückgrat einer hochmodernen, zentralistischen Organisationsstruktur, andererseits dient sie dazu, einen vormodernen Mentalitätsraum zu stabilisieren. Als rational organisierter Verwaltungsapparat ist diese streng hierarchisierte Struktur auf der Höhe der Zeit. Sie hat nun aber nicht nur die Errichtung eines vor-modernen katholischen Milieus zum Ziel, sondern sie ist auch selbst über vor-moderne ständische Kriterien definiert.

Denn der priesterliche Stand ist soziologisch durch eine doppelte Ausschlußprozedur gekennzeichnet. Durch den Ausschluß des Leistungsprinzips als alleinigem Aufstiegskriterium und der Verweigerung der grundsätzlichen Zugänglichkeit aller Ämter für alle. Solche Ausschlußprozeduren aber sind in der modernen Gesellschaft unüblich und daher überaus begründungsbedürftig. Die moderne Gesellschaft verdankt nicht unwesentlich ihre Dynamik gerade der tendenziellen Abschaffung aller nicht leistungslegitimierten Differenzierungskriterien.

Der priesterliche Mann wird zudem persönlich zur Einhaltung einer spezifischen Standesethik angehalten. Deren zentrales äußeres Element ist der Verzicht auf Ehe und Familie. Hinzu kommt - auch dies war ein übliches ständisches Unterscheidungsmerkmal - das Tragen spezifischer Farben und Embleme der Kleidung. Innere Elemente dieser Standesethik sind - zumindest seit der Individualisierung des Priesterbildes in der frühen Neuzeit - persönliche Frömmigkeit, Einfühlungsvermögen, Sanftmut, Demut, und diskrete Führungsqualität.[70]

Dieses zentralistische Kirchenkonzept entlastet den einzelnen vom steigenden Problemdruck, wie die christliche Botschaft in einer zunehmend plural und also verwirrenden Welt zu konkretisieren sei. In ausgesprochen detailgenauen Verhaltensnormierungen und in bürokratischen Verwaltungsstrukturen wurde das, was es konkret heißen sollte, Christ zu sein, zentral vorgegeben und geregelt. Gleichzeitig wurde dem einzelnen aber ein weites Feld sehr gefühls- und damit subjektbezogener Volksfrömmigkeit eröffnet. Personeller Träger beider Zugriffe auf den einzelnen aber war der Priester, exklusiver Vermittlungsweg beider Zugriffe somit die priesterliche Hierarchie.

In den Hochzeiten des „katholischen Milieus“ besaß der Priester somit ein weitgehendes Monopol auf die Definition dessen, was eine christliche, und das hieß damals selbstverständlich katholische Biographie ist. Es war fester Bestandteil des „Dispositivs der Dauer“, seine sakrale Legitimität wurde selbst als überzeitlich, personenunabhängig und tranzendent gedacht.

Das Ende des kirchenkonstituierenden „Dispositivs der Dauer“ hat damit aber einschneidende Wirkungen auf die priesterlichen Hierarchiestrukturen der Kirche. Sie können nämlich nun nicht mehr leisten, was sie geleistet haben. Wenn die stillstellenden Mauern des katholischen Milieus wegbrechen, auf das sie angewiesen waren, müssen sie sich im freien Feld der konkurrierenden ge-

[70] Vgl. etwa: *I. G. v. Olenhusen*, Klerus und abweichendes Verhalten. Zur Sozialgeschichte katholischer Priester im 19. Jahrhundert: Die Erzdiözese Freiburg, Göttingen 1994.

sellschaftlichen Geltungsansprüche behaupten. Gerade darauf aber war diese Struktur nicht eingerichtet: nicht Selbstbehauptung im freien gesellschaftlichen Feld, sondern Binnenstabilisierung durch Abgrenzung von dieser liberalen Gesellschaft war die Organisationsidee der kirchlichen Hierarchie im 19. Jahrhundert. Die Sicherung des Glaubens in der Grandiosität einer „triumphierenden Kirche" wandelte sich so recht plötzlich in einen Glaubwürdigkeitsschwund des Glaubens angesichts des Glaubwürdigkeitsdefizits der kirchlichen Institutionen. Damit aber ist auch das zentrale personelle Element dieser Strategie gefährdet: der Priester.

Wiewohl in seinem Bereich weiterhin mit einer echten Letztzuständigkeitsgarantie versehen, scheint dessen Identitätsmuster heute deutlich gewandelt. Bildete sich vor noch nicht allzu langer Zeit priesterliche Identität in gut nachtridentinischem Sinne in einem ausgeprägten, quasi-ontologischen Erwählungsbewußtsein - „vor Gott gestellt, für Gott ausgesondert (und daher ehelos), von Gott berufen und erwählt"[71] - so basiert es heute de facto vor allem auf dem professionellen Erfolg: beschreibbar etwa als vom Priester initiiertes „reges Gemeindeleben".[72]

Dieser Erfolg ist nun allerdings unter den heutigen gesellschaftlichen Bedingungen gerade nicht mehr mit Verweis auf die rechtlich garantierte und sakral legitimierte „Letztzuständigkeit" herbeizuführen. Denn diese Letztzuständigkeit bleibt jenseits der hauptamtlichen Gemeindemitarbeiter relativ wirkungslos. Dies setzt Priester einem kaum auflösbaren Erwartungsdruck aus.

Die rechtliche Letztzuständigkeit in der Gemeinde bürdet ihm nämlich die Verantwortung für das Gemeindeleben auf. Im Unterschied zum 19. Jahrhundert besitzen Priester aber keine ihrem rechtlichen und theologischen Status entsprechenden Einflußmöglichkeiten auf die Gemeinde mehr. Denn der Priester bezieht in den Augen der meisten Gläubigen seine Autorität nicht mehr aus seiner sakramental-hierarchischen Stellung, sondern aus seiner personalen Kompetenz. Heutige Pfarrpriester müssen in einer nach-traditionalen Gesellschaft mit einer traditionalen Theorie ihres Priesterseins zurechtkommen, werden - gerade von ihren Vorgesetzten - an den Erfolgsmaßstäben einer marktwirtschaftlichen Dienstleistungsgesellschaft gemessen[73] und sehen sich von Seiten ihrer Gemeindemitglieder dann auch noch dem Erwartungsdruck ausgesetzt, einfühlsame Begleiter ihrer je eigenen Biographie zu sei.

In Zeiten pluralisierter Biographien wird dieses priesterliche Konkretionsmonopol des Christlichen zum Problem - zuletzt für den Priester selbst. Denn er kann in seiner Verkündigung nicht mehr auf das Konzept einer Standespastoral zurückgreifen, das standardisierte Biographien und homogene Standeskulturen voraussetzt. Weder weiß er mehr, welche Biographien seine Adressaten wirklich durchlebt haben und durchleben müssen, noch gibt es länger quasi „natürliche" Ziel- und Musterbiographien, bei deren Einhaltung das Leben als

---

71 *Grasmück*, Vom Presbyter zum Priester., 128.

72 Ein eindrucksvolles Zeugnis dieser Entwicklung bei: *H. Werners*, Wandel des Priesterbildes - Wandel der Anforderung, in: Diakonia 21(1990) 259-263.

73 Siehe dazu auch: *N. Glatzel*, Die Rolle des Priesters in der Leistungsgesellschaft, in: Jahrbuch für Christliche Sozialwissenschaften 12(1971) 163-183.

mehr oder weniger christlich gelten könnte. Was Gott in den vielen heterogenen, fragmentierten und zur Selbstinszenierung verurteilten Biographien seiner Zuhörer und Zuhörerinnen aber bedeutet, das kann der Priester etwa in seinem klassischen Verkündigungsmedium, der Predigt, nur mehr schwer auf einen sprachlichen Nenner bringen.

Zwischen der Rolle als sakral legitimierter Heilsvermittler als unterster Hierarchieebene der „societas perfecta" Kirche, den Anforderungen als regionaler Filialleiter einer weltweiten Religionsinstitution Katholische Kirche, einer Aufgabe, die bekanntlich nicht geringe Managementkompetenzen von der Personalführung bis hin zur effektiven Ressourcenlenkung verlangt,[74] und schließlich dem Erwartungsdruck der einzelnen Gläubigen auf therapeutische Lebenshilfe- und Lebensbegleitung[75] sieht sich der heutige Pfarrpriester einer kaum auflösbaren Rollendisparität ausgesetzt. Er verliert damit aber nicht nur seine personale Identitätssicherheit[76], auch der ekklesiale Ort des Pfarrpriesters wird diffus.

Deutlich ist dies abzulesen etwa am „Schreiben der deutschen Bischöfe über den priesterlichen Dienst" vom 24.9.1992, das in seinem ersten Teil („Gegenwärtige Probleme priesterlichen Lebens und Handelns") eine sehr realistische Skizze aktueller Probleme gibt und generell von einer hilfreichen Ehrlichkeit in der Problembeschreibung geprägt ist, das in seinen ekklesiologischen Aussagen aber dann doch das Spezifische des priesterlichen Dienstes ausgerechnet in der „Hirten"-Metapher faßt und so bei aller pastoralen Ehrlichkeit nicht wirklich die Volk-Gottes-Ekklesiologie des II. Vatikanums aufgreift. Die Spaltung zwischen einer relativ ungeschminkten pastoralen Wirklichkeitswahrnehmung einerseits und einem theologisch-normativen Diskurs, sei er auch mit noch so viel Einfühlungsvermögen vorgetragen, der zuletzt dann doch nur die modernisierte Variante einer vorkonziliaren Ekklesiologie vorträgt, ist unübersehbar.

3. Verbände: das ungeklärte Verhältnis von „Katholizismus" und Kirche

Der deutsche Katholizismus war stets stolz auf sein Verbändewesen, es ist denn auch in seiner reichen Differenzierung bekanntlich ein weltkirchlich singuläres Phänomen. Dessen krisenhafte nachkonziliare Entwicklung[77] ist denn

---

74 Vgl. hierzu paradigmatisch den Ratgeber von *P. Eisele*, Pfarr-Management - Gewinn für die Seelsorge. Zeitplanung, Zielsetzung, Personalplanung, Delegation, Sitzungsrecht, Freiburg/Br.-Basel-Wien 1995.

75 Der immense Erfolg des *pastoralen* Diskurses Eugen Drewermanns scheint mir etwa darin begründet zu sein, daß Drewermann dezidiert die Priesterrolle als therapeutische Rolle definiert und auch charismatisch präsentiert.

76 Als Beschreibung der schwierigen personalen Situation von Klerikern heute siehe bei allen methodischen Vorbehalten und notwendigen Wertungsdifferenzen: *E. Drewermann*, Kleriker. Psychogramm eines Ideals, Olten-Freiburg/Br. 1989. Vgl. weiterhin *B. Marz* (Hrsg.), Alles für Gott? Priester zwischen Anspruch und Wirklichkeit, Düsseldorf 1990; *K. Hillenbrand* (Hrsg.), Priester heute. Anfragen, Aufgaben, Anregungen, Würzburg 1990. Vgl. auch das Diakonia-Heft 4/1990 „Überforderung".

77 Zur Diskussionslage, wie sie vor allem Ende der 80er Jahre sich kurzzeitig verdichtete, um mittlerweile wieder in ihrer Intensität deutlich abzuklingen, siehe: *Katholische Verbände.*

auch symptomatisch für die aktuellen Konstitutionsprobleme der deutschen Kirche.

Im Projekt der konservativen Zentralisierung der katholischen Kirche, nimmt der deutsche Verbandskatholizismus, wie bereits zu Beginn dieser Arbeit dargelegt, von Anfang an eine ekklesiologisch merkwürdige Zwischenstellung ein. Denn einerseits gehört er selbst zu diesem Projekt, insofern er nach dem Verlust der gesellschaftlichen Dominanz der Kirche den Prozeß ihrer internen Neustrukturierung und Verdichtung wesentlich mittrug.[78] Andererseits aber pluralisierte er durch seine reiche interne Differenzierung die Kirche, ermöglichte damit ihren Mitgliedern, wenn auch innerhalb einer katholischen Sonderkultur, die sanfte, weil katholisch kontrollierte Modernisierung. Diese Pluralisierungsfunktion des deutschen Verbandskatholizismus kann vielleicht als der „unvermeidliche Umweg“ der deutschen katholischen Kirche „über die Subkultur unterschiedlicher sozialer Gruppen von Katholiken“[79] auf dem Weg in die Moderne beschrieben werden.

Zu Beginn dieser Arbeit wurde schon darauf hingewiesen, daß diese merkwürdige Ambivalenz des deutschen Verbandskatholizismus sich nicht zuletzt in der offenkundigen Diskrepanz von Selbstdefinition und realer Funktion zeigt. Obwohl er sich selbst nicht im eigentlichen Sinne als Kirche verstand, eröffnete er doch der Kirche überhaupt nur gewisse Handlungsmöglichkeiten in der liberalen Gesellschaft. Seine reale Funktion als überaus effektive Sozialform von Kirche und sein Selbstbild als kirchenvorgelagerte Laienaktivität fielen deutlich auseinander. Mit dieser Doppelstrategie - Zentralisierung der Kirche um ihre Amtsstruktur, Pluralisierung der Kirche in einem letztlich doch hierarchieangebundenen, sich selbst aber als vor-kirchlich verstehenden Verbandskatholizismus - wurde ein drängendes Existenzproblem von Kirche in pluraler Gesellschaft ebenso pragmatisch wie effizient gelöst.

Studientag der Vollversammlung der Deutschen Bischofskonferenz, 21.9.1988, hrsg. vom Sekretariat der DBK; kritisch dazu: *B. Emunds*, Krise der Verbände? Theologische Auseinandersetzung mit den beim Studientag „Katholische Verbände“ der Deutschen Bischofskonferenz gehaltenen Vorträgen, hrsg. von der Wiss. Arbeitsstelle der Bildungs- und Begegnungsstätte der KAB und CAJ der Diözese Aachen, Herzogenrath o. J. (1989); sowie das *„Wort der deutschen Bischöfe zur Stellung der Verbände in der Kirche“* vom 7.3.1990, hrsg. vom Sekretariat der DBK.

78 Vgl. hierzu exemplarisch die Regionalstudie von *Ch. Kösters*, Katholische Verbände und moderne Gesellschaft. Organisationsgeschichte und Vereinskultur im Bistum Münster 1918-1945, Paderborn 1995. Kösters erläutert im übrigen, daß der „dem liturgischen Aufbruch wie den politischen Konzeptionen zugrundeliegende Gemeinschaftsgedanke“ es „den jungen Katholiken (erleichterte), sich im Jahr der „Nationalen Erhebung' vom politischen Katholizismus zu verabschieden. Das Bild vom Untergang der Zentrumspartei und deren vorpolitischen Organisationen ... verblaßte im Gegenlicht der Hoffnung, ein neues, von Katholiken mitgestaltetes christlich-nationales Deutschland werde nun Wirklichkeit“ (576).

79 So *W. Loth*, Integration und Erosion: Wandlungen des katholischen Milieus, in: Ders. (Hrsg.), Deutscher Katholizismus im Umbruch zur Moderne, Stuttgart-Berlin-Köln 1991, 266-281, 278. Loth betont generell sehr stark (m. E. etwas zu stark) die interne Heterogenität des „katholischen Milieus“. Diese sicherlich zutreffende Beobachtung von Pluralisierungstendenzen übersieht leicht jene übergeordneten diskursiven und nicht-diskursiven Strukturen im „katholischen Milieu“, die in dieser Arbeit als „Dispositiv der Dauer“ zusammengefaßt wurden, und welche die real analysierbare Differenzierungstendenzen gerade in der Wahrnehmung der Gläubigen grundlegend überwölbten.

Will Kirche nun aber ihre eigene Tradierungskontinuität in der pluralen Gesellschaft sichern, muß sie in irgendeiner Weise der gesellschaftlichen Differenzierung folgen, da kirchliche Verkündigung sonst in immer mehr gesellschaftlichen Bereichen rapide an Plausibilität verliert. Dies ist spätestens dann der Fall, wenn die Distanz der Kirche zur Erfahrungswelt der in diesen neuen gesellschaftlichen Feldern lebenden Menschen unüberbrückbar wird, von diesen Menschen also entweder partielle Identitätsaufgabe oder die bereichsspezifische Spaltung ihrer Existenz verlangt wird, so sie in Verbindung mit der kirchlichen Tradition bleiben wollen.

Folgt die Kirche andererseits aber der gesellschaftlichen Differenzierung, indem sie sich selbst pluralisiert, steht sie vor der Aufgabe, die dann voll in die Kirche hineinschlagende gesellschaftliche Pluralität produktiv und in kreativer Konfrontation mit der eigenen Tradition verarbeiten zu können, soll diese Pluralität nicht identitätsauflösend wirken. Nun stellte zwar der bürgerliche Verfassungsstaat immer ausgefeiltere Mechanismen zur Entscheidungsfindung gerade bei bleibender Pluralität zur Verfügung. Nicht zuletzt die Fundamentalopposition der Kirche gegen dieses Gesellschaftsmodell - das immerhin seinerseits mit dem erklärten Ziel angetreten war, die Kirche aus ihrer gesellschaftlichen Zentralposition endgültig zu vertreiben - verhinderte nun aber die Übernahme solcher Mechanismen des Pluralitätsumgangs.[80] Und dies, obwohl die Kirche - etwa in ihrer konziliaren Tradition - lange vor dem Staat geordnete Prozesse der Meinungsbildung und Entscheidungsfindung (im übrigen gerade auch zu dogmatischen Fragen) entwickelt hatte.[81]

---

80 Diese Verfahren zur Entscheidungsfindung bei offenem (und bleibendem!) Dissens nehmen ihren Ausgang von der Verabschiedung der Imagination einer prästablisierten und daher in einer singulären Instanz repräsentierbaren Harmonie zwischen Herrschaft und Beherrschten, Staat und Gesellschaft, Einzelnem und Ganzen. Handlungsermöglichender Konsens wird als ein spezifisches Stadium im permanenten Prozeß der Dissensorganisation definiert, nicht als Dissensunterdrückung. Die Organisationsprinzipen dieses Prozesses der Dissensorganisation werden dabei allerdings selbst aus diesem Verfahren herausgenommen und bilden das normative Fundament demokratisch verfaßter Gesellschaften. Die Frage nach der Kompatibilität dieses normativen Fundaments in allen seinen anthropologischen, erkenntnistheoretischen und fundamentalethischen Implikationen mit der christlichen Tradition konstituiert das sachliche (und nicht nur historische) Problem sowohl einer (nach langem Widerstand ja erfolgten) Akzeptanz gesellschaftlicher Demokratisierung und Pluralisierung durch die Kirche, aber auch in spezifischen Bereichen der Kirche selbst. Das zentrale Konstitutionsproblem von Kirche, wie denn die eine Botschaft des Christentums von dem in Jesus sich offenbarenden Gott je neu zu konkretisieren sei, war diachron betrachtet schon immer ein Pluralitätsproblem!

81 Siehe etwa: *J. Wohlmuth*, Verständigung in der Kirche. Untersucht an der Sprache des Konzils von Basel, Mainz 1983; Zur systematischen Aufarbeitung der Problematik: *W. Pauly*, Wahrheit und Konsens. Die Erkenntnistheorie von Jürgen Habermas und ihre theologische Relevanz, Frankfurt/M.-Bern-New York-Paris 1989; *Fuchs*, Zwischen Wahrhaftigkeit und Macht, speziell: 242-272 („Offenbarung und Toleranz"). Zur Problematik siehe jetzt auch in einer interessanten Parallellektüre von staatstheoretischer und ekklesiologischer Tradition: *A. Habisch*, Autorität und moderne Kultur. Ekklesiologie und Staatstheorie zwischen Carl Schmitt und James M. Buchanan, Paderborn-München-Wien-Zürich 1994, speziell 180-265. Habisch weist zusammenfassend - und nun allerdings nicht allzu überraschend - darauf hin, daß Autorität „in der Moderne nicht mehr abstrakt-substanzhaft als (personifiziertes) 'Gegenüber' zu den Adressaten zu begreifen" sei, sondern „prozeßhaft durch kollektive Anerkennungsprozesse vermittelt" würde, welche die „freie Partnerschaft beider Partner voraussetzen." (255)

Wenn nun aber innerhalb der pluralen Gesellschaft abgegrenzte sozio-kulturelle Großmilieus nicht mehr länger aufrechterhalten werden können, in denen die typischen Modernisierungsfolgen - Individualisierung der Lebensführung, Pluralisierung der Weltanschauung, Freisetzung von traditionalen Bindungen - aufgefangen und kompensiert werden, dann fällt eine der beiden für das deutsche Katholizismuskonzept systemtragenden Differenzierungen in sich zusammen. Es zerfließt jene Außengrenze, welche alleine den Aufbau eines in sich differenzierten, dennoch aber um die Hierarchie gruppierten Verbandskatholizismus überhaupt erst ermöglicht hatte. Doch nicht nur diese soziologische Differenzierung schwindet, auch die zweite, die theologische Differenzierung zwischen Katholizismus und Kirche wird problematisch. Denn sie ist offenkundig nur schwer mit der Ekklesiologie des II. Vatikanums vereinbar.

Die zentrale ekklesiologische Grundannahme des deutschen Katholizismus war die überaus folgenreiche Unterscheidung von Katholizismus und Kirche.[82] Theologischer Hintergrund der konzeptionellen Trennung von Katholizismus und Kirche ist die Scheidung eines spezifisch den Laien vorbehaltenen und von ihnen relativ autonom zu gestaltenden Weltdienstes von einem der Hierarchie vorbehaltenen Heilsdienst. Im Rahmen dieses vorkonziliaren Konzepts war die Ausdifferenzierung des deutschen (Verbände-)Katholizismus eine beeindruckende Pluralisierungsleistung der Kirche des 19. Jahrhunderts und auch ein Zeichen ihrer politischen Optionsfähigkeit.

Das II. Vatikanische Konzil hat nun aber exakt diese konzeptionelle Trennung von Heilsdienst und Weltdienst und deren Zuweisung an Priester bzw. Laien prinzipiell überwunden. Denn in seiner Auffassung von Kirche ist die Kirche als das eine Volk Gottes aus geweihten und nicht-geweihten Gläubigen ein Sakrament des Heils in und für die Welt. Die Welt ist eine kirchliche Aufgabe so wie die Kirche eine Tatsache der Welt ist. Ersteres zu leugnen, verräte den Auftrag der Kirche, das Wort Gottes zu verkünden zur Rettung der Welt, letzteres zu übersehen wäre Ideologie.

Das Konzil hat seine Lehre von der Kirche auf der Basis der Lehre von der Berufung aller Menschen durch Gott in Christus entworfen. Diese Berufung zu verkünden stellt sich die Kirche als ihre Aufgabe. Das Konzil denkt die Kirche von ihren Mitgliedern her und somit grundsätzlich als eine plurale Gegebenheit. Diese Pluralität wird vom Konzil als Reichtum und Chance begriffen. Das Konzil hat die Welt, die Gesellschaft, den einzelnen, den Armen, als den Ort entdeckt, wo es um die Kirche selber geht, wo Gott sie ruft, seinen Ruf zu hören und daher zu verkünden. Es bekennt sich zur Kirche als einer aufgabenorientierten pastoralen Institution.

Das Konzil entwirft seine explizite Lehre von der Kirche auch nicht im Horizont der Hierarchie, deren Aufgabe dann noch nachträglich zu definieren

---

[82] *E. Klinger*, Der Laienkatholizismus - die Kirche der Laien. Das Problem der Rezeption des Konzils in Deutschland, in: Ders./R. Zerfaß (Hrsg.), Die Kirche der Laien - eine Weichenstellung des Konzils, Würzburg 1987, 15-24, weist auf diese Unterscheidung als Hauptgrund der defizitären Rezeption der Ekklesiologie des II. Vatikanums in der deutschen Kirche hin. Dort (18-20) auch einschlägige programmatische Zitate von repräsentativen Vertretern des deutschen Laienkatholizismus.

wäre, sondern auf der Basis des gemeinsamen Auftrags aller in der Kirche, die Berufung des Menschen durch Gott in Christus zu verkünden. Dieser Aufgabe sind alle verpflichtet, auch wenn sie in unterschiedlichen Ämtern wahrgenommen wird.

Denkt man aber das Wesen der Kirche von ihrer Aufgabe her, dann gilt notwendig: niemand in der Kirche ist die ganze Kirche, kein Christ kann all das tun, was Kirche zu tun hat. Es gibt eine prinzipielle Unersetzbarkeit jedes Gläubigen im Volk Gottes und für das Volk Gottes. Nur als plurale Einheit des vielfältigen Volkes Gottes, das pilgernd seinem Ziel, Gott selbst, entgegengeht, kann Kirche gedacht werden.[83]

Die Grundsatzentscheidung des Konzils, seine Ekklesiologie auf der Basis der Pastoral zu konzipieren, diese aber als Verkündigung der Berufung des Menschen durch Gott in Christus zu begreifen, wurde bereits erläutert - sie ist eindeutig. „Das Apostolat der Laien" ist damit „Teilnahme an der Heilssendung der Kirche selbst. Zu diesem Apostolat werden alle vom Herrn selbst durch Taufe und Firmung bestellt"[84]. Diese Aussage des Konzils behauptet die konstitutive Notwendigkeit des Zeugnisses der Laien für die Heilssendung der Kirche. Die Laien leisten eine nicht-ersetzbare kirchliche Aufgabe, sie haben, wie das Konzil sagt, unmittelbar Anteil an den Ämtern Christi.[85] Der Laie bekommt seinen ekklesialen Rang so nicht durch die Teilhabe an den hierarchischen Ämtern und auch nicht aus deren Gnade, sondern aus eigener Kompetenz als getauftes und gefirmtes Mitglied des Volkes Gottes. Nur zusammen jedenfalls realisieren Laien und Priester die volle priesterliche Wirklichkeit der Kirche.

Die Pluralität der Kirche ist keine des Liberalismus, sondern des Apostolats. Denn ohne diese Pluralität kann es die Kirche in spezifischen Bereichen überhaupt nicht geben. Der Laie hat die Botschaft von Gott und Christus in Wort und Tat zu verkünden. Er hat damit ein Amt im universalsten Sinn.[86]

---

[83] Vgl. LG 48. Man wird dabei allerdings mit E. Klinger und R. Zerfaß „darauf aufmerksam machen" müssen, „wie sehr die Beschwörung der einen Kirche aus Amtsträgern und Laien - des einen Volkes Gottes - ein Lippenbekenntnis bleibt, solange man sie nur als Präambel benutzt, um anschließend, wie eh und je, säuberlich zwischen Amts- und Laienaufgaben zu unterscheiden, abzugrenzen, zu beschwichtigen." *(E. Klinger/R. Zerfaß*, Einleitung, in: Dies. (Hrsg.), Die Kirche der Laien, Würzburg 1987, 5)

[84] LG 33.

[85] Vgl. LG 31.

[86] Vgl. dazu des näheren: *E. Klinger*, Das Amt des Laien in der Kirche. Die Theologie des Volkes Gottes nach dem II. Vatikanum, in: Ders./R. Zerfaß, (Hrsg.), Die Kirche der Laien, Würzburg 1987, 67-85. Zu einem parallelen Ergebnis kommt die ausgesprochen instruktive Untersuchung zur kirchenrechtlichen Stellung hauptamtlicher pastoraler Dienste von *A. Loretan*, Laien im pastoralen Dienst. Ein Amt in der kirchlichen Gestzgebung: Pastoralassistent/-assistentin, Pastoralreferent/-referentin, Freiburg/Schweiz 1994. Loretan weit darauf hin, daß „amtliches, das heisst verbindliches Handeln im Namen der Kirche ... nicht ausschliesslich auf die sakramental geweihten Amtsträger begrenzt (ist), sondern auch an nichtgeweihte Christen (Laien) übertragen werden" (345) kann. Die Amtsdefinition des CIC 1983, can 145, schließe Laien - Männer und Frauen - nicht aus. „Damit wird die sprachliche Unterscheidung zwischen Ämtern für Ordinierte und Diensten für Laien hinfällig." (346) Loretan spricht daher von einem „Laienamt" (348).

Die Rezeption des II. Vatikanischen Konzils ist damit für den Verbandskatholizismus ein großes Problem. Denn würden sich die organisierten deutschen Laienkatholiken nur als Gruppierung in der Kirche, nicht aber als Gruppierung der Kirche verstehen, wollte der deutsche Laienkatholizismus also ausdrücklich nicht Kirche sein, dann würde er seine eigene Stellung in der Kirche verkennen und den ekklesialen Fortschritt, den das II. Vatikanum projektiert hat, nicht realisieren. Es muß daher festgestellt werden, daß die gegenwärtige Krise der Verbände eine Krise der deutschen katholischen Kirche selber ist. Nicht nur, weil diese Verbände selbstverständlich auch Kirche sind, sondern auch, weil in dieser Krise aktuelle Grundsatzprobleme der deutschen katholischen Kirche verhandelt werden.

Der Verbandskatholizismus verlagerte das Pluralitätsproblem der Kirche in der modernen Gesellschaft in den Raum der Kirche selbst, ohne es jedoch als solches zu erfassen. Denn es wird innerkirchlich jetzt nicht als Pluralitätsproblem, sondern als Balanceproblem zwischen dem homogenisierten Binnenbereich und dem (gemäßigt) pluralen Verbändevorfeld thematisiert. Das Problem dieses Zusammenhangs beider bestimmt denn auch bis heute die Diskussion. Man hatte den amtlichen Zentralbereich der Kirche von den Pluralitätszumutungen der Moderne weitgehend entlastet, indem man ein „nicht-kirchliches" Organisationsvorfeld schuf, hatte jetzt aber zu klären, in welchem Zusammenhang dieses organisatorische „Vorfeld" mit der kirchlichen Hierarchie stehen sollte.

Auch in der Verbändeproblematik geht es daher um die prinzipiellen Konstitutionsprobleme von Kirche in einer durchmodernisierten pluralen Gesellschaft. Es geht um die kirchenkonstitutierende Frage, wie denn die Botschaft des Jesus von seinem Gott, der alle ruft, sein Volk zu sein, wie diese eine Botschaft der Kirche konkret heute unter den Bedingungen einer durchmodernisierten Gesellschaft zu verwirklichen sei. Das Konkretionsproblem des Glaubens hat die Kirche in seinen Prinzipien wie seinen aktuellen Optionen stets neu zu beantworten. Wie sie das in der modernen pluralen Gesellschaft tun soll, bildet das drängende Hintergrundproblem der sogenannten „Krise der Verbände".

Die Transformation des vor-konziliaren deutschen Katholizismus-Konzepts in eine spezifisch deutsche Form von Kirche hat man bislang vor allem auf organisatorischem Wege versucht. Man hat einerseits zwischen den Institutionen des Laienapostolats und der Hierarchie Querverbindungen installiert, andererseits das Zentralkomitee der deutschen Katholiken dadurch „synodalisiert", daß man es von einem reinen Verbändezusammenschluß zu einem Vertretungsorgan auch der diözesanen Räte weiterentwickelte. In Teilen des deutschen Verbandskatholizismus scheint man diese vorkonziliare Katholizismus-Konzeption noch nicht aufgegeben zu haben. Dies ist etwa daran ablesbar, daß man die skizzierte konziliare Konzeption von Kirche verdächtigt, eine autonomieeinschränkende „Verkirchlichung" des Laienkatholizismus zu bewirken.[87]

[87] Vgl. paradigmatisch bei *Hürten*, Kurze Geschichte des deutschen Katholizismus, 257: „so kann man weiter fragen, ob nicht die Durchsetzung der vom Modell der Katholischen Aktion hergeleiteten Anbindung der Laientätigkeit an die kirchlichen Organe praktisch

Dieser Verdacht wäre zumindest dann berechtigt, wenn sich Kirche weiterhin nach dem Modell des (vorkonziliaren) Vorentwurfs zur Kirchenkonstitution als Ereignis primär der Hierarchie definieren würde. Den (Verbands-)Katholizismus unter diesen Bedingungen als „Kirche" zu verstehen, würde dann tatsächlich die Reduktion seines beeindruckenden Pluralismus auf die Erfahrungs- und Interpretationshorizonte der Hierarchie bedeuten. Das aber würde der Kirche ihren Reichtum nehmen und auch die Hierarchie angesichts der Pluralität der modernen Gesellschaft heillos überfordern.

Hinter dem Verdacht des Neointegralismus gegen die konziliare Konzeption von Kirche steckt allerdings eine Auffassung, welche die Autonomie des Weltlichen, von der ja auch das Konzil spricht,[88] als Autonomie des Weltlichen *von* der Kirche, aber nicht *in* der Kirche denkt. Weltliches und Kirchliches stehen sich hier regionalisiert gegenüber. Zur Rettung der (relativen) Handlungsfreiheit der Christen in der Welt versucht man dann das Kirchliche auf den ihm reservierten religiösen Binnenbereich zurückzudrängen. Man meint, die (Handlungs-)Freiheit des Laien schützen zu müssen, ohne zu bemerken, daß die Kirche dabei unbesehen als repressive Instanz definiert wird, als deren gesellschaftliche Interessensorganisation man sich im übrigen aber dennoch versteht.

Auch in der Verbändeproblematik wirkt sich so das Fehlen einer Gesamtpastoral entwicklungshemmend aus. Auch hier zeigen sich die Folgen des gegenwärtigen pastoralen Autonomismus streng abgeschotteter Zuständigkeitsbereiche. Nach dem tendenziellen Ende des pastoralen Integralismus in der Emanzipation vielfältiger diakonischer und pastoraler Dienste greift noch kein neues, nicht-paternalistisches, pluralismusfähiges pastorales Gesamtkonzept. Religionsunterricht, Verbandsarbeit, Kategorial- und Pfarrseelsorge, hauptamtliche pastorale Laienmitarbeit, Bildungsarbeit, Caritas und Diakonie: all das gibt es in beeindruckender Fülle, aber in ebenso beeindruckendem weitgehenden gegenseitigen Desinteresse. Das aber wirft die Frage nach der Einheit des kirchlichen Handelns auf und spielt neo-integralistischen Pastoralkonzeptionen Argumente zu. Auch und gerade katholische Verbände sind von dieser Situation betroffen.

4. Biographie und die Rede von Gott: die Pluralisierung der Adressanten wie der Adressaten

Den beschriebenen Phänomenen eines pastoralen Autonomismus entspricht nun aber umgekehrt eine offenkundige Krise der kirchlichen (Wort-)Verkündigung. Während der „religiöse Markt" in der bundesrepublikanischen Gesell-

deren Reduzierung auf innerkirchliche Aktion bewirkt hat. Dann wäre das Zweite Vatikanische Konzil nicht alleine eine unverkennbare Zäsur in der Geschichte katholischer Laienaktivität ..., sondern ein Wendepunkt zu einer Umgestaltung, die das Ende des deutschen Katholizismus bedeuten würde" (257).

[88] Vgl. GS 36.

schaft tendenziell eher expandiert,[89] schwindet der Marktanteil der Kirchen auch nach der epochalen Einflußreduktion im Verlauf der Auflösung des „katholischen Milieus“ noch weiter: langsam, doch wie es scheint, unaufhaltsam.[90]

Es geht dabei nicht nur um eine sekundäre Vermittlungsproblematik, sondern um den Glauben selbst. Denn er besitzt biographische Relevanz und ist nur existenzbezogen wirklicher Glaube.[91] Die gegenwärtigen Plausibilisierungsprobleme der Verkündigung berühren die Kirche in ihrem Kirchesein. Nicht so sehr, weil in einer freien Gesellschaft jede Sinn oder anderes anbietende Institution in Zeiten ihres Mißerfolgs ihr Angebot und dessen Präsentation überprüfen müßte - diese marktwirtschaftlich naheliegende Strategie alleine geriete tatsächlich zu Recht in den Verdacht, Traditionsverrat aus Erfolgsopportunismus zu betreiben. Die Verkündigungsprobleme der Gegenwart scheinen vielmehr die Konsequenz der Glaubensprobleme der Gläubigen zu sein, diese aber wiederum eine Folge des Mangels an Institutionen, in denen die konkrete Relevanz des Glaubens für Biographien in der durchgesetzten Moderne entdeckt und zur Sprache gebracht werden kann. Ohne diese Entdekkung Gottes in der eigenen Biographie aber kann niemand heute glaubhaft von Gott reden.

Verkündigung, so soll hier in aller Vorläufigkeit bestimmt werden, das meint alle Kommunikationsvorgänge, die dazu Mut machen wollen, sich auf den Gott des Jesus von Nazaret als Grundlage des eigenen Lebensentwurfs einzulassen.[92] Ihr Ziel ist es, das Vertrauen auf die in Jesus erfolgte Zusage der befreienden Liebe Gottes zu eröffnen. Die Kirche ist dann aber jener soziale

---

89 Vgl. dazu: *H.-J. Höhn*, Der Trend zur Religion - am Christentum vorbei? in: Theologisch-praktische Quartalschrift 135(1987) 123-134; *Ders.*, Gegen-Mythen. Religionsproduktive Tendenzen der Gegenwart, Freiburg/Br.-Basel-Wien 1994; *Gabriel*, Christentum zwischen Tradition und Postmoderne, 141-163. Zur Problematik speziell der Religiosität von Jugendlichen heute: *K. Gabriel/H. Hobelsberger* (Hrsg.), Jugend, Religion und Modernisierung, Opladen 1994. In seiner Methodik sicherlich kritisch zu sehen, in seinen Belegen und Quellen aber m. E. immerhin aufschlußreich: *H. Barz*, Postmoderne Religion. Die junge Generation in den Alten Bundesländern, Opladen 1992. - Zur Frage des „Problems der Religion in der modernen Gesellschaft“ (so der ursprüngliche Titel der Erstauflage 1963) vgl. immer noch grundlegend: *Th. Luckmann*, Die unsichtbare Religion, Frankfurt/M. 1991.

90 So sank etwa in der Bundesrepublik Deutschland (alte Bundesländer) die Prozentzahl der Gottesdienstteilnehmer unter den Katholiken von 32,2% im Jahre 1976 auf 21,9 % im Jahre 1990, stieg umgekehrt die Zahl der jährlichen Kirchenaustritte von 59393 im Jahre 1976 auf 143530 im Jahre 1990. Quelle: *Kirchliches Handbuch.* Statistisches Jahrbuch der Bistümer im Bereich der Deutschen Bischofskonferenz, hrsg. v. Sekretariat der DBK, Bd. XXIX (1976-1986), Bonn 1989, Bd. XXX (1987-1988), Bonn 1990 sowie Bd. XXXI (1989-1990), Bonn 1992. Siehe zum empirischen Befund auch: *Gabriel*, Christentum zwischen Tradition und Postmoderne, 27-68.

91 Der „Glaube, zu dem sich das Konzil bekennt, hat eine hermeneutische Funktion. Er ist ein Schlüssel zur Entdeckung der Existenz des Menschen in Gott und Christus und verleiht der Kirche die Fähigkeit zur Unterscheidung der Geister. (...) Der Glaube an die Berufung des Menschen hat existenzenthüllenden Charakter. Indem die Kirche ihn verkündet, sagt das Konzil, 'erschließt sie dem Menschen gleichzeitig das Verständnis seiner eigenen Existenz, das heißt die letzte Wahrheit des Menschen' (GS 41). In der Kirche des Konzils ist daher der Glaube an Gott ein Bekenntnis zur Existenz des Menschen“ (*Klinger*, Armut, 101).

92 Vgl. *R. Bucher*, Art. „evangelisieren/verkünden“, in: Handbuch religionspädagogischer Grundbegriffe, hrsg. v. G. Bitter und G. Miller, München 1986, Bd. I, 396-400.

Raum, in dem Konkretionschancen der christlichen Tradition verfügbar gehalten werden, in dem also die Realisation eines Lebensentwurfs im Vertrauen auf den Gott Jesu gemeinsam und konkret in Angriff genommen werden kann.

Christliche Verkündigung hat die horizont- und perspektiveneröffnende Kraft des christlichen Glaubens plausibel zu machen; die zentrale Frage heutiger Verkündigung ist es daher, ob ihr dies unter den Bedingungen gegenwärtiger Biographiestrukturen gelingt. Braucht Verkündigung vormoderne Biographie- (was impliziert: Wissens- und Gesellschafts-)strukturen, um sich verständlich zu machen, oder eröffnet der Gottesbegriff Jesu Perspektiven auch für das Leben der Menschen in der entwickelten Moderne?

Wenn postmodern die großen und großflächigen Verstehens-, Erklärungs- und Normierungsmuster an Glaubwürdigkeit verlieren,[93] woran immer das auch liegen mag, dann muß, wer die Inhalte der christlichen Tradition für rettenswert hält, ihre Kraft zur Lösung konkreter Probleme vermitteln. Diese Prüfung aber kann unter den Bedingungen der entwickelten und in der Kirche selbst angekommenen Moderne nur in den Biographien der einzelnen selbst geleistet werden.[94]

Die Biographien der Gegenwart besitzen eine grundsätzlich andere Struktur als Lebensläufe früherer Zeiten.[95] Verkündigung in der entwickelten Moderne

---

[93] Zu einem ersten Begriff des Begriffs „Postmoderne“ siehe *W. Welsch*, Unsere postmoderne Moderne, Weinheim [2]1988; dazu: *R. Bucher*, Die Theologie in postmodernen Zeiten, in: Theologie und Glaube 79(1989) 178-191. Zur theologischen Auseinandersetzung mit den Ansätzen der „Postmoderne“ siehe mit pastoraltheologischem Schwerpunkt: *J. Kunstmann*, Christentum in der Multioptionsgesellschaft. Postmoderne Perspektiven, Weinheim 1997; *J. Homeyer/G. Steins* (Hrsg.), Kirche - postmodern „überholt“?, München 1996; kritisch: *K. Füssel/D. Sölle/F. Steffensky*, Die Sowohl-als-auch-Falle. Eine theologische Kritik des Postmodernismus, Luzern 1993, hierzu wiederum siehe: *O. Fuchs*, „Sein-Lassen“ und „Nicht-im-Stich-Lassen“!, Zur Pluralitätsprovokation der „Postmoderne“, in: K. Hilpert/J. Werbick (Hrsg.), Mit den anderen leben. Wege zur Toleranz, Düsseldorf 1995, 132-160; eher systematisch-theologisch orientiert: *W. Lesch/G. Schwind* (Hrsg.), Das Ende der alten Gewißheiten. Theologische Auseinandersetzung mit der Postmoderne, Mainz 1993; *G. Scobel*, Postmoderne für Theologen?, in: H.-J. Höhn (Hrsg.), Theologie, die an der Zeit ist, Paderborn-München-Wien-Zürich 1992, 175-229.

[94] Siehe hierzu: *A. Nassehi*, Religion und Biographie. Zum Bezugsproblem religiöser Kommunkation in der Moderne, in: K. Gabriel (Hrsg.), Individualisierung oder Säkularisierung, Gütersloh 1996, 41-56. Nassehi schreibt in Fortführung Luhmannscher Analysen: „Wenn Religion in der Moderne explizit nicht mehr die Sinngebung des Ganzen zum Gegenstand haben kann - es sei denn bei Strafe der Exkommunikation religiöser Kommunikation von außen - ..., bietet sich zunehmend das Thema an, *die Einheit der Differenz gesellschaftlich verordneter Dividualität und persönlicher Individualität zu kommunizieren*. Damit sind letztlich *Biographien* diejenigen Bezugspunkte, an denen religiöse Kommunikation sich an ihrem Proprium selbst bewähren kann.“ (52) Entscheidend sei, „daß indiviuelle Biographien in der Moderne auf die Unterscheidung von Immanenz und Transzendenz verzichten können, daß Religion aber auf die Thematisierung von und auf den Bezug auf individuelle Biographien nicht verzichten kann, will sie als funktionelles Teilsystem der Gesellschaft anschlußfähig bleiben. „ (56). Vgl. zur Relevanz der Kategorie „Biographie“ für die Theologie: *St. Klein*, Theologie und empirische Biographieforschung, Stuttgart 1994 sowie das Diakonia-Themenheft 1/1995 „Biographie und Glaube“.

[95] Vgl. dazu: *M. Kohli*, Gesellschaftszeit und Lebenszeit. Der Lebenslauf im Strukturwandel der Moderne, in: J. Berger (Hrsg.), Die Moderne - Kontinuität und Zäsuren, Göttingen 1986, 183-208; *Beck*, Risikogesellschaft, 205-219 sowie das Sonderheft *„Lebensläufe und sozialer Wandel“* 31/1990 der „Kölner Zeitschrift für Soziologie und Sozialpsychologie“; zu

spielt sich zwischen Individuen mit radikal differenten Biographiestrukturen ab. Sowohl jene, die den Gott Jesu verkündigen, wie jene, an die sie sich mit ihrer Verkündigung wenden, führen notwendig ein anderes Leben als ihre Großeltern. Sie leben unter revolutionär neuen gesellschaftlichen Bedingungen und Anforderungen und haben in vielem grundsätzlich andere Leistungen zu erbringen und andere Probleme zu bewältigen.

Die entfaltete Moderne gewährt biographische Autonomie und garantiert die Verlaßbarkeit vormals unentrinnbarer Bindungen in Konfession, Ehe, Nationalität, Beruf, Lebensort und Geschlechterrolle. Statt außengelenkter Standardlebensläufe kennt und verlangt sie Biographieplanung. Sie fordert vom einzelnen nicht mehr die Anpassung an einen vorgeprägten und lebensgeschichtlich wandlungsarmen Alltag, sondern die Disziplin stets neuer - und neu begründungspflichtiger - Alltagskonstitution.

Die Moderne gewährt viel, Freiheit vor allem, sie fordert aber auch nicht wenig: Disziplin zuvorderst, aber auch Voraussicht, Planungs- und Pluralitätskompetenz. Vor allem aber fordert sie die Fähigkeit zu Übergängen, zum Verbinden des Differenten. Wir haben enorme Integrations- und Desintegrationsleistungen in die unterschiedlichsten gesellschaftlichen Milieus, Institutionen und Denkstrukturen zu erbringen: tagtäglich und über unsere Lebenszeit hinweg. Dies fordert eine hoch entwickelte Wahrnehmungs- und Handlungskompetenz. Sozialgeschichtlich ist diese Art der Kompetenzanforderung in ihrer gesellschaftsweiten Verbreitung sehr jung.

Die Biographie wird in der entfalteten Moderne bisweilen zur nur noch mühsam integrierbaren Fragmentensammlung. Das ist nicht den Individuen anzulasten, sondern für diese selbst gerade unvermeidbar. Nachdem nun auch die letzten geschlossenen „Weltanschauungen" wegen erwiesener Unfähigkeit zur erfolgreichen Gesellschaftsorganisation und aufgrund ihrer offenkundigen Unmenschlichkeit wirkungslos geworden sind und damit auch noch die totalisierenden Nachfolgekonstrukte der vormodernen religiösen Einheitskultur verschwanden, ist jeder und jede in der Lage, aber auch gezwungen, sich sein/ihr eigenes Biographiedesign, einschließlich des persönlichen Sinnsystems zu konstruieren: und dies stets neu und im Bewußtsein gerade der Eigenproduziertheit und daher Revidierbarkeit, Relativierbarkeit und Partikularität der eigenen, stets temporären Sicherheiten. Aus dieser Situation gibt es im übrigen keinen, es sei denn den scheinbaren, den fundamentalistischen Ausweg.

Die Kehrseite der beschriebenen Individualisierung der Lebensführung ist nun aber bekanntermaßen der Verlust traditionaler Sicherheiten. Wer seine Biographie und vieles andere mehr wählen kann, muß auch wählen. Für unsere Vorfahren gab es unverrückbare Plausibilitäten. Diese Sicherheiten waren nicht Ergebnis eines individuellen Meinungsbildungsprozesses, sondern eine sozial vermittelte Tatsache. Für Mitglieder moderner Gesellschaften sind Gewißheiten, die sie durchaus auch besitzen, Produkte individueller Entscheidung, im übrigen auch solche Gewißheiten, welche die individuelle Entscheidungsfrei-

---

den Konsequenzen für die Pastoral siehe: *H. J. Beckers/A. Wittrahm* (Hrsg.), Wertwandel. Wandel der Lebensformen und Pastoral, Mönchengladbach 1993.

heit wieder zurücknehmen möchten. Traditionalismus ist daher - wie oft schon bemerkt - ein nicht nur chronologisch, sondern auch strukturell durch und durch modernes Phänomen.

Christliche Verkündigung hat damit aber ihre bisherige soziale Basis verloren. Dies betrifft nun nicht nur die konkrete (Un-)Möglichkeit, die klassischen Verkündigungsstrukturen einfachhin zu kontinuieren, sondern auch die Inhalte der Verkündigung selber. Denn in ihr spielen die Adressanten eine konstitutive Rolle.[96] Das Christentum ist keine Doktrin, die unabhängig von jenen, an die sie sich wendet, verkündet oder gar übernommen werden könnte. Vielmehr gilt: „Eigentliche Glaubensverkündigung ist perspektivisch. Sie erschöpft sich nicht in Aufrufen und Deklarationen und ist ein Standpunkt, der überzeugt. Diejenigen, die sie annehmen, können ihr von sich selbst her zustimmen und sie in der Perspektive des eigenen Lebens und Denkens bewerten und vertreten. Sie ist subjektiv und befreit."[97]

Basis christlicher Verkündigung kann nicht mehr der Rekurs auf gemeinsame, selbstverständlich vorausgesetzte und weitgehend homogene soziale Erfahrungsräume sein. Basis christlicher Verkündigung muß vielmehr die Wahrnehmung und Anerkennung der fragmentierten Biographie, des Zwangs zur Wahl, der Erfahrung des Bruchs und der Diskontinuität des Lebens unter den Bedingungen einer entfalteten Moderne sein.

Christliche Verkündigung hat so die Frage zu stellen, welche biographische Relevanz der Glauben nach dem Ende standardisierter Lebensläufe und der wohldefinierten Rolle des Glaubens in ihnen haben kann. Diese Frage stellt sich den Adressaten der Verkündigung, aber eben auch den Verkündigern selbst. Denn auch jene, die heute vom Gott Jesu reden, sind Kinder der Moderne und Subjekte biographischer Autonomie. Offenbar aber mangelt es ihnen an einer adäquaten Sprache ihres Glaubens gerade im öffentlichen Prozeß der Verkündigung. Vielleicht meinen sie, so von Gott reden zu müssen, wie immer von Gott geredet wurde und glauben nicht so von ihm sprechen zu dürfen, wie sie von ihm denken.

Verkündigung gelingt nun aber genau in jenem Maße, wie Wort und Tat, Orthodoxie und Orthopraxie aufeinander beziehbar bleiben. Nichts ist plausibilitätszerstörender als die Wahrnehmung einer Kluft zwischen Anspruch und Wirklichkeit, zwischen Behauptungs- und Erfahrungsebene. Letztere beglaubigt allerdings nicht nur erstere, sie läßt, was mindestens ebenso wichtig sein dürfte, überhaupt erst die richtigen Begriffe und Themen für die Rede von Gott entdecken.

---

[96] In diesem Zusammenhang gilt es zwei Fragen zu klären: zum einen, „ob die Träger und Trägerinnen der Verkündigung ... sich grundsätzlich von den Menschen her verstehen müssen, an die sie sich wenden", und ob zum anderen „soziale Probleme zum übernatürlichen Inhalt des Glaubens gehören oder nur sein natürliches Umfeld bilden und daher für ihn selbst keine Herausforderung sind." Das Konzil „behandelt beide Fragen und gibt darauf eine klare Antwort. Sie ist prinzipiell zu verstehen. Der Schlüssel zu diesem Verständnis ist sein Begriff der Pastoral, der Geistliches und Weltliches zugleich umfaßt, sowie sein Begriff der Existenz, der ein zentraler Begriff wirklicher Glaubensverkündigung ist." (*Klinger*, Armut, 275)

[97] *Klinger*, Armut, 273.

Es ist daher zu vermuten, daß die theologische Begrifflichkeit heutiger Verkündigung ihre biographische Hintergrundauthentizität noch weitgehend aus vormodernen Biographiemodellen bezieht. Verkündigung, die sich explizit oder, wie meist, implizit, auf sie beruft, wird dann bestenfalls als fremde, meistens aber als unglaubwürdige Behauptung erfahren. Es verschärft das Problem zusätzlich, wenn die Verkündiger diese vormoderne Authentizität selbst nur noch verbal, nicht mehr aber real verkörpern. Hier wagt man es dann nicht, die eigene Biographie, deren Brüche und Schatten zur Basis der eigenen Rede von Gott zu machen. Notwendig aber wäre gerade dies.[98]

Die gegenwärtige Pluralisierung von Lebenslagen und Lebensläufen, von der mittlerweile auch die Biographien von Katholikinnen und Katholiken voll erfaßt werden, sie spiegelt auf der Adressatenseite des Verkündigungsprozesses jene Pluralisierung und Autonomisierung wider, wie sich auch bei den Verkündigenden und - strukturell gesehen - auch bei den Verkündigungsorten stattgefunden hat. Da aber die Verkündigung der christlichen Botschaft konstitutiv abhängig ist vom Adressaten wie vom Adressanten, ist dies eine für das Verkündigungsgeschehen substantielle Tatsache.

Dies aber bedeutet, daß die Kirche ohne die Pluralisierung ihrer Verkündigungs- und Praxisorte einerseits ihre Aufgabe überhaupt nicht mehr wahrnehmen kann. Dies bedeutet aber andererseits auch, daß sie Konstitutionsprinzipien ihrer selbst entwickeln muß, welche diese Pluralität garantieren und gleichzeitig in einem kontrastiven Gesamtzusammenhang stellen.

An solchen Konstitutionsprinzipien scheint es zu fehlen. Damit die deutsche katholische Kirche nicht mehr länger zwischen einem strukturellen Liberalismus sich autonomisierender pastoraler Orte, der Normativität des „Volk-Gottes"-Diskurses des II. Vatikanums und einigen Restaurierungsversuchen des alten „Dispositivs der Dauer" zerrieben wird, sind tragfähige Strukturen einer Gesamtpastoral zu entwickeln. Diese aber werden „Ordnungen des Pluralen" sein müssen und die Volk-Gottes-Theologie des II. Vatikanums in pluralismusfähige und daher moderneadäquate Strukturen umzusetzen haben.

98 Um ein Mißverständnis auszuschließen: Es geht nicht um die Mitteilung des Privatesten, um Gefühlsaustausch und den Verlust der Distanz. Es geht um die Authentizität der verwendeten theologischen Begriffe im Munde dessen, der sie benutzt. Und es geht um die Wirkung dieser Begriffe und des in ihnen konzeptualisierten Glaubens in einer Biographie, die von den Problemen heutiger Menschen weiß, weil sie wahrnimmt, daß sie selbst von ihnen betroffen ist.

V. DAS VOLK GOTTES WERDEN: PERSPEKTIVEN DER KIRCHENBILDUNG

Wenn die deutsche Kirche auf dem Weg vom pastoralen Integralismus der Vergangenheit zur Kirche des Konzils gegenwärtig im Stadium eines pastoral-professionellen Autonomismus möglichst klar abgesteckter und verteidigter Kompetenzen steckt, dann verhindert solches Verhalten die vom Konzil geforderte Wahrnehmung der Realität der Menschen als Ort der Realisierung von Kirche. Denn die pastorale Professionalisierung alleine garantiert noch lange nicht die Wahrnehmung des Ausgeblendeten, des Problematischen: es weist diesem nur einen kirchlich Zuständigen zu, um nicht selten auch diesen dann mit den von ihm wahrgenommenen Problemfeldern tendenziell auszugrenzen.

Nach dem Ende des „Dispositivs der Dauer" und der Auflösung des ihm entsprechenden sozio-kulturellen Milieus in Deutschland ist die deutsche Kirche auf der Suche nach Prinzipien ihrer Konstitution unter den Bedingungen der irreduziblen Pluralität der Moderne. Gestützt durch einen immer noch beeindruckenden Ressourcenreichtum und durch immer noch ausgesprochen günstige staatskirchenrechtliche Regelungen liegen diese Konstitutionsprinzipien gegenwärtig im wesentlichen in einem vor-theologischen Raum.

Die Kirche ist aber nicht zur Erhaltung ihrer institutionellen Realität, ist überhaupt nicht um ihrer selber willen da, sondern um den Gott des Jesus von Nazareth zu verkünden. Sie hat dabei ein spezifisches Problem zu lösen: das Problem näherhin, wie denn die Botschaft Jesu von Gott hier und heute konkretisiert werden kann: was sie bedeutet, im eigenen Leben, in den Strukturen des Zusammenlebens, für das Wissen von Mensch und Welt. Denn die Kirche ist, wie das Konzil sagt, „das allumfassende Sakrament des Heiles", welches „das Geheimnis der Liebe Gottes zu den Menschen zugleich offenbart und verwirklicht"[1] .

Es gibt, so die zentrale Botschaft von „Gaudium et spes", die Kirche wegen der Berufung aller Menschen zum Volk Gottes und nicht umgekehrt diese Berufung, damit sie der kirchlichen Gemeinschaft angehören. Kirche ist jener Sozialraum, in dem die Konkretionsleistung der Botschaft Jesu von Gott versucht, gelernt, aber auch vollbracht wird. Kirche wird darin zum Volk Gottes.[2] Denn der zentrale Inhalt der Berufung des Menschen ist der Ruf zur konkreten Gemeinschaft mit Gott und mit anderen Menschen. Diese Berufung aber ist die religiöse Basis der Würde des Menschen. Dies kirchenamtlich festgehalten zu haben, bildet den epochalen lehramtlichen Fortschritt des II. Vatikanums.

Die Berufung des Menschen durch Gott in Christus betrifft den ganzen Menschen, den Menschen sofern er nicht nur ein geistiges, sondern auch ein materielles Wesen ist, betrifft den Menschen aus Fleisch und Blut, der Leib und Seele, Herz und Gewissen, Vernunft und Willen hat. „Das zentrale Thema der Ekklesiologie des Volkes Gottes ist Gott. Er heiligt es, er leitet es, er sendet es, er will, daß es sein Volk ist, das Volk, dessen Mitglieder sich zu ihren Näch-

---

1 Vgl. GS 45.

2 Vgl. zum folgenden: *E. Klinger*, Das Volk Gottes auf dem Zweiten Vatikanum. Die Revolution in der Kirche, in: Jahrbuch für Biblische Theologie 7(1992) 305-319.

sten so verhalten, wie er sich zu ihnen verhält." Das Volk Gottes besteht aus Menschen, die bereit sind und den Mut haben zu leben und zu verkünden, daß der Gott Jesu ihr Gott ist und die deshalb alle Götzen als solche entlarven können, die bezeugen, daß Gott „ein soziales Wesen ist, daß er die Menschen mit sich und unter sich einigt, daß er die Gerechtigkeit unter ihnen ist, daß er die Hungrigen mit Gütern erfüllt und die Reichen leer ausgehen läßt".[3]

Die Kirche wendet sich in ihrer Verkündigung daher an die Menschen des Volkes Gottes, muß sich aber auch von ihnen her verstehen. Denn sie sind nicht nur Adressaten der Botschaft, sondern als Berufene Gottes auch ihr Inhalt. Sie ist die Kirche der Menschen, die Gott beruft, um einen neuen Himmel und eine neue Erde zu schaffen. Die Mitglieder der Kirche sind das Objekt und das Subjekt kirchlichen Handelns. „Sie sind ihr Objekt, sofern sie sich an sie wendet und sie sind ihr Subjekt, sofern sie sich von ihnen her versteht."[4] Träger der Pastoral sind im Volk Gottes daher auch nicht nur der Klerus oder die Hauptamtlichen, sondern alle Getauften. Um ihre Berufung zum Volk Gottes geht es.

Die beiden verfassungsgebenden Texte des Zweiten Vatikanums, „Lumen gentium" und „Gaudium et spes", verweisen in ihrer Zusammengehörigkeit die Kirche in die Spannung zwischen ihrer Aufgabe, einerseits die konkrete und damit begrenzte Gemeinschaft konkreter von Gott berufener Menschen zu sein, und andererseits als Gottes Volk die Gemeinschaft aller von Gott berufener Menschen, also aller Menschen zu sein. Dies ist die Basis der im berühmten ersten Satz von Gaudium et spes ausgesprochenen grundsätzlichen Problemsolidarität der Kirche mit den Menschen ihrer jeweiligen Gegenwart.

Als durch die Zeit wanderndes Gottesvolk hat die Kirche ihre Aufgabe, das Volk Gottes zu sein, aber dort zu lösen, wo es sich ihr stellt. Kirche kann nicht vergangenen Lösungsmustern dieses Konstitutionsproblems ihrer selbst nachtrauern. Die Kirche hat Sozialformen ihrer selbst zu entwickeln, in denen die Aussicht besteht, daß die Berufung des Menschen zu Gott erfahren und realisiert werden kann.

Wenn die Beschreibung der Landschaft, in der sich das Gottesvolk gegenwärtig bewegt, zutreffen, dann zeigt dies vor allem eins: die Ebene, auf denen diese Konkretionsleistung zentral geleistet wird, hat sich zwar verschoben, die genuin kirchliche Leistung der Konkretion der Botschaft Jesu und damit der Bildung des Volkes Gottes ist damit aber natürlich weder unnötig noch unmöglich geworden.

War es im Mittelalter die christlich legitimierte Gesamtgesellschaft, die über Ständeregeln und religiöse Codierung des Alltags diese Konkretionsleistung sozial vermittelte, war es in der halbierten Moderne des 19. und frühen 20. Jahrhunderts die Kirche als sanktionsmächtiges und beeindruckend regelungsdichtes sozial-moralisches Milieu, so ist es heute das zu seiner Freiheit verurteilte Individuum, das diese Konkretionsleistung zuletzt zu vollbringen hat: niemand kann ihm dies mehr abnehmen.

---

[3] *Klinger*, Das Volk Gottes auf dem Zweiten Vatikanum, 313.
[4] a.a.O. 311.

Die Kirche wird damit aber gerade in ihrer überindividuellen Institutionalität als Sozial- und Lernraum der Botschaft Jesu nicht überflüssig, sondern neu notwendig. Vielleicht wird gegenwärtig nur deutlicher, was die Kirche schon immer wußte: daß sie sich in ihrem Kirchesein zuletzt der Gnade Gottes verdankt. Nie war die Versuchung geringer, diese Wahrheit des Glaubens institutionalistisch zu unterlaufen. Denn noch nie, vielleicht mit Ausnahme der Anfänge der Kirche, mußte sie so sehr wie heute auf das Sich-bilden von Kirche durch die religiöse und kirchliche Kompetenz der Individuen vertrauen. Diese aber ist zuletzt Geschenk Gottes, der jeden und jede in Christus beruft, sein Volk zu sein.

Damit wird auch deutlich, woran sowohl das „Dispositiv der Dauer" wie auch jene Theologen scheitern mußten, die ausgerechnet mit einer völkischen Inkulturationstheologie das kirchenkonstitutive „Dispositiv der Dauer" überwinden wollten. Beidesmal war es das Mißtrauen gegen das Subjekt, das sie scheitern ließ: realgeschichtlich, aber auch theologisch. Zuletzt scheiterten sie an der Verachtung des Volkes Gottes, denn dieses ist das Volk der von Gott Berufenen, das Volk der vielen einzelnen.

Die Subjektferne des „Dispositivs der Dauer", seine angesichts der Beschleunigung der Moderne lähmende, weil strukturell unkreative Ungleichzeitigkeit, seine Existenzferne und tendenzielle Verachtung des Vitalen, dies war es, worunter Adam, Lortz und Schmaus gelitten hatten. So suchten sie Strukturen der Authentizität - und sie meinten, diese ausgerechnet in Hitlers Modell einer anti-modernen Moderne finden zu können. Die Authentizität aber, welche sie sich erhofften, war die Authentizität eines um seiner Subjektivität beraubten „völkischen" Subjekts.

Hitler hatte sein gesellschaftliches anti-modernistisches Moderneprojekt mit Hilfe seiner rassistischen Theologie legitimiert und hatte es nicht zuletzt in religiösen Formen realisiert; Adam, Lortz und Schmaus ihrerseits aber wollten ihre eigene Kirche mit Hilfe Hitlers anti-modern modernisieren. Die gemeinsame anti-moderne Frontstellung lag in der prinzipiellen Verdächtigung des Subjekts: es wurde bei ihnen, wie bei Hitler, als völkisch, d.h. überindividuell bestimmt gedacht. Als Mitglied des (deutschen, also eines partikulären) Volkes erst, war der einzelne wertvoll.

Das Volk der „Völkischen" ist nicht das Volk der vielen einzelnen, sondern ein vordefiniertes Volk, ein Volk, von dem man bestimmen kann, wer dazu gehört und wer nicht. Zum „Volk Gottes" aber gehören alle, Gott bestimmt, wer zu ihm gehört, denn er beruft sein Volk. Die Universalität des Gottesbegriffs wird im Begriff des „Volkes Gottes" konkret in der Anerkennung jedes einzelnen als sein mögliches Mitglied. Der Gottesbegriff verhindert im „Volk-Gottes"-Begriff eine völkische, anti-universalistische Regionalisierung des Volks-Begriffs. „Nicht nur der hegemoniale und expansive Charakter unterscheidet das 'Völkische' vom Volksbezogenen, sondern auch die Art und Weise, wie die Inhalte der eigenen Identität entdeckt und gelebt werden dürfen."[5] Nur als Gottes Volk aber ist das Volk eine Kategorie jenseits des „Völkischen".

Welcher Weg aber bleibt der Kirche in den Zeiten des biographischen Individualismus, nach dem Ende des „Dispositivs der Dauer", dem Scheitern aller anti-moderner Modernisierungsprojekte[6] und unter dem Anspruch, als Kirche das Volk Gottes zu werden?

Es wird der Kirche darum gehen müssen, die von Gott Berufenen zusammenzubringen, damit sie voneinander lernen, was es heißt, eine bestimmte spezifische Phase ihres eigenen und des sozialen Lebens, mit ihren je eigenen Problemen und Chancen, unter dem Anspruch der Botschaft Jesu von Gott zu gestalten. Diese Integration des Volkes Gottes wird auch nur den beschriebenen pastoralen Autonomismus der Gegenwart überwinden können. Dies sei an den genannten pastoralen Orten konkretisiert.

Das Laienamt der Pastoralreferent/inn/en etwa realisiert die Pluralität der Kirche strukturell und kommunikativ unvermeidbar. Es entkoppelt professionell und in den Gemeinden den Universalitätsanspruch der Kirche - zu welchem sie in ihrem Glauben verpflichtet ist - von der Alleinzuständigkeit des Priesters. Vor allem aber trägt es professionelle theologische Laienkompetenz in die Gemeinde und erfordert damit inhaltliche Auseinandersetzungsfähigkeit und individuelle Standpunktklärung, somit aber auch produktive Umgangsformen mit differenten theologischen Standpunkten. Es verlangt allgemein kommunikative, speziell aber diskursive Kompetenz: es ist ein klassisch modernes Amt, das Amt einer pluralen Kirche in einer und für eine plurale Gesellschaft.

Das Ziel eines diskursiven Umgangs mit Pluralitätsproblemen aber war eine Errungenschaft des II. Vatikanums. Es resultierte aus seiner Überwindung des pluralitätsausblendenden „Dispositivs der Dauer". Dieses Ziel auf Gemeindeebene zu realisieren, ist vordringlichste Aufgabe des Laienamtes der Pastoralreferent/inn/en.

Der Beruf der Pastoralreferent/inn/en pluralisiert die Kirche auf der Basis ihrer konziliaren Konzeption. Er differenziert die traditionelle Ämterstruktur weiter aus, dies aber gerade nicht als Ausdifferenzierung des hierarchischen Amtes[7], sondern im Sinne eines authentischen Laienamtes des II. Vatikanums. Die historische Aufgabe der Pastoralreferenten ist die Realisation der Kirche

5 *O. Fuchs*, Suche nach authentischen Erfahrungen. Volksbegehren zwischen völkischer Ideologie und volksbezogener Authentizität, in: „Wir sind Kirche". Das Kirchenvolksbegehren in der Diskussion, Freiburg/Br.-Basel-Wien 1995, 101-110, 108.

6 Worunter man mit einiger Freiheit auch den Kommunismus osteuropäischer Prägung rechnen darf: Auch er versuchte technologische Modernisierung ohne Übernahme der normativen Grundlagen der Moderne, auch in ihm wurde ein kritikimmunisiertes, gesellschaftskontrollierendes Machtzentrum installiert, dessen Anspruch, die Avantgarde des „objektiven gesellschaftlichen Fortschritts" zu sein, als schlechte, weil geheimnislose, menschenverachtende und noch dazu gottlose Geschichtstheologie bezeichnet werden kann.

7 Weswegen ich *W. Hentschels* „Grundoption, den Dienst des Pastoralreferenten langfristig mit einer Form des Weihesakraments zu verbinden" (Pastoralreferenten - Pastoralassistenten. Zur theologischen Grundlegung ihres Dienstes im Umfeld der Gemeinsamen Synode der Bistümer in der Bundesrepublik Deutschland, Eichstätt-Wien 1986, 97) nicht teile.

des Konzils; anders und inhaltlich gesagt: das Entwerfen von Kirche im Kontext gesellschaftlicher Pluralität.[8]

Pastoralreferent/inn/en haben die Aufgabe, spezifische Lebenswelten innerhalb einer soziologisch pluralen Gemeinde zur theologischen Qualifikation ihrer eigenen, je anderen Situation zu qualifizieren. Sie verkörpern damit ein ausgesprochen perspektivisches und situatives Amt. Es ist die Aufgabe dieses Laienamtes, spezifische der sich modern ausdifferenzierenden innergemeindlichen Lebenswelten nicht nur äußerlich „kennenzulernen", sondern selbst solidarisch mitzuvollziehen, sich also zur Partialität des eigenen pastoralen Ansatzes zu bekennen. Aufgabe von Pastoralreferenten wäre es, die implizite Theologie der Gläubigen zu einer angemessenen und dialogfähigen Explizität zu verhelfen, was sinnvoll natürlich nur als zweiseitiger Lernprozeß geschehen kann. Es scheint mir die existenzlegitimerende Aufgabe der Pastoralreferent/inn/en, eine *nicht-akademische kontextuelle Theologie auf Gemeindeebene* zu entwickeln, besser: zu entdecken, zu sich selbst zu verhelfen.[9] Der Beruf der Pastoralreferent/inn/en ist Zeichen der strukturellen Bereitschaft[10] einer ressourcenreichen Kirche, die Ekklesiologie des II. Vatikanums in und mit ihren Gemeinden zu realisieren.

Nun ist es eine der Konsequenzen einer aufgabenbezogenen, pastoralen Sicht der Kirche als dem wandernden Volk Gottes, Priester und Laien nicht von ihrem Unterschied her, sondern von ihrer gemeinsamen Aufgabe, das Volk Gottes zu sein, zu definieren.[11] Noch in den vorkonziliaren Entwürfen zur Kirchenkonstitution war „Volk Gottes" nur der Laienstand, nicht die ge-

---

8 Vgl. auch: *N. Mette*, Gemeinsam im Dienst einer evangelisierenden Pastoral, in: P. Hoffmann (Hrsg.), Priesterkirche, Düsseldorf 1987, 208-231, speziell 230f.

9 Dies trifft sich mit der Anregung von *Loretan*, Laien im pastoralen Dienst, 348, daß Pastoralreferenten „das urkirchliche Amt des theologischen Lehrers wieder zur Geltung bringen könnten entsprechend den pastoralen Bedürfnissen der Zeit."

10 Der Beruf des Pastoralreferenten scheint zwei sehr heterogene Gegner zu besitzen. Jene, welche gegen jegliche und jene, welche gegen professionalisierte theologische Laienkompetenz in der Gemeinde sind: ein unglückliches Bündnis von solchen, welche (vor-modern) überhaupt keine ausdifferenzierten pluralen Strukturen wollen, und jenen, welche die ersehnte Unmittelbarkeit eines nachmodernen Zeitalters jenseits moderner Professionalität, Differenzierung und Kompetenzhierarchien erstreben. Daß es die Gefahr der Entmündigung der Laien durch Laien gibt, ist natürlich unbestreitbar - und richtet Fragen an die theologische Ausbildung. Daß es aber auch die Chance der theologischen Mündigkeit von Laien und somit der Pluralisierung der religiösen Vollzüge einer Gemeinde gibt, ist ebenso unbestreitbar. Insofern ist die „Professionalisierungsfalle" (vgl.: *U. Bätz*, Die Professionalisierungsfalle. Paradoxe Folgen der Steigerung glaubensreligiösen Engagements durch professionelles Handeln, Freiburg/Schweiz 1994), wie jede Falle, eine Gefahr, aber keine Notwendigkeit. Denn in Fallen kann man, muß man aber nicht gehen. Nur nebenbei sei erwähnt, daß auch Bätz den Einsatz hauptamtlicher Laientheolog/inn/en in der Gemeinde ausdrücklich in Frage stellt (297). Überhaupt scheinen mir die peramenten Warnungen vor der „Experten-" oder „Versorgungskirche" eher Ausdruck der (von pastoraltheologschen Professionals entwickelten) Sehnsüchte nach einer gewissen vor-professionellen Unmittelbarkeit; der Blick auf die Wünsche, ja Nöte der Christinnen und Christen, die kompetente Lebens- und Glaubensbegleitung erhoffen, könnte da hilfreich sein.

11 Weswegen Ch. Friesl recht hat, wenn er schreibt, daß „die Entwicklung des Volkes Gottes Vorrang (hat) vor der Organisation der Ämter und Dienste in der Kirche" (*Friesl*, Utopie als Chance, 230) - dies aber eben nicht nur aus Gründen der pastoralen Erfordernisse, sondern der lehramtlichen Entwicklung des II.Vatikanums !

samte Kirche. Kirche im eigentlichen Sinne war nur die Hierarchie.[12] Die Option des Konzils selbst ist eindeutig: die Hierarchie ist auch Volk, und die Laien sind auch Kirche. „Volk Gottes" wird zum Gesamtbegriff der Kirche.

Wenn das herausragende pastorale und theologische Problem der Kirche in den entwickelten Gesellschaften die mangelnde innerkirchliche Verarbeitung der Pluralitätsproblematik ist, dann leiden an diesem Verarbeitungsdefizit gerade auch jene, welche im „Dispositiv der Dauer" personelle Garanten der diachronen wie synchronen Homogenität waren: die Priester. In der Pluralität des Volkes Gottes kann der Priester nur als selbst pluralismusfähiger Mensch, vor allem aber als Teil einer pluralismusfähigen Struktur überleben. Jede zentralistische Rediszіplinierung der Priester wird deshalb wahrscheinlich ausgesprochen kontraproduktive Auswirkungen haben, wird wohl eher identitätszerstörend als identitätskonstitutiv für Priester und Kirche sich auswirken, wird jedenfalls auch nicht die Konsequenzen des pastoralen Autonomismus der Gegenwart überwinden.

Volk Gottes jedenfalls, das ist die ganze Kirche, das sind alle Getauften, nicht nur jene, welche für das Volk Gottes sprechen. Priester im Sinne der Volk Gottes-Theologie des II. Vatikanums zu sein, heißt also, Priester aller Getauften zu sein. Das wiederum heißt: Priester sind nicht Träger eines spezifischen Institutionsinteresses, sondern einer Option für das Volk Gottes, einer Option also für jene, die Gott selbst erwählt hat. Begreifen sie sich tatsächlich von dieser Option her, verändert sich ihr konkretes berufliches Handeln fundamental. Es wird sich tendenziell dezentrieren aus der Mitte institutioneller kirchlicher Strukturen und verlagern hin zu Orten der wirklichen Begegnung mit dem Volk Gottes und seinen Mitgliedern.

Vielleicht ist gerade der Priester das zum Amt gewordene Bekenntnis der Kirche, daß sie außerhalb ihrer engeren institutionellen Strukturen Gott zu suchen hat. Vielleicht ist das dezidiert als heilsmittlerisch verstandene katholische Priestertum zuallererst missionarisch, diakonisch begründbar: als jener Dienst in der Kirche, der die Sicherheit der Heilszusage Gottes dort zu verkünden hat, wo diese Heilszusage völlig ungesichert scheint, wo sie nicht schon geglaubt wird, wo sie noch entdeckt werden muß, weil niemand sie dort zu finden meint.

Vielleicht ist also der Ort des Priesters nicht so sehr die institutionelle Mitte des Christentums, wo er heute angesiedelt ist, sondern sind es die Bezirke, wo Gott, aber nicht die Kirche ist. Der Priester scheint mir jener Ort der Kirche, wo das Wissen um die größere Gnade Gottes Realität und Gegenwart wird, weil es Option, Parteinahme für andere, die Armen und Marginalisierten, also für die Bevorzugten des Volkes Gottes wird.[13]

In der Moderne gelingt Verkündigung nur als Kommunikation zwischen Subjekten, als punktuelle Biographiekoppelung. Sie braucht dazu institutionelle Stützen im Sinne von dichten, wiewohl bisweilen durchaus temporären und flüchtigen Kommunikationsräumen. Christliche Verkündigung braucht Er-

---

12 Vgl. *Philips*, Die Geschichte der Dogmatischen Konstitution „Lumen gentium", 139f.

13 Vgl. dazu: *O. Fuchs*, Im Brennpunkt: Stimga. Gezeichnete brauchen Beistand, Frankfurt/M. 1993.

fahrungsfelder christlicher Konkretion. Die großen und leeren Begriffe zerstören jede Verkündigung. Leer sind sie, wo nicht spürbar wird, was sie im Leben dessen, der da redet, bedeuten, bewirken, zumindest als Hoffnung bereithalten. Das gilt für alle, die heute von Gott reden, auch für den Priester. Verkündigung bleibt dann inhaltsleer, wenn sie konkretionsunfähig, biographisch und sozial wirkungslos bleibt.

Katholische Verbände aber können den nicht-integralistischen und also nicht-totalitären Versuch der Konkretion des christlichen Glaubens auf den verschiedenen Ebenen des sozialen Lebens organisieren. Dies kann in ihnen subjektnah, prozeßhaft und plural geschehen. Denn katholische Verbände wollen den Glauben in einer spezifischen Lebenswelt und unter spezifischen gesellschaftlichen Bedingungen realisieren. Insoweit sie intern basisorientiert und erfahrungsoffen strukturiert sind, konkurrieren sie gerade nicht mit einer Gemeindewirklichkeit, die selbst am Volk-Gottes-Begriff orientiert ist. Katholische Verbände sind dann Konkretionsinstitutionen des Glaubens in spezifischen Alltagswelten. Insofern sie dies tatsächlich waren und sind, waren und sind sie damit natürlich auch immer schon mehr, als ihre eigene Theorie ihnen sagte: sie sind hierin authentische Realisationsorte von Kirche.

Zur weiteren Projektierung des notwendigen Transformationsprozesses des deutschen Katholizismus muß man daher bei den unbestreitbaren Stärken des deutschen (Verbands)-Katholizismus ansetzen. Drei sind zu nennen: erstens seine alltagsweltliche Nähe zum einzelnen Christen und die sich in einer pluralen Gesellschaft daraus notwendig ergebende interne Pluralität, zweitens seine Existenz auf allen gesellschaftlichen Ebenen und die sich daraus ergebende politische Mobilisierungs- und Optionsfähigkeit und drittens seine (potentielle) Fähigkeit zur Entgrenzung des Religiösen aus einem sektoralen Getto und die sich daraus ergebende Sachkompetenz in der Anwendung christlicher Prinzipien auf ganz konkrete Existenzprobleme.

Die politische Options- und Handlungsfähigkeit des christlichen Glaubens jenseits theokratisch-integralistischer Totalansprüche läßt sich ein auf das mühsame Geschäft der internen wie externen Meinungsbildung. Katholische Verbände waren und sind maßgeblich an der innerkirchlichen wie gesellschaftlichen Meinungsbildung zu zentralen politischen Fragen beteiligt. Sie haben Erfahrung im inneren und äußeren Pluralitätsumgang. Sie besitzen eine Tradition der problemadäquaten Meinungsbildung wie der politischen Überzeugungsarbeit im demokratischen Kontext. Sie sind darin nicht unfehlbar, aber gerade ihre Basisnähe gibt ihnen die Chance, in wesentlichen Fragen auf der Höhe der gesellschaftlichen Diskussion zu sein.

Sie müssen dies sein, wollen sie ihre eigentliche Aufgabe lösen: die sachkompetente Konkretisierung des Christlichen in spezifischen Handlungsfeldern. In katholischen Verbänden wird ganz konkret die Frage gestellt, was es für einen Arbeiter, einen Unternehmer, einen Jugendlichen heißt, Christ zu sein. Diese (berufsständische) Pluralisierung des Konkretionsproblems des Christlichen bedeutet aber angesichts der modernen Individualisierung von Lebensläufen, welche auch noch die berufsständischen Rollenzuweisungen relativiert, nur einen relativen Vorsprung in alltagsweltlicher Nähe. Nur wenn es den Verbänden tatsächlich gelingt, diese Antworten mit den Betroffenen zusammen zu entwickeln, werden sie ihre Nähe zu den sich auch unter Arbeitern, Jugendlichen, Akademikern pluralisierenden Alltagswelten behalten.

Vom konziliaren Konzept der Kirche als Volk Gottes ist aber eine Überwindung sowohl des pastoralen Integralismus wie des regionalisierten Autonomismus der einzelnen kirchlichen Organisationen und Handlungsträger gefordert und auch möglich. Im Sinne der Volk-Gottes Ekklesiologie rivalisieren die unterschiedlichen pastoralen Handlungsträger nicht miteinander, können sie vielmehr als plurales Geflecht sich ergänzender, überschneidender, interagierender Strukturen der Kirchenbildung verstanden werden. Diese Forderung nach Überwindung des pastoralen Autonomismus im Horizont der Volk-Gottes-Theologie bewirkt natürlich noch nicht ihre Realisation, stellt allerdings ein nicht-institutionalistisches Kriterium der Qualifikation der pastoralen Orte, zu denen selbstverständlich auch die vielfältigen Orte der Diakonie gehören, wie ihres konkreten Zuammenhangs bereit. Der ekklesiale Institutionalismus ist jedenfalls mit dem tendenziellen Abbau des Hierarchismus noch nicht überwunden. Die Forderung nach einer Orientierung am Volk-Gottes-Begriff zur Strukturierung der institutionellen pastoralen Arbeitszusammenhänge ist unabweisbar, will die Kirche ihrer Berufung gerecht werden, das Volk Gottes und das Sakrament des Heils in der Welt zu sein.

Nicht zuletzt um der Wahrnehmbarkeit der Einheit des Volkes Gottes willen gilt es, Räume kirchlicher Kommunikationsverdichtung zu schaffen, in denen sich das Volk Gottes als solches erlebt und konstitutiert, weil es in ihnen die konkrete Realität und Bedeutsamkeit der christlichen Botschaft entdecken kann. Kirche wird ein Raum sein müssen, wo sich die vielen unterschiedlichen Biographien zueinander öffnen können. Es wird darum gehen, punktuelle Verknüpfungen religiöser Biographien jenseits der Standespastoral, jenseits auch eines pastoralen Professionalitätssektorismus zu initiieren. Alle pastoralen Strukturen und Handlungsträger werden sich in diese Aufgabe, dem Volk Gottes zur Erfahrung seiner selbst zu verhelfen, einzuordnen haben.

Formal gesehen, wird es sich dabei immer um eine „Ordnung des Pluralen" handeln müssen. Die pluralen Biographien der hochgradig individualisierten Menschen unserer Gesellschaft mit ihren pluralen Wissens- und Sinnsystemen sind unhintergehbar und deshalb in wirklicher Problemsolidarität zu akzeptieren. In Räumen, wo dies geschieht, wird Kirche. Solche Räume gibt es: in der Diakonie, wenn Menschen erfahren, daß ihnen von Christen dort weitergeholfen wird, wo es nicht weiterzugehen scheint, in einem Zeugnis des Glaubens, das die Begriffe des Glaubens nicht zu leeren Worthülsen verkommen läßt, sondern zum Anfang der Befreiung aus der eigenen Enge, in einer kirchlichen Gemeinschaft schließlich, die nicht-triviale Orte der Begegnung untereinander und mit Gott ermöglicht.

Die Räume, in denen dies geschieht, werden offene Ränder haben müssen und zeitlich wie örtlich durchaus flüchtig sein können. Intensität und Flüchtigkeit müssen sich unter den Bedingungen strukturell erzwungener Individualität nicht widersprechen, bisweilen bedingen sie sich gar. Wenn viele zusammen ihren je eigenen Weg gehen, können sie das nur, wenn sie gerade nicht in feste

Kohorten, Gruppen und Abteilungen gesteckt werden. Diese Räume werden auch keineswegs nur mit Worten gefüllt sein, denn selbstverständlich gibt es nicht nur die Verkündigung des Wortes, sondern auch jene der Tat, weil Dogma und Pastoral nach dem II. Vatikanum gerade nicht im Modell von Lehre und Anwendung zu begreifen sind, denn das II. Vatikanum etabliert mit seiner Lehre von der Berufung des Menschen die Verbindung von Leben und Lehre auf der Ebene der Lehre selbst.

Woran es in der gegenwärtigen pastoralen Praxis offenkundig mangelt, das ist der wirkliche Austausch dieser Räume untereinander. Was weiß eine Gemeinde von der Caritas in ihrem Ort, welcher Austausch besteht zwischen jenen, die das Evangelium in der Schule und jenen, die es am Altar verkünden, wann wurde in eine Erwachenenbildungsveranstaltung zuletzt nicht ein auswärtiger Referent, sondern der kirchliche Sozialarbeiter vor Ort eingeladen? In vielen, zu sehr voreinander versteckten Feldern wird Leben aus dem Glauben versucht: es gälte sie stärker miteinander, aufgabenbezogen und erfahrungsorientiert in Kontakt zu bringen.

Vor allem aber fehlt es an einer wechselseitigen „Kultur der Anerkennung“[14] kirchlicher Orte als Orte des Volkes Gottes.[15] Ohne solch eine Kultur der Anerkennung und ohne die ihr entsprechende Haltung einer - durchaus auch kritischen - Solidarität der in der Gegenwart höchst differenzierten Orte kirchlicher Praxis fehlt diesen Orten aber die unverzichtbare loyale Außenperspektive, dominieren wechselseitige Legitimationsbemühungen, schwindet vor allem auch der reale innerkirchliche Zusammenhalt und kommt es zu Desintegration und einer gefährlichen Vereinzelung kirchlicher Praxis. Nur erwiderte Anerkennung erzeugt in pluralen Zeiten Übereinstimmung, Übereinstimmung aber alleine kollektive Identität.

Solch ein Konzept sieht sich natürlich Anfragen ausgesetzt. So jener, wie etwa die Begriffe Tradition und Institution, für die katholische Ekklesiologie bekanntlich konstitutiv, noch gedacht und pastoral realisiert werden können, oder auch dem Einwand, wie andererseits man dann der berüchtigten „Sowohl-als-auch-Falle“ einer vom Leid des anderen unbeindruckten, nur am eigenen Ich interessierten Optionslosigkeit entgehen könne.

Natürlich ist das Individuum, auf sich gestellt, überfordert, muß es, alleine gelassen, an der Konkretionsaufgabe seiner Berufung durch Gott scheitern.

---

14 Der Begriff der „Anerkennung“ wurde im Kontext der neueren Diskussion um Inter- und Multikulturalismus vor allem vom kanadischen Sozialphilosophen *Charles Taylor* entwickelt. Vgl. *Ders.*, Multikulturalismus und die Politik der Anerkennung, Frankfurt/M. 1993, 13-78. Es wäre reizvoll, die hier im politischen Kontext entwickelten Gedankengänge auf die innerkirchlichen Pluralitätsprobleme anzuwenden. Für die theologische Dimension der interkulturellen Kontraste siehe den Sammelband von *E. Arns* (Hrsg.), Anerkennung des Anderen. Eine theologische Grunddimension interkultureller Kommunikation, Freiburg/B.-Basel-Wien ²1995.

15 Daher ist der innerkirchliche Dialog auch keine Sache pastoraler Freundlichkeit, sondern eine ekklesiale Notwendigkeit der Konstitution der Kirche als Volk Gottes. Zur aktuellen Diskussion der Dialogproblematik in der deutschen Kirche vgl.: *A. Schavan* (Hrsg.), Dialog statt Dialogverweigerung, Kevelaer 1994; *Solidarität und Dialog*. Wort des ZdK v. 25. 11. 1995; *H. Heinz*, Für eine dialogische Kirche, München 1996; *G. Fürst* (Hrsg.), Dialog als Selbstvollzug der Kirche?, Freiburg/Br.-Basel-Wien 1997.

Ohne Institutionalisierung gibt es weder historische Vernetzung über die Zeiten noch soziale Vernetzung über alle gesellschaftlichen Ebenen, mithin auch kein politisches Handeln. Es geht nicht um ein weniger an Institution, sondern um die Durchführung des pastoralen Auftrags des II. Vatikanums, die eigene institutionelle Struktur an der Aufgabe der Kirche zu messen, das Volk Gottes zu sein. Diese Aufgabe ist die gemeinsame Basis von Subjekt und Institution in der Kirche. Es gibt daher das Recht der Institution, das Subjekt an diese gemeinsame Basis zu erinnern, aber auch das Recht des Subjekts, die konkreten Institutionen auf dieser Basis zu kritisieren.

Natürlich sind auch institutionelle Strukturen Realisations- oder Verleugnungsebenen des Glaubens. Denn in ihnen kann die Würde des Menschen und damit die Würde Gottes entdeckt oder unterdrückt werden, in ihnen kann in der konkreten Tat Gott selbst bezeugt oder verleugnet werden. Der Verdacht drängt sich auf, daß die Kirche gerade in der Gegenwart unter einem *spezifischen Institutionsdefizit* leidet: unter dem Defizit an Orten, wo subjekt- und erfahrungsnahe, in gegenseitiger Kritik und Hilfe das Volk Gottes zu sich und zu Gott kommt. Oder genauer gesagt: diese Orte gibt es, sie agieren aber zu sehr institutionell voneinander abgeschirmt, um zueinander in kreativen Kontrast zu treten.

Ähnlich ambivalent erscheint der Umgang mit der Tradition. Denn ohne Zweifel hat die Kirche, hat gerade der Katholizismus einen immens reichen Schatz an Riten, Praktiken, Optionen, Diskursen und Ästhetiken in der eigenen Tradition zur Verfügung. Die Kirche der Gegenwart hat die Aufgabe, diese Hinterlassenschaft, dieses Depositium wiederzugewinnen. Es wird notwendig sein, diese Schätze mehr als bisher zu entflechten aus einer Sozialform von Kirche, welche die Individualität des einzelnen allzu schnell verdächtigte. Es gibt Anzeichen, daß die Kultur der Gegenwart gerade für die Spezifika katholischer Tradition in Ritus und Tradition offener ist, als es eine sich ihrer fast schon theologischen Letztgültigkeit allzu gewisse Moderne in der Phase ihrer ersten, quasi noch unschuldigen Expansion war.

Traditionsverfügbarkeit ist in Zeiten durchgesetzter Individualisierung ein Problem der Tradition selbst. Sie kann nicht mehr auf ihre unmittelbare Zugänglichkeit mittels sozial homogener Räume hoffen. Mit dem unvermeidlichen Untergang des alten „katholischen Milieus“ sind aber viele religiösen Schätze vermeidbar mit untergegangen. Auf sie kann aber das Individuum in seiner Konkretisierungsaufgabe, kann die Kirche in ihrer Aufgabe, das Volk Gottes zu sein, nicht so leicht verzichten: unter ihrer Ausdünnung leidet die Kirche daher gegenwärtig. Warum etwa ist der große Reichtum spiritueller Traditionen so wenig verfügbar an der Basis der Kirche? Warum überläßt man die Liebe zu Ritus und Bildlichkeit jenen, die sich fälschlicherweise Traditionalisten nennen?

Es gibt in der Gegenwart eine Sehnsucht nach Religion[16] und in der Kirche vielleicht tatsächlich „einen Imperialismus der Wörtersprache über das un-

---

16 Weswegen auch neuere Entwürfe der Religionssoziologie mit einiger Plausibilität zunehmend das Konzept der „Individualisierung“ statt jenes der „Säkularisierung“ zur Kennzeichnung der religiösen Situation der Gegenwart benutzen; siehe dazu jetzt *K. Gabriel.* (Hr-

kommentierte Exerzitium der sprechenden Formen"[17]. Es gibt unglücklicherweise auch ein Monopol der kirchlichen Traditionalisten auf die Liebe zum Ritus und eine ebenso unglückliche Pädagogisierung und Dauerkommentierung des Kultes bei den gegenwartssensiblen Mitgliedern der Kirche. Doch Sprachhandeln und Handlungssprechen,[18] verbale Verkündigung und Kultus sind zu unterscheiden, gerade damit sie aufeinander bezogen werden können und in ihrer Polarität christliche Existenz erreichen.

Gerade der Katholizismus hat viele religiöse Schätze in seiner Tradition: sie sind biographieorientiert wiederzuentdecken und für das Volk Gottes zugänglich zu machen. Tradition als die erinnerte Geschichte der innovatorischen Entdeckungen des Glaubens wird jedenfalls exakt dann verraten, wenn man sie punktualisiert und historisiert, dem geschichtlichen Index des Glaubens selbst diesen Index abspricht.

Nun darf man gerade in Zeiten des Individualismus dem Individualismus nicht verfallen: Kirche hat sich auch als der prophetische Ort einer aus dem Evangelium kommenden Kritik an einer Moderne zu entwerfen, die biographische Individualisierung strukturell erzwingt, um sie inhaltlich permanent zu verraten. Denn natürlich wird der Freiheitsgewinn moderner Existenz nur allzuoft verspielt in der Banalität eines konsumistisch verflachten Lebens, natürlich ist ohne die Fähigkeit zu frei gewollter Bindung weder Solidarität noch Entschiedenheit zu haben, natürlich sperren sich die Individuen im Gefängnis der eigenen Projekte und Wünsche nur zu leicht selbst ein. Die christliche Religion relativiert die Horizonte des Ichs, weil sie von einem Horizont spricht, der alle Horizonte übersteigt. Nirgendwo stirbt der Mensch elender, als im Gehäuse seiner eigenen, absolut gesetzten Vorläufigkeiten.

Die in der saturierten Postmoderne westlicher Wohlstandsgesellschaften zumindest drohende „Sowohl-als-auch-Falle"[19] geschmäcklerischer, ichbezogener Beliebigkeit, die alles in einem großen affirmativen Gestus hinnimmt, unbeeindruckt vom Leid der Schwachen und von der Gewalttätigkeit mancher Star-

---

sg.), Religiöse Individualisierung oder Säkularisierung. Biographie und Gruppe als Bezugspunkte moderner Religiosität, Gütersloh 1996; *M. Krüggeler/P. Voll*, Säkularisierung oder Individualisierung?, in: Pastoraltheologische Informationen 12(1992) 147-164. Zum aktuellen Stand der religionssoziologischen Diskussion siehe jetzt den instruktiven Artikel von *M. N. Ebertz*, Forschungsbericht zur Religionssoziologie, in: International Journal of Practical Theology 1(1997) 268-301.

17 So *E. Nordhofen*, Der Engel der Bestreitung. Über das Verhältnis von Kunst und negativer Theologie, Würzburg 1993, 50. Siehe dazu auch: *H. G. Soeffner*, Die Ordnung der Rituale, Frankfurt/M. 1992, speziell 102-130: „Rituale des Antiritualismus - Materialien für Außeralltägliches", dazu *K. Gabriel*, Ritualisierung in säkularer Gesellschaft, in: Stimmen der Zeit 212(1994) 3-13.

18 Um eine Unterscheidung *E. Nordhofens* (vgl. Fußnote V 17) aufzugreifen.

19 Siehe hierzu: *Füssel/Sölle/Steffensky*, 11-34. Die Pluralitätsproblematik der Moderne ist allerdings eben nicht mit Verweis auf regional noch so plausible „linke" oder auch „konservative" Gewißheiten zu unterlaufen. Gerade die Theologie sollte hier eher vorsichtig sein. Zumal in der sog. Postmodernediskussion die Moderne nur jenes Problem aufgreift und auf sich selber anwendet, daß die Theologie ständig mit ihr, der Moderne, bereits hatte: wie denn Einheit und Vielheit, Ganzheit und Partialität, unbedingter Anspruch und historische Relativität zu vereinbaren seien. Vgl. hierzu: *Bucher*, Die Theologie in postmodernen Zeiten, 189-191.

ker, in sie stolpert man tatsächlich, wenn man Religion einbaut in ein System der reinen ichbezogenen Erlebnismaximierung.[20] In solch einem System verkommt tatsächlich alles: die Beziehungsfähigkeit, der Glaube, zuletzt das Individuum selbst.

Vielleicht ergibt sich damit auch eine Kriteriologie für die Kirchenbildung in der Gegenwart: ob in ihren Institutionen die Traditionen des Glaubens so erfahren werden können, daß gerade die prophetische, die kritische, die solidarisierende, die das eigene Ich übersteigende Kraft der Botschaft Jesu auch wirklich entdeckbar bleibt.

Niemand in der Kirche darf sich der Aufgabe entziehen, das Volk Gottes zu werden. Denn Kirchenbildung „ist Bildung des Volkes Gottes zu einer Gemeinschaft in Christus und die Aufgabe aller Pastoral".[21]

---

20 Zu dieser Tendenz der Gegenwart siehe: *G. Schulze*, Die Erlebnisgesellschaft, Frankfurt/M. 1992.

21 *Klinger*, Kirchenbildung, 204.

QUELLEN- UND LITERATURVERZEICHNIS

Zur Zitation:

Literaturangaben in den Fußnoten werden beim ersten Erscheinen mit vollständigen bibliographischen Angaben notiert, danach mit einem Kurztitel. Das Quellen- und Literaturverzeichnis enthält neben der Primärliteratur die zitierten Arbeiten sowie ausgewählte weitere Sekundärliteratur. Auf Abkürzungen wurde weitgehend verzichtet.

A. Ungedruckte Quellen

Staatsarchiv Nürnberg,
NS Mischbestand (Sam. Streicher)
Stadtarchiv Erlangen
Hitler-Reden: III.220.H.1.
Diözesanarchiv Rottenburg
Nachlaß Karl Adam (N 67):
- Korrespondenz: Innerkirchliche Reform, Verhältnis Kirche-Reich (Nr. 31)
- Die geistige Lage des deutschen Katholizismus, Vortrag in Aachen vom 10.12.1939 (Nr. 32)
- Deutsches Volkstum und katholisches Christentum (Fortsetzung) (Nr. 34)

B. Gedruckte Quellen und Primärliteratur

ADAM Karl, Der Antimodernisteneid und die theologischen Fakultäten, in: Die Wahrheit 45(1910) 83-85

ADAM Karl, Glaube und Glaubenswissenschaft im Katholizismus. Vorträge und Aufsätze, Rottenburg 1923

ADAM Karl, Deutsches Volkstum und katholisches Christentum, in: Theologische Quartalschrift 114(1933) 40-63

ADAM Karl, Christus und das deutsche Volk, in: Deutsches Volksblatt 86(1934), Nr. 18 (23.1.1934); Die Erlösungstat Jesu Christi, in: ebd. Nr. 19 (24.1.1934)

ADAM Karl, Jesus Christus und der Geist unserer Zeit. Ein Vortrag von Karl Adam, Augsburg 1935

ADAM Karl, Gesammelte Aufsätze zur Dogmengeschichte und Theologie der Gegenwart, hrsg. von F. Hofmann, Augsburg 1936

ADAM Karl, Jesus der Christus und wir Deutsche, in: Wissenschaft und Weisheit 10(1943) 73-103 und 11(1944) 10-23

ADAM Karl, Das Wesen des Katholizismus, Düsseldorf ^{13}1954 (Erstauflage: Augsburg 1924)

ADOLPH Walter, Geheime Aufzeichnungen aus dem nationalsozialistischen Kirchenkampf 1935-1943, bearb. von U. v. Hehl, Mainz 1979

BOBERACH Heinz, Berichte des SD und der Gestapo über Kirchen und Kirchenvolk in Deutschland 1934-1944, Mainz 1971

BOEPPLE Ernst (Hrsg.), Adolf Hitlers Reden, München ^{2}1933

DENZINGER Heinrich (Hrsg.), Kompendium der Glaubensbekenntnisse und kirchlichen Lehrentscheidungen, verb., erw., ins Dt. übertr. u. unter Mitarb. v. Helmut Hoping hrsg. von Peter Hünermann, Freiburg/Br.-Basel-Rom-Wien ^{37}1991

DER PASTORALE DIENST IN DER PFARRGEMEINDE, hrsg. vom Sekretariat der Deutschen Bischofskonferenz, Bonn 1995

DOMARUS Max, Hitler, Reden und Proklamationen 1932-1945. Kommentiert von einem deutschen Zeitgenossen, 4 Bde., 4. Aufl., Leonberg 1988

FAULHABER Michael von, Waffen des Lichts. Gesammelte Kriegsreden, Freiburg/Br. 1915

FAULHABER Michael von, Der Krieg im Lichte des Evangeliums, München o. J. (ca. 1915)

FAULHABER Michael von, Charakterbilder der biblischen Frauenwelt, Dritte, verbesserte Auflage, Paderborn 1916

FAULHABER Michael von, Das Schwert des Geistes. Feldpredigten im Weltkrieg, 3. und 4. unveränderte Auflage, Freiburg/Br. 1918
FAULHABER Michael von, Deutsches Ehrgefühl und katholisches Gewissen, München 1925
FAULHABER Michael von, Zeitfragen und Zeitaufgaben. Gesammelte Reden, Freiburg/Br. 1928
FAULHABER Michael von, Rufende Stimmen in der Wüste der Gegenwart. Gesammelte Reden, Predigten, Hirtenbriefe, Freiburg/Br. 1931
FAULHABER Michael von, Zeitrufe Gottesrufe. Gesammelte Predigten, Freiburg/Br. 1932
FAULHABER Michael von, Das Alte Testament und seine Erfüllung im Christentum. Erste Adventspredigt von Kardinal Faulhaber in St. Michael zu München am 3. Dez. 1933, München o. J.
FAULHABER Michael von, Die sittlichen Werte des Alten Testaments und ihre Aufwertung im Evangelium. Zweite Adventspredigt von Kardinal Faulhaber in St. Michael zu München am 10. Dez. 1933, München o. J.
FAULHABER Michael von, Die sozialen Werte des Alten Testaments. Dritte Adventspredigt von Kardinal Faulhaber in St. Michael zu München am 17. Dez. 1933, München o. J.
FAULHABER Michael von, Der Eckstein zwischen Judentum und Christentum. Vierte Adventspredigt von Kardinal Faulhaber am Vorabend des Weihnachtsfestes 1933 in St. Michael zu München, München o. J.
FAULHABER Michael von, Christentum und Germanentum. Licht und Finsternis, Silvesterpredigt von Kardinal Faulhaber in St. Michael zu München am 31. Dezember 1933, München o. J.
FAULHABER Michael von, Christentum und Heidentum. Eine Predigt bei der Bruder Konrad-Feier in Altoetting am 8. September 1934, München o. J.
FAULHABER Michael von, Münchener Kardinalspredigten, München 1936
FEDER Gottfried (Hrsg.), Das Programm der NSDAP und seine weltanschaulichen Grundlagen, München ^{4}1928
FRÖHLICH Elke (Hrsg.), Die Tagebücher von Joseph Goebbels. Sämtliche Fragmente, Teil I: Aufzeichnungen 1924-1930, 4 Bde., München-New York-London-Paris 1987
HEINER Franz, Der neue Syllabus Pius' X. oder Dekret des Hl. Offiziums „Lamentabili" vom 3. Juli 1907, dargestellt und kommentiert von F. Heiner, 2., verbesserte und vermehrte Auflage, Mainz 1908
HEINER Franz, Die Maßregeln Pius' X. gegen den Modernismus nach der Enzyklika Pascendi vom 8. Sept. 1907 mit dem Motu Proprio vom 1. Sept. 1910, verteidigt und erläutert von F. Heiner, Paderborn 1910
HENNEMANN Karl (Hrsg.), Herman Schell im Lichte zeitgenössischer Urteile bei seinem Tode, Paderborn 1909
HIRTENWORT DER DEUTSCHEN BISCHÖFE ZUR KATHOLISCHEN LITERATUR DER GEGENWART vom 21.10.1955, o. O.
HITLER Adolf, Sämtliche Aufzeichnungen 1905-1924, hrsg. von E. Jäckel zusammen mit A. Kuhn, Stuttgart 1980
HITLER Adolf, Mein Kampf, München ^{62}1933 (Erstauflage 1925)
HITLER Adolf, Die Rede Adolf Hitlers in der ersten großen Massenversammlung (Münchener Bürgerbräu-Keller vom 27.1.1925) bei Wiederaufrichtung der NSDAP, München o. J. (1925)
HITLER Adolf, Das Recht der Deutschen Arbeit. Adolf Hitler und Staatsrat Dr. Ley zum Recht der Arbeit. Zusammengestellt von Dr. Karl Sell, München 1933
HITLER Adolf, Die Reden Hitlers als Kanzler. Das junge Deutschland will Arbeit und Frieden, München ^{2}1934
HITLER Adolf, Die Rede des Führers Adolf Hitler am 30. Januar 1934 im Deutschen Reichstag nebst dem Gesetz über den Neuaufbau des Deutschen Reiches, Leipzig o. J.
HITLER Adolf, Die Reden Hitlers am Reichsparteitag 1933, München o.J. (1934)
HITLER Adolf, Die Reden Hitlers am Parteitag der Freiheit 1935, München 1935
HITLER Adolf, Des Führers Kampf um den Weltfrieden, München ^{3}1936
HITLER Adolf, Rede des Führers und Reichskanzlers Adolf Hitler vor dem Reichstag am 7.3. 1936, Berlin o. J.
HITLER Adolf, Reden des Führers am Parteitag der Ehre 1936, ^{2}1936, München 1936
HITLER Adolf, Rede des Führers und Reichskanzlers Adolf Hitler vor dem Reichstag am 30. Januar 1937, Berlin 1937
HITLER Adolf, Ausgewählte Reden des Führers 1938. Sonderausgabe für die Wehrmacht, München 1938
HITLER Adolf, Führerbotschaft an Volk und Welt, Reichstagsrede vom 20.2.1938, München 1938
HITLER Adolf, Reden des Führers am Parteitag der Arbeit 1937, München 1938
HITLER Adolf, Reden des Führers auf dem Parteitag Großdeutschlands, München ^{7}1939

HITLER Adolf, Der Führer vor dem ersten Reichstag Großdeutschlands. Reichstagsrede vom 30.1.1939, München 1939
HITLER Adolf, Kampf bis zum Sieg. Rede des Führers vor der Alten Garde am 8. 11. 1940, München o. J.
HITLER Adolf, Monologe im Führerhauptquartier 1941-1944. Die Aufzeichnungen Heinrich Heims, hrsg. von W. Jochmann, Bindlach 1988 (Sonderausgabe; Erstausgabe Hamburg 1980)
HITLER Adolf, Reden, Schriften und Anordnungen Februar 1925 - Januar 1933, München 1992 ff, Bd. I: Die Wiedergründung der NSDAP: Februar 1925 - Juni 1926, 1992; Bd. II: Vom Weimarer Parteitag bis zur Reichstagswahl: Vom Juli 1926 - Mai 1928 (2 Teilbände) 1992; Bd. III: Zwischen den Reichstagswahlen: Juli 1928 - September 1930 (3 Teilbände) 1994f; Bd. IV: Von der Reichstagswahl bis zur Reichspräsidentenwahl: Oktober 1930 - März 1932, (3 Teilbände 1994 ff; Bd. V: Von der Reichspräsidentenwahl bis zur Machtergreifung: April 1932 - Januar 1933, (erschienen Teilband 1: April 1932 - September 1932, 1996)
HUDAL Alois, Die Grundlagen des Nationalsozialismus. Eine ideengeschichtliche Untersuchung, Leipzig-Wien 1937
JOCHMANN Werner (Hrsg.), Im Kampf um die Macht. Hitlers Rede vor dem Hamburger Nationalklub, Frankfurt/M. 1960
KATHOLISCHE VERBÄNDE. STUDIENTAG DER VOLLVERSAMMLUNG DER DEUTSCHEN BISCHOFSKONFERENZ, 21.9.1988, hrsg. vom Sekretariat der Deutschen Bischofskonferenz, Bonn o. J. (1988)
KIRCHLICHES HANDBUCH. Statistisches Jahrbuch der Bistümer im Bereich der Deutschen Bischofskonferenz, hrsg. v. Sekretariat der DBK, Bonn, Bd. XXIX (1976-1986) 1989; Bd. XXX (1987-1988), 1990; Bd. XXXI (1989-1990), 1992
KRETSCHMAR Georg, Dokumente zur Kirchenpolitik des Dritten Reiches, 2 Bde., München 1971/75
LANDMESSER Franz Xaver, Die Eigengesetzlichkeit der Kultursachgebiete, Köln-München-Wien 1926
LANDMESSER Franz Xaver, Die religiöse Formkraft des Katholizismus in der Zeit, Augsburg 1934
LÖFFLER Peter (Bearb.), Bischof Clemens August Graf von Galen. Akten, Briefe und Predigten 1933-1946, 2. erw. u. durchgeseh. Aufl., 2 Bde. Mainz 1996
LORTZ Joseph, Katholische Renaissance oder dogmenfreie Religiosität? Ein Stück moderner Studentenseelsorge, Würzburg 1926
LORTZ Joseph, Kirchengeschichtliche Grundzüge der Neuzeit in ideengeschichtlicher Betrachtung (Allgemeine Kennzeichnung der Neuzeit), in: Zeitschrift für den katholischen Religionsunterricht an höheren Lehranstalten 8(1931) 6-26
LORTZ Joseph, Katholischer Zugang zum Nationalsozialismus - kirchengeschichtlich gesehen, Münster 1933
LORTZ Joseph, Methodologisches zur Kritik in der Kirchengeschichte, in: Zeitschrift für den katholischen Religionsunterricht an höheren Lehranstalten 10(1933) 105-120
LORTZ Joseph, Um Luther, in: Zeitschrift für den katholischen Religionsunterricht an höheren Lehranstalten 10(1933) 193-207
LORTZ Joseph, Katholisch und doch nationalsozialistisch, in: Germania v. 28.1.1934
LORTZ Joseph, Katholischer Zugang zum Nationalsozialismus. Ideologie oder Wirklichkeit?, in: Germania v. 4.2.1934
LORTZ Joseph, Unser Kampf um das Reich, in: Germania v. 6.5.1934
LORTZ Joseph, Geschichte der Kirche in ideengeschichtlicher Betrachtung. Eine Sinndeutung der christlichen Vergangenheit in Grundzügen, Münster ^{4}1935 (erste Auflage: 1932)
LORTZ Joseph, Dogma und Freiheit - kirchengeschichtlich, in: Ph. Weindel/R. Hofmann (Hrsg.), Der Mensch vor Gott. Beiträge zum Verständnis der menschlichen Gottesbegegnung, Düsseldorf 1948, 378-398
LORTZ Joseph, Sind wir Christen tolerant?, in: Hochland 50(1957) 430-445
LORTZ Joseph, Tradition im Umbruch, Wiesbaden 1959
LORTZ Joseph, Mein Umweg zur Geschichte, Wiesbaden 1960
LORTZ Joseph, Kirche und wir in der Krise, in: Lebendiges Zeugnis 1(1974) 9-30
LORTZ Joseph, Erneuerung und Einheit. Aufsätze zur Theologie- und Kirchengeschichte, hrsg. v. P. Manns, Stuttgart 1987
LOTHER Helmut, Neugermanische Religion und Christentum. Eine kirchengeschichtliche Vorlesung, Gütersloh 1934

MASER Werner (Hrsg.), Hitlers Briefe und Notizen. Sein Weltbild in handschriftlichen Dokumenten, Düsseldorf-Wien 1973
MENSCHING Gustav, Der Katholizismus. Sein Stirb und Werde, Leipzig 1937
MICHELITSCH Anton, Der biblisch-dogmatische „Syllabus" Pius'X. samt der Enzyklika gegen den Modernismus, Graz-Wien ²1908
PHELPS Reginald H., Hitlers „grundlegende" Rede über den Antisemitismus, in: Vierteljahrshefte für Zeitgeschichte 16(1968) 390-418
PICKER Henry (Hrsg.), Hitlers Tischgespräche im Führerhauptquartier 1941-1942. Im Auftrag des Verlags neu hrsg. von P. E. Schramm, Stuttgart 1965
PREISS Heinz, Adolf Hitler in Franken. Reden aus der Kampfzeit, o. O., o. J. (Nürnberg 1939)
RAHMENSTATUT FÜR PASTORALREFERENTEN/PASTORALREFERENTINNEN IN DEN BISTÜMERN DER BUNDESREPUBLIK DEUTSCHLAND, in: Rahmenstatuten und -ordnungen für Gemeinde- und Pastoralreferenten/Pastoralreferentinnen vom 10.3.1987, hrsg. vom Sekretariat der Deutschen Bischofskonferenz, Bonn o. J. (1987), 33-40
ROSENBERG Alfred, Der Mythus des 20. Jahrhunderts, 17. - 20. Auflage, München 1934
SCHELL Herman, Der Katholicismus als Princip des Fortschritts, Würzburg ²1897
SCHELL Herman, Die neue Zeit und der alte Glaube. Eine culturgeschichtliche Studie, Würzburg 1898
SCHELL Herman, Christus. Das Evangelium und seine weltgeschichtliche Bedeutung, Mainz 1903
SCHELL Herman, Apologie des Christentums, Bd. I: Religion und Offenbarung, Paderborn 1902
SCHELL Herman, Apologie des Christentums, Bd. II: Jahwe und Christus, Paderborn 1905
SCHELL Herman, Kleinere Schriften, hrsg. v. K. Hennemann, Paderborn 1908
SCHELL Herman, Briefe an einen jungen Theologen, hrsg., eingeleitet und kommentiert von Josef Hasenfuß, München-Paderborn-Wien 1974
SCHLUND Erhard, Neugermanisches Heidentum im heutigen Deutschland, München 1924
SCHMAUS Michael, Begegnungen zwischen katholischem Christentum und nationalsozialistischer Weltanschauung, Münster ³1934
SCHMITT Carl, Römischer Katholizismus und politische Form, München ²1925
SCHMITT Carl, Staat, Bewegung, Volk, Hamburg 1934
SCHÖPPE Lothar (Hrsg.), Konkordate seit 1800, Frankfurt/M.-Berlin 1964
SCHOLL Inge, Die Weiße Rose. Erweiterte Neuausgabe, Frankfurt/M. 1993
SCHREIBEN DER DEUTSCHEN BISCHÖFE ÜBER DEN PRIESTERLICHEN DIENST VOM 24.9.1992, hrsg. v. Sekretariat der Deutschen Bischofskonferenz, Bonn o. J. (1992)
SENDSCHREIBEN KATHOLISCHER DEUTSCHER AN IHRE VOLKS- UND GLAUBENSGENOSSEN. Im Auftrag eines Arbeitskreises katholischer Theologen und Laien hrsg. von K. Brombacher und E. Ritter, Münster ²1936
SOLIDARITÄT UND DIALOG. Wort des Zentralkomitees der deutschen Katholiken zum 30. Jahrestag der feierlichen Verabschiedung der Pastoralkonstitution des Zweiten Vatikanischen Konzils „Gaudium et spes" v. 25. 11. 1995, hrsg. v. Generalsekretariat des ZdK, Bonn 1995
SPEER Albert, Erinnerungen, Berlin 1969
STASIEWSKI Bernhard (Bearb.), Akten deutscher Bischöfe über die Lage der Kirche 1933-1945, Bd. I: 1933-1934, Mainz 1968
TREVOR-ROPER Hugh/FRANÇOIS-PONCET André, Hitlers politisches Testament. Mit einem Essay v. H. R. Trevor-Roper und einem Nachwort v. A. François-Poncet, Hamburg 1981
TURNER H. A. (Hrsg.), Hitler aus nächster Nähe. Aufzeichnungen eines Vertrauten. 1929-1932, Frankfurt/M.-Berlin-Wien 1978
TYRELL Albrecht (Hrsg.), Führer befiehl ... Selbstzeugnisse aus der „Kampfzeit" der NSDAP, Düsseldorf 1969
TYRELL Albrecht, Vom „Trommler" zum „Führer". Der Wandel von Hitlers Selbstverständnis zwischen 1919 und 1924 und die Entwicklung der NSDAP, München 1975
VELMEDE August Friedrich (Hrsg.), Dem Führer. Worte deutscher Dichter, o. O., o. J (1941), Tornisterschrift des Oberkommandos der Wehrmacht, Heft 37
VOLK Ludwig (Bearb.), Akten deutscher Bischöfe über die Lage der Kirche 1933-1945, Bd. IV: 1936-1939, Mainz 1981; Bd. V: 1940-1942, Mainz 1983; Bd. VI: 1943-1945, Mainz 1985
VOLK Ludwig (Bearb.), Akten Kardinal Michael von Faulhabers 1917-1945, Bd. I: 1917-1934, Mainz 1975; Bd. II: 1935-1945, Mainz 1978
WITETSCHEK Helmut, Die kirchliche Lage in Bayern nach den Regierungspräsidentenberichten 1933-1943, I: Regierungsbezirk Oberbayern, Mainz 1966
WORT DER DEUTSCHEN BISCHÖFE ZUR STELLUNG DER VERBÄNDE IN DER KIRCHE vom 7.3.1990, hrsg. vom Sekretariat der Deutschen Bischofskonferenz, Bonn o. J. (1990)

WORT DER DEUTSCHEN BISCHÖFE AUS ANLASS DES 50. JAHRESTAGES DER BEFREIUNG DES VERNICHTUNGSLAGERS AUSCHWITZ vom 27. Januar 1995, in: Orientierung 59(1995) 26-27

C. Sekundärliteratur

ACH Manfred/PENTROP Clemens, Hitlers „Religion“. Pseudoreligiöse Elemente im nationalsozialistischen Sprachgebrauch, o. O. 1977

ADAMS Uwe Dietrich, Hochschule und Nationalsozialismus. Die Universität Tübingen im Dritten Reich, Tübingen 1977

ALBERIGO Giuseppe, Die Situation des Christentums nach dem Vatikanum II, in: Ders./Y. Congar/H. J. Pottmeyer (Hrsg.), Kirche im Wandel, Düsseldorf 1982, 15-44

ALBERIGO Guiseppe/CONGAR Yves/POTTMEYER Hermann J. (Hrsg.), Kirche im Wandel. Eine kritische Zwischenbilanz nach dem Zweiten Vatikanum, Düsseldorf 1982

ALBERIGO Guiseppe/WITTSTADT Klaus (Hrsg.), Ein Blick zurück - nach vorn: Johannes XXIII. Spiritualität, Theologie, Wirken, Würzburg 1992

ALBERIGO Guiseppe/WITTSTADT Klaus (Hrsg.), Geschichte des Zweiten Vatikanischen Konzils (1959-1965), Bd.I: Die katholische Kirche auf dem Weg in ein neues Zeitalter. Die Ankündigung und Vorbereitung des Zweiten Vatikanischen Konzils (Januar 1959-1962), Mainz 1997

ALBRECHT Dieter (Hrsg.), Katholische Kirche im Dritten Reich, Mainz 1976

ALTERMATT Urs, Katholizismus und Moderne. Zur Sozial- und Mentalitätsgeschichte der Schweizer Katholiken im 19. und 20. Jahrhundert, Zürich 1989

ALTERMATT Urs, Prolegomena zu einer Alltagsgeschichte der katholischen Lebenswelt, in: Theologische Quartalschrift 173(1993) 259-271

ALTGELD Wolfgang, Katholizismus, Protestantismus, Judentum. Über religiös begründete Gegensätze und nationalreligiöse Ideen in der Geschichte des deutschen Nationalismus, Mainz 1992

ALTGELD Wolfgang, Zur Geschichte der Widerstandsforschung. Überblick und Auswahlbibliographie, in: R. Lill/H. Oberreuter (Hrsg.), 20. Juli. Portraits des Widerstands, aktualisierte und überarbeitete Neuausgabe Düsseldorf-Wien 1994, 522-542

ALTMANN Wolfgang, Die Judenfrage in ev. und kath. Zeitschriften zwischen 1918 und 1933, Ev.-theol-Fak.- Diss., Univ. München 1971

ALTNER Günter, Weltanschauliche Hintergründe der Rassenlehre des Dritten Reiches. Zum Problem einer umfassenden Anthropologie, Zürich 1968

ALWAST Jendris, Theologie im Dienste des Nationalsozialismus. Mentalitätsanalyse als Schlüssel zum Verständnis der Anfälligkeit von Theologen für den Nationalsozialismus. Eine sozialpsychologische Untersuchung der NS-Theologie von Emanuel Hirsch, in: L. Siegele-Wenschkewitz/C. Nicolaisen (Hrsg.), Theologische Fakultäten im Nationalsozialismus, Göttingen 1993, 199-222

ALY Götz/HEIM Susanne, Vordenker der Vernichtung. Auschwitz und die deutschen Pläne für eine neue europäische Ordnung, Hamburg 1991

ANGEHRN Emil, Geschichtsphilosophie, Stuttgart-Berlin-Köln-Mainz 1991

ARBEITSKREIS FÜR KIRCHLICHE ZEITGESCHICHTE, Katholiken zwischen Tradition und Moderne. Das katholische Milieu als Forschungsaufgabe, in: Westfälische Forschungen 43(1993) 588-654

ARDELT Rudolf, Anmerkungen zur antimodernistischen Ekklesiologie, in: E. Weinzierl (Hrsg.), Der Modernismus. Beiträge zu seiner Erforschung, Graz-Wien-Köln 1974, 257-282

ARETIN Karl Otmar von, Das Reich: Friedensgarantie und europäisches Gleichgewicht 1648-1806, Stuttgart 1986

ARETIN Karl Otmar von, Die Kirchen in der Krise der Weimarer Republik, in: A. Mehl/W. Ch. Schneider (Hrsg.), Reformatio et reformationes, Darmstadt 1989, 403-414

ARETZ Jürgen/MORSEY Rudolf/RAUSCHER Anton (Hrsg.), Zeitgeschichte in Lebensbildern, Bd. VII, Mainz 1994

ARNS Edmund (Hrsg.), Anerkennung des Anderen. Eine theologische Grunddimension interkultureller Kommunikation, Freiburg/Br.-Basel-Wien [2]1995

AUBERT Robert, Karl Adam, in: H. J. Schultz (Hrsg.), Tendenzen der Theologie im 20. Jahrhundert, Stuttgart 1966, 156-162

AUBERT Robert, Die Theologie während der ersten Hälfte des 20. Jahrhunderts, in: H. Vorgrimler/R. Vander Gucht (Hrsg.), Bilanz der Theologie im 20. Jahrhundert, Bd. II, Freiburg/Br.-Basel-Wien 1969, 7-70

AUBERT Robert, Die modernistische Krise, in: Handbuch der Kirchengeschichte, hrsg. v. H. Jedin, Bd. VI/2, Freiburg/Br. 1973, 435-500

AUBERT Robert, Die Enzyklika „Aeterni Patris" und die weiteren Stellungnahmen zur christlichen Philosophie, in: Christliche Philosophie im katholischen Denken des 19. und 20. Jahrhunderts, hrsg. v. E. Coreth/W. Neidl/G. Pfligersdorfer, Bd. II, Graz-Wien-Köln 1988, 310-332

BACKES Uwe/JESSE Eckhard/ZITELMANN Rainer, Die Schatten der Vergangenheit. Impulse zur Historisierung des Nationalsozialismus, Frankfurt/M.-Berlin 1990

BALTHASAR Hans Urs von, Integralismus, in: Wort und Wahrheit 18(1963) 737-744

BÄTZ Ulrich, Die Professionalisierungsfalle. Paradoxe Folgen der Steigerung glaubensreligiösen Engagements durch professionelles Handeln - dargestellt am Beispiel der Verkirchlichung pfarrgemeindlicher „Verlebendigungspraktiken" durch hauptamtliche Laientheologen, Freiburg/Schweiz 1994

BÄRSCH Claus-Ekkehard, Das „Dritte Reich" des Dichters Dietrich Eckhard, Freund und Förderer Adolf Hitlers, in: Zeitmitschrift. Journal für Ästhetik, Sonderheft „1939: Und immer noch war Deutschland nicht erlöst", Düsseldorf 1988, 57-91

BÄRSCH Claus-Ekkehard, Das Erhabene und der Nationalsozialismus, in: Merkur 43(1989) 777-790

BÄRSCH Claus-Ekkehard, Erlösung und Vernichtung. Dr. phil. Goebbels. Zur Psyche und Ideologie eines jungen Nationalsozialisten, München 1987

BÄUMER Franz-Josef, Zur katholischen Pastoraltheologie im Nationalsozialismus, in: Kirche und Judentum 11(1996) 62-73

BARZ Heiner, Postmoderne Religion. Die junge Generation in den Alten Bundesländern, Opladen 1992

BAUMEISTER Martin, Parität und katholische Inferiorität. Untersuchungen zur Stellung des Katholizismus im Deutschen Kaiserreich, Paderborn 1987

BÄUMER Franz-Josef, Fortschritt und Theologie. Philosophische und theologische Überlegungen zum Fortschrittsgedanken, Frankfurt/M.-Bern-New York 1985

BANKIER David, Die öffentliche Meinung im Hitler-Staat. Die „Endlösung" und die Deutschen, Berlin 1995

BAUMANN Zygmunt, Dialektik der Ordnung. Die Moderne und der Holocaust, Hamburg 1992

BAUMANN Zygmunt, Moderne und Ambivalenz. Das Ende der Eindeutigkeit, Hamburg 1992

BAUMGARTNER Alois, Sehnsucht nach Gemeinschaft. Ideen und Strömungen im Katholizismus der Weimarer Republik, Paderborn 1977

BAUMGARTNER Hans Michael, Lebensphilosophie, in: H. Vorgrimler/R. Vander Gucht (Hrsg.), Bilanz der Theologie im 20. Jahrhundert, Bd. I, Freiburg/Br.-Basel-Wien 1969, 290-296

BAUMGARTNER Hans Michael, Geschichte, Geschichtsphilosophie, in: Staatslexikon, hrsg. v. d. Görresgesellschaft, 7. Auflage, Bd. II, Freiburg/Br.-Basel-Wien 1986, 924-936

BAUMGARTNER Hans Michael, Philosophie der Geschichte nach dem Ende der Geschichtsphilosophie. Bemerkungen zum gegenwärtigen Stand des geschichtsphilosophischen Denkens, in: Allgemeine Zeitschrift für Philosophie 12(1987) 1-21

BAUMGÄRTNER Raimund, Weltanschauungskampf im Dritten Reich. Die Auseinandersetzung der Kirchen mit Alfred Rosenberg, Mainz 1977

BECK Ulrich, Risikogesellschaft. Auf dem Weg in eine andere Moderne, Frankfurt/M. 1986

BECK Ulrich/BECK-GERNSHEIM Elisabeth (Hrsg.), Riskante Freiheiten. Individualisierung in modernen Gesellschaften, Frankfurt/M. 1994

BECKER Hansjakob, „Liturgie" im Dienst der Macht. Nationalsozialistischer Totenkult als säkularisierte christliche Paschafeier, in: Universität im Rathaus, Bd. II, Mainz o. J. (1982), 56-86

BECKERS Herman-Josef/WITTRAHM Andreas (Hrsg.), Wertwandel. Wandel der Lebensformen und Pastoral, Mönchengladbach 1993

BEHRENBECK Sabine, Der Kult um die toten Helden. Nationalsozialistische Mythen, Riten und Symbole 1923-1945, Vierow/Greifswald 1996

BEINERT Wolfgang (Hrsg.), Glaube als Zustimmung. Zur Interpretation kirchlicher Rezeptionsvorgänge, Freiburg/Br.-Basel-Wien 1991

BEINERT Wolfgang, „Katholischer" Fundamentalismus. Häretische Gruppen in der Kirche?, Regensburg 1991

BEINTKER Michael, Die Frage nach Gottes Wirken im geschichtlichen Leben, in: Zeitschrift für Theologie und Kirche 90(1993) 442-461

BENZ Ernst, Die Stellung des Modernismus zur päpstlichen Autorität, in: E. Weinzierl (Hrsg.), Die päpstliche Autorität im katholischen Selbstverständnis des 19. und 20. Jahrhunderts, Salzburg-München 1970, 85-108

BERGER Johannes (Hrsg.), Die Moderne - Kontinuitäten und Zäsuren, Göttingen 1986

BERGER Johannes, Modernitätsbegriffe und Modernitätskritik in der Soziologie, in: Soziale Welt 39(1988) 224-236

BERGER Peter, Der Zwang zur Häresie. Religion in der pluralistischen Gesellschaft, Freiburg/Br.-Basel-Wien 1992

BERGER Peter/LUCKMANN Thomas, Die gesellschaftliche Konstruktion der Wirklichkeit. Eine Theorie der Wissenssoziologie, Frankfurt/M. 1969

BERNING Vincent, Das Denken Herman Schells. Die philosophische Sytematik seiner Theologie genetisch entfaltet, Essen 1964

BERNING Vincent, Gott, Geist und Welt. Herman Schell als Philosoph und Theologe, München-Paderborn-Wien 1978

BLASCHKE Olaf, Wider die „Herrschaft des modern-jüdischen Geistes“: Der Katholizismus zwischen traditionellem Antijudaismus und modernem Antisemitismus, in: W. Loth (Hrsg.), Deutscher Katholizismus im Umbruch zur Moderne, Stuttgart-Berlin-Köln 1991, 236-265

BLASCHKE Olaf, Katholizismus und Antisemitismus im Deutschen Kaiserreich, Göttingen 1997

BLEICKERT Günther, Herman Schell (1950-1906), in: H. Fries/G. Schwaiger (Hrsg.), Katholische Theologen Deutschlands im 19. Jahrhundert, Bd. III, München 1978, 300-328

BLESSING Werner, „Deutschland in Not, wir im Glauben...“. Kirche und Kirchenvolk in einer katholischen Region 1933-1949, in: M. Broszat/K.-D. Henke/H. Woller (Hrsg.), Von Stalingrad zur Währungsreform. Zur Sozialgeschichte des Umbruchs in Deutschland, München 1988, 3-111

BLEUEL Hans Peter/KLINNERT Ernst, Deutsche Studenten auf dem Weg ins Dritte Reich. Ideologien-Programme-Aktionen 1918-1935, Gütersloh 1967

BLUMENBERG Hans, Lebenszeit und Weltzeit, Frankfurt/M. ^{3}1986

BÖCKENFÖRDE Ernst-Wolfgang, Der deutsche Katholizismus im Jahre 1933. Eine kritische Betrachtung, in: Hochland 53(1960/61) 215-239

BÖCKENFÖRDE Ernst-Wolfgang, Kirchliches Naturrecht und politisches Handeln, in: Ders./F. Böckle (Hrsg.), Naturrecht in der Kritik, Mainz 1973, 96-125

BÖCKENFÖRDE Ernst-Wolfgang, Zum Verhältnis von Kirche und Moderner Welt, Aufriß eines Problems, in: R. Koselleck (Hrsg.), Studien zum Beginn der modernen Welt, Stuttgart 1977, 154-177

BÖCKENFÖRDE Ernst-Wolfgang, Kirche und modernes Bewußtsein, in: P. Koslowski/R. Spaemann/R. Löw (Hrsg.), Moderne oder Postmoderne?, Weinheim 1986, 103-129

BÖCKENFÖRDE Ernst-Wolfgang, Der deutsche Katholizismus im Jahre 1933. Kirche und demokratisches Ethos, Freiburg/Br.-Basel-Wien 1988

BÖCKENFÖRDE Ernst-Wolfgang/BÖCKLE Franz (Hrsg.), Naturrecht in der Kritik, Mainz 1973

BOFF Leonardo, Eine kreative Rezeption des II. Vatikanums aus der Sicht der Armen: die Theologie der Befreiung, in: E. Klinger/K. Wittstadt (Hrsg.), Glaube im Prozeß. Christsein nach dem II. Vatikanum. FS Karl Rahner, Freiburg/Br.-Basel-Wien 1984, 628-654

BOFF Leonardo, Und die Kirche ist Volk geworden. Ekklesiogenesis, Düsseldorf 1987

BOLLMUS Reinhard, Das Amt Rosenberg und seine Gegner. Studien zum Machtkampf im nationalsozialistischen Herrschaftssystem, Stuttgart 1970

BOLZ Norbert, Auszug aus der entzauberten Welt. Philosophischer Extremismus zwischen den Weltkriegen, München 1989

BRACHEL Hans-Ulrich/METTE Norbert (Hrsg.), Kommunikation und Solidarität. Beiträge zur Diskussion des handlungstheoretischen Ansatzes von Helmut Peukert in Theologie und Sozialwissenschaften, Münster-Freiburg/Schweiz 1985

BRACHER Karl Dietrich, Zeitgeschichtliche Kontroversen. Um Faschismus, Totalitarismus, Demokratie, München 1976

BRACHER Karl Dietrich, Zeit der Ideologien. Eine Geschichte des politischen Denkens im 20. Jahrhundert, Stuttgart 1982

BRACHER Karl Dietrich/FUNKE Manfred/JACOBSEN Hans-Adolf (Hrsg.), Die Weimarer Republik 1918-1933. Politik, Wirtschaft, Gesellschaft, Düsseldorf 1987

BRACHER Karl Dietrich/FUNKE Manfred/JACOBSEN Hans-Adolf (Hrsg.), Deutschland 1933-1945. Neue Studien zur nationalsozialistischen Herrschaft, Düsseldorf 1993

BRAUER Markus, Theologie im Horizont der Geschichte. Fortgang und Schwerpunkte geschichtstheologischen Denkens in der Theologie des 20. Jahrhunderts und weiterführende Perspektiven einer geschichtstheologischen Systematik, Frankfurt/M.-Berlin-Bern-New York-Paris-Wien 1994

BREDE Rüdiger, Aussage und Discours. Untersuchungen zur Discours-Theorie bei Michel Foucault, Frankfurt/M.-Bern-New York 1985.
BREITLING Rupert, Die nationalsozialistische Rassenlehre. Entstehung, Ausbreitung, Nutzen und Schaden einer politischen Ideologie, Meisenheim/Glan 1971
BREUER Stefan, Sozialgeschichte des Naturrechts, Opladen 1983
BREUER Stefan, Anatomie der Konservativen Revolution, Darmstadt 1993
BREUER Thomas, Verordneter Wandel. Der Widerstreit zwischen nationalsozialistischem Herrschaftsanspruch und traditionaler Lebenswelt im Erzbistum Bamberg, Mainz 1992
BREUNING Klaus, Die Vision des Reiches. Deutscher Katholizismus zwischen Demokratie und Diktatur (1929-1934), München 1969
BRÖCKLING Ulrich, Katholische Intellektuelle in der Weimarer Republik. Zeitkritik und Gesellschaftstheorie bei Walter Dirks, Romano Guardini, Carl Schmitt, Ernst Michel und Heinrich Mertens, München 1993
BROSZAT Martin, Zur Sozialgeschichte des deutschen Widerstands, in: Vierteljahrshefte für Zeitgeschichte 34(1986) 293-309
BROSZAT Martin/FRÖHLICH Elke/WIESEMANN Falk (Hrsg.), Bayern in der NS-Zeit, Bd. I: Soziale Lage und politisches Verhalten im Spiegel vertraulicher Berichte, München-Wien 1977
BROSZAT Martin/FRÖHLICH Elke/WIESEMANN Falk (Hrsg.), Bayern in der NS-Zeit, Bd. II: Herrschaft und Gesellschaft im Konflikt, Teil A, München-Wien 1979
BROSZAT Martin/HENKE Klaus-Dietmar/WOLLER Hans, Von Stalingrad zur Währungsreform. Zur Sozialgeschichte des Umbruchs in Deutschland, München 1988
BROX Norbert, Fragen zur 'Denkform' der Kirchengeschichtswissenschaft, in: Zeitschrift für Kirchengeschichte 90(1979) 1-29
BUCHER Rainer, Der Christ als Mensch in der Öffentlichkeit. Zum Kulturbegriff Herman Schells, Würzburg 1983
BUCHER Rainer, „evangelisieren/verkünden", „feiern", „klagen", in: Handbuch religionspädagogischer Grundbegriffe, hrsg. v. G. Bitter und G. Miller, München 1986, Bd. I, 396-402, 411-413
BUCHER Rainer, Art. „Verkündigung", in: Handwörterbuch religiöser Gegenwartsfragen, hrsg. v. U. Ruh, D. Seeber und R. Walter, Freiburg/Br.-Basel-Wien 1986, 484-488
BUCHER Rainer, Zur Ekklesiologie in den Reformschriften Herman Schells, in: Würzburger Diözesangeschichtsblätter 49(1987) 301-312
BUCHER Rainer, Die Theologie, das Fremde. Der theologische Diskurs und sein anderes, in: O. Fuchs (Hrsg.), Die Fremden, Düsseldorf 1988, 302-319
BUCHER Rainer, Michael Kardinal von Faulhaber. Zu einigen ekklesiologischen Aspekten seiner Biographie, in: Würzburger Diözesangeschichtsblätter 50(1988) 367-394
BUCHER Rainer, Das entscheidende Amt. Die Pluralität, das Konzil und die PastoralreferentInnen, in: Pastoraltheologische Informationen 9(1989) 263-294
BUCHER Rainer, Der übersehene Anfang der Gegenwart. Die Kirche und die Französische Revolution, in: Stimmen der Zeit 207(1989) 541-550
BUCHER Rainer, Die Theologie in postmodernen Zeiten, in: Theologie und Glaube 79(1989) 178-191
BUCHER Rainer, Katholische Verbände - Lernorte der Kirche? Überlegungen zum ekklesiologischen Status des deutschen Verbandskatholizismus, hrsg. von der Wiss. Arbeitsstelle der Bildungs- und Begegnungsstätte der KAB und CAJ der Diözese Aachen, Herzogenrath 1990
BUCHER Rainer, Das Konzil, die Theologie der Befreiung und die deutsche Fundamentaltheologie, in: A. J. Bucher/R. Fornet-Betancourt/J. Renker/H. Sing (Hrsg.), Die „vorrangige Option für die Armen" der katholischen Kirche in Lateinamerika, Bd. I, Eichstätt 1991, 54-71
BUCHER Rainer, Die Theologie in Moderne und Postmoderne. Zu unterbliebenen und zu anstehenden Innovationen des theologischen Diskurses, in: H.-J. Höhn (Hrsg.), Theologie, die an der Zeit ist, Paderborn 1992, 35-57
BUCHER Rainer, Hitler, die Moderne und die Theologie. Theologische Überlegungen in Anschluß an ein umstrittenes Hitler-Buch, in: Zeitschrift für Religions- und Geistesgeschichte 44(1992) 157-176
BUCHER Rainer, Nietzsches Mensch und Nietzsches Gott. Das Spätwerk als philosophisch-theologisches Programm, Frankfurt/M.-Bern-New York 21993
BUCHER Rainer, Der Glaube, die Kirche, die Moderne. Wider die falsche Alternative Liberalität oder Entschiedenheit, in: A. Schavan (Hrsg.), Dialog statt Dialogverweigerung, Kevelaer 1994, 219-224
BUCHER Rainer, Die Moderne, der Priester und sein Ort in der Kirche. Überlegungen zur missionarischen Struktur des katholischen Priestertums, in: Christen haben eine Mission, hrsg. v.

Informationszentrum Berufe der Kirche der Deutschen Bischofskonferenz, Freiburg/Br. 1994, 38-41
BUCHER Rainer, Gott, das Reden von ihm und das Leben in der späten Moderne. Zur Lage der christlichen Verkündigung, in: Bibel und Liturgie 67(1994) 195-202
BÜCKER Vera, Die Schulddiskussion im deutschen Katholizismus nach 1945, Bochum 1989
BÜHLER Hans Harro, Die katholischen sozialen Einrichtungen der Caritas in der Bundesrepublik Deutschland, in: Deutscher Caritasverband (Hrsg.), Caritas 86 (Jahrbuch), Freiburg/Br. 1985, 66-75
BULLOCK Alan, Hitler. Eine Studie über Tyrannei, Düsseldorf 1959
BURKE Kenneth, Die Rhetorik in Hitlers „Mein Kampf" und andere Essays zur Strategie der Überredung, Frankfurt/M. ^{3}1973 (Englische Erstausgabe 1941)
BUSCH Norbert, Katholische Frömmigkeit und Moderne. Die Sozial- und Mentalitätsgeschichte des Herz-Jesu-Kultes in Deutschland zwischen Kulturkampf und Erstem Weltkrieg, Gütersloh 1997
CANCIK Hubert, „Wir sind jetzt eins". Rhetorik und Mystik in einer Rede Hitlers (Nürnberg 11.9.1936), in: G. Kehrer (Hrsg.), Zur Religionsgeschichte der Bundesrepublik Deutschland, München 1980, 13-48
CANCIK Hubert (Hrsg.), Religions- und Geistesgeschichte der Weimarer Republik, Düsseldorf 1982
CANCIK Hubert, „Neuheiden" und totaler Staat. Völkische Religion am Ende der Weimarer Republik, in: Ders. (Hrsg.), Religions- und Geistesgeschichte der Weimarer Republik, Düsseldorf 1982, 176-212
COHN Norman, Das Ringen um das Tausendjährige Reich. Revolutionärer Messianismus im Mittelalter und sein Fortleben in den modernen totalitären Bewegungen, Bern-München 1961
CONGAR Yves, La „réception" comme réalité ecclésiologique, in: Revue des sciences philosophiques et théologiques 56(1972) 369-403
CONWAY John S., Die nationalsozialistische Kirchenpolitik 1933-1945. Ihre Ziele, Widersprüche und Fehlschläge, München 1968
CONZEMIUS Victor, Die Kritik der Kirche, in: Handbuch der Fundamentaltheologie, hrsg. v. W. Kern/H. J. Pottmeyer/M. Seckler, Freiburg/Br.-Basel-Wien Bd. III: 1988, 30-48
CONZEMIUS Victor, Katholische und evangelische Kirchengeschichtsschreibung im Vergleich: Phasen, Schwerpunkte, Defizite, in: Ders./M. Greschat/H. Kocher (Hrsg.), Die Zeit nach 1945 als Thema kirchlicher Zeitgeschichte, Göttingen 1988, 35-57
CONZEMIUS Victor, Kirchliche Zeitgeschichte. Ein Rückblick nach 25 Jahren, in: Rottenburger Jahrbuch für Kirchengeschichte 7(1988) 13-26
CONZEMIUS Victor, Joseph Lortz - ein Kirchenhistoriker als Brückenbauer. Vom leichtfertigen Umgang mit Ideengeschichte und theologischer Geschichtsdeutung, in: Geschichte und Gegenwart 9(1990) 247-278
CORETH Emerich/NEIDL Walter/PFLIGERSDORFER Georg (Hrsg.), Christliche Philosophie im katholischen Denken des 19. und 20. Jahrhunderts, Bde. I-III, Graz-Wien-Köln 1987-1990
DAHRENDORF Ralf, Gesellschaft und Demokratie in Deutschland, München 1965
DAIM Wilfried, Der Mann, der Hitler die Ideen gab. Von der religiösen Verwirrung eines Sektierers zum Rassenwahn des Diktators, München 1958
DALY Gabriel, Transcendence and Immanence. A Study on Catholic Modernism and Integralism, Oxford 1980
DAMBERG Wilhelm, Kirchliche Zeitgeschichte Westfalens, der Schweiz, Belgiens und der Niederlande, in: Westfälische Forschungen 42(1992) 445-465
DAMBERG Wilhelm, Kirchengeschichte zwischen Demokratie und Diktatur. Georg Schreiber und Joseph Lortz in Münster 1933-1950, in: L. Siegele-Wenschkewitz/C. Nicolaisen (Hrsg.), Theologische Fakultäten im Nationalsozialismus, Göttingen 1993, 145-167
DECOT Rolf (Hrsg.), Zum Gedenken an Joseph Lortz (1887-1975). Beiträge zur Reformationsgeschichte und Ökumene, Wiesbaden 1989
DENEFFE August, Geschichte des Wortes „supernaturalis", in: Zeitschrift für katholische Theologie 46(1922) 337-360
DEUTSCHER CARITASVERBAND (Hrsg.), Zeit für ein Leitbild, Freiburg/Br. 1994
DINER Dan (Hrsg.), Zivilisationsbruch. Denken nach Auschwitz, Frankfurt/M. 1988
DINER Dan, Ist der Nationalsozialismus Geschichte? Zu Historikerstreit und Historisierung, Frankfurt/M. 1990
DIRKS Walter, Das Defizit des deutschen Katholizismus in Weltbild, Zeitbewußtsein und politischer Theorie, in: H. Cancik (Hrsg.), Religions- und Geistesgeschichte der Weimarer Republik, Düsseldorf 1982, 17-30

DOERING-MANTEUFFEL A./NOWAK K. (Hrsg.), Kirchliche Zeitgeschichte. Urteilsbildung und Methoden, Stuttgart-Berlin-Kön 1996
DREHSEN Volker, Neuzeitliche Konstitutionsbedingungen der praktischen Theologie. Aspekte der theologischen Wende zur sozialkulturellen Lebenswelt christlicher Religion, Tübingen, Band I: 1984 (Ev.-theol. Fak. Univ. Tübingen Diss.), Band II: 1985 (Ev-.theol. Fak. Univ. Tübingen Habil.).
DREWERMANN Eugen, Strukturen des Bösen, Bd. II: Die jahwistische Urgeschichte in psychoanalytischer Sicht, München-Paderborn-Wien 1977, 488-504: („Exkurs: Der Nimrod-Komplex am Beispiel Alexanders des Großen und Adolf Hitlers, 495-504")
DREWERMANN Eugen, Kleriker. Psychogramm eines Ideals, Olten-Freiburg/Br. 1989
DRÖGE Franz/MÜLLER Michael, Die Macht der Schönheit. Avantgarde und Faschismus oder die Geburt der Massenkultur, Hamburg 1995
DUBACH Alfred/CAMPICHE Roland J. (Hrsg.), Jeder ein Sonderfall. Religion in der Schweiz, Zürich ²1993
DUBACH Alfred/LIENEMANN Wolfgang (Hrsg.), Aussicht auf Zukunft. Auf der Suche nach der sozialen Gestalt der Kirchen von morgen, Zürich 1997
DUNKEL Achim, Christlicher Glaube und historische Vernunft. Eine interdisziplinäre Untersuchung über die Notwendigkeit eines theologischen Geschichtsverständnisses, Göttingen 1989
DUQUOC Christian, Die Reform des Priesterstandes, in: H. J. Pottmeyer/G. Alberigo/J.-J. Jossua (Hrsg.), Die Rezeption des II. Vatikanischen Konzils, Düsseldorf 1986, 369-383
DUQUOC Christian, Kirchenzugehörigkeit und christliche Identität, in: Concilium 24(1988) 157-164
DUQUOC Christian, Zur Rolle der religiösen Institutionen bei der christlichen Identitätsfindung, in: Concilium 24(1988) 165-166
EBERTZ Michael N., Die Organisation von Massenreligiosität im 19. Jahrhundert. Soziologische Aspekte zur Frömmigkeitsforschung, in: Jahrbuch für Volkskunde N.F. 2(1979) 38-72
EBERTZ Michael N., Die Bürokratisierung der katholischen „Priesterkirche", in: P. Hoffmann (Hrsg.), Priesterkirche, Düsseldorf 1987, 132-164
EBERTZ Michael N., Fundamentalismus im Katholizismus - religionssoziologische Thesen und Notizen, in: Die Neue Gesellschaft/Frankfurter Hefte 36(1989) 223-233
EBERTZ Michael N., Vom Schicksal zur Wahl kirchlicher Religiosität, in: rhs 34(1991) 146-154
EBERTZ Michael N., „Ein Haus voll Glorie, schauet ...". Modernisierungsprozesse der römisch-katholischen Kirche im 19. Jahrhundert, in: W. Schieder (Hrsg.), Religion und Gesellschaft im 19. Jahrhundert, Stuttgart 1993, 62-85
EBERTZ Michael N., Forschungsbericht zur Religionssoziologie, in: International Journal of Practical Theology 1(1997) 268-301
EBERTZ Michael N./SCHULTHEIS Franz (Hrsg.), Volksfrömmigkeit in Europa. Beiträge zur Soziologie popularer Religiosität aus 14 Ländern, München 1986
EBERTZ Michael N./SCHULTHEIS Franz, Populare Religiosität in der modernen Gesellschaft. Kontinuität, Pluralität und Visibilität, in: Österreichische Zeitschrift für Soziologie 11(1986) 62-79
EICHER Peter, Zur Ideologiekritik der Kirchengeschichte, in: Kairos 23(1981) 244-260
EICHINGER Matthias, Solidarität als soteriologische Kategorie auf dem II. Vatikanum. Ansätze eines Paradigmenwechsels in der Pastoralkonstitution „Gaudium et spes", in: B. Fraling u.a. (Hrsg.), Kirche und Theologie im kulturellen Dialog (FS P. Hünermann), Freiburg/Br.-Basel-Wien 1994, 363-377
EISELE Peter, Pfarr-Management - Gewinn für die Seelsorge. Zeitplanung, Zielsetzung, Personalplanung, Delegation, Sitzungsrecht, Freiburg/Br.-Basel-Wien 1995
ELIAS Norbert, Studien über die Deutschen. Machtkämpfe und Habitusentwicklung im 19. und 20. Jahrhundert, Frankfurt/M. 1989
EMUNDS Bernhard, Krise der Verbände? Theologische Auseinandersetzung mit den beim Studientag „Katholische Verbände" der DBK gehaltenen Vorträgen, hrsg. von der Wiss. Arbeitsstelle der Bildungs- und Begegnungsstätte der KAB und CAJ der Diözese Aachen, Herzogenrath o.J. (1989)
ENDRES Elisabeth, Die gelbe Farbe. Die Entwicklung der Judenfeindschaft aus dem Christentum, München-Zürich 1989
ERDMANN Karl Dietrich/SCHULZE Hagen (Hrsg.), Weimar. Selbstpreisgabe einer Demokratie. Eine Bilanz heute, Düsseldorf 1980
ERICKSEN Robert P., Theologen unter Hitler. Das Bündnis zwischen evangelischer Dogmatik und Nationalsozialismus, München-Wien 1986
ERICKSEN Robert P., Religion und Nationalsozialismus im Spiegel der Entnazifizierungsakten der Göttinger Universität, in: Kirchliche Zeitgeschichte 7(1994) 83-101

ESCRIBANO-ALBERCA Ignacio, Michael Schmaus (1897-1993) in memoriam, in: Annuario de Historia de la Iglesia 4(1995) 511-516
EVANS Richard J., Im Schatten Hitlers. Historikerstreit und Vergangenheitsbewältigung in der BRD, Frankfurt/M. 1990
FABER Karl-Georg, Theorie in der Geschichtswissenschaft, München [4]1978
FABER Richard, Die Verkündigung Vergils. Reich - Kirche - Staat. Zur Kritik der „Politischen Theologie", Hildesheim-New York 1975
FABER Richard, Roma aeterna. Zur Kritik der „Konservativen Revolution", Würzburg 1981
FALTER Jürgen W., Hitlers Wähler, Darmstadt 1991
FASTENRATH Elmar, Die Christologie Herman Schells im Spannungsfeld des Modernismus, St. Ottilien 1986
FEST Joachim, Hitler. Eine Biographie, Frankfurt/M.-Berlin-Wien 1973
FINK-EITEL Hinrich, Michel Foucaults Analytik der Macht, in: F. A. Kittler (Hrsg.), Austreibung des Geistes aus den Geisteswissenschaften, Paderborn-München-Wien-Zürich 1980, 38-78
FISCHER Wolfram/MARHOLD Wolfgang (Hrsg.), Religionssoziologie als Wissenssoziologie, Stuttgart-Berlin-Köln-Mainz 1978
FLASCHE Rainer, Vom Deutschen Kaiserreich zum Dritten Reich. Nationalreligiöse Bewegungen in der ersten Hälfte des 20. Jahrhunderts in Deutschland, in: Zeitschrift für Religionswissenschaft 1(1993) 28-49
FÖRSTER Christina M., Der Harnier-Kreis. Widerstand gegen den Nationalsozialismus in Bayern, Paderborn 1996
FOUCAULT Michel, Die Ordnung des Diskurses, Frankfurt/M.-Berlin-Wien 1977
FOUCAULT Michel, Dispositive der Macht. Über Sexualität, Wissen und Wahrheit, Berlin 1979
FOUCAULT Michel, Archäologie des Wissens, Frankfurt/M. [2]1986
FRANK Manfred, Was ist Neostrukturalismus ? Frankfurt/M. 1983
FRANKE Thomas, Leben aus Gottes Fülle. Zur trinitarischen Reich-Gottes-Theologie Herman Schells, Würzburg 1990
FREI Norbert, Vergangenheitspolitik. Die Anfänge der Bundesrepublik und die NS-Vergangenheit, München 1996
FRIESL Christian, Die Utopie als Chance. Lage und Zukunft der „LaientheologInnen", Innsbruck 1996
FRIESL Christian (Hrsg.), Christsein als Beruf. Chancen und Problemfelder theologischer Karrieren, Innsbruck 1996
FRIESL Christian (Hrsg.), Christsein als Beruf. Neue Perspektiven für theologische Karrieren, Innsbruck 1996
FUCHS Ottmar, Laien in pastoralen Berufen der Kirche, in: Diakonia 10(1979) 221-235
FUCHS Ottmar, Geistlicher Umgang mit Laientheologen, in: Diakonia 11(1980) 183-191
FUCHS Ottmar, Die Praktische Theologie im Paradigma biblisch-kritischer Handlungswissenschaft zur Praxis der Befreiung, in: Ders. (Hrsg.), Theologie und Handeln, Düsseldorf 1984, 209-244
FUCHS Ottmar (Hrsg.), Theologie und Handeln. Beiträge zur Fundierung der Praktischen Theologie als Handlungstheorie, Düsseldorf 1984
FUCHS Ottmar, „Umstürzlerische" Bemerkungen zur Option der Diakonie hierzulande, in: Deutscher Caritasverband (Hrsg.), Caritas 85 (Jahrbuch), Freiburg/Br. 1984, 18-40
FUCHS Ottmar, Evangelisation: Prinzip der Hoffnung für Christ und Kirche in der Welt, in: Fak. Kath. Theologie der Univ. Bamberg (Hrsg.), Die Kraft der Hoffnung (FS Josef Schneider), Bamberg 1986, 213-224
FUCHS Ottmar, Prophetische Kraft der Jugend?, Freiburg/Br. 1986
FUCHS Ottmar, Kirche für andere. Identität der Kirche durch Diakonie, in: Concilium 24(1988) 281-289
FUCHS Ottmar, Grundstrukturen des Fundamentalismus aus der Perspektive des Erzengels Michael, in: Bibel und Kirche 43(1988) 109-114
FUCHS Ottmar, Dabeibleiben oder Weggehen? Christen im Konflikt mit der Kirche, München 1989
FUCHS Ottmar, Heilen und befreien. Der Dienst am Nächsten als Ernstfall von Kirche und Pastoral, Düsseldorf 1990
FUCHS Ottmar, Individualisierung und Institution. Theologische Reflexionen zu Umfrageergebnissen in der Bundesrepublik, in: Stimmen der Zeit 208(1990) 545-555
FUCHS Ottmar, „Wie verändert sich das Verständnis von Pastoraltheologie und Theologie überhaupt, wenn die Diakonie zum Zug kommt?", in: Pastoraltheologische Informationen 10(1990) 175-202

FUCHS Ottmar, Die Situation der Fernstehenden aus der praktisch-theologischen Perspektive der Evangelisierung, in: Ordenskorrespondenz 31(1990) 1-23
FUCHS Ottmar, Zwischen Wahrhaftigkeit und Macht. Pluralismus in der Kirche?, Frankfurt/M. 1990
FUCHS Ottmar, Die „Option für die Armen" als theologisches Prinzip für den kirchlichen Selbstvollzug von Individuum und Gesellschaft, in: A. J. Bucher/R. Fornet-Betancourt/J. Renker/H. Sing (Hrsg.), Die „vorrangige Option für die Armen" der katholischen Kirche in Lateinamerika, Bd. I, Eichstätt 1991, 31-52
FUCHS Ottmar, Volk Gottes im Horizont der Freiheit, in: Jahrbuch für Biblische Theologie 7(1992) 321-342
FUCHS Ottmar, Pastoral in der Mitte der Stadt, in: Bibel und Kirche 47(1992)1, 30-37
FUCHS Ottmar, Ämter für eine Kirche der Zukunft. Ein Diskussionsanstoß, Luzern 1993
FUCHS Ottmar, Im Brennpunkt: Stigma. Gezeichnete brauchen Beistand, Frankfurt/M. 1993
FUCHS Ottmar, Suche nach authentischen Erfahrungen. Volksbegehren zwischen völkischer Ideologie und volksbezogener Authentizität, in: „Wir sind Kirche". Das Kirchenvolksbegehren in der Diskussion, Freiburg/Br.-Basel-Wien 1995, 101-110
FUCHS Ottmar, „Sein-Lassen" und „Nicht-im-Stich-Lassen"!, Zur Pluralitätsprovokation der „Postmoderne", in: K. Hilpert/J. Werbick (Hrsg.), Mit den anderen leben. Wege zur Toleranz, Düsseldorf 1995, 132-160
FÜGLISTER Robert, Die Pastoraltheologie als Universitätsdisziplin. Eine historisch-theologische Studie, Basel 1951
FÜRST Gebhard (Hrsg.), Dialog als Selbstvollzug der Kirche?, Freiburg/Br.-Basel-Wien 1997
FÜRST Walter, Praktisch-theologische Urteilskraft. Auf dem Weg zu einer symbolisch-kritischen Methode der Praktischen Theologie, Zürich-Einsiedeln-Köln 1986
FÜSSEL Kuno/SÖLLE Dorothee/STEFFENSKY Fulbert, Die Sowohl-als-auch-Falle. Eine theologische Kritik des Postmodernismus, Luzern 1993
GABRIEL Karl, Die neuzeitliche Gesellschaftsentwicklung und der Katholizismus als Sozialform der Christentumsgeschichte, in: Ders./F.-X. Kaufmann (Hrsg.), Zur Soziologie des Katholizismus, Mainz 1980, 201-225
GABRIEL Karl, Die katholische Kirche in der DDR. Religionssoziologische Überlegungen, in: Stimmen der Zeit 205(1987) 806-812
GABRIEL Karl, Lebenswelten unter den Bedingungen entfalteter Modernität. Soziologische Anmerkungen zur gesellschaftlichen Situation von christlichem Glauben und Kirche, in: Pastoraltheologische Informationen 8(1988) 93-106
GABRIEL Karl, Machtausübung in der heutigen Kirche im Spiegel sozialwissenschaftlicher Machttheorien: Max Weber, Michel Foucault und Hannah Arendt, in: Concilium 24(1988) 190-195
GABRIEL Karl, Gesellschaftliche Bedingungen und Folgen des Zentralismus in der katholischen Kirche, in: Diakonia 20(1989) 366-373
GABRIEL Karl, Erfahrungen mit der Freiheit. Die Kirche und die Ambivalenz der Freiheit, in: Diakonia 22(1991) 236-244
GABRIEL Karl, Christentum zwischen Tradition und Postmoderne, Freiburg/Br.-Basel-Wien 1992
GABRIEL Karl, Ritualisierung in säkularer Gesellschaft, in: Stimmen der Zeit 212(1994) 3-13
GABRIEL Karl, Katholizismus und katholisches Milieu in den fünfziger Jahren der Bundesrepublik: Restauration, Modernisierung und beginnende Auflösung, in: F.-X. Kaufmann/A. Zingerle (Hrsg.), Vatikanum II und Modernisierung, Paderborn 1996, 67-83
GABRIEL Karl (Hrsg.), Religiöse Individualisierung oder Säkularisierung. Biographie und Gruppe als Bezugspunkte moderner Religiosität, Gütersloh 1996
GABRIEL Karl/HOBELSBERGER Hans (Hrsg.), Jugend, Religion und Modernisierung. Suchbewegungen kirchlicher Jugendarbeit, Opladen 1994
GABRIEL Karl/KAUFMANN Franz-Xaver (Hrsg.), Zur Soziologie des Katholizismus, Mainz 1980
GAMM Hans-Jochen, Der braune Kult. Das Dritte Reich und seine Ersatzreligion, Hamburg 1962
GARTMANN Michael, „Laien"-Theologen in der Gemeindepastoral. Notstandsmaßnahme oder Beruf mit Zukunft?, Düsseldorf 1981
GAUCHET Marcel, Le désenchantement du monde. Une historique politique de la religion, Paris 1985
GAULY Thomas M., Katholiken. Machtanspruch und Machverlust, Bonn 1991
GIBELLINI Rosino, Handbuch der Theologie im 20. Jahrhundert, Regensburg 1995
GLATZEL Norbert, Die Rolle des Priesters in der Leistungsgesellschaft, in: Jahrbuch für Christliche Sozialwissenschaften 12(1971) 163-183

GOLDHAGEN; Daniel, Hitlers willige Vollstrecker. Ganz gewöhnliche Deutsche und der Holocaust, Berlin 1996
GOTTO Klaus, Zum Selbstverständnis der katholischen Kirche im Jahre 1945, in: D. Albrecht/H. G. Hockerts (Hrsg.), Politik und Konfession (FS Konrad Repgen), Berlin 1983, 465-481
GOTTO Klaus/REPGEN Konrad (Hrsg.), Die Katholiken und das Dritte Reich, 3., erw. und überarb. Aufl., Mainz 1990 (Erstausgabe unter dem Titel: Kirche, Katholiken und Nationalsozialismus, Mainz 1980)
GRABER Rudolf, Karl Adam (1876-1966) zum 100. Geburtstag, Regensburg 1976
GRAML Hermann, Rassismus und Lebensraum. Völkermord im Zweiten Weltkrieg, in: K. D. Bracher/M. Funke/H. A. Jacobsen (Hrsg.), Deutschland 1933-1945. Neue Studien zur nationalsozialistischen Herrschaft, Düsseldorf 1993, 440-451
GRANE Leif, Die Kirche im 19. Jahrhundert. Europäische Perspektiven, Göttingen 1987
GRASMÜCK Ernst Ludwig, Vom Presbyter zum Priester. Etappen der Entwicklung des neuzeitlichen Priesterbildes, in: P. Hoffmann (Hrsg.), Priesterkirche, Düsseldorf 1987, 96-131
GREIVE Hermann, Theologie und Ideologie. Katholizismus und Judentum in Deutschland und Österreich 1918-1935, Heidelberg 1969
GREIVE Hermann, Geschichte des modernen Antisemitismus in Deutschland, Darmstadt 1983
GREIVE Hermann, Between Christian Anti-Judaism and National Socialist Antisemitism: The Case of German Catholicism, in: O. Kulka/P. Mendes-Flohr (Hrsg.), Judaism and Christianity under the Impact of National Socialism, Jerusalem 1987, 169-179
GRESCHAT Martin, Das Zeitalter der industriellen Revolution. Das Christentum vor der Moderne, Stuttgart-Berlin-Köln-Mainz 1980
GRESCHAT Martin/KAISER Jochen-Christoph (Hrsg.), Christentum und Demokratie im 20. Jahrhundert, Stuttgart-Berlin-Köln 1991
GRIENER George, Herman Schell and the Reform of the Catholic Church in Germany, in: Theological Studies 54(1993) 427-454
GRIESWELLE Detlef, Propaganda der Friedlosigkeit. Eine Studie zu Hitlers Rhetorik 1920-1933, Stuttgart 1972
GRIESWELLE Detlef, Rhetorik und Politik. Kulturwissenschaftliche Studien, München 1978
GRILLMEIER Alois, Kommentar zum II. Kapitel der Dogmatischen Konstitution über die Kirche „Lumen gentium", in: Lexikon für Theologie und Kirche, Ergänzungsband I, Freiburg/Br.-Basel-Wien 1966, 176-209
GRILLMEIER Alois, Konzil und Rezeption, in: Theologie und Philosophie 45(1970) 321-352
GRÖZINGER Albrecht, Der Streit um die Moderne und der Ort der Praktischen Theologie, in: Theologia practica 22(1987) 5-20
GRÜTTNER Michael, Studenten im Dritten Reich, Paderborn 1995
GUILLOU Louis de, Die philosophische Gegenrevolution in Frankreich: L. de Bonald (1754-1840), J. de Maistre (1753-1821) und F.-R. de Chateaubriand (1768-1848), in: E. Coreth/W. Neidl/G. Pfligersdorfer (Hrsg.), Christliche Philosophie im katholischen Denken des 19. und 20. Jahrhunderts, Graz-Wien-Köln, Bd. I: 1987, 445-458
GUMBRECHT Hans Ulrich, Modern, Modernität, Moderne, in: Geschichtliche Grundbegriffe. Historisches Lexikon zur politisch-sozialen Sprache in Deutschland, hrsg. von O. Brunner, W. Conze und R. Koselleck, Stuttgart, Bd. IV: 1978, 93-131
GÜSGEN Johannes, Die katholische Militärseelsorge in Deutschland zwischen 1920-1945, Wien 1989
HABISCH André, Autorität und moderne Kultur. Ekklesiologie und Staatstheorie zwischen Carl Schmitt und James M. Buchanan, Paderborn-München-Wien-Zürich 1994
HÄRING Hermann, Das Problem des Bösen in der Theologie, Darmstadt 1985
HAFFNER Sebastian, Anmerkungen zu Hitler, München 1978
HALTER Hans (Hrsg.), Wie Böse ist das Böse? Psychologische, philosophische und theologische Annäherungen an ein Rätsel, Zürich 1988
HAMANN Brigitte, Hitlers Wien. Lehrjahre eines Diktators, München 1996
HAMM Berndt, Schuld und Verstrickung der Kirche. Vorüberlegungen zu einer Darstellung der Erlanger Theologie in der Zeit des Nationalsozialismus, in: W. Stegemann (Hrsg.), Kirche und Nationalsozialismus, Stuttgart 1990, 11-56
HAMMER Hermann, Die deutschen Ausgaben von Hitlers „Mein Kampf", in: Vierteljahrshefte für Zeitgeschichte 4(1956) 161-178
HANNOT Walter, Die Judenfrage in der katholischen Tagespresse Deutschlands und Österreichs 1923-1933, Mainz 1990
HASENFUSS Josef, Herman Schell als existenzieller Denker und Theologe, Würzburg 1956

HASENFUSS Josef, Herman Schell als Wegbereiter zum II. Vatikanischen Konzil, München-Paderborn-Wien 1978
HASLINGER Herbert, Diakonie zwischen Mensch, Kirche und Gesellschaft. Eine praktisch-theologische Untersuchung der diakonischen Praxis unter dem Kriterium des Subjektseins des Menschen, Würzburg 1996
HAUSBERGER Karl, Der „Fall" des Würzburger Apologeten Herman Schell, Regensburg 1992
HEER Friedrich, Gottes erste Liebe. 2000 Jahre Judentum und Christentum. Genesis des österreichischen Katholiken Adolf Hitler, München-Esslingen 1967
HEER Friedrich, Der Glaube des Adolf Hitler. Anatomie einer politischen Religiosität, München-Esslingen 1968
HEER Friedrich, Weimar - Ein religiöser und weltanschaulicher Leeraum, in: H. Cancik (Hrsg.), Religions- und Geistesgeschichte der Weimarer Republik, Düsseldorf 1982, 31-48
HEHL Ulrich von, Katholische Kirche und Nationalsozialismus. Ein Forschungsbericht, in: Geschichtsverein der Diözese Rottenburg-Stuttgart (Hrsg.), Kirche im Nationalsozialismus, Sigmaringen 1984, 11-29
HEHL Ulrich von, Das Kirchenvolk im Dritten Reich, in: K. Gotto/K. Repgen (Hrsg.), Die Katholiken und das Dritte Reich, 3., erw. und überarb. Aufl., Mainz 1990, 93-118
HEHL Ulrich von, Umgang mit katholischer Zeitgeschichte. Ergebnisse, Erfahrungen, Aufgaben, in: K. D. Bracher u. a. (Hrsg.), Staat und Parteien (FS R. Morsey), Berlin 1992, 379-395
HEHL Ulrich v./HÜRTEN Heinz, Der Katholizismus in der Bundesrepublik Deutschland 1945-1980, Eine Bibliographie, Mainz 1983
HEHL Ulrich von/REPGEN Konrad (Hrsg.), Der deutsche Katholizismus in der zeitgeschichtlichen Forschung, Mainz 1988
HEHL Ulrich v./KÖSTERS Christoph (Bearb.), Priester unter Hitlers Terror. Eine biographische und statistische Erhebung. 3., wesentlich veränd. und erw. Aufl., Paderborn 1996
HEIBER Helmut, Universität unterm Hakenkreuz. Teil I: Der Professor im Dritten Reich. Bilder aus der akademischen Provinz, München-London-New York-Paris 1991
HEIDENREICH Hartmut, Mitarbeiter und „Personales Angebot", in: M. Affolderbach/H. Steinkamp (Hrsg.), Kirchliche Jugendarbeit in Grundbegriffen, Düsseldorf-München 1985, 293-316
HEINZ Hanspeter, Korrekturen an einem jungen Berufsbild. Perspektiven für Gemeinde- und Pastoralreferenten, in: Stimmen der Zeit 214(1996) 16-26
HEINZ Hanspeter, Für eine dialogische Kirche, München 1996
HEINZMANN Richard, Die Identität des Christentums im Umbruch des 20. Jahrhunderts, in: Münchener Theologische Zeitschrift 38(1987) 115-133
HEITZER Horst W., Deutscher Katholizismus und „Bolschewismusgefahr" bis 1933, in: Historisches Jahrbuch 113(1993) 354-387
HELLER Andreas, „Du kommst in die Hölle ..." Katholizismus als Weltanschauung in lebensgeschichtlichen Aufzeichnungen, in: Ders./Th. Weber/O. Wiebel-Fanderl (Hrsg.), Religion und Alltag, Wien-Köln 1990, 28-54
HELLER Andreas, Zur Sozialgeschichte des Katholizismus in lebensgeschichtlichen Erinnerungen, in: Ders./ Th. Weber/O. Wiebel-Fanderl (Hrsg.), Religion und Alltag, Wien-Köln 1990, 287-300
HELLER Andreas/WEBER Therese/WIEBEL-FANDERL Olivia (Hrsg.), Religion und Alltag. Interdisziplinäre Beiträge zu einer Sozialgeschichte des Katholizismus in lebensgeschichtlichen Aufzeichnungen, Wien-Köln 1990
HENSE Ansgar, Verschärfung und Verzeichnung. Neuere Veröffentlichungen zum Katholischen bei Carl Schmitt, in: Herder-Korrespondenz 49(1995) 486-490
HENTSCHEL Werner, Pastoralreferenten - Pastoralassistenten. Zur theologischen Grundlegung ihres Dienstes im Umfeld der Gemeinsamen Synode der Bistümer in der Bundesrepublik Deutschland, Eichstätt-Wien 1986
HERMLE Siegfried/LÄCHELE Rainer/NUDING Albrecht, Im Dienst an Volk und Kirche. Theologiestudium im Nationalsozialismus. Erinnerungen, Darstellungen, Dokumente und Reflexionen zum Tübinger Stift 1930 bis 1950, Stuttgart 1988
HERMS Eilert, Schuld in der Geschichte. Zum Historikerstreit, in: Zeitschrift für Theologie und Kirche 85(1988) 349-370
HERZOG Reinhart/KOSELLECK Reinhart (Hrsg.), Epochenschwelle und Epochenbewußtsein, München 1987 (=Poetik und Hermeneutik XII)
HIERONIMUS Ekkehard, Zur Religiosität der völkischen Bewegung, in: H. Cancik (Hrsg.), Religions- und Geistesgeschichte der Weimarer Republik, Düsseldorf 1982, 159-175
HIERONIMUS Ekkehard, Zur Frage nach dem Politischen bei völkisch-religiösen Gruppierungen, in: J. Taubes (Hrsg.), Der Fürst dieser Welt, München-Paderborn-Wien-Zürich [2]1985, 316-321

HILBERATH Bernd Jochen, Das Verhältnis von gemeinsamem und amtlichem Priestertum in der Perspektive von Lumen gentium 10, in: Trierer Theologische Zeitschrift 94(1985) 311-326
HILBERATH Bernd Jochen, Zum ekklesiologischen Ort des „Laien im pastoralen Dienst“, in: B. Fraling u. a. (Hrsg.), Kirche und Theologie im kulturellen Dialog (FS P. Hünermann), Freiburg/Br.-Basel-Wien 1994, 363-377
HILDEBRAND Klaus, Das Dritte Reich, München ³1987
HILLENBRAND Karl (Hrsg.), Priester heute. Anfragen, Aufgaben, Anregungen, Würzburg 1990
HILPERT Konrad, Die Menschenrechte. Geschichte - Theologie - Aktualität, Düsseldorf 1991
HISTORIKERSTREIT. Die Dokumentation der Kontroverse um die Einzigartigkeit der nationalsozialistischen Judenvernichtung, München-Zürich 1987
HOCKERTS Hans Günter, Die Goebbels-Tagebücher 1932-1941. Eine neue Hauptquelle zur Erforschung der nationalsozialistischen Kirchenpolitik, in: D. Albrecht u. a. (Hrsg.), Politik und Konfession (FS Konrad Repgen), Berlin 1983, 359-392
HOCKERTS Hans Günter, Zeitgeschichte in Deutschland. Begriff, Methoden, Themenfelder, in: Historisches Jahrbuch 113(1994) 98-127
HÖHN Hans-Joachim, Kirche und kommunikatives Handeln. Studien zur Theologie und Praxis der Kirche in der Auseinandersetzung mit den Sozialtheorien Niklas Luhmanns und Jürgen Habermas', Frankfurt/M. 1985
HÖHN Hans-Joachim, Der Trend zur Religion - am Christentum vorbei? in: Theologisch-praktische Quartalschrift 135(1987)
HÖHN Hans-Joachim, Im Zeitalter der Beschleunigung. Konturen einer theologischen Sozialanalyse als Zeitdiagnose, in: Jahrbuch für christliche Sozialwissenschaften 32(1991) 245-264
HÖHN Hans-Joachim (Hrsg.), Theologie, die an der Zeit ist. Entwicklungen, Positionen, Konsequenzen, Paderborn-München-Wien-Zürich 1992
HÖHN Hans-Joachim, Gegen-Mythen. Religionsproduktive Tendenzen der Gegenwart, Freiburg/Br.-Basel-Wien 1994
HOFFMANN Lutz, Das „Volk“. Zur ideologischen Struktur eines unvermeidbaren Begriffs, in: Zeitschrift für Soziologie 20(1991) 191-208
HOMEYER Josef/STEINS Georg (Hrsg.), Kirche - postmodern „überholt“? Erfahrungen und Visionen in einer Zeit des Umbruchs, München 1996
HOLZEM Andreas, Geßler-Hüte der Theorie? Zu Stand und Relevanz des Theoretischen in der Katholizismusforschung, in: Theologische Quartalschrift 173(1993) 272-287
HORSTMANN Johannes, Katholizismus und moderne Welt. Katholikentage, Wirtschaft, Wissenschaft - 1848 bis 1914, München-Paderborn-Wien 1976
HOSER Paul, Hitler und die katholische Kirche. Zwei Briefe aus dem Jahre 1927, in: Vierteljahrshefte für Zeitgeschichte 42(1994) 473-492
HÜRTEN Heinz, Zeugnis und Widerstand der Kirche im NS-Staat, in: Stimmen der Zeit 201(1983) 363-373
HÜRTEN Heinz, Kurze Geschichte des deutschen Katholizismus 1800-1960, Mainz 1986
HÜRTEN Heinz, Verfolgung, Widerstand und Zeugnis: Kirche im Nationalsozialismus, Mainz 1987
HÜRTEN Heinz, Deutsche Katholiken 1918-1945, Paderborn-München-Wien-Zürich 1992
HÜTTENBERGER Peter, Vorüberlegungen zum Widerstandsbegriff, in: J. Kocka (Hrsg.), Theorien in der Praxis des Historikers, Göttingen 1977, 117-134
IBER Harald, Christlicher Glaube oder rassischer Mythus. Die Auseinandersetzung der Bekennenden Kirche mit Alfred Rosenbergs „Der Mythus des 20. Jahrhunderts“, Frankfurt/M.-Bern-New York-Paris 1987
INEICHEN Hans, Zur Geschichtsphilosophie der Gegenwart, in: Philosophische Rundschau 35(1988) 161-182
ISENSEE Josef, Keine Freiheit für den Irrtum. Die Kritik der katholischen Kirche an den Menschenrechten als staatsphilosophisches Paradigma, in: Zeitschrift der Savigny-Stiftung für Rechtsgeschichte (Kan.Abt.) 104(1987) 296-336
ISERLOH Erwin, Joseph Lortz - Leben und ökumenische Bedeutung, in: R. Decot (Hrsg.), Zum Gedenken an Joseph Lortz (1887-1975), Wiesbaden 1989, 3-11
JÄCKEL Eberhard, „Der Tod ist ein Meister aus Deutschland“. Deportation und Ermordung der Juden, Kollaboration und Verweigerung in Europa, zus. mit L. Rosh, Hamburg ⁴1990
JÄCKEL Eberhard, Hitlers Herrschaft, Stuttgart 1986
JÄCKEL Eberhard, Hitlers Weltanschauung, Erw. und überarbeitete Neuausgabe, Stuttgart 1981
JÄCKEL Eberhard/KUHN Axel, Neuere Erkenntnisse zur Fälschung von Hitler-Dokumenten, in: Vierteljahrshefte für Zeitgeschichte 32(1984) 163-169

JÄCKEL Eberhard/ROHWER Jürgen, Der Mord an den Juden im Zweiten Weltkrieg, Stuttgart 1985
JOCHMANN Werner, Der Säkularisierungsprozeß in Deutschland und der Nationalsozialismus, in: S. Talmon/G. Siefer (Hrsg.), Religion und Politik in der Gesellschaft des 20. Jahrhunderts, Bonn 1978, 90-99
JÖRNS Klaus-Peter, Die neuen Gesichter Gottes. Was die Menschen heute wirklich glauben, München 1997
KAROW Yvonne, Deutsches Opfer. Kultische Selbstauslöschung auf den Reichsparteitagen der NSDAP, Berlin 1997
KAROW Yvonne, Zur Konstruktion und Funktion nationalsozialistischer Mythenbildung, in: Zeitschrift für Religionswissenschaft 2(1994) 145-160
KASPAR Walter, Geschichtstheologie, in: Sacramentum mundi, Bd. II, 324-332
KATER Michael, Studentenschaft und Rechtsradikalismus in Deutschland 1918-1933. Eine sozialgeschichtliche Studie zur Bildungskrise in der Weimarer Republik, Hamburg 1975
KATER Michael, Die nationalsozialistische Machtergreifung an den deutschen Hochschulen. Zum politischen Verhalten akademischer Lehrer bis 1939, in: H. J. Vogel/H. Simon/A. Podlech (Hrsg.), Die Freiheit des Anderen, Baden-Baden 1981, 49-75
KATHOLISCHE VERBÄNDE. Studientag der Vollversammlung der Deutschen Bischofskonferenz, 21.9.1988, hrsg. vom Sekretariat der Deutschen Bischofskonferenz, Bonn o. J.
KAUFMANN Franz-Xaver, Theologie in soziologischer Sicht, Freiburg/Br.-Basel-Wien 1973
KAUFMANN Franz-Xaver, Wissenssoziologische Überlegungen zu Renaissance und Niedergang des katholischen Naturrechtsdenkens im 19. und 20. Jahrhundert, in: E. W. Böckenförde/F. Böckle (Hrsg.), Naturrecht in der Kritik, Mainz 1973, 126-164
KAUFMANN Franz-Xaver, Kirche begreifen. Analysen und Thesen zur gesellschaftlichen Verfassung des Christentums, Freiburg/Br.-Basel-Wien 1979
KAUFMANN Franz-Xaver, Kirchliche Institutionen und Gegenwartsgesellschaft, in: G. Alberigo/Y. Congar/H. J. Pottmeyer (Hrsg.), Kirche im Wandel, Düsseldorf 1982, 65-72
KAUFMANN Franz-Xaver, Religion und Modernität. Sozialwissenschaftliche Perspektiven, Tübingen 1989
KAUFMANN Franz-Xaver/ZINGERLE Arnold (Hrsg.), Vatikanum II und Modernisierung. Historische, theologische und soziologische Perspektiven, Paderborn 1996
KAUFMANN Ludwig /KLEIN Nikolaus, Johannes XXIII. Prophetie im Vermächtnis, Fribourg/Brig 1990
KAUPP Angela, Selbstbild und Fremdbild des Berufs Pastoralreferent/in, in: Katechetische Blätter 117(1992) 833-837
KEHRER Günter, Religionsgeschichte Deutschlands im 19. und 20. Jahrhundert. Religionswissenschaftliche Überlegungen, in: Zeitschrift für Religionswissenschaft 1(1993) 93-104
KELLER Max, Volk Gottes als Kirchenbegriff. Eine Untersuchung zum neueren Verständnis, Zürich-Einsiedeln-Köln 1970
KERSHAW Ian, Der Hitler-Mythos. Volksmeinung und Propaganda im Dritten Reich, Stuttgart 1980
KERSHAW Ian, „Widerstand ohne Volk?“ Dissens und Widerstand im Dritten Reich, in: J. Schmädecke/P. Steinbach (Hrsg.), Der Widerstand gegen den Nationalsozialismus, München-Zürich 21986, 779-798
KESSLER Hans, Der Begriff des Handelns Gottes, in: H. U. v. Brachel/N. Mette (Hrsg.), Kommunikation und Solidarität, Freiburg/Schweiz 1985, 117-130
KIPPENBERG Hans G., Art. Apokalyptik/Messianismus/Chiliasmus, in: Handbuch religionswissenschaftlicher Grundbegriffe, hrsg. v. H. Cancik/B. Gladigow/B. Laubscher, Stuttgart Bd. II: 1990, 9-26
KLEIN Stephanie, Theologie und empirische Biographieforschung. Methodische Zugänge zur Lebens- und Glaubensgeschichte und ihre Bedeutung für eine erfahrungsbezogene Theologie, Stuttgart 1994
KLEMPERER Klemens von, Konservative Bewegungen. Zwischen Kaiserreich und Nationalsozialismus, München-Wien 1957
KLINGER Elmar, Ekklesiologie der Neuzeit. Grundlegung bei Melchior Cano und Entwicklung bis zum Zweiten Vatikanischen Konzil, Freiburg/Br.-Basel-Wien 1978
KLINGER Elmar, Politik und Theologie, in: Theologie und Glaube 71(1981) 184-207
KLINGER Elmar, Die Kirche der Basisgemeinden. Der Mensch als Prinzip der Ekklesiologie, in: Ders./R. Zerfaß (Hrsg.), Die Basisgemeinden - ein Schritt auf dem Weg zur Kirche des Konzils, Würzburg 1984, 43-57;

KLINGER Elmar, Der Glaube des Konzils. Ein dogmatischer Fortschritt, in: Ders./K. Wittstadt (Hrsg.), Glaube im Prozeß. Christsein nach dem II. Vatikanum, Freiburg/Br.-Basel-Wien 1984, 615-626
KLINGER Elmar, Der Glaube an den Menschen - eine dogmatische Aufgabe. Karl Rahner als Wegbereiter des Zweiten Vatikanischen Konzils, in: Theologie und Glaube 78(1985) 229-238
KLINGER Elmar, Der Laienkatholizismus - die Kirche der Laien. Das Problem der Rezeption des Konzils in Deutschland, in: Ders./R. Zerfaß (Hrsg.), Die Kirche der Laien - eine Weichenstellung des Konzils, Würzburg 1987, 15-24
KLINGER Elmar, Das Amt des Laien in der Kirche, in: Ders./R. Zerfaß (Hrsg.), Die Kirche der Laien - eine Weichenstellung des Konzils, Würzburg 1987, 67-85
KLINGER Elmar, Armut - eine Herausforderung Gottes. Der Glaube des Konzils und die Befreiung des Menschen, Zürich-Einsiedeln-Köln 1990
KLINGER Elmar, Wir sind Kirche. Das Konzil als kirchliche und gesellschaftliche Herausforderung, in: Stimmen der Zeit 208(1990) 345-352
KLINGER Elmar, Kirchenbildung - die Aufgabe der Pastoral, in: Pastoraltheologische Informationen 11(1991) 203-212
KLINGER Elmar, Das Volk Gottes auf dem Zweiten Vatikanum. Die Revolution in der Kirche, in: Jahrbuch für Biblische Theologie 7(1992) 305-319
KLINGER Elmar, Das absolute Geheimnis im Alltag entdecken. Zur spirituellen Theologie Karl Rahners, Würzburg 1994
KLINGER Elmar, Das Aggiornamento der Pastoralkonstitution, in: F.-X. Kaufmann/A. Zingerle (Hrsg.), Vatikanum II und Modernisierung, Paderborn 1996, 171-187
KLINGER Elmar/ZERFASS Rolf (Hrsg.), Die Kirche der Laien. Eine Weichenstellung des Konzils, Würzburg 1987
KLÖCKER Michael, Katholizismus und Protestantismus im 19./20. Jahrhundert, in: Archiv für Sozialgeschichte 28(1988) 469-488
KLÖCKER Michael, Katholisch - von der Wiege bis zur Bahre. Eine Lebensmacht im Zerfall?, München 1991
KLÖNNE Arno, Die Liturgische Bewegung - 'erblich' belastet? Historisch-soziologische Fragestellungen zur Vorgeschichte der Liturgiekonstitution, in: H. Becker/B. J. Hilberath/U. Willers (Hrsg.), Gottesdienst-Kirche-Gesellschaft, St. Ottilien 1991, 13-21
KLOSTERMANN Ferdinand/ZERFASS Rolf (Hrsg.), Praktische Theologie heute, München-Mainz 1974
KLOSTERMANN Ferdinand/MÜLLER Josef (Hrsg.), Pastoraltheologie. Ein entscheidender Teil der josephinischen Studienreform 1777-1977, Wien-Freiburg/Br.-Basel 1979
KNOBLOCH Stefan, Praktische Theologie. Ein Lehrbuch für Studium und Pastoral, Frei-burg/Br.-Basel-Wien 1996
KNOBLOCH Stefan, Was ist Praktische Theologie?, Freiburg/Schweiz 1995
KOCH Maria Elisabeth, Adolf Kardinal Bertram als Kirchenpolitiker im Dritten Reich, in: Archiv für schlesische Kirchengeschichte 47/48(1989/90) 37-115
KOCHER Richard, Herausgeforderter Vorsehungsglaube. Die Lehre von der Vorsehung im Horizont der gegenwärtigen Theologie, St. Ottilien 1993
KÖCK Heribert Franz, Das Naturrecht und die Menschenrechte bei Pius XII' in: H. Schambeck (Hrsg.), Pius' XII. zum Gedächtnis, Berlin 1977, 471-510
KOCKA Jürgen (Hrsg.), Theorien in der Praxis des Historikers, Göttingen 1977
KOCKA Jürgen/NIPPERDEY Thomas (Hrsg.) Theorie und Erzählung in der Geschichte, München 1979
KODALLE Klaus-Michael, Politik als Macht und Mythos. Carl Schmitts „Politische Theologie“, Stuttgart-Berlin-Köln-Mainz 1973
KOHL Christoph, Amtsträger oder Laie? Die Diskussion um den ekklesiologischen Ort der Pastoralreferenten und Gemeindereferenten, Frankfurt/M. u. a. 1987
KOENEN Andreas, Der Fall Carl Schmitt. Sein Aufstieg zum „Kronjuristen des Dritten Reiches“, Darmstadt 1995
KOENIGSBERG Richard A., Hitler's Ideology. A Study in Psychoanalytic Sociology, New York 1975
KÖHL Georg, Der Beruf des Pastoralreferenten, Freiburg/Schweiz 1987
KÖHLER Joachim, Die katholische Kirche in Baden und Württemberg in der Endphase der Weimarer Republik und zu Beginn des Dritten Reiches, in: Th. Schnabel (Hrsg.), Die Machtergreifung in Südwestdeutschland, Stuttgart-Berlin-Köln-Mainz 1982, 257-294, 328-337

KÖHLER Joachim, Katholische Aktion und politischer Katholizismus in der Endphase der Weimarer Republik, in: Rottenburger Jahrbuch für Kirchengeschichte 2(1983) 141-153
KÖHLER Joachim, Die „Stimme des Blutes". Blutfreitagspredigten aus den Jahren 1933 bis 1946, in: N. Kruse/H. U. Rudolf (Hrsg.), 900 Jahre Heilig-Blut-Verehrung in Weingarten 1094-1994, Sigmaringen 1994
KÖSTERS Christoph, Katholische Verbände und moderne Gesellschaft. Organisationsgeschichte und Vereinskultur im Bistum Münster 1918-1945, Paderborn 1995
KOHLI Martin, Gesellschaftszeit und Lebenszeit. Der Lebenslauf im Strukturwandel der Moderne, in: J. Berger (Hrsg.), Die Moderne - Kontinuitäten und Zäsuren, Göttingen 1986, 183-208
KOLPING Adolf, Katholische Theologie Gestern und Heute. Thematik und Entfaltung deutscher katholischer Theologie vom I. Vatikanum bis zur Gegenwart, Bremen 1964
KOPF Paul, Der Blutfreitag in Weingarten. Zeugnis in Bedrängnis und Not 1933-1949, Ulm 1990
KORFF Gottfried, Bemerkungen zum Politischen Heiligenkult im 19. und 20. Jahrhundert, in: G. Stephenson (Hrsg.), Der Religionswandel unserer Zeit im Spiegel der Religionswissenschaften, Darmstadt 1976, 216-230
KORFF Gottfried, Formierung der Frömmigkeit. Zur sozialpolitischen Intention der Trierer Rockwallfahrten 1891, in: Geschichte und Gesellschaft 3(1977) 352-83
KOSELLECK Reinhart, Geschichte, Geschichten und formale Zeitstrukturen, in: Ders./W.-D. Stempel (Hrsg.), Geschichte - Ereignis und Erzählung, München 1973, 211-222
KOSELLECK Reinhart, Moderne Sozialgeschichte und historische Zeiten, in: P. Rossi (Hrsg.), Theorie der modernen Geschichtsschreibung, Frankfurt/M. 1987, 173-190
KOSELLECK Reinhart, Sprachwandel und Ereignisgeschichte, in: Merkur 43(1989) 657-673
KOSELLECK Reinhart/STEMPEL Wolf-Dieter (Hrsg.), Geschichte - Ereignis und Erzählung, München 1973 (=Poetik und Hermeneutik 5)
KOSELLECK Reinhart/MOMMSEN Wolfgang/RÜSEN Jörn (Hrsg.), Objektivität und Parteilichkeit in der Geschichtswissenschaft, München 1977
KOSELLECK Reinhart/REICHARDT Rolf (Hrsg.), Die Französische Revolution als Bruch des gesellschaftlichen Bewußtseins, München 1988
KOSLOWSKI Peter, Politischer Monotheismus oder Trinitätslehre. Zu Möglichkeit und Unmöglichkeit einer christlichen Politischen Theologie, in: J. Taubes (Hrsg.), Der Fürst dieser Welt, München-Paderborn-Wien-Zürich ^{2}1985, 26-44
KOSLOWSKI Peter/SPAEMANN Robert/LÖW Reinhard (Hrsg.), Moderne oder Postmoderne?, Weinheim 1986
KRÄMER Werner, Konsens und Rezeption. Verfassungsprinzipien der Kirche im Basler Konziliarismus, Münster 1980
KREIDLER Hans, Karl Adam und der Nationalsozialismus, in: Rottenburger Jahrbuch für Kirchengeschichte 2(1983) 129-140
KREIDLER Hans, Eine Theologie des Lebens. Grundzüge im theologischen Denken Karl Adams, Mainz 1988
KRIEG Robert Anthony, Karl Adam. Catholicism in German Culture, Notre Dame/Indiana 1992
KRÖGER Klaus, Bemerkungen zu Carl Schmitts „Römischer Katholizismus und politische Form", in: H. Quaritsch (Hrsg.), Complexio oppositorum, Berlin 1988, 159-165
KRÜGGELER Michael/VOLL Peter, Säkularisierung oder Individualisierung. Variationen zu „Faust" I, Vers 3415ff, in: Pastoraltheologische Informationen 12(1992) 147-164
KRÜGGELER Michael/STOLZ Fritz (Hrsg.), Ein jedes Herz in seiner Sprache. Religiöse Individualisierung als Herausforderung für die Kirchen, Zürich 1996
KÜNNETH Walter, Der große Abfall. Eine geschichtstheologische Untersuchung der Begegnung zwischen Nationalsozialismus und Christentum, Hamburg 1947
KUHNKE Ulrich, Koinonia. Zur theologischen Rekonstruktion der Identität christlicher Gemeinde, Düsseldorf 1992
KULKA Otto Dov, Popular Christian Attitudes in the Third Reich to National Socialist Policies toward the Jews, in: Ders./P. Mendes-Flohr (Hrsg.), Judaism and Christianity under the Impact of National Socialism, Jerusalem 1987, 251-267
KULKA Otto Dov/MENDES-FLOHR Paul (Hrsg.), Judaism and Christianity under the Impact of National Socialism, Jerusalem 1987
KUNSTMANN Joachim, Christentum in der Multioptionsgesellschaft. Postmoderne Perspektiven, Weinheim 1997
KUROPKA Joachim (Hrsg.), Clemens August Graf von Galen. Neue Forschungen zum Leben und Werk des Bischofs von Münster, Regensberg 1992

LACHNER Raimund, Art. Schell in: Biographisch-bibliographisches Kirchenlexikon, hrsg., v. F. W. Bautz, Bd. IX, Hamm 1995, 88-99
LANGE Karl, Hitlers unbeachtete Maximen. „Mein Kampf" und die Öffentlichkeit, Stuttgart-Berlin-Köln-Mainz 1968
LANGER Albrecht (Hrsg), Katholizismus und philosophische Strömungen in Deutschland, Paderborn 1982
LANGER Albrecht (Hrsg.), Katholizismus, nationaler Gedanke und Europa seit 1800, Paderborn 1985
LANGER Michael, Zwischen Vorurteil und Aggression. Zum Judenbild in der deutschsprachigen katholischen Volksbildung des 19. Jahrhunderts, Freiburg/Br.-Basel-Wien 1994
LARCHER Gerhard, Modernismus als theologischer Historismus. Ansätze zu seiner Überwindung im Frühwerk M. Blondels, Frankfurt/M. 1985
LAUTENSCHLÄGER Gabriele, Joseph Lortz (1887-1975). Weg, Umwelt und Werk eines katholischen Kirchenhistorikers, Würzburg 1987
LAUTENSCHLÄGER Gabriele, Neuere Forschungsergebnisse zum Thema: Joseph Lortz, in: R. Decot (Hrsg.), Zum Gedenken an Joseph Lortz (1887-1975), Wiesbaden 1989, 293-313
LAUX Bernhard, Moderner als die Moderne. Zur Zukunftsfähigkeit des Christentums, in: Stimmen der Zeit 208(1990) 482-496
LEBENSLÄUFE UND SOZIALER WANDEL, Kölner Zeitschrift für Soziologie und Sozialpsychologie, Sonderheft 31 (1990)
LEHNER Markus, Caritas. Die soziale Arbeit der Kirche. Eine Theoriegeschichte, Freiburg/Br. 1997
LENK Kurt, Deutscher Konservatismus, Frankfurt/M.-New York 1989
LEPSIUS Oliver, Die gegensatzaufhebende Begriffsbildung. Methodenentwicklungen in der Weimarer Republik und ihr Verhältnis zur Ideologisierung der Rechtswissenschaft im Nationalsozialismus, München 1994
LEPSIUS M. Rainer, „Demokratie in Deutschland". Soziologisch-historische Konstellationsanalysen. Ausgewählte Aufsätze, Göttingen 1993
LESCH Walter/SCHWIND Georg (Hrsg.), Das Ende der alten Gewißheiten. Theologische Auseinandersetzung mit der Postmoderne, Mainz 1993
LEUGERS Antonia,Adolf Kardinal Bertram als Vorsitzender der Bischofskonferenz während der Kriegsjahre (1939-1945), in: Archiv für schlesische Kirchengeschichte 47/48(1989/90) 7-35
LEUGERS Antonia, Georg Angermeier. Katholischer Jurist zwischen nationalsozialistischem Regime und Kirche, Mainz 1994
LEUGERS Antonia, Gegen eine Mauer bischöflichen Schweigens. Der Ausschuß für Ordensangelegenheiten und seine Widerstandskonzeption, Frankfurt/M. 1996
LENK Kurt/MEUTER Günther/OTTEN Henrique Ricardo, Vordenker der neuen Rechten, Frankfurt 1997
LEWY Guenther, Die katholische Kirche und das Dritte Reich, München 1965
LEY Michael, Genozid und Heilserwartung. Zum nationalsozialistischen Mord am europäischen Judentum, Wien 1993
LEY Michael (Hrsg.), Der Nationalsozialismus als politische Religion. Studien zur Geistesgeschichte, Bodenheim 1997
LIEDHEGENER Antonius, Der deutsche Katholizismus um die Jahrhundertwende (1890-1914). Ein Literaturbericht, in: Jahrbuch für christliche Sozialwissenschaften 32(1991) 361-392
LILL Rudolf, Der Kampf der römischen Kurie gegen „praktischen" Modernismus, in E. Weinzierl (Hrsg.), Die päpstliche Autorität im katholischen Selbstverständnis des 19. und 20. Jahrhunderts, Salzburg-München 1970, 109-123
LILL Rudolf, German Catholicism' Attitude towards the Jews in the Weimar Republic, in: O. Kulka/P. Mendes-Flohr (Hrsg.), Judaism and Christianity under the Impact of National Socialism, Jerusalem 1987, 151-168
LILL Rudolf/OBERREUTHER Heinrich (Hrsg.), 20. Juli. Portraits des Widerstands, Düsseldorf-Wien 1984
LINDGENS Godehard, Katholische Kirche und moderner Pluralismus. Der neue Zugang zur Politik bei den Päpsten Johannes XXIII. und Paul VI. und dem Zweiten Vatikanischen Konzil, Stuttgart 1980
LINDGENS Godehard, Freiheit, Demokratie und pluralistische Gesellschaft in der Sicht der katholischen Kirche - Dokumente, Stuttgart 1985
LÖNNE Karl-Egon, Historiographischer Rückblick, in: E.-W. Böckenförde, Der deutsche Katholizismus im Jahre 1933, Freiburg/Br.-Basel-Wien 1988, 121-155

LÖNNE Karl-Egon, Motive des katholischen Widerstandes gegen das Dritte Reich, in: R. Claussen/S. Schwarz (Hrsg.), Vom Widerstand lernen. Von der Bekennenden Kirche bis zum 20. Juli 1944, Bonn 1986, 167-181
LÖNNE Karl-Egon, Politischer Katholizismus im 19. und 20. Jahrhundert, Frankfurt/M. 1986
LOOME Thomas Michael, Liberal Catholicism, Reform Catholicism, Modernism. A contribution to a new orientation in modernist research, Mainz 1979
LORETAN Adrian, Laien im pastoralen Dienst. Ein Amt in der kirchlichen Gesetzgebung: Pastoralassistent/-assistentin, Pastoralreferent/-referentin, Freiburg/Schweiz 1994
LÖSER Werner/LEHMANN Karl/LUTZ-BACHMANN Matthias (Hrsg.), Dogmengeschichte und katholische Theologie, Würzburg 1985
LOTH Wilfried, Integration und Erosion: Wandlungen des katholischen Milieus, in: Ders. (Hrsg.), Deutscher Katholizismus im Umbruch zur Moderne, Stuttgart-Berlin-Köln 1991, 266-281
LOTH Wilfried (Hrsg.), Deutscher Katholizismus im Umbruch zur Moderne, Stuttgart-Berlin-Köln 1991
LOTH Wilfried, Katholizismus im Kaiserreich, Düsseldorf 1984
LÖWITH Karl, Weltgeschichte und Heilsgeschehen. Die theologischen Voraussetzungen der Geschichtsphilosophie, Stuttgart 31953
LÜBBE Hermann, Politische Theologie als Theologie repolitisierter Religion, in: J. Taubes (Hrsg.), Der Fürst dieser Welt, München-Paderborn-Wien-Zürich 21985, 45-56
LÜBBE Hermann, Heilsmythen nach der Aufklärung. Geschichtsphilosophie als Selbstermächtigungsideologie, in: J. Taubes (Hrsg.), Theokratie, München-Paderborn-Wien-Zürich 1987, 279-292
LÜBBE Hermann, Die Aufdringlichkeit der Geschichte. Herausforderungen der Moderne vom Historismus bis zum Nationalsozialismus, Graz-Wien-Köln 1989
LUCKMANN Thomas, Gelebte Zeiten - und deren Überschneidungen im Tages- und Lebenslauf, in: R. Herzog/R. Koselleck (Hrsg.), Epochenschwelle und Epochenbewußtsein, München 1987, 283-303
LUCKMANN Thomas, Die unsichtbare Religion, Frankfurt/M. 1991
LUKACS John, Hitler. Geschichte und Geschichtsschreibung, München 1997
LUTHER Henning, Religion und Alltag. Bausteine zu einer praktischen Theologie des Subjekts, Stuttgart 1992
LUTZ Heinrich, Demokratie im Zwielicht. Der Weg der deutschen Katholiken aus dem Kaiserreich in die Republik 1914-1925, München 1963
LUTZ Heinrich, Katholizismus und Faschismus. Analyse einer Nachbarschaft. H. Lutz antwortet C. Amery, Düsseldorf 1970
MAIHOFER Werner (Hrsg.), Naturrecht oder Rechtspositivismus?, Darmstadt 1972
MANEMANN Jürgen, „Weil es nicht nur Geschichte ist". Die Begründung der Notwendigkeit einer fragmentarischen Historiographie des Nationalsozialismus aus politisch-theologischer Sicht, Hamburg-Münster 1995
MARITAIN Jaques, De Bergson à Thomas d'Aquin, Paris 1947
MARQUARD Odo (Hrsg.), Einheit und Vielheit. XIV. Deutscher Kongreß für Philosophie 1987, Hamburg 1990
MARZ Bernd (Hrsg.), Alles für Gott? Priester zwischen Anspruch und Wirklichkeit, Düsseldorf 1990
MASER Werner, Die Frühgeschichte der NSDAP. Hitlers Weg bis 1924, Bonn 1965
MASER Werner, Hitlers „Mein Kampf". Entstehung, Aufbau, Stil, Änderungen, Quellen, Quellenwert, kommentierte Auszüge, München-Esslingen 21966
MATZERATH Horst/VOLKMANN Heinrich, Modernisierungstheorie und Nationalsozialismus, in: J. Kocka (Hrsg.), Theorien in der Praxis des Historikers, Göttingen 1977, 86-115
MAURER Reinhart, Chiliasmus und Gesellschaftsreligion. Thesen zur politischen Theologie, in: J. Taubes (Hrsg.), Der Fürst dieser Welt, München-Paderborn-Wien-Zürich 21985, 117-135
MAUSBACH Joseph, Der Eid wider den Modernismus und die theologische Wissenschaft, Köln 1911
MAYER-MALY Dorothea/SIMONS Peter M. (Hrsg.), Das Naturrechtsdenken heute und morgen. Gedächtnisschrift für René Maric, Berlin 1983
MEIER Hans, Kritik der Politischen Theologie, Einsiedeln 1970
MEIER Heinrich, Die Lehre Carl Schmitts. Vier Kapitel zur Unterscheidung Politischer Theologie und Politischer Philosophie, Stuttgart-Weimar 1994
MAIER Hans (Hrsg.), „Totalitarismus" und „politische Religionen". Konzepte des Diktaturvergleichs, Paderborn 1996

MEIER Kurt, Kirche und Judentum. Die Haltung der evangelischen Kirche zur Judenpolitik des Dritten Reiches, Göttingen 1968
MEIER Kurt, Kirchenkampfgeschichtsschreibung, in: Theologische Rundschau 46(1981) 19-57, 101-148, 237-275
MEIER Kurt, Neuere Konzeptionen der Kirchenkampfhistoriographie, in: Zeitschrift für Kirchengeschichte 99(1988) 63-86
MEIER Kurt, Literatur zur kirchlichen Zeitgeschichte, in: Theologische Rundschau 54(1989) 113-168
MEIER Kurt, Literatur zur kirchlichen Zeitgeschichte. Nachtrag, in: Theologische Rundschau 55(1990) 89-106
MEIER Kurt, Evangelische Kirche und „Endlösung der Judenfrage". Zum Gegenwartsstand der historiographischen Diskussion, in: W. Stegemann (Hrsg.), Kirche und Nationalsozialismus, Stuttgart-Berlin-Köln 1990, 75-95
MEIER Kurt, Kreuz und Hakenkreuz. Die evangelische Kirche im Dritten Reich, München 1992
MEIER Kurt, Die Theologischen Fakultäten im Dritten Reich, Berlin-New York 1996
MENDLEWITSCH Doris, Volk und Heil. Vordenker des Nationalsozialismus im 19. Jahrhundert, Rheda-Wiedenbrück 1988
MENOZZI Daniele, Das Antikonzil (1966-1984), in: H. J. Pottmeyer/G. Alberigo/J.-J. Jossua (Hrsg.), Die Rezeption des II. Vatikanischen Konzils, Düsseldorf 1986, 403-431
METTE Norbert, Theorie der Praxis, Düsseldorf 1978
METTE Norbert, Gemeinsam im Dienst einer evangelisierenden Pastoral, in: P. Hoffmann (Hrsg.), Priesterkirche, Düsseldorf 1987, 208-231
METTE Norbert/BLASBERG-KUHNKE Martina, Kirche auf dem Weg ins Jahr 2000. Zur Situation und Zukunft der Pastoral, Düsseldorf 1986
METZ Johann Baptist, Glaube in Geschichte und Gesellschaft, Mainz 1977
METZ Johann Baptist, Das Konzil - „der Anfang eines Anfangs"?, in: Orientierung 54(1990) 245-250
MILES Robert, Rassismus. Einführung in die Geschichte und Theorie eines Begriffs, Hamburg 1991
MILLER Max/SOEFFNER Hans-Georg (Hrsg.), Modernität und Barbarei. Soziologische Zeitdiagnose am Ende des 20. Jahrhunderts, Frankfurt/M. 1996
MITTERAUER Michael, Religion in lebensgeschichtlichen Aufzeichnungen, in: A. Gestrich/P. Knoch/H. Merkel (Hrsg.), Biographie - sozialgeschichtlich, Göttingen 1988, 61-85
MOHLER Armin, Carl Schmitt und die „Konservative Revolution", in: H. Quaritsch (Hrsg.), Complexio oppositorum, Berlin 1988, 129-151
MOMMSEN Hans, Noch einmal: Nationalsozialismus und Modernisierung, in: Geschichte und Gesellschaft 21(1995) 391-402
MOMMSEN Hans/WILLEMS Susanne (Hrsg.), Herrschaftsalltag im Dritten Reich. Studien und Texte, Düsseldorf 1988
MOMMSEN Wolfgang (Hrsg.), Kultur und Krieg. Die Rolle der Intellektuellen, Künstler und Schriftsteller im Ersten Weltkrieg, München 1995
MORSEY Rudolf (Hrsg.), Katholizismus, Verfassungsstaat und Demokratie. Vom Vormärz bis 1933, Paderborn-München-Wien-Zürich 1988
MORSEY Rudolf, Der Untergang des politischen Katholizismus. Die Zentrumspartei zwischen christlichem Selbstverständnis und „Nationaler Erhebung" 1932/33, Stuttgart-Zürich 1977
MORSEY Rudolf, Clemens August von Galen - Größe und Grenze eines konservativen Kirchenfürsten (1933-1946), in: Jahresbericht der Görresgesellschaft 1990, 5-25
MOOSER Josef, Katholische Volksreligion, Klerus und Bürgertum in der zweiten Hälfte des 19. Jahrhunderts. Thesen, in: W. Schieder (Hrsg.), Religion und Gesellschaft im 19. Jahrhundert, Stuttgart 1993, 144-156
MÜHLEK Karl, Dynamische Gemeinschaft. Zur Lehre Herman Schells von der Kirche, München-Paderborn-Wien 1973
MÜHLFELD Claus, Katholische Kirche und Faschismus, Gersthofen ^{2}1973
MÜLLER Josef, Die Pastoraltheologie innerhalb des theologischen Gesamtkonzepts von Stephan Rautenstrauch (1774), in: F. Klostermann/R. Zerfaß (Hrsg.), Praktische Theologie heute, München-Mainz 1974, 42-51
NANKO Ulrich, Deutsche Gottesschau, 1934. Eine Religionsstiftung durch einen deutschen Religionswissenschaftler, in: P. Antes/D. Phanke (Hrsg.), Die Religion der Oberschichten, Marburg 1989, 165-179
NASSEHI Armin, Religion und Biographie. Zum Bezugsproblem religiöser Kommunkation in der Moderne, in: K. Gabriel, Individualisierung oder Säkularisierung, Gütersloh 1996, 41-56

NAUMANN Michael, Strukturwandel des Heroismus. Vom sakralen zum revolutionären Heldentum, Frankfurt/M.
NEUNER Peter, „Modernismus“ und kirchliches Lehramt. Bedeutung und Folgen der Modernismus-Enzyklika Pius' X., in: Theologie und Glaube 61(1972) 249-262
NICHTWEISS Barbara, Erik Peterson. Neue Sicht auf Leben und Werk, Freiburg/Br.-Basel-Wien 1992
NIPPERDEY Thomas, Religion im Umbruch. Deutschland 1870-1918, München 1988
NORDHOFEN Eckhard, Der Engel der Bestreitung. Über das Verhältnis von Kunst und negativer Theologie, Würzburg 1993
NOLTE Ernst, Der Faschismus in seiner Epoche. Die Action français. Der italienische Faschismus. Der Nationalsozialismus, München ^{5}1979 (Sonderausgabe)
NOLTE Ernst, Philosophische Geschichtsschreibung heute?, in: Historische Zeitschrift 242(1986) 265-289
NOWAK Kurt/ROULET Gérard (Hrsg.), Protestantismus und Antisemitismus in der Weimarer Republik, Frankfurt/M. 1994
OFFE Claus, Die Utopie der Null-Option. Modernität und Modernisierung als politische Gütekriterien, in: P. Koslowski/R. Spaemann/R. Löw (Hrsg), Moderne oder Postmoderne?, Weinheim 1986, 143-172
OELMÜLLER Willi, Die unbefriedigte Aufklärung, Frankfurt/M. 1969
OGAN Bernd/WEISS Wolfgang W. (Hrsg.), Faszination und Gewalt. Zur politischen Ästhetik des Nationalsozialismus, Nürnberg 1992
OLENHUSEN Irmtraud G. v., Klerus und abweichendes Verhalten. Zur Sozialgeschichte katholischer Priester im 19. Jahrhundert: Die Erzdiözese Freiburg, Göttingen 1994
OLENHUSEN Irmtraud G. v. (Hrsg.), Frauen und katholische Frömmigkeit im 19. und 20. Jahrhundert, Paderborn 1995
OLLIG Hans-Ludwig, Philosophische Zeitdiagnose im Zeichen des Postmodernismus. Überlegungen zur jüngsten deutschen Postmoderne-Diskussion, in: Theologie und Philosophie 66(1991) 338-364
OLLIG Hans-Ludwig, Problematische Gegenwart. Überlegungen zu neueren zeitdiagnostischen Arbeiten, in: Theologie und Philosophie 68(1993) 561-582
PADINGER Franz, Zum Verständnis des Konfliktes zwischen Glaube und Wissenschaft im Modernismusstreit, in: E. Weinzierl (Hrsg.), Der Modernismus. Beiträge zu seiner Erforschung, Graz-Wien-Köln 1974, 43-57
PADINGER Franz, Die Enzyklika „Pascendi“ und der Antimodernismus, in: Christliche Philosophie im katholischen Denken des 19. und 20. Jahrhunderts, hrsg. v. E. Coreth/W. Neidl/G. Pfligersdorfer, Graz-Wien-Köln Bd. II: 1988, 349-361
PASSELECQ Georges/SUCHECKY Bernard, Die unterschlagene Enzyklika. Der Vatikan und die Judenverfolgung, München-Wien 1997
PAULY Wolfgang, Wahrheit und Konsens. Die Erkenntnistheorie von Jürgen Habermas und ihre theologische Relevanz, Frankfurt/M.-Bern-New York-Paris 1989
PESCH Otto Hermann, Das Zweite Vatikanische Konzil (1962-1965). Vorgeschichte - Verlauf - Ergebnisse - Nachgeschichte, Würzburg 1993
PETRI Heinrich, Der Gedanke des Fortschritts in der Theologie Herman Schells, in: Catholica 23(1969) 119-135
PEUKERT Detlev, Volksgenossen und Gemeinschaftsfremde. Anpassung, Ausmerze und Aufbegehren unter dem Nationalsozialismus, Köln 1982
PEUKERT Detlev, Max Webers Diagnose der Moderne, Göttingen 1989
PEUKERT Helmut (Hrsg.), Diskussion zur „Politischen Theologie“, Mainz-München 1969
PHILIPS Gérard, Die Geschichte der Dogmatischen Konstitution über die Kirche „Lumen gentium“, in: Lexikon für Theologie und Kirche, Ergänzungsband I, Freiburg/Br.-Basel-Wien 1966, 139-155
PILVOUSEK Josef (Hrsg.), Kirchliches Leben im totalitären Staat. Seelsorge in der SBZ/DDR 1945-1976. Quellentexte aus den Ordinariaten und bischöflichen Ämtern, Hildesheim, 1994
PLUM Günther, Widerstand und Resistenz, in: N. Broszat/H. Möller (Hrsg.), Das Dritte Reich. Herrschaftsstruktur und Geschichte, 2., durchgesehene Auflage 1986, 248-273
POIS Robert A., National socialism and the religion of nature, London-Sydney 1986
POLIAKOV Léon, Geschichte des Antisemitismus: Bd. VII: Zwischen Assimilation und „jüdischer Weltverschwörung“, Frankfurt/M. 1988

POLIAKOV Léon, Der arische Mythos. Zu den Quellen von Rassismus und Nationalismus, Hamburg 1993
POTTMEYER Hermann J., Kontinuität und Innovation in der Ekklesiologie des II. Vatikanums. Der Einfluß des I. Vatikanums auf die Ekklesiologie des II. Vatikanums und Neurezeption des I. Vatikanums im Lichte des II. Vatikanums, in: G. Alberigo/Y. Congar/Ders. (Hrsg.), Kirche im Wandel, Düsseldorf 1982, 89-110
POTTMEYER Hermann J., Die zwiespältige Ekklesiologie des Zweiten Vatikanums - Ursachen nachkonziliarer Konflikte, in: Trierer Theologische Zeitschrift 92(1983) 272-283
POTTMEYER Hermann J., Vor einer neuen Phase der Rezeption des Vaticanum II, in: Ders./G. Alberigo/J.-J. Jossua (Hrsg.), Die Rezeption des II. Vatikanischen Konzils, Düsseldorf 1986, 47-65
POTTMEYER Hermann J./ALBERIGO Guiseppe/JOSSUA J.-J. (Hrsg.), Die Rezeption des II. Vatikanischen Konzils, Düsseldorf 1986
POULAT Emile, Intégrisme et catholicisme intégral. Un réseau secret international antimoderniste: La 'Sapinière' (1909-1921), Tournai 1969
POULAT Emile, Geschichtliches Verständnis der Kirche und kirchliches Verständnis der Geschichte, in: Concilium 7(1971) 463-471
POULAT Emile, Le catholicisme sous observation. Du modernisme à aujourd'hui, Paris 1983
PRINZ Michael/ZITELMANN Rainer (Hrsg.), Nationalsozialismus und Modernisierung, Darmstadt 1991
QUARITSCH Helmut (Hrsg.), Complexio oppositorum. Über Carl Schmitt, Berlin 1988
RAEM Heinz-Albert, Pius XI. und der Nationalsozialismus. Die Enzyklika „Mit brennender Sorge“ vom 14. März 1937, Paderborn-München-Wien-Zürich 1979
RAUH Manfred, Anti-Modernismus im nationalsozialistischen Staat, in: Historisches Jahrbuch 107(1987) 94-121
RAUSCHER Anton, Entwicklungslinien des deutschen Katholizismus, München-Paderborn-Wien 1973
RAUSCHER Anton, Religiös-kulturelle Bewegungen im deutschen Katholizismus seit 1800, Paderborn 1986
RAUSCHER Anton (Hrsg.), Katholizismus, Bildung und Wissenschaft im 19. und 20. Jahrhundert, Paderborn 1987
REBENTISCH Dieter, Führerstaat und Verwaltung im Zweiten Weltkrieg, Verfassungsentwicklung und Verwaltungspolitik 1939-1945, Wiesbaden 1989
REICHARDT Rolf (Hrsg.), Die Französische Revolution, Darmstadt 1988
REICHEL Peter, Der schöne Schein des Dritten Reiches. Faszination und Gewalt des Faschismus, München 1991
REICHELT Werner, Das Braune Evangelium. Hitler und die NS-Liturgie, Wuppertal 1991
REIFFERSCHEID Gerhard, Das Bistum Ermland und das Dritte Reich, Köln-Wien 1975
RENDTORFF Trutz, Geschichtstheologie, in: Historisches Wörterbuch der Philosophie, hrsg. v. J. Ritter, Basel-Stuttgart Bd. III: 1974, 439-441
REPGEN Konrad, Über die Entstehung der Reichkonkordats-Offerte im Frühjahr 1933 und die Bedeutung des Reichskonkordats. Kritische Bemerkung zu einem neuen Buch, in: Vierteljahrshefte für Zeitgeschichte 26(1978) 499-534
REPGEN Konrad, German Catholicism and the Jews: 1933-1945, in: O. Kulka/P. Mendes-Flohr (Hrsg.), Judaism and Christianity under the Impact of National Socialism, Jerusalem 1987, 197-226
REPGEN Konrad, Reichskonkordats-Kontroversen und historische Logik, in: M. Funke/H.A. Jacobsen/H.-H. Knütter/H.-P. Schwarz (Hrsg.), Demokratie und Dikatatur. Geist und Gestalt politischer Herrschaft in Deutschland und Europa (FS K.-D. Bracher), Bonn 1987, 158-177
REPGEN Konrad, Die deutschen Bischöfe und der zweite Weltkrieg, in: Annuario de Historia de la Iglesia 4(1995) 97-145
RHODES James M., The Hitler Movement. A Modern Millenarian Movement, Stanford 1980
RICHARDI Hans-Günter, Hitler und seine Hintermänner. Neue Fakten zur Frühgeschichte der NSDAP, München 1991
RICHTER Klemens (Hrsg.), Das Konzil war erst der Anfang. Die Bedeutung des II. Vatikanums für Theologie und Kirche, Mainz 1991
RIEKS Annette, Die französische Sozial- und Mentalitätsgeschichte als Basis einer Geschichte der glaubenden Menschen, in: Zeitschrift für Kirchengeschichte 101(1990) 58-77
RINGER Fritz, Die Gelehrten. Der Niedergang der deutschen Mandarine 1890-1933, München 1987
RIVINIUS Karl Josef, Die Französische Revolution im Spiegel neuerer Literatur, in: Theologische Revue 86(1990) 177-190

RIVINIUS Karl Josef, Integralismus und Reformkatholizismus. Die Kontroverse um Herman Schell, in: W. Loth (Hrsg.), Deutscher Katholizismus im Umbruch zur Moderne, Stuttgart-Berlin-Köln 1991, 199-218
RÖDEL Ulrich/FRANKENBERG Günter/DUBIEL Helmut, Die demokratische Frage, Frankfurt/M. 1989
RORTY, Richard, Solidarität oder Objektivität?, Stuttgart 1988
ROSSI Pietro (Hrsg.), Theorie der modernen Geschichtsschreibung, Frankfurt/M. 1987
RUETHER Rosmary, Nächstenliebe und Brudermord. Die theologischen Wurzeln des Antisemitismus, München 1978
RUPPERT Karsten, Der deutsche Katholizismus im Ringen um eine Standortbestimmung des Reiches nach dem Ersten Weltkrieg, in: Zeitschrift für Kirchengeschichte 104(1993) 198-228
RUSTER Thomas, Die verlorene Nützlichkeit der Religion. Katholizismus und Moderne in der Weimarer Republik, Paderborn-München-Wien-Zürich 1994
RÜTHERS Bernd, Entartetes Recht. Rechtslehren und Kronjuristen im Dritten Reich, München 1988
SAFRANSKI Rüdiger, Das Böse. Oder das Drama der Freiheit, München 1997
SALAMUN Kurt/TOPITSCH Ernst, Ideologie. Herrschaft des Vorurteils, München-Wien 1972
SANDER Hans-Joachim, Die Zeichen der Zeit. Die Entdeckung des Evangeliums in den Konflikten der Gegenwart, in: G. Fuchs/A. Lienkamp (Hrsg.), Visionen des Konzils. 30 Jahre Pastoralkonstitution „Kirche in der Welt von heute", Münster 1997, 85-102
SAUER Hanjo, Erfahrung und Glaube. Die Begründung des pastoralen Prinzips durch die Offenbarungskonstitution des II. Vatikanischen Konzils, Frankfurt/M.-Berlin-New York-Paris-Wien 1993
SAVRAMIS Demosthenes, Säkularisierung: Mythos oder Realität, in: Österreichische Zeitschrift für Soziologie 11(1986) 37-46
SCHAEFFLER Richard, Der „Modernismus-Streit" als Herausforderung an das philosophisch-theologische Gespräch heute, in: Theologie und Philosophie 55(1980) 514-534
SCHAEFFLER Richard, Die Wechselbeziehungen zwischen Philosophie und katholischer Theologie, Darmstadt 1980
SCHAEFFLER Richard, Art. Modernismus, in: Historisches Wörterbuch der Philosophie, hrsg. v. J. Ritter u. K. Gründer, Basel-Stuttgart Bd. VI: 1984, 62-66
SCHALLENBERG Peter, Naturrecht und Sozialtheologie. Die Entwicklung des theonomen Naturrechts der späten Neuscholastik im deutschen Sprachraum (1900-1960), Münster 1993
SCHATZ Klaus, Zwischen Säkularisation und Zweitem Vatikanum: der Weg des deutschen Katholizismus im 19. und 20. Jahrhundert, Frankfurt/M. 1986
SCHATZ Klaus, Vaticanum I 1869-1870, Bde. I-III, Paderborn 1992-94
SCHAVAN Annette (Hrsg.), Dialog statt Dialogverweigerung. Impluse für eine zukunftsfähige Kirche, Kevelaer 1994
SCHEEL Klaus, Der Tag von Potsdam,. Das Tagebuch Europas 1933, Berlin 1996
SCHEELE Paul-Werner, Impulse Herman Schells für die Dogmatik der Gegenwart, in: Theologie und Glaube 61(1971) 95-105
SCHEELE Paul-Werner, Mysterium Missionis. Leben und Werk Herman Schells, in: H. Schell, Verherrlichung und Gemeinschaft. Eine Auswahl aus dem Gesamtwerk, hrsg. von P.-W. Scheele, Paderborn 1957, 15-58
SCHENK Paul-Heinz, Die Interpretation des Trinitätsmysteriums bei Herman Schell, Würzburg 1973 (Theol. Fak. Diss.)
SCHEWICK Burkhard van, Katholische Kirche und nationalsozialistische Rassenpolitik, in: K. Gotto/K. Repgen (Hrsg.), Die Katholiken und das Dritte Reich, 3., erw. und überarb. Aufl., Mainz 1990, 151-190
SCHIEDER Wolfgang, Religionsgeschichte als Sozialgeschichte. Einleitende Bemerkungen zur Forschungsproblematik, in: Geschichte und Gesellschaft 3(1977) 291-298
SCHIEDER Wolfgang (Hrsg.), Volksreligiosität in der modernen Gesellschaft, Göttingen 1986
SCHIEDER Wolfgang, Religion in der Sozialgeschichte, in: Ders./V. Sellin (Hrsg.), Sozialgeschichte in Deutschland, Bd. 3: Soziales Verhalten und soziale Aktionsformen in der Geschichte, Göttingen 1987, 9-31
SCHIEDER Wolfgang, Sozialgeschichte der Religion im 19. Jahrhundert, in: Ders. (Hrsg.), Religion und Gesellschaft im 19. Jahrhundert, Stuttgart 1993, 11-28
SCHIEDER Wolfgang (Hrsg.), Religion und Gesellschaft im 19. Jahrhundert, Stuttgart 1993
SCHIFFERLE Alois, Das Ärgernis Lefebvre. Informationen und Dokumente zur neuen Kirchenspaltung, Freiburg/Schweiz 1989

SCHIFFERLE Alois (Hrsg.), Pfarrei in der Postmoderne? Gemeindebildung in nachchristlicher Zeit, Freiburg/Br. 1997
SCHILD Wolfgang, Die nationalsozialistische Ideologie als Prüfstein des Naturrechtsgedankens, in: D. Mayer-Maly/P. Simons (Hrsg.), Das Naturrechtsdenken heute und morgen, Berlin 1983, 437-453
SCHMÄDECKE Jürgen/STEINBACH Peter (Hrsg.), Der Widerstand gegen den Nationalsozialismus. Die deutsche Gesellschaft und der Widerstand gegen Hitler, München-Zürich 1985
SCHMÄLZLE Udo, Bekehrung oder Neurose? Der Weg der Kirche nach dem II. Vatikanum unter dem Anspruch der Selbstevangelisierung, in: K. Richter (Hrsg.), Das Konzil war erst der Anfang, Mainz 1991, 119-139
SCHMIDT Susanna, „Handlanger der Vergänglichkeit". Zur Literatur des katholischen Milieus 1800-1950, Paderborn-München-Wien-Zürich 1994
SCHMITT, Irmgard M./HINKEL Norbert (Hrsg.), Betroffene beteiligen. Prozesse der Organisations- und Kulturentwicklung in den Franziskanerinnen von Waldbreitbach, Waldbreitbach o. J.
SCHMÖLDERS Claudia, Die Stimme des Bösen. Zur Klanggestalt des Dritten Reiches, in: Merkur 51(1997), 681-693
SCHNEIDER Theodor/ULLRICH Lothar (Hrsg.), Vorsehung und Handeln Gottes, Leipzig 1988
SCHOENBAUM David, Die braune Revolution. Eine Sozialgeschichte des Dritten Reiches, Köln-Berlin 1968
SCHOLDER Klaus, Die Kirchen und das Dritte Reich, Bd. I: Vorgeschichte und Zeit der Illusionen, Frankfurt/M.-Berlin 1977
SCHOLDER Klaus, Altes und Neues zur Vorgeschichte des Reichskonkordats. Eine Erwiderung auf Konrad Repgen, in: Vierteljahrshefte für Zeitgeschichte 26(1978) 535-570
SCHOLDER Klaus, Die Kirchen und das Dritte Reich, Bd. II: Das Jahr der Ernüchterung 1934. Barmen und Rom, Frankfurt/M.-Berlin 1985
SCHOLDER Klaus, Die Kirchen zwischen Republik und Gewaltherrschaft, hrsg. von K. O. v. Aretin, Berlin 1988
SCHOOF Mark, Der Durchbruch der neueren katholischen Theologie. Ursprünge-Wege-Strukturen, Wien-Freiburg/Br.-Basel 1969
SCHREIBER Gerhard, Hitler - Interpretationen 1923-1983. Ergebnisse, Methoden u. Probleme der Forschung, 2. verb. u. d. e. annot. Bibliographie für d. Jahre 1984-87 erg. Auflage, Darmstadt 1988
SCHROEDER Oskar, Aufbruch und Mißverständnis. Zur Geschichte der reformkatholischen Bewegung, Graz-Wien-Köln 1969
SCHULIN Ernst, Die Französische Revolution, München 1988
SCHULZE Gerhard, Die Erlebnisgesellschaft, Frankfurt/M. 1992
SCHULZE Hagen, Weimar. Deutschland 1917-1933, Berlin 1982
SCHÜRGERS Norbert, Politische Philosophie in der Weimarer Republik: Staatsverständnis zwischen Führerdemokratie und bürokratischem Sozialismus, Suttgart 1989
SCHUSTER Heinz, Die Geschichte der Pastoraltheologie, in: Handbuch der Pastoraltheologie, hrsg. von F. X. Arnold u. a., Freiburg/Br. 1964, 40-92
SCHWAIGER Georg (Hrsg.), Aufbruch ins 20. Jahrhundert. Zum Streit um den Reformkatholizismus und Modernismus, Göttingen 1976
SCHWAIGER Georg (Hrsg.), Historische Kritik in der Theologie. Beiträge zu ihrer Geschichte, Göttingen 1980
SCHWAN Alexander, Katholische Kirche und pluralistische Politk. Politische Implikationen des II. Vatikanischen Konzils, Tübingen 1966
SCHWAN Alexander, Philosophie der Gegenwart vor dem Problem des Pluralismus, in: J. Simon (Hrsg.), Freiheit. Theoretische und praktische Aspekte des Problems, Freiburg/Br.-München 1977, 171-203
SCHWAN Alexander, Zeitgenössische Philosophie und Theologie in ihrem Verhältnis zur Weimarer Republik, in: K. D. Erdmann/H. Schulze (Hrsg.), Weimar. Selbstpreisgabe einer Demokratie, Düsseldorf 1980, 259-285
SCHWAN Alexander, Das Problem des Naturrechts in der pluralistischen Demokratie, in: Philosophisches Jahrbuch 94(1987) 297-315
SCHWARZENTHAL Rainer, Konflikt und Ausgrenzung in der Katholischen Kirche, Frankfurt/M.-Bern-New York-Paris 1990
SCHWEDT Herman, Der römische Index der verbotenen Bücher, in: Historisches Jahrbuch 107(1987) 296-314
SCHWEDT Herman, Kommunikationskontrolle durch den römischen „Index der verbotenen Bücher", in: Communicatio Socialis 20(1987) 327-338
SCHWEND Karl, Bayern zwischen Monarchie und Diktatur, München 1954

SCOBEL Gert, Postmoderne für Theologen?, in: H.-J. Höhn (Hrsg.), Theologie, die an der Zeit ist, Paderborn-München-Wien-Zürich 1992, 175-229
SECKLER Max, Fundamentaltheologie: Aufgaben und Aufbau, Begriff und Namen, in: Handbuch der Fundamentaltheologie, hrsg. v. W. Kern/H. J. Pottmeyer/Dems., Freiburg/Br.-Basel-Wien, Bd. IV: 1988, 450-514
SEELIGER Hans Reinhard, Kirchengeschichte - Geschichtstheologie - Geschichtswissenschaft. Analysen zur Wissenschaftstheorie und Theologie der katholischen Kirchengeschichtsschreibung, Düsseldorf 1981
SEIER Helmut, Universität und Hochschulpolitik im nationalsozialistischen Staat, in: K. Malettke (Hrsg.), Der Nationalsozialismus an der Macht. Aspekte nationalsozialistischer Politik und Herrschaft, Göttingen 1984, 143-165
SIEFER Gregor, Anmerkungen zur soziologischen Struktur der pastoralen Dienste in der Bundesrepublik Deutschland, in: Diakonia 21(1990) 252-258
SIEFERLE Rolf Peter, Fortschrittsfeinde? Opposition gegen Technik und Industrie von der Romantik bis zur Gegenwart, München 1984
SIEFERLE Rolf Peter, Die Konservative Revolution und das „Dritte Reich“, in: D. Harth/J. Assmann (Hrsg.), Revolution und Mythos, Frankfurt/M. 1992, 178-205
SIEFERLE Rolf Peter, Die Konservative Revolution. Fünf biographische Skizzen, Frankfurt/M. 1995
SIEGELE-WENSCHKEWITZ Leonore, Nationalsozialismus und Kirche. Religionspolitik von Partei und Staat bis 1935, Düsseldorf 1974
SIEGELE-WENSCHKEWITZ Leonore/NICOLAISEN Carsten (Hrsg.), Theologische Fakultäten im Nationalsozialismus, Göttingen 1993
SIRONNEAU Jean-Pierre, Sécularisation et religions politiques, Den Haag-Paris-New York 1982
SLOTERDIJK Peter, Michel Foucaults strukturale Theorie der Geschichte, in: Philosophisches Jahrbuch 79(1979) 161-184
SLOTERDIJK Peter, Die wahre Irrlehre. Über die Weltreligion der Weltlosigkeit, in: Ders./Th. Macho (Hrsg.), Weltrevolution der Seele, Bd. I, Gütersloh 1991, 17-54
SMID Marikje, Deutscher Protestantismus und Judentum 1932-1933, München 1990
SOEFFNER Hans-Georg, Die Ordnung der Rituale, Frankfurt/M. 1992
SONNE Hans Joachim, Die politische Theologie der Deutschen Christen, Göttingen 1975
SONTHEIMER Kurt, Antidemokratisches Denken in der Weimarer Republik. Die politischen Ideen des deutschen Nationalismus zwischen 1918 und 1933, München 1978 (Taschenbuchausgabe der Studienausgabe München 1968, Erstauflage München 1962)
SOOSTEN Joachim von, Cicil Society. Zum Auftakt der neueren demokratietheoretischen Debatte mit Seitenblick auf Religion, Kirche und Öffentlichkeit, in: Zeitschrift für evangelische Ethik 37(1993) 139-157
SOSNA Werner, Die Selbstmitteilung Gottes in Jesus Christus. Grundlagen und dogmatische Explikation der Christologie Herman Schells, Paderborn 1991
SPAEMANN Robert, Diskussion über Staatskirchensystem, Trennungssystem und Rolle der Kirchen, in: P. Koslowski (Hrsg.), Die religiöse Dimension der Gesellschaft, Tübingen 1985, 151-158
SPENDEL Stefanie, Alternativen zur Pfarrei. Ein Auftrag des Konzils, Würzburg 1993
STANGE Jörg, Zur Legitimation der Gewalt innerhalb der nationalsozialistischen Ideologie. Ein Beitrag zur Erklärung der Verfolgung und Vernichtung der Anderen im Nationalsozialismus, Frankfurt/M. 1987
STANGL Bernhard, Untersuchungen zur Diskussion um die Demokratie im deutschen Katholizismus unter besonderer Berücksichtigung ihrer Grundlagen und Beurteilung in den päpstlichen Stellungnahmen und konziliaren Entscheidungen, München 1985
STASIEWSKI Bernhard (Hrsg.), Adolf Kardinal Bertram. Sein Leben und Wirken auf dem Hintergrund der Geschichte seiner Zeit, Köln 1992
STEINBACH Peter, Widerstandsdiskussion im politischen Wandel der Bundesrepublik Deutschland, in: Ders. (Hrsg.), Widerstand. Ein Problem zwischen Theorie und Geschichte, Köln 1987, 311-334
STEINHAUF Bernhard, Das Verhältnis der Kirche zu den Menschenrechten: Der Versuch einer historischen Antwort, in: R. Bucher/O. Fuchs/J. Kügler (Hrsg.), In Würde leben (FS Grasmück), Freiburg/Schweiz 1998 (Im Erscheinen)
STEINKAMP Hermann, Die Bedeutung der Konstitution „Gaudium et spes“ für Praxis und Theologie christlich-kirchlicher Diakonie, in: K. Richter (Hrsg.), Das Konzil war erst der Anfang, Mainz 1991, 169-185

STEINMAUS-POLLAK Angelika, Das als Katholische Aktion organisierte Laienapostolat. Geschichte seiner Theorie und seiner Praxis in Deutschland, Würzburg 1988
STENGER Hermann (Hrsg.), Eignung für die Berufe der Kirche, Freiburg/Br. 1988
STÖVE Eckehart, Kirchengeschichtsschreibung, in: Theologische Realenzykklopädie, Bd. XVIII, 535-560
TALLGREN Vappu, Hitler und die Helden. Heroismus und Weltanschauung, Helsinki 1981
TAUBES Jacob (Hrsg.), Der Fürst dieser Welt. Carl Schmitt und die Folgen, München-Paderborn-Wien-Zürich ^{2}1985
TAYLOR Charles, Multikulturalismus und die Politik der Anerkennung, Frankfurt/M. 1993
THEINER Johann, Die Entwicklung der Moraltheologie zur eigenständigen Disziplin, Regensburg 1970
THIES Jochen, Architekt der Weltherrschaft. Die „Endziele" Hitlers, Königstein 1980
TRIPPEN Norbert, Theologie und Lehramt im Konflikt. Die kirchlichen Maßnahmen gegen den Modernismus im Jahre 1907 und ihre Auswirkungen, Freiburg/Br. 1977
TRIPPEN Norbert, Gesellschaftliche und politische Auswirkungen der Modernismuskrise in Deutschland, in: A. Langer (Hrsg), Katholizismus und philosophische Strömungen in Deutschland, Paderborn 1982, 59-103
TRÖGER Jörg, Hochschule und Wissenschaft im Dritten Reich, Frankfurt/M.-New York 1986
TURNER Henry A., Faschismus und Kapitalismus in Deutschland. Studien zum Verhältnis zwischen Nationalsozialismus und Wirtschaft, Göttingen 1972
TYRELL Albrecht, Vom „Trommler" zum „Führer". Der Wandel von Hitlers Selbstverständnis zwischen 1919 und 1924 und die Entwicklung der NSDAP, München 1975
ULLRICH Volker, Das nervöse Reich 1871-1918. Aufstieg und Untergang des deutschen Kaiserreichs, Frankfurt/M. 1997
URSARSKI Frank, Religion in verdrängter Geschichte und politisch anrüchigem Kontext. Bilanz eines Kolloquiums zum Thema „Völkische Religiosität", in: Spirita. Zeitschrift für Religionswissenschaft 5(1991)2 28-35
VALVERDE Carlos, Juan Donoso Cordés (1809-1853), in: E. Coreth/W. Neidl/G. Pfligersdorfer (Hrsg.), Christliche Philosophie im katholischen Denken des 19. und 20. Jahrhunderts, Graz-Wien-Köln, Bd. I: 1987, 649-666
VAN DER VEN, Johannes A., Perspektiven der praktischen Theologie, in: Bulletin der Europäischen Gesellschaft für Katholische Theologie 2(1991) 64-94
VOEGELIN Erich, Die politischen Religionen, Stockholm ^{2}1939
VOELLE Michel, Die französische Revolution - Soziale Bewegung und Umbruch der Mentalitäten, München-Wien 1982
VOGEL Wieland, Katholische Kirche und nationale Kampfverbände in der Weimarer Republik, Mainz 1989
VOGT Markus, Sozialdarwinismus. Wissenschaftstheorie, politische und theologisch-ethische Aspekte der Evolutionstheorie, Freiburg/Br.-Basel-Wien 1997
VOLK Ludwig, Der bayerische Episkopat und der Nationalsozialismus 1930-1934, Mainz 1965
VOLK Ludwig, Kardinal Faulhabers Stellung zur Weimarer Republik und zum NS-Staat, in: Stimmen der Zeit 177(1966) 173-195
VOLK Ludwig, Katholische Kirche und Nationalsozialismus. Ausgewählte Aufsätze, Mainz 1987
VON BRÜCK Michael/WERBICK Jürgen (Hrsg.), Traditionsabbruch - Ende des Christentums, Würzburg 1994
VONDUNG Klaus, Magie und Manipulation. Ideologischer Kult und politische Religion des Nationalsozialismus, Göttingen 1971
VONDUNG Klaus, Apokalypse in Deutschland, München 1988
VOVELLE Michel, Die französische Revolution - Soziale Bewegung und Umbruch der Mentalitäten, München-Wien 1982
WACKER Bernd (Hrsg.), Die eigentlich katholische Verschärfung. Konfession, Theologie und Politik im Werk Carl Schmitts, München 1994
WAGNER Falk, Was ist Theologie? Studien zu ihrem Begriff und Thema in der Neuzeit, Gütersloh 1989
WAGNER Hans-Ulrich, Volk ohne Raum. Zur Geschichte eines Schlagwortes, in: Sprachwissenschaft 17(1992) 68-109
WEBER Therese, Einleitung: Religion in Lebensgeschichten, in: A. Heller/Dies./O. Wiebel-Fanderl (Hrsg.), Religion und Alltag, Wien-Köln 1990, 9-27
WEHLER Hans Ulrich, Modernisierungstheorie und Geschichte, Göttingen 1975

WEIGAND Rudolf, Zur Stellung des Laien im neuen Kirchenrecht, in: E. Klinger/R. Zerfaß (Hrsg.), Die Kirche der Laien, Würzburg 1987, 145-155
WEIMER Ludwig, Wodurch kam das Sprechen von der Vorsehung und Handeln Gottes in die Krise? Analyse und Deutung des Problemstandes seit der Aufklärung, in: Th. Schneider/L. Ullrich (Hrsg.), Vorsehung und Handeln Gottes, Leipzig 1988, 17-71
WEINGART Peter/KROLL Jürgen/BAYERTZ Kurt, Rasse, Blut und Gene. Geschichte der Eugenik und Rassenhygiene in Deutschland, Frankfurt/M. 1988
WEINZIERL Erika (Hrsg.), Die päpstliche Autorität im katholischen Selbstverständnis des 19. und 20. Jahrhunderts, Salzburg-München 1970
WEINZIERL Erika (Hrsg.), Der Modernismus. Beiträge zu seiner Erforschung, Graz-Wien-Köln 1974
WEIS Roland, Würden und Bürden. Katholische Kirche im Nationalsozialismus, Freiburg 1994
WEISS Otto, Modernismus in Deutschland. Ein Beitrag zur Theologiegeschichte, Regensburg 1995
WEITLAUFF Manfred, „Modernismus" als Forschungsproblem - ein Bericht, in: Zeitschrift für Kirchengeschichte 93(1982) 312-344
WELSCH Wolfgang, Vielleicht ohne Einheit? Zum gegenwärtigen Spektrum der philosophischen Diskussion um die „Postmoderne". Französische, italienische, amerikanische, deutsche Aspekte, in: Philosophisches Jahrbuch 94(1987) 111-141
WELSCH Wolfgang, Unsere postmoderne Moderne, Weinheim ^{2}1988
WELSCH Wolfgang (Hrsg.), Wege aus der Moderne. Schlüsseltexte der Postmoderne-Diskussion, Weinheim 1988
WELSCH Wolfgang, Religiöse Implikationen und religionsphilosophische Konsequenzen „postmodernen" Denkens, in: A. Halder/K. Kienzler/J. Möller (Hrsg.) Religionsphilosophie heute, Düsseldorf 1988, 117-129
WELTE Bernhard, Zum Strukturwandel der katholischen Theologie im 19. Jahrhundert, in: Ders., Auf der Spur des Ewigen, Freiburg/Br. 1965, 380-409
WERBICK Jürgen (Hrsg.), Offenbarungsanspruch und fundamentalistische Versuchung, Freiburg/Br.-Basel-Wien 1991
WERNERS Hans, Wandel des Priesterbildes - Wandel der Anforderung, in: Diakonia 21(1990) 259-263
WESS Paul, Gemeindekirche - Ort des Glaubens, Graz 1989
WETZ Franz Josef, Hans Blumenberg zur Einführung, Hamburg 1993
WHITEHEAD Alfred North, Wie entsteht Religion?, Frankfurt/M. 1985
WIEDERKEHR Dietrich (Hrsg.), Wie geschieht Tradition? Überlieferung im Lernprozeß der Kirche, Freiburg/Br.-Basel-Wien 1991
WINKLER Heinrich August, „Weimar 1918-1933". Die Geschichte der ersten deutschen Demokratie, München 1993
WIPPERMANN Wolfgang (Hrsg.), Kontroversen um Hitler, Frankfurt/M. 1986
WIPPERMANN Wolfgang, Faschismustheorien. Zum Stand der gegenwärtigen Diskussion, Darmstadt ^{5}1989
WIPPERMANN Wolfgang, Der konsequente Wahn. Ideologie und Politik Adolf Hitlers, München 1989
WITTSTADT Klaus, Kirche im Widerstand gegen den Nationalsozialismus. Christliche Glaubenshaltung im Dritten Reich nach Regierungspräsidentenberichten und Gestapoakten, in: Würzburger Diözesangeschichtsblätter 37/38(1975) 627 - 656
WITTSTADT Klaus, Die Katholisch-theologische Fakultät der Universität Würzburg während der Zeit des Dritten Reiches, in: P. Baumgart (Hrsg), Vierhundert Jahre Universität Würzburg, Neustadt/Aisch 1982, 399-429
WITTSTADT Klaus, Johannes Ferdinand Hehn (1873-1932) im Spannungsfeld von theologischer Wissenschaft und kirchlichem Lehramt, in: Würzburger Diözesangeschichtsblätter 49(1987), 313--330
WOHLMUTH Josef, Verständigung in der Kirche. Untersucht an der Sprache des Konzils von Basel, Mainz 1983
WOLFF Richard/HOENSCH Jörg, Catholics, the State, and the European Radical Right 1919-1945, Higland Lakes N.J. 1987
WULF Christoph/KAMPER Dietmar (Hrsg.), Das Heilige. Seine Spur in der Moderne, Frankfurt/M. 1987
ZAHN Gordon, Die deutschen Katholiken und Hitlers Kriege, Graz-Wien-Köln 1965
ZAPF Wolfgang (Hrsg.), Die Modernisierung moderner Gesellschaften. Verhandlungen des 25. Deutschen Soziologentages in Frankfurt a. M., Frankfurt/M. 1990

ZERFASS Rolf, Organisierte Caritas als Herausforderung an eine nachkonziliare Theologie, in: E. Schulz/H. Brosseder/H. Wahl (Hrsg.), Den Menschen nachgehen, (FS Schilling), St. Ottilien 1987, 321-348
ZINNHOBLER Rudolf, Nationalsozialismus als Religion, in: Theologisch-praktische Quartalschrift 127(1979) 139-149
ZITELMANN Rainer, Hitler. Selbstverständnis eines Revolutionärs, Stuttgart ^{3}1990
ZSCHOKKE Hermann, Die theologischen Studien und Anstalten der katholischen Kirche in Österreich, Wien-Leipzig 1884
ZULEHNER Paul M. (Hrsg.), Pluralismus in Gesellschaft und Kirche - Ängste, Hoffnungen, Chancen, München-Zürich 1988
ZULEHNER Paul M., Pastoraltheologie, Band III: Übergänge. Pastoral zu den Lebenswenden, Band IV: Pastorale Futurologie. Kirche auf dem Weg ins gesellschaftliche Morgen, Düsseldorf 1990
ZULEHNER Paul M./DENZ Hermann, Wie Europa lebt und glaubt. Europäische Wertestudie, Düsseldorf 1993
ZÜRN Peter, Hitler als Erlöser in faschistischen Kinder- und Jugendbüchern, in: Neue Sammlung 31(1991) 203-210

PERSONENINDEX